3 ZEITEN UND MENSCHEN

Herausgegeben von:

Hans-Jürgen Lendzian

Autoren:

Lambert Austermann

Siegfried Bethlehem

Ulrich Bröhenhorst

Hans-Jürgen Lendzian

Matthias Löseke

Jürgen Möller

Friedhelm Schütze

westermann GRUPPE

© 2018 Bildungshaus Schulbuchverlage
Westermann Schroedel Diesterweg Schöningh Winklers GmbH, Braunschweig
www.westermann.de

Druck A^2 / Jahr 2019
Alle Drucke der Serie A sind im Unterricht parallel verwendbar.

Umschlaggestaltung: Schöningh Verlag, Paderborn
Umschlagbild vorne: Kuttig-Travel/Alamy Stock Foto
Umschlagbild hinten: SZ Photo/Melde Press
Druck und Bindung: Westermann Druck GmbH, Braunschweig

ISBN 978-3-14-**034530**-9

Inhaltsverzeichnis

Epochenwende 20. Jahrhundert – Neue Weltpolitische Koordinaten   12

Ein erster Blick: 20. Jahrhundert – eine weltpolitische Epochenwende   14

Russische Revolution und Stalinismus: Der sozialistische Weg der Zukunftsgestaltung   16

Das vorrevolutionäre Russland   17

Epochenjahr 1917: Zwei Revolutionen verändern Russland   20

Leninismus – der neue Zukunftsentwurf für Herrschaft, Staat und Gesellschaft in Russland   22

Szenenwechsel – vom Leninismus zum Stalinismus   25

Modernisierung von oben: Kollektivierung der Landwirtschaft und Industrialisierung   27

Staat und Partei im „Stalinismus"   30

Auch das gehört zur Stalin-Diktatur: Terror und Verfolgung   34

Weltmacht USA   36

Startschuss: Woher kommen die USA und wofür stehen sie?   37

Dreizehn Kolonien rebellieren   40

Ein neuer Staat: Amerika erklärt seine Unabhängigkeit   42

Vereinigte Staaten von Amerika – eine neue Verfassung für einen neuen Staat   44

„Go West" – ein Mythos und seine historische Bedeutung   46

„Von der Isolation zur Intervention" – Die USA als „Global Player"   48

Die USA im 20. Jahrhundert – „Weltmacht und Weltpolizist"   52

Epochenjahre 1917/1918 im Urteil der Nachwelt   56

Stopp: mehr wissen – mehr können   60

Zeitenwende in Deutschland: Der demokratische Zukunftsentwurf der Weimarer Republik – und sein Scheitern   62

Ein erster Blick: Die Weimarer Republik   64

Demokratischer Neustart durch Revolution   66

Auf dem Weg zur neuen Republik   67

Der 19. Januar 1919: Deutschland hat gewählt   72

Kernstück des politischen Neubeginns: Die Weimarer Verfassung   74

Hoffnungsvoller Neubeginn, aber auch Schattenseiten   76

Wir forschen gemeinsam: „Zukunftshypotheken" der neuen Republik   77

Thema 1: Der lange Schatten von Versailles   78

Thema 2: Die neue Republik hat nicht nur Freunde …   81

Thema 3: Als ein Brot 428 Milliarden Mark kostete – die Inflation von 1923   87

Die Weimarer Republik am Ende   90

Schlüsseljahr 1929 – Weltwirtschaft in der Krise   91

Von der Krise der Wirtschaft zur Krise des ganzen Staates: Wahlergebnisse als Quelle   96

Die Gegner der Demokratie erhalten die Macht: Adolf Hitler wird Reichskanzler   99

Demokratie am Ende oder: Warum Hitler? – Historikerurteile   101

Stopp: mehr wissen – mehr können   104

Nationalsozialismus und Zweiter Weltkrieg – Vergangenheit, die nicht vergeht   106

Ein erster Blick: Vergangenheit, die nicht vergeht   108

Aus einer Demokratie wird eine Diktatur   110

Ein neues Deutschland – Weltanschauung als Grundlage von Politik   111

Machtübernahme – konsequent in die Diktatur   114

„Gleichschaltung" – Gesellschaft wird auf Linie gebracht   119

Machtsicherung – „der zweite Aufstieg des Nationalsozialismus"   124

Wir forschen gemeinsam: Diktatur mit dem Volk – wie war das möglich?   125

Thema 1: Das „Wirtschaftswunder"   126

Thema 2: Außenpolitik – Schein und Wirklichkeit   128

Thema 3: „Glück und Harmonie" in der Volksgemeinschaft   130

Ausschluss aus der Volksgemeinschaft   134

Fall 1: Politischer Gegner – Carl von Ossietzky   136

Fall 2: Sinti und Roma – Johann Trollmann   137

Fall 3: Behinderte – Anna Lehnkering   138

Fall 4: Arierin – Elisabeth Makowiak   139

Fall 5: Schriftsteller – Thomas Mann   140

Fall 6: Juden – Hannele Zürndorfer   141

Sechs Jahre NS-Diktatur – Hitlers Bilanz unter der Lupe   142

Geschichte einmal anders: Spurensuche in unserer Stadt – Arbeiten im Archiv   144

Nationalsozialismus 1939 – 1945: Krieg und Völkermord   146

Das Kriegsgeschehen im Überblick   147

Der Krieg im Osten – kein Krieg wie jeder andere   152

Holocaust – von der Verfolgung zum Völkermord   154

Auschwitz – weltweites Symbol für den Völkermord   156

Der Alltag – zwischen Begeisterung und Widerstand   160

Wir forschen gemeinsam: Widerstand gegen die NS-Herrschaft   162

Geschichte einmal anders: Widerstand im Dritten Reich – Recherchieren im Internet   165

Weltkriegsfolgen – Flucht und Vertreibung   166

„Die Jaschkes" – von der Vertreibung zum Neuanfang   168

Stopp: mehr wissen – mehr können   170

Neuordnungen der Welt und Situation Deutschlands   172

Ein erster Blick: Das Brandenburger Tor – Spiegel der wechselvollen Geschichte Deutschlands von 1945 – 1990   174

Als der Krieg zu Ende war: Die Nachkriegsjahre in Deutschland und Europa   176

Die Sieger ordnen Deutschland und Europa neu   177

Alltag im besiegten Deutschland – Bilder erzählen   180

Die „Entnazifizierung": Was geschieht mit der Vergangenheit?   182

Der Ost-West-Konflikt und die Teilung Deutschlands   184

Aus Verbündeten werden Gegner: Wie der Ost-West-Konflikt begann   185

Der Ost-West-Konflikt: Weltordnung für Jahrzehnte   188

Die Teilung: Deutschland im Sog der Weltpolitik   190

Schlüsselstation 1: Die Gründung der SED   191

Schlüsselstation 2: Der Marshall-Plan   192

Schlüsselstation 3: Die Währungsreform   193

Schlüsselstation 4: Die Berlin-Krise   194

Schlüsselstation 5: Die Gründung der beiden deutschen Staaten   195

Das doppelte Deutschland: ein Volk – zwei Staaten   196

Was heißt hier „Demokratie"?   197

Markt oder Plan – wer bestimmt das Wirtschaftsleben?   202

Wir forschen gemeinsam: Gemeinsam an Stationen lernen und arbeiten: Schlüsselereignisse in der Geschichte der beiden deutschen Staaten   206

Station 1: 17. Juni 1953 – Volksaufstand in der DDR: Realität und Propaganda   207

Station 2: 1954 – Westintegration der Bundesrepublik: Abschied von der Einheit?   210

Station 3: 13. August 1961 – Die Mauer: Symbol der Teilung Deutschlands   212

Station 4: 1970 – Die „Neue Ostpolitik": Friedenspolitik oder Verrat?   214

Geschichte einmal anders: Leben in Ost und West: Eine Ausstellung   216

Thema 1: Die „Wirtschaftswunderjahre" in der Bundesrepublik   218

Thema 2: Frauenbilder und Frauenpolitik in Ost und West   220

Thema 3: Kindheit und Jugend in Ost und West   222

Thema 4: „Schild und Schwert der Partei" – Die „Stasi"   224

Das Ende des Ost-West-Konflikts und die deutsche Einheit   226

Ein Weltkonflikt – und sein Ende   227

Die DDR in der Krise: Was will die Opposition?   230

1989: Die „Friedliche Revolution"   232

Im Nachhinein: Urteile über die DDR   236

Von der „Friedlichen Revolution" zur Einheit   238

Ein Zeitzeuge berichtet: Wie reagierten die Siegermächte?   240

Die deutsche Einheit – vollendet?   242

Sind wir nun *ein* Volk? – Projekte zum Stand der deutschen Einheit   244

Stopp: mehr wissen – mehr können   248

Transnationale Kooperation: Europäische Einigung und Vereinte Nationen 250

Ein erster Blick: Europäische Einigung und Vereinte Nationen 252

Europa 254

„Europa 1.0": Die ersten Etappen der europäischen Einigung 255

„Europa 2.0": Maastricht und das neue Europa nach 1989/90 260

„Europa wird größer": Die Osterweiterung der EU 264

Geschichte einmal anders: Die EU heute – Wir befragen einen Politiker 266

Thema 1: Wie funktioniert die EU heute? 267

Thema 2: Krisen überall? – Die EU in der Gegenwart 269

Thema 3: Wie weiter mit Europa 272

Vereinte Nationen 274

Die UNO – Vision einer friedlichen Welt 275

Stopp: mehr wissen – mehr können 278

Selbstbild und Fremdbild in historischer Perspektive 280

Polen und Deutsche – Geschichte einer „Erbfeindschaft"? 282

Polen und Deutsche nach dem Zweiten Weltkrieg – (Wie) Lassen sich Stereotype überwinden? 290

Methodenwerkstatt 292

Begriffe zum Nachschlagen 323

Register 332

Methoden

Neue Fachmethoden in diesem Band

Ein Verfassungsschaubild auswerten   45

Diagramme und Statistiken auswerten   97

Werturteile entwickeln und formulieren   142

Arbeiten im Archiv   145

Zeitzeugeninterview   217

Methodenwerkstatt

Hier findet ihr Methodenkarten zu

→ den Fachmethoden, die euch schon bekannt sind

→ überfachlichen Methoden

@ SNG-34530-001 Auf vielen Buchseiten findet ihr solche **Webcodes**. Sie verweisen auf weiterführende Informationen und Materialien im Internet.

Die Webcodes erleichtern euch das Auffinden von Links und Dateien, die speziell zu den Themen in dem vorliegenden Band ausgewählt oder erstellt wurden.

So geht es zum Internetangebot:

Geht auf die Seite **www.westermann.de/webcode**

Gebt dort den **Webcode aus dem Buch** ein. So gelangt ihr zu speziell für euch bereitgestellten Internetangeboten.

Liebe Schülerinnen und Schüler,

Wer sich mit Geschichte beschäftigt, versetzt sich immer in vergangene Zeiten zurück. Aber das nicht ohne Grund: Wir schauen in die Vergangenheit zurück, um unsere eigene Gegenwart besser zu verstehen und um soweit möglich Lehren für Gegenwart und Zukunft daraus zu ziehen. Auf dieser Doppelseite erfahrt ihr, wie die Autorinnen und Autoren von „Zeiten und Menschen" für euch eine interessante und spannende Entdeckungsreise in die Vergangenheit organisiert und gestaltet haben.

Auftaktseite

Jedes Kapitel beginnt mit einer solchen großflächigen Bilddoppelseite. Das Bild und kurze Begleittexte geben Ausblicke auf inhaltliche Schwerpunkte und Fragestellungen, um die es in diesem Kapitel gehen wird. Gleichzeitig wollen diese Bilder euer Interesse wecken, Anregungen für ein erstes Gespräch und eigene Fragen bieten.

Ein erster Blick

Hier erfahrt ihr, warum es Sinn macht, sich z. B. mit der Geschichte der Zeit nach dem Zweiten Weltkrieg zu beschäftigen. Ihr lernt Schlüsselereignisse, Personen, zentrale Frage- und Problemstellungen kennen, um die es im Kapitel gehen wird. Eine Zeitleiste hilft, sich zeitlich zu orientieren.

Themenseiten

Die Themenseiten sind die Kernstücke der verschiedenen inhaltlichen Themaeinheiten des Kapitels.

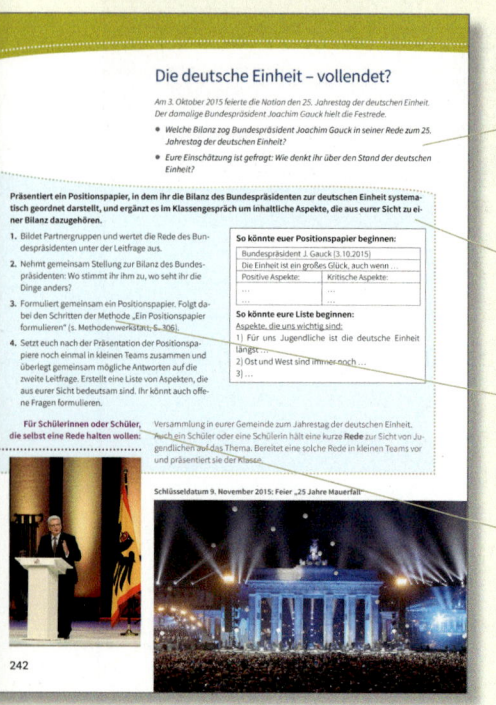

Historische **Leitfragen** sind euer Ausgangspunkt für zielführendes thematisches Arbeiten.

Hier findet ihr Vorschläge, wie ihr eure **Arbeitsergebnisse präsentieren**, d. h. darstellen könnt.

Mit diesen **Arbeitsschritten** könnt ihr Antworten auf die Leitfragen erarbeiten.

•••• Wenn euch dieses Symbol begegnet, bedeutet das: Mehrere Wege führen zum Ziel. Ihr könnt **auswählen** nach Interesse oder danach, welchen Weg ihr gehen wollt, oder danach, was ihr euch eher zutraut.

Darstellungstexte, die wir, die Autorinnen und Autoren eures Schulbuches, geschrieben haben. Sie informieren zusammenhängend über Sachverhalte und Entwicklungen.

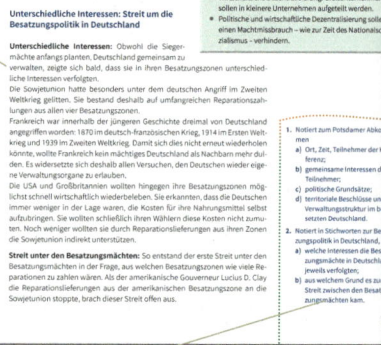

Erschließungshinweise helfen, die Texte zielgerichtet zu lesen und auszuwerten.

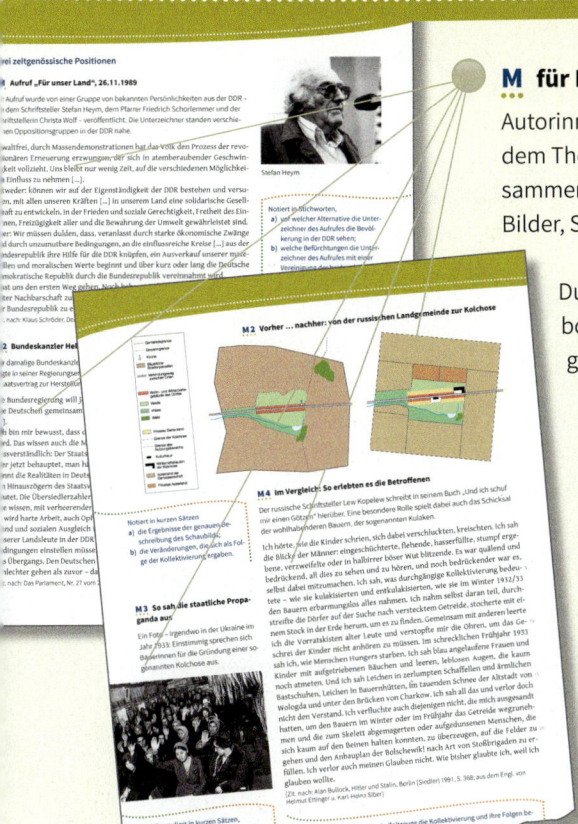

ei zeitgenössische Positionen

M1 Aufruf „Für unser Land", 26.11.1989

Stefan Heym

M2 Vorher ... nachher: von der russischen Landgemeinde zur Kolchose

M3 So sah die staatliche Propaganda aus

M4 Im Vergleich: So erlebten es die Betroffenen

M für Materialien

Autorinnen und Autoren haben zu jedem Thema vielfältige Materialien zusammengestellt: schriftliche Quellen, Bilder, Schaubilder, Karten, Tabellen.

Du kannst sie mithilfe der angebotenen **Arbeitsaufgaben** befragen und auswerten.

Eine besondere Hilfe für die Auswertung der Materialien werden euch die Seiten mit dem Titel **Methode** sein. Angeleitetes Methodentraining führt euch in die Arbeitstechniken ein, die für das Fach Geschichte wichtig sind. Ihr könnt lernen, wie ihr beispielsweise selbstständig Diagrammen und Statistiken oder Schaubildern Informationen entnehmen und diese für die Bearbeitung eurer Leitfragen nutzen könnt.

Methode: Diagramme und Statistiken auswerten

M1 Reichstagswahlen 1928 – 1932

97

Wenn ihr im Buch auf solche Seiten trefft ...

Gemeinsam an Stationen lernen und arbeiten: Schlüsselereignisse in der Geschichte der beiden deutschen Staaten

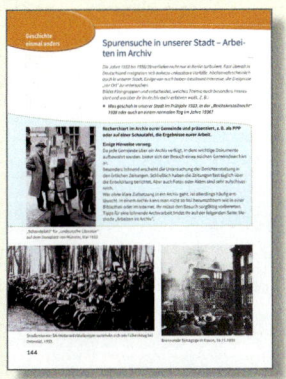

Spurensuche in unserer Stadt – Arbeiten im Archiv

Widerstand im Dritten Reich – Recherchieren im Internet

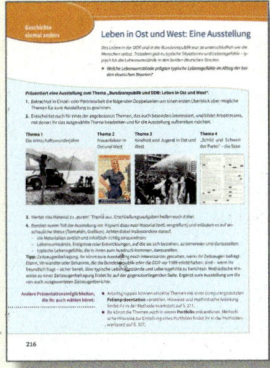

Leben in Ost und West: Eine Ausstellung

... müsst ihr **gemeinsam** Teilergebnisse zusammentragen, um das Thema zu bearbeiten und Antworten zu finden.

... handelt es sich um **Wahlseiten**. Ihr könnt gemeinsam mit eurer Lehrerin bzw. eurem Lehrer entscheiden, ob und wie ihr sie bearbeiten möchtet.

Was ihr jetzt wisst und könnt ... oder:
Wie kompetent bin ich?

Am Ende eines jeden Kapitels findet ihr die Doppelseite **Stopp: mehr wissen – mehr können**.
Hier könnt ihr euch selbst überprüfen und testen, was ihr in den Bereichen Sachkompetenz, Urteilskompetenz und Methodenkompetenz gelernt bzw. hinzugelernt habt.

11

Epochenwende 20. Jahrhundert – Neue weltpolitische Koordinaten

Epochenjahr 1917

Ein Jahr, das die Welt radikal veränderte – eine neue Epoche begann.

Eintritt der USA in den Ersten Weltkrieg: Ihre Politik verflocht sich von jetzt an mit den Geschehnissen in Europa, was bis heute Auswirkungen und Bestand hat.

Revolution in Russland: Ein sozialistisch-kommunistisches Ordnungskonzept für Staat und Gesellschaft wurde verwirklicht.

Kapitalistisch-liberaldemokratische Demokratie nach amerikanischem Vorbild oder sozialistisch-kommunistisches Staatsmodell? Zwei politische Ordnungsmodelle, die in den nachfolgenden Jahrzehnten die Weltpolitik im 20. Jahrhundert bis in das 21. Jahrhundert hinein prägen. Im Epochenjahr 1917 und seinem engeren zeitlichen Umfeld begann ein tief greifender Konflikt zwischen Ost und West.

Eine neue Weltordnung entsteht

„Es gibt heute auf Erden zwei große Völker, die dem gleichen Ziel zuzustreben scheinen: die Russen und die Angloamerikaner [...]. Ihr Ausgangspunkt ist verschieden, ihre Wege sind ungleich; dennoch scheint jeder von ihnen nach einem geheimen Plan der Vorsehung berufen, eines Tages die Geschicke der halben Welt in seiner Hand zu halten". Diese kühne Vorhersage machte der Staatsphilosoph Alexis de Tocqueville 1835 in seinem Werk „Über die Demokratie in Amerika". Fast ein Jahrhundert später traf sie, wenngleich unter ganz anderen Voraussetzungen, tatsächlich ein.

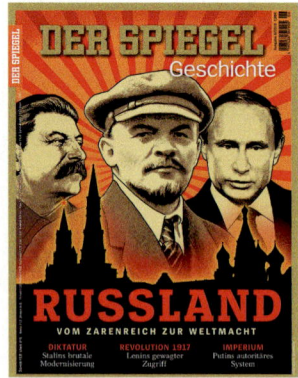

„Good bye Lenin!" So lautet im Jahr 2003 der Titel eines deutschen Spielfilms, der die Kinosäle füllte.

Ein „neues Russland" auf dem Weg zur Weltmacht

Aus Ideologie wird Wirklichkeit …

Nach dem Ende des Ersten Weltkrieges suchten viele Menschen nach einer Orientierung: Die Welt der Monarchien war zusammengebrochen, der Weg schien frei zu sein für einen großen Zukunftsentwurf: den Kommunismus.

… und verändert die Welt

Zunächst glaubten viele Zeitgenossen, dass der neue Staat bald zusammenbrechen würde. Tatsächlich überdauerte die Sowjetunion aber über 70 Jahre und war bis zu ihrem Zusammenbruch ab Mitte der 1980er-Jahre die zweite Supermacht neben den USA.

Eine Frau sitzt im Jahre 1991 auf den Überresten einer zerstörten Lenin-Statue in der Hauptstadt Vilnius.

Russland/Sowjetunion

Februar 1917	**Oktober 1917**	**1921**	**1922**	**1924**	**1929**	**1936–38**
Februarrevolution, Abdankung des Zaren	Oktoberrevolution, Machtübernahme der Bolschewiki	Sieg der Roten Armee im Bürgerkrieg	Gründung der Sowjetunion	Tod Lenins Übernahme der Macht durch Stalin	Erster Fünfjahresplan	Höhepunkt der stalinistischen Verfolgungen

Amerika – die globale Supermacht, die die Weltgeschichte des 20. Jahrhunderts am stärksten geprägt hat

Mit ihrem Eintritt in den Ersten Weltkrieg unter Präsident Wilson entfalteten die USA die Basis für ihre Weltmachtstellung im 20. Jahrhundert. Als globale Supermacht bestimmten sie fortan das Geschehen weltweit, auch auf dem europäischen Kontinent und besonders in Deutschland. Mit ihrem massiven politischen und militärischen Engagement in den beiden Weltkriegen, in Militärbündnissen wie der NATO sowie in der selbst zugeschriebenen Rolle als „Weltpolizist" in Krisenregionen auf der ganzen Welt bestimmten sie über Jahrzehnte entscheidend die Weltordnung. Politisch, militärisch und wirtschaftlich haben die Vereinigten Staaten seit der Mitte des 20. Jahrhunderts bis in das 21. Jahrhundert hinein so viel Einfluss auf große Teile unseres Planeten wie keine Großmacht zuvor. Und das auch kulturell: Wir lassen uns durch amerikanische Filme, TV-Serien und Musikprogramme unterhalten; wir bewundern amerikanische Stars der Musik- und Filmszene und finden in vielerlei Hinsicht den amerikanischen Lebensstil attraktiv.

Weltmacht USA – „Weltpolizist" unter dem Sternenbanner

Berlin, Juni 1963: „Ich bin ein Berliner". Der US-Präsident John F. Kennedy hält eine Rede vor dem Schöneberger Rathaus.

April 2001: US-Soldaten zerstören im Irak ein Standbild Saddam Husseins, Herrscher bis zum Ende der amerikanischen Militäroperation im Irak.

8. Dezember 1987: Ronald Reagan, der Präsident der USA, und der sowjetische Parteichef Michail Gorbatschow unterzeichnen einen Vertrag zur Vernichtung atomarer Mittelstreckenraketen.

Vereinigte Staaten von Amerika

1607	4.7.1776	1861 – 1865	1890	1898	6.4.1917
Gründung der ersten englischen Siedlung in Amerika	Die 13 englischen Kolonien erklären ihre Unabhängigkeit als Vereinigte Staaten von Amerika	Bürgerkrieg zwischen Süd- und Nordstaaten, Sieg der Nordstaaten, Verbot der Sklaverei, Einheit der USA	Abschluss der Eroberung des amerikanischen Westens bis zum Pazifik	Beteiligung der USA am Imperialismus (Mittel-/Südamerika, Pazifik, Südostasien)	Kriegserklärung der USA an Deutschland, Eintritt in den Ersten Weltkrieg

Zwei Personen haben die Geschichte eines neuen Russlands in der ersten Hälfte des 20. Jahrhunderts geprägt: Wladimir Iljitsch Uljanow, genannt Lenin (hier im Hintergrund), und Stalin, der eigentlich Jossif Wissarionowitsch Dschugaschwili hieß, sind die Schöpfer und Gestalter der neuen Gesellschafts- und Staatsordnung Russlands nach dem Ersten Weltkrieg.

Plakat aus dem Jahr 1950

Das vorrevolutionäre Russland

Revolutionen sind Ereignisse, die alles umstürzen bzw. radikal verändern. Langfristige Ursachen, konkrete Anlässe, Ablauf, Ergebnisse und weiterreichende Folgen – das sind die Grundschritte der Vorgehensweise, wenn Historiker Revolutionen untersuchen. Um zu verstehen, worum es in einer Revolution geht, müssen wir uns also zunächst vergegenwärtigen, was verändert wird. Revolutionen haben immer eine Vorgeschichte, nach der zuerst zu fragen ist. Im vorliegenden Fall ist es der Blick auf das zaristische Russland.

- *Was sind charakteristische Merkmale Russlands zur Zeit der Zarenherrschaft?*
- *Wie und warum kam es zum Zusammenbruch des Zarenreiches in Russland?*

Präsentiert und erläutert in einem Kurzvortrag eine Conceptmap, in der ihr charakteristischen Merkmale der Zarenherrschaft und den Zusammenbruch des zaristischen Russlands strukturiert darstellt.

1. Bildet kleine Arbeitsteams und wertet den Darstellungstext sowie die Materialien unter den beiden Leitfragen aus. Erschließungstipps helfen dabei.

2. Erstellt ein geordnetes Konzept in Form von Karteikarten, auf denen ihr die wichtigen Informationen und Aspekte für euren Vortrag aufschreibt. **Tipp:** Methodenwerkstatt (S. 294)!

3. Gestaltet eine Conceptmap zum Vortrag für die Präsentation vor der Klasse. Informiert euch in der Methodenwerkstatt (S. 297) darüber, wie man eine anschauliche, aussagekräftige Conceptmap erstellt.

4. Sprecht untereinander im Team ab, wie ihr die Vortragsanteile in der Präsentation unter euch aufteilen wollt.

Russland zur Zeit der Zarenherrschaft

Seit dem 16. Jahrhundert wurde Russland von den Zaren – aus dem Lateinischen abgeleitete Bezeichnung für Kaiser – als Herrschern über das russische Reich regiert. Im 18. Jahrhundert war Russland unter Peter dem Großen zu einer europäischen Großmacht aufgestiegen.

„Koloss auf tönernen Füßen": Ein weites Land und ein mächtiges Reich – so könnte eine Kurzformel lauten, um das russische Zarenreich zu Beginn des 20. Jahrhunderts zu beschreiben. Nach Bevölkerungszahl und Fläche stellte Russland am Ende des 19. Jahrhunderts das mit Abstand größte Reich dar. Um die Mitte des 19. Jahrhunderts gehörte das Zarenreich zu den führenden Mächten in Europa. Zu Beginn des 20. Jahrhunderts zeigten sich jedoch bereits deutliche Verfallserscheinungen.

M 1

Notiert auf Karteikarten die wesentlichen Informationen, die die Beschreibung und Auswertung der Karte zum Thema Entstehung und Entwicklung des Zarenreiches liefern.

M 2 Herrschaftsverständnis der Zaren

Zar Nikolaus II. (Lithografie von Ilja Galkin, 1896)

M 3 Gesellschaftskritik

Flugblatt der „Union Russischer Sozialisten" zum Thema Herrschafts- und Gesellschaftsstruktur im Zarenreich (London 1901)

Wir sind die Herrschaft über euch.

Wir lenken euch.

Wir streuen euch Sand in die Augen.

Wir schießen auf euch.

Wir essen für euch.

Wir arbeiten für euch.

Wir ernähren euch.

Es wird die Zeit kommen, wo das Volk sich erheben wird, und es wird seine Ausbeuter auseinanderjagen.

Notiert in Stichworten auf Karteikarten
a) die Ergebnisse einer Beschreibung der Lithografie (M 2);
b) die Botschaft zum Selbstverständnis der Zaren als Herrscher;
c) die Ergebnisse einer Beschreibung des Flugblatts (M 3);
d) die Aussageabsicht dieses Flugblatts.

Zarenherrschaft in der Krise

In seiner politischen, wirtschaftlichen und sozialen Entwicklung hinkte Russland den anderen europäischen Großmächten weit hinterher.

Autokratische Alleinherrschaft: Die Impulse und Ideen der Aufklärung und die revolutionären Bewegungen des 18. und 19. Jahrhunderts erreichten Russland nicht. Noch an der Wende zum 20. Jahrhundert war der regierende russische Zar der letzte Herrscher in Europa, dessen Macht kaum eingeschränkt war. So herrschte Zar Nikolaus II. nach wie vor als Zar „autokratisch". Eine Verfassung, geschweige denn ein Parlament, gab es nicht. So stützte sich auch Nikolaus in der Ausübung seiner Herrschaft wie all seine Vorgänger auf den Adel. Dieser verfügte über riesigen Grundbesitz. Weitere Stützen der Macht waren die Kirche sowie treu ergebene Staatsbeamte und Offiziere des Heeres. Polizisten und Soldaten sorgten für die Sicherung und Durchsetzung der Herrschaft des Zaren. Zwar gab es seit 1905 eine Verfassung. Diese gab den Bürgern jedoch kaum Rechte. Faktisch waren die Macht und auch der Reichtum der Zarenfamilie weiterhin fast unbeschränkt.

In krassem Gegensatz zum Reichtum der Zarenfamilie und des russischen Hochadels stand die Armut weiter Teile der Bevölkerung.

Die Krise der Landbevölkerung: Der Großteil der russischen Bevölkerung – etwa 85 Prozent – waren Bauern. Erst in der zweiten Hälfte des 19. Jahrhunderts waren in Russland die Bauern aus der Leibeigenschaft befreit worden. Die bäuerliche Gesellschaft bestand aus wirtschaftlich abhängigen Kleinbauern, die keine politischen Rechte hatten und damit der Willkür adeliger Großgrundbesitzer ausgeliefert waren. Die Bevölkerung auf dem Land und in den Städten wuchs stetig. Das zur Verfügung stehende Land reichte nicht aus, um die Versorgung sicherzustellen. Hinzu kamen veraltete Anbaumethoden. Die Folge war, dass immer mehr Bauern verarmten.

Industrielle Rückständigkeit: Während in Europa im 19. Jahrhundert die Industrialisierung die Entwicklung bestimmte, schien die Zeit in Russland stehengeblieben zu sein. Im Vergleich mit den europäischen Staaten des 19. Jahrhunderts gab es in Russland nur wenig Industrie. Eine nennenswerte Industrie existierte bis um 1900 nur in wenigen Zentren. Trotz verstärkter Anstrengungen zum Aufbau einer modernen Industrie seit Beginn des 20. Jahrhunderts verbesserte sich die Situation der russischen Arbeiter durch die Industrialisierung nicht. Harte Arbeitsbedingungen, niedrige Löhne und das Fehlen sozialer Absicherung kennzeichneten die Lebenssituation der Industriearbeiter. Hinzu kam, dass insgesamt etwa drei Viertel aller Russen – das galt für Industriearbeiterschaft und Bauern gleichermaßen – weder rechnen noch schreiben konnten.

Eine politische Opposition formiert sich

Ende des 19. Jahrhunderts bildeten sich politische Gruppen, die dem Marxismus nahestanden. Ihre Mitglieder kritisierten das autokratische System nicht nur, sondern wollten es abschaffen. Die gedanklichen Grundlagen fanden diese Gruppen in den Werken von Karl Marx und Friedrich Engels. Nach ihrer Theorie des Kommunismus war es die historische Aufgabe des Proletariats, die Herrschaft durch eine Revolution zu übernehmen und die Ausbeutung des Menschen durch den Menschen zu beenden.

1903 hatten sich die radikalen Bolschewiki unter Führung von Wladimir Iljitsch Lenin gebildet, die für eine proletarische Revolution im Sinne von Marx und Engels eintraten, also eine Revolution durch Arbeiter und Bauern. Vor dem Ersten Weltkrieg fanden all diese Gruppen aber zunächst nur wenig Zulauf. Insbesondere die russische Landbevölkerung erwies sich gegenüber den Forderungen nach einer Revolution weitgehend unzugänglich. In ihrer Verzweiflung griffen viele dieser Gruppierungen zu terroristischen Mitteln. Der russische Staat reagierte mit Härte. Lenin und viele seiner engsten Mitarbeiter mussten ins Ausland fliehen, wo sie auf einen günstigen Moment zur Rückkehr warteten. Lenin zog aus diesem Scheitern die Schlussfolgerung, dass die Masse selbst unfähig zu ihrer eigenen Befreiung sei. Hierzu seien nur Berufsrevolutionäre in der Lage, die bedingungslos den Befehlen der Anführer gehorchen. Entsprechend dieser Lehren organisierte Lenin seine „Bolschewiki". Im Ausland bereiteten sie sich darauf vor, eine Revolution in Russland zu beginnen. Vorerst schien Russland somit zur Ruhe gekommen zu sein. Dennoch war auch in politischer Hinsicht unübersehbar, dass Russland vor tief greifenden Veränderungen stand, sei es durch Reformen oder durch eine gewaltsame Revolution.

Das Ende – ein verlorener Krieg und seine Folgen

Februar 1917 – Seit mehr als zweieinhalb Jahren befand sich Russland im Krieg mit dem Deutschen Reich und Österreich-Ungarn. Wie in den anderen europäischen Staaten waren auch in Russland die Männer zuerst bereitwillig zu den Waffen geeilt. Und auch in Russland hatte niemand mit dem wahren Schrecken des Krieges gerechnet. Die industrielle Rückständigkeit führte zudem dazu, dass die russische Kriegsindustrie bei Weitem nicht so leistungsfähig war wie die der anderen Großmächte. Die Ausrüstung und Bewaffnung der russischen Armee erwiesen sich als denen der deutschen Armee unterlegen. Während sich die anderen Nationen im Stellungskrieg an der Westfront unter hohen Verlusten zumindest behaupten konnten, reihte sich für die russische Armee Niederlage an Niederlage. Angesichts der militärischen Krise hatte der Zar 1915 sogar selbst den Oberbefehl über die Truppen übernommen – ein Fehler, denn fortan machten die Menschen den Zaren persönlich für die Niederlagen verantwortlich. Bis 1917 fielen etwa 1,5 Mio. Russen an der Front. Obwohl sie schlecht ausgebildet und unzureichend bewaffnet waren, verlangte die Generalität von den Soldaten immer neue Offensiven. Die Disziplin der Armee nahm ab, Meutereien waren an der Tagesordnung.

Kaum besser ging es den Menschen in der Heimat. Die Versorgung mit Nahrungsmitteln war schlecht, die Angehörigen der Soldaten hungerten und froren. Es kam zu immer mehr Streiks und Hungerrevolten.

Bolschewiki (russ. die Mehrheitlichen): Bezeichnung für den radikalsten Flügel der russischen Sozialisten. Der Name geht auf einen Sieg der Bolschewiki bei einer Abstimmung innerhalb der sozialistischen Partei zurück. An dieser hatte die Mehrheit der Delegierten aber nicht teilgenommen. Tatsächlich waren die Bolschewiki bis 1917 nur eine kleine Minderheit.

Russische Soldaten knien vor Zar Nikolaus II. (um 1914).

Rasputin

Notiert die Kernaussagen des Darstellungstextes in Stichwortform auf Karteikarten.

Epochenjahr 1917: Zwei Revolutionen verändern Russland

1917 endete in Russland eine Epoche: Die jahrhundertelange autokratische Alleinherrschaft der Zaren brach endgültig zusammen. Zwei aufeinanderfolgende Revolutionen veränderten die Machtverhältnisse grundlegend. Ereignisse, die nicht nur Staat und Gesellschaft Russlands von Grund auf umgestalteten, sondern darüber hinaus – das belegt eine Rückschau auf das 20. Jahrhundert aus heutiger Sicht – weltgeschichtliche Bedeutung erlangen sollten.

- *Was waren die Ziele der Revolutionäre?*
- *Wie verliefen die Februar- und die Oktoberrevolution?*
- *Was waren ihre jeweiligen Ergebnisse?*

Präsentiert auf einer Stellwand eine kommentierte Bildergalerie, in der ihr die Schauplätze und Schlüsselereignisse der beiden Revolutionen in ihrem Verlauf und ihren Ergebnissen chronologisch geordnet darstellt und erläutert.

1. Bildet Arbeitsteams, in denen ihr für eines der Schlüsselereignisse – Februarrevolution, Doppelherrschaft, Aprilereignisse, Kriegsniederlage, Oktoberrevolution – einen Galeriebeitrag für die Präsentation gemeinsam vorbereiten möchtet.

2. Lest den kurzen Darstellungstext zu dem von euch ausgewählten Schlüsselereignis. Recherchiert im Internet weitere Informationen und Bildmaterial zu den Ereignissen (Webcodes bieten eine Starthilfe). Dabei hilft euch die methodische Anleitung „Das Internet nutzen" (Methodenwerkstatt, S. 310).

3. Gestaltet auf der Grundlage eurer Rechercheergebnisse euren Beitrag (Bildmaterial, kurze kommentierende Texte) für die Bildergalerie.

4. Sprecht im Team ab, wie ihr gemeinsam eure Arbeitsergebnisse vorstellen und erläutern wollt.

Ein alternativer Vorschlag für eine Präsentation:
- Ihr könnt eure Beiträge auch digital präsentieren, z. B. als **PowerPoint**.
- **Oder:** „Tage, die die Welt veränderten" – Eine kleine **Dokumentation** in Bildern und Texten oder auch eine **Reportage**.

Russland im Jahr 1917

Die Februarrevolution: Am 23. Februar 1917 protestierten in Petrograd (St. Petersburg) Hunderttausende gegen Hunger und Not, gegen die Beteiligung Russlands am Ersten Weltkrieg, der große Opfer forderte, und gegen die fast unumschränkte Herrschaft des Zaren. Diesmal weigerten sich die Soldaten des Zaren jedoch, auf die Demonstranten zu schießen. Ein Regiment nach dem anderen schloss sich den Aufständischen an. Die Revolution breitete sich noch im Februar des Jahres 1917 im ganzen Land aus. Bereits am 2. März musste der Zar abdanken.

Die Phase der „Doppelherrschaft": Führende liberale Abgeordnete der Duma bildeten eine **„Provisorische Regierung"**. Das Bürgertum hatte damit die Regierung übernommen. Die neue Regierung wollte den Krieg unbedingt fortführen. Nahezu zeitgleich bildeten sich aber in den Städten **Arbeiter- und Soldatenräte (russ. Sowjets)**, die von nun an alle Verwaltungsaufgaben übernahmen und damit faktisch die Macht übernommen hatten. Zentrale Bedeutung erhielt der Petrograder Sowjet, der für einen schnellen Friedensschluss eintrat, um das zentrale Ziel des Aufstandes, die Beseitigung der Not, einzulösen. Die Februarrevolution brachte also keine eindeutigen Machtverhältnisse hervor. Die provisorische Regierung rechnete nach dem Kriegseintritt der USA im April 1917 mit einem Sieg der Alliierten. Um die Alliierten zu entlasten, bereitete sie eine neue Offensive vor.

April 1917: Das Deutsche Reich machte Lenin und seinen Helfern im Schweizer Exil ein erstaunliches Angebot: Die russischen Kommunisten sollten über deutsches Gebiet per Eisenbahn in Richtung der russischen Grenze transportiert werden und dort die Revolution vorantreiben. Lenin nahm dieses Angebot an und kehrte am 3. April 1917 aus dem Schweizer Exil nach Russland zurück. Ihm gelang es, die Bolschewiki zu einem selbstbewussteren Auftreten zu bewegen. Seine **„Aprilthesen"** fanden die Zustimmung der Massen.

Lenin bei seiner Ankunft in Petrograd

Lenins Aprilthesen:
– Alle Macht den Sowjets!
– Enteignung der Großgrundbesitzer, Verteilung des Landes unter den Bauern
– Kontrolle der gesamten Industrie und Verteilung der Güter durch die Sowjets
– Gründung einer internationalen revolutionären Bewegung

Niederlage im Krieg: Die Fehler der Übergangsregierung spielten den Bolschewiki zusätzlich in die Hände. Die russische Offensive an der Front endete in einem Desaster. Nach wenigen Tagen brach das Unternehmen zusammen und die deutsche Armee stieß immer tiefer auf russisches Gebiet vor. Die russische Armee begann sich aufzulösen, weil immer mehr Soldaten einfach desertierten und nach Hause zurückkehrten. Der Krieg war damit für Russland endgültig verloren.

Die Oktoberrevolution: Lenin änderte seine Taktik: Er versprach den Massen nun „Brot und Frieden". Mit seinen Helfern bereitete er einen bewaffneten Aufstand vor. Der insgeheim organisierte Aufstand begann in der Nacht des 24. Oktober. Am Ende des folgenden Tages hatten die Truppen der Bolschewiki alle strategisch wichtigen Punkte der Stadt eingenommen und die Mitglieder der Provisorischen Regierung verhaftet.

Der Sturm auf das Winterpalais, der zur Festnahme der Provisorischen Regierung führte, in einem sowjetischen Spielfilm

Untergang des Zarenreiches:

@ SNG-34530-002

Lenin und die Oktoberrevolution:

@ SNG-34530-003

Alleinherrschaft: Unter Lenins Vorsitz bildete sich am 26. Oktober die Regierung des „Rats der Volkskommissare". Als erste Amtshandlung erließ der Rat ein Dekret über einen sofortigen Friedensschluss mit den Kriegsgegnern und die Enteignung des Grundbesitzes. Da die neue bolschewistische Regierung damit wesentliche Forderungen der Arbeiter und Bauern umgesetzt hatte, wurde sie in den meisten Gebieten des Landes zunächst akzeptiert. Widerstand wurde gewaltsam unterdrückt. Als die Wahlen zur Verfassunggebenden Versammlung dennoch keine Mehrheit für die Bolschewiki ergaben, wurde sie gewaltsam aufgelöst. Die Bolschewiki übernahmen die alleinige Macht.

Leninismus – der neue Zukunfts-entwurf für Herrschaft, Staat und Gesellschaft in Russland

Dass die Übernahme der Macht durch Lenin und die Bolschewiki auf nur wenig Widerstand gestoßen war, bedeutete noch lange nicht, dass die Mehrheit der Menschen in Russland aufseiten der Bolschewiki war. Wer herrschen will, kann nicht nur einfach die Macht übernehmen, sondern muss die Menschen in ihrer Mehrheit von seinen Ideen und Vorstellungen für die angestrebte neue Ordnung in Staat und Gesellschaft überzeugen. Vorrangige Aufgabe der neuen Machtin-haber in Russland war es daher, der überwiegenden Mehrheit der Bevölkerung ihr Staats-und Gesellschaftsmodell zu erklären und sie dafür gewinnen.

- *Wie sollte die neue Ordnung von Staat und Gesellschaft in Russland aussehen?*
- *Was machte dieses Angebot für die Menschen attraktiv?*

Das „neue Russland": Haltet einen plakatgestützten Gruppenvortrag, in dem ihr das neue Staats-und Gesellschaftsmodell vorstellt und beurteilt, warum es für die russische Bevölkerung attraktiv war.

1. Bildet Arbeitsgruppen, in denen ihr den Vortrag gemeinsam vorbereiten möchtet.
2. Wertet die Text- und Bildquellen aus. Arbeitsempfehlungen zu den einzelnen Materialien helfen euch bei der in-haltlichen Erschließung. **Tipp:** Verteilt die Arbeit im Team.
3. Stellt euch die Arbeitsergebnisse einander in der Gruppe vor. Korrigiert und ergänzt, wo es nötig ist.
4. Gestaltet auf Grundlage der Auswertungsergebnisse ein Konzept für den Vortrag. Orientiert euch dabei an der erlernten Methode „Mit Karteikarten einen Kurzvortrag halten" (s. Methodenwerkstatt, S. 294). Anregungen und Hinweise zur Plakatgestaltung findet ihr in der Methodenwerkstatt auf S. 298.
5. Sprecht ab, wie ihr Gesprächsanteile im Vortrag unter euch aufteilen wollt.

Eine andere Möglichkeit ...   Ein kleines Arbeitsteam könnte auch in die Rolle einer Schulbuchautorin bzw. eines Schulbuchautors schlüpfen und anhand der Text-und Bildmaterialien einen **zusammenfassenden Darstellungstext** zum Thema „Das neue Russ-land" schreiben. **Tipp:** Macht euren Mitschülerinnen und Mitschülern den Text digital verfügbar (Mail, Schulnetz, Stick) und stellt ihn zur Diskussion.

Kommunistische Verheißung: das „neue Russland"

Die beiden Revolutionen hatten zum Ziel gehabt, ein „neues Russland" zu schaffen. Ein neuer, zukunftsweisender Weg sollte beschritten werden, um ei-ne neue sozialistisch-kommunistische Gesellschafts- und Staatsordnung in Russland aufzubauen.

Notiert in Stichwortform,
a) wer die Erklärung abgibt und an wen sie gerichtet ist;
b) wann sie abgegeben wird;
c) die Kernaussagen der Erklärung.
Tipp: Ihr könnt sie ordnen nach politi-schen Versprechungen und wirtschaft-lichen Ankündigungen.

M 1 Erklärung der Bolschewiki zur Übernahme der Macht und zum politischen Programm, 26. 10. 1917

An die Arbeiter, Soldaten und Bauern!
[...] Die Sowjetmacht wird sofort allen Völkern einen demokratischen Frieden und den sofortigen Waffenstillstand an allen Fronten vorschlagen. Sie wird die

entschädigungslose Übergabe der Gutsbesitze, Kron- und Klosterländereien in
die Verfügungsgewalt der Bauernkomitees sicherstellen; sie wird die Rechte
der Soldaten schützen, indem sie die volle Demokratisierung der Armee
durchführt; sie wird die Arbeiterkontrolle über die Produktion einführen und
die rechtzeitige Einberufung der Konstituierenden Versammlung gewährleisten; sie wird dafür sorgen, dass die Städte mit Brot und die Dörfer mit Gegen-
ständen des dringendsten Bedarfs beliefert werden; sie wird allen in Russland
lebenden Völkern das wirkliche Recht auf Selbstbestimmung sichern.
Der Kongress beschließt: Die ganze Macht geht überall an die Sowjets der Ar-
beiter-, Soldaten- und Bauerndeputierten über, die eine wirkliche revolutionäre Ordnung zu gewährleisten haben.

(Zit. nach: Manfred Hellmann, Die russische Revolution 1917, München (dtv Verlagsgesellschaft) 1964, S. 318)

M 2 Lenins Vorstellung von der Herrschaft der Sowjets, April 1917

Die Grundfrage jeder Revolution ist die Frage der Macht im Staate. [...] Die
höchst bedeutsame Eigenart unserer Revolution besteht darin, dass sie eine
Doppelherrschaft geschaffen hat. [...]
Worin besteht die Doppelherrschaft? Darin, dass sich neben der Provisorischen Regierung, der Regierung der Bourgeoisie, eine noch schwache, erst in
Keimform vorhandene, aber dennoch unzweifelhaft wirklich existierende und
erstarkende andere Regierung herausgebildet hat: die Sowjets der Arbeiter-
und Soldatendeputierten. Wie ist diese andere Regierung klassenmäßig zusammengesetzt? Aus dem Proletariat und der (in Soldatenröcke gesteckten)
Bauernschaft.
Welcher Art ist der politische Charakter dieser Regierung? Sie ist eine revolutionäre Diktatur, das heißt eine Macht, die sich unmittelbar auf die revolutionäre Machtergreifung stützt, auf die unmittelbare Initiative der Volksmassen
von unten, und nicht auf ein von einer zentralisierten
Staatsmacht erlassenes Gesetz. Sie ist eine Macht von
ganz anderer Art als die in der parlamentarischen
bürgerlich-demokratischen Republik des bisher allgemein üblichen, in den fortgeschrittenen Ländern
Europas und Amerikas herrschenden Typus. [...]
Quelle der Macht ist nicht das vorher vom Parlament
beratene und beschlossene Gesetz, sondern die direkte, von unten kommende Initiative der Volksmassen
im Lande, die direkte „Machtergreifung" [...].
Schaffen wir eine proletarische kommunistische Partei; und von den Proletariern, von den armen Bauern
wird sich eine größere und immer größere Zahl auf
unsere Seite stellen. Die Bourgeoisie ist für die Alleinherrschaft der Bourgeoisie. Die klassenbewussten Arbeiter sind für die Alleinherrschaft der Sowjets der
Arbeiter-, Landarbeiter-, Bauern- und Soldatendeputierten.

(Zt. nach: Hans-Joachim Lieber/Karl-Heinz Ruffmann (Hg.),
Der Sowjetkommunismus – Dokumente, Band 1, Köln/Berlin
(Kiepenheuer & Witsch) 1963, S. 135 ff.)

M 3 Plakat von 1917

Auf der Fahne steht: Freiheit, Gleichheit und Brüderlichkeit!

1. Fasst auf einer Karteikarte in
   Stichwortform oder kurzen Sätzen
   Lenins Vorstellungen von den Besonderheiten der Machtausübung
   und -verteilung im neuen Russland zusammen.

2. Formuliert zu jedem der beiden
   Plakate in Stichworten,
   a) soweit benennbar Titel, Zeit-
      punkt, vermutlicher Auftragge-
      ber und Adressaten;
   b) was auf dem Plakat zu sehen
      ist (z. B. wer und was darge-
      stellt ist);
   c) zentrale Elemente der Plakat-
      gestaltung (z. B. Vordergrund,
      Hintergrund, Farben);
   d) die Botschaft des Plakats.

M 4 Plakat von 1919

Fahne links: Es lebe die Arbeiter-Bauern-Sowjetmacht!
Fahne rechts: Alle Macht den Kapitalisten! Tod den Arbeitern
und Bauern!
Text u. l.: Tod dem Kapital.
Text u. r.: Tod unter dem Stiefel des Kapitals!

M 5 „Illjitsch-Lämpchen"

M 6 Modernisierung

Lenin stellt das Programm der Bolschewiki vor (1920):

Kommunismus – das ist Sowjetmacht plus Elektrifizierung des ganzen Landes. Sonst wird das Land ein kleinbäuerliches Land bleiben und das müssen wir klar erkennen. Wir sind schwächer als der Kapitalismus, nicht nur im Weltmaßstab, sondern auch im Inneren unseres Landes. Das ist allbekannt. Wir haben das erkannt und wir werden es dahin bringen, dass die wirtschaftliche 5 Grundlage aus einer kleinbäuerlichen zu einer großindustriellen wird. Erst dann, wenn das Land elektrifiziert ist, wenn die Industrie, die Landwirtschaft und das Verkehrswesen eine moderne, großindustrielle technische Grundlage erhalten, erst dann werden wir endgültig gesiegt haben.

Wir haben bereits einen Plan für Elektrifizierung des Landes ausgearbeitet. 10 [...] Gewiss, für die parteilose Bauernmasse ist das elektrische Licht ein „unnatürliches" Licht; für uns aber ist es unnatürlich, dass die Bauern und Arbeiter Jahrhunderte-, jahrtausendelang in solcher Finsternis, in Elend, in Unterdrückung durch die Gutsbesitzer und Kapitalisten leben konnten. Dieser Finsternis kann man nicht so schnell entrinnen. [...] 15

Man muss jedoch wissen und darf nicht vergessen, dass die Elektrifizierung nicht mit Analphabeten durchzuführen ist. Wir brauchen Menschen, die nicht nur des Lesens und Schreibens kundig sind, sondern kulturell hochstehende, politisch bewusste, gebildete Werktätige. [...] Wir müssen es dahin bringen, dass jede Fabrik, jedes Kraftwerk zu einer Stätte der Aufklärung wird, und 20 wenn Russland sich mit einem dichten Netz von elektrischen Kraftwerken und mächtigen technischen Anlagen bedeckt haben wird, dann wird unser kommunistischer Wirtschaftsaufbau zum Vorbild für das kommende sozialistische Europa und Asien werden.

(Lenin, Werke, Bd. 31, Berlin (Dietz Verlag) 1959, S. 513 ff.)

M 7 „Bildung wird die Ketten der Sklaverei zerbrechen!"

Plakat von 1920

M 8 „Genosse Lenin säubert die Welt von Unrat."

Plakat von 1920

1. Notiert in Stichwortform die Kernaussagen Lenins zum Thema Elektrifizierung im Programm der Bolschewiki auf Karteikarten.

2. Formuliert zu jedem der Plakate M 5, M 7, M 8 in Stichworten,
   a) soweit benennbar Titel, Zeitpunkt, vermutlicher Auftraggeber und Adressaten;
   b) was auf dem Plakat zu sehen ist (z. B. wer und was dargestellt ist);
   c) zentrale Elemente der Plakatgestaltung (z. B. Vordergrund, Hintergrund, Farben);
   d) die Botschaft des Plakats.

Szenenwechsel – vom Leninismus zum Stalinismus

Scheinbar einträchtig sitzen zwei Männer beisammen: links Lenin, bereits durch eine schwere Krankheit gezeichnet, rechts Stalin, sein späterer Nachfolger. „Was Stalin tut, tut er mit dem Segen Lenins" – das sollte die Botschaft dieses vielfach verbreiteten Bildes sein. War das tatsächlich so oder täuscht das Bild?

- *Wer war Stalin?*
- *Welche Vorstellungen von der Umsetzung des Sozialismus hatte er?*
- *Was unterscheidet „Leninismus" und „Stalinismus"?*

Präsentiert ein großformatiges Poster, auf dem ihr zentrale Stationen des Werdegangs Stalins sowie die charakteristischen Merkmale seiner politischen Vorstellungen und ihre Umsetzung in einem Kurzvortrag erläutert. Vergleicht in einem anschließenden Kreisgespräch die beiden Wege zum Sozialismus in Russland.

1. Bildet Arbeitsgruppen, in denen ihr gemeinsam ein Poster für die Präsentation und ein Konzept für den begleitenden Vortrag erarbeiten möchtet.

2. Wertet den Darstellungstext zu Stalins Werdegang und die Textquellen aus.

3. Stellt die Arbeitsergebnisse in der Gruppe vor. Korrigiert und ergänzt, wenn nötig.

4. Gestaltet ein Poster, auf dem ihr eure Antworten auf die ersten beiden Leitfragen übersichtlich und anschaulich darstellt, und erstellt ein Stichwortkonzept für den Kurzvortrag.

5. Sprecht ab, wie ihr die Anteile in der Präsentation unter euch aufteilen wollt, und macht einen Probedurchgang in der Gruppe.

6. Setzt euch nach der Präsentation in kleinen Gesprächskreisen zusammen und bereitet euch in einem ersten kurzen Meinungsaustausch auf den Vergleich im Kreisgespräch vor.

Ein anderer Vorschlag Erstellt einen **Radiobeitrag**, indem ihr die Biografie Stalins und seine Pläne für die Sowjetunion vorstellt.

Von Lenin zu Stalin

Zu Beginn des Jahres 1921 erlitt Lenin einen Schlaganfall. Politische Aktivitäten und Ämter konnte er aus diesem Grund nicht mehr wahrnehmen. Die politische Führung im Staat und in der Partei übernahmen v. a. Trotzki, ein enger Vertrauter und Weggefährte Lenins, und Stalin, der „Stählerne". Sein bürgerlicher Name war eigentlich Jossif Wissarionowitsch Dschugaschwili.
Stalin kam 1879 als Sohn eines Schuhmachers in der Nähe der georgischen Hauptstadt Tiflis zur Welt. Er besuchte dort von 1894 bis 1899 das Priesterseminar. 1903 schloss er sich der bolschewistischen Partei an. 1922 stieg er gegen den Willen Lenins zum Generalsekretär auf. Lenin hatte Ende 1922 den Parteitag vor Stalin gewarnt. Er sei grob und intolerant und daher als Generalsekretär nicht geeignet. Als möglicher Nachfolger Lenins galt eigentlich Leo Trotzki, ein fähiger Organisator, der vor allem die Rote Armee aufgebaut hatte. Stalin war dagegen vor allem im Parteiapparat bestens vernetzt. Er nutzte in der Folgezeit seine Funktion als Generalsekretär und besetzte bis 1924 etwa 16 000 Funktionsstellen in der Partei mit Leuten, die ihm persönlich ergeben waren. Im Januar 1924 starb Lenin.

Leo Trotzki (1879 – 1940).
Stalin ließ Leo Trotzki 1927 aus der Partei ausschließen und verwies ihn 1929 aus der Sowjetunion. 1940 wurde Trotzki auf Befehl Stalins in Mexiko umgebracht.

Listet in kurzen Sätzen Stalins Werdegang chronologisch auf.

Stalin gelang es in den folgenden Jahren, seine Gegner auszuschalten. Hierbei ging es nicht allein um die Macht. Auch über die ideologische Richtung wurde erbittert gestritten. Trotzki vertrat die Theorie der sogenannten „permanenten Revolution". Erst wenn der Sozialismus in allen kapitalistischen Ländern gesiegt habe, könne man mit dem Aufbau des Sozialismus beginnen. Stalin war anderer Ansicht: Er vertrat die Theorie vom „Aufbau des Sozialismus in einem Land". Zuerst solle der Sozialismus in der Sowjetunion aufgebaut werden. Erst dann solle die Weltrevolution vorangetrieben werden. Auch aufgrund seiner Kontrolle über den Parteiapparat siegte Stalin in dieser innerparteilichen Auseinandersetzung.

Notiert in Stichwortform oder kurzen Sätzen auf Karteikarten die Kernaussagen der beiden Redeauszüge.

„Stalinismus" – ein anderer Weg in den Sozialismus

Nach dem Tod Lenins im Jahre 1924 begann Stalin, ein neues Russland nach seinem Verständnis von Sozialismus zu gestalten.

M 1 Stalin: „Sozialismus in einem Land" (Redeauszug 1930)

[...] Also ist die Errichtung der sozialistischen Wirtschaft in unserem Lande möglich ohne den vorherigen Sieg des Sozialismus in anderen Ländern, ohne dass das siegreiche Proletariat des Westens direkte Hilfe mit Technik und
5 Ausrüstung leistet? Ja, sie ist möglich. Und sie ist nicht nur möglich, sondern auch notwendig und unausbleiblich. Denn wir bauen bereits den Sozialismus auf, indem wir die nationalisierte Industrie entwickeln und sie mit der Landwirtschaft zusammenschließen, indem wir das
10 Genossenschaftswesen auf dem Lande entfalten und die bäuerliche Wirtschaft in das allgemeine System der sowjetischen Entwicklung einbeziehen, indem wir die Sowjets belegen und den Staatsapparat mit den Millionenmassen der Bevölkerung verschmelzen, indem wir eine
15 neue Kultur aufbauen und ein neues gesellschaftliches Leben entfalten. [...] Es besteht kein Zweifel, dass unsere Aufgabe von Grund auf erleichtert würde, wenn uns der Sieg des Sozialismus im Westen zu Hilfe käme. Aber erstens wird der Sieg des Sozialismus im Westen nicht so
20 schnell zustande gebracht, wie wir das wünschten, und zweitens lassen sich diese Schwierigkeiten überwinden und wir überwinden sie bekanntlich schon. [...] Die große Bedeutung des Leninismus besteht unter anderem gerade darin, [...] dass er auf die Frage nach der Perspektive
25 unserer Arbeit eine klare und bestimmte Antwort gibt, indem er erklärt, dass wir alles haben, was notwendig ist, um die sozialistische Wirtschaft in unserem Lande zu errichten. dass wir die vollendete sozialistische Gesellschaft aufbauen können und müssen.

(Zit. nach: Hans-Joachim Lieber/Karl-Heinz Ruffmann (Hg.), Der Sowjetkommunismus – Dokumente, Bd. 1, Köln/Berlin (Kiepenheuer & Witsch) 1963, S. 227 ff.)

M 2 Stalin: „Metall-Land"

Das verflossene Jahr [1929] war ein Jahr des großen Umschwungs an allen Fronten des sozialistischen Aufbaus. Dieser Umschwung ging und geht im Zeichen der entschiedenen Offensive des Sozialismus gegen die kapitalistischen Elemente in Stadt und Land vor sich. Die zweite 5 Errungenschaft der Partei besteht darin, dass wir im verflossenen Jahr ein beschleunigtes Tempo in der Entwicklung der Produktion von Produktionsmittel eingeschlagen und die Voraussetzungen für die Umwandlung unseres Landes in ein Metall-Land geschaffen haben. 10 Schließlich über die dritte Errungenschaft der Partei im verflossenen Jahre, die mit den ersten zwei Errungenschaften organisch verbunden ist. Es handelt sich um den grundlegenden Umschwung in der Entwicklung unserer Landwirtschaft von der kleinen und rückständigen indi- 15 viduellen Wirtschaft zur fortgeschrittenen kollektiven Großlandwirtschaft, zur gemeinsamen Bodenbearbeitung, zu Maschinen- und Traktorenstationen, zu Kollektivwirtschaften, die sich auf die neue Technik stützen, und schließlich zu Riesen-Sowjetwirtschaften, die mit 20 Hunderten von Traktoren und Mähdreschmaschinen ausgerüstet sind. [...] Wir gehen mit Volldampf den Weg der Industrialisierung – zum Sozialismus, unsere uralte russische Rückständigkeit hinter uns lassend. Wir werden zu einem Lande des Metalls, einem Lande der Auto- 25 mobilisierung, einem Lande der Traktorisierung. Und wenn wir die Sowjetunion aufs Automobil und den Bauern auf den Traktor gesetzt haben, mögen dann die ehrenwerten Kapitalisten, die sich mit ihrer „Zivilisation" brüsten, versuchen uns einzuholen. [...]

(Zit. nach: Wolfgang Lautemann/Manfred Schlenke (Hg.), Geschichte in Quellen, 1914–1945, München (bsv) 1989, S. 141 f.; Übers.: Günter Schönbrunn)

Modernisierung von oben: Kollektivierung der Landwirtschaft und Industrialisierung

Filmtipp: Holodomor – Bittere Ernte (Kanada 2016)

@ SNG-34530-004

Mit der Umwandlung der Sowjetunion in einen sozialistischen Staat nach Stalins Vorstellungen begannen die Kollektivierung landwirtschaftlicher Betriebe und der Ausbau der Industrieproduktion. Für die Wirtschaftspolitik des Staates und die Menschen in der Sowjetunion hatte dies weitgehende Folgen.

- *Wie liefen die Prozesse der Kollektivierung und der Industrialisierung ab?*
- *Was waren die Ergebnisse der Wirtschaftspolitik?*
- *Was bedeutete sie für die betroffenen Bevölkerungsschichten und welche konkreten Folgen hatte sie für den Lebensalltag der Menschen?*

1. Notiert auf Karteikarten in Stichworten die Kernaussagen des Darstellungstextes.
2. Notiert in kurzen Sätzen, welche Informationen die Statistik M 1 zur Entwicklung der landwirtschaftlichen Produktion liefert.

Ihr seid die Experten: Haltet einen anschaulichen Kurzvortrag zum Thema Kollektivierung und Industrialisierung.

1. Bildet kleine Arbeitsgruppen, in denen ihr arbeitsteilig ein Vortragsmanuskript erstellen möchtet.
2. Informiert euch in der Methodenwerkstatt (S. 294), wie ihr auf der Grundlage der angebotenen Materialien einen gut strukturierten Vortrag erarbeiten könnt.
3. Sprecht unter euch ab, wer welchen Part bei der Präsentation übernimmt, und probt den Vortrag in der Gruppe.

Ein anderer Präsentationsvorschlag … **Kollektivierung und Industrialisierung digital:** Eine Arbeitsgruppe könnte beamergestützt eine (vielleicht sogar animierte?) Folienpräsentation zu den drei Leitfragen erarbeiten und vorstellen.

Die Zwangskollektivierung der Landwirtschaft

Im Bereich der Landwirtschaft hatte die Politik der Bolschewiki dazu geführt, dass eine neue Schicht, die Kulaken („Großbauern"), entstanden war. Die dadurch entstandene neue soziale Ungleichheit widersprach der kommunistischen Idee der Gleichheit zutiefst. Um das Programm des „Sozialismus in einem Land" zu verwirklichen, erschien es Stalin nötig, diese Ungleichheit zu beseitigen und die Landwirtschaft durch neue Großbetriebe noch produktiver zu machen. 1929 wurde ein erster Fünfjahresplan beschlossen, der auch die Zwangskollektivierung der bäuerlichen Betriebe vorsah. Alle Bauern waren nun gezwungen, ihre Arbeitskraft größeren Genossenschaften, sog. Kolchosen, zu unterstellen. Man versprach sich von diesen Maßnahmen eine größere Leistungsfähigkeit der Betriebe, einen rationellen Maschineneinsatz, vor allem aber auch eine bessere „Kontrolle und Formung" des Bauerntums, das noch immer am Privatbesitz hing und aus sozialistischer Sicht als „rückständig" galt. Vor allem ärmere Bauern wurden für die Kolchosen gewonnen. Eine Mehrheit der Bauern leistete jedoch Widerstand gegen die Zwangskollektivierung. Armee und Geheimpolizei mussten Stalins neuen Kurs mit Gewalt durchsetzen.

M 1 Entwicklung der landwirtschaftlichen Produktion

Produkt in Mio. t	1913	1920	1928	1933	1940
Getreide	86	*	73,3	89,9	95,6
Baumwolle	0,7	*	0,8	1,3	2,2
Fleisch	1,3	*	0,7	*	1,5
Milch	2,3	*	1,9	*	6,5

* = unbekannt (1920 sank die gesamte landwirtschaftliche Produktion gegenüber 1913 auf 67 %.)

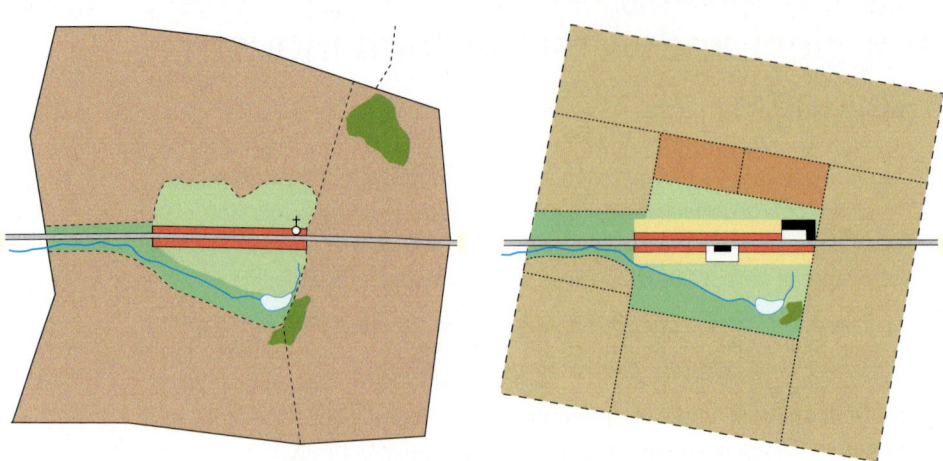

M 2 Vorher … nachher: von der russischen Landgemeinde zur Kolchose

Legende:
- Gemeindegrenze
- Gewanngrenze
- Kirche
- Bäuerliche Streifenparzellen
- Verbindungsweg zwischen Orten
- Wohn- und Wirtschaftsgebäude des Dorfes
- Weide
- Wiese
- Wald
- Privates Gartenland
- Grenze der Kolchose
- Grenze des Nutzungsbereichs
- Kulturhaus
- Wirtschaftsbauten der Kolchose
- Ackerland der Genossenschaft
- Privates Ackerland

Notiert in kurzen Sätzen
a) die Ergebnisse der genauen Beschreibung des Schaubilds;
b) die Veränderungen, die sich als Folge der Kollektivierung ergaben.

M 3 So sah die staatliche Propaganda aus

Ein Foto – irgendwo in der Ukraine im Jahr 1933: Einstimmig sprechen sich Bäuerinnen für die Gründung einer sogenannten Kolchose aus.

Formuliert in kurzen Sätzen,
a) was auf dem Foto zu sehen ist;
b) die Botschaft, die von ihm ausgehen soll.

M 4 Im Vergleich: So erlebten es die Betroffenen

Der russische Schriftsteller Lew Kopelew schreibt in seinem Buch „Und ich schuf mir einen Götzen" hierüber. Eine besondere Rolle spielt dabei auch das Schicksal der wohlhabenderen Bauern, der sogenannten Kulaken.

Ich hörte, wie die Kinder schrien, sich dabei verschluckten, kreischten. Ich sah die Blicke der Männer: eingeschüchterte, flehende, hasserfüllte, stumpf ergebene, verzweifelte oder in halbirrer böser Wut blitzende. Es war quälend und bedrückend, all dies zu sehen und zu hören, und noch bedrückender war es, selbst dabei mitzumachen. Ich sah, was durchgängige Kollektivierung bedeu- 5 tete – wie sie kulakisierten und entkulakisierten, wie sie im Winter 1932/33 den Bauern erbarmungslos alles nahmen. Ich nahm selbst daran teil, durchstreifte die Dörfer auf der Suche nach verstecktem Getreide, stocherte mit einem Stock in der Erde herum, um es zu finden. Gemeinsam mit anderen leerte ich die Vorratskisten alter Leute und verstopfte mir die Ohren, um das Ge- 10 schrei der Kinder nicht anhören zu müssen. Im schrecklichen Frühjahr 1933 sah ich, wie Menschen Hungers starben. Ich sah blau angelaufene Frauen und Kinder mit aufgetriebenen Bäuchen und leeren, leblosen Augen, die kaum noch atmeten. Und ich sah Leichen in zerlumpten Schaffellen und ärmlichen Bastschuhen, Leichen in Bauernhütten, im tauenden Schnee der Altstadt von 15 Wologda und unter den Brücken von Charkow. Ich sah all das und verlor doch nicht den Verstand. Ich verfluchte auch diejenigen nicht, die mich ausgesandt hatten, um den Bauern im Winter oder im Frühjahr das Getreide wegzunehmen und die zum Skelett abgemagerten oder aufgedunsenen Menschen, die sich kaum auf den Beinen halten konnten, zu überzeugen, auf die Felder zu 20 gehen und den Anbauplan der Bolschewik! nach Art von Stoßbrigaden zu erfüllen. Ich verlor auch meinen Glauben nicht. Wie bisher glaubte ich, weil ich glauben wollte.

(Zit. nach: Alan Bullock, Hitler und Stalin, Berlin (Siedler) 1991, S. 368; aus dem Engl. von Helmut Ettinger u. Karl-Heinz Siber)

Notiert in Stichworten, wie ein Zeitzeuge die Kollektivierung und ihre Folgen beschreibt.

Industrialisierung um jeden Preis

Seine Vorstellungen vom „Sozialismus in einem Land" setzte Stalin ohne Rücksicht auf Betroffene im ganzen Land um. Seine Wirtschaftspolitik beruhte auf dem Prinzip der Planwirtschaft. Die Güterproduktion und deren Verteilung erfolgte nach staatlichen Vorgaben und Plänen.

Im Mittelpunkt der Industrialisierungsbemühungen standen seit Beginn des ersten Fünfjahresplanes 1929 die verstärkte Gewinnung von Grundstoffen – wie Stahl, Kohle, Erdöl und Strom – sowie der Maschinenbau. Die Verkehrswege wurden verbessert und erweitert. Neue Industriezentren entstanden am Ural, in Sibirien und an der Wolga. Vernachlässigt blieb dagegen die Konsumgüterindustrie. Der Mangel an Wohnraum und Kleidung konnte auch mit den nachfolgenden Fünfjahresplänen nicht beseitigt werden. Um eine möglichst hohe Leistung der Arbeiter zu erreichen, wurde mangelnde Arbeitsdisziplin zur staatsfeindlichen Handlung erklärt und mit Freiheitsstrafe belegt. Gleichzeitig appellierte man mithilfe von Propaganda an die Opferbereitschaft der Menschen.

M 5 Ergebnisse der Industrialisierung – von außen betrachtet

Eindrücke einer Reise durch die Sowjetunion in den Jahren 1930/31:

Das Gesetz gibt dem Russen nicht mehr als drei Quadratmeter Wohnraum. In diesem Raum können gerade ein Bett und ein kleines Tischchen aufgestellt werden. Die Folge solcher Raumknappheit ist, dass es heute in Russland keine abgeschlossenen Wohnungen mehr gibt. In jedem Zimmer der alten Häuser
5 müssen mehrere Personen hausen. Wer den Raum nicht mit einer mehrköpfigen Familie teilen kann, muss ihn mit Fremden teilen. Im Allgemeinen sind die Leute aber schon zufrieden, überhaupt ein Bett und ein Dach über dem Kopf zu haben. Diese Häuser, in denen die Menschen wie in einem Ameisenbau aufeinander hausen, strotzen begreiflicherweise vor Schmutz. Stiegenhäuser und
10 Korridore sind zerfallen, überall liegt Unrat; Fensterscheiben, sofern noch welche vorhanden sind, sind ungewaschen und trübe. Betten und Möbel sehen aus, wie sie notwendig aussehen müssen, wenn so viele Menschen aneinandergepresst hausen. [...]
Viele, sehr viele irren umher, die nicht einmal ein Dach über dem Kopf haben,
15 die auf freier Straße, auf den Treppen vor den Häusern, auf nackten Steinen kampieren müssen. [...] Ihre Zahl wird verschieden geschätzt. Der Staat spricht von kaum nennenswerten Größen. Andere Stimmen flüstern von 500 000 Obdachlosen, die allein in Moskau leben sollen. In Städten, in denen neue Fabriken entstanden sind, soll die Zahl der Obdachlosen bis zu einem Drittel der
20 gesamten Einwohnerschaft betragen.
Bevorzugt sind in erster Linie alle, die überhaupt eine Lebensmittelkarte bekommen. Das sind die Angehörigen der herrschenden Klasse, des industriellen städtischen Proletariats, das in den Fabriken und Behörden arbeitet. Alle, die nicht in staatlichen Diensten stehen, sind vom Bezug der Lebensmittelkarten
25 ausgeschlossen. Die oberste Schicht ist die Rote Armee und die GPU, die bewaffnete Macht, die aus politischen Gründen bevorzugte Rationen erhält, damit sie auch innerlich als willfähriges Instrument der Sowjetmacht scharf geladen ist. [...]

(Elsbeth und Herbert Weichmann, Alltag im Sowjetstaat – Macht und Menschen, Wollen und Wirklichkeit in Sowjetrussland, Berlin (Brückenverlag) 1931, S. 49, S. 631)

M 6 Jahresproduktion an Rohstoffen, Produktionsmitteln und Konsumgütern

Gegenstand	Einheit	1928	1940
Elektroenergie	Mrd. kWh	5,0	48,3
Erdöl	Mio. t	11,6	30,1
Kohle	Mio. t	35,5	165,9
Stahl	Mio. t	4,3	18,3
Chemiefasern	1 000 t	0,2	11,1
Traktoren	1 000 Stck.	1,3	31,6
Radios	Mio. Stck.	?	0,2

M 7 Die Perspektive des Regimes

Der Text oben lautet: „Der Sieg des Sozialismus in unserem Land ist gesichert. Das Fundament der sozialistischen Wirtschaft ist vollendet. Die Realität unseres Produktionsplans – das sind Millionen Werktätige, die ein neues Leben schaffen. Stalin."

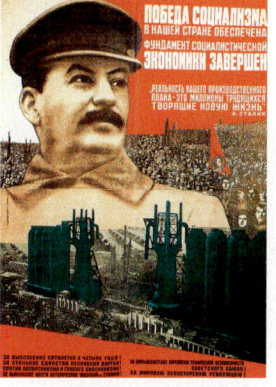

1. Formuliert in kurzen Sätzen die Informationen, die die Statistik liefert.

2. Wertet die Bildquelle nach der bekannten Methode aus und notiert die Ergebnisse in Stichworten.

3. Notiert die Kernaussagen der Reiseeindrücke in Stichwortform.

Staat und Partei im „Stalinismus"

Moskau im Mai des Jahres 1953: Der „große Josef Stalin", der drei Jahrzehnte die Sowjetunion regiert und den Aufstieg zu einer Weltmacht des 20. Jahrhunderts erreicht hat, ist tot. Hunderttausende pilgern zum Ort der öffentlichen Aufbahrung. Propagandaaufnahmen zeigen fassungslose und sogar weinende Menschen, die am Sarg vorbeigehen, um ihrem Stalin die letzte Ehre zu erweisen. Was die Propaganda nicht zeigte und verschwieg: Es gab auch nicht wenige, die erleichtert waren, dass Stalin tot war. Denn in den drei Jahrzehnten seiner Herrschaft hatte er der Sowjetunion rücksichtslos seine Vorstellungen von Herrschaft aufgezwungen: „Stalinismus", ein Herrschaftssystem, dass praktisch einer Alleinherrschaft Stalins gleichgekommen war.

- *Was sind die Merkmale des Aufbaus von Staat und Partei im Stalinismus?*
- *Warum hatte die neue Verfassung eine so zentrale Funktion für die Herrschaft Stalins?*
- *Inwiefern kann Stalin als Beispiel für einen totalitären Herrscher gelten?*
- *Welches Bild vermittelte die sowjetische Propaganda von Stalin?*
- *Welche Funktion und Bedeutung hat der Personenkult für totalitäre Herrschaft?*

Präsentiert auf einer Stellwand Wandzeitungsbeiträge zu den fünf Leitfragen und erläutert in Form begleitender Kurzvorträge euren Mitschülerinnen und Mitschülern Gestaltung und Inhalte der einzelnen Seiten.

1. Bildet Arbeitsteams, in denen ihr die Wandzeitungsseiten gemeinsam inhaltlich vorbereiten und gestalten möchtet. Informiert euch in der Methodenwerkstatt (S. 299), wie ihr dabei vorgehen könnt. **Tipp:** Wertet die Darstellungstexte und die Materialien mithilfe der jeweils dazu angebotenen Erschließungshilfen aus.

2. Formuliert gemeinsam Stichwortkonzepte für die erläuternden Kurzvorträge zu den Wandzeitungsseiten und sprecht ab, wer was übernimmt und erläutert.

Wandel auch in der Politik

Nicht nur in der Wirtschaft, auch in der Politik wurde unter Stalin ein tief greifender Wandel vollzogen. Eine Demokratie war die Sowjetunion auch unter Lenin nicht gewesen. Bereits dieser hatte die Gegner seiner Politik rücksichtslos verfolgen und auch töten lassen. Selbst abweichende Meinungen aus dem sozialistischen Lager waren immer weniger geduldet worden. Seit 1921 war es sogar verboten, innerhalb der Partei Gruppierungen zu bilden. In der Parteispitze wurde hingegen nach wie vor diskutiert und heftig gestritten. Dies änderte sich unter Stalin. Dieser ging rücksichtslos gegen alle innerparteilichen Gegner vor. Schritt für Schritt wurden diese zunächst von der Macht verdrängt, nicht selten sogar ermordet. Stalin schwang sich zum Diktator auf und errichtete eine totalitäre Herrschaft. Als totalitär bezeichnen wir politische Systeme, die darauf ausgerichtet sind, alle Bereiche des öffentlichen Lebens zu durchdringen. Neben Politik und Verwaltung gehören dazu vor allem auch das Wirtschaftsleben sowie der Bereich der Kultur. Ziel ist es, einen „neuen Menschen" zu erschaffen, der sich ganz in den Dienst der herrschenden Ideologie und der sie vertretenden Partei stellt. Totalitäre Regimes bedienen sich dabei der Massenmedien zur Propaganda sowie der Geheimpolizei und der Verfolgung von Gegnern, um Herrschaft kompromisslos durchzusetzen und ihre Ziele zu erreichen. Vor allem aber sind fast alle totalitären Regimes auf eine starke Führerpersönlichkeit ausgerichtet, bei der alle Fäden der Macht zusammenlaufen. Im Dezember 1936 erhielt die Sowjetunion eine neue Verfassung.

Notiert in Stichworten die Kernaussagen zu den grundlegen Merkmalen des Wandels der Politik unter Stalin.

M 1 Stalin über die neue Verfassung (1936)

Ich muss zugeben, dass der Entwurf der neuen Verfassung tatsächlich das Regime der Diktatur der Arbeiterklasse aufrechterhält, ebenso wie er die jetzige führende Stellung der Kommunistischen Partei der UdSSR unverändert beibehält (stürmischer Beifall). [...]

5 Was die Freiheit verschiedener politischer Parteien anbetrifft, so vertreten wir hier einigermaßen andere Ansichten. Die Partei ist ein Teil der Klasse, ihr fortgeschrittenster Teil. Mehrere Parteien und folglich auch eine Freiheit der Parteien kann es nur in einer Gesellschaft geben, wo es antagonistische Klassen gibt, deren Interessen einander feindlich und unversöhnlich sind, wo es,

10 sagen wir, Kapitalisten und Arbeiter, Gutsbesitzer und Bauern, Kulaken und Dorfarmut [...] gibt. In der Sowjetunion gibt es aber schon keine [solchen] Klassen mehr [...]. In der Sowjetunion gibt es nur zwei Klassen, die Arbeiter und Bauern, deren Interessen einander nicht nur nicht feindlich gegenüberstehen, sondern im Gegenteil miteinander harmonieren. Folglich gibt es in der

15 Sowjetunion keinen Boden für die Existenz mehrerer Parteien und somit auch keinen Boden für die Freiheit dieser Parteien; in der Sowjetunion gibt es Boden nur für eine Partei, die Kommunistische Partei. [...]

Was aber ist Demokratie? Die Demokratie in den kapitalistischen Ländern [...] ist in letzter Instanz eine Demokratie für die Starken, eine Demokratie für die

20 besitzende Minderheit. Die Demokratie in der Sowjetunion ist im Gegenteil eine Demokratie für die Werktätigen, d.h. eine Demokratie für alle. Daraus folgt aber, dass die Grundlagen des Demokratismus nicht durch den Entwurf der neuen Verfassung der UdSSR verletzt werden, sondern durch die bürgerlichen Verfassungen. Deshalb glaube ich, dass die Verfassung der UdSSR die

25 einzige bis zum Letzten demokratische Verfassung der Welt ist.

(Josef Stalin, Fragen des Leninismus, Moskau (Verlag für fremdsprachige Literatur) 1947, S. 633 f.)

Notiert in Stichwortform oder kurzen Sätzen
a) Stalins Thesen zum Thema Diktatur, Freiheit und Demokratie;
b) wie er sie begründet.

M 2 Schaubild der neuen Verfassung der Sowjetunion (1936)

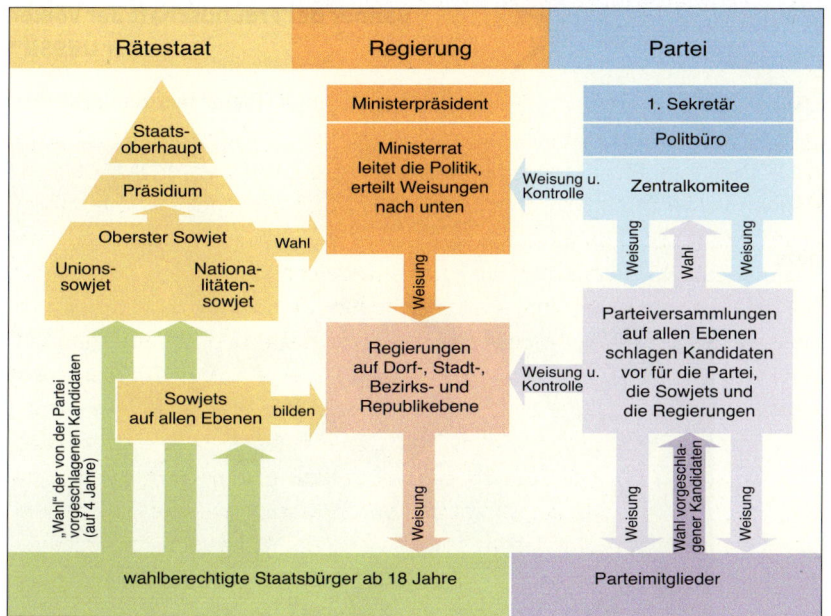

Notiert in Stichworten die Ergebnisse der Auswertung des Verfassungsschaubilds. Orientiert euch dabei an den erlernten Arbeitsschritten der Methode „Schaubilder auswerten" (s. Methodenwerkstatt, S. 316).

M 3 „Unsere Heimat soll blühen und gedeihen"

Plakat aus den 1930er-Jahren

Stalinismus: Personenkult als Merkmal für totalitäre Herrschaft

Bilder spielen eine wichtige Rolle für unsere Vorstellung von den Dingen – besonders dann, wenn die dargestellte Wirklichkeit uns nicht unmittelbar zugänglich ist. Doch Bilder können den Betrachter auch darüber hinwegtäuschen, wie die Dinge wirklich sind. Alle totalitären Systeme haben durch gestellte und manipulierte Bilder die Wahrnehmung der Menschen zu lenken versucht. Bilder stellen dann nicht die Wirklichkeit dar, sondern das, was die Herrschenden dargestellt haben wollen. Der stalinistische Personenkult um den „großen Führer Stalin" ist ein eindrucksvolles Beispiel dafür.

Totalitäre Systeme stellen bewusst die Person des Diktators in den Mittelpunkt. Propagandaplakate, Gemälde oder auch Fotos zielen darauf ab, die Macht „total" in die eigene Hand zu bekommen und die Person des Diktators absolut zu stellen. Die Sowjetunion unter Stalin bildete dabei keine Ausnahme. Von Beginn seiner Herrschaft an war seine Popularität vor allem ein künstlich geschaffener Mythos, der in beharrlicher Arbeit aufgebaut worden war. Auf zahllosen Propagandaplakaten und Gemälden wurde Stalin abgebildet. In immer neuen Formen stellte die Propaganda dabei zu Lebzeiten Stalins durchgängig das vermeintlich segensreiche Wirken des Diktators in nahezu allen Bereichen des Lebens in den Vordergrund. Zudem waren seine Fotos in allen Amtsstuben, Betrieben und Schulen allgegenwärtig. Solche Inszenierungen weisen auf ein grundlegendes Merkmal einer totalitären Herrschaft hin: bewusster Personenkult.

M 5 „Der große Stalin ist das Banner der Freundschaft der Völker der UdSSR"

Plakat aus dem Jahr 1950

M 4 „Der Kapitän der Länder der Sowjets steuert uns von Sieg zu Sieg"

Plakat aus dem Jahr 1933

M 6 „Ehre sei Stalin, dem großen Bauherrn des Kommunismus"

Plakat aus dem Jahr 1945

M 7 „Vorwärts, vernichten wir die deutschen Okkupanten und jagen wir sie hinter die Grenzen unserer Heimat!"

Plakat aus dem Jahr 1944

M 8 Arbeiterin trifft Stalin

Gemälde von Wassilij Jefanow, 1939

Formuliert auf Karteikarten für jede der Bildquellen M 3 – M 8 in Stichworten,

a) um was für eine Bildquelle es sich handelt, wer der Verfasser ist, wann sie entstanden ist, an wen sie sich richtet;

b) eine genaue Beschreibung des Dargestellten;

c) den Aufbau und zentrale Gestaltungselemente der Bildquelle;

d) welche Botschaft vermittelt werden soll;

e) ob und wenn ja, inwiefern die Bildquelle ein typisches Beispiel für Personenkult einer totalitären Herrschaft ist.

Auch das gehört zur Stalin-Diktatur: Terror und Verfolgung

Mehr Informationen über
– die stalinistischen „Säuberungen"
– das Terrorregime unter Stalin:

@ SNG-34530-006

Terror und Verfolgung sind untrennbar mit dem Namen Stalin verbunden. Gewalt und Terror prägen die Phase der Machtübernahme und sind durchgängig Mittel der Machtsicherung und Machtbehauptung während der auch als „Stalinismus" bezeichneten Herrschaftszeit Stalins. Millionen von Menschen wurden Opfer dieser Gewaltpolitik.

- *Welche Maßnahmen des Terrors sind während der Stalin-Diktatur an der Tagesordnung?*
- *Was berichten die von Terror und Verfolgung Betroffenen über ihre Erlebnisse und Gefühle?*

Stalinistischer Terror und Verfolgung: Betroffene Zeitzeugen erzählen über das stalinistische System von Terror und Verfolgung, über ihre Erlebnisse und Gefühle während dieser Zeit.

1. Bildet zusammen mit Mitschülerinnen und Mitschülern Zweier- oder Dreierteams.

2. Wertet den Darstellungstext, die Quellentexte sowie die Bildquelle arbeitsteilig mit den angebotenen Erschließungshilfen aus. **Tipp:** Webcodes bieten euch zusätzliche Informationen an, die ihr einbeziehen könnt.

3. Stellt eure Arbeitsergebnisse einander im Team vor.

4. Verfasst auf dieser Grundlage ein Erzählkonzept für die Vorstellung in der Klasse. **Tipp:** Informiert euch in der Methodenwerkstatt (S. 303), was ihr beachten müsst, wenn ihr als Zeitreisender erzählt. Ihr könntet auch ein Wandplakat oder Bildmaterial zur Veranschaulichung für eure Zuhörer einbeziehen.

Arbeitsteams könnten auch diesen Weg wählen: Präsentiert auf einer Pinnwand einen **Brief**, in dem ihr einem Bekannten im Ausland die Terrormaßnahmen und die Auswirkungen auf betroffene Menschen sowie eure eigenen Ängste und Sorgen schildert.

---

1. Notiert in Stichworten die Kernaussagen des Darstellungstextes auf Karteikarten.

2. Notiert in Stichwortform die Ergebnisse der Beschreibung und die zentrale Botschaft der Karikatur.

M 1 „Die Staatspolizei bezwingt die Staatsfeinde"

Karikatur in der Zeitschrift „Krokodil", 1937

„Der große Terror"

Die umfangreichen Veränderungen in Wirtschaft und Politik der Sowjetunion fanden nicht nur Befürworter. Seit Bestehen der UdSSR gab es Widerstand gegen Maßnahmen des Systems und dieses ging wiederum äußerst brutal mit Regimegegnern um. In den Jahren 1936 bis 1938 verschärften sich die als „Säuberungen" bezeichneten Verfolgungen zum Massenterror. Kritiker Stalins, aber auch mögliche künftige Gegner wurden der Sabotage, des Hochverrats oder der Verschwörung bezichtigt und von der Staatspolizei umgebracht oder in sibirische Arbeitslager deportiert. Um die abschreckende Wirkung noch zu vergrößern, wurden die Opfer in spektakulären Schauprozessen verurteilt. Unter Druck wurden die Angeklagten gezwungen, die ihnen zur Last gelegten meist frei erfundenen „Verbrechen" zu gestehen, Reue zu zeigen und sogar ihre Liebe zu Stalin zu beteuern. Ihr Leben rettete dies nicht: Die Todesurteile standen schon vor Beginn des Prozesses fest. Die Zahl der Opfer der stalinistischen Säuberungspolitik geht in die Millionen. Allein in den Jahren 1937/38 wurden unter Stalin etwa acht Millionen Menschen zu Zwangsarbeit verpflichtet und in Arbeitslager deportiert, etwa zwei Millionen Menschen starben dort.

So erlebten es Betroffene …

M 2 A. Solschenizyn schreibt über die Verpflegung der Lagerinsassen

Das einzig Gute an der Lagersuppe war, dass man sie gewöhnlich heiß bekam. [...]
Abgesehen vom Schlafen hatten die Sträflinge freie Zeit für sich selbst nur zehn
Minuten beim Frühstück, fünf Minuten bei der Mittagspause und nochmals fünf
Minuten beim Abendessen. Die Suppe änderte sich nicht von einem Tag zum
5 anderen; was es gab, hing davon ab, welches Gemüse sie für den Winter eingela-
gert hatten. Im vergangenen Jahr bestand der ganze Vorrat nur aus eingesalze-
nen Möhren und so waren von September bis Juni nur Mohrrüben in der Suppe.
Und jetzt hatten sie Kohl. Am besten war die Lagerverpflegung im Juni, wenn es
mit den Gemüsen zu Ende ging und es stattdessen Grütze gab. Die schlimmste
10 Zeit war der Juli. Da kamen geschnittene Brennnesseln in den Kessel.

(Alexander Solschenizyn, Ein Tag im Leben des Iwan Denissowitsch, München (Knaur) 1963, S. 32)

M 3 Boris Pasternak beschreibt die Errichtung eines Lagers

Unsere Gruppe wurde aus den Waggons geholt. Schneewüste ringsum. In der
Ferne – Wald. Bewachungsmannschaft in Bereitschaft mit gesenktem Gewehr,
Wachhunde. [...] Man ließ uns auf dem Feld in einem riesigen Viereck Aufstel-
lung nehmen, den Rücken zur Mitte, damit einer den anderen nicht sehen
5 konnte. [...] Dann begann die endlose, entwürdigende Prozedur des namentli-
chen Aufrufens, die sich über Stunden erstreckte. [...] Die anderen Gruppen
wurden abgeführt, uns gab man bekannt: „Das hier ist euer Lager. Richtet
euch ein, wie ihr wollt". Ein Schneefeld unter freiem Himmel, in der Mitte ein
Pfahl mit der Aufschrift: Gulag 92 Ia 90. [...] Wir haben Bäume gefällt, unsere
10 Unterstände errichtet, haben Palisadenzäune gezogen, Gefängnisse und
Wachttürme gebaut – alles wir allein.

(Boris Pasternak, Doktor Schiwago, Frankfurt/M. (Fischer) 1958, S. 590 f.; Übers.: Reinhold von
Walter)

M 4 Dimitrij Witkowski schildert das Schicksal von Zwangsarbeitern

Witkowski war wie Solschenizyn langjähriger Lagerhäftling und hat unter dem Titel „Ein halbes Leben lang" ebenfalls seine Erinnerungen veröffentlicht.

Nach Arbeitsschluss bleiben in den Baugruben die Leichen zurück. Bald sind
ihre Gesichter vom Schnee zugeweht. [...] Bauernburschen sind es, die zu arbeiten verstehen [...]. Zu Abertausenden werden sie zum Kanalbau geschickt;
nur darauf wird Acht gegeben, dass keiner mit seinem Vater ins selbe Lager
5 kommt. Dann brummt man ihnen vom ersten Tag an eine Norm auf, die auch
im Sommer nicht zu schaffen ist. Unsereins findet nicht mehr die Zeit, ihnen
was beizubringen, sie zu warnen; sie sind von zu Hause gewohnt, mit ganzer
Kraft zuzupacken – und werden rasch schwach und erfrieren [...]. Nachts
kommt ein Pferdeschlitten und klaubt sie auf. Es klingt wie Holz, wenn der
10 Fuhrmann sie auf den Schlitten wirft. Im Sommer aber findet man von den
nicht rechtzeitig fortgeschafften Leichen nur noch die Knochen. Die werden
mit den Kieselsteinen in den Betonmischer geschaufelt. Die letzte Schleuse
vor der Stadt Belomorsk ist aus einem solchen Gemisch gebaut; es bleiben die
Gebeine für alle Zeiten darin eingemauert.

(D. Witkowski, in: A. Solschenizyn, Der Archipel Gulag – Arbeit und Ausrottung, Seele und
Stacheldraht, Bern (Scherz Verlag) 1974, S. 92 ff.; Übers.: Anna Peturnig)

Mehr Informationen über
– Alexander Solschenizyn
– den Archipel Gulag
– Boris Pasternak

@ SNG-34530-007

Fasst für jeden der drei Quellentexte
in Stichwortform zusammen,
a) wer hier schreibt;
b) was die Schriftsteller im Einzelnen
berichten.

AMERICA

Land
of the
Free!

Startschuss: Woher kommen die USA und wofür stehen sie?

Als die Vereinigten Staaten von Amerika 1917 in den Ersten Weltkrieg eingriffen, ahnten die Menschen noch nicht, was damit begann. „Gewiss könnte man das 20. Jahrhundert auch das amerikanische nennen, denn in ihm vollzog sich der Aufstieg der Vereinigten Staaten zur schließlich einzigen Weltmacht". So beschreibt der deutsche Historiker Eberhart Jäckel rückblickend die neue historische und weltpolitische Rolle der Vereinigten Staaten im weiteren Verlauf des 20. Jahrhunderts. Geschichte entsteht durch den Blick aus einer Gegenwart in die Vergangenheit. Historiker betrachten immer eine Vielzahl von Ereignissen und versuchen sie zu ordnen, um das Gewordensein einer jeweiligen Gegenwart in langen Linien nachzuzeichnen.

- *Warum gründeten europäische Siedler Kolonien in Amerika?*
- *Welche charakteristischen Merkmale prägten Gemeinschaft und Zusammenleben in der neuen Heimat?*

„Freiheitsstatue" im New Yorker Hafen auf Liberty Island: Die Statue soll jeden Einwanderer und Rückkehrer nach Amerika begrüßen. Sie wurde 1898 eingeweiht und war ein Geschenk Frankreichs anlässlich der Hundertjahrfeier der amerikanischen Unabhängigkeitserklärung im Jahre 1776.

Präsentiert ein großes Poster und erläutert daran den Besiedlungsprozess durch europäische Siedler sowie die charakteristische Merkmale und Besonderheiten, die das Zusammenleben in der neuen Heimat prägten.

1. Bildet ein kleines Arbeitsteam, in dem ihr gemeinsam ein Poster und einen erläuternden Kurzvortrag für die Präsentation vor der Klasse gestalten möchtet.

2. Wertet die Darstellungstexte, die Karte und die Bildmaterialien sowie die zeitgenössischen Quellenauszüge mit Blick auf die beiden Leitfragen aus. Arbeitsempfehlungen zu den jeweiligen Materialien helfen dabei.

3. Schreibt eure Arbeitsergebnisse auf Stichwortzettel oder Karteikarten und stellt sie euch in der Gruppe vor.

4. Gestaltet ein anschauliches Poster und ein Konzept für den erläuternden Kurzvortrag. Anregungen und Hinweise, was bei Poster und Plakatgestaltung sowie für die begleitenden Erklärungen unbedingt beachten werden sollte, findet ihr in der Methodenwerkstatt (S. 298).

Eine andere Möglichkeit, über die „neue Welt Amerika" zu berichten …

Zeitreise: Versetzt euch in die Rolle eines Amerikareisenden, der die Kolonien besucht hat und nach seiner Rückkehr interessierten Zuhörern in England über den Besiedlungsprozess und das Zusammenleben der Siedler berichtet. Schaut in der Methodenwerkstatt (S. 303) nach, was ihr beachten müsst, wenn ihr als Zeitreisende erzählt.

Weltmacht in demokratischer Tradition

Als Amerika 1917 in die Weltpolitik eintrat, blickte es auf eine noch junge Geschichte zurück. Gerade einmal 300 Jahre waren seit der Landung der ersten englischen Siedler auf dem amerikanischen Kontinent vergangen. In diesen drei Jahrhunderten entwickelten die USA die wirtschaftliche, politische und militärische Stärke, vor allem aber auch ihre Werte und Prinzipien, um ihre Macht auch jenseits des Atlantiks einzusetzen. Woher sie kommen, wer sie sind. Dies gilt es zu klären, um das Selbstverständnis der USA zu verstehen. Die erste Schlüsselstation ist die Gründung des Staates im 18. Jahrhundert, verbunden mit der Durchsetzung von Freiheit und Demokratie als Fundament für die „Geburt".

Die Siedler feiern zum ersten Mal Thanksgiving.

M 1 Die 13 englischen Kolonien in Amerika

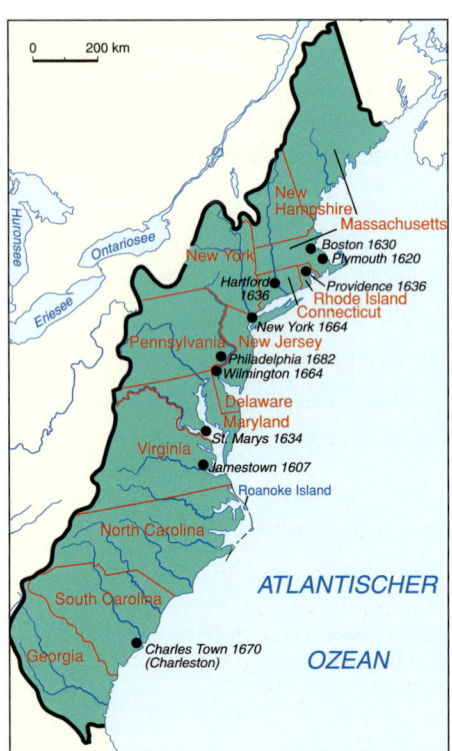

Amerika – neue Heimat für europäische Siedler

Auswanderer aus Europa besiedeln die neue Welt: Im Herbst 1620 segelten 102 Passagiere vom englischen Plymouth nach Amerika. Am 9. November erreichten sie mit ihrem Schiff „Mayflower" die Bucht von Cape Cod, in der Nähe des heutigen Boston.

Bei den Passagieren an Bord der „Mayflower" – schon von den Zeitgenossen als „Pilgrim Fathers" (Pilgerväter) bezeichnet – handelte es sich um eine Gruppe von Puritanern, Mitglieder einer kirchlichen Reformbewegung in England. Die Puritaner strebten nach einem gottgefälligen, einfachen Leben nach biblischem Vorbild. Sie traten für eine Trennung von Staat und Kirche ein. An der Spitze ihrer Gemeinden sollten selbst gewählte Vertreter stehen, sogenannte Kirchenälteste oder Presbyter. Folglich gerieten sie zwangsläufig immer wieder in Konflikte mit der anglikanischen Kirche, deren hierarchischen Aufbau sie strikt ablehnten.

Deshalb verließen sie ihre englische Heimat und hatten die Hoffnung, in Amerika ein neues Leben beginnen und dort ungestört ihre religiösen Vorstellungen verwirklichen zu können.

Ihr eigentliches Ziel war Jamestown in Virginia, das bereits 1607 als erste europäische Siedlung auf dem amerikanischen Kontinent entstanden war. Die „Pilgrim Fathers" erreichten aber die Küste viel weiter nördlich und errichteten eine neue Siedlung, die sie Plymouth nannten. Die Hälfte von den „Pilgervätern" starb bereits im ersten Winter und ohne Hilfe der „Indianer" hätte wohl auch die andere Hälfte nicht überlebt.

Siedler und einheimische Ureinwohner: Die ersten Siedler, die amerikanischen Boden betraten, stießen keineswegs auf eine leere Wildnis, sondern auf Indianerstämme, die das Land bewohnten. Das Verhältnis der europäischen Einwanderer zu den indianischen Urbewohnern Nordamerikas war zunächst von Freundlichkeit und friedlichem Zusammenleben geprägt. Der erste, im Jahre 1621 begangene „Thanksgiving Day" („Erntedankfest") war auch als öffentliches Bekenntnis und Zeichen gedacht und sollte eine harmonische Beziehung und friedliches Zusammenleben zwischen den europäischen Siedlern und der indianischen Urbevölkerung festigen. In der Folgezeit schlug dieses Verhältnis mit der Ausbreitung der europäischen Siedler über weite Teile des Kontinents jedoch in kriegerische Konflikte und Vertreibung der Indianer aus ihren angestammten Siedlungsgebieten im Westen Amerikas um.

Dreizehn englische Kolonien: Trotz der Gefahren der Atlantiküberquerung sowie der Schwierigkeiten und Probleme eines Neuanfangs im fernen Amerika kamen in den nächsten Jahren zunehmend mehr europäische Siedler nach Amerika. Ihre Beweggründe waren sehr unterschiedlich: Hoffnung auf bessere, nicht so ärmliche Lebensverhältnisse wie in Europa; Flucht vor politischer Verfolgung in ihrem europäischen Heimatland. Wieder andere zog Abenteuerlust in die „Neue Welt". Es gelang vielen Einwanderern, ihr materielles Auskommen zu sichern. Im Laufe der Zeit gelang es ihnen sogar, ihre Produkte, vor allem Tabak, Baumwolle und Pelze, nach Europa zu exportieren.

In der Folgezeit entstanden bis 1733 aus weiteren Siedlungen 13 englische Kolonien an der Ostküste Nordamerikas. Die dort lebenden Bewohner fühlten sich noch als Untertanen des englischen Königs.

Notiert in Stichwortform auf Karteikarten
a) die Kernaussagen des Darstellungstextes;
b) welche Informationen die Karte zur Besiedlung Amerikas liefert.

Gemeinschaft und Zusammenleben

Während in Europa absolut herrschende Könige wie Ludwig XIV. in Versailles rauschende Feste feierten und die seit dem Mittelalter bis in die frühe Neuzeit festgefügte Ständegesellschaft sowie absolute Monarchien Kennzeichen der Gesellschafts- und Herrschaftsordnung waren, sah die Welt im fernen Amerika deutlich anders aus. Das Leben auf dem nordamerikanischen Kontinent unterschied sich ganz wesentlich von dem im alten Europa und veränderte sehr schnell mehr und mehr das Denken und Fühlen seiner Bewohner.

Die Ordnung des Zusammenlebens stieß im kolonialen Amerika auf zwei natürliche Hemmnisse: zum einen die Weite des Landes und zum anderen die Unwegsamkeit des Territoriums. Wege, wenn es diese überhaupt gab, führten schon nach wenigen Tagesritten durch dichte Waldgebiete; Flüsse waren nur zum Teil passierbar. Einer Regierung, die weit von ihrem Lebensort entfernt ihren Sitz hätte, wären die alltäglichen Probleme der Siedler vor Ort kaum bekannt. Sie könnte, das war die Überzeugung der Siedler, nicht angemessen und schnell genug auf die Bedürfnisse der Menschen reagieren und anstehende Probleme regeln. So entwickelten die Siedler eigene Vorstellungen von der Organisation des Zusammenlebens, die den Anforderungen vor Ort besser Rechnung tragen sollten.

Leben im Hinterland, an der Grenze zur Wildnis (zeitgenössische Darstellung)

M 2 Thomas Paine: So regeln Kolonisten ihre Angelegenheiten

[Wir wollen] uns eine kleine Anzahl Personen vorstellen, die sich in dem einen oder dem anderen Teil der Erde, der mit den übrigen in keiner Verbindung steht, niedergelassen haben. [...] Die Kräfte eines Menschen sind so unzulänglich für seine Bedürfnisse und sein Gemüt [ist] so ungeeignet für ständige Ein-
5 samkeit, dass er sich bald nach Hilfe und Beistand bei einem anderen umsehen muss, welcher wiederum selbst Gleiches nötig hat. Vier oder fünf, die sich vereinigt hätten, würden imstande sein, eine ziemlich gute Wohnung mitten in der Wildnis aufzuschlagen; allein ein einziger Mensch könnte sich ein Leben lang plagen, ohne das Geringste zustande zu bringen. Wenn er sein Bauholz gefällt
10 hätte, könnte er es nicht wegschaffen, und wenn er es weggeschafft hätte, könnte er es nicht aufrichten. Hunger würde ihn mittlerweile von seiner Arbeit wegtreiben und jedes einzelne Bedürfnis ihn woanders fordern. Krankheit, ja selbst ein Unfall würden den Tod für ihn bedeuten. Denn obgleich keins von beiden an sich tödlich sein müsste, so würde ihn doch das eine wie das andere
15 hindern, für sein Überleben zu sorgen [...]. Ein günstig gelegener Baum wird [für die Siedler] Staatshaus sein, unter dessen Zweigen sich die ganze Kolonie versammeln kann, um über öffentliche Angelegenheiten zu beratschlagen.

(Zit. nach: Herbert Schambeck (Hg.), Dokumente zur Geschichte der Vereinigten Staaten von Amerika, Berlin (Duncker & Humblot) 1993, S. 94 – 106)

> Formuliert in kurzer Form (Stichworte, kurze Sätze) die Ergebnisse der Auswertung (Autor, Adressat, Thema, inhaltliche Kernaussagen) der beiden Quellentexte.

M 3 Ein Brief aus Amerika (1782)

Wer durch unsere ländlichen Gebiete reist, sieht kein feindseliges Schloss und kein stolzes Herrenhaus im Kontrast mit armseligen Lehmhütten, wo Vieh und Menschen einander wärmen müssen. [...] Alle unseren Behausungen sind menschenwürdig und gleichen sich in erfreulicher Weise [...]. Frauen und Kin-
5 der, die den Vater früher vergeblich um Brot anbettelten, helfen ihm jetzt wohlgenährt und fröhlich bei der Bestellung der Felder, deren üppige Ernten sie alle nähren und kleiden, und kein despotischer Fürst, kein reicher Abt, kein mächtiger Herr fordert seinen Anteil.

(J. D. Crevecoeur, Letters from an american Farmer, 1792; in: The heritage of American Boston, 1961, S. 352 ff.)

Dreizehn Kolonien rebellieren

Politische Auseinandersetzungen, an deren Ende als Ergebnis ein tief greifender Wandel sowie Veränderungen gesellschaftlicher und politischer Machtverhältnisse stehen, geschehen nicht aus einem einzigen Anlass. Dieser ist in der Regel nur der Auslöser. Dahinter stehen zumeist längerfristige Ursachen, die sich aufgestaut haben, sich bei einem bestimmten Anlass entladen und dann folgenschwere Entwicklungen nach sich ziehen.

- *Worüber stritten die nordamerikanischen Kolonisten mit ihrem englischen Mutterland?*
- *Wie verlief der Streit im Einzelnen?*
- *Was war das Ergebnis dieser Auseinandersetzungen?*

Haltet einen Kurzvortrag, in dem ihr ausgehend von den drei Leitfragen die Ursachen, den Verlauf und das Ergebnis der Auseinandersetzungen zwischen dem englischen Mutterland und den nordamerikanischen Kolonien beschreibt und erläutert.

1. Sucht euch eine Partnerin oder einen Partner mit der/dem ihr den Vortrag vorbereiten und halten möchtet.
2. Wertet gemeinsam den Darstellungstext und die Materialien zielgerichtet im Blick auf die Leitfragen aus.
3. Erstellt gemeinsam ein inhaltliches Konzept für euren Vortrag. **Tipp:** Methodenwerkstatt, S. 294!

Ein anderer Vorschlag ... Computererfahrene Experten können die Streitigkeiten den Leitfragen folgend auch in Form einer digitalen Folienpräsentation vorstellen. **Tipp:** Methodenwerkstatt, S. 311!

Streit zwischen Kolonien und Mutterland

Die Boston-Tea-Party – der entscheidende Auslöser: Am 17. Dezember 1773 verschafften sich als Indianer verkleidete Bostoner Bürger Zutritt zu einem englischen Schiff und warfen 342 Kisten Tee ins Wasser. Warum das? Letztendlich protestierten die Bostoner gegen die Besteuerungspraxis des englischen Königs Georg III. John Adams, später der zweite Präsident der neu entstandenen USA, bewertet den Vorfall in seinem Tagebuch sehr vorausschauend und schreibt: „Die Vernichtung des Tees ist eine so kühne, entschlossene, furchtlose und kompromisslose Tat und sie wird notwendigerweise so wichtige und dauerhafte Konsequenzen haben, dass ich sie als epochemachendes Ereignis betrachten muss."

„No taxation without representation" – tiefere Ursachen: Die Wirtschaft in den nordamerikanischen Kolonien Großbritanniens wuchs. Davon profitierte die englische Krone. Für sie war dieses Wirtschaftswachstum eine willkommene Einnahmequelle. Zugleich sahen aber viele englische Geschäftsleute in den Amerikanern eine aufkommende Konkurrenz, die es einzuschränken galt. Die Kolonisten waren lange Zeit bereit gewesen, Aufgaben des Mutterlandes mitzutragen, solange die Besteuerung größtenteils eine Sache der kolonialen Volksvertretungen in Amerika blieb. Das war aus Sicht der Kolonisten auch nur richtig, denn in der Volksvertretung im Mutterland, im englischen Parlament, waren sie gar nicht vertreten.

Im Laufe der Zeit zogen der englische König und das Parlament im Mutterland aber immer mehr Besteuerungsrechte an sich. Das empfanden die Kolonisten als große Ungerechtigkeit! Bald lautete ein Schlachtruf der Kolonisten: „Keine Besteuerung ohne Vertretung". Gemeint war damit die Forderung nach Sitz und Stimme im Parlament.

Aus Steuerstreit wird Krieg: Verschärft wurde die Entfremdung zwischen der alten und der neuen Welt noch durch die Versuche des Königs, seine Macht auf Kosten der Kolonien zu vergrößern. Versöhnungsversuche zwischen den Kolonien und dem Mutterland scheiterten. Beide Seiten standen sich unversöhnlich gegenüber. Der englische König schickte mehr und mehr Soldaten nach Amerika, um seine rebellischen Untertanen zum Gehorsam zu zwingen.

Viele Kolonisten nahmen selbst Waffen in die Hand, um ihre Rechte zu verteidigen, und stellten Milizen auf. Diese Kämpfer waren keine Berufssoldaten, sondern einfache Bürger, die „Minute-Man" genannt wurden. Sie brachten ihre Waffen von zu Hause mit, versammelten sich und standen innerhalb von Minuten zum Kampf bereit. Bei den Städten Lexington und Concord trafen beide Seiten das erste Mal aufeinander. Es gab Tote und Verwundete. Das Land befand sich im Krieg!

Der amerikanische Unabhängigkeitskrieg dauerte von 1775 bis 1781. Im Vergleich zu europäischen Kriegen war die Größe der beteiligten Armeen eher gering und die Zahl der Schlachten überschaubar. Letztendlich gelang es den englischen Truppen nicht, die Amerikaner und ihre Verbündeten zu besiegen. 1781 mussten die Briten sich ergeben. Zwei Gründe waren entscheidend: Zum einen kämpften die amerikanischen Kolonisten auf ihrem eigenen Boden; zum anderen erhielten sie Unterstützung von den Franzosen, die eine Schwächung Englands anstrebten.

Das Ergebnis war die Entstehung eines neuen Staates, der Vereinigten Staaten von Amerika.

M 2 Das amerikanischen Kolonialparlament richtet folgende Botschaft zum Zuckersteuergesetz an das englische Parlament:

Das Recht auf Verweigerung nicht bewilligter, erzwungener Steuern muss das große Prinzip eines jeden freien Staates sein. Ohne ein solches Recht gibt es keine Freiheit, kein Glück und keine Sicherheit. [...] Denn wer kann das sein Eigentum nennen, was ihm nach Gutdünken von einem anderen fortgenom-
5 men werden kann.

(Zit. nach: Willi Paul u. Angela Adams (Hg.), Die Amerikanische Revolution, München (dtv Verlagsgesellschaft) 1987, S. 26 f.)

M 3 Der Virginier Patrick Henry hält im Kolonialparlament seines Staates eine Rede, in der er zur Verstärkung der englische Armee in den Kolonien Stellung nimmt:

Man schickt [die Truppen] herüber, um uns die Ketten anzulegen, die die britische Regierung so lange geschmiedet hat. [...] Ist das Leben so teuer oder der Friede so süß, dass man sie um den Preis von Ketten und Versklavung erkaufen sollte? Davor behüte uns Gott der Allmächtige! Ich weiß nicht, wie sich
5 andere entscheiden werden, aber für mich gibt es nur Freiheit oder Tod!

(Zit. nach: Herbert Schambeck (Hg.), Dokumente zur Geschichte der Vereinigten Staaten, Berlin (Duncker u. Humblot) 1993, S. 89)

M 1 **Englische Besteuerungsgesetze für die Kolonien in Nordamerika**

1732 – Hat Act: Herstellung, Verkauf und Export amerikanischer Hüte, insbesondere nach England, wird eingeschränkt.

1733: Hohe Zölle auf Rum und Zucker

1750 – Iron Act: Beschränkung amerikanischer Eisenproduktion zugunsten der englischen

1765 – Stamp Act: Besteuerung aller bedruckten Erzeugnisse (Zeitungen, Bücher, Flugblätter, selbst Würfel)

1767: Einfuhrzölle auf Tee, Glas, Farben, Lack, Papier und Leder

1773: Rücknahme der Einfuhrzölle mit Ausnahme von Tee

Fasst mit eigenen Worten in kurzer Form die Forderungen und die amerikanische Sichtweise zum Konflikt mit dem Mutterland zusammen, die in den beiden Quellenauszügen M 2 und M 3 zum Ausdruck gebracht werden.

M 4 **Fahne der Revolution**

Dies ist eine der ersten Fahnen der rebellierenden Siedler aus Culpeper in Virginia. Neben dem Aufdruck „Freiheit oder Tod" befindet sich eine Klapperschlange mit der Warnung: „Tritt nicht auf mich".

Formuliert die Botschaft, die mit dieser Fahne vermittelt werden soll.

Ein neuer Staat: Amerika erklärt seine Unabhängigkeit

Declaration of Independence (Gemälde von John Trumbull, 1817): Dieses berühmte Bild hängt heute im Kongress. Jefferson, der Mann mit der roten Weste, steht in der Mitte.

Es ist der 4. Juli des Jahres 1776: Schon vor zwei Tagen hatten die Vertreter der 13 nordamerikanischen Kolonien ihren Willen kundgetan, sich von Großbritannien loszusagen. Thomas Jefferson hatte man die wichtige Aufgabe zugedacht, diesen Schritt schriftlich zu erläutern. An diesem denkwürdigen 4. Juli soll in der State Hall von Philadelphia endgültig über die Erklärung abgestimmt werden. Die Reaktion des französischen Philosophen Rosseau, einem der einflussreichsten Vertreter der Aufklärung, auf diese Vorgänge und Entwicklungen in Amerika ist klar: „Endlich jemand, der mich richtig verstanden hat. Jetzt werden meine Ideen Wirklichkeit."

- *Was geschieht in Philadelphia am 4. Juli 1776?*
- *Warum ist dies ein Tag mit weitreichender welthistorischer Bedeutung?*

„Philadelphia, 4. Juli 1776 – ein Tag mit welthistorischer Bedeutung": Stellt auf einer Pinn- oder Stellwand einen Zeitungsartikel vor, in dem ihr als Reporterteam, das als Zeitzeuge dabeigewesen ist, die Vorgänge und die historische Bedeutung dieses Tages kommentiert.

1. Bildet ein kleines Redaktionsteam, in dem ihr euren Artikel gemeinsam erarbeitet.

2. Wertet den Darstellungstext und die Quellenauszüge (M 1, M 2) aus. Damit verfügt ihr über die für den Artikel notwendigen Informationen zu diesem ereignisreichen Tag.

3. Schreibt euren Artikel.

4. Sprecht ab, wer von euch bei der Präsentation als Sprecher eures Teams Anmerkungen und Nachfragen zu eurem Artikel beantworten soll.

> **Empfehlung, auf welche Aspekte ihr inhaltlich eingehen solltet:** Beschreibt in knapper Form die Vorgeschichte, schildert die zentralen Ereignisse des Tages, benennt und erklärt die Kernaussagen der von Jefferson entworfenen Erklärung, schließt mit einer zusammenfassenden Beurteilung der welthistorischen Bedeutung der Vorgänge dieses Tages in Philadelphia ab.

Eine andere Möglichkeit, diesen bedeutsamen Tag zu beschreiben und zu beurteilen ...

Aus der Perspektive von Zeitgenossen schreiben: Stellt einen Briefwechsel zwischen einem amerikanischen Siedler und einem Verwandten, der im bisherigen Mutterland England lebt, vor, in dem sie ihre Positionen und Sichtweisen zu den Vorgängen austauschen.

Ein Vorwort macht Geschichte

Inhaltlich lässt sich die Unabhängigkeitserklärung grob in drei Abschnitte gliedern. Die vermutlich den Zeitgenossen wichtigeren umfassen eine Sammlung von Anklagepunkten gegen die englische Krone und die Erklärung der Unabhängigkeit – schließlich war dies das Hauptanliegen. In der Einleitung wollte man „die Gründe darlegen", welche die Kolonisten „zur Absonderung" – Trennung vom Mutterland – bewegten.

Aber der „große Wurf" gelang Jefferson im zweiten Abschnitt seiner Einleitung, in der er einige seiner Überzeugung nach für das Zusammenleben menschlicher Gemeinschaften unverzichtbare Grundsätze in einfacher Sprache niederlegte. Es sollten die meistzitierten Sätze der amerikanischen Geschichte werden, die die Menschen weit über die Landesgrenzen hinaus bewegten.

Die Beratungen über die Unabhängigkeitserklärung zogen sich bis in den frühen Abend hin. Vor dem Tagungsgebäude hatte sich eine große Menschenmenge versammelt, während drinnen die Vertreter der Kolonien abstimmten. Nachdem der letzte seine Stimme abgegeben hatte und der Versammlungspräsident unterschrieben hatte, wurde eine Glocke geläutet, die Liberty Bell, in die alsbald alle Kirchenglocken der Stadt und jubelnde Bürger mit einstimmten. Jeffersons Urkunde hatte geholfen, einen ganz neuen Staat auf die Welt zu bringen: Die Vereinigten Staaten von Amerika waren geboren.

M 1 Unabhängigkeitserklärung, 4.7.1776 (Auszüge)

Wenn es im Laufe der geschichtlichen Ereignisse für ein Volk notwendig wird, die politischen Bande zu lösen, die es mit einem anderen verknüpft haben, und unter den Mächten der Erde [...] eine gleichwertige Stellung einzunehmen, [...] so erfordert eine geziemende Achtung vor der Meinung der Welt,
5 dass es die Gründe angibt, die es zu der Trennung zwingen.
[...] Folgende Wahrheiten bedürfen für uns keines Beweises:
Dass alle Menschen gleich geschaffen sind;
dass sie von ihrem Schöpfer mit gewissen unveräußerlichen Rechten ausgestattet sind;
10 dass dazu Leben, Freiheit und das Streben nach Glück gehören;
dass zur Sicherung dieser Rechte Regierungen unter den Menschen eingesetzt sind, die ihre rechtmäßige Autorität aus der Zustimmung der Regierten herleiten;
dass, wenn immer irgendeine Regierungsform diesen Zielen abträglich wird,
15 das Volk berechtigt ist, sie zu ändern oder abzuschaffen und eine neue Regierung einzusetzen und diese auf solchen Prinzipien zu errichten und ihre Gewalten solchermaßen zu organisieren, wie es ihm zur Gewährleistung seiner Sicherheit und seines Glücks am ratsamsten erscheint.
Die Vernunft gebietet freilich, dass seit Langem bestehende Regierungen nicht
20 aus geringfügigen und flüchtigen Anlässen geändert werden sollten [...].
(Zit. nach verschiedenen Quellen)

M 2 Leopold von Ranke beurteilt im Jahre 1854 die Vorgänge in Amerika

[...] Dadurch, dass die Nordamerikaner abfallend von dem in England gültigen Prinzip [...] eine neue Republik schufen, welche auf dem individuellen Rechte jedes Einzelnen beruht, kam eine neue Macht in die Welt. Bisher hatte man in Europa gemeint, dass die Monarchie den Vorteil der Nation am besten verste-
5 he, jetzt kam die Theorie auf, die Nation müsse sich selbst regieren. [...] Dies war eine größere Revolution, als früher je eine in der Welt gewesen war, es war eine völlige Umkehr des Prinzips. Früher war es der König von Gottes Gnaden, um den sich alles gruppierte; jetzt taucht die Idee auf, dass die Gewalt von unten aufsteigen müsse. Diese beiden Prinzipien stehen einander gegen-
10 über wie zwei Welten. [...]
(Zit. nach: Willi Paul Adams, Die Unabhängigkeitserklärung der Vereinigten Staaten von Amerika; in: Deutsches Historisches Museum (Hg.), Unabhängigkeitserklärung der Vereinigten Staaten von Amerika, 4. Juli 1776, Magazin, H. 10/4. Jg., Berlin 1994)

Thomas Jefferson (1743– 1826): Er galt als Aufklärer. Von 1801 bis 1809 war er dritter Präsident der USA.

Fasst mit eigenen Worten in Stichworten zusammen, was in der Unabhängigkeitserklärung gefordert bzw. festgelegt wird.

Leopold von Ranke (1795 – 1884): deutscher Historiker. Er gilt als einer der Begründer der quellenbasierten modernen Geschichtsschreibung.

Fasst in kurzen Sätzen die Kernaussagen Rankes zusammen.

Sitz der **Legislative**: Das Parlament tagt im Kapitol.

Kopf der **Exekutive**: Der Präsident regiert im Weißen Haus.

Vereinigte Staaten von Amerika – eine neue Verfassung für einen neuen Staat

Nach der errungenen Unabhängigkeit mussten sich die Vereinigten Staaten eine Staatsform geben. Die Ideen der Unabhängigkeitserklärung mussten in eine Verfassung – die Regeln der Machtausübung und Machtverteilung, die politische Organisation in einem Staatswesen – eingebaut werden. Das war angesichts der unterschiedlichen Interessen der einzelnen Kolonien politisch nicht einfach. Hinzu kam, dass es keine konkreten Vorbilder für eine solche neue Staatsordnung gab. Die Vertreter der 13 Einzelstaaten debattierten lange, bis sie sich auf einen Kompromiss einigen konnten.

- *Wie regelt die neue Verfassung der Vereinigten Staaten den Staatsaufbau und die Staatsordnung?*
- *Was sind die wesentlichen Merkmale dieser Verfassung, die für die damalige Zeit als „revolutionär" bezeichnet wurde?*
- *Wie ist die Bedeutung und Wirkung dieser Verfassung zu beurteilen?*

Präsentiert auf einem Wandplakat eine Mindmap zu den drei Leitfragen und erläutert diese in einem Kurzvortrag vor der Klasse.

1. Bildet zusammen mit euren Sitznachbarinnen bzw. Sitznachbarn ein Dreierteam.

2. Wertet das Verfassungsschaubild aus. Wendet dazu die Arbeitsschritte der methodischen Anleitung auf S. 45 an.

3. Erstellt gemeinsam eine Mindmap und ein begleitendes Konzept für die Vorstellung und Erläuterung vor der Klasse. Informiert euch in der Methodenwerkstatt (S. 296) über den Arbeitsprozess bei der inhaltlichen Erstellung und gestalterischen Anlage einer Mindmap und darüber, was ihr bei der Vorbereitung eines Kurzvortrags (S. 294) beachten solltet. Legt fest, wie ihr die Redeanteile bei der Präsentation unter euch dreien aufteilen wollt.

Wenn ein Team nicht vortragen, sondern lieber schreiben möchte …

Die Verfassung der Vereinigten Staaten von Amerika – „angewandte Aufklärung": Verfasst ein ausformuliertes Statement zu diesem Thema. In der Methodenwerkstatt (S. 305) findet ihr eine Anleitung, wie ihr ein aussagekräftiges und überzeugendes Statement formulieren könnt.

Höchstes Organ der **Judikative** in den USA: Gebäude des obersten Bundesgerichts, Supreme Court

Kerngedanken der amerikanischen Verfassung

Bundesregierung und Einzelstaaten: Die USA sind ein Bundesstaat mit einer starken Bundesregierung in Washington. Alle Einzelstaaten regeln Angelegenheiten, die nicht von der zentralen Regierung entschieden werden, alleine, z. B. Bildung, Polizei und Justiz. Der Kongress, das Parlament und der Präsident dürfen sich nicht einmischen; sie übernehmen die Aufgaben, die nicht von den Einzelstaaten wahrgenommen werden können: Finanzen, Verteidigung, Außenpolitik. Jedes Gesetz braucht in beiden Kammern des Kongresses eine Mehrheit.

Gewaltenteilung: Die an der Politik beteiligten Gewalten kontrollieren und gleichen sich gegenseitig aus, sodass keine zu mächtig wird. Kopf der Exekutive ist der mächtige Präsident. Seine Amtszeit ist auf vier Jahre begrenzt. Um sinnvoll regieren zu können, braucht er die Zustimmung des Parlaments, der legislativen Gewalt. Präsident und Parlament werden vom obersten Bundesgericht, der Judikative, kontrolliert, welches dafür sorgt, dass beide sich an die Verfassung halten.

Wahlrecht: Früher durften nur 10 % der männlichen weißen Bevölkerung wählen. Seit 1971 dürfen alle Bürger über 18 Jahre wählen.

Fasst eure Arbeitsergebnisse der Auswertung des Schaubilds in Stichworten zusammen.

M 1 **Die Verfassung der USA**

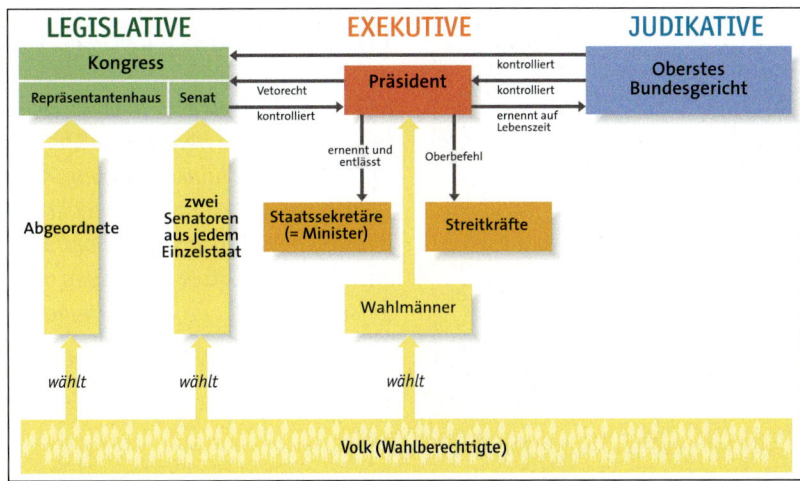

Methode — Ein Verfassungsschaubild auswerten

1. Schritt: Leitfrage(n) formulieren	Legt fest, welche Frage(n) beantwortet werden soll(en).
2. Schritt: Thema benennen	Benennt das Thema des Schaubilds.
3. Schritt: Das Schaubild beschreiben	Beschreibt den Aufbau und die einzelnen inhaltlichen Bestandteile. Z. B.: ● Wie ist das Schaubild aufgebaut? (Gesamtanordnung, Kästen, Pfeile, Linien und deren Beschriftung) ● Welche gesellschaftlichen Gruppen und staatlichen Einrichtungen/Staatsämter gibt es? ● Wer hat welche Aufgaben und Rechte? **Tipp:** Ein solches Verfassungsschaubild „lest" ihr am besten von unten nach oben!
4. Schritt: Das Schaubild erläutern und auswerten	Erläutert die wesentlichen Merkmale des beschriebenen Staatsaufbaus und die Staatsordnung und fasst zusammen, was wir aus dem Schaubild für die Fragestellung(en) erfahren. Das könntet ihr euch im Einzelnen fragen: ● Wie ist die Macht im Staat verteilt? ● Wer darf mitbestimmen und wie? ● Was ist das grundlegend Neue an dieser Verfassung? ● Um was für eine Staatsform handelt es sich? ● *Was sind die wesentlichen Merkmale dieser Verfassung im Vergleich zur Herrschaftsform und Gesellschaftsordnung in Europa zu dieser Zeit?* ● *Welche Bedeutung und Wirkung hat diese neue amerikanische Verfassung für die damalige Zeit und vielleicht darüber hinaus?* **Tipp:** *Der Darstellungstext liefert spezielle Informationen, um diesen Fragen nachzugehen. Empfehlenswert ist es auch, das, was ihr zum Thema frühneuzeitlicher Fürstenstaat und „Aufklärung" erarbeitet habt, mit einzubeziehen.*

„Go West" – ein Mythos und seine historische Bedeutung

Wer ritt nicht in seinen frühen Kindheitsträumen heldenhaft als Cowboy oder Indianer über die weite Prärie und kämpfte mit einem Spielzeugrevolver bewaffnet für die Gerechtigkeit? – Dem „Wilden Westen" galten von jeher unsere Sehnsüchte von Freiheit und Abenteuer. Weite Savannen, die sich am Horizont verlieren, Cowboys und Indianer, Goldrausch und Wagentrecks, Sheriffs und Revolverhelden. Aber was haben unsere romantischen Träumereien mit der historischen Realität im 19. Jahrhundert zu tun?

- *Wie verlief die Westausdehnung in den USA?*
- *In welcher Weise prägte sie das amerikanische Selbstverständnis?*

Notiert in Stichwortform die Kernaussagen des Darstellungstextes und erläutert mit eigenen Worten den Mythos des „Wilden Westens".

Haltet einen foliengestützten Kurzvortrag zu den beiden Leitfragen.

1. Setzt euch in einem kleinen Arbeitsteam zusammen, in dem ihr gemeinsam einen Vortrag erarbeiten möchtet.

2. Wertet die Darstellungstexte, die Karte sowie die Bildmaterialien arbeitsteilig aus und stellt eure Arbeitsergebnisse einander in der Gruppe vor.

3. Formuliert auf dieser Grundlage gemeinsam ein Vortragskonzept. Orientiert euch dabei an der bekannten Methode „Mit Karteikarten einen Kurzvortrag halten" (s. Methodenwerkstatt, S. 294). **Wichtig:** Entscheidet, wie ihr Karten und Bildelemente in eure Ausführungen einbringen möchtet.

4. Sprecht die Redeanteile für den Vortrag untereinander ab und übt ihn ein.

Eine andere Möglichkeit: Ein Arbeitsteam könnte ein **Interview** entwerfen, in dem ein Experte für amerikanische Geschichte zum Thema „Go West – ein Mythos und seine historische Bedeutung" befragt wird und ausführlich entsprechende Antworten gibt. Spielt das Interview mit verteilten Rollen vor.

Mythos: Ein Mythos ist eine überlieferte Erzählung aus der Anfangszeit eines Volkes, aus der sich oft ein Machtanspruch oder eine Identität für dieses Volk herleitet. Z. B. kann eine bestimmte Person oder Personengruppe zum „mythischen Ideal" für ein Volk werden. So wurde der „amerikanische Cowboy" zum Gründungsmythos der Vereinigten Staaten verklärt. Er verkörpert dabei vieles, wofür die amerikanische Nation steht – besondere Eigenschaften (z. B. Fairness, Stärke, Durchsetzungsfähigkeit), die die Tugenden der amerikanischen Pioniere versinnbildlichen sollen.

Die Ausdehnung der USA nach Westen im 19. Jahrhundert

Das 19. Jahrhundert war in den USA die Zeit der großen Ausdehnung nach Westen bis zum Pazifik bzw. zum Ufer des Rio Grande. Getrieben von der wachsenden Bevölkerungsdichte an der Ostküste und gelockt durch Berichte über die Fruchtbarkeit des mittleren Westens zogen immer mehr Siedler über die Appalachen. Die zumeist europäischen Einwanderer drängten nach Westen in der Überzeugung, „Gottes auserwähltes Volk" zu sein, das in seinem Sinne das unendliche Land erschließen und besiedeln sollte. Die sog. „Frontier" markierte dabei das Gebiet zwischen dem unbesiedelten Land und der westwärts voranschreitenden Zivilisation. Mit Mut, Optimismus und Härte gegen sich und andere eroberten die Einwanderer schließlich den nordamerikanischen Kontinent. Die schwierige, entbehrungsreiche Eroberung des „Wilden Westens" prägte das Denken und das Selbstverständnis der Amerikaner nachhaltig – bis heute ist der Pioniergeist in den USA ein lebendiger Mythos.

Von 1803 bis 1853 verdreifachte sich das Gebiet der Vereinigten Staaten. In diesem Zusammenhang wuchs die Bevölkerung von 7 auf 76 Millionen. Das Land bot alles im Überfluss. Es bot leeren Raum, fruchtbare Böden und reiche Bodenschätze. Es kamen Forscher und Vermesser, Farmer, Rancher und Cowboys, Stadtgründer und Soldaten, die die Ausdehnung der USA im Westen brutal durchsetzten: gegen die amerikanischen Ureinwohner wie gegen den Nachbarn Mexiko, dem in einem Krieg große Regionen abgerungen wurden. Die Eroberung des „Wilden Westens" ist so einerseits die Geschichte von Pioniergeist, Hoffnung und großem Mut, andererseits aber auch von rücksichtsloser Machtpolitik, der vor allem die ursprünglichen Bewohner des Landes zum Opfer fielen. Hunderttausende „Indianer" wurden in Reservate umgesiedelt, Zehntausende wurden durch Soldaten getötet oder starben an Krankheiten, die die Europäer eingeschleppt hatten. Historiker schätzen, dass im 19. Jahrhundert die Zahl der Ureinwohner von 600 000 auf 250 000 zurückging.

Mythos „Wilder Westen" – Pioniere und der Frontier-Geist

Die europäischen Einwanderer, die sich selbst eine freie Verfassung gegeben hatten, rotteten im Rahmen ihres unersättlichen „Landhungers" große Teile der indianischen Kulturen aus. Trotz dieses Blutzolls wurde der „Wilde Westen" bald schon zum Mythos. 1893 stellte ein US-Historiker die These auf, an der „Frontier", der Grenze zwischen dem weißen Siedlungsgebiet und dem Land der Indianer, sei der Nationalcharakter der Vereinigten Staaten geformt worden. Bis heute liefert in dieser Betrachtung der Pionier als wagemutiger Held das amerikanische Ideal. Unter ständiger Lebensbedrohung schufen sich die Pioniere ihre Existenz. Der Pionier gehört zu Amerika, weil er Freiheit, Mut und die ewige Jugend verkörpert. Für ihn gibt es keine Grenzen – kein Risiko ist ihm zu groß. Die Pioniere meinten, dass es Gott so wollte, dass die USA sich immer weiter ausdehnten. Diese Grenzerfahrung dieses „Wilden Westens" war für die amerikanischen Siedler viel bedeutsamer als der Einfluss europäischer Traditionen: Die Auswanderer formten so das Volk der neuen Welt und wurden im 19. Jahrhundert endgültig zu Amerikanern.

M 1 Die Ausdehnung der USA im 19. Jahrhundert

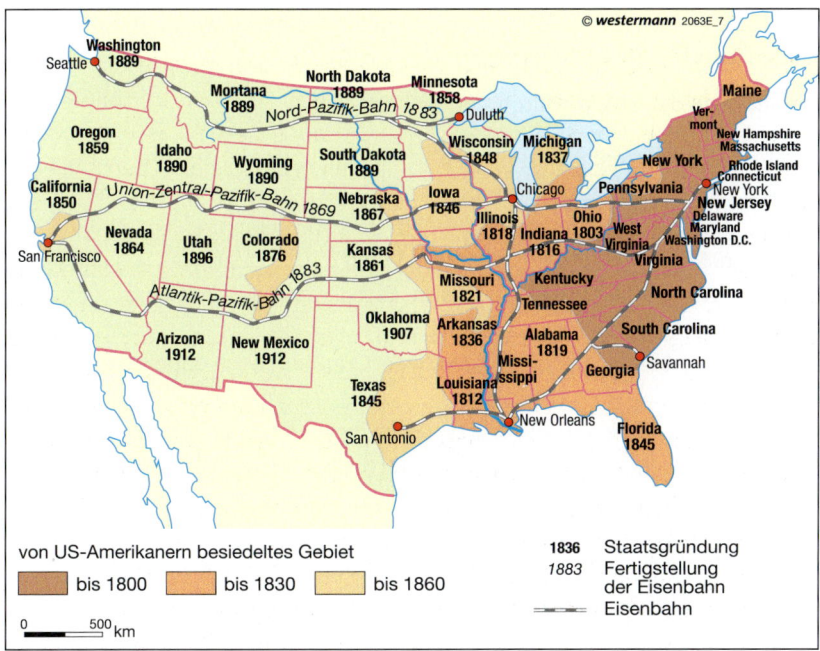

von US-Amerikanern besiedeltes Gebiet
- bis 1800
- bis 1830
- bis 1860

1836 Staatsgründung
1883 Fertigstellung der Eisenbahn
Eisenbahn

0 500 km

M 2 Ein Pionierehepaar vor seinem Haus in Nebraska

M 3 „Der Fortschritt Amerikas"

Gemälde von John Gast, ca. 1872

Notiert in Stichwortform
a) die Kernaussagen des Darstellungstextes;
b) die Informationen, die die Materialien M 1, M 2, M 3 liefern.

James Monroe (1758 – 1831) war von 1817 bis 1825 der fünfte Präsident der Vereinigten Staaten.

„Von der Isolation zur Intervention" – Die USA als „Global Player"

Die Tendenz, sich politisch und wirtschaftlich eher auf die eigene Nation und den amerikanischen Kontinent zu beschränken und staatliche Eigeninteressen zu betonen (Isolationismus), war die dominierende Einstellung der Amerikaner bis zur Wende des 20. Jahrhunderts. Das änderte sich, als die USA registrierten, dass die europäischen Großmächte in der zweiten Hälfte des 19. Jahrhunderts, zur Zeit des sog. „Imperialismus", die Welt unter sich aufteilten.

- *Was waren die charakteristischen Merkmale der amerikanischen Außenpolitik im 19. und zu Beginn des 20. Jahrhunderts?*
- *Warum kam es zum Wandel in der amerikanischen Außenpolitik?*
- *Welche Ziele verfolgten die USA als neue Imperialmacht?*

Präsentiert auf einer Pinn- oder Stellwand ein großflächiges bebildertes Plakat, auf dem ihr mit Blick auf die drei Leitfragen den Aufstieg der USA zur imperialen Großmacht darstellt und in einem begleitenden Kurzvortrag erläutert; stellt eure Lösungen in der Klasse zur Diskussion.

1. Bildet Arbeitsgruppen, in denen ihr gemeinsam ein Plakat gestalten und einen begleitenden Kurzvortrag vorbereiten wollt.

2. Wertet die Darstellungstexte, die Karten, die Karikaturen sowie die beiden Quellentexte aus. Teilt die Arbeit in der Gruppe unter euch auf. Informiert euch in der Methodenwerkstatt über die jeweilige Methode: „Kernaussagen aus einem Darstellungstext entnehmen" (S. 312 o.), „Geschichtskarten lesen und auswerten" (S. 317), „Karikaturen entschlüsseln" (S. 315), „Eine Textquelle systematisch erschließen" (S. 312 u.), die ihr für eine fachgerechte Auswertung des von euch zu bearbeitenden Materials benötigt.

3. Stellt die Arbeitsergebnisse einander in der Gruppe vor.

4. Entwerft gemeinsam das Wandplakat und ein Konzept für den Kurzvortrag. Anregungen und Hinweise für die Gestaltung eines aussagekräftigen Plakats sowie eines Kurzvortrags findet ihr in der Methodenwerkstatt auf S. 298 („Ein Plakat entwerfen und vorstellen") und S. 294 („Mit Karteikarten einen Kurzvortrag halten").

5. Führt einen Probedurchlauf eurer Präsentation in der Gruppe durch.

Arbeitsgruppen können auch eine andere Form der Präsentation wählen …

Digital präsentieren: Ihr könnt eure Arbeitsergebnisse zu den drei Leitfragen auch beamergestützt präsentieren. Vorschlag zur Vorgehensweise:
(1) Startet ein Präsentationsprogramm (z. B. PowerPoint) und legt die Grundeinstellungen für das Layout fest. Wählt ein vorgefertigtes Folienlayout oder gestaltet die Elemente (Schrift, Farben etc.) in einem leeren Layout selbst.
(2) Plant eine Abfolge der einzelnen Folien. Orientiert euch dabei an eurer Gliederung.
(3) Fügt Bilder, Texte usw. auf den zunächst leeren Folienblättern ein und legt fest, in welcher Reihenfolge die Folien nacheinander erscheinen sollen.
(4) Sprecht untereinander ab, wie ihr die Sprechanteile untereinander aufteilen wollt und wer welchen Beitrag bei der Präsentation übernimmt.
Wichtig: Probt die Präsentation, bevor ihr sie in der Klasse vorführt!

„Amerika den Amerikanern" – amerikanische Außenpolitik im 19. Jahrhundert

Die Monroe-Doktrin: „Die Bürger der Vereinigten Staaten pflegen Gefühle der freundschaftlichsten Art zugunsten der Freiheit und des Glücks ihrer Mitmenschen jenseits des Atlantiks. An den Kriegen der europäischen Mächte, an Angelegenheiten, die diese selbst betreffen, haben wir nie teilgenommen, noch verträgt sich das mit unserer Politik."

Mit diesen Worten formulierte der amerikanische Präsident Monroe 1823 einen zentralen Grundsatz der Außenpolitik der Vereinigten Staaten, der später als „Monroe-Doktrin" bezeichnet werden sollte. Nur wenige Jahre zuvor hatten die USA ihr Territorium mit dem Erwerb der früheren französischen Kolonien in Louisiana (1803) und der spanischen Besitzungen in Florida (1819) nahezu verdoppelt. Monroe fürchtete, dass die europäischen Kolonialmächte sich auf dem amerikanischen Kontinent ansiedelten, was Konflikte in dieser Region nach sich ziehen könnte. Die damals noch jungen Vereinigten Staaten hatten allen Grund, sich vor Europa in Acht zu nehmen, denn es gab immer noch Gebietsansprüche auf amerikanischen Boden, etwa aus Frankreich und Großbritannien. Im Unabhängigkeitskrieg war erst wenige Jahrzehnte zuvor die Freiheit von der Bevormundung durch europäische Mächte beendet worden.

Inhaltlicher Kern der sogenannten Monroe-Doktrin des Präsidenten ist die Festlegung des Prinzips einer Neutralität und Politik des Nicht-Einmischens der Vereinigten Staaten in die europäischen Angelegenheiten. Im Gegenzug soll gelten, dass keine Einmischung der Europäer auf dem amerikanischen Kontinent stattfindet. Dies soll eine Kolonisierung durch europäische Mächte ausschließen. Die Forderung an die europäischen Mächte, die nunmehr unabhängigen Staaten Lateinamerikas nicht zu kolonialisieren, wurde verkürzt zur Parole „Amerika den Amerikanern".

Mit der Monroe-Doktrin begann in den Vereinigten Staaten von Amerika 1823 eine neue Ära der Außenpolitik. Weder wollten sich die USA in die Belange anderer Länder einmischen noch eine solche Einmischung bei sich dulden. Der Handel sollte das verbindende Element mit dem Rest der Welt sein. Mit seiner Doktrin schrieb Monroe also eine grundsätzliche Unabhängigkeit der amerikanischen Staaten gegenüber den europäischen Mächten fest und prägte so das amerikanische Selbstbewusstsein entscheidend. Symptomatisch für das neue amerikanische Selbstverständnis in Bezug auf die Vormachtstellung auf dem Kontinent war die bereits in den 1780er-Jahren ausgesprochene Ankündigung des amerikanischen Präsidenten Thomas Jefferson, dass die USA schließlich die Reste des einstmals großen spanischen Reiches Stück für Stück übernehmen würden. Die Monroe-Doktrin wurde in allen Phasen amerikanischer Geschichte als Schutzdoktrin für den Wohlstand und die Sicherheit des Volkes der USA interpretiert. Sie umfasst alle politischen Ideale der Vereinigten Staaten und ist deshalb für den Aufstieg der USA zur Kolonialmacht in Nord- und Südamerika von großer Bedeutung.

1. Notiert in Stichwortform die Kernaussagen der „Monroe-Doktrin" auf Karteikarten.
2. Formuliert in kurzen Sätzen
   a) zu jeder der beiden Karikaturen das Thema und was auf darauf zu sehen ist;
   b) die Botschaft der jeweiligen Karikatur.

M 1 „School begins"

Karikatur von Louis Dalrymple (1899): „Uncle Sam" unterrichtet die neuen Schüler aus Kuba, Hawaii, Puerto Rico und den Philippinen, die allesamt unglücklich aussehen. Im Hintergrund studieren die Schüler der neuen amerikanischen Staaten Kalifornien, Texas, Neu Mexiko, Arizona und Alaska, während ein farbiger Junge die Fenster putzt und ein amerikanischer Ureinwohner das Alphabet lernt.

M 2 „Pass auf, Europa. Betritt nicht amerikanischen Boden!"

Karikatur von Victor Gillam (New York, 1902)

A TRUE AMERICAN ROUGH RIDER.

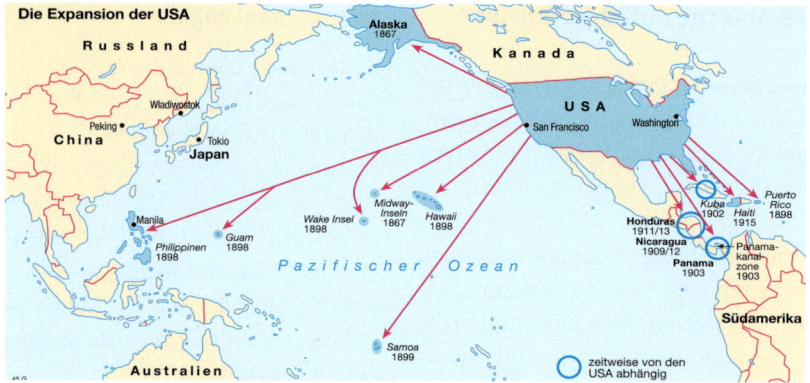

Die Expansion der USA

M 3 Das amerikanische Empire um 1915

M 4 Der Panama-Kanal

Panama-Route von Los Angeles nach New York (durch den Panama-Kanal: 5 400 Seemeilen). Die ältere Route über Kap Hoorn betrug 13 300 Seemeilen.

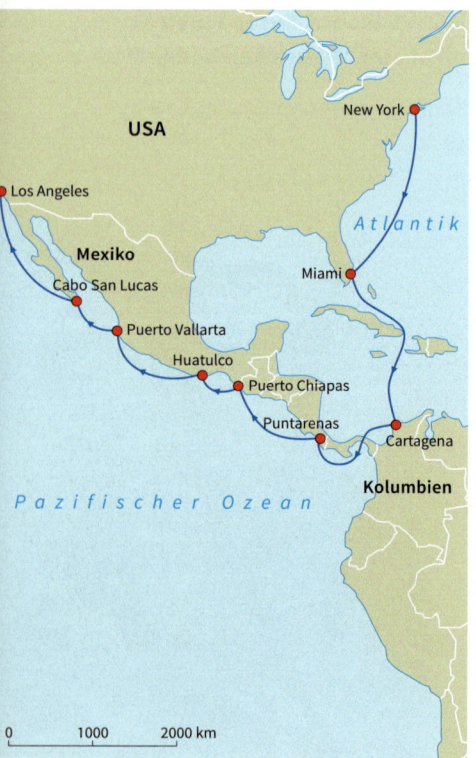

Wandel in der Außenpolitik der USA – vom 19. ins 20. Jahrhundert: Anfang des 20. Jahrhunderts waren die USA zur stärksten Wirtschaftsmacht und einer der wenigen Demokratien von weltpolitischer Bedeutung aufgestiegen. Zusätzlich gewährte die insulare Position und die Entfernung zu den Krisenherden in Europa ein Gefühl relativer Sicherheit. Es stellte sich die Frage, ob die isolationistische Haltung nicht einem Verzicht auf Außenpolitik gleichkomme. Der seit 1901 amtierende Präsident Theodore Roosevelt rückte daher die Wiederherstellung des Mächtegleichgewichtes in Europa in den Vordergrund des amerikanischen Interesses und wurde damit zum Pionier einer neuen Politik der Intervention (Einmischung in internationale Angelegenheiten). Gleichzeitig erfuhr auch der Idealismus der Amerikaner neuen Aufwind, wonach die USA als Vorbild für eine neue Weltordnung dienen könnten.

Der Aufstieg der USA zur imperialistischen Großmacht: Nach der Einnahme von Texas 1845 und dem Landerwerb von Kalifornien und New Mexiko 1846/48 war ein „American Empire" von Ozean zu Ozean Wirklichkeit geworden. Anschließend kam die territoriale Ausdehnung zum Stillstand und wurde durch eine indirekte Herrschaft abgelöst, die durch die wirtschaftliche und finanzielle Abhängigkeit der eroberten Kolonien von den USA gekennzeichnet war. Mit dem Sieg über Spanien 1898 setzte sich in den USA der Wille zur weiteren Ausdehnung nach Lateinamerika durch. Die im Krieg unterlegenen Spanier mussten ihren Einfluss auf Kuba fallen lassen und verkauften den Vereinigten Staaten Puerto Rico und die Philippinen. Zuvor hatten sich die USA Hawaii einverleibt. Damit waren die USA zur imperialen Großmacht aufgestiegen. Weite Teile der amerikanischen Öffentlichkeit wurden nun von einem Missionierungsdrang erfasst, basierend auf der Idee des „Manifest Destiny" aus den frühen 1840er-Jahren. Darin wurde zum Ausdruck gebracht, dass die USA vom Schicksal dazu auserwählt worden sei, die demokratische Gesellschaftsordnung über den ganzen amerikanischen Kontinent zu verbreiten. Diese Mission rechtfertigte auch territoriale Expansion.

Der amerikanische „Dollar"-Imperialismus: Entscheidend für das imperialistische Handeln und den Landerwerb war auch der Wettlauf der konkurrierenden Nationalstaaten um einen möglichst großen Anteil an der Weltwirtschaft. Eine stetig steigende Produktivität der heimischen Wirtschaft war die Devise. Die Erfolge der Industrialisierung ließen das Streben nach neuen Einflusszonen und Absatzmärkten aufkommen. Man sprach auch von „Dollar-Imperialismus". Immer mehr wurde die Karibik im Verständnis der Amerikaner so zum „Hinterhof" der USA. Ab 1901 weiteten die USA ihren Machteinfluss auf Panama aus. Man zwang Kolumbien, sein Protektorat Panama in die Unabhängigkeit zu entlassen. Dafür erwarben die USA von Panama einen 16 km breiten Landstreifen. Hier wurde bis 1914 der Panamakanal erbaut, der den Atlantik mit dem Pazifik für die Schifffahrt verbindet und ihr damit die Fahrt um die Südspitze Südamerikas erspart. Die Kontrolle der Kanalzone in Panama hatte für die USA überragende politische und wirtschaftliche Bedeutung – sie waren endgültig zum „Global Player" geworden.

Notiert in Stichworten die Kernaussagen des Darstellungstextes.

So begründen und rechtfertigen zwei zeitgenössische Politiker die neue Außenpolitik

M 5 Jahresbotschaft Präsident Theodore Roosevelts an den Kongress, 6.12.1904

Hierin bezieht Roosevelt (1858 – 1919) sich auf die Monroe-Doktrin von 1823:

Es ist nicht wahr, dass die Vereinigten Staaten Hunger auf Land haben und irgendetwas mit anderen Nationen der westlichen Hemisphäre vorhaben, es sei denn, es dient deren eigener Wohlfahrt. Dieses Land wünscht nur,
5 seine Nachbarländer stabil, geordnet und blühend zu sehen. Jedes Land, dessen Bewohner sich gut betragen, kann unserer herzlichen Freundschaft sicher sein. Wenn eine Nation zeigt, dass sie weiß, wie man mit angemessener Tüchtigkeit und Anständigkeit soziale und politische
10 Angelegenheiten anfasst, wenn Sie [...] ihre Schulden bezahlt, braucht sie kein Eingreifen der Vereinigten Staaten zu befürchten.
Chronisches Fehlverhalten oder Schwäche [...] kann in Amerika, wie überall, schließlich die Intervention einer
15 zivilisierten Nation erfordern und in der westlichen Hemisphäre kann die Bindung der Vereinigten Staaten an die Monroe-Doktrin die Vereinigten Staaten zwingen, in besonders schlimmen Fällen von Fehlverhalten und Schwäche, wenn auch widerstrebend, eine internatio-
20 le Polizeigewalt auszuüben. [...]
Unsere Interessen und die unserer südlichen Nachbarn sind in Wirklichkeit identisch. Sie besitzen große Naturschätze und wenn in ihren Grenzen Gesetz und Gerechtigkeit hergestellt werden, dann kommt bestimmt auch
25 der Wohlstand zu ihnen. Halten Sie sich also an die Normen der zivilisierten Gesellschaft, dann können sie versichert sein, dass wir sie im Geiste herzlicher und hilfreicher Anteilnahme behandeln. Wir würden uns bei ihnen nur einmischen, wenn uns kein anderer Ausweg bleibt,
30 und auch dann nur, wenn offenkundig geworden ist, dass sie unfähig oder nicht willens sind, Gerechtigkeit im Innern walten zu lassen, und wenn sie nach außen die Rechte der Vereinigten Staaten verletzen [...].

(Zit. nach: Günter Schönbrunn (Hg.), Geschichte in Quellen, Das bürgerliche Zeitalter 1815 – 1914, München (bsv) 1980, S. 599 f.)

M 6 Aus einer Denkschrift von Senator Albert J. Beveridge, 1900

Gott hat die Englisch sprechenden germanischen Völker nicht deshalb in einer tausendjährigen Geschichte so geformt, wie sie heute sind, damit sie in einer nutzlosen Selbstbetrachtung und Selbstbewunderung ihre Zeit und Kraft vergeuden. Nein! Gott hat uns zu Organisatoren der 5 Welt bestimmt, mit dem Auftrag, da Ordnung zu schaffen, wo das Chaos herrscht. Er hat den Glauben an den Fortschritt in unser Herz gepflanzt [...]. Er hat uns geschickt gemacht, in allen Künsten der Regierung, damit wir diese Kunst an wilden und senilen Völkern betätigen. 10 Wenn es eine solche Kraft nicht gäbe, wie wir sie darstellen, so müsste die Welt in Barbarei und Nacht zurückfallen. Und innerhalb unserer Rasse hat Gott das amerikanische Volk gekennzeichnet als erwähltes Volk, das bei der Erneuerung der Welt die führende Rolle spielen soll. 15

(Zit. nach: Hartmut Wasser, Die USA – der unbekannte Partner, Paderborn (Schöningh) 1983, S. 109)

Notiert in Stichworten oder kurzen Sätzen für jeden der beiden Quellenauszüge
a) Autor, Entstehungszeit, Anlass, Textsorte, Adressat;
b) die inhaltlichen Kernaussagen.

M 7 „Neue Gesichter beim Thanksgiving-Essen"

Der Cartoon von 1898 zeigt die neue „US-Familie" nach dem Spanisch-Amerikanischen Krieg: Neben Uncle Sam als Vater und der Freiheitsfigur als Mutter sitzen als Kinder die neu gewonnenen Kolonialgebiete der USA mit am Tisch.

Notiert in Stichworten oder in kurzen Sätzen
a) Zeichner, Entstehungszeit und Adressat der Karikatur;
b) die Ergebnisse der Beschreibung der Karikatur;
c) die Botschaft der Karikatur.

Der gemeinsame Kampf der Alliierten im Ersten Weltkrieg (Zeichnung von 1917)

Die USA im 20. Jahrhundert – „Weltmacht und Weltpolizist"

Die wehendeUS-Fahne in der Hand befehligt ein amerikanischer Offizier französische und englische Soldaten. So setzt der Maler A. Beltrame das Eingreifen der USA in den Ersten Weltkrieg ins Bild – ein epochales historisches Ereignis, das für die amerikanische und europäische Geschichte einen tief greifenden Umbruch darstellt und weitreichende Folgewirkungen für das 20. Jahrhundert und bis in unsere Gegenwart haben sollte.

- *Warum traten die USA in den Ersten Weltkrieg in Europa ein?*
- *Wie begründete und rechtfertigte der amerikanische Präsident Wilson den Kriegseintritt Amerikas?*
- *Welche Bedeutung hatte diese Intervention für die politische Weltordnung im 20. Jahrhundert?*
- *Was sind die politischen Grundsätze der neuen „Weltmacht" USA?*
- *Wie beurteilt ihr die These „Weltmacht und Weltpolizist"?*

Ihr seid die Experten: Haltet einen foliengestützten Gruppenvortrag, in dem ihr den Aufstieg der USA zur Weltmacht im 20. Jahrhundert darstellt und erläutert.

1. Bildet Arbeitsgruppen und verschafft euch durch eine erste kursorische Lektüre einen Überblick über das Materialangebot.

2. Sprecht in eurem Team ab, wie ihr die Arbeit aufteilen wollt und im Einzelnen vorgehen wollt.

3. Wertet die Darstellungstexte, den Quellentext und die Bildmaterialien mit Blick auf die Leitfragen aus. Nutzt dazu die jeweils angebotenen Erschließungshilfen.

4. Stellt euch eure einzelnen Arbeitsergebnisse im Team einander vor.

5. Erstellt auf dieser Grundlage gemeinsam ein Präsentationskonzept für den Gruppenvortrag. **Tipp:** Hinweise, Anregungen und Empfehlungen für eine aussagekräftige Präsentation findet ihr in der Methodenwerkstatt auf S. 293 (Informationen präsentieren), S. 294 (einen Kurzvortrag halten), S. 301 (Stafettenpräsentation vorbereiten und gestalten).

Ein Arbeitsteam könnte auch diesen Weg wählen …

„Wir erinnern": Präsentiert eine **historische Reportage**, die Teil einer Senderreihe im Hörfunk zum Thema „Die USA – von einer Kolonie zur Weltmacht des 20. Jahrhunderts" ist. **Tipp:** In der Methodenwerkstatt auf S. 321 könnt ihr nachlesen, wie ihr mithilfe einer Sechs-Schritt-Methode eine solche Reportage erarbeiten könnt.

Krieg in Europa – die USA im Spannungsfeld zwischen Neutralität und Parteinahme

Als 1914 der Erste Weltkrieg ausbrach, verhielten sich die USA zunächst militärisch eher neutral, d. h. sie griffen nicht aktiv militärisch in die kriegerischen Auseinandersetzungen in Europa ein. Die USA blieben neutral, weil sie Konflikte in ihrem eigenen Land befürchteten: Ihre Einwohner kamen nämlich aus ganz verschiedenen Ländern Europas, die dort gegeneinander Krieg führten. Allerdings enger verbunden fühlten sich die Amerikaner von Kriegsbeginn an vor allem mit Großbritannien und Frankreich. Das hatte zwei Gründe: Die USA ergriffen für diese beiden Länder Partei, weil sie sich ihnen politisch und kulturell mehr verbunden fühlten. Hinzu kamen vor allem aber auch wirtschaftliche Erwägungen. Amerikanische Banken gewährten Großbritannien und Frankreich Kredite, der US-Handel lieferte riesige Warenmengen in Form von Nahrungsmitteln und Industriegütern in diese Länder. Aus diesem Grund erhofften sich viele amerikanische Geschäftsleute einen Sieg Englands und Frankreichs im Ersten Weltkrieg. Ein Sieg des deutschen Reiches und Österreich-Ungarns hätte für Amerika große wirtschaftliche Schäden zur Folge gehabt. In Deutschland als Kriegsgegner sahen viele Amerikaner zudem ein undemokratisches monarchisches System, das nicht ihren politischen Idealen und Vorstellungen von Herrschaft entsprach.

Kriegseintritt der USA – aus einem europäischen Krieg wird ein Weltkrieg

Es bedurfte eines zusätzlichen Anlasses, dass die USA aktiv militärisch in den Krieg eintraten. 1915 versenkten deutsche U-Boote das englische Passagierschiff Lusitania, da der Verdacht bestand, dass es illegal Waffen transportierte. Heute wissen wir, dass dies tatsächlich zutraf. Dabei kamen auch 128 Amerikaner ums Leben. Die Empörung in den USA war groß. Im Jahr 1917 kündigte die deutsche Regierung an, ab sofort ohne Vorwarnung im Rahmen eines uneingeschränkten U-Boot-Krieges Schiffe aller Nationen anzugreifen. Als deutsche U-Boote auch mehre amerikanische Schiffe angriffen und versenkten, forderte der damalige amerikanische Präsident Woodrow Wilson Deutschland den Krieg zu erklären und damit aktiv aufseiten der Ententemächte in den Krieg einzugreifen – eine Entscheidung von weitreichender innen- und außenpolitischer Bedeutung und Tragweite. Die Forderung und letztlich getroffene Entscheidung, aufseiten Englands und Frankreichs in den Krieg einzutreten, war allerdings von kontroversen Debatten im Senat begleitet. Erstmals mischten sich damit die USA in innere Angelegenheiten Europas ein. Eine solches politisches Vorgehen bezeichnen wir als Intervention. Dem Kriegseintritt folgte eine massive Aufrüstung der USA, die zu einer wachsenden Überlegenheit der alliierten Truppen führte. Das Eingreifen der USA war mitentscheidend für den Ausgang dieses Krieges und den Sieg der Alliierten über Deutschland und seine Verbündeten. Am 11.11.1918 musste das Deutsche Reich seine Niederlage eingestehen und den Waffenstillstand unterzeichnen.

Der Eintritt der USA in den Ersten Weltkrieg markiert für die amerikanische und europäische Geschichte einen folgenreichenden Umbruch. Die USA beanspruchten für sich von nun an die Rolle einer internationalen „Schutzmacht der Demokratie". Sie verstanden sich als Vertreter einer liberal-demokratischen Weltordnung und damit auch als weltanschaulicher Gegenpol zum kommunistischen Regime in Russland. Der Erste Weltkrieg wurde somit zum Ausgangspunkt für ein Jahrhundert, das Historiker in der Rückschau oft als das „amerikanische" bezeichnen. Zunehmend hatte sich in den USA die Überzeugung durchgesetzt, dass nur ein militärischer Einsatz die eigenen Interessen in der Nachkriegszeit sichern konnte.

Weitere Informationen zum Aufstieg der USA zur Weltmacht:

@ SNG-34530-009

M 1 Aufruf zum Eintritt in die US-Marine

US-Propagandaplakat im Ersten Weltkrieg: „Er hält die Welt sicher für die Demokratie"

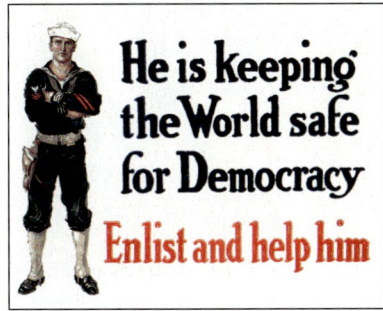

M 2 Aufruf zum Eintritt in die US-Armee

US-Propagandaplakat im Ersten Weltkrieg, 1917

Notiert in Stichworten auf Kateikarten
a) die Kernaussagen des Darstellungstextes;
b) die Ergebnisse der Bildbeschreibungen der beiden Plakate;
c) die Botschaften, die für den Betrachter transportiert werden sollen.

M3 US-Propagandaplakat aus dem Ersten Weltkrieg

M4 US-Propagandaplakat aus dem Ersten Weltkrieg

Notiert in Stichwortform

a) die Ergebnisse der Auswertung der beiden Quellen. **Tipp:** Nutzt das bekannte W-Modell zur Erschließung einer Textquelle;

b) die Ergebnisse der Bildbeschreibungen der beiden Plakate;

c) die Botschaften, die für den Betrachter transportiert werden sollen.

„Amerika macht mobil" für Krieg …

M5 Kriegserklärung (2.4.1917)

Rede des US-Präsidenten Woodrow Wilson vor dem Kongress, in der er für eine Kriegserklärung an Deutschland eintritt und dies begründet (Auszug):

Neutralität ist nicht länger durchführbar oder wünschenswert [...]. Wir sind froh, [...] dass wir so für den [...] Frieden der Welt und für die Befreiung ihrer Völker [...] kämpfen: für die Rechte der Nationen [...] und das Vorrecht der Menschen allüberall, sich ihre Weise des Lebens und des Gehorsams auszusuchen. Die Welt muss sicher gemacht werden für die Demokratie. Ihr Friede 5 muss auf den erprobten Grundlagen politischer Freiheit errichtet werden. [...] Wir verlangen nach keiner Eroberung, keiner Herrschaft. [...] Wir sind lediglich einer der Vorkämpfer für die Rechte der Menschheit. [...] Es ist eine fürchterliche Sache, dieses großes, friedfertige Volk [...] in den schrecklichsten [...] aller Kriege [zu führen], in dem die Zivilisation selbst auf dem Spiele zu stehen 10 scheint. Aber das Recht ist wertvoller als der Friede und wir werden für die Dinge kämpfen, die wir stets unserem Herzen zunächst zugetragen haben – für die Demokratie, für das Recht jener, die der Autokratie unterworfen sind, auf ein Mitspracherecht bei ihrer Regierung, für die Rechte und Freiheiten kleiner Nationen, für eine allgemeine Herrschaft des Rechts durch ein Konzert 15 der freien Völker, das allen Nationen Frieden und Sicherheit bringen und die Welt selbst endlich frei machen wird. [...] Wir wissen, dass der Tag gekommen ist, da Amerika die Auszeichnung erfährt, sein Blut und seine Macht für die Prinzipien darzubringen, denen es seine Geburt und sein Glück und Frieden verdankt, den es wertschätzte. Gott helfe ihm, es kann nicht anders. 20

(Zit. nach: Botschaften der Präsidenten der Vereinigten Staaten von Amerika zur Außenpolitik 1793–1947, bearb. u. übers. v. Herbert Strauß, Bern 1957 (Peter Lang AG), S. 96–101)

M6 Aus der Kongressdebatte um den Kriegseintritt am 4.4.1917

Sollten wir in diesen Krieg eintreten, dann lasst uns [...] ehrlich sein; lasst uns zugeben, dass dies ein unbarmherziger Krieg ist – nicht nur gegen Deutschlands Armee und Flotte, sondern auch gegen seine Zivilbevölkerung [...]. Der Präsident sagt: „Wir sind im Begriff, den Kriegszustand gegen diesen natürlichen Feind zu erklären, und werden, wenn nötig, die Kraft der Nation aufwen- 5 den, um seine Pläne und seine Macht zu verhindern." [...]
Millionen leiden an Mangel und Entbehrung; weitere Millionen sind tot und verwesen auf fremden Schlachtfeldern; weitere Millionen sind verkrüppelt, erblindet, haben Gliedmaßen verloren; ihnen allen und für Generationen den Kindern ihrer Kinder wurde eine Schuldenlast auferlegt, die in Armut und Lei- 10 den abgearbeitet werden muss, aber die „gesamte Kraft" wird aufgebracht werden, so sagt es der Präsident. Der Präsident hat uns verpflichtet, soweit er uns überhaupt verpflichten kann, unser gerechtes, freies Land zu einem ähnlichen Trümmerhaufen und bodenlosen Loch des Horrors zu machen, wie wir es heute in Europa sehen. 15
Eine weitere Anmerkung zu einem Punkt in der Rede des Präsidenten. Er sagt, dass [...] die deutsche Regierung niemals wieder freundschaftliche Beziehungen mit uns eingehen kann. Er sagt, dass [sie] nicht unser Freund war und nie wieder sein wird [...].

20 Dagegen schlägt der Präsident eine Allianz mit Großbritannien vor, das, so freiheitsliebend sein Volk auch sein mag, eine erbliche Monarchie ist [...], mit einem eingeschränkten Wahlrecht für eine Klasse und mehrfachem Wahlrecht für eine andere und mit zermürbenden Arbeitsbedingungen für ihre Arbeiter. [...]

(Zit. nach: http://www.spartacus.schoolnet.co.uk/USAlafollette.htm)

... und Frieden

Wilsons 14-Punkte-Programm: Der Eintritt der USA in den europäischen Krieg 1917 stellte einen Bruch mit der Monroe-Doktrin des 19. Jahrhunderts dar, die eine Einmischung in europäische Angelegenheiten ausgeschlossen hatte. Insofern könnte man den Kriegseintritt der USA als eine außenpolitische „Revolution" bezeichnen. Diesen völligen Kurswechsel in der Außenpolitik rechtfertigte Wilson (US-Präsident 1913–1921) mit dem Versprechen, eine bessere Weltordnung herbeizuführen und dem Fortschritt der Menschheit dadurch zu dienen, diesen Weltkrieg möglichst schnell zu beenden und zum letzten aller Kriege zu machen. Neben dem militärischen Einsatz ergriff Präsident Wilson die Initiative zum Frieden und legte mit seinen „14-Punkten" eine Grundlage für einen Verständigungsfrieden vor.

Als „14-Punkte-Programm" werden die Grundzüge einer Nachkriegsordnung für das vom Ersten Weltkrieg erschütterte Europa bezeichnet, die Präsident Wilson im Januar 1918 in einer programmatischen Rede vor dem US-Kongresses umriss. Mit diesem demokratischen Friedensprogramm weckte er in Europa große Hoffnungen auf eine bessere und harmonischere Welt.

Wilsons „14 Punkte" stellten eine grundlegende Abkehr von Prinzipien dar, die bisher europäische Großmachtpolitik bestimmt hatten. Wilson schlug ein umfassendes Modell eines liberalen Weltfriedens vor, das bis heute aktuell ist. Sein Friedensentwurf ruhte auf drei grundlegenden Säulen: dem Selbstbestimmungsrecht der Völker, der allgemeinen Durchsetzung liberaler Demokratie und dem Vorschlag der Errichtung eines Völkerbundes. Dieser sollte bei Streitigkeiten zwischen den Nationen den Frieden in der Welt sichern.

Bald zeigte sich, dass die Probleme einer umfassenden, gerechten europäischen Friedensordnung komplizierter waren, als von Wilson vorhergesehen. Seine „14-Punkte" ließen sich kaum umsetzen. Wilsons Programm scheiterte dabei vor allem am Widerstand der Siegermächte Großbritannien und Frankreich. Die europäische Nachkriegsordnung wurde schließlich vom Versailler Vertrag bestimmt, der vor allem in Deutschland als Widerspruch eines gerechten Friedens im Sinne der Vorstellungen Wilsons gesehen wurde.

Wilsons Vorstellungen stießen auch in den USA auf Kritik. Der Versailler Friedensvertrag wurde im amerikanischen Senat abgelehnt. Der US-Kongress lehnte den Beitritt der USA zum Völkerbund, der 1920 in Paris gegründet wurde, ab. Einflussreiche politische Kreise befürchteten, dass die USA zu sehr in europäische Streitigkeiten verstrickt werden könnten. Zudem wollten sie der Gefahr entgegenwirken, dass die politischen Handlungsmöglichkeiten Amerikas zu sehr eingeschränkt würden.

Wilsons Traum von einer internationalen Friedensordnung „ohne Triumph der Sieger" wird unter Historikern kontrovers beurteilt. Während ihn einige Forscher als „modernen Visionär" feiern, ist er für andere ein „Phantast", der unrealistische Ziele verfolgt habe.

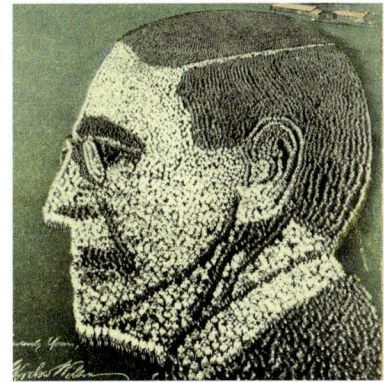

Patriotisches Motiv des amerikanischen Präsidenten Woodrow Wilson, September 1918: Für dieses Bild reihten sich Tausende Soldaten zusammen zu einem Abbild ihres Präsidenten, der in den USA bei Kriegsende als Vorbild gefeiert wurde.

Das 14-Punkte-Programm

1. Öffentliche Friedensverträge und Abschaffung der Geheimdiplomatie
2. Uneingeschränkte Freiheit der Meere für die Schifffahrt
3. Freiheit der Weltwirtschaft und Gleichheit der Handelsbedingungen
4. Internationale Abrüstung und Rüstungsbegrenzung
5. Internationale Regelung aller kolonialen Ansprüche
6. Räumung der besetzten russischen Gebiete
7. Räumung und Wiederherstellung Belgiens
8. Rückgabe Elsass-Lothringens
9. Festlegung der Grenzen Italiens nach dem nationalen Prinzip
10. Selbstständige Entwicklung für die Völker Österreich-Ungarns
11. Räumung Rumäniens, Serbiens und Montenegros
12. Unabhängigkeit der Türkei
13. Einrichtung eines unabhängigen polnischen Staates
14. Gründung des Völkerbundes

Notiert die Kernaussagen des Darstellungstextes auf Karteikarten.

Epochenjahre 1917/1918 im Urteil der Nachwelt

„In ganz Europa gehen die Lichter aus." Mit dieser düsteren Aussicht sprach der englische Außenminister schon 1914 das aus, was vielen Zeitgenossen nach Kriegsende immer deutlicher bewusst wurde. Die Jahre 1917/18 markieren einen Übergang in eine neue Zeit. Die Welt von gestern hatte ausgedient, neue Ordnungen wurden entwickelt. Auch heutige Historiker sind sich darin weitgehend einig, dass die Ereignisse der Jahre 1917/18 den Charakter von „Schlüsselereignissen" haben, die die weitere europäische und weltgeschichtliche Entwicklung entscheidend bestimmten. „1917 ist man endgültig im 20. Jahrhundert angekommen" – so formuliert es der Historiker Sönke Neitzel in einem Artikel in der „Frankfurter Allgemeinen Sonntagszeitung" vom 16. Juli 2017.

● *In welchem Ausmaß prägen die Geschehnisse 1917/18 die Geschichte des 20. und 21. Jahrhunderts?*

Präsentiert im Rahmen einer Stafettenpräsentation foliengestützt Positionsplakate, in denen ihr jeweils ein Urteil zum Thema Epochenjahre 1917/1918 vorstellt und erläutert. Vergleicht die Positionen in einem anschließenden Klassengespräch und nehmt mit Blick auf die Leitfrage zu ihnen Stellung.

1. Bildet kleine Arbeitsteams und entscheidet, welches der angebotenen Textmaterialien ihr bearbeiten und vorstellen wollt.

2. Lest in der Methodenwerkstatt noch einmal nach, wie ihr mithilfe einer Fünf-Schritt-Methode ein informatives und aussagekräftiges Positionspapier erarbeiten und formulieren könnt. Formuliert gemeinsam ein Positionspapier, das ihr im Plenum vorstellen wollt. Sprecht untereinander ab, wie ihr gemeinsam als Team vortragen möchtet.

3. Setzt euch nach der Präsentation der Positionspapiere zu neuen kleinen Gesprächsgruppen zusammen, in denen ihr euch inhaltlich auf das Klassengespräch vorbereitet. **Empfehlung:** Formuliert als Diskussionsgrundlage ein kurzes Statement, in dem ihr die zentralen Ergebnisse eures Gesprächs schriftlich in Stichwortform festhaltet – z. B. in dieser Form:

> **Übereinstimmungen und Unterschiede zwischen den Darstellungen:**
> *Die Autoren gehen von ähnlichen Fragestellungen aus: …*
> *Sie sind sich einig in der Einschätzung …*
> *Ihre Einschätzungen/Schlussfolgerungen unterscheiden sich vor allem in folgenden Punkten: …*
> **Persönliche Stellungnahme zu den jeweiligen Positionen:**
> …

Eine andere Möglichkeit: Arbeitsteams können eine **Gesprächsszene** einüben, in der vier Experten in einer Diskussionsrunde die Leitfrage diskutieren. Dazu müsst ihr in einem ersten Arbeitsschritt die Expertenrollen unter euch verteilen, das jeweils zugehörige Material auswerten und ein Stichwortkonzept für die Diskussionsrunde erstellen.

„Ideologien" – neue weltpolitische Koordinaten

Koordinate, so die Worterklärung in einem Begriffslexikon, bedeutet „Lageangabe" oder „Position". Spontan denken wir dabei an Mathematiker, Geografen,

Astronomen oder auch Seefahrt. Aber auch Historikerinnen und Historiker nehmen auf ihre Weise Lagebeschreibungen und Positionsbestimmungen vor, wenn sie Einschätzungen zu historischen Ereignissen oder längerfristigen Entwicklungen abgeben. So schreibt z. B. rückblickend auf das 20. Jahrhundert der deutsche Historiker Ebert Jäckel im Jahr 1996: „Gewiss könnte man das 20. Jahrhundert auch das amerikanische nennen, denn in ihm vollzog sich der Aufstieg der Vereinigten Staaten zur schließlich einzigen Weltmacht. Oder auch das russische, von Lenins Revolution im Jahre 1917 bis zum Zerfall der Sowjetunion." Seiner Meinung nach – und hier besteht weitgehend Einigkeit unter den modernen Historikern – sind im „Epochenjahr" 1917 und seinem engeren zeitlichen Umfeld neue „Positionen", man könnte auch sagen richtungsweisende Fixpunkte festgelegt worden bzw. entstanden.

Sie haben in den nachfolgenden Jahrzehnten die Weltpolitik entscheidend bestimmt. Zwei gegensätzliche Ideologien bildeten seitdem das Koordinatensystem, in dem sich Weltpolitik nach 1917 im 20. Jahrhundert vollzog. Der Gegensatz zwischen einem revolutionären sozialistisch-kommunistischen Ordnungskonzept für Staat und Gesellschaft und der Weltanschauung einer kapitalistisch ausgerichteten bürgerlich-demokratischen Gesellschaftsordnung hat den Verlauf des 20. Jahrhunderts sowie den Zustand der heutigen Welt im 21. Jahrhundert geprägt. Deshalb betonen zahlreiche Historiker in ihren Antworten auf die Frage, was für ein Jahrhundert das vergangene 20. Jahrhundert war, dass es ein „Jahrhundert der Ideologien" war.

Dies spiegeln auch schon Denkmäler aus der Zeit. Denkmäler haben in der Regel symbolische Funktion. Sie sind in zahlreichen Fällen sichtbare Abbilder von Ideen bzw. – so in diesem Fall – von gesellschaftlichen und politischen Ordnungsvorstellungen, wie die beiden abgebildeten Statuen sie zum Ausdruck bringen. Für alle Welt sichtbar symbolisieren sie zwei gesellschaftlich-politische Konzepte, die sich seit 1917 mit einem globalen, d. h. weltumspannenden Geltungsanspruch konkurrierend gegenüberstanden:

> „Arbeiter und Kolchosbäuerin" als Sinnbild für ein revolutionäres sozialistisch-kommunistisches Gesellschaftskonzept.
> „Die Freiheitsstatue" auf Liberty Island für ein kapitalistisches, bürgerlich-liberaldemokratisches Gesellschaftskonzept.

Notiert in Stichwortform die Kernaussagen des Darstellungstexts auf Karteikarten.

57

M 1 Die USA und der Aufstieg zur Weltmacht im „amerikanischen" 20. Jahrhundert

In einer Hörfunksendung des „Deutschlandfunks" (1.1.2014) beschreibt der Autor Christian Hacke den Eintritt der USA in den Ersten Weltkrieg als eine entscheidende Wende zu einer neuen Weltordnung des 20. Jahrhunderts:

So urteilen Experten aus heutiger Sicht …

Der Erste Weltkrieg wurde zum Ausgangspunkt für das Jahrhundert, das man als das „amerikanische" bezeichnet. [...] So distanziert Wilson bis 1917 dem europäischen Krieg gegenüberstand, so entschlossen sorgte er dann durch den massiven Einsatz von Millionen amerikanischer Soldaten 1918 für den Sieg der Alliierten – 100 000 Amerikaner ließen dafür ihr Leben. [...] 5

Der Krieg hatte auf Amerika eine widersprüchliche Wirkung: Wirtschaftlich hatte er das Land gestärkt, die USA wurden vom Hauptschuldner zum Hauptgläubiger der Weltwirtschaft. Andererseits hatte er das alte isolationistische Selbstverständnis wieder belebt.

[...] Seine Kriegsziele hatte Wilson in den berühmten 14 Punkten vom Januar 10 1918 umrissen: „Die Welt für den Frieden zu sichern" mittels eines „Friedens ohne Sieg". [...] Der Völkerbund sollte mithilfe amerikanischer Macht für eine Weltordnung sorgen, in der freiheitlicher Wettbewerb unter friedlichen Bedingungen garantiert werden sollte. Zuerst hatten die Amerikaner ihrem Präsidenten noch begeistert zugejubelt, doch Wilsons noble Ziele kollidierten 15 bald mit denen der europäischen Alliierten. [...] 1920 lehnte der Kongress nach langen Auseinandersetzungen mit dem Präsidenten den Versailler Vertrag ab. Damit hatte Wilson seinen Kampf um eine neue Weltordnung auch an der Heimatfront verloren.

Trotz dieses realpolitischen Misserfolgs sollte eines nicht in Vergessenheit geraten: 20 Ungeachtet seines tagespolitischen Scheiterns ist Woodrow Wilsons Konzept einer liberalen Weltordnung, in der die USA die führende Rolle einnehmen, bis heute von zentraler Bedeutung geblieben. Er war der erste US-Präsident, der Amerikas Macht in den Dienst eines liberalen Weltfriedens gestellt hat. Seitdem unterlässt es keiner seiner Nachfolger, Wilsons Idealismus 25 weiterhin als Legitimationsressource zu beschwören. Insbesondere Wilsons Überzeugung, dass ein Krieg nur dann legitim sei, wenn man ihn als Kreuzzug für Menschenrechte und freiheitliche Werte führt, hat die Außenpolitik der USA im 20. Jahrhundert dauerhaft revolutioniert.

Wilsons Botschaft „the world must be made safe for democracy" formuliert 30 seitdem universale Ansprüche. Diese sind von großer Anziehungskraft, zeitigen aber auch nicht selten fatale Folgen: Selbstüberschätzung, Vernachlässigung historischer Gegebenheiten und die Missachtung der Interessen anderer Völker. [...]

Als erfolgreiche ideelle Mobilisierung bewährte sich Wilsons Idee einer liberalen 35 Weltordnung als Gegenentwurf zur kommunistischen Weltrevolution. Wilsons 14 Punkte entwickelten sich im Laufe der Jahrzehnte zu einem epochenübergreifenden Werteensemble, das dem Westen als Selbstbehauptung gegenüber dem sowjetrussischen Expansionswillen diente. Man kann deshalb den Ursprung des Kalten Krieges auf 1917 datieren. Erstmals prallten damals 40 die Vorstellungen von Lenin und Wilson kompromisslos aufeinander – die der kommunistischen Weltrevolution und die einer liberalen Weltordnung. [...]

Zu Lebzeiten von Woodrow Wilson blieb der Traum einer liberalen Friedensordnung unerfüllt. Nichtsdestotrotz bleibt es sein Verdienst, die beiden großen westeuropäischen Demokratien im Ersten Weltkrieg vor der militärischen 45 Niederlage bewahrt zu haben.

(Christian Hacke, Die USA und der Aufstieg zur Weltmacht, 1.1.2014; http://www.deutschland funk.de/der-weg-in-den-ersten-weltkrieg-die-usa-und-der-aufstieg.724.de.html?dram:article_ id=273012 [23.08.2018])

Notiert in Stichwortform die Kernaussagen des Hörfunkbeitrags auf Karteikarten. Mögliche Aspekte für die inhaltliche Strukturierung:
- die Bedeutung des Kriegseintritts der USA für die neue Rolle der USA in der Welt;
- Wilsons Konzept für eine neue Weltordnung;
- die universale zukunftsweisende Bedeutung seiner Ideen;
- Wilsons Friedensordnung als Gegenentwurf zur Idee der kommunistischen „Weltrevolution".

M2 Der Historiker Michael Stürmer zieht Bilanz

Das Jahr 1917, vom amerikanischen Kriegseintritt bis zur bolschewistischen Revolution, brachte die Wende im Krieg und veränderte die Welt. Aus dem Todeskampf Europas entstanden zwei Friedensvisionen, deren Wirkung
5 bis heute anhält: aus dem Osten die Botschaft der Weltrevolution, aus dem Westen die Vision einer Welt freier Völker. Zwei globale Missionsideen traten gegeneinander an, während die ältere, europäische Weltordnung in sich verbrannte. Als die OHL noch von Triumphen träum-
10 te, wurden Lenin und Wilson Gegenspieler einer künftigen Welt: „Schluss mit dem Krieg!" – „Alle Macht den Räten!" – „Das Land der Gutsbesitzer den Bauern!" – „Den Arbeitern die Macht in den Fabriken!" So nutzte Lenin die Sehnsucht nach Frieden für die – vorerst vage und aus-
15 deutbare – Verheißung der Sozialrevolution. Die USA aber wollten „a world safe for democracy". Wilson meinte diese Vision, als er am 8. Januar 1918 in 14 Punkten dem Kongress ein Programm des Weltfriedens vorlegte: offene Diplomatie, Freiheit des Handels und der Welt-
20 meere, Abrüstung und Selbstbestimmung lautete die Verheißung; Abtretung Elsass-Lothringens, Auflösung der Donaumonarchie und des Osmanenreiches, ein freies Polen mit Zugang zum Meer die Drohung an den Kriegsgegner. Und über allem ein Völkerbund, um durch Ga-
25 rantien und Sanktionen die Welt zu stabilisieren. Der American Dream war Waffe im Krieg und Plan einer besseren Welt. Wilson wollte die alliierten Kriegsziele zügeln, die die Bolschewiki durch Veröffentlichung der zaristischen Geheimverträge aufgedeckt hatten, und den
30 Krieg Amerikas ethisch untermauern. Wirksames Mittel des Ideenkriegs gegen die Mittelmächte, stand dahinter ein neuer Entwurf der Welt, weder Alteuropa noch Diktatur des Proletariats. [...] Von hier und heute [...] ging eine neue Epoche der Weltgeschichte aus.

(Michael Stürmer, Das ruhelose Reich – Deutschland 1866–1918, Berlin (Siedler) 1998 (1983), S. 387 f.)

M3 Der Journalist Frank Werner urteilt

1917, die Weltenwende. Warum ausgerechnet 1917? Für die Menschen in Europa endet das Jahr, wie es begonnen hat: mit Krieg, Hunger, Entbehrung. Und doch tickt die Welt nun anders. Manche Zeitgenossen sind überzeugt,
5 grundstürzende Veränderungen zu erleben, den Anbruch einer neuen Epoche. Es ist, als lüfte das 20. Jahrhundert seinen Vorhang – nur eine Handbreit, aber weit genug, um die Konturen einer neuen Welt zu erspähen. Stellt man sich die Geschichte als gleichmäßigen Lauf der
10 Ereignisse vor, legt sie 1917 einen Sprint ein. Zwei Premieren wirbeln die große Politik mitten im Ersten Weltkrieg durcheinander: Die USA mischen sich erstmals in einen europäischen Konflikt ein; der schlafende Riese erwacht und schwingt sich zur Schutzmacht der Demokratie auf.
15 Auch der künftige Kontrahent betritt die Bühne: Auf den Trümmern des russischen Zarenreichs errichten die Bolschewiki das erste kommunistische Regime. Damit sind die Weichen für die Rivalität der beiden Mächte gestellt. Über Jahrhunderte war Europa die Mitte der Welt, bis die
20 politische Landkarte 1917 neu gefaltet wird – eine Weltenwende. Auch im deutschen Kaiserreich, im Nahen Osten oder auf den Schlachtfeldern des Krieges sind die Vorboten einer neuen Zeit erkennbar. [...] Die Autoren dieses Heftes porträtieren ein dynamisches Jahr voller
25 Auf- und Umbrüche, ein Jahr, das seiner Zukunft viel näher ist als der Vergangenheit. [...] In diesem Heft wird deutlich, dass es nicht zuletzt Persönlichkeiten wie Wilson oder Lenin sind, die das Epochenjahr prägen [...]. 1917 ist auch ein Jahr der historischen Paradoxien. Und
30 heute? Wieder ein Epochenjahr, sagt der Historiker Adam Tooze: 1917 streben die USA missionarisch in die Welt, 100 Jahre später lautet die Parole „America first", Rückzug in die Wagenburg. Das „amerikanische Jahrhundert" – begründet von Wilson, beerdigt von Trump. [...]

(Frank Werner, in: ZEITGeschichte – 1917, Nr. 2/2017, Hamburg (Zeitverlag Gerd Bucerius GmbH & Co. KG) 2017, S. 4)

Notiert in Stichwortform auf Karteikarten, welche Position Michael Stürmer und Frank Werner jeweils vertreten und wie sie diese jeweils begründen.

Sachkompetenz – Urteilskompetenz: Ich kann personenbezogen zentrales historisches Geschehen und dessen Merkmale zusammenhängend beschreiben sowie in seiner politischen Bedeutung beurteilen.

Begriffe und Personen

14 Punkte – Unabhängigkeitserklärung – Neutralität der USA in europäischen Angelegenheiten – Völkerbund – Politik der Einmischung in internationale Angelegenheiten – Epochenjahre 1917/18 – Der amerikanische Unabhängigkeitskrieg – Der „Wilde Westen"

Woodrow Wilson   Thomas Jefferson   Cowboy   Theodore Roosevelt   James Monroe   Miss Liberty

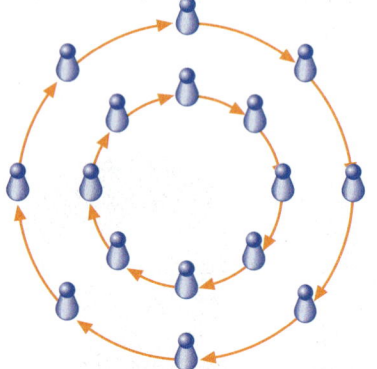

1. Du kannst jede abgebildete Person mit mindestens einem Begriff verknüpfen (Mehrfachnennungen sind möglich).
2. Begründe deine Entscheidung, beschreibe und erläutere die Bedeutung des historischen Sachverhalts.

Sachkompetenz – Methodenkompetenz: Ich kann historische Schlüsselereignisse und -entwicklungen sowie ihre Charakteristika im Rahmen des Aufstiegs der USA von ihren Anfängen im 17. Jahrhundert bis zu ihrem Aufstieg zur Weltmacht im Ersten Weltkrieg grafisch strukturiert darstellen und erläutern.

Von einer Kolonie zur Weltmacht …

1. Vervollständigt die Mindmap, indem ihr Nebenäste zu den Hauptästen anlegt und diese entsprechend mit Stichworten beschriftet. **Tipp:** In der Methodenwerkstatt findet ihr Informationen zu den Arbeitsschritten bei der Erstellung einer Mindmap (S. 296).
2. Organisiert den Wissens- und Meinungsaustausch zu den Schlüsselereignissen und -entwicklungen mit euren Mitschülerinnen und Mitschülern im „Kugellager".

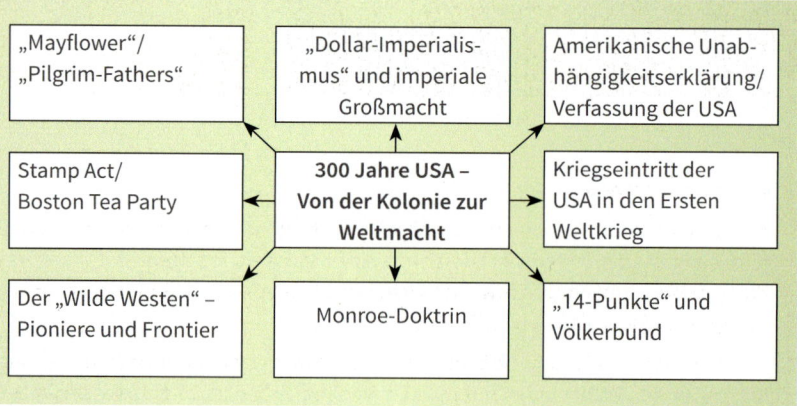

„Mayflower"/ „Pilgrim-Fathers"	„Dollar-Imperialismus" und imperiale Großmacht	Amerikanische Unabhängigkeitserklärung/ Verfassung der USA
Stamp Act/ Boston Tea Party	**300 Jahre USA – Von der Kolonie zur Weltmacht**	Kriegseintritt der USA in den Ersten Weltkrieg
Der „Wilde Westen" – Pioniere und Frontier	Monroe-Doktrin	„14-Punkte" und Völkerbund

Sachkompetenz – Methodenkompetenz – Urteilskompetenz: Ich kann die Gründe und Hintergründe für die Russische Revolution und ihre Folgen grafisch darstellen und in einem Kurzvortrag beschreiben.

Sachkompetenz – Methodenkompetenz – Urteilskompetenz: Ich kann die Arbeitsschritte zur Interpretation einer Bildquelle nennen und sie auf eine Bildquelle zum Thema Russische Revolution anwenden.

So könnt ihr vorgehen:
Arbeitsschritt 1: Erstellt eine Mindmap. Informiert euch in der Methodenwerkstatt (S. 296) über die Vorgehensweise.

Die Russische Revolution: Ursachen und Folgen

Tipp: Hebt Aspekte, die ihr für besonders wichtig haltet, durch Doppelpfeile oder farbig hervor.
Arbeitsschritt 2: Übertragt eure Mindmap auf eine Folie.
Arbeitsschritt 3: Präsentiert die Mindmap und erläutert sie in einem Kurzvortrag.

M „Lenin hat gelebt. Lenin lebt. Lang lebe Lenin!"

Sowjetisches Propaganda-plakat, 1920er-Jahre

Sachkompetenz – Methodenkompetenz – Urteilskompetenz – Handlungskompetenz: Ich kann typische Merkmale des Stalinismus in Form einer Bild-/Fotodokumentation präsentieren und erläutern.

Stalinismus: Bilder erzählen

So könnt ihr vorgehen:

1. Schaut gemeinsam in kleinen Arbeitsteams noch einmal auf die Seiten dieses Kapitels und sucht nach aussagekräftigen Abbildungen, die charakteristische Merkmale des Stalinismus zeigen.
   Wer möchte … Ihr könnt auch nach weiteren Bildern und Plakaten zum Thema im Internet oder Sachbüchern recherchieren und diese präsentieren und erläutern.

2. Scannt oder druckt solche Abbildungen aus, die ihr präsentieren wollt. Notiert in Stichworten, wie ihr die ausgewählten Abbildungen vorstellen und erläutern wollt. **Wichtig:** Erläutert immer, warum ihr gerade diese Abbildung ausgewählt habt!

Zeitenwende in Deutschland: Der demokratische Zukunftsentwurf der Weimarer Republik – und sein Scheitern

9. November 1918: Philipp Scheidemann (SPD) ruft an einem Fenster des Reichstags die „Deutsche Republik" aus.

Demokratie in Deutschland
Weimarer Republik, so nennen wir den neuen deutschen Staat, der nach dem verlorenen Ersten Weltkrieg im November 1919 die Nachfolge des wilhelminischen Kaiserreichs antrat. Deutschland wurde zu einer parlamentarischen Republik.

30. Januar 1939 – schon wieder ein neues Deutschland: Demokratie am Ende – Hitlers Machtergreifung.

Fackelzug uniformierter Hitler-anhänger am Brandenburger Tor (nachgestelltes Bild)

63

Aufbruch, Scheitern – Lehren für heute?

Bilder aus einem Deutschland im Aufbruch

Pulsierende Lebenswelten: Die Großstadt – Berlin/Potsdamer Platz, 1920er-Jahre

Der Historiker Heinrich August Winkler urteilt über die Weimarer Republik:

„Wenige Kapitel der deutschen Geschichte sind so umstritten wie vierzehn Jahre zwischen Kaiserreich und „Drittem Reich". Die Weimarer Republik: Das war das große Laboratorium der klassischen Moderne, eine Zeit des kulturellen Aufbruchs [...]. Mit der ersten deutschen Republik verbindet sich aber auch die Erinnerung [...] an die Krisen und den Untergang der Demokratie [...]."

(Heinrich August Winkler, 1918-1933. Die Geschichte der ersten deutschen Demokratie, München (Beck) 1993, S. 11)

Politischer Aufbruch: Die erste deutsche Demokratie mit dem Wahlrecht für alle, erstmals auch für Frauen

Gesellschaftlicher Aufbruch: Die neue Rolle der Frau. Dieses Modejournal zeigte im Mai 1927 erstmals auf dem Titelblatt ein kniefreies Rockmodell.

Technischer Fortschritt: Der erste in Deutschland hergestellte Wagen

Sozialpolitischer Aufbruch: Der Achtstundentag

Die Weimarer Republik 1918 – 1933

9. November 1918
Abdankung des Kaisers, Ausrufung der „Deutschen Republik" durch Ph. Scheidemann

19. Januar 1919
Wahl zur verfassungsgebenden Nationalversammlung

11. Februar 1919
Wahl von F. Ebert zum ersten Reichspräsidenten

28. Juni 1919
Unterzeichnung des Vertrages von Versailles

Krisenjahr 1923
Ruhrkampf, Inflation, 9.11.: gescheiterter Hitler-Putsch in München

Nur vierzehn Jahre später: Die erste deutsche Demokratie am Ende

Krisen in Wirtschaft und Politik: Arbeitslosigkeit

Feinde der Demokratie: Adolf Hitler erklärt sich zum „Heilsbringer". Er verspricht Arbeit, Wohlstand und Frieden. Und viele Menschen glauben ihm, lassen sich „blenden". Unterstützt von den Mächtigen aus Adel und Militär übernimmt Hitler die Macht – und wird zum „Totengräber" der ersten deutschen Demokratie.

Und was geht uns die Weimarer Republik heute noch an?

Heinrich August Winkler betont die Bedeutung der Weimarer Republik bis in die Gegenwart:

„Weimar war die erste große Chance der Deutschen, parlamentarische Demokratie zu lernen, und insofern gehört Weimar zur Vorgeschichte der „alten" Bundesrepublik, der zweiten Lehrzeit in Sachen Demokratie. […] Das seit 1990 vereinigte Deutschland ist wieder, was bis dahin nur die Weimarer Republik war, […] ein demokratischer deutscher Nationalstaat."

(Heinrich August Winkler, ebd.)

Der Historiker Andreas Wirsching fragt nach der Stabilität unserer Demokratie und Parallelen zur Weimarer Republik:

„Weimarer Verhältnisse? Appell an die Vernunft

[…] Auf leisen Sohlen schleicht sich ein Gespenst in die deutsche Debatte ein, das man auf immer in der Besenkammer der Geschichte abgelegt zu haben glaubte: Es ist das Gespenst der „Weimarer Verhältnisse". Ist unsere Demokratie instabil geworden? Drohen ihr ähnliche Gefahren wie der gescheiterten Weimarer Republik? Steht der Rechtsextremismus vor der Tür? Das sind alte Fragen in neuem Gewand, die schon längst beantwortet zu sein schienen. Denn Bonn war nicht Weimar, und Berlin schon gar nicht […]. Seit rund zwei Jahren ist Weimar wieder in aller Munde. „Weimarer Verhältnisse" werden zum Schreckbild in einer Zeit, in der traditionelle Gewissheiten infrage gestellt und neue Ängste erzeugt werden. Stimmbürgerschaft und Regierende, das Volk und seine Repräsentanten, scheinen sich immer weiter einander zu entfremden. Begriffe wie „Volksverräter" und „Lügenpresse" wecken düstere Erinnerungen."

(Andreas Wirsching, Appell an die Vernunft, 24.4.2017; zit. nach: http://www.faz.net/aktuell/politik/die-gegenwart/weimarer-verhaeltnisse-appell-an-die-vernunft-14985470.html [29.08.2018])

So wie ich es sehe: Mich überrascht … Ich frage mich … – Tauscht auf der Grundlage der Bilder und Zitate Eindrücke über die Weimarer Republik und Thesen über mögliche Lehren für heute aus.

1924 – 1929
Goldene Zwanziger: Wirtschaftsaufschwung, Blütezeit in Kultur und Wissenschaft

24. Oktober 1929
Der „Schwarze Freitag": Beginn der Weltwirtschaftskrise

30. März 1930
Heinrich Brüning wird Reichskanzler, Beginn der Präsidialkabinette.

31. Juli 1932
NSDAP wird mit 37,4 % stärkste Partei im Reichstag.

30. Januar 1933
Ernennung Hitlers zum Reichskanzler

Menschenmenge vor dem Reichstag in Berlin, 9. November 1918

DEM DEUTSCHEN VOLKE

Auf dem Weg zur neuen Republik

Es ist in den Mittagsstunden des 9. November 1918: Eine große Menschenmenge hat sich vor dem Reichstagsgebäude versammelt. Die Nachricht vom Rücktritt des Kaisers hat sich wie ein Lauffeuer verbreitet. Die Menschen sind ratlos und verunsichert. Wie soll es weitergehen in Deutschland? Eines scheint klar: Altes hat ausgedient. Eine neue Ordnung muss her. Aber wie soll und kann diese aussehen? Brennende und in den Augen vieler noch ungelöste Fragen, die die Menschen in Deutschland bewegen.

- *Wie verliefen die Ereignisse Ende des Krieges bis zur Ausrufung der Republik am 9. November 1918?*

- *Wie sollte die neue Staatsordnung aussehen?*

- *Wie beurteilt ihr die Bedeutung und die Konsequenzen, die die Umsetzung der unterschiedlichen Modelle der zukünftigen politischen Ordnung für Deutschland haben würde?*

So kommentierte die Satirezeitschrift „Simplicissimus" die Abdankung Kaiser Wilhelms II.: „Das Ende – Wir weinen ihm keine Träne nach, er hat uns keine zu weinen übriggelassen."

Haltet einen plakatgestützten Gruppenvortrag, in dem ihr die revolutionären Ereignisse, die neue Staatsordnung sowie eure Beurteilung der Bedeutung und der Konsequenzen der Umsetzung der neuen politischen Ordnung in Deutschland darstellt. Stellt eure Ausführungen in einem Kreisgespräch in der Klasse zur Diskussion.

1. Bildet Arbeitsgruppen, in denen ihr gemeinsam mit Mitschülerinnen und Mitschülern den Vortrag vorbereiten und präsentieren möchtet. Verschafft euch jeder für sich in kursorischer Einzellektüre einen Überblick über das Materialangebot und entscheidet gemeinsam, wie ihr die Arbeit unter euch aufteilen könnt.

2. Wertet die Darstellungstexte, die beiden Quellen und das Schaubild mithilfe der Erschließungshinweise aus. Stellt euch eure Arbeitsergebnisse einander in der Gruppe vor.

3. Gestaltet auf dieser Grundlage gemeinsam ein Konzept für den Gruppenvortrag. **Tipps:** Orientiert euch an den Arbeitsschritten der bekannten Methoden „Informationen präsentieren", „Mit Karteikarten einen Kurzvortrag halten" sowie „Ein Plakat entwerfen und vorstellen" (Methodenwerkstatt, S. 294). Wie ihr ein begründetes Statement zur dritten Leitfrage formulieren könnt, könnt ihr in der Methodenwerkstatt auf S. 305 nachlesen.
Gestaltungsempfehlung: Entwerft vier Plakate als Begleitmaterial zur Veranschaulichung, damit die Zuhörerinnen bzw. Zuhörer euren Ausführungen gut folgen und sich Notizen für das Kreisgespräch machen können.

Frühherbst 1918: Als der Krieg zu Ende ging … Frühjahr 1917: …	**November 1918: Revolution in Deutschland** 3. November: Matrosenaufstand …	**Zweimal Republik, aber mit ganz unterschiedlichen Vorstellungen** „Deutsche Republik" Scheidemann: Zur Person … Staatsvorstellung: „Räterepublik" Liebknecht: Zur Person … Staatsvorstellung: …

Unser Statement zur dritten Leitfrage:
…

Ein anderer Vorschlag … „Auf dem Weg zu einer Republik in Deutschland – Bilder erzählen": Präsentiert beamergestützt eine kleine **Foto-/Bilddokumentation**, in der ihr die zentralen Entwicklungen und ihre Bedeutung vorstellt, kommentiert und erläutert. Recherchiert dazu ergänzend zum Buch unter diesem Webcode:

@ SNG-34530-010

Gefallene Soldaten im Ersten Weltkrieg

Deutschland: mehr als 2 Mio.
Österreich: fast 1,5 Mio.
Frankreich: über 1,3 Mio.
Franz. Kolonien: 78 000
Großbritannien: 750 000
Britische Kolonien: 180 000
Russland: über 1,8 Mio.
Italien: fast 480 000
USA: 117 000
Gesamt: mehr als 9 Mio.

Deutsche Kriegsgefangene 1918

Listet in knapper Form die wesentlichen Ereignisse in chronologischer Reihenfolge auf.
Tipp: Informationen zu den einzelnen Parteien findet ihr auf S. 73.

Frühherbst 1918: Als der Krieg zu Ende ging ...

Antikriegsstimmung: Bereits 1916 hatte sich ein Stimmungsumschwung in der Bevölkerung bemerkbar gemacht. Seit dem Frühjahr 1917 kam es dann zu ersten Streiks unter Rüstungsarbeitern und zu öffentlichen Unruhen. Die Menschen registrierten die großen Verluste an Menschenleben und erahnten allmählich die drohende Niederlage. Die Lebensmittelvorräte gingen zur Neige, die Preise stiegen, der Lebensstandard sank Das Verlangen nach Frieden wurde immer deutlicher spürbar. Auftrieb erhielt diese Antikriegsstimmung zudem durch die revolutionären Ereignisse in Russland.

Aussichtsloser Kampf und Friedenssehnsucht: Im Frühjahr 1918 wollte die Oberste Heeresleitung die militärische Entscheidung an der Westfront suchen. Ohne Erfolg. Der Durchbruch britischer Panzer im August 1918 besiegelte die deutsche Niederlage. Nun wurde endgültig deutlich, dass der Krieg für die deutschen Armeen nicht mehr zu gewinnen war. Die Soldaten sahen, dass der Kampf aussichtslos wurde. Sie sehnten ein Ende des Krieges herbei. Es gab Auflösungserscheinungen im Heer und in der Marine. Befehlsverweigerungen und Disziplinverstöße häuften sich. Geschätzt begingen ungefähr eine Dreiviertelmillion Soldaten allein im August 1918 Fahnenflucht. Auch in der Heimat nahm die Unruhe zu. Massenstreiks richteten sich nicht nur gegen die katastrophalen Lebensbedingungen. Die kriegsleidenden Menschen sehnten sich nach Frieden.

Niederlage und Schuldzuweisung: Im September 1918 musste auch die Oberste Heeresleitung eingestehen" dass der Erste Weltkrieg für Deutschland verloren war. Am 29. September verkündete General Ludendorff vor Vertretern des Kaiserreichs im Hauptquartier der Obersten Heeresleitung in der belgischen Stadt Spa, dass die Weiterführung des Krieges aussichtslos sei. Die Oberste Heeresleitung trat für Verhandlungen über einen sofortigen Waffenstillstand ein. Er fügte seiner Forderung einen folgenreichen und bedeutsamen Satz hinzu: „Ich habe Seine Majestät gebeten, jetzt diejenigen Kreise an die Regierung zu bringen, denen wir es in der Hauptsache zu verdanken haben, dass wir so weit gekommen sind […]. Sie sollen die Suppe jetzt essen, die sie uns eingebrockt haben". In seinen Augen waren also nicht die Politik der kaiserlichen Regierung und die militärische Führung für die Niederlage verantwortlich. Er bürdete die Schuld stattdessen den Vertretern der bürgerlichen Parteien im Reichstag auf. Diese Sichtweise stellte eine große Belastung für die weitere Entwicklung und die Suche nach einer neuen Staats- und Gesellschaftsordnung für Deutschland dar.

Eine neue Regierung: Anfang Oktober 1918 wurde eine neue Regierung unter Führung des Reichskanzlers Prinz Max von Baden gebildet. Ihr gehörten Vertreter der SPD, des Zentrums und der liberalen Fortschrittspartei an. In der Stunde der Niederlage übernahmen insbesondere Vertreter dieser Parteien Verantwortung für eine Situation, die sie nicht allein zu verantworten hatten. Am 3. Oktober richtete die neu gebildete Regierung ein Waffenstillstandsgesuch an den amerikanischen Präsidenten Wilson. Ende Oktober wurde eine Verfassungsreform durchgeführt. Das Neue war, dass erstmalig in der deutschen Geschichte der Reichskanzler das Vertrauen der Volksvertretung, also des Reichstags, benötigte. Der Kaiser verlor seine unumschränkte Herrschaftsgewalt. Das Parlament gewann entscheidenden politischen Einfluss.

November 1918: Revolution in Deutschland

Novemberrevolution, so nennen Historiker die politischen Unruhen und Veränderungen, die sich beginnend im November 1918 in Deutschland abspielten.

Der Aufstand der Matrosen: Im November 1918 überstürzten sich die Ereignisse. In Wilhelmshaven meuterten die Matrosen der Kriegsmarine, als sie den Befehl zum letzten Gefecht erhielten, um die „Ehre der Waffengattung" zu retten. Ihre Anführer

Aufständische Soldaten und Matrosen am 9. November 1918 vor dem Brandenburger Tor

wurden verhaftet. Daraufhin brach am 3. November in Kiel ein Aufstand aus. Er wurde zum Zündfunken der November-Revolution. Soldatenräte nach russischem Vorbild wurden gebildet, denen sich Arbeiter anschlossen. Arbeiter- und Soldatenräte übernahmen in vielen Städten die Herrschaft. Schon bald erreichte die Revolution auch die Reichshauptstadt Berlin. Am 9. November wurde sie der Schauplatz von Unruhen und Massenaufmärschen.

Das Ende der Monarchie: Angesichts der zunehmenden Forderungen nach Abdankung floh der Kaiser ins belgische Spa. Damit war er im Grunde entmachtet. Aufgrund der Unruhen in der Bevölkerung gab Reichskanzler Prinz Max von Baden am 9. November um 12 Uhr eigenmächtig die Abdankung des Kaisers und des Kronprinzen bekannt. Er selbst trat eine halbe Stunde später sein Amt als Reichskanzler an Friedrich Ebert ab.

Die Republik wird zweimal ausgerufen: Eineinhalb Stunden später wurde die Republik ausgerufen: Von einem Balkon des Reichstages verkündete Philipp Scheidemann um 14.00 Uhr die „Deutsche Republik". Damit kam er um zwei Stunden Karl Liebknecht zuvor, dem Führer des Spartakus-Bundes, der für einen sozialistischen Staat nach sowjetischem Vorbild eintrat und um 16.00 Uhr vom Balkon des Stadtschlosses in Berlin die „Freie sozialistische Republik Deutschland" ausrief. Noch war also über die neue politische Ordnung in Deutschland nicht endgültig entschieden. Andererseits wurde dringend eine neue arbeitsfähige Regierung für Deutschland benötigt.

Der Rat der Volksbeauftragten: Der neue Reichskanzler Friedrich Ebert ergriff dazu die Initiative. Am 10. November setzte er eine provisorische Regierung ein, den „Rat der Volksbeauftragten". Ihr gehörten je drei Politiker der SPD – darunter Friedrich Ebert und Philipp Scheidemann – und der Unabhängigen Sozialdemokraten (USPD) an.

Herausforderungen: Die Verantwortlichen der neuen Republik mussten von Beginn an außerordentlich schwierig zu lösende Aufgaben bewältigen. Frieden musste geschlossen werden. Die Wirtschaft musste von der Kriegs- auf die Friedenswirtschaft umgestellt werden, um die Versorgung der Bevölkerung sicherzustellen. Millionen von heimkehrenden Soldaten benötigten Arbeitsplätze. Millionen von Kriegsversehrten und Hinterbliebenen mussten versorgt werden. Über vier Millionen Menschen waren verwundet, über zwei Millionen Männer waren gefallen. Und im Alltag mussten Ordnung und Sicherheit im neuen Staat hergestellt werden.

Friedrich Ebert

1871: Geburt in Heidelberg
1912: Reichstagsabgeordneter der SPD
1913: Parteivorsitzender der SPD
9.11.1918: Reichskanzler
1919 bis zu seinem Tod 1925: Reichspräsident der Weimarer Republik

Listet in knapper Form die wesentlichen Ereignisse in chronologischer Reihenfolge auf.

Philipp Scheidemann (1865 – 1939), Mitglied des Reichstags, 1919 erster Reichskanzler der Weimarer Republik.

M 2 Staatsform „Deutsche Republik", für die Scheidemann eintritt

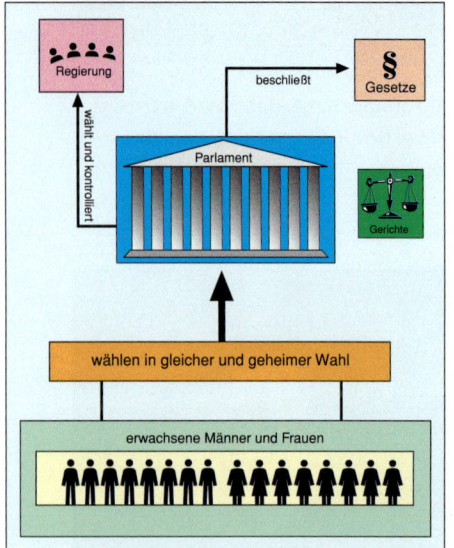

Die **Regierung** führt Gesetze aus und ist dem Parlament Rechenschaft schuldig.

Die **Parlamentsabgeordneten** vertreten das gesamte Volk und sind an keine Weisung gebunden.

Die **Gerichte** sind an Gesetze gebunden und handeln unabhängig von anderen Instanzen.

Zweimal Republik: „Deutsche Republik" oder „Räterepublik" – Staatsvorstellungen im Vergleich

Der 9. November markierte eine Zeitenwende in der deutschen Geschichte. Das kaiserliche Deutschland sollte zu einer Republik umgestaltet werden. Dabei konkurrierten unterschiedliche Vorstellungen.

M 1 9. November, 14.00 Uhr: Philipp Scheidemann ruft die „Deutsche Republik" aus

Arbeiter und Soldaten!

Furchtbar waren die vier Kriegsjahre. Grauenhaft waren die Opfer, die das Volk an Gut und Blut hat bringen müssen. Der unglückselige Krieg ist zu Ende. Das Morden ist vorbei. Die Folgen des Krieges, Not und Elend, werden noch viele Jahre auf uns lasten.

Die Niederlage, die wir unter allen Umständen verhüten wollten, ist uns nicht 5 erspart geblieben, weil unsere Verständigungsvorschläge sabotiert wurden; wir selbst wurden verhöhnt und verleumdet. Die Feinde des werktätigen Volkes, die wirklichen „inneren Feinde", die Deutschlands Zusammenbruch verschuldet haben, sind still und unsichtbar geworden. Das waren die Daheimkrieger, die ihre Eroberungsforderungen bis zum gestrigen Tage ebenso 10 aufrechterhielten, wie sie den verbissensten Kampf gegen jede Reform der Verfassung [...] geführt haben. Die Volksfeinde sind hoffentlich für immer erledigt. Der Kaiser hat abgedankt. Er und seine Freunde sind verschwunden. Über sie alle hat das Volk auf der ganzen Linie gesiegt! Der Prinz Max von Baden hat sein Reichskanzleramt dem Abgeordneten Ebert übergeben. Unser 15 Freund wird eine Arbeiterregierung bilden, der alle sozialistischen Parteien angehören werden. Die neue Regierung darf nicht gestört werden in ihrer Arbeit für den Frieden, in der Sorge um Arbeit und Brot.

Arbeiter und Soldaten! Seid euch der geschichtlichen Bedeutung dieses Tages bewusst. Unerhörtes ist geschehen. Große und unübersehbare Arbeit steht 20 uns bevor.

Alles für das Volk, alles durch das Volk! Nichts darf geschehen, was der Arbeiterbewegung zur Unehre gereicht! Seid einig, treu und pflichtbewusst! Das Alte und Morsche, die Monarchie, ist zusammengebrochen. Es lebe das Neue! Es lebe die Deutsche Republik! 25

(Zit. nach: Philipp Scheidemann, Memoiren eines Sozialdemokraten, Bd. 2, Dresden (Carl Reissner Verlag) 1928, S. 311 ff.)

Beschreibt in Stichworten den Aufbau und die wesentlichen Merkmale der Staatsvorstellung, die Scheidemann verwirklichen möchte. Notiert,
a) wer wählen darf;
b) welche Verfassungsorgane und Gremien es geben soll und wie diese besetzt werden sollen;
c) welche Aufgaben die Verfassungsorgane und Gremien haben;
d) wie die Macht im Staat verteilt ist.

Analysiert den Redeauszug Scheidemanns und haltet die Arbeitsergebnisse in Stichworten fest. Notiert,
a) wer der Redner ist;   b) was das Thema seiner Rede ist;
c) was der Anlass ist;   d) wer die Adressaten sind;
e) die inhaltlichen Kernaussagen seiner Ausführungen zu diesen Aspekten:
  – welches Bild er vom Krieg zeichnet und wen er für die Niederlage verantwortlich macht,
  – wer nach seiner Auffassung politisch gesiegt hat,
  – worin er die vorrangige Aufgabe der neuen Regierung sieht,
  – welches Verhalten er von der Bevölkerung erwartet.

M 3 9. November, 16.00: Karl Liebknecht ruft die „Freie Sozialistische Republik" aus

Der Tag der Revolution ist gekommen. Wir haben den Frieden erzwungen. [...] Das Alte ist nicht mehr. Die Herrschaft der Hohenzollern [...] ist vorüber. [...] Parteigenossen, ich proklamiere die freie sozialistische Republik Deutschland, die alle Stämme umfassen soll, in der es keine Knechte mehr geben wird, in der
5 jeder ehrliche Arbeiter den ehrlichen Lohn seiner Arbeit finden wird. Die Herrschaft des Kapitalismus, der Europa in ein Leichenfeld verwandelt hat, ist gebrochen.
Wenn auch das Alte niedergerissen ist, dürfen wir nicht glauben, dass unsere Aufgabe getan sei. Wir müssen alle Kräfte anspannen, um die Regierung der
10 Arbeiter und Soldaten aufzubauen und eine neue staatliche Ordnung des Proletariats zu schaffen, eine Ordnung des Friedens, des Glücks und der Freiheit unserer deutschen Brüder und unserer Brüder in der ganzen Welt. Wir reichen ihnen die Hände und rufen sie zur Vollendung der Weltrevolution auf. [...]

(Zit. nach: Günter Schönbrunn (Hg.), Geschichte in Quellen, 1914–1945, München (bsv) 1975, S. 115)

Karl Liebknecht (1871 – 1919) war der Sohn eines sozialistischen Arbeiterführers und wurde auch Sozialist und Kommunist. 1917 gründete er zusammen mit Rosa Luxemburg den kommunistischen Spartakus-Bund, aus dem 1919 die KPD hervorging. Er wurde 1919 ermordet.

Analysiert den Redeauszug Liebknechts und haltet die Arbeitsergebnisse in Stichworten fest. Notiert,
a) wer der Redner ist;
b) was das Thema seiner Rede ist;
c) was der Anlass (geschichtliche Situation) ist;
d) die Kernaussagen seiner Ausführungen zu diesen Aspekten:
   – wie er die gegenwärtige Situation in Deutschland beschreibt,
   – wie er die neue Staatsform, die er verwirklicht sehen möchte, charakterisiert,
   – worin er die Aufgaben der Zukunftsgestaltung sieht.

Beschreibt in Stichworten den Aufbau und die wesentlichen Merkmale der Staatsvorstellung, die Liebknecht verwirklichen möchte. Notiert,
a) wer wählen darf;
b) welche Verfassungsorgane und Gremien es geben soll und wie diese besetzt werden sollen;
c) welche Aufgaben die verschiedenen Verfassungsorgane und Gremien haben;
d) wie die Macht im Staat verteilt ist.

M 4 Die Staatsform „Räterepublik", für die Liebknecht eintritt

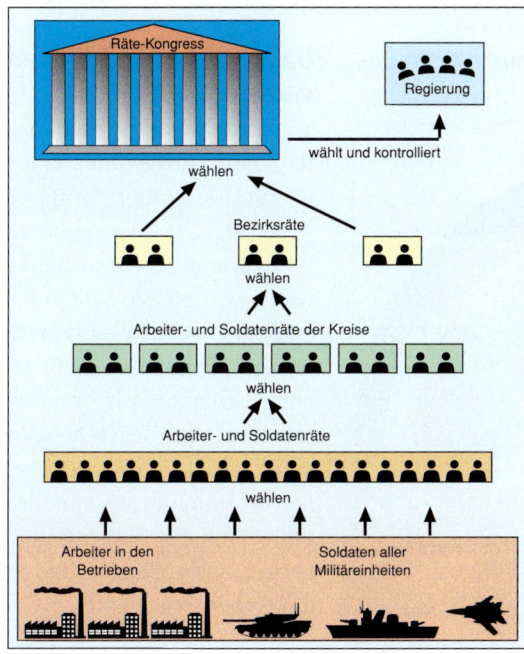

Die **Arbeiter- und Soldatenräte** senden Vertreter aus ihrem Kreis in die jeweils nächsthöhere Ebene.
Die **Räte** aller Ebenen sind an die Beschlüsse der Gruppe gebunden, die sie gewählt hat; sie sind jederzeit abwählbar.
Der **Rätekongress** hat legislative, exekutive und judikative Gewalt.
Die **Regierung** ist an alle Weisungen des Rätekongresses gebunden.

Der 19. Januar 1919: Deutschland hat gewählt

Kernstück einer Demokratie sind freie, gleiche und geheime Wahlen sowie Parteien. Diese vertreten in der Regel unterschiedliche politische Vorstellungen. Für uns heute ist das eine Selbstverständlichkeit. Für das damals nach dem Ersten Weltkrieg neu zu ordnende Deutschland war es eine Premiere. Der 19. Januar 1919 war ein historischer Tag.

- *Welche Parteien standen zur Wahl und welche Zielvorstellungen vertraten sie?*
- *Wie entschieden sich die Wähler?*
- *Wie ist dieses Wahlergebnis zu beurteilen?*

Aus zeitgenössischer Perspektive darstellen und urteilen: Stellt auf einer Pinn- oder Stellwand einen Artikel für das Berliner Tageblatt vom 20. Januar 1919 vor, in dem ihr aus Sicht des für den Politikteil zuständigen zeitgenössischen Redakteurs das Ergebnis der Wahl zur Nationalversammlung darstellt und kommentiert.

1. Bildet ein kleines Redaktionsteam, in dem ihr den Artikel erarbeitet.

2. Wer einen Artikel schreiben möchte, muss informiert sein. Wertet den Darstellungstext, das Schaubild (M 1) und die Kurzporträts zu den Parteien (M 2) aus. Erschließungshinweise helfen, die Infomationen auf Karteikarten zu sammeln.

3. Schreibt gemeinsam den Zeitungsartikel, den ihr vorstellen wollt. Es empfiehlt sich, die drei Leitfragen als Strukturierungselement für die gedankliche Abfolge der Ausführungen zu nutzen. Die Beurteilung sollte auf diese Aspekte eingehen: Erklärung des Wahlergebnisses vor der ereignisgeschichtlichen Situation, Bedeutung für die anstehende staatliche Neuordnung, mögliche Risiken.

4. Sprecht ab, wie ihr als Team für Rückfragen und Erläuterungen zu eurem Artikel an der Pinn-/Stellwand zur Verfügung stehen werdet.

So könntet ihr beginnen:

> **Deutschland hat gewählt: Demokratische Kräfte siegen**
> … Parteien standen …
> Sie vertraten unterschiedliche Ziele.
> Die Parteien, die für … Ziele geworben haben, haben mehrlich die gestrige Wahl gewonnen.
> SPD, Zentrum und DDP konnten zusammen …

M 1 Das Ergebnis der Wahlen zur Nationalversammlung

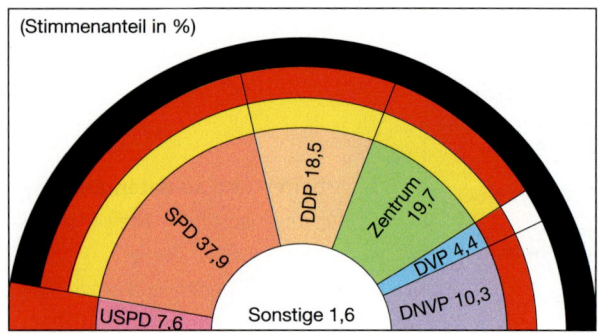

(Stimmenanteil in %)

SPD 37,9
USPD 7,6
DDP 18,5
Zentrum 19,7
DVP 4,4
DNVP 10,3
Sonstige 1,6

Formuliert in Stichworten,
a) welches Ergebnis die einzelnen Parteien bei der Wahl erzielten;
b) wie sich die Stimmanteile der Gegner und der Befürworter der Demokratie verteilen.

Das Volk entscheidet: Auf dem Weg zur Nationalversammlung

Wie sollte der neue Staat aussehen? Die Republik wurde ja zweimal ausgerufen. Eine wegweisende Entscheidung fiel im Dezember 1918 auf einem gesamtdeutschen Reichskongress der Arbeiter- und Soldatenräte. Ihre Vertreter waren in vielen Betrieben und Truppenteilen gewählt worden. Sie sollten entscheiden, wie Deutschland zukünftig regiert werden sollte. Nach hitzigen Diskussionen sprach sich eine große Mehrheit für das Staatsmodell einer parlamentarischen Demokratie und gegen das Rätesystem nach russischem Vorbild aus. Die neue Ordnung sollte mit der Wahl eines Parlaments, nämlich der Nationalversammlung, im Januar 1919 beginnen. Wahlberechtigt sollten alle Bürger und Bürgerinnen sein, die das 20. Lebensjahr vollendet hatten. Das war einmalig in der deutschen Geschichte.

M 2 Die Nationalversammlung: Diese Parteien stellten sich zur Wahl

Sozialdemokratische Partei Deutschlands (SPD): Sie hat ihre Wurzeln im Kaiserreich. Ihre Wähler stammen überwiegend aus der Arbeiterschaft. Sie setzt sich für die Verwirklichung einer parlamentarischen Demokratie ein. Ein weiteres Ziel ist der Ausbau und Schutz der Arbeitnehmerrechte (z. B Streikrecht). Bekannteste Politiker: F. Ebert, Ph. Scheidemann.

Deutschnationale Volkspartei (DNVP): Sie entstand 1918 als Sammelbecken der konservativen Bevölkerungsschichten. Ihre Anhänger entstammen dem Adel, den großgrundbesitzenden Schichten und dem höheren Bürgertum. Die DNVP befürwortet die Monarchie. Die Republik lehnt sie ab.

Zentrum: Gegründet wurde die Partei in der Kaiserzeit (1870). Ihre Wähler kommen aus allen Schichten, vornehmlich aus katholischen Kreisen. Sie tritt für die parlamentarische Demokratie und und die Förderung von Privatwirtschaft und Privateigentum ein. Bekannte Politiker: M. Erzberger und H. Brüning.

Unabhängige Sozialdemokratische Partei Deutschlands (USPD): Sie hatte sich im Krieg von der SPD abgespalten. Ihr linker Flügel gründet im Januar 1919 die KPD (s. u.). Teile der Mitglieder kehren später in die SPD zurück. Sie tritt für eine umgehende Umgestaltung der Staats- und Gesellschaftsordnung in eine sozialistische Rätedemokratie ein. (Hessisches Landesmuseum, Darmstadt)

Deutsche Demokratische Partei (DDP): Sie wurde im November 1918 gegründet. Ihr Wählerpotenzial findet sie vor allem im Mittelstand (Handwerker, kleine Händler, z. T. auch Angestellte, Kaufleute, Ärzte, Anwälte und höhere Beamte). Sie tritt für eine demokratische Verfassung sowie für Privatwirtschaft und Privateigentum ein. Wichtige Vertreter: F. Naumann, W. Rathenau.

Deutsche Volkspartei (DVP): Sie wurde im Dezember 1916 gegründet. Ihre Anhänger wollen eine konstitutionelle Monarchie. Die DVP vertritt insbesondere die Interessen der Industrie (vor allem der Großindustrie) und des Mittelstandes. Bekanntester Politiker: G. Stresemann.

Kommunistische Partei Deutschlands (KPD): Sie ging im Januar 1919 aus dem linken Flügel der USPD (Spartakus-Bund) hervor. Die Mitglieder kommen aus der Arbeiterschaft, die späteren Wähler ebenfalls. Sie tritt für eine sozialistische Rätedemokratie und den Aufbau des Sozialismus nach sowjetischem Vorbild ein. Wichtige Politiker: Rosa Luxemburg, Karl Liebknecht. Bei der Wahl zur Nationalversammlung spielte die KPD noch keine Rolle; sie war gerade erst gegründet worden und nahm nicht teil.

Formuliert in Stichworten,
a) welche gesellschaftlichen, politischen und wirtschaftlichen Zielvorstellungen die verschiedenen Parteien hatten;
b) welche Bevölkerungsschichten sie jeweils vertraten und als Wähler ansprachen;
c) welche Staatsform sie anstrebten.

Kernstück des politischen Neubeginns: Die Weimarer Verfassung

Am 6. Februar 1919 trat das neu gewählte Parlament zusammen. Nicht in Berlin, sondern in der Stadt Weimar, um bei den Sitzungen den anhaltenden Unruhen in Berlin zu entgehen. „Weimarer Republik", so hieß deshalb auch der neue deutsche Staat. Erste und oberste Aufgabe für einen Neubeginn war es, dem neuen Deutschland eine Verfassung zu geben.

- *Wie war die Weimarer Verfassung von 1919 aufgebaut?*
- *Inwiefern ist es gerechtfertigt, die Verfassung als fortschrittlich, modern und höchst demokratisch zu bezeichnen?*
- *Warum wird die Stellung und Rolle des Reichspräsidenten sowohl von Zeitgenossen wie auch von heutigen Historikern kritisch beurteilt?*

Zeitreise: August 1919 – Schlüpft in die Rolle von drei Nationalversammlungsabgeordneten, die nach Abschluss der Beratungen nach Hause zurückkehren und voller Stolz Mitbürgern den Staatsaufbau und die wichtigen demokratischen Grundprinzipien der neuen Verfassung vorstellen und dabei auch kritisch auf Stellung und Rolle des Reichspräsidenten eingehen.

1. Bildet Dreierteams, in denen ihr zusammen eine Spielszene vorbereiten möchtet.

2. Wertet gemeinsam das Verfassungsschaubild (M 2) und die Auszüge aus dem Verfassungstext (M 1) mithilfe der Erschließungsvorschläge aus.

3. Notiert in Stichworten und kurzen Sätzen auf Moderationskarten, was ihr den Zuhörern zu den drei Leitfragen berichten wollt.

4. Übt die Szene ein. **Tipp:** Jeder von euch könnte sich für die Präsentation auf eine der drei Leitfragen spezialisieren.

Eine interessante weitere Möglichkeit …

Internetrecherche und digitale Präsentation: Eine Arbeitsgruppe könnte die Weimarer Reichsverfassung mit dem Grundgesetz der Bundesrepublik vergleichen. Vergleichen bedeutet, nach Gemeinsamkeiten und Unterschieden zu fragen und zu versuchen, diese zu erklären. Z. B.: Welche demokratischen Grundprinzipien haben beide Verfassungen gemeinsam? Wie ist der Staatsaufbau in der Weimarer Verfassung und im Grundgesetz geregelt? Worin unterscheiden sie sich? Was könnte der Grund für Änderungen im Grundgesetz sein? Erste Informationen zu diesem Thema: @ SNG-34530-012

Eine neue Verfassung für Deutschland

In monatelangen Beratungen wurde in der neu gewählten Nationalversammlung eine Verfassung als Grundlage für die politische Ordnung im Staat erarbeitet. Im August 1919 trat sie in Kraft. „Weimarer Republik", so hieß deshalb auch der neue deutsche Staat. Diese Verfassung war etwas Besonderes. Zum ersten Mal in der deutschen Geschichte wurde in Deutschland eine Verfassung für eine parlamentarische Demokratie in Kraft gesetzt. Dabei darf jedoch nicht übersehen werden, dass mehr als ein Viertel der anwesenden Mitglieder der Nationalversammlung mit „Nein" gestimmt haben. Ein deutliches Indiz dafür, dass es weiterhin verbreitete Ablehnung und Opposition gegen die neue deutsche Republik gab und nicht alle politischen und gesellschaftlichen Gruppen sie befürworteten und stützten.

M 1 Die Weimarer Reichsverfassung (Auszüge)

Das Deutsche Volk, einig in seinen Stämmen und von dem Willen beseelt, sein Reich in Freiheit und Gerechtigkeit zu erneuern und zu festigen, dem inneren und äußeren Frieden zu dienen und den gesellschaftlichen Fortschritt zu fördern, hat sich diese Verfassung gegeben.

Art. 1: Das Deutsche Reich ist eine Republik. Die Staatsgewalt geht vom Volke aus. [...]

Art. 20: Der Reichstag besteht aus den Abgeordneten des deutschen Volkes.

Art. 21: Die Abgeordneten sind Vertreter des ganzen Volkes. Sie sind nur ihrem Gewissen unterworfen und an Aufträge nicht gebunden.

Art. 22: Die Abgeordneten werden in allgemeiner, gleicher, unmittelbarer und geheimer Wahl von den über zwanzig Jahre alten Männern und Frauen nach den Grundsätzen der Verhältniswahl gewählt. [...]

Art. 25: Der Reichspräsident kann den Reichstag auflösen, jedoch nur einmal aus dem gleichen Anlass.

Art. 41: Der Reichspräsident wird vom ganzen deutschen Volke gewählt. [...]

Art. 48: [...] Der Reichspräsident kann, wenn im Deutschen Reich die öffentliche Sicherheit und Ordnung erheblich gestört oder gefährdet wird, die zur Wiederherstellung der öffentlichen Ordnung nötigen Maßnahmen treffen, erforderlichenfalls mithilfe der bewaffneten Macht einschreiten. Zu diesem Zweck darf er vorübergehend die in den Art. 114, 115, 117, 118, 123, 124 und 153 festgesetzten Grundrechte ganz oder zum Teil außer

Kraft setzen. Von [...] diesen Maßnahmen hat der Reichspräsident unverzüglich dem Reichstag Kenntnis zugeben. Die Maßnahmen sind auf Verlangen des Reichstags außer Kraft zu setzen.

Art. 53: Der Reichskanzler und auf seinen Vorschlag [...] die Reichsminister werden vom Reichspräsidenten ernannt und entlassen.

Art. 54: Der Reichskanzler und die Reichsminister bedürfen zu ihrer Amtsführung des Vertrauens des Reichstags. Jeder von ihnen muss zurücktreten, wenn ihm der Reichstag durch [...] Beschluss sein Vertrauen entzieht. [...]

Art. 68: [...] Die Reichsgesetze werden vom Reichstag beschlossen.

Art. 76: Die Verfassung kann im Wege der Gesetzgebung geändert werden. Jedoch kommen Beschlüsse des Reichstags auf Abänderung nur zustande, wenn zwei Drittel der gesetzlichen Mitgliederzahl anwesend sind und wenigstens zwei Drittel der Anwesenden zustimmen. [...]

Art. 103: Alle Deutschen sind vor dem Gesetze gleich. Männer und Frauen haben grundsätzlich dieselben staatsbürgerlichen Rechte und Pflichten. Öffentlich-rechtliche Vorrechte oder Nachteile der Geburt oder des Standes sind aufzuheben. [...]

Art. 114: Die Freiheit der Person ist unverletzlich.

Art. 151: Die Ordnung des Wirtschaftslebens muss den Grundsätzen der Gerechtigkeit mit dem Ziele der Gewährleistung eines menschenwürdigen Daseins für alle entsprechen.

M 2 Die Weimarer Verfassung

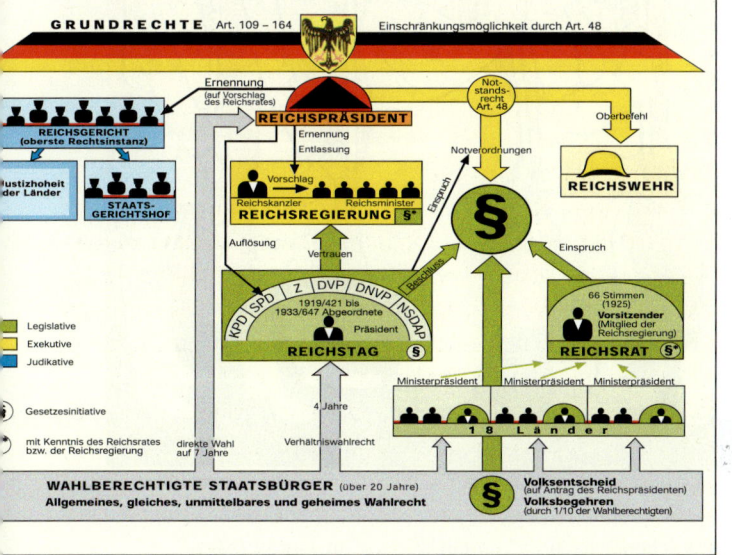

1. Beschreibt in Stichworten anhand des Schaubilds und der Auszüge aus dem Verfassungstext den Aufbau der neuen Verfassung, z. B.:
   a) Welche Verfassungsorgane und Gremien gibt es?
   b) Wie werden sie besetzt?
   c) Welche Aufgaben haben sie?
   d) Wer darf wählen?
   e) Wer hat welche Rechte?
   f) Wie ist die Macht verteilt?

2. Erläutert in kurzen Sätzen, wie die Grundprinzipien einer demokratischen Verfassung umgesetzt worden sind:
   a) die Gewährung von Grundrechten für das Volk;
   b) die Wahl einer Volksvertretung (Parlament) durch das Volk;
   c) die Teilung der drei Gewalten:
      – ausführende Gewalt (Regierung)
      – gesetzgebende Gewalt (Parlament)
      – richterliche Gewalt (Gerichte);
   d) die gegenseitige Kontrolle der drei Gewalten.

München, 21. März 1927 Preis 60 Pfennig 31. Jahrgang Nr. 51

SIMPLICISSIMUS

Herausgabe in München
Postversand in Stuttgart

Begründet von Albert Langen und Th. Th. Heine

Bezugspreis vierteljährlich 7,50 Reichsmark
Copyright 1927 by Simplicissimus-Verlag G. m. b. H. & Co., München

(Th. Th. Heine)

„Sie tragen die Buchstaben der Firma – wer aber trägt ihren Geist?"
(Karikatur von Thomas Theodor Heine, veröffentlicht in der satirischen Zeitschrift „Simplicissimus" im Jahre 1927)

„Zukunftshypotheken" der neuen Republik

Eine gute Unternehmensleitung und eine Belegschaft, auf die man sich verlassen kann, die mit ihrer Arbeitskraft und ihrer Einstellung hinter der Firma steht und das auch in schwierigen Zeiten. Das ist eine gute Basis für die Stabilität und den Erfolg einer Firma.

Bei der „Firma Weimar" war das augenscheinlich nicht der Fall. Dies ist jedenfalls die Botschaft des Karikaturisten T. T. Heine, der acht Jahre nach der Gründung der Weimarer Republik in seiner Rückschau zu einer deutlich kritischen Einschätzung kommt. Eine Auffassung, die auch moderne Historiker teilen. Sie sprechen zum Beispiel von einer „Republik ohne Republikaner". Fehlende Akzeptanz und Unterstützung durch die gesamte deutsche Bevölkerung und die politisch führenden Gruppen werden schon in der Frühphase der Republik deutlich spürbar. „Zukunftshypotheken", wie es einige Experten nennen, trüben den so hoffnungsvollen Neubeginn der deutschen Geschichte im 20. Jahrhundert von Anfang an.

- *Welche Faktoren belasteten die Geschichte der Weimarer Republik von Anfang an?*
- *Welche Bedeutung und Folgewirkungen hatten solche „Zukunftshypotheken" für die Akzeptanz und Stabilität der neuen Republik?*

Präsentiert im Klassenraum eine Wandzeitung, in der ihr Leser über das Thema „Zukunftshypotheken" sowie ihre Bedeutung und Folgewirkungen für die Entwicklung der neuen Republik informiert.

1. Schaut euch in Einzelarbeit das Materialangebot zu den diesen drei Themen an und entscheidet, welches Thema euch besonders interessiert.

Thema 1: Der lange Schatten von Versailles

Thema 2: Die neue Republik hat nicht nur Freunde

Thema 3: Als ein Brot 460 Milliarden Reichsmark kostete – die Inflation von 1923

2. Bildet Arbeitsgruppen, in denen ihr mit Mitschülerinnen bzw. Mitschülern Wandzeitungsbeiträge für das ausgewählte Thema erarbeiten und gestaltet möchtet, und wertet die unterschiedlichen Materialien mit Blick auf die Leitfragen aus. Zu jedem Thema findet ihr Anregungen und Vorschläge, wie ihr euren Wandzeitungsbeitrag erarbeiten und gestalten könnt.

3. Gestaltet auf der Grundlage der Arbeitsergebnisse gemeinsam eure Wandzeitungsbeiträge. Lest dazu in der Methodenwerkstatt (S. 299) nach, was ihr dabei beachten solltet.

4. Sprecht ab, wer aus eurer Arbeitsgruppe als Experte euren Wandzeitungsbeitrag erläutern und Nachfragen dazu beantworten soll. **Empfehlung:** Ihr könnt die Rolle auf mehrere Teammitglieder aufteilen!

Eine andere Möglichkeit der Ergebnispräsentation für Arbeitsgruppen, die keine Wandzeitungsbeiträge erarbeiten und gestalten möchten:

Denkbar wäre auch, mithilfe eines digitalen Präsentationsprogramms zu den drei Themen eine **mediengestützte Stafettenpräsentation** zu erarbeiten und beamergestützt vorzustellen. In der Methodenwerkstatt (S. 301) findet ihr Hilfen und Anregungen für die Vorbereitung und Gestaltung einer solchen Präsentation.

Thema 1: Der lange Schatten von Versailles

Weitere Informationen zum Versailler Vertrag: @ SNG-34530-013

Nach der Beendigung des Ersten Weltkriegs musste mit allen am Krieg beteiligten Staaten ein Friedensvertrag geschlossen werden. Frieden ist mehr als Nicht-Krieg. Ein Friedensvertrag soll Ausgleich zwischen den Kriegsbeteiligten, eine tragfähige neue Ordnung und für die Zukunft eine Grundlage für friedliches Umgehen miteinander schaffen. Zeitgenossen schien der Versailler Vertrag diese Erwartungen auf einen die Völker vereinenden Frieden nicht zu erfüllen.

Vorschlag, wie ihr euren Beitrag für die Wandzeitung erarbeiten und gestalten könnt:

Themafrage: Wie lang und tief fällt der Schatten des Versailler Friedensvertrags auf 12 Jahre Weimarer Republik?

Inhaltliche Aspekte, auf die ihr in eurem Wandzeitungsbeitrag ausführlich eingehen solltet:
- wesentliche Bestimmungen des Versailler Vertrags
- die Beschreibung und Botschaft der Bildquellen als Spiegel des Denkens in der Weimarer Republik
- die Ergebnisse der Auswertung einer historischen Karte als Quelle für zeitgenössisches Denken
- Zusammenfassung der Kernaussagen und der Position der beiden Historiker sowie Vergleich der beiden Positionen in Bezug auf die Bedeutung des Versailler Vertrages als Belastung für die Weimarer Republik
- kurze eigene Einschätzungen zur Themafrage

Visualisierungsvorschläge für euren Beitrag:
- eine tabellarische Auflistung zu den Bestimmungen des Versailler Vertrags
- eine „Bilderleiste" mit Kopien der zeitgenössischen Bildquellen, der Karte und euren Auswertungsergebnissen
- zwei Positionspapiere zur Wiedergabe der Kerngedanken und des Vergleichs der Argumentation der Historiker Kershaw und Winkler
- ein ausformuliertes Statement mit einer knappen eigenen Einschätzung

Wesentliche Bestimmungen des Versailler Vertrages:

Gebietsabtretungen: u. a. Elsass-Lothringen, Oberschlesien; Folge: Verlust von 13 % der Gesamtfläche, 10 % der Gesamtbevölkerung (7 Mio.), zwischen 13 und 20 % der Agrarproduktion, ca. 75 % der Eisenerzgewinnung.

Besetzung des Rheinlands und Festlegung einer entmilitarisierten Zone.

Reparationsforderungen: 132 Mio. Goldmark.

Militärische Auflagen: Begrenzung des Heeres auf 100 000, der Kriegsmarine auf 150 000 Mann; Verbot der allgemeinen Wehrpflicht; Verbot der U-Boot-Flotte; Ablieferung schwerer Waffen.

Rechtliche Bestimmungen: Nach Art. 231 Deutschland als Alleinschuldiger des Weltkriegs; Auslieferung von Kriegsverbrechern (einschließlich Wilhelm I.).

Der Friedensvertrag von Versailles

Erfolgreich kann ein Friedensschluss nur sein, wenn alle Vertragsparteien zustimmen und überzeugt sind, mit dem Vertrag gut leben zu können. Dazu sollte der Vertrag insbesondere z. B. einen Ausgleich schaffen zwischen dem Überlegenheitsgefühl der Sieger und der Vermeidung von einem Gefühl der Erniedrigung und Ungerechtigkeit aufseiten der Besiegten. Allein gemessen daran standen nach dem so verlustreichen Ersten Weltkrieg die verfeindeten Kriegsgegner vor einer schweren Aufgabe. Der zu schließende Friedensvertrag musste vor allem Zweierlei leisten: Er sollte dauerhaft Frieden und Verständigung zwischen den Staaten schaffen. Er sollte so gestaltet sein, dass alle Seiten, Sieger und Besiegte, damit leben konnten.

Über die konkreten Bestimmungen verhandelten die Siegermächte England, Frankreich und die USA vom 18. Januar bis zum 7. Mai 1919 in Versailles. Eine deutsche Delegation war an den Beratungen nicht beteiligt. Der von den Siegermächten beschlossene Vertragstext wurde der deutschen Delegation lediglich zur Prüfung und Erwiderung vorgelegt. Quer durch alle Schichten der Bevölkerung und Parteien war man sich in der Ablehnung einig. Der Regierung blieb allerdings nichts anderes übrig, als den Vertrag hinzunehmen, da die Alliierten sonst mit neuen Kriegshandlungen drohten. Die „Schmach von Versailles" wurden in weiten Kreisen des Bürgertums den Repräsentanten der neuen Republik angelastet. Sie wurden als „Erfüllungspolitiker" beschimpft. Einen Neuanfang im Sinne einer zukunftsweisenden Friedensordnung stellte des „Diktat von Versailles", wie viele in Deutschland den Vertrag bezeichneten, nicht dar.

„Zukunftshypothek Versailles": Zeitgenössische Reaktionen

M 1 „Versailles"

Karikatur in der Satirezeitschrift „Simplicissimus" (3.6.1919).
Text: „Auch Sie haben noch ein Selbstbestimmungsrecht.
Wünschen Sie, dass Ihnen die Taschen vor oder nach dem
Tode ausgeleert werden?"

1. Wertet die Karikatur M 1 aus und notiert eure Arbeitsergebnisse. **Tipp:** Hinweise, wie ihr eine Karikatur fachgerecht entschlüsseln könnt, findet ihr in der Methodenwerkstatt auf S. 315.
2. Formuliert in Stichworten die Ergebnisse der Beschreibung des Plakats M 2 und die Botschaft, die es vermitteln will.
3. Notiert in Stichwortform die Ergebnisse der Beschreibung und Auswertung der Karte M 3.

M 2

(Hessisches Landesmuseum, Darmstadt)

M 3 Eine Karte von 1928

Die Karte wurde im Auftrag der Reichsregierung hergestellt und veröffentlicht. Sie war in erster Linie für Unterrichtszwecke bestimmt. Die Zahlen, die in ihr verzeichnet sind, sind korrekt.

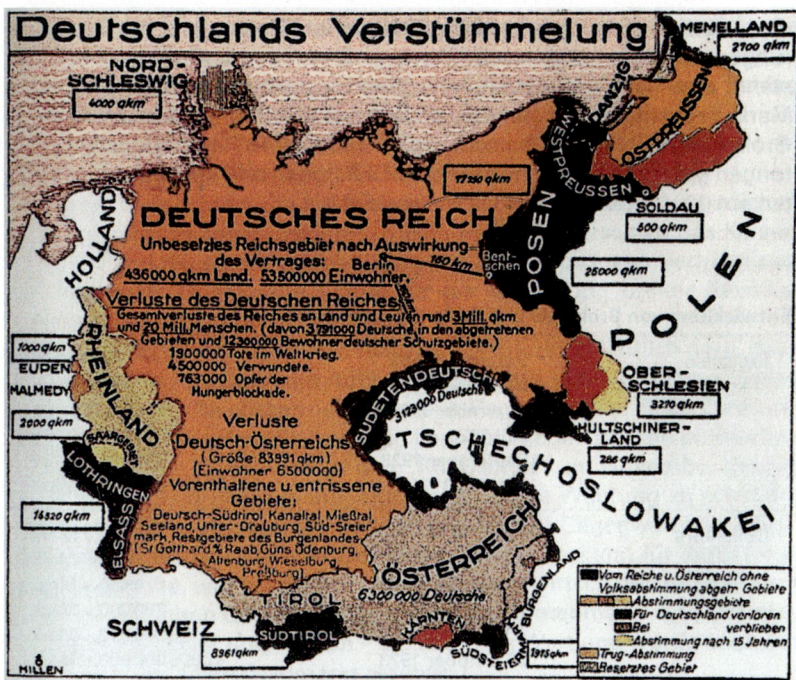

Urteile moderner Historiker zum Thema Versailles

M 4 Heinrich August Winkler (2011)

Der Vertrag von Versailles war hart. Aber kaum jemand in Deutschland machte sich bewusst, dass alles noch viel schlimmer hätte kommen können. Das Reich blieb erhalten und das Rheinland ein Teil von Deutschland. Deutsch-
5 land war nach wie vor das bevölkerungsreichste Land westlich der russischen Grenzen und die wirtschaftlich stärkste Macht Europas. In gewisser Weise hatte sich die außenpolitische Lage Deutschlands gegenüber der Zeit vor 1914 sogar verbessert: Der Konflikt zwischen den
10 Westmächten und Sowjetrussland bedeutete, dass Deutschland keinen Grund mehr hatte, sich „eingekreist" zu fühlen. Und schon in Versailles waren die ersten Risse zwischen den westlichen Verbündeten – Frankreich auf der einen, England und den Vereinigten Staaten auf der
15 anderen Seite – sichtbar geworden. Die Mitgliedschaft im Völkerbund war Deutschland vorerst noch verwehrt, aber dabei musste es nicht bleiben. Deutschland hatte gute Aussichten, wieder zur europäischen Großmacht aufzusteigen. Es bedurfte nur der nüchternen Einsicht in die
20 neue Lage, um „Versailles" in realistischen Proportionen zu sehen.

(Heinrich August Winkler, Geschichte des Westens – Die Zeit der Weltkriege 1914 – 1945, München (Beck) 2011, S. 182)

M 5 Ian Kershaw (2016)

Als die Alliierten Anfang Mai 1919 die Konditionen des Friedensvertrags verkündeten, war der Schock in Deutschland weit heftiger, als er ausgefallen wäre, wäre die militärische Niederlage offenkundig gewesen. [...]
5 Deutschland sollte rund 13 Prozent seines Vorkriegsterritoriums in Europa verlieren (darunter reiche Agrar- und Industrieregionen vorwiegend im Osten), rund zehn Prozent seiner vor dem Krieg 65 Millionen zählenden Einwohner würden nicht mehr auf deutschem Territori-
10 um leben. Wirtschaftlich betrachtet, waren die Verluste schmerzhaft, aber nicht [... unersetzlich]. Der eigentliche

Schaden war politischer und psychologischer Natur – ein schwerer Schlag für den Nationalstolz und das nationale Ansehen. Verstärkt wurde das Gefühl der [... Erniedri-
15 gung] durch die von den Alliierten festgelegten Bestimmungen zur Demilitarisierung. Das einst mächtige deutsche Heer, dem es noch 1919 gelungen war, etwa 4,5 Millionen Soldaten ins Feld zu führen, sollte auf lediglich 100 000 Mann reduziert werden. Die allgemeine Wehr-
20 pflicht wurde Deutschland verboten. Die Kriegsmarine [...] wurde auf 15 000 Mann reduziert; U-Boote waren Deutschland künftig untersagt, ebenso der Besitz von Luftstreitkräften. Der Zorn der Deutschen über die territorialen Verluste war immens, und zwar über politische
25 und ideologische Grenzen hinweg. Der Versailler Vertrag wurde als ein „Diktat" der Sieger angeprangert. [...] Die grimmigste Wut und tiefste Verstimmung aber richteten sich gegen Artikel 231 des Versailler Vertrags, den „Kriegsschuld-Artikel", wie er später allgemein genannt
30 wurde, der Deutschland und seinen Verbündeten die Schuld am Krieg gab [...]. Der Artikel war die rechtliche Grundlage, um Deutschland zur Zahlung von Reparationen [Kriegsentschädigungen] für Kriegsschäden zu verpflichten [...]. Die Höhe der Reparationen [...wurde] auf
35 132 Milliarden Goldmark [... festgesetzt]. So riesig diese Summe war, sie hätte im Laufe der Zeit bezahlt werden können, ohne die deutsche Wirtschaft zu ruinieren. Tatsächlich aber wurde der größte Teil dieser Summe niemals beglichen. Die Reparationen waren in Wirklichkeit
40 kein in erster Linie ökonomisches Problem; der eigentliche Schaden war politischer Natur. Denn für mehr als ein Jahrzehnt blieben sie ein Krebsgeschwür in der deutschen Politik – das manchmal schwand, manchmal wiederkehrte und die politische Gesundheit der Nation an-
45 griff [...]. Im Bestreben, Europas Grenzen neu zu ordnen, hatten die Großen Vier [Großbritannien, USA, Frankreich, Italien] tatsächlich gewaltige Probleme zu lösen [...]. Unselige Kompromisse waren unvermeidlich. Das Europa [...] glich einem [... zerbrechlichen] Kartenhaus.
50 Fürs Erste sollte die neue Ordnung indes Bestand haben [...]. Keine Macht war stark genug, diese Ordnung zu zerstören [...]. Die führenden deutschen Militärs, die Eliten aus Wirtschaft und Politik sowie beträchtliche Teile der Bevölkerung lehnten nicht nur die Bestimmungen des
55 Vertrages ab, sondern auch die Repräsentanten der neuen Demokratie in Deutschland, die diese unterzeichnet hatten.

(Ian Kershaw, Höllensturz. – Europa 1914 bis 1949, München (DVA) 2016, S. 174 ff.; Übers.: Klaus Binder/Bernd Leineweber/Britta Schröder)

Notiert in Stichworten
a) die Kernaussagen der beiden Historiker Winkler und Kershaw;
b) das Fazit der Autoren zur langfristigen Bedeutung des Versailler Vertrages sowie zu den Rückwirkungen auf die junge Demokratie;
c) Gemeinsamkeiten und Unterschiede dieses Fazits.

Thema 2: Die neue Republik hat nicht nur Freunde …

Die politische Stabilität einer Demokratie hängt ganz wesentlich davon ab, dass die Bevölkerung und die Parteien als deren Vertretungen im Parlament diesen Staat befürworten und ihn bedingungslos tragen. Im Fall Weimar hieß dies vor allem, sich mit der parlamentarischen Grundidee und der Verfassungsordnung zu identifizieren. Schon Zeitgenossen ahnten, dass dies nicht auf alle Gruppen der Gesamtbevölkerung zutraf.

Vorschlag, wie ihr euren Beitrag für die Wandzeitung erarbeiten und gestalten könnt:

Themafragen:
– Wie handelten und dachten Gegner der Republik und Skeptiker?
– Welche Auswirkungen und Bedeutung hatte dies für die Entwicklung und langfristige Stabilität der neuen demokratischen Republik?

Inhaltliche Aspekte euren Wandzeitungsbeitrag:
– Beschreibung der Gegner der Republik und Charakterisierung ihres Denkens und Handelns
– Formulierung der Interpretationsergebnisse politischer Plakate als historische Quellen für die Ermittlung von Einstellungen verschiedener Bevölkerungsgruppen
– kurzgefasste Zusammenfassung der konkreten Auswirkungen und der Bedeutung der Einstellungen der Republikgegner für die langfristige Entwicklung und Stabilität des neuen Staates
– Zusammenfassung der Kernaussagen und der Position des Historiker Möller zu Leistungen der Republik und deren Gefährdung
– eigene Einschätzung, in welcher Weise demokratiefeindliche(s) Gesinnung und Handeln eine Hypothek für die Entwicklung der Republik darstellten

Visualisierungsvorschläge:
– eine kleine Mindmap anhand derer die Demokratiegegner vorgestellt werden
– Plakatkopien mit Kommentaren zur Plakatbotschaft sowie zu Einstellungen und Denken der Demokratiegegner
– chronologisch geordnete Auflistung des Aufstiegs der NSDAP, ihrer Charakteristika, Rolle und Bedeutung
– ein kurzgefasstes Positionspapier, in dem die Einschätzungen des Historikers Möller in knapper Form wiedergegeben werden
– ein ausformuliertes Statement, in dem die eigene Einschätzung zusammengefasst wiedergegeben wird

Gegner der Demokratie: ihr Denken, ihre Gesinnung

Die Zahl derer, die sich von Beginn an mit der politischen Neugestaltung Deutschlands nicht anfreunden konnten, sie zum Teil eher ablehnten und sogar bereit waren, sie offen zu bekämpfen und wieder umzustürzen, war nicht gering.

Monarchische Gesinnung: Nach dem Ende der Monarchie hatten viele Menschen Schwierigkeiten, sich auf die neuen politischen Verhältnisse einzustellen. Das wirtschaftliche und gesellschaftliche Leben musste auf Friedensverhältnisse umgestellt werden. Der Versailler Vertrag löste Wut und Enttäuschung aus. Angesichts dieser Unsicherheiten und des schwierigen Anfangs der neuen Republik erinnerten sich viele an die vermeintlich glorreiche Kaiserzeit. Vor allem Angehörige der alten Führungsschichten – Adelige, Offiziere, Professoren, Richter, Unternehmer, Landwirte – wandten sich gegen die Demokratie.

Radikale Parteien und Gruppen von rechts: Sie bedrohten die staatliche Ordnung der Republik und beschimpften diejenigen als „Novemberverbrecher", die für die neue Demokratie eingetreten waren. Sie suchten und nutzten jede Gelegenheit, um gegen das „Schanddiktat von Versailles" zu hetzen. Sie beschimpften Parlamentarier als „Volksverräter" und „Erfüllungspolitiker", weil sie den Vertrag von Versailles unterzeichnet hatten.

Plakat der DNVP zu Reichstagswahlen 1920

Oscar Theuer: Legende und Wahrheit (Karikatur von 1921)

Verheerend: Die Dolchstoßlegende der antidemokratischen Rechten. Besonders belastend und zerstörerisch für die Akzeptanz der Republik wirkte sich die Dolchstoßlegende aus: Gestützt durch General von Hindenburg besagte sie, dass die deutsche Armee im Felde unbesiegt geblieben und dass stattdessen die Heimat an der Niederlage schuld sei. Sie sei der kämpfenden Truppe durch mangelnde Unterstützung in den Rücken gefallen. Diese Legende verschleierte das politische und militärische Versagen der Führungsschicht des kaiserlichen Deutschlands. Sie stempelte stattdessen die neue demokratische Regierung, die die Last des Waffenstillstandes und des Friedensvertrages auf sich genommen hatte, in unberechtigter Weise zum Sündenbock. Die ewig Gestrigen schoben den verantwortungsbewussten Demokraten die Schuld für die politischen und wirtschaftlichen Probleme in der Anfangsphase der neuen Republik zu. Eine fatale Verkehrung der Tatsachen, wie es der Karikaturist Oscar Theuer 1921 in der satirischen Zeitschrift „Ulk" treffend in Bild setzt.

Einstellungen, Denken, Mentalitäten – plakativ

Plakate machen als Medien Grundströmungen einer Zeit anschaulich erkennbar. Sie lenken die Blicke der Menschen gezielt auf Botschaften, die verbreitet werden sollen. In dieser Funktion hatte das politische Plakat gerade in der Weimarer Republik eine große Bedeutung. Es war eines der wichtigsten und beliebtesten Medien, um politische Botschaften möglichst einprägsam und wirkungsvoll zu verbreiten. Politische Plakate sind daher aussagekräftige historische Quellen zur politischen Auseinandersetzung in der neuen Republik.

Fasst die Kernaussagen des Darstellungstextes in Stichwortform auf Karteikarten zusammen.

M 1 Plakat der DNVP zur Wahl der Nationalversammlung 1919

M 2 Plakat des „Völkischen Blocks" zur Reichstagswahl 1924

Das war eine extrem rechte Gruppe, sie gewann zwei Millionen Stimmen.

M 3 Wahlplakat der DNVP aus dem Jahr 1924

Wer hat im **Weltkrieg** dem deutschen Heere den Dolchstoß versetzt? Wer ist schuld daran, daß unser Volk und Vaterland so tief ins Unglück sinken mußte? Der Parteisekretär der Sozialdemokraten **Vater** sagt es nach der Revolution 1918 in Magdeburg:

„**Wir** haben unsere Leute, die an die Front gingen, zur Fahnenflucht veranlaßt. Die Fahnenflüchtigen haben wir organisiert, mit falschen Papieren ausgestattet, mit Geld und unterschriftslosen Flugblättern versehen. **Wir** haben diese Leute nach allen Himmelsrichtungen, hauptsächlich wieder an die Front geschickt, damit sie die Frontsoldaten bearbeiten und die Front zermürben sollten. Diese haben die Soldaten bestimmt, überzulaufen, und so hat sich der Verfall allmählich, aber sicher vollzogen.“

Wer hat die Sozialdemokratie hierbei unterstützt? Die Demokraten und die Leute um Erzberger. Jetzt, am 7. Dezember, soll das Deutsche Volk den

zweiten Dolchstoß

erhalten. Sozialdemokraten in Gemeinschaft mit den Demokraten wollen uns

zu Sklaven der Entente machen,

wollen uns für immer zugrunde richten.

Wollt ihr das nicht,
dann

Wählt deutschnational!

Nr. 306   Deutschnationale Schriftenvertriebstelle G.m.b.H., Berlin SW 11   © Presse: Dr. Selle & Co. A.G., Berlin SW 29   60

M 4 Wahlplakat der KPD aus der Endphase der Republik

M 5 Wahlplakat der NSDAP zur Reichstagstagswahl 1932

Formuliert für jedes der Plakate in Stichworten,
a) was das Thema des Plakats ist;
b) wann es veröffentlicht worden ist;
c) wer der Auftraggeber ist;
d) was der Anlass ist;
e) welches Ziel mit dem Plakat verfolgt wird;
f) an wen sich das Plakat richtet;
g) was im Einzelnen dargestellt ist (zentrale Bild-Text-Elemente, Bildaufbau);
h) welche Botschaft vermittelt wird;
i) welche Wirkung es deiner Ansicht nach auf die Betrachter ausgeübt haben dürfte.

Es blieb nicht bei Gedanken: Gewalt von rechts und links

Die Gegner der Republik beschränkten sich nicht auf die Vergiftung des politischen Klimas mit Worten. Gewalt eroberte den Alltag. Die Auseinandersetzungen zwischen Gegnern und Verteidigern der Republik eskalierten schon sehr früh.

Die Ermordung von Demokraten: Zu den Mitteln der radikalen Rechten zählte auch der politische Mord. So wurde zum Beispiel 1921 der bekannte Zentrumspolitiker Matthias Erzberger, der Unterzeichner des Waffenstillstandes von 1918, von Rechtsradikalen ermordet. Politischer Hass schlug in Mord um.

Der rechtsgerichtete Kapp-Putsch: Es gab mehrere Versuche, die amtierende Regierung gewaltsam aus dem Amt zu drängen. Im März 1920 versuchten kaisertreue Politiker und Offiziere unter Leitung des hohen Verwaltungsbeamten Kapp, die Republik zu stürzen. Kapp wurde zum Reichskanzler ausgerufen. Als die Gewerkschaften zum Generalstreik – man schätzt, dass ca. 12 Millionen Arbeiter sich daran beteiligten – aufriefen, musste Kapp aufgeben. Der Putsch war gescheitert.

Umsturzversuche von links: Etwa zur gleichen Zeit begannen in einer Reihe von Ländern – so im Ruhrgebiet, in Sachsen und Thüringen – linksradikale Umsturzversuche. Der radikalen Linken war die Revolution 1918/19 nicht weit genug gegangen. Sie verunglimpften die SPD als „Handlanger des Kapitalismus". Ihre Aufstände wurden von der Reichswehr niedergeschlagen. Auffallend ist in diesem Zusammenhang, dass sich die Reichwehr beim rechtsgerichteten Kapp-Putsch geweigert hatte, durch ihr Eingreifen gewaltsam die Ordnung wiederherzustellen. Daran wird deutlich, dass auch die Reichswehr keine uneingeschränkt verlässliche Stütze der neuen demokratischen Ordnung war.

Langfristig folgenreich: Der Hitler-Putsch

Der für Entwicklung der Weimarer Republik folgenreichste Aufstand ereignete sich im Krisenjahr 1923. Hitler betrat die politische Bühne, die Niederlage im Putsch wurde zum Beginn des Aufstiegs der Nationalsozialisten in Deutschland. Am 8. November stürmten in München Kampfverbände der Nationalsozialistischen Arbeiterpartei (NSDAP) eine Versammlung der Landesregierung. Adolf Hitler erklärte die Reichsregierung für abgesetzt und kündigte die Bildung einer „provisorischen deutschen Nationalregierung" an. Adolf Hitler war damals noch kaum bekannt, wurde aber auch von anderen rechtsradikalen Gruppen Münchens unterstützt. Er hatte selbst in der bayerischen Landesregierung Sympathisanten. Zudem gelang es, den in rechten Kreisen sehr angesehenen General Erich Ludendorff (im Ersten Weltkrieg führendes Mitglied der Heeresleitung) als Mitverschwörer zu gewinnen. Reichspräsident Ebert forderte die Reichswehr auf einzugreifen. Diese weigerte sich zunächst. Der Putsch brach zusammen, als Hitler von seinen Verbündeten in der bayerischen Landesregierung im Stich gelassen wurde. Am 9. November gingen Reichswehrtruppen und bayerische Polizei mit Gewalt gegen die Putschisten vor. Die Anführer des Putsches wurden verhaftet, die NSDAP verboten.

Am 1. April 1924 wurden Hitler und drei seiner Mitstreiter zu der Mindeststrafe von fünf Jahren Festungshaft und zur Zahlung einer Geldstrafe von 200 Goldmark verurteilt. Während der Verhandlung hatten die Angeklagten die Möglichkeit, Reden zu ihrer Verteidigung zu halten. Darin beschimpften sie Regierung und Republik auf das Übelste. Der Staatsanwalt zeigte deutlich seine Sympa-

Hitler, rechts neben Ludendorff (Bildmitte), posiert mit weiteren Teilnehmern des Hitler-Ludendorff-Putsches vor dem Gerichtsgebäude (1924)

Propagandaplakat der NSDAP aus dem Jahr 1924

thie für Hitler. Journalisten berichteten von dem Prozess und machten Hitler über die Grenzen Bayerns hinaus bekannt. Hitler selbst plante, wie das Propagandaplakat zeigt, schon für die politische Zukunft der Partei.

Die neue NSDAP – eine willige Partei des (Ver-)Führers Hitler

Hitler selbst zog aus dem Putsch Lehren, die seinen späteren Aufstieg ermöglichten. Als im Jahre 1925 die Partei wieder erlaubt wurde, gründete Hitler sie neu und änderte seine politische Taktik. Hitler und die NSDAP verfolgten von nun an das Ziel, verfassungskonform auf legalem Weg stärkste Kraft im Reichstag zu werden und auf diese Weise an die Macht zu gelangen und die Republik zu stürzen. Der Novemberputsch wurde dabei propagandistisch genutzt. Es entstand ein Kult um die „Märtyrer der Bewegung", die „Blutzeugen", wie Hitler sie nannte. Die angeblich beim Marsch mitgetragene „Parteifahne" wurde zum Parteiheiligtum.

Fahnenweihe durch die „Blutfahne" von 1923

Hitler gab der Partei eine neue Organisationsstruktur, um politisch erfolgreich zu sein. Dass sich die NSDAP seit 1930 zu einer Massenpartei entwickelte, wäre ohne diese Neuorganisation wohl nicht möglich gewesen.

Nach der Neugründung befand sich die Zentrale der Partei in München. Die Partei wurde nun allein auf den Führer ausgerichtet. Bei den Parteitagen wurden keine Beschlüsse mehr gefasst, sondern Hitler gab nur noch seine Entscheidungen die Partei und die verfolgte Politik betreffend bekannt. Das Parteiprogramm der NSDAP gründete sich im Wesentlichen auf Hitlers Buch „Mein Kampf". Auf einen Außenstehenden wirkte das Programm verwirrend. Es war in Teilen widersprüchlich und verblieb bei allgemeinen Versprechungen: eine große Gemeinschaft der Deutschen schaffen, Wohlstand für alle sichern, die Arbeitslosigkeit überwinden, den Streit der Parteien beenden, das deutsche Ansehen mehren.

Im Rahmen der neuen inneren Parteistruktur schuf Hitler schlagkräftige Parteiorganisationen. Bereits 1921 war die sogenannte „Sturmabteilung" (SA) gegründet worden. Eine Saalordnertruppe, die anfangs fast zur Hälfte aus Arbeitslosen bestand. Aus ihr wurde schnell eine militärähnliche Organisation. Sie machte in braunen Uniformen ihrem „Führer" Adolf Hitler den Weg „frei", indem sie zum Beispiel politische Gegner attackierte oder deren Wahlversammlungen störte. Im Jahr 1925 kam die Schutzstaffel (SS) als Leibgarde für

Propagandamarsch einer SA-Kolonne, Berlin 1930

Hitler hinzu. Für Jugendliche wurde als Jugendorganisation der Partei die Hitler-Jugend (HJ) gegründet.

Hitler verordnete der Partei, die er als „Bewegung" verstand, ein neues einheitliches Erscheinungsbild: einen verbindlichen „Parteigruß", die Hakenkreuzfahne als „Parteifahne" und das Braunhemd als „Parteiuniform". Die NSDAP war von Beginn an unermüdlich öffentlich aktiv. Zahlreiche Aufmärsche, Versammlungen und Wahlkampfveranstaltungen prägten das Erscheinungsbild der neuen NSDAP. Dabei nutzten die Nationalsozialisten alle Mittel moderner Propagandatechnik, um die Menschen zu erreichen und für ihre Ziele zu gewinnen.

Eine ausführliche Biografie Hitlers sowie eine Darstellung der Geschichte der NSDAP: @ SNG-34530-015

Hitlergruß

Horst Möller, ehemaliger Direktor des Instituts für Zeitgeschichte in München

Neustart Weimarer Republik

M 6 Der Historiker Horst Möller in einem Zeitungskommentar, 2017

Trotz [... einer ungünstigen] Ausgangslage gab es [für die Weimarer Republik] einen verheißungsvollen Start: Die drei Parteien SPD, Zentrum und DDP [...] vereinbarten nach der Wahl zur [...] Nationalversammlung die sogenannte Weimarer Koalition. [...] Zusammen errangen diese drei Parteien, die den durch Friedrich Ebert vorangebrachten Übergang zur demokratischen Republik sicherten, 5 mit zusammen 76,2 Prozent einen überwältigenden Wahlerfolg. [...] Die neue Regierung trat bereits im Februar 1919 unter Führung der SPD, die mit 37,9 Prozent stärkste Partei geworden war, ihr Amt an. Nationalversammlung und Regierung lösten schnell zentrale Probleme: Es wurde eine neue republikanische und demokratische Verfassung beschlossen, ein Wahlgesetz gemäß dem Verhältniswahlrecht erarbeitet, gegen extreme Widerstände die – alternativlose – 10 Annahme des Friedensvertrags von Versailles durchgesetzt, [...] wichtige sozial- und arbeitsrechtliche Gesetze beschlossen. Diese außergewöhnlichen Leistungen erbrachten Parlament und Regierung in weniger als 18 Monaten, trotz ständiger Unruhen, des Kapp-Putsches 1920, steigender kriegsbedingter 15 Inflation und weiterer massiver Kriegsfolgelasten. Keine der schweren Belastungen hatte die Republik von Weimar selbst verursacht, vielmehr alle vom Kaiserreich geerbt, das den Krieg geführt und verloren hatte. Würde man die Weimarer Republik nicht stets von ihrem Untergang her beurteilen, so müsste man ihr großartige Leistungen binnen kürzester Zeit attestieren – Leistungen, die 20 unter Führung der demokratischen Parteien erbracht wurden. [...] Und doch: Kaum eineinhalb Jahre nach dem grandiosen Wahlsieg verloren die drei Weimarer Parteien die erste Reichstagswahl am 6. Juni 1920 katastrophal. Die Republik hätte Zeit gebraucht, um die vielen Probleme zu bewältigen – Zeit, um den Bürgern die Legitimität der neuen Verfassungsordnung und Staatsform sowie ihre 25 politische und ökonomische Leistungsfähigkeit zu dokumentieren. Diese Zeit hatte die Weimarer Republik nicht. Eine Krise folgte der anderen, die massive Vermögensumschichtung infolge der Hyperinflation 1923 löste „Panik im Mittelstand" [...] aus. Die Lasten, die der Versailler Vertrag 1919 neben der moralischen Verurteilung den Deutschen auferlegte, wurden immer weniger akzep- 30 tiert. [...] Den verantwortlich handelnden Politikern wurde wahrheitswidrig die Niederlage in die Schuhe geschoben und eine „Dolchstoßlegende" konstruiert. Der spätere Reichspräsident von Hindenburg, selbst Hauptverantwortlicher der militärischen Führung, beteiligte sich daran. Diejenigen Politiker, die versuchten, den Vertrag zu erfüllen und mit den alliierten Siegern zu verhandeln, wur- 35 den als „Erfüllungspolitiker" diffamiert. Das politische Klima wurde durch Rechtsextremisten vergiftet, die für zahlreiche politische Morde verantwortlich waren. Zu deren Opfern zählten unter vielen anderen der zeitweilige Reichsfinanzminister Matthias Erzberger (Zentrum) und Reichsaußenminister Walther Rathenau (DDP). Er wurde nicht zuletzt deshalb diffamiert, weil er jüdi- 40 scher Herkunft war. Die beiden bedeutendsten Staatsmänner der Weimarer Republik, Friedrich Ebert und Gustav Stresemann, wurden durch den ständigen Kampf gegen Diffamierungen zermürbt und starben früh. Am Kampf gegen die Republik beteiligten sich gleichermaßen Links- wie Rechtsintellektuelle [...].

(Horst Möller, Zwischen Feinden und Freunden; in: F.A.Z., 22.5.2017, S. 6. © Alle Rechte vorbehalten. Frankfurter Allgemeine Zeitung GmbH, Frankfurt. Zur Verfügung gestellt vom Frankfurter Allgemeine Archiv)

Notiert in Stichworten,
– worin der Autor die Leistungen der Weimarer Republik sieht;
– wer diese Leistungen seiner Auffassung nach erbracht hat;
– in welcher Weise und aus welchen Gründen die Republik schon früh in die Krise geriet;
– wer nach Auffassung des Autors für diese Krise verantwortlich war.

Thema 3: Als ein Brot 428 Milliarden Mark kostete – die Inflation von 1923

Die Akzeptanz eines Staates hängt ganz wesentlich davon ab, ob es gelingt, wirtschaftliche Sicherheit zu gewährleisten, die Grundbedürfnisse des Menschen – die Ernährung, das Wohnen und die Arbeit – sicherzustellen. Die Weimarer Republik hatte von Anfang an mit großen wirtschaftlichen Herausforderungen zu kämpfen, vor allem bedingt durch den Krieg. 1923 war politisch und wirtschaftlich ein erstes Krisenjahr der Republik, mit langfristigen Auswirkungen.

Vorschlag, wie ihr euren Beitrag für die Wandzeitung erarbeiten und gestalten könnt:

Themafragen:
  – Was waren die Ursachen der Inflation in Deutschland?
  – Welche Bedeutung hatten wirtschaftliche Krisen, wie z. B. die Inflation im Jahre 1923, für die Einstellung der Menschen zur neuen Republik und deren langfristige Stabilität?

Inhaltliche Aspekte, auf die ihr in eurer Präsentation ausführlich eingehen solltet:
– Beschreibung der Ursachen und des Verlaufs der Inflation von 1923
– Erläuterung, wie sich die Inflation auf die Lebenssituation der Menschen auswirkte
– Erläuterung, welche kurz- und langfristige Bedeutung die Inflation für das Handeln und Denken der Menschen und damit für die Akzeptanz der Republik hatte

Visualisierungsvorschläge für euren Beitrag:
– Mindmap: Ursachen und Verlauf der Inflation
– kommentierte Bildgalerie: Leben Menschen in der Inflationszeit
– Positionspapier, in dem ihr die Kerngedanken und die Argumentation des Historikers Winkler wiedergebt
– kurzes Statement mit einer eigenen Einschätzung zur Themafrage

Die Inflation von 1923: Ursachen, Verlauf, Folgen

1923 waren Preisentwicklungen, wie es das Beispiel des Brotpreises (s. S. 88 o. l.) zeigt, bittere Realität. Und das galt nicht nur für Brot. Die Menschen in Deutschland erlebten eine „galoppierende Inflation". Was war die Ursache dieser dramatischen Geldentwertung?

Der Staat musste große wirtschaftliche und finanzielle Probleme bewältigen: entstandene Kriegskosten finanzieren, Kriegsopfer unterstützen, fällige Kredite, also geborgtes Geld, zurückzahlen, Reparationszahlungen in Form von Geld und Sachgütern an die Alliierten leisten. Hinzu kam der Ruhrkampf: Da Deutschland mit den Reparationen angeblich im Rückstand war, besetzten französische Truppen das Ruhrgebiet, was einen Generalstreik der Bevölkerung auslöste; der Staat unterstützte die Streikenden mit Geldzahlungen. Um all dies zu finanzieren, ließ der Staat Geld in riesigen Mengen drucken. Somit war zwar mehr Geld vorhanden, aber die Warenmenge wurde dadurch nicht vermehrt. Das Verhältnis von Geldmenge und Warenangebot – die Grundlage für die Stabilität einer Währung und des Geldwertes – geriet völlig aus dem Gleichgewicht. Das tatsächlich vorhandene Angebot von Gütern für den täglichen Gebrauch war dramatisch zurückgegangen. Hatten die Fabriken im Krieg vor allem Rüstungsgüter statt ziviler Güter produziert, waren jetzt Güter des täglichen Bedarfs nachgefragt. Eine solche Umstellung von Kriegs- auf Friedenswirtschaft benötigt Zeit und war nicht von heute auf morgen zu bewältigen. Die politische Antwort der Regierung war die Einführung einer neuen Währung, der sog. Rentenmark. Tauschkurs: Eine Billion Reichsmark = eine Rentenmark. Die Wirtschaft erholte und stabilisierte sich. Aber: Für viele Zeitgenossen wurde die Inflation von 1923 zur tief greifenden Negativerfahrung. Sie fühlten sich vom Staat um ihre Sparguthaben betrogen und gaben der neuen demokratischen Regierung die Schuld an ihren wirtschaftlich schlechten Lebensbedingungen. Die Krise des Jahres 1923 prägte in der Folgezeit nachhaltig die Einstellung zur Weimarer Republik.

Fasst die Kernaussagen des Darstellungstextes in Stichworten zusammen.

Inflation: Der Begriff (von lat. Aufblähung) bezeichnet eine Geldentwertung. Sie entsteht so: Die Menge des Geldes wird erhöht, indem Banknoten gedruckt und in Umlauf gebracht werden. Der Gegenwert ist nicht vorhanden, denn Waren und Dienstleistungen steigen nicht an, sondern sinken sogar.

Geldentwertung am Beispiel der Entwicklung des Preises für 1 kg Roggenbrot in Berlin:

Januar 1917	0,34 M
Dezember 1920	2,37 M
Januar 1923	250,00 M
August 1923	69 000,00 M
September 1923	1 512 000,00 M
Nov. 1923	201 000 000 000,00 M

Notiert in Stichwortform,
a) was Zeitgenossen (M 1, M 2) über Alltagsleben 1923 berichten;
b) die Ergebnisse der Beschreibung der beiden Fotos (M 3, M 4) und der beiden Karikaturen (M 6, M 7);
c) die Botschaften der Fotos und Karikaturen zum Thema Inflation in Deutschland 1923.

Lebensalltag: Die Inflation in der Sicht von Zeitgenossen

M 1 August 1923: Bericht des Journalisten Friedrich Kroner

Käuferschlangen stehen vor den Läden, erst vor einem, dann vor allen [...]. Die Stadt wird leergekauft. Reis, gestern noch das Pfund 80000 Mark, kostet heute 160 000 Mark, morgen vielleicht das Doppelte, übermorgen zuckt der Mann hinterm Ladentisch die Achseln: „Reis ist alle!" Also Nudeln! „Nudeln sind alle!" Also Graupen, Gries, Bohnen, Linsen – nur kaufen, kaufen, kaufen! Das Stück Papier, das funkelnagelneue Banknotenpapier, schrumpft an Wert auf dem hastigen Weg zum Kaufmannsladen. Die Nullen, die wachsenden Nullen! Hass, Verzweiflung, Not steigen. Könnte man doch nur Hohn und Gelächter dafür haben: „Butter billiger!!! Statt 1 Million 600 000 Mark nur 1 Million 400 000 Mark!" Aber das sind keine Scherze, das sind Wirklichkeiten [...].

(Berliner Illustrierte Zeitung vom 26.8.1923)

M 2 Not in der Inflationszeit: Aus einem Bericht des Berliner Oberbürgermeisters

Zahlreiche Kinder, auch im zartesten Alter, erhalten nie einen Tropfen Milch, kommen ohne warmes Frühstück zur Schule. Als Schulfrühstück erhalten sie trockenes Brot oder als Aufstrich gequetschte Kartoffeln. Die Kinder gehen vielfach ohne Hemd und warme Kleidungsstücke zur Schule oder werden aus Mangel an Leib- und Unterwäsche ganz vom Schulbesuch zurückgehalten. Die Not erstickt allmählich jedes Gefühl für Ordnung, Sauberkeit und Sitte und lässt nur noch dem Gedanken an Kampf gegen Hunger und Kälte Raum.

(Zit. nach: Arthur Rosenberg, Entstehung und Geschichte der Weimarer Republik, Bd. 2, Frankfurt/M. 1955, S. 400)

M 3 Rückkehr zum Naturalientausch

Da die Preise schneller stiegen, als die Reichsbank Geldnoten drucken konnte, gingen Geschäfte und Theater dazu über, ihre Preise in Naturalien zu berechnen. Hier der Aushang eines Berliner Theaters im Sommer 1923.

M 4 Hyperinflation 1923

Die Inflation von 1923: Ein Urteil aus heutiger Perspektive

M 5 Der Historiker Heinrich August Winkler, 2011 (Auszug)

Es waren nicht die Mittelschichten insgesamt, die durch die Geldentwertung ruiniert oder doch nachhaltig geschwächt wurden, wohl aber erhebliche Teile derselben, nämlich jene, die ihren Lebensunterhalt aus Ersparnissen oder der Tilgung und Verzinsung von Wertpapieren zu bestreiten gewohnt waren.
5 Nutznießer waren hingegen die Haus- und Grundbesitzer, die nun schuldenfrei waren und von der allgemeinen [... Bevorzugung] von Sachvermögen profitierten. Die eigentlichen Inflationsgewinner waren die meist hoch verschuldeten Großgrundbesitzer, die durch die Geldentwertung ihrer meist hohen Schulden ledig wurden, und die Besitzer großer industrieller Vermögen. Der
10 Staat war materiell ein Gewinner und immateriell ein Verlierer der Inflation: Die Geldentwertung half ihm, weil sie als Schuldenbefreiung wirkte, und sie schadete ihm, weil sie das Vertrauen in ihn nachhaltig erschütterte. Es war die Republik, gegen die sich das Ressentiment der Enttäuschten richtete, und nicht die Monarchie, obwohl sie den Prozess der Geldentwertung ausgelöst
15 hatte: Fünf Jahre nach Kriegsende begann das Kaiserreich bereits wieder, vielen Deutschen in verklärtem Licht zu erscheinen.
Die Inflation hatte [... soziale Unterschiede einebnende] Wirkungen: Die Einkommensabstände sowohl zwischen hohen und niederen Beamten wie zwischen der Gesamtheit der Beamten und der Arbeiterschaft waren zusammen-
20 geschrumpft. Gewinner der Inflation aber waren die Arbeiter nicht: Die Realwochenlöhne lagen im Dezember 1923 bei gerade einmal 70 Prozent der Vorkriegszeit. Dazu kam eine hohe Arbeitslosigkeit. [...]
In Deutschland [...] war [... im Vergleich zu anderen Staaten] der materielle Niedergang breiter bürgerlicher Schichten infolge der Inflation besonders au-
25 genfällig. Die Verschlechterung der wirtschaftlichen Lage ging einher mit einer tiefen Erschütterung des Lebensgefühls, dem fast alles abhanden gekommen war, was früher Sicherheit verbürgt hatte: ein bescheidenes Vermögen, die Berechenbarkeit der eigenen Zukunftsaussichten und jener der nächsten Generation, das Vertrauen in die überkommenen Ordnungen und ganz beson-
30 ders in den Staat. Aus dem Gefühl der Bedrohung von „unten" erwuchs eine Abwehrmentalität, die den Klassencharakter der Gesellschaft noch verstärkte. Gymnasien und Universitäten blieben Klasseneinrichtungen, in die kaum eindringen konnte, wer aus der Arbeiterschaft kam. „Klassenjustiz" war nicht nur ein polemisches Schlagwort von links, sondern eine gesellschaftliche und
35 politische Realität. Ein gegen die Sozialdemokratie gerichteter „Bürgerblock" war ein Ziel, für das sich in allen bürgerlichen Parteien, mit der bedingten Ausnahme der DDP, starke Kräfte einsetzten.
Doch nach dem Ende des turbulenten Nachkriegsjahrfünfts beherrschten diese Kräfte das Feld noch keineswegs vollständig. Es gab nach wie vor auch jene,
40 die eine Verständigung zwischen Bürgertum und Arbeiterschaft erstrebten. [...] Sicher war nur so viel: Die Stabilisierung Weimars nach 1923 war eine relative, gemessen an der Instabilität der vorangegangenen Jahre. Die innere Bedrohung der Demokratie hatte nicht aufgehört, sondern nur nachgelassen.

(Heinrich August Winkler, Geschichte des Westens – Die Zeit der Weltkriege 1914 – 1945, München (Beck) 2011, S. 317, 331)

M 6 Zeitgenössische Karikatur

„Jetzt bin ich Millionär – mein Gott, wie werd ich erst als Milliardär aussehn!" (Simplicissimus)

M 7 Karl Arnold: Erinnerung an die Inflation von 1923

„Papiergeld! Papiergeld!" („Simplicissimus", 11.6.1923)

Haltet in Stichworten fest,
a) worin der Historiker Winkler die wirtschaftlichen, sozialen und psychologischen Folgen der Inflation sieht;
b) wie er die Rückwirkungen auf die Stabilität der Weimarer Republik einschätzt.

Schlange von Arbeitslosen vor dem Arbeitsamt in Hannover (Anfang der 1930er-Jahre)

September 1932: „Erst Essen, dann Miete!" – Mieter in der Köpenicker Str. schließen sich dem Berliner Mieterstreik an.

Schlüsseljahr 1929 – Weltwirtschaft in der Krise

Menschen ohne Arbeit. Menschen, die um ihr tägliches Essen und Wohnen bangen. Die zeitgenössischen Fotos zur Situation in Deutschland und den USA machen in beklemmender Weise deutlich, dass Gesellschaft und Staat diesseits und jenseits des Atlantik von einer tief greifenden wirtschaftlichen und gesellschaften Krise erfasst sind. Angesichts der Folgen und Auswirkungen auf die gesamte Weltwirtschaft sprechen die Experten von einer Weltwirtschaftskrise.

- *Was waren die Ursachen der Weltwirtschaftskrise?*
- *Warum erfasste die Wirtschaftskrise Deutschland in besonderem Maße?*
- *Wie erlebten die Menschen in den USA und in Deutschland die Krise in ihrem Lebensalltag?*

Haltet einen bildgestützten Gruppenvortrag, in dem ihr Ursachen, Verlauf und konkrete lebensweltliche Auswirkungen der Weltwirtschaftskrise in den USA und Deutschland darstellt und erläutert.

1. Bildet Arbeitsgruppen und verschafft euch einen Überblick über das Materialangebot. Sprecht euch ab, wie ihr die Arbeit unter euch aufteilen wollt. Es bietet sich an, dass innerhalb der Gruppen jeweils eine Teilgruppe den Schauplatz Deutschland bzw. den Schauplatz USA bearbeitet.

2. Wertet die jeweiligen Materialien und Darstellungstexte zu eurem Teilthema aus. Nutzt dazu die Erschließungshilfen.

3. Stellt die jeweiligen Arbeitsergebnisse den anderen Mitgliedern im Team vor. Ergänzt, korrigiert im Gruppengespräch soweit nötig.

4. Gestaltet auf dieser Grundlage gemeinsam ein Konzept für den Gruppenvortrag. **Präsentationsempfehlungen:** Ihr könnt als Einstieg Fotos projizieren und erläutern. Ausgehend vom Schaubild lassen sich die wirtschaftlichen Zusammenhänge gut erklären.

> **Vorschlag, welche Punkte ihr ansprechen solltet:**
> **Schauplatz USA:** Massengüter und -konsum, Überproduktion, Rückgang von Nachfrage und Produktion, Arbeitslosigkeit, Börsenkrach
> **Schauplatz Deutschland:** Reparationszahlungen, Kredite der USA, langfristige Anlagen, Rückruf der Kredite, Produktionsrückgang, Arbeitslosigkeit, Verarmung

Ein anderer Präsentationsvorschlag: Aus der Perspektive von Zeitgenossen schreiben … Verfasst einen Briefwechsel zwischen zwei Brüdern, von denen der eine in Deutschland und der andere in den USA lebt. Jeder berichtet über das Leben in der Weltwirtschaftskrise und erläutert die Hintergründe.

Weltwirtschaftskrise – Schauplätze USA und Deutschland

Politische und wirtschaftliche Krisen waren von Beginn an in den ersten Jahren ein Merkmal der Weimarer Republik. Nach Jahren der Beruhigung und stabilerer Verhältnisse seit Mitte der 1920er-Jahre – „Goldene Zwanziger", wie sie deshalb auch genannt werden – erfasste zu Beginn der 1930er-Jahre eine schwerwiegende Krise das Land mit dramatischen wirtschaftlichen, politischen und gesellschaflichen Folgen. Diese Krise war jedoch nicht hausgemacht. Die zu der Zeit größte Wirtschaftsmacht der Welt, die Vereinigten Staaten von Amerika, war in große wirtschaftliche Schwierigkeiten geraten. Die Krise begann 1929 in den USA und blieb nicht auf Amerika beschränkt, sondern erfasste von dort große Teile der Welt, besonders auch die Staaten in Europa. Auslöser war der Zusammenbruch der New Yorker Börse.

„Schwarzer Freitag":

@ SNG-34530-016

Industrie und Landwirtschaft der USA waren die stärksten Wirtschaftszweige in der gesamten Welt.

Industrie und Landwirtschaft stellten immer mehr Güter her: Die Produktion wuchs.

Die Menschen in den USA waren höchst unterschiedlich reich und arm. Breite Bevölkerungsschichten wurden ärmer, konnten sich weniger leisten.

Die Industrie stellte Massengüter her. Die Sinnbilder des Massenkonsums waren das Kaufhaus (Lebensmittel sowie Haushaltswaren wie Waschmaschine, Bügeleisen, Staubsauger) und das Auto: Henry Ford baute zwischen 1908 und 1927 zehn Millionen seiner „Tin Lizzy". Der Preis: 290 Dollar, etwa ein Zehntel des jährlichen Einkommens.

Es wurde so viel produziert, dass nicht mehr alle Güter verkauft werden konnten Es kam zur Überproduktion. Die Nachfrage sank.

Endstation Suppenküche

Am 25. Oktober 1929 brach die Börse in New York, wo die Aktien gehandelt wurden, zusammen. 9 000 Banken gingen bankrott.

Die Produktion der Industrie ging weiter zurück. Die Gewinne der Unternehmen sanken. 100 000 Betriebe mussten Konkurs anmelden.

Arbeiter wurden entlassen, viele Menschen hatten kein Geld mehr, um Güter zu kaufen. Die Folge: Die Produktion sank weiter. Viele Menschen verarmten.

Viele Menschen, auch Normalbürger, hatten ihr Geld in Aktien angelegt.
Aktien sind Anteilsscheine. Dem Besitzer gehört damit ein Teil eines Betriebes. Er wird am Gewinn und Verlust des Betriebes beteiligt. Wenn es dem Betrieb schlecht geht, verliert die Aktie an Wert.
Angesichts der Krise wollten viele ihre Aktien verkaufen. Die Aktien verloren an Wert: Eine Aktie, die man für 100 Dollar gekauft hatte, war nur noch 10 Dollar wert. Jetzt wurden viele Aktienbesitzer arm.

Fasst die Informationen zu Ursachen und Verlauf der Krise grafisch in einer Conceptmap zusammen.
Tipp: Eine Anleitung dazu findet ihr in der Methodenwerkstatt auf S. 297.

Wirtschaftskrise: Fotos erzählen

M 1 Menschenmenge nach dem Börsenkrach an der Wallstreet 1929

M 2 Arbeitslose vor einem Stellenvermittlungsbüro in New York, 1930e-Jahre

M 3 Hungermarsch auf Washington, 1931

M 4 Autoverkauf auf der Straße in New York, 30.10.1929

Auf dem Pappschild steht: 100 Dollar. Wer dieses Auto kaufen will, muss Bargeld haben. Habe alles an der Börse verloren.

Notiert in kurzen Sätzen,
a) was auf den Fotos zu sehen ist;
b) was die Fotos über den Krisenalltag in den USA erzählen.

Massenandrang von Kunden vor der Berliner Sparkasse, die ihre Konten- und Sparguthaben abheben wollen (Foto 1931)

M 5 Arbeitslosigkeit in Deutschland

Jahr	Monat	Zahl (in Mio.)
1929	Januar	2,9
	Juli	1,3
1930	Januar	3,2
	Juli	2,8
1931	Januar	4,9
	Juli	4,0
1932	Januar	6,0
	Juli	5,4

1. Notiert die Kernaussagen des Darstellungstextes in Stichworten.

2. Übertragt die Zahlen (M 5) in ein Kurven- oder Säulendiagramm.

3. Beschreibt in wenigen Sätzen die Gesamtentwicklung der Arbeitslosigkeit und besondere Auffälligkeiten.

Szenenwechsel: Schauplatz Deutschland

Der Erste Weltkrieg war eine wesentliche Voraussetzung. Deutschland musste für den verlorenen Krieg Wiedergutmachungsgelder, sog. Reparationen, an die Siegermächte zahlen, vor allem an England und Frankreich.

Deutschland war zur Zahlung der Reparationen aber nur in der Lage, weil die USA Deutschland Geld liehen. Die USA waren der wichtigste Kreditgeber der Welt. Dieses Geld floss an deutsche Banken, die es an den Staat und an Betriebe weiterverliehen. Deutschlands Wirtschaftsaufschwung beruhte somit auf ausländischen Krediten. Der deutsche Außenminister Gustav Stresemann wies schon 1928 sehr weitsichtig auf die Gefahren hin: Deutschland habe von „gepumptem Geld" gelebt. Und wenn „die Amerikaner ihre kurzfristigen Kredite bei uns abberufen, dann ist der Bankrott da."

Die deutschen Banken begingen einen schweren Fehler: Sie vergaben ihre Kredite langfristig, obwohl die amerikanischen Großbanken ihr Geld jederzeit, also auch kurzfristig, zurückfordern konnten.

Bereits 1928 machten sich in Deutschland erneute wirtschaftliche Schwierigkeiten bemerkbar: Betriebe drosselten die Herstellung, sparten Arbeitskräfte ein. Die Arbeitslosigkeit stieg. In dieser schwierigen Situation forderten die amerikanischen Banken ihr geliehenes Geld zurück, das die Betriebe aber nicht zahlen konnten, da sie nicht genug Einnahmen (Gewinne) hatten. Und auch der Staat konnte nicht zahlen, da die Steuereinnahmen zurückgingen. Vor allem hatte er langfristig angelegt, z.B. zum Bau von Straßen, Schulen, Krankenhäusern.

In dieser Situation ereignete sich der „Schwarze Freitag", der Zusammenbruch der New Yorker Börse am 25. Oktober 1929.

Die Verflechtungen zwischen den USA und Europa waren ausschlaggebend für die weltweiten Folgen dieses Börsenkrachs.

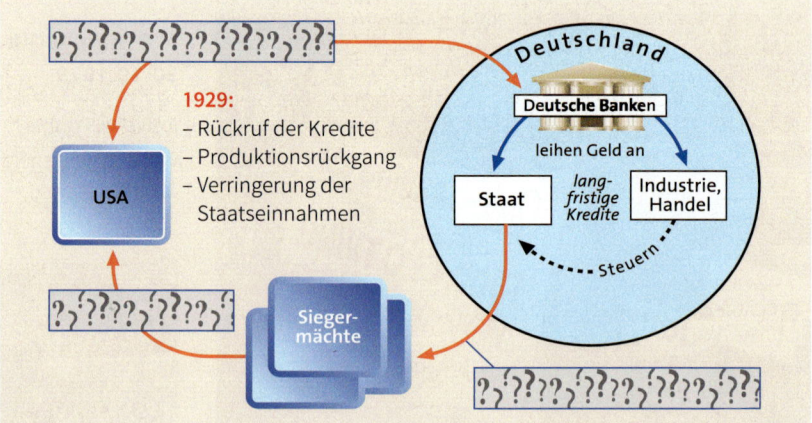

Viele Menschen verloren ihre Ersparnisse, die sie in Aktien angelegt hatten. Und viele Menschen lösten aus Angst ihre Sparguthaben bei der Bank auf. Banken wurden von den Menschen geradezu bestürmt, sie brachen zusammen. Die Folge: Ein verhängnisvoller Kreislauf begann. Die Nachfrage der Menschen nach Gütern ging weiter zurück. Die Löhne sanken um 10%. Weitere Betriebe mussten schließen. Die verhängnisvollste Folge: Es entstand Massenarbeitslosigkeit. Die Zahlen stiegen bis auf sechs Millionen Menschen. Das Volkseinkommen sank binnen drei Jahren auf weniger als die Hälfte.

Krisenalltag in Deutschland: Zeitgenössische Fotos erzählen

M 6 Geschäftsaufgabe

Auch der Mittelstand leidet unter der Krise: Totalausverkauf wegen Aufgabe eines Goldwarengeschäftes in der Friedrichstraße in Berlin, 1931.

M 8 Berliner Arbeitslose in ihrer Sperrmülllaube, 1932

M 10 Streit der Bettler um den besten Platz

M 7 Arbeitssuche

Erwerbsloser Angestellter: „Ich suche Arbeit jeder Art".

M 9 Arbeitslose mit Frauen und Kindern durchsuchen die Abfälle vor einer Berliner Markthalle

M 11 Verzweiflung

Notiert in kurzen Sätzen,
a) was auf den Fotos zu sehen ist;
b) was die Fotos über den Krisenalltag in Deutschland erzählen.

Von der Krise der Wirtschaft zur Krise des ganzen Staates: Wahlergebnisse als Quelle

Die Weltwirtschaftskrise prägte nicht nur das Alltagsleben der Menschen, sie be-einflusste auch ihr politisches Verhalten. Wieder einmal stand die Weimarer Repu-blik vor einer schweren Belastungsprobe, die sie am Ende nicht überstand. Zwei Daten markieren den Beginn der Auflösungsphase der Weimarer Republik. Der „Schwarze Freitag" am 25. Oktober 1929 steht für den Beginn der großen Wirt-schaftskrise. Nur ein halbes Jahr später, im März 1930, trat die letzte demokratisch gewählte Regierung zurück. Die zweite Krise, die politische, nahm ihren Lauf.

- *Wie wählten die Bürger in der Weltwirtschaftskrise?*
- *Wie lassen sich diese Wahlentscheidungen erklären?*
- *Was sagen Wahlergebnisse über die politische Lage in der Endphase der Weimarer Republik aus?*

Ihr seid die Experten: Schlüpft in die Rolle fachkundiger Wahlforscherinnen bzw. Wahlforscher, die vor einem interessierten Publikum Antworten auf die drei Leitfragen vorstellen.

1. Setzt euch in kleinen Arbeitsgruppen zusammen und wertet die Diagramme und Zahlenstatistiken aus. Folgt da-bei der methodischen Anleitung auf S. 97 und den dazu angebotenen inhaltlichen Starthilfen. Bezieht auch die Einschätzung des Parteienforschers Falter (M 4) ein. **Tipp:** In eurer Gruppe könnt ihr die Auswertung der Materi-alien unter euch aufteilen.

2. Entwerft ein inhaltliches Konzept für eure Ausführungen, mit denen ihr eure Antworten auf die drei Leitfragen vorstellt. **Präsentationstipp:** Projiziert die Diagramme und Statistiken als Anschauungsmittel, sodass sowohl ihr als auch die Zuhörer sie während eurer Ausführungen immer als Beleg vor Augen haben.

3. Sprecht ab und legt fest, wie ihr gemeinsam vortragen wollt. Probt die Präsentation in eurer Gruppe.

Eine andere Möglichkeit … „Anfang vom Ende?" – Schreibt in einer Arbeitsgruppe einen kurzen Artikel für eine Tageszeitung, in dem ihr die Wahlergebnisse und das Wahlverhalten zwischen 1928 und 1933 darstellt und vor diesem Hintergrund die Frage „An-fang vom Ende?" erörtert. Stellt den Artikel in der Klasse zur Diskussion.

Wahlen als Spiegel

In Krisenzeiten suchen Menschen verständlicherweise Halt und Hilfe. Das gilt beson-ders für wirtschaftliche Krisen, die das alltägliche Leben der Menschen nachhaltig beeinflussen. Ihre Erwartungen richten sich dabei vor allem an den Staat und die Politik – in einer Demokratie vertreten durch Parteien. Die größten Sympathien gel-ten dabei natürlich solchen Parteien, von denen die Menschen sich Hilfe verspre-chen. Daher wird eine Partei, die von möglichst vielen Menschen gewählt werden möchte, in ihren Botschaften an die Menschen gezielt solche Wünsche, Hoffnungen, Ängste und Alltagsprobleme aufgreifen, die die Menschen bewegen.

In einer Demokratie sind folglich insbesondere Wahlen und deren Ergebnisse ein aus-sagekräftiges Indiz dafür, von wem die Bürger am ehesten erwarten, dass sie für ihre sozialen und wirtschaftlichen Anliegen Lösungen anbieten.

In Zahlenstatistiken und Diagrammen werden zu einem bestimmten Thema Informationen, bei denen Zahlenangaben im Mittelpunkt stehen, grafisch übersichtlich dargestellt. Solche Datenmaterialien sind aussagekräftige historische Quellen. Dazu muss man sie allerdings „richtig lesen" und fachgerecht auswerten können. Nur die reinen Zahlen allein sagen noch nichts über Hintergründe oder Zusammenhänge aus. Um alle Leitfragen, unter denen das jeweilige statistische Material ausgewertet werden soll, differenziert und umfassend zu beantworten, bedarf es auch historischen Hintergrundwissens.

M 1 Reichstagswahlen 1928 – 1932

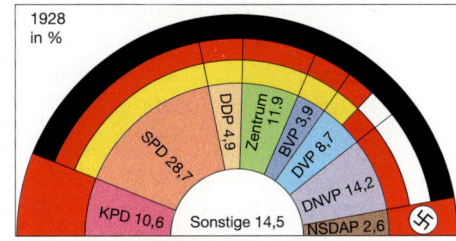

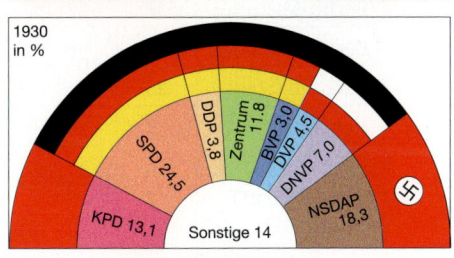

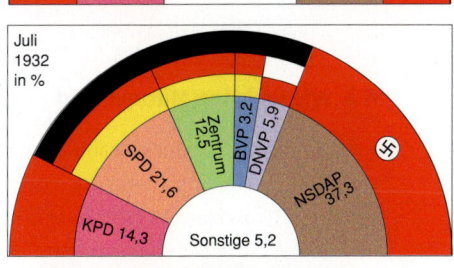

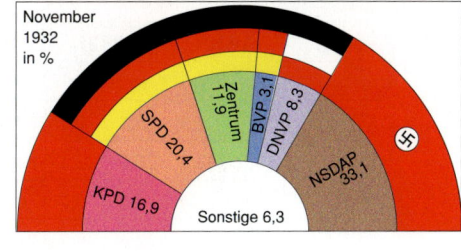

1. Schritt: **Leitfrage(n) festlegen**	● Wie wählten die Bürger in der Weltwirtschaftskrise? ● Wie lassen sich diese Wahlentscheidungen erklären? ● Was sagen Wahlergebnisse über die politische Lage in der Endphase der Weimarer Republik aus?
2. Schritt: **Das Thema der Zahlenstatistik bzw. des Diagramms benennen sowie den/die Zeitpunkt/e und den Raum benennen, auf die sich die Angaben beziehen**	● Statistik M 1 enthält die Ergebnisse der Reichstagswahlen für sechs Parteien und zwar in den Jahren … ● Statistik M 2 vergleicht die Wahlergebnisse der NSDAP und der KPD, und zwar in Gebieten … ● Statistik M 3 vergleicht das Wahlverhalten …
Die Gesamtentwicklung beschreiben	● Die NSDAP erzielte die höchsten Erfolge … ● Die KPD … ● Die demokratischen Parteien SPD, Zentrum, DDP … ● In Gebieten mit hoher Arbeitslosigkeit … ● Männer und Frauen wählten …
Auffällige Besonderheiten darlegen	● Die NSDAP war zunächst eine Splitterpartei … ● Der Anteil der demokratischen Parteien … ● Arbeitslose wählten sowohl … als auch …, aber …
3. Schritt: **Erklären und erörtern, auf welche Ursachen, Zusammenhänge und Folgen die Zahlen hinweisen**	● Die Ergebnisse der NSDAP lassen sich dadurch erklären, … ● Die NSDAP war eine Volkspartei, denn … ● Die Wahlergebnisse spiegeln die politische Krise der Republik, weil die demokratischen Parteien …, während die radikalen Parteien links und rechts …
4. Schritt: **Zusammenfassende Antworten auf die Leitfrage formulieren**	Die Menschen stärkten die … Parteien. Die NSDAP wurde …, aber sie hatte keine …
5. Schritt: **Evtl. weiterführende Fragen formulieren**	?????????????

Notiert die Auswertungsergebnisse der Diagramme in Stichwortform.

M 2 Wie wirkte sich Arbeitslosigkeit auf das Wahlverhalten aus?

Die Wahlerfolge von NSDAP und KPD in Gebieten mit extrem hoher und extrem niedriger Arbeitslosigkeit (J = Juli, N = November); Angaben in % der Wahlberechtigten.

Kreis/ Bezirksamt	Arbeitslose	NSDAP 1930	NSDAP 1932J	NSDAP 1933	KPD 1932N
Neustadt b. Coburt	30	37	45	48	13
Berlin-Mitte	27	11	22	30	27
Berlin-Wedding	26	8	16	23	29
Bochum (Stadt)	25	16	26	33	20
Nördlingen (Land)	2	10	43	55	1
Rothenburg/T. (Land)	2	29	76	79	0

(Nach: Jürgen Falter, Hitlers Wähler, München (Beck) 1991, S. 297)

M 3 Wie wählten Männer und Frauen?

Nach amtlichen Sonderauszählungen der Wahlergebnisse nach Geschlecht entschieden sich bei den Reichstagswahlen 1930 bis März 1933 Männer und Frauen zu folgenden Anteilen für die verschiedenen Parteien:

Partei	1930		1932J		1932N		1933	
	m	w	m	w	m	w	m	w
KPD	12,5	7,3	15,2	9,1	17,2	9,8	12,2	7,1
SPD	29,0	23,8	26,0	22,1	24,5	20,6	23,9	19,2
DDP	3,8	3,4	0,8	0,7	0,9	0,7	0,8	0,7
BVP/ Zent.	21,8	35,8	22,6	35,7	22,1	35,3	20,5	32,1
NSDAP	18,9	14,2	29,2	25,6	27,4	24,7	36,2	34,4

(Nach: Jürgen Falter/Thomas Schuhmann, Wahlen und Abstimmungen in der Weimarer Republik, München (Beck) 1986, S. 85)

1. Notiert die Auswertungsergebnisse der Zahlenstatistiken M 2 und M 3 in Stichwortform.

2. Listet in knapper Form zusammenfassend auf,
a) welche Art von Partei die NSDAP aus Sicht des Parteienforschers Falter (M 4) darstellte und was ihre charakteristischen Merkmale waren;
b) welche sozialen Schichten die NSDAP laut Falter mit welchen politischen Versprechungen ansprach;
c) was die Partei nach seiner Einschätzung für ihre Wähler attraktiv machte.

Zum historischen Hintergrund

M 4 Die Wähler der NSDAP

Der Parteienforscher Jürgen Falter charakterisiert die Wählerschaft der NSDAP und erläutert, was aus seiner Sicht die Partei für ihre Wähler so attraktiv machte:

Es handelte sich bei der NS-Bewegung immer um eine sozial gemischte, sowohl für Arbeiter als auch für Mittel- und Oberschichtzugehörige [...] attraktive Partei. Von der Sozialstruktur ihrer Mitglieder und Wähler her [...] ist sie wohl am ehesten [...] bemüht, in ihrer Propaganda [5] mithilfe [...] [ihrer] Angebote und Versprechungen Angehörige aller Sozialschichten anzusprechen, was ihr auch stärker als den anderen politischen Parteien gelungen zu sein scheint. [...] Vergleicht man die NSDAP mit anderen Parteien, so ist festzuhalten, dass sie [...] auf Kreisebene [10] ein sehr viel ausgeglicheneres Sozialprofil[1] aufwies als die Parteien des linken und des bürgerlich-protestantischen Wählerblocks; dies kann als weiteres Indiz für ihren Charakter als moderne „Volks"partei angesehen werden. [...]   [15]

Angesichts der [...] Komplexität[2] der sozialen Zusammensetzung und parteipolitischen Herkunft ihrer Anhänger lässt sich die NSDAP zwischen 1928 und 1933 als eine Partei charakterisieren, die wie andere moderne Integrationsparteien[3] für ihre Anhänger Unterschiedliches be-[20] deutet hat: Für die Oberschicht [...] fungierte sie als Bollwerk gegen eine damals wohl tatsächlich als real empfundene kommunistische Gefahr; für die Mittelschichten diente sie als Sammelpartei des sozialen und wirtschaftlichen Protestes; für Teile der Arbeiterschaft [25] als nationale Alternative zu den beiden sozialistischen Parteien; für die besonders unter der Arbeitslosigkeit leidenden Jungwähler, die zumindest unter den NSDAP-Mitgliedern weit überdurchschnittlich vertreten waren, stellte sie eine Art Aufbruchsbewegung in eine bessere [30] Zukunft dar [...].

(Jürgen Falter, in: Karl Dietrich Bracher u. a. (Hg.), Die Weimarer Republik 1918 – 1933, Düsseldorf (Droste) 1987, S. 484 ff.)

---

[1] Sozialprofil: Gliederung der Wähler nach ihrer sozialen Herkunft
[2] Komplexität: Vielfältigkeit
[3] Integrationspartei: eine Partei, die Wähler ganz unterschiedlicher Auffassungen und Interessen anspricht und aufnimmt

Die Gegner der Demokratie erhalten die Macht: Adolf Hitler wird Reichskanzler

„Der Reichstag wird eingesargt". So lautet der Titel einer Collage des Künstlers John Heartfield vom September 1932. Der Reichstag wird „beerdigt" mithilfe von Artikel 48 der Weimarer Verfassung: eine eindeutige Botschaft des Karikaturisten zum Zustand der Weimarer Republik. Die Gegner der Weimarer Demokratie sind am Ziel – allen voran die Nationalsozialistische Partei. Vier Monate später wird ihr Führer Adolf Hitler zum Reichskanzler ernannt.

● *Auf welche Weise wurde Hitler der Weg an die Macht geebnet?*

Präsentiert und erläutert in einem Kurzvortrag eine Conceptmap, in der ihr den Ablauf und die ereignisgeschichtlichen Zusammenhänge der Machtübertragung auf Hitler strukturiert darstellt.

1. Informiert euch in der Methodenwerkstatt (S. 297), wie ihr bei der Erstellung einer Conceptmap vorgehen solltet und was zu beachten ist.

2. Wertet den Darstellungstext in Partnerarbeit aus. **Empfehlung:** Eure Informationsbasis könnt ihr mithilfe dieses Webcodes erweitern:
   @ SNG-34530-017

3. Gestaltet mit den erarbeiteten Informationen eine Conceptmap als Grundlage für eure Ausführungen im Kurzvortrag. Entscheidet, wie ihr die Conceptmap projizieren wollt (z. B. Plakat, Folie, beamergestützt, Kopie für jeden).

4. Erstellt ein Vortragskonzept mithilfe von Karteikarten.

5. Sprecht unter euch ab, wie ihr die Vortragsanteile in der Präsentation aufteilen wollt.

Mögliche Bausteine für die Conceptmap:
➢ NSDAP – stärkste Partei
➢ KPD und NSDAP – negative Mehrheit
➢ Art. 48
➢ Interessengruppen
➢ Einschätzung Hitlers
➢ Hoffnungen
➢ Irrtümer
➢ Reichspräsident Hindenburg
➢ Reichskanzler Hitler

Eine andere Möglichkeit … Ein kleines Arbeitsteam könnte die Collage von John Heartfield unter der Leitfrage interpretieren und seine Interpretationsergebnisse in der Klasse zur Diskussion stellen. **Tipps:** Das notwendige ereignisgeschichtliche Hintergrundwissen liefert der Darstellungstext. Zur Erläuterung des Artikels 48 der Verfassung könnt ihr diesen Webcode nutzen: @ SNG-34530-018

Adolf Hitler wird Reichskanzler

Die Ernennung: Am 30. Januar 1933 ernannte Reichspräsident Hindenburg Adolf Hitler zum neuen Reichskanzler. Die NSDAP war zwar die stärkste Fraktion im Reichstag, aber eine Stimmenmehrheit hatte sie auch zusammen mit dem Koalitionspartner DNVP nicht. Somit war Hitler vom Vertrauen des Präsidenten abhängig. Der allerdings hatte öfters schon seine Abneigung gegenüber Adolf Hitler und seiner nationalsozialistischen Bewegung zum Ausdruck gebracht. Dass Hindenburg seinen Widerstand schließlich aufgab und Hitler das Amt des Reichskanzlers übertrug, geschah vor allem auf Drängen der einflussreichen konservativen Kreise. Es waren konservative Gruppen der Wirtschaft, vor allem der Schwerindustrie, der Großgrundbesitzer und des Militärs,

Die Befugnisse des Reichspräsidenten (RP):

Nach **§ 25** der Verfassung konnte der RP den Reichstag auflösen.

§ 48 gab dem RP das Recht, ohne Zustimmung des Reichstags Maßnahmen zur Gewährleistung von Ordnung und Sicherheit zu ergreifen. Er konnte damit Verordnungen erlassen, die Gesetzeskraft hatten. Diese mussten später dem Reichstag vorgelegt werden.

Nach **§ 53** konnte der RP den Reichskanzler ernennen und entlassen.

Die Kombination dieser Befugnisse ermöglichte es dem RP, ohne Mitwirkung des Parlaments zu entscheiden. Dies tat Hindenburg im Januar 1933. Die demokratischen Parteien fürchteten, dass bei einer Auflösung des Reichstags die NSDAP noch stärker würde. Deshalb widersetzten sie sich dem RP nicht.

Kabinette, die auf diese Weise vom RP abhängig waren, werden **Präsidialkabinette** genannt.

die an Hitlers Ernennung ganz wesentlich beteiligt waren. Sie schlossen einen Pakt gegen die Republik. Ihr Handlanger: der Reichspräsident

Befugnisse des Präsidenten: Dass Reichspräsident Hindenburg diesen entscheidenden Einfluss hatte, lag an der Weimarer Verfassung. Er konnte den Reichstag auflösen; er konnte den Reichskanzler ernennen und entlassen; er konnte Verordnungen erlassen, die die Wirkung von Gesetzen hatten. Mit diesen Rechten hatte Hindenburg bereits seit 1930 regieren lassen; so lange gab es schon keine Regierung mehr, die vom Parlament unterstützt wurde. Weil sie vom Reichspräsidenten abhängig waren, nannte man sie „Präsidialkabinette".

Das erste Präsidialkabinett: Es wurde von Heinrich Brüning angeführt. Dem Kabinett gehörten keine SPD-Minister mehr an, stattdessen Vertrauensleute Hindenburgs. Die Regierung hatte keine parlamentarische Mehrheit mehr. Die SPD widersetzte sich ihren Beschlüssen nicht, sie fürchtete nämlich bei einer Parlamentsauflösung weitere Stimmengewinne für die extremen Parteien. Die Angst der demokratischen Parteien vor dem Bürgerkrieg wurde zum stärksten Verbündeten Hitlers.

Krise der Parteien: Diese mangelnde Handlungsfähigkeit und -bereitschaft der demokratischen Parteien kam ihrer Selbstausschaltung gleich. Sie betrachteten sich als Vertreter ihrer sozialen Gruppen oder Weltanschauungen, z. B. als Vertreter der Arbeitnehmer oder als Repräsentant der Unternehmer. Sie sahen sich weniger als Repräsentanten der Gesamtnation. Die Konsequenz: Die Parteien zeigten sich häufig wenig kompromissbereit. Die Folge: Bis 1930 gab es 16 unterschiedliche Regierungskoalitionen. Zu einem gemeinsamen Vorstoß zur Rettung der Demokratie kam es nicht.

Negative Mehrheit: Eine Partei profitierte – die NSDAP. Bei der Reichstagswahl vom Juli 1932 erzielte sie große Gewinne. Gemeinsam mit der KPD gab es jetzt eine sog. „negative Mehrheit" im Reichstag, d. h. die beiden verfeindeten Parteien KPD und NSDAP hatten zusammen die Mehrheit. Sie wollten nicht gemeinsam regieren, sondern die Demokratie zerstören.

Einflussreiche Mächtegruppen: Hitler wollte selbst Reichskanzler werden. Allmählich begann in der Umgebung des Reichspräsidenten ein Ringen um die Macht. Einflussreiche Mächtegruppen überzeugten den greisen Reichspräsidenten, Hitler für ihre Interessen zu nutzen und ihn zum Reichskanzler zu machen. Die alten Eliten verbündeten sich mit dem Emporkömmling Hitler, obwohl sie sich gegenseitig misstrauten. Politische Entscheidungen verschoben sich in die Hinterzimmer der Macht. Es begann ein Intrigen- und Machtspiel. Wie die Nationalsozialisten lehnten diese konservativen Gruppen die Weimarer Republik eigentlich ab; sie war ihnen zu demokratisch, sie wünschten eine autoritäre Staatsform mit weniger Mitwirkungsmöglichkeiten des Volkes. Mithilfe des neuen Reichskanzlers Adolf Hitler sahen sie die Chance, die Demokratie zu beseitigen und einen anderen Staat zu verwirklichen. Diese konservativen Gruppierungen waren davon überzeugt, Hitler kontrollieren zu können, ihn als ihren Handlanger benutzen zu können; er sollte „eingerahmt", „gezähmt" werden.

Machtübertragung: Am 30. Januar 1933 war Hitler da, wo er hinwollte – an der Macht, an der Spitze einer Regierung. Die NSDAP feierte den Tag als „Machtergreifung". In den nächsten zwölf Monaten wurde die Demokratie zerstört. Hitler machte sich zum Alleinherrscher, zum Diktator. Die konservativen Kreise, die Hitler zur Macht verholfen hatten, hatten sich gründlich verschätzt.

Demokratie am Ende oder: Warum Hitler? – Historikerurteile

Die Frage danach, wie Hitler möglich war, ist ein bis in unsere Gegenwart vielfach diskutiertes Thema. Die Antwort der Nationalsozialisten seht ihr auf einem Propagandaplakat zur Erinnerung an den Tag der Ernennung Hitlers zum Reichskanzler sowie die damit eingeleitete nationalsozialistische Machtübernahme und das endgültige Aus für die erste parlamentarische Demokratie in Deutschland. Dieser Antwort würden heutige Historiker in der Rückschau so nicht zustimmen.

Unbeugsamer Glaube u. fanatischer Siegeswille führten zum 30. Januar 1933.

- *Welche Antworten geben heutige Historiker auf die Frage, wie und warum Hitler an die Macht kam?*

Präsentiert auf einer Pinnwand Positionspapiere, auf denen ihr fachwissenschaftliche Positionen und ihre Begründungen zusammenfassend darstellt, und vergleicht die Einschätzungen in einem Kreisgespräch.

1. Lest in Einzelarbeit die drei Textauszüge kursorisch durch. Entscheidet, zu welchem Text ihr in Dreiergruppen ein Positionspapier erstellen möchtet.

2. Wertet den ausgewählten Darstellungstext aus. Arbeitet die Position heraus, die der Autor vertritt, sowie die Argumente, mit denen er seine Sichtweise stützt.

3. Formuliert gemeinsam ein Positionspapier für die Präsentation. Orientiert euch dabei an der methodischen Anleitung „Ein Positionspapier formulieren" (s. Methodenwerkstatt, S. 306).

So könnte ein Positionspapier gegliedert werden:

> **Autor:** Hans-Ulrich Wehler
> **Veröffentlichungszeitpunkt:** 2008
> **Textsorte:** Auszug aus einem Interview in einer Lokalzeitung
> **Thema:** Wie lässt sich die Ernennung Hitlers zum Reichskanzler erklären?
> **These:** Die Menschen der Weimarer Republik erlebten tiefe Krisen und unterschätzten Hitler. Besondere Verantwortung …
> **Argumente und Begründungen:**
> > Die Menschen waren verunsichert durch Krisen.
> > Sie hatten ab 1930 autoritäre Politiker erlebt.
> > Eine Diktatur erwarteten sie nicht.
> > …
> **Stellungnahme:** Die Erklärung des Historikers ist insgesamt ausgewogen. Allerdings möchte ich die Verantwortung der Bevölkerung stärker betonen …

> **Historikerurteile vergleichen:**
> – Welche Gemeinsamkeiten gibt es?
> – Welche Unterschiede bestehen?
> – Wie sind diese zu erklären?
> **Inhaltliche Vergleichsaspekte:**
> – Bedeutung der Krisen
> – Verantwortung der Menschen
> – Rolle Hitlers und der NSDAP
> – Rolle der Parteien
> – Bedeutung der konservativen Eliten
> – Gesamturteil der Historiker
> **So wie ich es sehe!**
> – Welchen Autoren kann ich eher zustimmen, welchen weniger oder gar nicht?
> – Welche Position(en) halte ich im Vergleich zu den anderen im Hinblick auf Schlussfolgerungen und Argumentation für nachvollziehbarer, ausgewogener, stimmiger begründet?
> – …

4. Legt gemeinsam fest, wer das Positionspapier vorstellen und erläutern soll.

5. Setzt euch nach der Präsentation in euren Arbeitsgruppen zu einem ersten Meinungsaustausch zusammen, in dem ihr die vorgestellten Positionen vergleicht. **Tipp:** Orientiert euch dabei an den o. g. Frageansätzen und Vorschlägen für inhaltliche Aspekte. Haltet auf Karteikarten solche Vergleichsaspekte fest, die ihr im Gespräch vertreten möchtet.

Eine andere Möglichkeit: Recherchiert, wie auf den Seiten von „Zeitklicks", „Helles Köpfchen" und „Planet-Wissen" die Machtübertragung auf Hitler erklärt wird. Präsentiert eure Ergebnisse in digitaler Form in der Klasse. Vergleicht mit den im Schulbuch abgedruckten wissenschaftlichen Darstellungen. Einen Einstieg bietet der Webcode: @ SNG-34530-019

M1 Hans-Ulrich Wehler

Interview mit dem Historiker H.-U. Wehler zum 75. Jahrestag der Machtübergabe (Auszug):

Herr Wehler, für Kinder der Demokratie ist kaum vorstellbar, wie und warum Hitler heute vor 75 Jahren zum Reichskanzler ernannt wurde. Wie soll man es ihnen erklären?

HANS-ULRICH WEHLER: Man sollte anfangen mit der
5 existenziellen Krise, in der sich die meisten Deutschen fühlen nach der Niederlage im Ersten Weltkrieg. Sprechen sollte man über die empfundene Kränkung durch den Versailler Vertrag [...]. Hinzu gehört die [...] Inflation, die das Vermögen vieler Menschen zerstörte und eine
10 tiefe Depression nach sich zog. [...] In dieser Situation steigt eine bayerische Exotenpartei auf und vereint 1933 über 13 Millionen Stimmen auf sich. [...]

War den Deutschen nicht klar, auf wen und was sie sich einließen?

WEHLER: Ich glaube, das war ihnen nicht klar. Nachdem
15 binnen drei Jahren drei Reichskanzler gescheitert waren, waren sie an eine autoritäre Politik gewöhnt [...]. Brüning, Papen und Schleicher regierten nicht mit Gesetzen, die von einer Mehrheit verabschiedet wurden. [...] Aber es gehörte noch nicht zur Vorstellung, auch der politisch
20 interessierten Deutschen nicht, dass daraus in ganz kurzer Zeit eine totalitäre Diktatur entstehen könnte.

Aber warum wehrte sich in den Monaten nach dem 30. Januar 1933 niemand dagegen, dass Hitler die ganze Macht bekam?

WEHLER: Die geläufige Interpretation der Historiker ist:
25 Die Parteien außerhalb der Hitler-Bewegung waren nicht imstande, sich auf eine Koalition zu einigen. Gleichzeitig gab es die Massenbewegung der Nationalsozialisten [...]. Um solch große politische Lager kann man nicht auf Dauer herumregieren. [...] Die Konservativen und Deutschna-
30 tionalen waren tatsächlich von dem Gedanken beseelt, sie könnten diesen Hitler zähmen. Das zeigt sich am besten am Satz Papens nach der Ernennung Hitlers zum Reichskanzler: „Wir haben ihn in unserer Hand und drücken ihn an die Wand, bis er quietscht."
35 *Ein naiver Irrglaube, wie sich bald herausstellte.*

WEHLER: Das ist richtig. Tatsächlich wurde Hitler von diesen Zähmungsexperten völlig unterschätzt. [...]

(Bernhard Hänel, Interview mit Hans-Ulrich Wehler, „Hitler wurde völlig unterschätzt"; in: Neue Westfälische vom 30.1.2008)

M2 Ulrich Herbert

Der Zeithistoriker an der Universität Freiburg vertritt diesen Standpunkt:

Dass sich von den zahlreichen rechtsradikalen Parteien und völkischen Gruppen letztlich die NSDAP durchsetzte, war vor allem darauf zurückzuführen, dass sie als einzige über eine herausragende Führungsfigur verfügte, welche die Partei einte und die Massen begeistern konnte. [...]
5 Nicht mehr nur als Propagandist und Künder des dereinst kommenden Führers stilisierte [... Hitler] sich nun, sondern als der nationale Messias selbst. [...] Nicht Vorstandspolitik und politische Grundsatzdebatten, sondern militärähnliche Organisation, Massenwerbung und vor
10 allem gewaltige Aufmärsche waren die wichtigsten Methoden der NSDAP bei ihrem zweiten Anlauf zur Erringung der Macht. [...]

Aber weder organisatorischer Neuaufbau noch Hitlerkult oder SA-Aufmärsche bewirkten den Aufstieg der NSDAP
15 zur Massenpartei, sondern die Auswirkungen der Weltwirtschaftskrise, die im Frühjahr 1929 immer mehr in den Mittelpunkt aller politischen Konzepte und Debatten rückte. [...]

Die dem Machtantritt Hitlers vorausgegangenen knapp
20 drei Jahre [...] waren von wirtschaftlichem Zusammenbruch, sozialer Verelendung und politischem Desaster geprägt. [...]

Ausschlaggebend für Hitlers Machtantritt war dann aber vor allem das stetige Hinarbeiten der Führungsgruppen
25 der Reichswehr, der großen Wirtschaftsverbände, der rechten Parteien sowie der Berater des Reichspräsidenten auf eine autoritäre, nicht parlamentarisch gebundene Elitendiktatur. Als die anderen Möglichkeiten durchgespielt und verworfen waren, sah man in der NSDAP
30 einen gewiss ungeliebten, aber akzeptablen Bundesgenossen zur Erreichung dieses Ziels. [...]

Unter diesem Blickwinkel war die „Machtergreifung" der Nationalsozialisten das Resultat der Versuche der konservativen Eliten, eine parlamentarisch ungebundene
35 Regierung zu installieren. In etwas weiterer Perspektive war sie Folge der Tatsache, dass nach dem abermaligen Zusammenbruch der deutschen Wirtschaft ein wachsender Teil der deutschen Gesellschaft das Vertrauen in. das politische System von Weimar [...] verloren hatte und
40

Notiert in Stichworten,

a) welche tief greifenden Krisenerfahrungen der Menschen der Weimarer Republik Wehler benennt;
b) wie er die Bewusstheit der Entscheidung für Hitler einschätzt;
c) wie er erklärt, dass die Parteien Hitler nicht verhinderten;
d) welcher Fehleinschätzung seiner Auffassung nach die konservativen Parteien gegenüber Hitler erlagen.

entschlossen war, sich nach radikaleren und zukunfts-
trächtigeren Alternativen umzusehen.

(Ulrich Herbert, Geschichte Deutschlands im 20. Jahrhundert,
München (Beck) 2014, S. 280 ff.)

Notiert zusammenfassend,
a) wie der Autor die Rolle Hitlers beschreibt;
b) wie er den Aufstieg der NSDP erklärt;
c) worin er die Verantwortung der konservativen Führungsgruppen sieht;
d) wie er die erfolgreiche Machtübernahme durch Hitler erklärt.

M 3 Jürgen Falter

Der Politikwissenschaftler an der Universität Mainz urteilt
so:

Es ist richtig: Adolf Hitler ist nicht durch Wahlen an die
Macht gekommen. Aber ohne die rasanten Wahlerfolge
der NSDAP, die ihren Stimmenanteil von 2,6 Prozent im
Jahr 1928 auf 37,4 Prozent im Juli beziehungsweise 33,1
5 Prozent im November 1932 steigern konnte, hätte Reichspräsident Hindenburg den Führer der Nationalsozialistischen Deutschen Arbeiterpartei nicht am 30. Januar 1933
zum Reichskanzler ernannt. [... Die] NSDAP [... war] sowohl von ihren Wählern als auch von ihren Mitgliedern
10 her gesehen sozial weitaus vielschichtiger zusammengesetzt, als man bislang annahm. So stammten zwischen
einem Drittel und 40 Prozent der NSDAP-Wähler (wie üb-
rigens auch ihrer Neumitglieder) aus Arbeiterhaushalten
[...]. Vieles spricht dafür, dass vor allem Facharbeiter für
15 die NSDAP votierten oder ihr beitraten. [...] Arbeiter waren sowohl unter den NSDAP-Mitgliedern als auch unter
den Wählern im Vergleich zur wahlberechtigten Bevölkerung zwar leicht unter-, Angehörige der Mittelschicht
hingegen leicht überrepräsentiert. Doch handelt es sich
20 dabei nicht um gravierende Abweichungen vom Durchschnitt aller Wahlberechtigten [...].
Von ihrer sozialen Zusammensetzung her gesehen war
die NSDAP folglich alles andere als eine homogene Partei,
sondern eine Art „Volkspartei mit Mittelstandsbauch".
25 Weder ihre Wähler noch ihre Mitglieder stammten zur
Gänze oder auch nur weit überwiegend aus einer einzigen sozialen Schicht [...].
Ein weiteres Ergebnis der historischen Wahlforschung ist
die Erkenntnis, dass es sich bei den NSDAP-Wählern kei-
30 neswegs überwiegend um sozial entwurzelte, wirtschaftlich gescheiterte und vom Schicksal benachteiligte Per-

sonen handelte. Arbeitslose waren nach allem, was wir
heute wissen, innerhalb der NSDAP-Wählerschaft sogar
unterrepräsentiert. Erwerbslose Arbeiter haben in der
Weimarer Republik häufiger der KPD als der NSDAP die 35
Stimme gegeben. [...]
Ohne die Auflösung der parteipolitischen Bindungen im
Verlauf mehrerer gesellschaftlicher Großkrisen wie der
Inflation, [...] der Weltwirtschaftskrise mit ihrer exis-
tenzbedrohenden Massenarbeitslosigkeit wäre die NS- 40
DAP vermutlich eine extremistische Kleinpartei geblieben. Die [...] Instabilität der Weimarer Republik, die
Unfähigkeit der Weimarer Parteien, stabile Koalitionen
zu schließen, die scheinbare Machtlosigkeit der Reichsregierung angesichts der Weltwirtschaftskrise wie auch die 45
Spaltung der politischen, intellektuellen und gesellschaftlichen Eliten in Republikgegner und Republikbe-
fürworter ebneten der radikalen Systemfeindin NSDAP
den Weg. Bei Weitem nicht alle, die ihr die Stimme gaben
oder sich ihr als Mitglieder anschlossen, dürften in der 50
Wolle gefärbte Nationalsozialisten gewesen sein. Ein
nicht geringer Teil ihrer Wähler stimmte vermutlich für
sie aus Protest. Daher lässt sich in der Zusammenschau
von sozialer Zusammensetzung und Motivation ihrer
Wähler die NSDAP mit guten Gründen als eine Volkspar- 55
tei des Protests [...] charakterisieren [...].

(Jürgen Falter, Volkspartei des Protests; in: F. A. Z., 19.6.2017, S. 8.
© Alle Rechte vorbehalten. Frankfurter Allgemeine Zeitung GmbH,
Frankfurt. Zur Verfügung gestellt vom Frankfurter Allgemeine Archiv)

Notiert zusammenfassend,
a) wie der Autor die Wählerschaft der NSDAP beschreibt
   und in ihrer politischen Haltung einschätzt;
b) worin er die Bedingungen des Aufstiegs der NSDAP
   sieht;
c) wie er die NSDAP als Partei charakterisiert.

Sachkompetenz – Methodenkompetenz – Urteilskompetenz – Handlungskompetenz: Ich kann strukturiert über das Epochendatum 9. November 1918 berichten und historische Sachverhalte medial präsentieren.

1. Entwerft ein inhaltliches Konzept für den Sendebeitrag. Schreibt zu den aufgeführten Aspekten und Fragen in Stichworten auf, was ihr jeweils dazu in der Sendung ausführen wollt.

2. Legt fest, wer welchen Beitrag in der Sendung übernimmt. Probt den Ablauf in der „Live-Sendung", die ihr in der Klasse als Simulation vorspielen sollt.

Im Lokalradio soll anlässlich des bevorstehenden 100. Jahrestages ein Beitrag von ca. zehn Minuten zum Thema „9. November 1918" gesendet werden. Bereitet in Arbeitsgruppen einen solchen Beitrag vor, in dem folgende Aspekte bzw. Fragen angesprochen werden sollen:
die Ereignisse des Tages – die Voraussetzungen – die weitere Entwicklung – die historische Bedeutung des Epochendatums

Erläutert als Experte/Expertin einem interessierten Betrachter, was dieses Plakat über die politischen Ideale der Gründungsphase der Weimarer Republik erzählt.
Oder:
Schreibt einen zusammenfassenden Text, in dem ihr die Botschaft des Plakats vorstellt und im historischen Zusammenhang erläutert.

Sachkompetenz – Methodenkompetenz: Ich kann Plakate beschreiben und und sie unter einer Fragestellung auswerten.

Diesseits und jenseits des Atlantiks: Präsentiert eine computergestützte „Bilddokumentation", in der ihr solche Fotos zusammenstellt, die ihr für besonders geeignet haltet, die Krisensituation anschaulich widerzuspiegeln.

Sachkompetenz – Methodenkompetenz – Handlungskompetenz: Ich kann anhand zeitgenössischer Fotos Auswirkungen einer schwerwiegenden Wirtschaftskrise auf die Lebenssituation der Menschen beschreiben und die weltweiten Zusammenhänge der Krise erläutern.

Wirtschaftskrise in Bildern

Sachkompetenz – Methodenkompetenz – Urteilskompetenz: Ich kann anhand von Wahlplakaten der NSDDP aufzeigen, welche politischen Botschaften die Partei vertrat und welche Rückschlüsse auf Denken und Einstellung der Bevölkerung sich daraus ergeben.

Schlüpft in die Rolle eines Reporters der sozialdemokratischen Zeitschrift „Vorwärts". Dieser berichtet über den Wahlkampf 1932. In seinem Artikel charakterisiert der Reporter die ausgesuchten Plakate und deren Botschaft und erläutert, was die Plakate über Denken und Einstellung der Bevölkerung aussagen.

Sachkompetenz – Methodenkompetenz – Urteilskompetenz: Ich kann eine These erläutern und dazu Stellung nehmen.

„Würde man die Weimarer Republik nicht stets von ihrem Untergang her beurteilen, so müsste man ihr großartige Leistungen binnen kürzester Zeit attestieren – Leistungen, die unter Führung der demokratischen Parteien erbracht wurden. [...] Und doch: Kaum eineinhalb Jahre nach dem grandiosen Wahlsieg

5 verloren die drei Weimarer Parteien die erste Reichstagswahl am 6. Juni 1920 katastrophal. Die Republik hätte Zeit gebraucht, um die vielen Probleme zu bewältigen [...]. Diese Zeit hatte

10 die Weimarer Republik nicht. Eine Krise folgte der anderen [...]."

> **So wie ich es sehe:**
> Hier könnte ich zustimmen …
> Das sehe ich anders …

(Horst Möller, Zwischen Feinden und Freunden; in: F.A.Z., 22.5.2017, S. 6. © Alle Rechte vorbehalten. Frankfurter Allgemeine Zeitung GmbH, Frankfurt. Zur Verfügung gestellt vom Frankfurter Allgemeine Archiv)

1. Schlüpft in die Rolle des Experten Möller. Benennt und erläutert die Sachverhalte, d. h. zentrale politische und wirtschaftliche Entwicklungen, Leistungen und Problembereiche, mit denen ihr die von euch vertretene These stützen und begründen wollt.

2. Formuliert aus eurer persönlichen Sicht eine Stellungnahme zur These. **Inhaltliche Tipps:** Revolution, Parteien, Verfassung, Nationalversammlung, Versailler Vertrag, politische Krisen, Inflation

Sachkompetenz – Methodenkompetenz – Urteilskompetenz: Ich kann Expertenmeinungen in Thesenform zusammenfassen und dazu Stellung nehmen.

1. In der Klasse werden die Namen der **Historiker Wehler, Herbert und Falter (s. S. 102/103)** aufgehängt. Wählt den Historiker aus, dessen Einschätzung und Begründung euch von eurem erworbenen Sachwissen über die Entwicklung der Weimarer Republik her am ehesten plausibel erscheint.

2. Notiert in Thesenform die jeweilige Einschätzung und Begründung, woran und warum die Weimarer Republik gescheitert ist.

3. Begründet den von euch gewählten Standpunkt gegenüber denen, die sich anders positioniert haben.

4. Tauscht eure Meinung darüber aus, was an den einzelnen Erklärungsansätzen euch mehr überzeugt, was euch kritisch erscheint oder was ihr anders seht.

Nationalsozialismus und Zweiter Weltkrieg – Vergangenheit, die nicht vergeht

Oktober 1937: Erntedankfest auf dem Bückeberg bei Hameln. Auf dem „Führer-weg" geht Adolf Hitler die Treppenstufen zur Rednertribüne hoch.
Geschätzte 1,2 Millionen Deutsche hatten sich auf den Weg gemacht, die aller-meisten von ihnen völlig freiwillig. Hunderttausende konnten kaum ein Wort der Ansprache verstehen, die wenigsten einen Blick auf Hitler erhaschen. Und dennoch: Fast alle Teilnehmer kehrten begeistert nach Hause zurück und spra-chen von einem unvergesslichen Erlebnis.

Unvergesslich ist dieses Kapitel der deutschen Geschichte auch für uns heute. Nur völlig anders. Hitler, Zweiter Weltkrieg, Holocaust – das sind einige Stichworte, die wir heute mit den Jahren 1933 bis 1945 verbinden. Es waren nur zwölf Jahre in der deutschen Geschichte, aber es gibt keinen anderen Zeitraum, der so schwer zu begreifen ist. Unvergesslich ist dieses Kapitel der deutschen Geschichte nicht nur für uns Deutsche, sondern auch für die Welt von heute – und immer noch für das Bild, das sich zu Teilen die Welt von Deutschland macht.

Die Jahre 1933 – 1945: Keine Zeit wie jede andere

Heute haben nur noch wenige Deutsche persönliche Erinnerungen an den Nationalsozialismus oder den Zweiten Weltkrieg. Und doch sind die Ereignisse und Folgen auch in unserer Gegenwart so nah, dass wir immer wieder mit ihnen konfrontiert werden.

Diese andauernde Wirkung kann nicht überraschen, in den wenigen Jahren zwischen 1933 und 1945 ist so ungeheuer viel passiert! Zum Schluss war fast die ganze Welt in einen Krieg verwickelt, der von Deutschland ausgegangen war – fast 60 Millionen Menschen mussten mit ihrem Leben bezahlen. Der Terror wütete rücksichtslos gegen alle, die sich gegen das NS-Regime stellten. Systematisch und mit hoher Perfektion wurde Völkermord ausgeübt – und trotz dieser unvorstellbaren Greuel gab es bis zum letzten Tag viele, viele Deutsche, die begeistert mitmachten.

Erinnern …

Cover des SPIEGEL, Nr. 21/1996

… So lautete der Titel einer großen Ausstellung im Deutschen Historischen Museum in Berlin (2010/2011). Er wurde bewusst so gewählt, denn ein Einmannunternehmen war das „Dritte Reich" gewiss nicht.

30.1.1933

Hitler wird
Reichskanzler.

23.3.1933

„Ermächtigungsgesetz"

1935

Nürnberger
Gesetze

1936

Olympiade
(Berlin)

März 1938

Anschluss
Österreichs

9.11.1938

Reichspogrom-
nacht

1.9.1939

Beginn des
Zweiten Weltkri

Nationalsozialismus – Thema auch für Spitzensportler

Die deutsche Fußball-Nationalmannschaft spielt in Israel: Eine Abordnung von Funktionären und auch Spielern besucht die Gedenkstätte Yad Vashem. Fußball-Europameisterschaft in Polen im Jahre 2012: Spieler und Trainer besuchen das Lager Auschwitz. Für den Deutschen Fußball-Bund ist dies selbstverständlich, man will sich zu der deutschen Geschichte bekennen und für die Zukunft daraus lernen.

Die Nationalspieler Miroslaw Klose, Philipp Lahm und Lukas Podolski sowie der Team-Manager Oliver Bierhoff beim Besuch der Gedenkstätte im KZ Auschwitz (1.6.2012)

„Der Schoß ist fruchtbar noch …" – Rechtsextremismus

Im Jahre 2011 schien Deutschland von der Geschichte des Dritten Reiches auf ganz andere Weise wieder eingeholt worden zu sein: Es wurde deutlich, dass Mitglieder einer radikalen Terrorgruppe mit dem Namen „Nationalsozialistischer Untergrund" (NSU) über Jahre hinweg gezielt Morde begangen hatten. Offen hatten sich die Täter zu dem Gedankengut der Nazis bekannt – bevor sie sich selbst das Leben nahmen, um einer Verhaftung und Verurteilung zu entgehen.

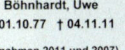

Ermittlungen gegen die Terrorzelle „Nationalsozialistischer Untergrund" (NSU): Fahndungsplakat des Bundeskriminalamts vom 1.12.2011

Rechtsradikale Jugendliche: HItlergruß

Die Jahre 1933–1945: Es waren nur zwölf Jahre, die deutsche Geschichte ist viel länger und sie hat viele gute Seiten. Aber diese zwölf Jahre haben es in sich. Sie sind so prägend gewesen, dass uns diese Vergangenheit immer wieder einholt.

22.1.1941	20.1.1942	Januar 1943	20.7.1944	30.4.1945	8./9.1945
Beginn des Kriegs gegen die Sowjetunion	Wannsee-Konferenz	Niederlage der deutschen Truppen bei Stalingrad	Attentat auf Hitler	Selbstmord Hitlers	Bedingungslose Kapitulation

109

Für viele Erwachsene und Schulkinder war dieses Hitler-Bild ein vertrauter Anblick. Als großformatiges Porträt mit dem zugehörigen Untertitel hing es ab 1938 in öffentlichen Gebäuden und Klassenzimmern. Die Botschaft für die Adressaten ist eindeutig: ein Reichskanzler mit klaren, unmissverständlichen Zielvorstellungen, die programmatisch das politische Handeln in Deutschland seit 1933 prägten.

Ein Volk, ein Reich, ein Führer!

Ein neues Deutschland – Weltanschauung als Grundlage von Politik

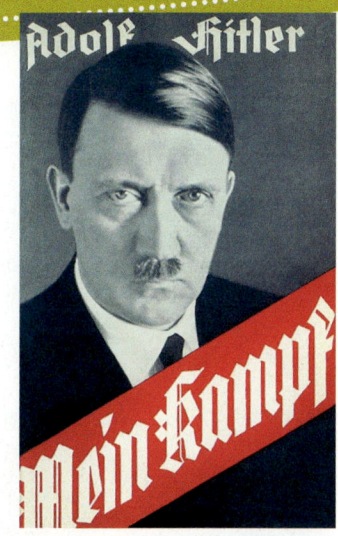

30. Januar 1933: Adolf Hitler übernimmt das Amt des Reichskanzlers in Deutschland. Das Plakat aus dem Jahr 1938 spiegelt die Besonderheit: Zu sehen ist ein Mann, der fest entschlossen ist, das politische Handeln an seinen weltanschaulichen Vorstellungen kompromisslos, konsequent und rücksichtslos auszurichten.

Die Kernbegriffe, zentralen Ideen und Wertvorstellungen seiner Politik hatte Hitler bereits Mitte der 1920er-Jahre in dem Buch „Mein Kampf" aufgeschrieben. In den Jahren vor 1933 war das Buch frei verkäuflich. Nach 1933 wurde es zu einem Bestseller, der in vielen Millionen Exemplaren verkauft oder verschenkt wurde.

- *Was sind die Kernelemente der nationalsozialistischen Weltanschauung?*
- *Wie ist aus heutiger Sicht eine Politik zu bewerten, die sich an diesen Grundsätzen orientiert?*

Präsentiert auf einem Wandplakat eine Mindmap, anhand derer ihr Kernbegriffe der NS-Ideologie in der Klasse vorstellt und erläutert. Diskutiert auf dieser Grundlage die zweite Leitfrage im Kreisgespräch.

1. Bildet Arbeitsgruppen, in denen ihr die Mindmap erarbeitet und in der Klasse zur Diskussion stellt.

2. Wertet die Quellentexte aus. **Tipp:** Teilt die Arbeit unter euch auf, indem jeweils zwei Gruppenmitglieder den Quellentext zu einem der vier Kernbegriffe auswerten und den anderen Gruppenmitgliedern einen Vorschlag für die Mindmap machen.

3. Gestaltet auf der Grundlage der Auswertungsergebnisse eine Mindmap für die Präsentation.

4. Sprecht ab, wie ihr alle Gruppenmitglieder in die Präsentation vor der Klasse einbinden wollt.

5. Setzt euch nach der Präsentation noch einmal in euren Arbeitsgruppen zu einem kurzen Meinungsaustausch zusammen und verfasst kurze Statements zur zweiten Leitfrage, die ihr als Einstieg in das Kreisgespräch einbringen möchtet.

Zwei andere Möglichkeiten:
- Schreibt für ein **Jugendlexikon** einen kurzen Beitrag zum Stichwort „Kernbegriffe der NS-Ideologie".
- Oder: **Bilder erzählen.** Präsentiert beamergestützt eine kommentierte Bildergalerie zum Thema „Kernbegriffe der NS-Ideologie".

Ein Mann und seine Bewegung denken Deutschland politisch neu

„Wenn diese Grundsätze in Fleisch und Blut unserer Anhänger übergehen, wird die Bewegung unerschütterlich und unbesiegbar werden." Mit diesen Worten umriss Hitler die Bedeutung seines Buches „Mein Kampf", das er auch als sein „Glaubensbekenntnis" bezeichnete. Aus der Sicht heutiger Historiker gehören zum Kern dieser Weltanschauung vier Elemente: die Idee von Rasse und Antisemitismus, die Idee vom Lebensraum, die Idee von Gewalt sowie die Idee von Diktatur und Führerprinzip. Diese Grundelemente der NS-Ideologie sind keineswegs eine Erfindung Hitlers, sondern dieser hat auf allgemein bekannte und verbreitete Denktraditonen zurückgegriffen. So waren viele Zeitgenossen überzeugt, dass es zwischen den großen, blauäugigen und blonden Ariern, den „Negern" und den Semiten des Orients nicht nur körperliche Unterschiede gebe. Verbreitet war auch das Denken in aggressiv-militärischen Kategorien, die Vorstellung vom Recht aller Völker auf einen angemessenen Lebensraum sowie das Denkmuster von den Vorzügen eines straff geführten, autoritären Staates. In „Mein Kampf" hat Hitler diese Vorstellungen zusammengeführt und radikalisiert.

Ideologie: Im engeren Sinne bezeichnet der Begriff eine Ansammlung von Ideen oder Wertvorstellungen. Die Anhänger einer Ideologie sind davon überzeugt, dass ihre Sicht der Dinge die Wirklichkeit zutreffend beschreibt – auch wenn die politischen oder wirtschaftlichen Verhältnisse sehr kompliziert sind.

Plakat für einen Kalender des Rassen-
politischen Amtes der NSDAP, 1938:
Es zeigt eine „typische arische Familie".

Die vier Grundideen der NS-Ideologie

M 1 Rassismus und Antisemitismus

[...] Ursächliche Bedeutung besitzt [...] die Frage der rassischen Erhaltung des
Volkstums. *Es gibt nur ein heiligstes Menschenrecht, und dieses Recht ist zugleich die
heiligste Verpflichtung, nämlich: dafür zu sorgen, dass das Blut rein erhalten bleibt.*
[...] Im Blute allein liegt sowohl die Kraft als auch die Schwäche des Menschen
begründet. Völker, welche nicht die Bedeutung ihrer rassischen Grundlage 5
erkennen und beachten, gleichen Menschen, die Möpsen die Eigenschaften
von Windhunden anlernen möchten. [...]
Das Ergebnis jeder Rassenkreuzung ist die Niedersenkung des Niveaus der höheren Rasse. [Die völkische Weltanschauung] glaubt somit keineswegs an eine
Gleichheit der Rassen, sondern erkennt mit ihrer Verschiedenheit auch ihren 10
höheren oder minderen Wert und fühlt sich durch diese Erkenntnis verpflichtet, [...] den Sieg des Besseren, Stärkeren zu fördern [...].
*Würde man die Menschheit in drei Arten einteilen: in Kulturbegründer, Kulturträger
und Kulturzerstörer, dann kämen als Vertreter der ersten wohl nur die Arier infrage.*
Menschliche Kultur und Zivilisation sind auf diesem Erdteil unzertrennlich 15
gebunden an das Vorhandensein des Ariers. [...]
Die Nationalisierung unserer Masse wird nur gelingen, wenn bei allem positiven Kampf um die Seele unseres Volkes ihre internationalen Vergifter ausge-
rottet werden. [...]
Den gewaltigsten Gegensatz zum Arier bildet der Jude [...]. Er ist und bleibt der 20
ewige Parasit [...]; wo er auftritt, stirbt das Wirtsvolk nach kürzerer oder längerer Zeit ab. [...] *So ist der Jude heute der große Hetzer zur restlosen Zerstörung
Deutschlands.*

(Mein Kampf, Auflage von 1942, S. 329, 334, 372, 421, 444, 702 f.; Hervorhebungen im Original,
Abfolge umgestellt)

Plakat für die antisemitische Ausstellung
„Der ewige Jude" (München 1937). Sie
wurde anschließend auch in Berlin und
Wien gezeigt und hatte überall viele Be-
sucher.

Foto aus dem Jahr 1935

M 2 Lebensraum

So wie unsere Vorfahren den Boden, auf dem wir heute leben, nicht vom Himmel geschenkt erhielten, sondern durch Lebenseinsatz erkämpfen mussten, so wird auch uns in Zukunft den Boden und damit das Leben für unser Volk keine göttliche Gnade zuweisen, sondern nur die Gewalt eines siegreichen Schwer-
5 tes. [...] *Das Recht auf Grund und Boden kann zur Pflicht werden, wenn ohne Bodenerweiterung ein großes Volk dem Untergang geweiht erscheint. [...]*
Deutschland wird entweder Weltmacht oder überhaupt nicht sein. [...]
Wenn wir aber heute in Europa von neuem Grund und Boden reden, können wir in erster Linie nur an *Russland* und die ihm untertanen Randstaaten denken.
10 Wenn uns der Ural mit seinen unermesslichen Rohstoffschätzen und die sibirischen Wälder zur Verfügung stehen und wenn die endlosen Weizenfelder der Ukraine zu Deutschland gehören, wird unser Land im Überfluss schwimmen.
(Mein Kampf, S. 739 ff.)

M 3 Diktatur und Führerprinzip

Die Bewegung vertritt im Kleinsten wie im Größten den Grundsatz der unbedingten Führerautorität [...]. Wer Führer sein will, trägt bei höchster unumschränkter Autorität auch die letzte und schwerste Verantwortung. Wer dazu nicht fähig ist oder für das Ertragen seines Tuns zu feige ist, taugt nicht zum
5 Führer. Nur der Held ist dazu berufen. Der Fortschritt und die Kultur der Menschheit sind nicht ein Produkt der Majorität (= Mehrheit), sondern beruhen ausschließlich auf der Genialität und der Tatkraft der Persönlichkeit. Diese heranzuzüchten und in ihre Rechte einzusetzen, ist eine der Vorbedingungen zur Wiedergewinnung der Größe und Macht unseres Volkstums. Damit ist
10 die Bewegung aber antiparlamentarisch, und selbst ihre Beteiligung in einer parlamentarischen Institution kann nur den Sinn einer Tätigkeit zu deren Zertrümmerung besitzen.
(Mein Kampf, S. 378 f.)

M 4 Aggression und Gewalt

Tatsächlich ist die pazifistisch-humane Idee vielleicht ganz gut dann, wenn der höchststehende Mensch sich vorher die Welt in einem Umfange erobert und unterworfen hat, der ihn zum alleinigen Herrn dieser Erde macht. [...] Also erst Kampf, und dann vielleicht Pazifismus [...].
5 Wer leben will, der kämpfe also, und wer nicht streiten will, in dieser Welt des ewigen Ringens, verdient das Leben nicht. [...]
In der Hingabe des eigenen Lebens für die Existenz der Gemeinschaft liegt die Krönung alles Opfersinnes. [...] Der gleiche Junge, der den Tiraden eines „idealen" Pazifisten verständnislos und ablehnend gegenübersteht, ist bereit, für
10 das Ideal seines Volkstums das junge Leben hinzuwerfen. [...]
[Es ist das Ziel], aus unsicheren und weichlichen Naturen Männer zu machen, [...] nicht nur den fanatischen Glauben an den Sieg einer Bewegung [zu besitzen], sondern auch mit unerschütterlicher Willensenergie und wenn nötig, auch mit brutalster Rücksichslosigkeit die Widerstände zu beseitigen, die sich
15 dem Emporsteigen der neuen Idee in die Wege stellen.
(Mein Kampf, S. 315 f., 317, 327 f., 391 f.)

Notiert zu dem von euch gewählten Kernbegriff in Stichworten die zentralen Kernaussagen des Quellenauszugs.

Propaganda-Veranstaltung 1934: „Führer befiehl, wir folgen! Alle sagen ja!"

Bildpostkarte (Mitte der 1930er-Jahre). Die Darstellung ähnelt in ihrer Art (Porträt als Holzschnitt, Sinnspruch, Schriftbild ...) an die Abbildungen in christlichen Tageskalendern.

Machtübernahme – konsequent in die Diktatur

Ein Regierungswechsel war für die damaligen Zeitgenossen eigentlich nichts Besonderes. In den wenigen Jahren der Weimarer Republik hatte die Regierung sehr häufig gewechselt. Man hatte sich daran gewöhnt. Aber der Regierungswechsel am 30.1.1933 war kein normaler Wechsel. „Jede weltbewegende Idee hat nicht nur das Recht, sondern die Pflicht, sich derjenigen Mittel zu versichern, die die Durchführung ihrer Gedankengänge ermöglichen". Die kommenden Wochen sollten zeigen, an welche „Mittel" Hitler gedacht hatte, um im Sinne seiner Weltanschauung „nationalsozialistisch" zu regieren.

- *Was waren Schlüsselstationen auf dem Weg zur NS-Diktatur?*
- *Wie beurteilt ihr die Bedeutung dieser Entwicklung aus liberal-demokratischer Sicht?*

Gestaltet eine foliengestützte Stafettenpräsentation, in der ihr mithilfe einer Conceptmap strukturiert Schlüsselstationen der Umgestaltung der Weimarer Republik in eine nationalsozialistische Diktatur beschreibt, ihre jeweilige Bedeutung erläutert und die Entwicklung aus liberal-demokratischer Sicht beurteilt.

1. Bildet kleine Arbeitsteams und organisiert eure Arbeit mithilfe der methodischen Hinweise zu den Arbeitsschritten einer erfolgreichen Stafettenpräsentation (s. Methodenwerkstatt, S. 301).

2. Wertet die darstellenden Texte unter den beiden Leitfragen aus.

3. Gestaltet auf der Grundlage eurer Auswertungsergebnisse gemeinsam eine Conceptmap für die Präsentation vor der Klasse. Eine detaillierte Anleitung, wie ihr dabei im Einzelnen vorgehen solltet, findet ihr in der Methodenwerkstatt auf S. 297.

   Tipp: Stellt den zuhörenden Mitschülerinnen und -schülern eure Conceptmap als begleitendes Handout zur Verfügung.

4. Sprecht Ablauf und Vorgehen bei der Stafettenpräsentation untereinander ab, um alle Gruppenmitglieder einzubinden. Übt die Präsentation in einem Probelauf in der Gruppe ein.

Eine andere Möglichkeit für eine Arbeitsgruppe: **Galeriegang:** Beschreibt die Schlüsselstationen auf der Grundlage der Abbildungen im Buch und kommentiert die dargestellten Ereignisse.

NS-Gedenkpostkarte

Die Übernahme der Regierungsgewalt

Am 30. Januar 1933 setzte der Reichspräsident Hindenburg Hitler als Reichskanzler ein. Wie würde Hitler jetzt regieren? Würde er seine ideologischen Vorstellungen, die er in „Mein Kampf" dargestellt hatte, in die politische Praxis umsetzen? Als Kanzler konnte er die Richtlinien der Politik bestimmen, aber nicht wenige Zeitgenossen hielten ihn für einen Angeber und Blender – in ihren Augen hatte dieser Mann ohne Schulabschluss und ohne Berufsausbildung keine Chance, längere Zeit zu regieren. Der Schriftsteller Kurt Tucholsky spottete: „Den Mann gibt es gar nicht, es gibt nur den Lärm, den er verursacht." Auch die meisten Liberalen und Konservativen glaubten, den „böhmischen Gefreiten", wie Hindenburg Hitler einmal abschätzig genannt hatte, im Griff zu haben. Hitler aber war sich sicher, dass er die Macht nicht mehr abgeben wollte. „Jetzt sind wir soweit", sagte er unmittelbar nach der Ernennung zum Kanzler. „Am 30. Januar 1933", so verkündete er öffentlich, „sind in Deutschland die Würfel gefallen".

Die ersten Maßnahmen

Rückblickend erscheint es atemberaubend, in welchem Tempo und mit welcher Zielstrebigkeit die demokratische Struktur Weimars zerstört wurde. Die erste Amtshandlung zeigt dies beispielhaft. Am 1. Februar schlug Hitler den Ministern der neuen Reichsregierung vor, für den 5. März Neuwahlen anzusetzen. Damit verfolgte er zwei Ziele: Zum einen hoffte er, durch Neuwahlen auch im Parlament eine überwältigende Mehrheit zu bekommen, und zum anderen sah er nun die Chance, auf der Basis von Notverordnungen zu regieren – denn die Ansetzung von Neuwahlen war mit der Auflösung des noch existierenden Parlaments verbunden. Regimegegner konnten sich jetzt nur noch in der Öffentlichkeit, z. B. in den Zeitungen äußern. Dass Hitler möglichen Kritikern auch diese Möglichkeit nehmen wollte, zeigte sich kurz darauf: Am 4. Februar unterschrieb Reichspräsident Hindenburg die ihm vorgelegte „Verordnung zum Schutze des deutschen Reiches". Sie erlaubte „ganz legal", wie Hitler betonte, die NS-Gegner nicht nur sprachlich anzugreifen („Ungeziefer", „Volksschädlinge"), sondern Journalisten oder Politiker zu verhaften – um das Reich „zu schützen". Fast gleichzeitig wurden die ersten Sondergefängnisse eingerichtet.

Der Reichstagsbrand

Ein weiteres wichtiges Datum bei der Stabilisierung der Macht war der 28. Februar. In den zurückliegenden Wochen hatten die meisten politischen Gegner wie gelähmt gewirkt. Führende NS-Politiker wie Hitler, Goebbels und Göring (Innenminister in Preußen) hielten es jedoch für undenkbar, dass sich die „Marxisten" kampflos ergeben würden. Da die NS-Führung der Polizei und deren bisheriger Führung nicht traute, wurden kurzerhand 50 000 Männer der SA und SS zu Hilfspolizisten ernannt und mit Schusswaffen ausgestattet, um die Umtriebe „staatsgefährdender Organisationen" zu unterbinden.

In dieser Atmosphäre brach am Abend des 27. Februar im Gebäude des Berliner Reichstages ein Feuer aus. Am Tatort wurde der Niederländer Marinus van der Lubbe festgenommen, der sich als Kommunist bezeichnete und gestand, den Brand gelegt zu haben. Die näheren Umstände sind bis heute ungeklärt, Hartnäckig hält sich die Theorie, dass van der Lubbe ein Werkzeug der Nazis gewesen

Titelseite der NS-Zeitung „Völkischer Beobachter", 1.3.1933

sei. Als Vorwand für ein verschärftes Vorgehen gegen die politische Opposition kam der Reichstagsbrand jedenfalls wie gerufen. Hitler, Goebbels und Göring trafen sich vor dem brennenden Gebäude und redeten sich – so Augenzeugen – in eine „Blutrauschstimmung". Noch in der Nacht wurden etwa 4 000 Oppositionelle „in Schutzhaft" genommen. Am Morgen nach dem Brand (28.2.1933) unterzeichnete Reichspräsident von Hindenburg die „Notverordnung zum Schutz von Volk und Staat". Zur „Abwehr kommunistischer staatsgefährdender Gewalttakte" wurden mit sofortiger Wirkung wichtige Artikel der Weimarer Verfassung außer Kraft gesetzt. Die klassischen individuellen Freiheitsrechte (Meinungs-, Presse-, Vereins- und Versammlungsfreiheit), das Brief-, Post- und Fernmeldegeheimnis, die Rechte auf Eigentum und Unverletzlichkeit der Wohnung gab es nicht mehr. Beliebig lange konnten von nun an Menschen inhaftiert werden – ohne jeden Gerichtsbeschluss. In den nächsten Tagen wurden mindestens 25 000 NS-Kritiker in „Schutzhaft" genommen. Diese Gewalt wurde durchaus nicht verheimlicht. Eine Brandstiftung hatte genügt, um alle rechtsstaatlichen Prinzipien einer Demokratie beiseitezuschieben. Bis zum Kriegsende 1945 blieb diese Verordnung in Kraft und ein Freibrief für staatlichen Terror.

Feierlicher Staatsakt in der Garnisonskirche

21. März 1933: Foto vom Händedruck zwischen Hindenburg und Hitler

Das endgültige Aus für die Demokratie in Deutschland …

Der Weg zum neuen Reichstag

In den Tagen vor der Wahl am 5. März wurden die führenden KPD-Politiker inhaftiert, einige prominente Sozialdemokraten brachten sich im Ausland in Sicherheit. Die „linke" Presse durfte gar nicht mehr erscheinen, bürgerliche Zeitungen hatten täglich mit Einmischungen und Druckverboten zu rechnen. Von den pompösen Kundgebungen und Fackelzügen der NSDAP wurde dagegen ausführlich berichtet. Außenstehenden Beobachtern, etwa dem amerikanischen Botschafter, erschien die Wahl deshalb als eine „Farce". Dennoch erzielte die NSDAP nicht die erwartete absolute Mehrheit, sondern verbesserte sich „nur" auf 43,9 %. Auch wenn man die Wählerstimmen hinzurechnet, die der deutschnationale Koalitionspartner erhielt (8 %), hatte sich nur eine knappe Mehrheit gegen die Republik und für die „nationale Revolution" ausgesprochen. Für eine Diktatur war dies zu wenig, Verfassungsänderungen verlangten eine Zweidrittelmehrheit. Die Nationalsozialisten verstanden es jedoch, das Wahlergebnis als Triumph ihrer Politik darzustellen und gewannen im Monat März Hunderttausende neuer Mitglieder. Fassungslos hielt der liberale Jude und Universitätsprofessor Victor Klemperer in seinem Tagebuch fest, dass die Stimmung zugunsten der Nationalsozialisten gekippt war: Sein langjähriger Nachbar und Freund „schwärmte" nach der Wahl von den Nazis und erzählte „mit freudiger Anerkennung von einer ‚Strafexpedition' der SA-Leute im Sachsenwerk gegen ‚zu freche Kommunisten'". Die geschickte Einflussnahme und Steuerung von Gefühlen trug zu dieser Entwicklung zweifellos bei. Ein Musterbeispiel sind die Vorgänge am 21. März in Potsdam. An diesem Tage sollte der neu gewählte Reichstag zum ersten Mal zusammentreten. Joseph Goebbels, seit Jahren enger Vertrauter Hitlers, hatte die Abläufe minutiös geplant. Die Abgeordneten sollten sich nicht in der nüchternen, rein sachlichen Atmosphäre eines Parlamentsgebäudes treffen, sondern bei einem gemeinsamen Staatsakt in der Garnisonskirche von Potsdam. Hier lagen die preußischen Könige begraben, sie galt als Inbegriff der ruhmreichen deutschen Vergangenheit. Eine Live-Übertragung im Radio und unzählige (Foto-)Reporter sollten dafür sorgen, dass die Vorgänge jeden Deutschen erreichten und die „Gefühle der breiten Masse" bedienten. Eine Szene traf den Zeitgeist besonders: der Händedruck zwischen Hindenburg und Hitler. Diese Aktion war zwar nicht geplant und zweifellos verneigte sich Hitler auf diesem Bild etwas zu sehr – aber genauso wollten sich konservativ und antirepublikanisch eingestellte Bürger die Verbindung von alter Größe und der jungen Kraft vorstellen. Als „Tag von Potsdam" verkaufte sich der Schnappschuss auch ohne Förderung durch die Nationalsozialisten – ungezählte Male wurde er als Postkarte reproduziert oder hing großformatig in Wohnzimmern.

Das Ermächtigungsgesetz

Der nächste entscheidende Schritt zur Errichtung der Diktatur konnte nun in Angriff genommen werden: die Ausschaltung des Parlaments. Dem neu gewählten Reichstag wurde am 23. März das „Gesetz zur Behebung der Not von Volk und Reich" vorgelegt. Dieses „Ermächtigungsgesetz" gab der Regierung das Recht, auch ohne Mitwirkung des Parlamentes Gesetze zu erlassen.

In Vorgesprächen hatte Hitler dem Vorsitzenden der Zentrums-Fraktion, Ludwig Kaas, mündliche Zusagen gemacht, über die Kaas seine Fraktionskollegen informierte: Die Verfassung werde eingehalten, „die bestehenden Rechte der christlichen Kirchen werden gewahrt", man werde führende Zentrumspolitiker bei Gesetzesberatungen einbeziehen. Die Gleichheit vor dem Gesetz solle „nur den Kommunisten nicht zugestanden werden". Hitler, so Kaas, versprach, diese Zusagen in einem Brief schriftlich zu garantieren. Dieser Brief wurde nie versendet.

Bei der Reichstagssitzung waren die 81 Abgeordneten der KPD nicht anwesend, da sie inhaftiert wurden oder geflohen waren. NS-Innenminister Frick erklärte, „die Kommunisten" hätten „im KZ Gelegenheit, sich an fruchtbringende Arbeit zu gewöhnen". Von den 120 SPD-Abgeordneten befanden sich 25 in „Schutzhaft" oder waren geflüchtet. Der SPD-Abgeordnete Dr. Leber wurde auf dem Weg zur Reichstagssitzung verhaftet.

Abgeordnete, die das Gebäude durch den Haupteingang betraten, mussten durch ein Spalier von johlenden SA- und SS-Männern gehen und sich Rufe wie „Marxistensau" oder „Zentrumsschwein" anhören. Den „Ordnungsdienst" im Saal übernahmen uniformierte SA-Männer. Letztlich nahmen 535 Abgeordnete an der Sitzung teil und stimmten ab. 441 Ja-Stimmen standen 94 Nein-Stimmen gegenüber. Nur die Abgeordneten der SPD widersetzten sich; alle anderen Parteien, auch das Zentrum und die Liberalen, stimmten zu. In den folgenden Jahren wurden nur noch sieben Gesetze vom Reichstag verabschiedet, dagegen Hunderte durch die Regierung – der Beweis dafür, dass sich das Parlament durch die Zustimmung zum „Ermächtigungsgesetz" selbst entmachtet hatte.

Ludwig Kaas, katholischer Geistlicher und Politiker (1882 – 1952)

Schlussetappe auf dem Weg in die Diktatur

Mit dem „Ermächtigungsgesetz" war aus Sicht Hitlers und der nationalsozialistischen Führung das erste Ziel, eine von demokratischen Entscheidungen unabhängige Machtposition zu erringen, erreicht worden. Im Mittelpunkt der nächsten Schritte auf dem Weg zur nationalsozialistischen Diktatur stand die Entmachtung und Ausschaltung aller verbliebenen politischen Gegner und solcher staatlichen oder gesellschaftlichen Institutionen, die der Herrschaft der Nationalsozialisten möglicherweise noch gefährlich werden konnten. Es ging darum, noch vorhandene letzte Reste demokratischer Elemente der Staatsordnung und des Staatsapparates gezielt zu zerstören.

„Gleichschaltung" der Beamten: Das „Gesetz zur Wiederherstellung des Berufsbeamtentums" (7. April) erlaubte die willkürliche Entlassung missliebiger Beamter, z. B. von Staatsbeamten, Lehrern und Polizisten. Durch das Gesetz gab sich die Staatsführung das Recht, alle Beamten, die „nach ihrer bisherigen politischen Betätigung

Bewachtes Lager in Oranienburg in der Nähe Berlins

Besetzung des Hauses der Gewerkschaft durch die SA-Truppen, Berlin 1933

nicht die Gewähr dafür bieten, dass sie jederzeit rückhaltlos für den nationalen Staat eintreten", zu entlassen.

Judikative: Laut Verfassung waren die Richter unabhängig. Auch Richter wurden nunmehr nicht geschützt, sondern in vielen Fällen durch treue NS-Anhänger ersetzt. Hier zeigte sich, dass das neue Regime auch auf die Judikative zugriff und von Gewaltenteilung als demokratischem Grundprinzip einer Staatsordnung keine Rede mehr sein konnte.

Gleichschaltung der Länder: Länder wie Bayern oder Städte wie Hamburg waren „verdächtig", Eigeninteressen zu verfolgen. Unmittelbar nach der Verabschiedung des Ermächtigungsgesetzes begann die Regierung mit der „Gleichschaltung". Im Frühjahr 1933 wurden diese möglichen Gegenmächte systematisch ausgeschaltet. Die früheren Länder (wie Preußen, Bayern usw.) waren nun keine selbstständigen politischen Körperschaften mehr, sondern nur noch reine Verwaltungsbezirke. Damit wurde der Einheitsstaat Wirklichkeit.

Die Ausschaltung der Gewerkschaften: Die Kommunisten und Sozialdemokraten hatten zu den ersten Opfern der NS-Herrschaft gezählt.

Als Nächstes zielten die Nationalsozialisten auf die Gewerkschaften. Sie erklärten den 1. Mai zum „Tag der nationalen Arbeit" und feierten ihn mit großem propagandistischen Aufwand. Am nächsten Tag besetzte die SA alle Gewerkschaftshäuser, verhaftete die Funktionäre und beschlagnahmte das Gewerkschaftsvermögen. Zeitgleich trat die nationalsozialistisch gelenkte „Deutsche Arbeitsfront" (DAF) an die Stelle der Gewerkschaften, verfolgte allerdings völlig andere Ziele. Dem Ideal der „Volksgemeinschaft" entsprechend sollten Arbeitnehmer und Arbeitgeber gemeinsam zur „Gesundung des deutschen Volkes" beitragen.

Einparteienstaat: Am 22. Juni wurde die SPD durch ein Bündel von Maßnahmen praktisch verboten. Die allgemeine politische Atmosphäre und die Machtlosigkeit der noch verbliebenen Parteien (DNVP, DStP, DVP, BVP) führte schließlich zu deren Selbstauflösung im Juni 1933. Am 5. Juli löste sich als letzte Partei auch das katholische Zentrum auf. Nach dem 5. Juli 1933 existierte nur noch eine Partei: die NSDAP. Im „Gesetz gegen die Neubildung von Parteien" vom 14. Juli 1933 erklärte sie sich zur einzig legalen Staatspartei. Jeder Versuch, eine neue Partei zu gründen, wurde unter Strafe gestellt. Deutschland war zu einem Einparteienstaat geworden. Dem Einheitsstaat entsprach der Einparteienstaat. Innerhalb weniger Monate war Hitlers nationalsozialistische Bewegung die einzige politische Kraft in Deutschland geworden.

Adolf Hitler – Reichskanzler und Reichspräsident: Nur ein kleiner Mosaikstein fehlte noch im System der Diktatur: Nach dem Tod Hindenburgs am 2. August 1934 übernahm Hitler auch das Amt des Reichspräsidenten und ließ sofort die Armee (= Reichswehr) auf sich vereidigen. Von nun an nannte er sich „Führer und Reichskanzler". Die Diktatur war komplett – ein Volk, ein Reich, ein Führer.

Ja!

Führer wir folgen Dir!

Notiert in Stichworten die Kerninformationen der darstellenden Texte zu den Schlüsselstationen auf einer kommentierten Zeitleiste.

„Gleichschaltung" – Gesellschaft wird auf Linie gebracht

Die machtpolitischen Maßnahmen in den Jahren 1933 und 1934 hatten dazu geführt, dass die gesamte Macht im Staatsapparat nunmehr in den Händen des Führers und Reichskanzlers Adolf Hitlers lag. Republik und Demokratie waren zerschlagen, gehörten der Vergangenheit an. Aber die Nationalsozialisten wollten mehr. Joseph Goebbels, seit März 1933 Minister für „Volksaufklärung und Propaganda", beschrieb das weitergehende Ziel – es lief unter der Bezeichnung „Gleichschaltung" – so : „Wir wollen die Menschen so lange bearbeiten, bis sie uns verfallen sind." Ideologische Erziehung, um die errungene Macht dauerhaft und langfristig zu sichern – das war die Aufgabe. So wollte man erreichen, dass große Teile der Bevölkerung bereitwillig folgten und sich in den Dienst des Regimes stellten.

Maifeier (1. Mai 1933) auf dem Tempelhofer Feld in Berlin (Druck nach einem zeitgenössischen Gemälde)

- *Wie gingen die Nationalsozialisten vor, um die „Gesellschaft auf Linie zu bringen"?*
- *Wie beurteilt ihr das Vorgehen bzw. diese Strategie der Machtsicherung?*

Präsentiert mithilfe eines digitalen Präsentationsprogramms zu jeweils einem der drei Teilthemen Kurzreferate, in denen ihr das Vorgehen der Nationalsozialisten beschreibt und ihre Strategie erläutert.

1. Wählt eines der Themen aus und setzt euch in Partnerarbeit zusammen, um den Vortrag inhaltlich zu erarbeiten und in der Klasse vorzustellen.

2. Wertet die jeweiligen Bild- und Textmaterialien mithilfe der Erschließungshilfen aus.

3. Entwerft ein inhaltliches Vortragskonzept. Überlegt, welche digitalen Begleitfolien ihr anlegen und wie ihr sie in euren Vortrag einbauen wollt. **Tipp:** Was ihr dabei unbedingt beachten solltet, könnt ihr in der Methodenwerkstatt auf S. 311 nachlesen.

4. Sprecht ab, wie ihr die Vortragsanteile in der Präsentation aufteilen möchtet.

5. Setzt euch nach der Präsentationsphase in kleinen Gesprächsgruppen zu einem ersten Gedankenaustausch zur Leitfrage zusammen. Notiert Aspekte, die ihr persönlich im Kreisgespräch einbringen möchtet.

Eine andere Möglichkeit: **Aus der Perspektive eines Zeitgenossen schreiben:** Verfasst einen Brief aus der Sicht eines Arbeiters/eines Jugendlichen/einer Hausfrau und Mutter an einen guten Freund/eine gute Freundin, der/die vor 1933 in die USA ausgewandert ist, in dem ihr eure Erfahrungen mit der Gleichschaltung schildert und eure Meinung dazu mitteilt. **Tipp:** Methodenwerkstatt, S. 304!

Thema 1: Die Arbeiter

Ein Schlagwort der Zeit: „Arbeit adelt"

Im Kaiserreich und auch in der Weimarer Republik hatte die überwiegende Zahl der Angestellten, Beamten und Selbstständigen sich den Arbeitern überlegen gefühlt. Arbeiter zu sein, bedeutete in ihren Augen, eine geringe Bildung zu besitzen, vergleichsweise wenig Geld zu verdienen und – überhaupt – es im Leben nicht weit gebracht zu haben. Die Nationalsozialisten dagegen nutzten

M 2 Werbeplakat für eine Kreuzfahrt nach Norwegen

jede Gelegenheit, um den Arbeitern zu sagen: Ihr seid genauso wichtig wie die anderen Berufsgruppen. In öffentlichen Reden bezeichnete sich Hitler selbst oft als „Arbeiter" und war darauf bedacht, sich selbst als einfacher Mensch aus dem Volk darzustellen. In einer Rede vor Arbeitern der Krupp-Werke in Essen rief er aus: „Ich bin vielleicht der einzige Staatsmann der Welt, der kein Bankkonto besitzt. Ich habe keine Aktie, habe keinen Anteil an irgendeinem Unternehmen. Ich besitze keine Dividende." Nach Berichten der Zuhörer machten gerade diese Sätze Eindruck und erfüllten die Zuhörer mit großem Stolz. „Arbeit adelt!" wurde zu einem geläufigen Schlagwort.

Der 1. Mai wird Feiertag

In der Planung der Nationalsozialisten sollten die Feiern zum 1. Mai sichtbarer Ausdruck der Aufwertung werden. Seit Jahrzehnten hatten die Arbeiterparteien versucht, diesen „Tag der Arbeit" als Feiertag mit bezahlter allgemeiner Arbeitsruhe durchzusetzen – und waren stets gescheitert. Jetzt, 1933, wurde der 1. Mai zum „Tag der nationalen Arbeit" erklärt. Nicht mehr der Klassengegensatz zwischen Kapitalisten und Arbeitern sollte Inhalt und Ablauf der Feierlichkeiten bestimmen, sondern die Betonung der Gemeinsamkeit der „deutschen Arbeiter der Stirn und der Faust". Vermutlich haben nicht alle Arbeiter, vor allem diejenigen, die aktive Gewerkschafter oder Mitglieder der SPD und KPD gewesen waren, begeistert an den Festumzügen und -reden teilgenommen. Andererseits war es der Mehrheit der Arbeiter sicher nicht unangenehm, für diese „nationale" Tat wie an einem normalen Arbeitstag entlohnt zu werden.

DAF und KdF

Schon einen Tag später, am 2. Mai 1933, zeigte sich die Kehrseite dieser „Aufwertung". Die Gewerkschaftshäuser wurden besetzt, das Gewerkschaftsvermögen beschlagnahmt und die verbliebenen Gewerkschaftsführer in „Schutzhaft" genommen. An die Stelle der Gewerkschaften trat die Deutsche Arbeitsfront (DAF). Eine Mitgliedspflicht gab es nicht, aber der Zwang zum Eintritt war so stark, dass kaum jemand nicht eintrat (Nichtmitgliedschaft war ein Kündigungsgrund). Die DAF verfügte über beträchtliche Einnahmen, weil jedes Mitglied ca. drei Stundenlöhne als Monatsbeitrag entrichten musste. Auf betriebliche Entscheidungen (etwa die Lohnhöhe) hatte die DAF keinen Einfluss.

Große Bedeutung aber erlangte das Programm „Kraft durch Freude" (KdF). Zu dem Angebot gehörten Wanderungen, Konzerte und vor allem Urlaubsreisen. Viele Arbeiter konnten es sich jetzt erstmals leisten, „mit KDF" auf große Fahrt zu gehen, denn die Reisen waren sehr billig. Zuvor hatten nur „die Reichen" einen Urlaub finanzieren können. 1935 aber verbrachten bereits drei Millionen „Volksgenossen" einen Urlaub innerhalb Deutschlands, 1938 waren es sogar zehn Millionen. „Für uns Arbeiterkinder war's das erste Mal, die Nordsee zu sehen", erinnert sich ein Bergmann aus dem Ruhrgebiet. Seit Mitte der 1930er-Jahre nahmen Hunderttausende an einer Hochseereise mit den besonders beliebten KdF-Kreuzfahrtschiffen teil – dass die Reisen aus den eigenen Beiträgen finanziert waren, durchschaute kaum jemand. Dass es auf den Luxusschiffen keine 1., 2. oder 3. Klasse mehr gab und der ungelernte Arbeiter nicht anders behandelt wurde als ein reicher Bürger, konnte aber jeder sehen. Viele begriffen es als Ausdruck einer tatsächlichen Volksgemeinschaft – auch wenn der Arbeiter im Betrieb nichts zu sagen hatte und dem Betriebsführer gehorchen musste.

Notiert in Stichworten, welche Maßnahmen ergriffen wurden, um die Arbeiter „auf Linie zu bringen".

Thema 2: Frauen

Hausfrau und Mutter als Idealbild

Die Leistungen der Frauen als Hausfrauen und Mütter wurden in einer bis dahin nicht gekannten Weise gewürdigt. Vor allem die Mütter wurden demonstrativ geehrt. Der Muttertag, Anfang des Jahrhunderts von den Blumenläden zur Geschäftsbelebung eingeführt, wurde am zweiten Maisonntag als Ehrentag feierlich begangen. Im Jahre 1939 wurde an diesem Tage zum ersten Mal das Mutterkreuz an kinderreiche Mütter verliehen – in Bronze für vier, in Silber für sechs und in Gold für acht oder mehr Kinder. Das Mutterkreuz war ein Orden, der die Frauen mit anderen „Helden" in eine Reihe stellte. Auf der anderen Seite wurden die jungen oder kinderlosen Frauen unmissverständlich darauf hingewiesen, dass sie für erbgesunden Nachwuchs zu sorgen hatten, damit die Zukunft des deutschen Volkes gesichert war. Für Frauen, die heirateten, gab es ein zinsloses Darlehen in Höhe von 1000 Reichsmark (etwa ein halbes Jahreseinkommen eines Facharbeiters). Pro Kind wurde ein Viertel erlassen.

Die Schattenseiten des Ideals

Einfluss in der Politik oder in der Wirtschaft gestanden die Nationalsozialisten keiner Frau zu. Mit dem kritisch gemeinten Vorwurf gegen „Doppelverdiener" wurden verheiratete Frauen aus dem Erwerbsleben gedrängt. Sie sollten keine Arbeitsplätze für Männer blockieren. Die Frauenquote an den Universitäten wurde auf maximal 10 % festgelegt. Als Ende der 1930er-Jahre qualifizierte Stellen nicht mehr besetzt werden konnten, wurde das Idealbild der Frau als Hausfrau und Mutter zu einem Lippenbekenntnis. Vor allem in der Rüstungsindustrie wurden immer mehr Frauen eingestellt. In den Kriegsjahren wurde die Berufstätigkeit der Frauen zur Regel.

M 5 Häkel-Wettbewerb (1937)

Ermittelt wurden die besten „Mitarbeiterinnen am Werk des Führers".

M 3 Zeitungsanzeige zum Muttertag, 1936

M 4 Idealbild der Frau

Titel der parteiamtlichen NS-Frauenzeitschrift „Frauen Warte" zum Muttertag 1939

Notiert in Stichworten,
a) die Kernaussagen des Darstellungstextes zum NS-Frauenbild;
b) die Ergebnisse der Beschreibung der Bildmaterialien (Bildgattung, was genau zu sehen ist) und was die Bildquellen über das Frauenbild und die Rolle der Frau in der NS-Zeit verraten.

M 6 HJ marschiert

M 7 Ernteeinsatz

In ihrem Bestreben, das nationalsozialistisches Weltbild in den Köpfen der ganzen Gesellschaft zu verankern und durchzusetzen, kam Kindern und Jugendlichen eine besondere Bedeutung zu. Man war überzeugt, dass gerade sie am ehesten beeinflussbar und formbar waren. Deshalb sollten sie von klein auf im Sinne der nationalsozialistischen Weltanschauung erzogen werden. Das Ziel war eine konsequente Erziehung als linientreue Grundpfeiler für das nationalsozialistische Regime.

Die Jugend wird organisiert

„Diese Jugend, die lernt ja nichts anderes als deutsch denken, deutsch handeln." Mit diesen Worten und mit großem Stolz zog Hitler im September 1938 die Bilanz der Jugendpolitik seit 1933. Spätestens seit 1939 gab es eine Zwangsmitgliedschaft in NS-Jugendorganisationen, konkurrierende Jugendvereine waren verboten. Am Tage vor Hitlers Geburtstag im April traten 10-jährige Jungen in das Jungvolk und 10-jährige Mädchen in den Jungmädelbund ein. Während der Feier gelobten sie, allzeit ihre Pflicht in „Liebe und Treue zum Führer" zu erfüllen. Vom 14. bis zum 18. Lebensjahr waren (in der Sprache der Zeit: „dienten") die Jungen in der Hitlerjugend (HJ) und die Mädchen im Bund deutscher Mädel (BDM). Die Jungen marschierten im Gleichschritt, uniformiert mit schwarzen Hosen und braunen Hemden. Zur Uniform gehörte auch ein Fahrtenmesser mit Hakenkreuz. Die Mädchen trugen alle einen dunkelblauen Rock, eine weiße Bluse und ein Halstuch.

Lernziele und Gruppenleben

Dass „unnützes Wissen" die Jugend verdirbt, lag für Hitler klar auf der Hand. Deshalb führte er die tägliche Sportstunde an den Schulen ein und verkürzte gleichzeitig die Schulzeit bis zum Abitur. „Meine Pädagogik ist hart. Das Schwache muss weggehämmert werden", sagte er bereits 1933 in einem privaten Gespräch gegenüber einem Funktionär eines Lehrerverbandes. „Eine gewalttätige, herrische, unerschrockene, grausame Jugend will ich." Tatsächlich spielte die Einübung soldatischer Disziplin eine herausragende Rolle. So ging es bei Gelände-„Spielen" oft sehr brutal zu. Aber es gab auch gemütliche „Heimabende", wo geplaudert und gesungen wurde, wo man Ausflüge und Wanderfahrten plante. Wichtig waren auch Dienste für die Gemeinschaft, etwa Ernteeinsätze oder Spendensammlungen.

Gemeinschaftserleben und Gruppenzwang

Im Rückblick beurteilten ehemalige HJ- und BDM-Mitglieder ihre „organisierte" Kindheit und Jugend sehr unterschiedlich. Viele „dienten dem Führer" mit Freude, gingen gern zu den Gruppentreffen oder genossen ihre Stellung als „Führer" ihrer Gruppe. Andere beklagten den Zwang, sich immer anpassen zu müssen. Für die meisten Jugendlichen waren HJ und BDM jedoch selbstverständlich. Nur jeder 50. Jugendliche war nicht Mitglied in HJ oder BDM. Die wenigen, die nicht mitmachten, gehörten „irgendwie nicht dazu".

Notiert in Stichworten, nach welchen Grundsätzen Kinder und Jugendliche erzogen werden sollten; trennt nach Elementen, die Verführung erkennen lassen, und solchen, die auf Zwang/Unterdrückung verweisen.

NS-Erziehung – Bildquellen und ein Schaubild erzählen

M 8 Werbeplakat für den Bund deutscher Mädel (um 1937)

M 9 Werbeplakat für die Hitlerjugend (um 1939)

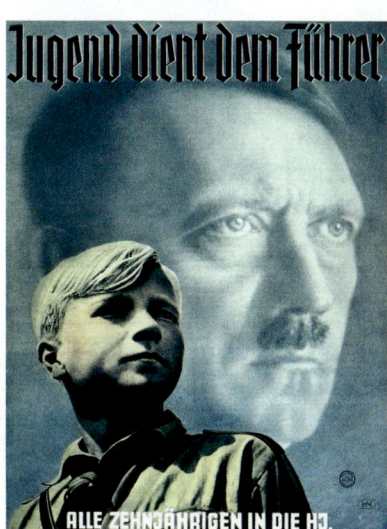

M 10 Werbeplakat für das Jungvolk

M 11 Spielzeugfiguren: Hitler, SA-Mann, BDM-Mädchen

M 12 „Gleichgeschalteter Staatsbürger" von Jugend an

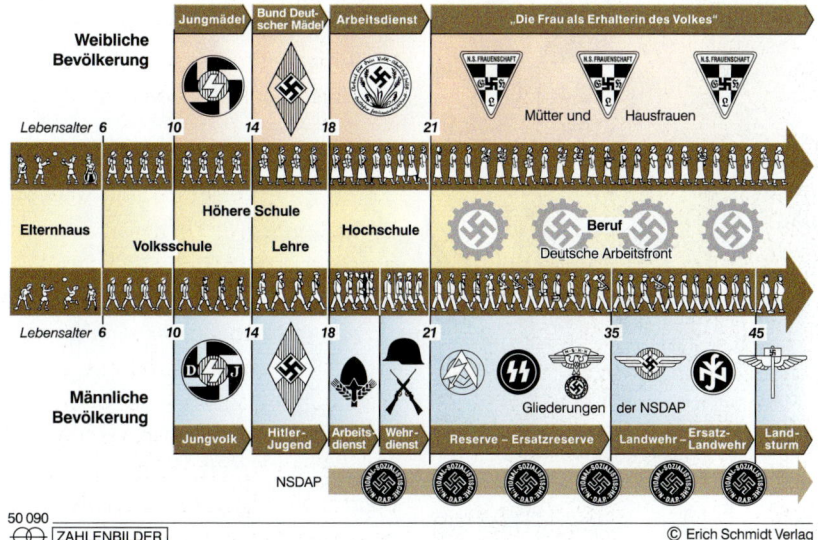

1. Formuliert in kurzen Sätzen oder Stichworten für jede Bildquelle die Auswertungsergebnisse zu den einzelnen Arbeitsschritten einer fachgerechten Bildquellenerschließung. **Tipp:** Schaut dazu in die Methodenwerkstatt (S. 314 o.).
2. Notiert in zusammenfassenden Sätzen die Informationen, die das Schaubild liefert.

Begrüßung Hitlers bei seiner Ankunft auf dem Reichsparteitag in Nürnberg 1938 (Fotografie)

Diktatur mit dem Volk – wie war das möglich?

Grenzenloser Jubel, weil Hitler kommt. Die Geschichtswissenschaft ist sich einig – das Foto täuscht nicht. Schon bald nach der Errichtung der Diktatur konnte sich das NS-Regime auf ein hohes Maß an Zustimmung in der Bevölkerung stützen. Der Historiker Bergmann spricht in diesem Zusammenhang von einer „Diktatur mit der Zustimmung des Volkes". So sieht es auch der Historiker Wehler, wenn er sagt, dass in einer freien Wahl im Jahre 1938 etwa 98 % der Deutschen „Hitler" gewählt hätten.

- *Wie gelang es den Nationalsozialisten, ein derartig hohes Maß an Zustimmungsbereitschaft, Begeisterung und Stabilität für ihre diktatorische Herrschaft zu erzielen?*

- *Wie beurteilt ihr diese Politik aus eurer persönlichen heutigen Sicht?*

Präsentiert Beiträge auf einer Themenwand zum Thema „Diktatur mit dem Volk – wie war das möglich?".

1. Schau dir die Materialien auf den folgenden Seiten kursorisch an und entscheide, welches Thema du mit Mitschülerinnen und Mitschülern bearbeiten möchtest:

Thema 1: Das „Wirtschaftswunder"

Thema 2: Außenpolitik – Schein und Wirklichkeit

„Diktatur mit dem Volk"

Thema 3: „Glück und Harmonie" in der Volksgemeinschaft

2. Wertet in eurer Arbeitsgruppe die Materialien zu eurem Thema gemeinsam aus. Zu jedem Thema findet ihr Angebote zur Gestaltung eures Themenwandbeitrags. **Tipps:** Lest in der Methodenwerkstatt (S. 300) nach, was ihr bei der Gestaltung eines Themenwandbeitrags beachten solltet. Legt Moderationskarten an, die euch helfen, euren Beitrag vorzustellen, zu erläutern und Rückfragen von Mitschülerinnen und Mitschülern zu beantworten.

Eine andere Möglichkeit … Verfasst, z. B. in Partnerarbeit, einen zusammenhängenden Text, in dem ihr den zweiten Aufstieg des Nationalsozialismus beschreibt und aus heutiger Sicht beurteilt.

„Der Mann mag seine Fehler haben, aber er hat uns wieder Arbeit und Brot gegeben" – so dachten viele Zeitgenossen. Die wirtschaftliche Erholung trug zweifellos zur Festigung des NS-Regimes bei.

So könnt ihr euren Themenwandbeitrag erarbeiten und präsentieren:

Themafragen:
- Mit welcher wirtschaftspolitischen Strategie sorgten die Nationalsozialisten für einen wirtschaftlichen Aufschwung, der von den Zeitgenossen als „deutsches Wirtschaftswunder" wahrgenommen wurde?
- Wie erklären wirtschaftspolitische Experten diese Wirtschaftspolitik?
- Welche Hintergründe haben die meisten Zeitgenossen vermutlich nicht erfasst?

Vorschläge für die Gestaltung des Themenwandbeitrags:

Inhaltliche Aspekte
- Beschreibung der Grundmerkmale der NS-Wirtschaftspolitik
- Kurze Vorstellung des Falls Sternberg als konkretes Beispiel für den beeindruckenden Erfolg der Wirtschaftspolitik und eine daraus resultierende wachsende Zustimmungsbereitschaft zum Regime
- Erläuterung der Risiken einer solchen Wirtschaftspolitik und deren wirkliche Zielsetzung

Präsentationsmöglichkeit

Mindmap als grafisch strukturierte Zusammenfassung der Informationen und Arbeitsergebnisse sowie als Vortragsgrundlage für die Vorstellung des Beitrags auf der Themenwand.

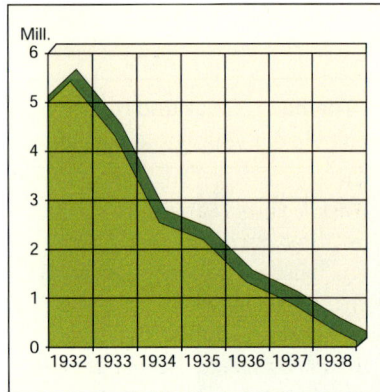

Die Entwicklung der Arbeitslosigkeit
1932 – 1938

Notiert in Stichwortform
a) wie Wirtschaftswachstum und Vollbeschäftigung erreicht wurden;
b) am Beispiel Sternheim, wie Zeitgenossen den Wirtschaftsaufschwung konkret erlebten und wahrnahmen;
c) wie daraus Sternheims „kindliche Liebe" zum Führer entstanden ist.

Die Überwindung der Krise: Für viele war es ein Wunder

Nach 1933 betrug das jährliche Wirtschaftswachstum durchschnittlich mehr als 10 % und die Arbeitslosigkeit ging kontinuierlich zurück. Vielen Deutschen erschien diese Entwicklung wie ein unerklärliches Wunder, das sie deshalb als „Erfolg" der neuen Regierung bejubelten.

Das Beispiel Eva Sternheim: Ein Beispiel für die Wahrnehmung vieler Zeitgenossen ist Eva Sternheim, die sich rückblickend an ihre Kindheit und Jugend in Paderborn erinnert: Etwa 1932, auf dem Höhepunkt der Weltwirtschaftskrise, hatte zur Verblüffung der kleinen Eva eines Tages die Nachbarin, Frau Steinhauer, vor der Haustür gestanden. Frau Steinhauer bat Evas Mutter dringend darum, gegen Bezahlung kleinere Näh- und Flickarbeiten erledigen zu dürfen, denn ihr Mann war schon seit Jahren arbeitslos und die Familie hatte überhaupt kein Geld. Evas Mutter jedoch sah keine Möglichkeit, der Nachbarin zu helfen. In ihren Erinnerungen schreibt Frau Sternheim-Peters, dass die Nachbarin „an jenem Nachmittag die Treppen wieder hinunterging: die unförmige Gestalt mit der alten Jacke über der Kittelschürze, die glanzlos-fettigen Haare, das breitflächige Gesicht mit dem grauen, hoffnungslosen Ausdruck". Die Steinhauers mussten die Nachbarswohnung verlassen. Etwa fünf Jahre später traf Eva die Nachbarin zufällig wieder. Frau Steinhauer hatte eine moderne Frisur, trug einen Pelzkragen auf dem Wintermantel und von Bedrückung oder Verzweiflung gab es keine Spur. Man kam ins Gespräch und Frau Steinhauer sagte: „Mir geht es gut! Mein Mann hat wieder Arbeit!" Eva spürte deutlich: „In diesen Worten [kam] ein ganzes Gebirge von Erleichterung und neu erwachtem Lebensmut" zum Ausdruck. Als Eva einige Monate später die beiden Söhne der Steinhauers mit nagelneuen Fahrrädern durch die Gegend flitzen sah, wusste sie, dass die Steinhauers jetzt in einer ganz anderen Lage waren als fünf Jahre zuvor. Rückblickend gesteht Frau Sternheim-Peters ein, dass die kleine Eva in diesem Augenblick „eine kindliche Liebe zum Führer" entwickelt habe.

Was steckte tatsächlich hinter dem „Wunder"?

Aus der Sicht heutiger Wirtschaftswissenschaftler hatte der Wirtschaftsaufschwung nichts mit einem Wunder zu tun und er besaß zudem eine sehr problematische Kehrseite.

Das „Wunder" lässt sich erklären. Bei nüchterner Betrachtung lässt sich die Überwindung der Wirtschaftskrise recht einfach erklären: Das „Wunder" des wirtschaftlichen Aufschwungs bestand darin, dass die Nationalsozialisten vom ersten Tag ihrer Regierung an deutlich mehr Geld ausgaben, als sie einnahmen. In den ersten Regierungsjahren flossen die zusätzlichen Gelder hauptsächlich in die Löhne für Arbeitskräfte, die jetzt Straßen oder Häuser bauten oder in Rüstungsbetrieben beschäftigt waren. Zuvor waren diese Menschen arbeitslos gewesen und hatten kein Geld verdient. Jetzt hatten sie Beschäftigung und kauften von ihrem Lohn Güter und Dienstleistungen. Die Nachfrage insgesamt stieg also an und die Produktion wurde angekurbelt. Kein Wunder also, dass die Wirtschaft wuchs und die Arbeitslosigkeit zurückging.

Die Kehrseite der „erfolgreichen" Wirtschaftspolitik: Jeder kennt das Problem zusätzlicher Ausgaben: Wer mehr Geld ausgibt, als er hat, muss sich das Geld leihen, für das geliehene Geld Zinsen zahlen und zu einem späteren Zeitpunkt den erhaltenen Kreditbetrag zurückzahlen. Die Nationalsozialisten wandten nun einen Trick an, um das Verschuldungsproblem zu verschleiern. Sie liehen sich die zusätzlichen Gelder nicht bei normalen Banken oder direkt bei den Sparern, sondern bei neu geschaffenen „Geld- und Kapitalsammelstellen", die Gelder von Sparern einsammelten und dafür eine hohe Verzinsung versprachen. Da diese Institute die Gelder aber gleich an den Staat weitergaben und selbst keine Gegenwerte besaßen (etwa Gebäude, Rohstoffe, Gold o. Ä.), waren sie gar nicht in der Lage, die Gelder zurückzuzahlen. Für die Mehrheit der Deutschen blieb dieser Zusammenhang verborgen, für die Spitzenpolitiker im NS-Regime war er von Anfang an klar. Sie wussten genau, dass es nur eine Chance gab, die geliehenen Gelder zurückzahlen zu können – nämlich durch die Beute in einem siegreichen Krieg.

Mit diesem Finanzierungstrick ist die zweite Schattenseite des wirtschaftlichen Aufschwungs eng verbunden: Der Löwenanteil der zusätzlichen Gelder floss seit 1934 in den Bereich der Aufrüstung – um Panzer, Flugzeuge oder Kriegsschiffe zu bezahlen. Hitler sah die Arbeitsbeschaffung immer nur als Mittel zum Zweck: Arbeiter wurden eingestellt und bezahlt, um die Rüstung zu fördern und einen Krieg erfolgreich führen zu können.

Propagandapostkarte zum Autobahnbau: Hitlers „Erster Spatenstich"

Fasst in kurzen Sätzen zusammen,
a) wie Wirtschaftsexperten das „Wunder" erklären und die Kehrseite der „erfolgreichen Wirtschaftspolitik" beschreiben;
b) warum sich die Sichtweise heutiger Experten von der Wahrnehmung der großen Bevölkerungsmehrheit unterscheidet.

M 1 **Öffentliche Investitionen 1933–1938**

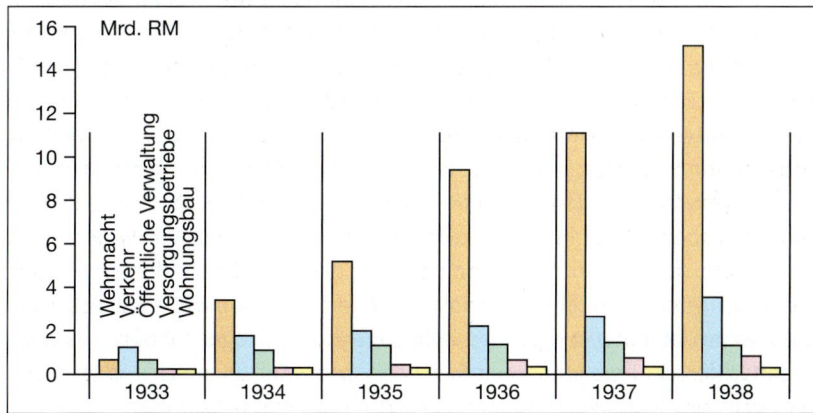

Notiert in Stichworten die Ergebnisse, die die Auswertung des Schaubilds liefert.

In den Augen der Bevölkerungsmehrheit hatten 15 Jahre Weimarer Republik die „Schmach von Versailles" nicht beseitigen können. Die NS-Regierung jedoch erzielte bis 1938 einen „Erfolg" nach dem anderen. „Zug um Zug zerriss Hitler das Diktat von Versailles" – so ein Propagandaplakat aus dem Jahr 1938. Ging es wirklich nur um Versailles oder um viel mehr?

So könnt ihr euren Themenwandbeitrag erarbeiten und präsentieren:

Themafragen:
- Welche außenpolitischen „Erfolge" konnte das NS-Regime vorweisen und wie haben diese auf große Teile der Zeitgenossen gewirkt?
- Wieso sprechen Historiker bei der NS-Außenpolitik von „Schein und Wirklichkeit"?
- Warum war diese Außenpolitik so populär und systemstabilisierend?

Vorschläge für die Gestaltung des Themenwandbeitrags:

Inhaltliche Aspekte
- ➤ Auflistung der wesentlichen Ereignisse im außenpolitischen Bereich
- ➤ Beschreibung und Erläuterung der Reaktionen im In- und Ausland
- ➤ Erläuterung der These von „Schein und Wirklichkeit"
- ➤ Begründete Stellungnahme zu den Aspekten „populär" und „systemstabilisierend"

Präsentationsmöglichkeit

Bebildertes Poster, auf dem die wesentlichen Entwicklungen in zeitlicher Reihenfolge sowie die jeweiligen Reaktionen dargestellt werden und auf dem in Form knapper schriftlicher Statements eure Ergebnisse zu der These „Schein und Wirklichkeit" sowie zu den Aspekten „populär" und „systemstabilisierend" vorgestellt werden.

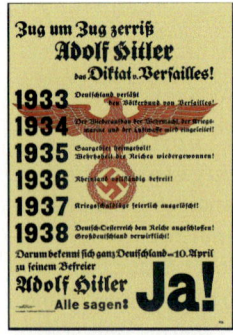

Plakat zum Anschluss Österreichs

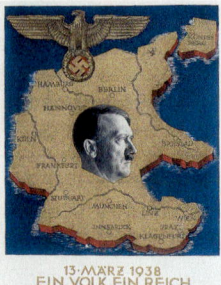

Propagandapostkarte nach dem Anschluss Österreichs (März 1938)

Notiert die Kernaussagen des Darstellungstextes in Stichworten.

Außenpolitik zwischen 1933 – 1938

In einer Rede vor dem Reichstag am 21.5.1933 betonte Hitler: „Das nationalsozialistische Deutschland will den Frieden aus tiefinnersten weltanschaulichen Überzeugungen". Entsprechende Verträge erhöhten die Glaubwürdigkeit dieser Politik: So schloss das Deutsche Reich im Sommer 1933 einen Staatsvertrag mit dem Vatikan, im Jahre 1934 einen Nichtangriffspakt mit Polen und 1935 ein Flottenabkommen mit Großbritannien – all das waren in der Wahrnehmung der Zeitgenossen Belege für eine vorsichtige Politik, die deutsche Interessen vertrat, aber keinen kriegerischen Konflikt suchte.

Für viele Deutsche garantierte Hitler aber nicht nur den Frieden, sondern zugleich pulverisierte er auch die Bestimmungen des Versailler Vertrages: Anfang 1935 stimmten 91 % der Saarländer für die Rückkehr ins Deutsche Reich und die Lösung von Frankreich. Zwei Monate später wurde die allgemeine Wehrpflicht eingeführt – ein klarer Verstoß gegen die in Versailles festgeschriebene Begrenzung der Truppenstärke. Im März 1936 besetzten deutsche Truppen die laut Vertrag entmilitarisierte Rheinlandzone. 1938 erfolgte der ausdrücklich verbotene „Anschluss" Österreichs an das Deutsche Reich. In allen Fällen gab es zwar Proteste der ehemaligen Siegermächte, aber kein entschlossenes oder sogar militärisches Eingreifen. Die Briten wollten einen Krieg vermeiden und glaubten, durch Zugeständnisse die deutschen Ansprüche beschwichtigen zu können (Appeasement-Politik). Die Franzosen waren innenpolitisch zerstritten und fühlten sich militärisch nicht in der Lage, gegen das wiedererstarkte Deutsche Reich vorzugehen. Im Ergebnis bedeutete dies, dass die NS-Regierung alle „Erfolge" erzielt hatte, ohne einen einzigen Schuss abzugeben. Die Massen jubelten Hitler zu, denn jeder konnte ja sehen, dass Großdeutschland Wirklichkeit geworden war. Die Demütigung von Versailles war zum großen Teil getilgt.

Die Wirklichkeit – ein Blick hinter die Kulissen

Heute kennen wir viele Quellen, die Hitlers tatsächliche Ziele verraten. Bereits am 3. Februar 1933 hielt er vor Generälen der Reichswehr einen Vortrag, in dem er die „rücksichtslose Germanisierung" des neuen Lebensraums im Osten forderte. Die geheime Denkschrift zum Vierjahresplan (verfasst 1936) schloss mit dem klaren Führerbefehl: „Die deutsche Armee muss in vier Jahren einsatzfähig sein. Die deutsche Wirtschaft muss in vier Jahren kriegsfähig sein".

Diese Aussagen und Befehle wurden jedoch immer nur in einem kleinen Kreis engster Vertrauter mit der Verpflichtung zur Geheimhaltung formuliert. Die Bevölkerung erfuhr nichts von diesen Plänen, im Gegenteil wurde über fast sechs Jahre hinweg immer die Friedfertigkeit betont. Erst um die Jahreswende 1938/39 veränderte sich die Tonlage. Statt die Notwendigkeit des Friedens zu betonen, wurde nun immer häufiger von der Möglichkeit eines Krieges gesprochen. Dieser Wandel war Folge eines Strategiewechsels.

M 1 Hitlers außenpolitisches Konzept

10. November 1938: Hitler erläutert in einer Rede vor führenden Verlegern und Redakteuren deutscher Zeitungen sein Konzept der Außenpolitik. Die Rede selbst galt als geheim.

Die Umstände haben mich gezwungen, jahrzehntelang fast nur vom Frieden zu reden. Nur unter der fortgesetzten Betonung des deutschen Friedenswillens und der Friedensabsichten war es mir möglich, dem deutschen
5 Volk Stück für Stück die Freiheit zu erringen und ihm die Rüstung zu geben, die immer wieder für den nächsten Schritt als Voraussetzung nötig war. Es ist selbstverständlich, dass eine solche jahrzehntelang betriebene Friedenspropaganda auch ihre bedenklichen Seiten hat; denn es
10 kann nur zu leicht dahin führen, dass sich in den Gehirnen vieler Menschen die Auffassung festsetzt, dass das heutige Regime an sich identisch sei mit dem Entschluss und dem Willen, den Frieden unter allen Umständen zu bewahren. [Es ist] nunmehr notwendig, das deutsche Volk psycho-
15 logisch allmählich umzustellen und ihm langsam klarzumachen, dass es Dinge gibt, die, wenn sie nicht mit friedlichen Mitteln durchgesetzt werden können, mit Mitteln der Gewalt durchgesetzt werden müssen.

(Zit. nach: Geschichte in Quellen, 1914 – 1945, S. 407 f.)

---

1. Notiert in Stichworten die Ergebnisse zu den Arbeitsschritten der Methode „Eine politische Rede interpretieren".

2. Notiert für jede der beiden Karikaturen in Stichwortform die Ergebnisse zu den Arbeitsschritten der Methode „Karikaturen entschlüsseln".

So sehen es kritische Stimmen im Ausland

M 2 Amerikanische Karikatur aus dem Jahre 1933

Karikatur des Zeichners „Georges" in der New Yorker Zeitschrift „The Nation" vom Mai 1933 (ohne Titel).

M 3 Englische Karikatur aus dem Jahre 1934

Untertitel: Herr Hitler: „How frightful I look today".

ADOLF IN THE LOOKING-GLASS.
HERR HITLER. "HOW FRIGHTFUL I LOOK TO-DAY!"

„Unbezweifelbar ist also, dass der Aufstieg des Nationalsozialismus mit der Machtübertragung oder Machtergreifung nicht beendet war" (Bergmann,1997). Der Reichpropagandaminister Goebbels beantwortete die Frage, wie es weitergehen sollte, so: Für alle Deutschen sollte es „ein herrliches Gefühl" werden, „Deutscher zu sein". Schaffung einer NS- Volksgemeinschaft als sozialpolitisches Ordnungsmodell und Form der Gemeinschaft und des Zusammenlebens, das war die zentrale Zielvorgabe für den Machtausbau und die weitere Machtstabilisierung des nationalsozialistischen Regimes.

So könnt ihr euren Themenwandbeitrag erarbeiten und präsentieren:

Themafragen:
- Was bedeutete „Volksgemeinschaft" und wie inszenierte man sie?
- Warum war die Idee für viele Menschen so attraktiv und geeignet, um regime- und ideologiekonforme Gemeinschaftsgefühle zu erzeugen?
- Wie beurteilt ihr die Rolle und Bedeutung der nationalsozialistischen Volksgemeinschaftsideologie als Strategie und Mechanismus für Machtsicherung und Machtstabilisierung?

Vorschläge für die Gestaltung des Themenwandbeitrags:

Inhaltliche Aspekte
- Die Idee und Merkmale der „Volksgemeinschaft" beschreiben
- Maßnahmen und Mittel
- Attraktivität
- Hintergründe

Präsentationsmöglichkeit
Stellt die Abbildungen ins Zentrum eines Plakats. Ordnet die Ergebnisse eurer Auswertung des Darstellungstextes (z. B. Stichworte) um die Abbildungen herum an.

M 1 **„Die NSDAP sichert die Volksgemeinschaft"**

NS-Plakat aus den 1930er-Jahren

Notiert in Stichworten die zentralen Aussagen des Darstellungstextes.

Der Begriff Volksgemeinschaft enthält ein Versprechen

Die Idee, zu einem Volk zu gehören, sollte eigentlich unproblematisch sein. Was soll daran schlimm sein, ein Deutscher oder ein Brite oder ein Italiener zu sein und sich diesem Volk zugehörig zu fühlen? Für die Nationalsozialisten bedeutete Volksgemeinschaft deutlich mehr. Für sie bildete das deutsche Volk eine „Bluts- und Schicksalsgemeinschaft". Alle Menschen mit „deutschem Blut" sollten auch das gleiche Schicksal teilen. Gegensätze unter den Deutschen sollten keine Rolle mehr spielen: Ob jemand Arbeiter oder Fabrikant war, ob man katholisch, evangelisch oder konfessionslos lebte, ob man einen Volksschul- oder einen Hochschulabschluss besaß – all diese gesellschaftlichen Unterschiede galten als unbedeutend oder wurden ausgeklammert. Auf der anderen Seite bedeutete der Begriff aber auch, dass man stets beweisen musste, ein guter Volksgenosse zu sein. Der Historiker Wolfgang Benz spricht von einer „Zauberformel", die alle, also auch die Enttäuschten und die Unzufriedenen, sammelte und integrierte. Die Idee der Volksgemeinschaft beinhaltete also ein faszinierendes Versprechen: Wenn du Deutscher bist und „mitmachst", dann gehörst du dazu, dann kannst du dich sicher fühlen und geborgen – denn die Gemeinschaft hilft dir.

M 2 Reichsparteitag 1936: Abendveranstaltung mit Lichtdom

M 3 Reichsparteitag 1938: Blick zur Rednertribüne (Propaganda-foto)

M 4 NS-Propagandaplakat 1936

Inszenierung der Volksgemeinschaft

Gemeinschaftserlebnisse sollten ein neues Gefühl der Gleichheit und Gemein-samkeit aller Deutschen schaffen. Kernstück und Markenzeichen der Strategie war die öffentliche Inszenierung, um das Bild der Volksgemeinschaft für die Zeitgenossen bei vielen Anlässen eindrucksvoll nach außen zu vermitteln. Da-bei legten die Nationalsozialisten einen besonderen Wert auf Massenveran-staltungen, bei denen eine perfekte Inszenierung unter Einsatz modernster technischer Mittel (z. B. Licht- und Toneffekte) Begeisterung auslösen sollte. Die Teilnehmer sollten das Gefühl gewinnen, Teil eines ganz außerordentli-chen Geschehens zu sein. Faszination, der man sich nur schwer entziehen konnte.

Das Beispiel Olympische Spiele 1936

Spektakulär verliefen die Olympischen Spiele im Jahre 1936. Die Sommerspie-le in Berlin wurden von einer Welle nationaler Begeisterung begleitet. Eine per-fekte Organisation, die Anerkennung der internationalen Gäste und die zahlrei-chen Siege deutscher Sportler ließen ein Sportereignis zu einem politischen Unternehmen werden und wurden zum Triumph für das NS-Regime. Olympia 1936 ist ein Musterbeispiel dafür, wie eine Sportveranstaltung nationalen Zu-sammenerhalt schafft und die Zustimmung für ein mehr als fragwürdiges poli-tisches System stützen kann.

Notiert in Stichworten
a) die Ergebnisse der Beschreibung der Bilder;
b) worin die Attraktivität des jeweils dargestellten Ereignisses gelegen haben dürfte.

M 5 Plakat mit Propagandafoto

Es zeigt Hitler (rechts) und Goebbels (links, in Uniform) beim Eintopfessen.

Erlebte Volksgemeinschaft im Alltag

Veranstaltungen zur Förderung des Zusammengehörigkeitsgefühls gab es fast jede Woche, auch in Betrieben und Schulen. Beim Fahnenappell auf dem Schulhof standen die Töchter des reichen Fabrikanten und des Hilfsarbeiters nebeneinander. Sie trugen die gleichen Blusen und Röcke – so verwischten die Unterschiede zwischen den gesellschaftlichen Hintergründen. Ein Beispiel, das aus heutiger Sicht besonders fremd anmutet, aber typisch für die Idee der Volksgemeinschaft ist, war der „Eintopfsonntag": Einmal im Monat verzichteten Tausende auf ein aufwendiges Sonntagsessen. Das eingesparte Geld wurde von der HJ oder der SA abends eingesammelt. Oder man traf sich in einer Schule oder auf dem Marktplatz und zahlte eine Spende für einen Eintopf aus der Gulaschkanone. Die Führer gingen mit gutem Beispiel voran und gaben somit ein Zeichen: Wir sind keine abgehobene Elite, wir gehören zum Volk wie jeder von euch.

Erntedank

Beim jährlich stattfindenden Erntedankfest auf dem Bückeberg bei Hameln standen Großbauer und Knecht direkt nebeneinander und beide wurden gemeinsam als „Sachwalter des deutschen Bodens" geehrt. Jeder sollte sich als ein wichtiges Mitglied der Volksgemeinschaft fühlen. Eine perfekte Organisation und gefühlsbetonte Reden sorgten dafür, dass Hunderttausende sich in ihrer Begeisterung einig waren. Die Euphorie des Nebenmannes steckte an – die Einheit wurde mit und in der Masse erzeugt.

M 6 Erntedankfest auf dem Bückeberg

M 7 Zum Beispiel Lagerleben

„Fazit: Kein Rechtfertigungsversuch". Unter diesem Titel veröffentlichte die Schriftstellerin Melita Maschmann (1918 – 2010) 1963 eine Autobiografie, in der sie den Versuch unternimmt, ihre Vergangenheit im „Dritten Reich" aufzuarbeiten. Maschmann war schon 1933 der nationalsozialistischen Jugendorganisation BDM beigetreten und war später an führender Stelle in den Propaganda- und Presseabteilungen des BDM tätig.

Keine Parole hat mich je so fasziniert wie die von der Volksgemeinschaft. [...] Wenn ich den Gründen nachforsche, die mir verlockend machten, in die Hitler-Jugend einzutreten, so stoße ich auf diesen: Ich wollte aus meinem kindlichen,
5 engen Leben heraus und wollte mich an etwas binden, das groß und wesentlich war: [...] Ich wollte politisch erziehen, und zwar ausdrücklich nationalsozialistisch. [...] Der Sommer nach dem Abitur war die sorgloseste Zeit meiner Jugend. Für Anfang April [1937] war ich zum Arbeitsdienst
10 nach Ostpreußen einberufen [...].
Das Lager befand sich in der Nähe des größten masurischen Sees, in D. am Spirdingsee. Der Tag begann um sechs Uhr mit dem Frühsport. Um halb acht gingen wir zu den Bauern, nachdem eine halbe Stunde gesungen worden war. Dabei schliefen freilich die meisten von uns vor Müdigkeit wieder ein. Wäh-
15 rend der Ernte dehnte sich die Bauernarbeit bis zu fünfzehn Stunden täglich aus, in der Regel sollte sie nur sieben bis acht Stunden dauern. Am Spätnachmittag wurde Sport getrieben, politisch geschult, getanzt oder gesungen. An den Abenden war häufig dienstfrei. [...] Dass ich hatte durchhalten können, verdankte ich auch nicht in erster Linie meiner fortschreitenden physischen
20 Anpassung an die ungewohnte Arbeit, sondern Hilfen ganz anderer Art. [...] Wenn die Versuchung, sich fallenzulassen, sehr nahe war, gab es ein letztes Mittel: den Blick zur Lagerfahne oder – falls man sie nicht sehen konnte – die inständige Vergegenwärtigung eines jener Texte, die das aussagten, was man für den Sinn des Lebens hielt. [...]
25 Ich habe mich manchmal über den Zusammenbruch hinweggerettet, indem ich zehn- oder fünfzehnmal dieselben Verse sagte: Du sollst an Deutschland glauben, so fest und klar und rein, so wie du glaubst an die Sonne, den Mond und den Sternenschein. Du sollst an Deutschland glauben, als wäre Deutschland du. So wie du glaubst, deine Seele strebe dem Ewigen zu. [...] Unsere La-
30 gergemeinschaft war ein verkleinertes Modell dessen, was ich mir unter Volksgemeinschaft vorstellte. [...]
Niemals vorher oder nachher habe ich eine so gute Gemeinschaft erlebt, auch dort nicht, wo die Zusammensetzung in jeder Beziehung homogener war. Unter uns gab es Bauernmädchen, Studentinnen, Arbeiterinnen, Verkäuferin-
35 nen, Friseusen, Schülerinnen, Büroangestellte usw. [...] Dass ich dieses Modell einer Volksgemeinschaft damals mit so intensivem Glücksgefühl erlebt habe, hat einen Optimismus in mir entstehen lassen, an den ich mich bis 1945 eigensinnig klammerte. [...]

(Melita Maschmann, Fazit: Mein Weg in der Hitlerjugend, München (© dtv Verlagsgesellschaft) 1979, Auszüge S. 8 – 36)

M 8 NS-Fahnenkreis – ein festes Ritual nationalsozialistischer Gemeinschaftserziehung

Das Foto aus den 1930er-Jahren – aufgenommen im Chiemgau in Bayern – zeigt einen Morgenappell der weiblichen Jugend, die im Rahmen des Reichsarbeitsdienstes gemeinsam das Hissen der Flagge begleitet.

1. Fasst den Tagesablauf im Lager, den Melita Maschmann beschreibt, in kurzer Form zusammen.

2. Formuliert in kurzen Sätzen mit eigenen Worten, was an diesem Leben im Lager Melita Maschmann so faszinierte.

3. Notiert die Gründe, warum sie von der Idee der Volksgemeinschaft und deren gesellschaftlicher Bedeutung so begeistert war.

Ausschluss aus der Volksgemeinschaft

Aus einer Gemeinschaft grundsätzlich ausgeschlossen zu sein oder zu werden, wünscht sich wohl niemand . Ausgerechnet im Nationalsozialismus, der so viel Wert auf die Volksgemeinschaft legte, war Ausgrenzung an der Tagesordnung. Gemeinschaft und Ausgrenzung – eigentlich gegenteilige Begriffe und Verhaltensformen, die doch zusammenpassen?

- *Wie erlebten Menschen Ausgrenzung und Verfolgung als Teil ihres Alltags zur Zeit des Nationalsozialismus?*
- *Wie und warum funktionierte Ausschluss als Strategie für die Schaffung einer regimestützenden Volksgemeinschaft?*

Präsentiert auf einer Pinn- oder Stellwand zur ersten Leitfrage eine kleine Dokumentation zu einem ausgewählten Fall und erläutert diese in einem Kurzvortrag. Diskutiert auf der Grundlage der sechs vorgestellten Fälle in einem anschließenden Kreisgespräch, ob der Ausschluss einzelner Personen/Gruppen die Idee der Volksgemeinschaft und damit das NS-Regime stärkte.

1. Wählt nach einer ersten kursorischen Durchsicht einen Fall aus, den ihr in einer Arbeitsgruppe bearbeiten möchtet. **Wichtig:** Es muss sichergestellt werden, dass es für jeden Fall zumindest eine Arbeitsgruppe gibt!

Wir gehören nicht dazu …

Carl von Ossietzky (politischer Gegner)

Anna Lehnkering (Behinderte)

Elisabeth Makowiak (Arierin)

Johann Trollmann (Sinto)

Thomas Mann (Schriftsteller)

Hannele Zürndorfer (Jüdin)

---

2. Wertet die jeweiligen Darstellungstexte und Bildmaterialien aus. Recherchiert mit den Webcodes zu dem von euch gewählten Fall weitere Informationen und bringt sie in eure Dokumentation ein.

3. Erstellt gemeinsam ein Präsentationskonzept für den Fall, den ihr vorstellen wollt. Sprecht das Vorgehen bei der Präsentation untereinander ab.

Eine andere Möglichkeit … Präsentiert ein **Positionspapier** zum Darstellungstext „Volksgemeinschaft und Ausgrenzung", in dem ihr die Kernaussagen des Autors herausarbeitet und ausgehend von den Fällen dazu Stellung nehmt. **Tipp:** Hinweise für die Formulierung eines Positionspapiers findet ihr in der Methodenwerkstatt auf S. 306.

Volksgemeinschaft und Ausgrenzung

M 1 Leben in der Volksgemeinschaft

[...] Letztlich aber war für die Herausbildung der Volksgemeinschaft vor allem die Ausgrenzung von „Rasse- und Volksfremden" das zentrale Mittel. Inklusion und Exklusion waren im Nationalsozialismus keine unabhängigen
5 Prozesse, sondern in der Logik der NS-Ideologie zwingend miteinander verbunden. Bei öffentlichen und gemeinschaftlichen Formen der Ausgrenzung, wie beispielsweise beim Boykott jüdischer Geschäfte oder in Rasseschande-Aktionen, wurde für die Menschen das
10 „Wir" erlebbar [...]. In der Abgrenzung von anderen – denjenigen, die nicht dazugehörten – entstand ein Gefühl von Gemeinschaft, das die Bindung an die Wir-Gruppe und die Abgrenzung von den „Gemeinschaftsfremden" verstärkte. Die Exklusion von Kranken, Behinderten, Ju-
15 den und anderen in ihren unterschiedlichsten Formen physischer oder psychischer Diskriminierung und Gewalt war Teil des Alltags zur Zeit des Nationalsozialismus und zugleich konstitutiv für die Herausbildung einer Volksgemeinschaft, denn erst durch die Exklusion von Gemein-
20 schaftsfremden wurde eine Gemeinschaft geschaffen. Die Ausgrenzung bedeutete den Verlust von Rechten, wie beispielsweise in den Nürnberger Gesetzen von 1935, und zunehmend auch die Beraubung der materiellen Lebensgrundlage, wie etwa durch die Arisierung jüdischer Ge-
25 schäfte. Für die Volksgenossen galten dagegen weiterhin Rechtssicherheit und Fürsorge; man profitierte sogar von Enteignungen oder konnte durch die Herabstufung anderer eine persönliche Aufwertung empfinden, was die Bindung an die Idee der Volksgemeinschaft verstärkte.

(Steffen Barth, Leben in der Volksgemeinschaft; in: Geschichte Lernen, Nr. 180/2017, S. 4 f.)

M 2 Plakat zur Ausstellung „Entartete Musik" (Düsseldorf 1938)

Als „artfremd" galten einzelne Instrumente, etwa das Saxophon, und Musikrichtrungen wie Jazz und Swing.

M 3 NS-Plakat zu Anfang der 1930er-Jahre

1. Notiert die Kernaussagen des Textes M 1 mit eigenen Worten in kurzen Sätzen.

2. Notiert in Stichworten
   a) die Ergebnisse der Beschreibung der beiden Plakate;
   c) die Absicht, die den Plakaten zugrunde liegt.

Dieses Denkmal für Carl v. Ossietzky steht heute in der Ossietzkystraße in Berlin (errichtet 1989).

Carl von Ossietzky:

@ SNG-34530-021

Biografisches: Wer war Carl von Ossietzky?

Er lebte von 1889–1938 und arbeitete als Journalist und Schriftsteller; seit 1926 gab er die angesehene Zeitschrift „Die Weltbühne" heraus. Sein Hauptziel war es, den Frieden zu sichern. Er wandte sich nicht nur gegen Krieg und Kriegsverherrlichung, er griff grundsätzlich alle Formen des Soldatischen und Militärischen an. Der Vorwurf, militärische Geheimnisse verraten zu haben, brachte ihm 1931 eine 1 1/2-jährige Gefängnisstrafe ein, von der er gut die Hälfte absaß. Politisch stand er auf der „linken" Seite. Er kritisierte Hitler als „feige, verweichlichte Pyjamaexistenz". Ähnlich spöttisch und respektlos äußerte er sich aber auch über die Politiker von SPD und KPD.

Verfolgung durch das NS-Regime

Ossietzky wurde am 28. Februar 1933 verhaftet und am 6. April in das Konzentrationslager Sonnenburg (Pommern) gebracht, von wo aus er 1934 in das KZ Esterwegen (Emsland) verlegt wurde. Dass er eine bekannte Persönlichkeit war, nutzte ihm im Lager wenig. Die Aufseher machten sich ein Vergnügen daraus, hinter dem prominenten Schutzhäftling herzulaufen und ihm Tritte und Schläge zu versetzen. Oft blieb er stumm und erschöpft am Boden liegen. Mehrfach wurde er gezwungen, sein eigenes Grab zu schaufeln. Die Hände zitterten nahezu ununterbrochen. Aus Scham versteckte er sie in den Ärmeln der Häftlingsjacke. Im Lager kursierte das Gerücht, dass Lagerärzte ihm Tuberkulosebakterien eingeimpft hätten. Das NS-Regime schwieg über das Schicksal und nur wenige Freunde versuchten, Kontakt zu halten. Im Herbst 1935 erhielt er Besuch vom Schweizer Diplomaten Carl J. Burckhardt, der ihn im Auftrag des Roten Kreuzes in Esterwegen sprechen konnte. Burckhardt beschrieb ihn anschließend als ein „zitterndes Etwas […], ein Auge verschwollen, die Zähne anscheinend eingeschlagen". Burckhardt war entsetzt. Seine Berichte sorgten zwar dafür, dass Ossietzky im Sommer 1936 entlassen wurde und sogar den Friedensnobelpreis erhielt. Aber Ossietzky verfiel körperlich immer mehr und starb zwei Jahre später an den Folgen der Haft. Die deutsche Öffentlichkeit erfuhr davon nichts.

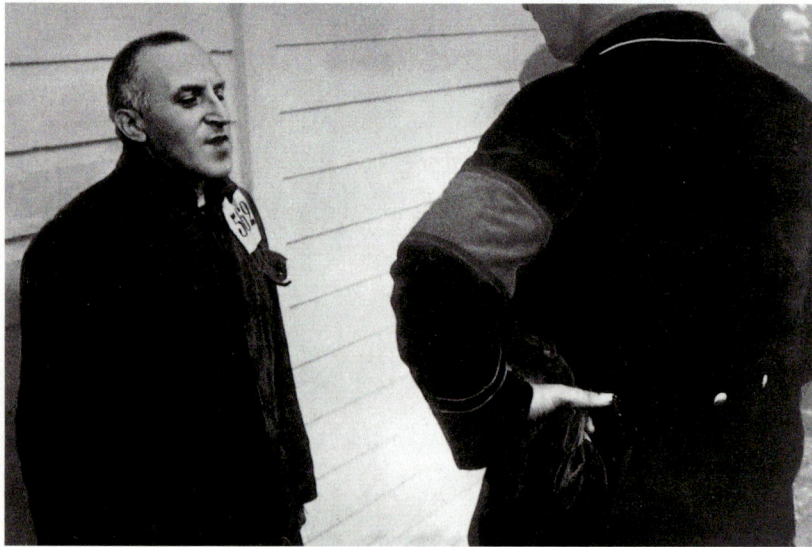

Ossietzky als Häftling im KZ Esterwegen, 1934

Notiert in knapper Form
a) wichtige Angaben zur Person und zum Lebenslauf;
b) wie der Ausschluss aus der Volksgemeinschaft konkret ablief und wie er begründet wurde;
c) wie sich die Bevölkerungsmehrheit verhielt.

Biografisches: Wer war Johann Trollmann?

Johann Trollmann lebte von 1907 bis 1944. Er gehörte zu den Sinti und Roma, die schon seit Jahrhunderten abwertend als „Zigeuner" bezeichnet werden. Unter dem NS-Regime galten die Sinti und Roma als „arbeitsscheue, asoziale Elemente", von denen sich jeder „Deutschblütige" aus „rassehygienischen Gründen" fernzuhalten hatte. Von den etwa 25 000 „deutschen Zigeunern" hat etwa nur die Hälfte die Zeit des Dritten Reiches überlebt. Genaue Opferzahlen sind schwer zu ermitteln, da die Begriffe nicht einheitlich waren und die Erlasse sehr unterschiedlich ausgelegt wurden.

Als Boxer hatte Johann Trollmann in der Weimarer Republik viele Erfolge erzielt.

Johann Trollmann

Johann Trollmann:

@ SNG-34530-022

Verfolgung durch das NS-Regime

Im Juni 1933 boxte Johann Trollmann um den Titel des deutschen Meisters im Halbschwergewicht. Sein Gegner war ein „Arier": Adolf Witt aus Kiel – blond, deutlich größer und auch schwerer als Trollmann. Zur Verblüffung der Zuschauer beherrschte der vergleichsweise schmächtige Sinto seinen Gegner von der ersten Runde an. Er „tanzte" ihn regelrecht aus, traf nach Belieben und sammelte Punkt um Punkt. Die Punktrichter werteten den Kampf jedoch unentschieden. Die Zuschauer protestierten heftig, so unfassbar schien ihnen das Urteil. Wegen der Tumulte in der Halle musste der Veranstalter nachgeben und Johann Trollmann doch noch zum Sieger erklären. Acht Tage später aber erkannte der Boxsportverband dem jungen Sinto alle Titel ab und schloss ihn auch aus dem Verband aus. Trollmann, so hieß es in der Begründung, boxe „artfremd"; sein Boxstil sei voller „Mätzchen" und „nicht deutsch". Nur einen Kampf durfte er noch durchführen. Johann Trollmann färbte sich die Haare blond und stellte sich wehrlos in den Ring. Deutlicher hätte niemand den Protest zum Ausdruck bringen können.

In den folgenden Jahren schlug er sich mehr schlecht als recht als Rummelboxer durch. 1939 wurde Johann Trollmann Soldat, verwundet und erhielt Auszeichnungen. 1942 wurde er jedoch aus der Wehrmacht ausgeschlossen, weil er „Zigeuner" war, und in das KZ Neuengamme eingeliefert. Jetzt teilte er das Schicksal seiner beiden Brüder, die bereits seit Jahren in einem KZ waren. Als die Wachmannschaften in Neuengamme erfuhren, dass es sich bei dem neuen Häftling um den früheren Meisterboxer handelte, vergnügten sie sich mit dem Spiel „Deutscher Meister": Sie ließen den ausgehungerten und abgemagerten Trollmann gegen schwergewichtige Wächter antreten, bis er k.o. geschlagen wurde.

Johann Trollmann starb im Jahre 1944, vermutlich ist er im Außenlager Wittenberge erschlagen worden.

Notiert in knapper Form
a) wichtige Angaben zur Person und zum Lebenslauf;
b) wie der Ausschluss aus der Volksgemeinschaft konkret ablief und wie er begründet wurde;
c) wie sich die Bevölkerungsmehrheit verhielt.

Fall 3: Behinderte – Anna Lehnkering

Das Foto zeigt Anna (links) im Alter von etwa 17 Jahren mit einer Freundin.

Anna Lehnkering:

@ SNG-34530-023

Notiert in knapper Form

a) wichtige Angaben zur Person und zum Lebenslauf;

b) wie der Ausschluss aus der Volksgemeinschaft konkret ablief und wie er begründet wurde;

c) wie sich die Bevölkerungsmehrheit verhielt.

Biografisches: Wer war Anna Lehnkering?

Anna Lehnkering wurde am 2.8.1915 in Oberhausen geboren. Nach Aussage ihrer Brüder war sie ein „sehr liebes, sanftmütiges Mädchen", mit dem man spielen und sich „ganz normal" unterhalten konnte. Das Lernen aber fiel ihr sehr schwer, heute würde Anna vermutlich als lernbehindert bezeichnet werden. Einen Beruf konnte Anna nicht ausüben. Sie half ihrer Mutter im Haushalt und lebte dort nach Abschluss der „Hilfsschule".

Verfolgung durch das NS-Regime

Im Jahre 1935 wurde dann klar, dass Anna nach Auffassung der Nationalsozialisten das Wohl der Volksgemeinschaft gefährdete. Der NS-Rassegedanke verlangte nicht nur die „positive Auslese durch Zucht", sondern auch eine negative Auslese. Alle Menschen, die „dem Volkskörper als Ganzem zur Last fallen", sollten „ausgemerzt" werden. Deshalb wurde Anna am 18. Februar 1935 als „erbkranker" und damit „minderwertiger" Mensch im Evangelischen Krankenhaus der Stadt Mülheim zwangssterilisiert. Lernbehinderte, Alkoholkranke oder depressive Menschen sollten ihr Erbgut auf keinen Fall weitergeben können. Anna war kein Einzelfall: Bis Ende 1937 wurden mindestens 197419 Personen sterilisiert – fast immer gegen den Willen der Betroffenen. Die Zahlen für die Folgejahre sind nicht genau rekonstruierbar. Ein Jahr später, im Dezember 1936, wurde Anna in die Heil- und Pflegeanstalt Bedburg-Hau (bei Kleve) eingewiesen. Am Tag der Einweisung hat man die Diagnose „angeborener Schwachsinn" gestellt und die Eintragung „Erbkrank: Ja" hinzugefügt. Zwischen 1936 und 1940 finden sich in der Krankenakte viele Einträge – so z. B. immer wieder der Vermerk, dass Anna die Arbeit verweigerte. Damit war sie „wirtschaftlicher Ballast", „unbrauchbar" für die Volksgemeinschaft. Es wird deutlich, dass Anna als eine „lästige" Patientin galt, die häufig weinte und „immer nach Hause wollte".

Am 24.2.1940 vermerkt die Krankenakte, dass der Verdacht auf Tuberkulose und Unterernährung bestand. Am 6. März des gleichen Jahres wurde Anna als eine von 457 Patienten („Krankenmaterial") nach Grafeneck (Schwäbische Alb) „verlegt". Grafeneck war ursprünglich ein Schloss, in dem sich jedoch seit 1928 ein Heim für Behinderte befand. Dort gab es ein Barackengelände, das von einem Bretterzaun, verstärkt mit Stacheldrähten, umgeben war, um den Einblick von außen zu verhindern. Gleich nach der Ankunft des Sonderzuges, am 7. März, wurde Anna entkleidet, gewogen, gemessen und fotografiert. Im Anschluss wurden sie und 316 weitere Patienten nach und nach in einen „Todesschuppen" gebracht. Ein Arzt, Dr. Schumann, ließ Kohlenmonoxid-Gas in den Schuppen einströmen und stellte dann den Tod fest. Die Leichen wurden noch auf dem Gelände verbrannt.

Wochen später erhielt Annas Mutter einen sogenannten „Trostbrief", mit dem die Todesurkunde zugestellt wurde (Todesdatum: 23.4., nachts zwei Uhr/Todesursache: Bauchfellentzündung), verbunden mit dem Angebot, sich die Urne mit der Asche zustellen zu lassen – wobei die Kosten für die Beisetzung von den Angehörigen übernommen werden mussten.

Biografisches: Wer war Elisabeth Makowiak?

Elisabeth Makowiak wurde 1912 geboren. 1933 lebte sie noch in der Wohnung ihrer Eltern in der Franz-Seldte-Straße (heute Florastraße) in Gelsenkirchen. In den Akten des NS-Regimes wird sie als „arische Reichsangehörige" und „Christin" bezeichnet. 1936 zog sie nach Kassel, später dann nach Frankfurt. Genaueres ist nicht bekannt.

Verfolgung durch das NS-Regime

Im Jahre 1933 wurde Elisabeth Makowiak das erste Mal verhaftet. Da sie während ihres Urlaubs auf der Insel Norderney „2 durchgehende Zimmer" mit dem jüdischen Möbelhändler Julius Rosenberg bewohnte, wurde dem jungen Paar „Rassenschande" vorgeworfen. Die „Schutzhaft" wurde jedoch nach kurzer Zeit aufgehoben, da es 1933 noch keinerlei Rechtsgrundlage gab, die den beiden unverheirateten und jungen Leuten eine Liebesbeziehung verboten hätte. Die Nationalsozialisten in Gelsenkirchen protestierten vehement gegen die Freilassung und forderten – „wie jeder gesund denkende Volksgenosse" – schärfere Gesetze gegen solche „Schweinereien". Von nun an standen Elisabeth und Julius unter Kontrolle. In der Nacht vom 6. auf den 7. August 1935 beobachteten mehrere Parteigenossen, eine „auffallend freundliche Unterhaltung" und ein „zärtliches Benehmen" des Paares – was sie für ausreichend hielten, um beide an Ort und Stelle zu verhaften. Als am folgenden Nachmittag wieder die Freilassung erfolgte, wurden beide von einer Menschenmenge erwartet. Die SS hatte bereits einen „Prangermarsch" organisiert. Beiden wurden vorbereitete Schilder umgehängt und man trieb sie unter dem Gejohle der Bevölkerung durch die Innenstadt zu Elisabeths Elternhaus. Am folgenden Tage berichtete die Nationalzeitung in Text und Bild ausführlich über diese Aktion und klagte die „Judendirne" als „ehr- und artvergessen" an. Die „Reinerhaltung von Art und Blut" sei die vornehmste Aufgabe der deutschen Frau. Derartige Prangermärsche fanden im Sommer 1935 in mehreren deutschen Städten statt. Sie wurden von der NS-Führung als „spontaner Ausbruch des gesunden Volksempfindens" gedeutet und dienten zur Rechtfertigung der Nürnberger Gesetze vom 15. September 1935. Um die „Reinheit des deutschen Blutes zu schützen", war von nun an die Heirat von Juden und Nicht-Juden verboten, jeder „gemischtrassige" Geschlechtsverkehr galt als Straftat.

Notiert in knapper Form
a) wichtige Angaben zur Person und zum Lebenslauf;
b) wie der Ausschluss aus der Volksgemeinschaft konkret ablief und wie er begründet wurde;
c) wie sich die Bevölkerungsmehrheit verhielt.

Julius Rosenberg/Elisabeth Makowiak:

@ SNG-34530-024

Fotografie des Prangermarsches (Nationalzeitung, 8. August 1935). Elisabeth trägt ein Schild mit der Aufschrift: „Ich blonder Engel schlief bei diesem Judenbengel Elisabeth Makowiak Franz-Seldtestr. 76".

Thomas Mann (1875 – 1955)

Thomas Mann:

@ SNG-34530-025

Bücherverbrennung am 10.5.1933 – im Beisein von ca. 40 000 Studenten, Professoren und Zuschauern auf dem Opernplatz in Berlin

Notiert in knapper Form
a) wichtige Angaben zur Person und zum Lebenslauf;
b) wie der Ausschluss aus der Volksgemeinschaft konkret ablief und wie er begründet wurde;
c) wie sich die Bevölkerungsmehrheit verhielt.

Biografisches: Wer war Thomas Mann?

Thomas Mann war ein deutscher Schriftsteller, der als zweiter Sohn einer vermögenden Kaufmannsfamilie geboren wurde. Seine Erzählungen und Romane, die fast alle einen hintergründigen Humor und viele ironische Passagen aufweisen, machten ihn weltberühmt. Für den Roman „Die Buddenbrooks" erhielt er 1929 den Nobelpreis für Literatur. Stets legte er großen Wert auf die Erkenntnis, dass komplizierte Probleme keine einfachen Lösungen kennen und gerade die Gebildeten, etwa die Künstler, sich um ein differenziertes Urteil und Respekt untereinander bemühen müssten. Das brachte ihm den Vorwurf ein, er mache nicht die Probleme des Volkes zum Thema, sondern die einer abgehobenen Künstler-Elite.

Verfolgung durch das NS-Regime

Bis in die Anfangsjahre der Weimarer Republik vertrat Thomas Mann in der Politik deutlich konservative Positionen, aber dann bekannte er sich zunehmend und offen zur Demokratie und wandte sich gegen einen engstirnigen Nationalismus und Militarismus. Das öffentliche Auftreten der Nazis war ihm zuwider. 1930 bezeichnete er sie in einer Rede in der Berliner Beethovenhalle als „Riesenwelle exzentrischer Barbarei", sprach von einer Rohheit wie auf dem „Jahrmarkt", „nur Massenkrampf, Budengeläut, Halleluja". Schlagworte würden so lange wiederholt, „bis alles Schaum vor dem Mund hat". Überzeugte Nationalsozialisten störten durch Zwischenrufe, aber noch gab es eine Mehrheit im Saal, die Mann unterstützte. Im Frühjahr 1933 hatte sich die Lage grundlegend verändert. Thomas Mann erhielt von der Preußischen Akademie der Künste die Aufforderung, gegenüber dem NS-Regime einen Treueeid abzulegen, was er ablehnte. Die Akademie reagierte mit dem Ausschluss (17.3.1933), woraufhin er sich zur Emigration entschloss. Als am 10. Mai 1933 in mehr als 20 Universitätsstädten „undeutsche" und „zersetzende" Bücher verbrannt wurden, darunter auch seine Werke, erinnerte Thomas Mann an ein Zitat Heinrich Heines aus dem 19. Jahrhundert: „Wo man Bücher verbrennt, verbrennt man auch am Ende Menschen." Mit der Gründung der Reichskulturkammer (September 1933) wurde offensichtlich, dass von nun an der Staat bestimmte, was gedruckt oder gemalt, welche Musik gespielt oder welche Filme gezeigt wurden. Diese Kammer entschied, dass genau wie abstrakte Gemälde oder Jazz auch die Werke Manns dem „gesunden Volksempfinden" widersprachen. In der Folge wurde auch sein Vermögen beschlagnahmt und seine Bücher wurden als „Schmutz und Schund" aus den öffentlichen Bibliotheken aussortiert – was einem Berufsverbot gleichkam. 1936 wurde ihm die deutsche Staatsbürgerschaft aberkannt.

Seit 1933 lebte die Familie deshalb ausschließlich von dem Verkauf seiner Werke außerhalb Deutschlands, Ende der 30er-Jahre wurden die USA zum Lebensmittelpunkt. Dort sprach Thomas Mann Texte für „Deutsche Hörer", die von der BBC ins Reichsgebiet gesendet wurden. Sein Hauptinteresse galt dem schnellen Ende des Krieges, damit sich das deutsche Volk vom „lügenhaften" Führer befreien und eine „neue Lebensordnung" errichten könne – was ihn für die Nationalsozialisten erst recht zum „Verräter des deutschen Volkes" machte. Bis zu seinem Tode litt er darunter, dass sich so gut wie kein Widerstand regte, als seine Bücher verbrannt und er aus der Volksgemeinschaft ausgeschlossen wurde. Dass nicht nur der „Pöbel", sondern auch Studenten und Professoren ihn ausgrenzen konnten, hatte er für völlig unmöglich gehalten.

Biografisches: Wer war Hannelore Zürndorfer?

Hanna Zürndorfer, genannt Hannele, wurde 1925 als Kind jüdischer Eltern in Düsseldorf geboren. Sie ging gern in die Schule, noch lieber aber verbrachte sie ihre Zeit in der Familie, vor allem mit ihrer Schwester Lotte. Die Eltern konnten ihr eine sorgenfreie Kindheit ermöglichen, denn sie verdienten recht gut. An einen geheimnisvollen Zauberbaum, aus dem Lebkuchen wuchsen, an lange Spaziergänge, den bunten Laternenumzug am Sankt-Martins-Tag und große Familienfeste hatte sie besonders schöne Erinnerungen. Doch nach der Machtergreifung Hitlers veränderte sich das Leben der Familie.

Verfolgung durch das NS-Regime

Schon im Jahre 1933 verlor der Vater seine Arbeitsstelle, nur weil er Jude war. Hannele musste ab 1936 zu einer anderen Schule gehen, die ausschließlich von jüdischen Kindern besucht wurde. Eine „deutsche" Schule zu besuchen, verboten ihr die „Nürnberger Gesetze", die alle Juden zu Bürgern zweiter Klasse machten. Noch fühlte sich Hannele nicht direkt bedroht.

Aber am 9. November 1938 wurde jede Hoffnung zerstört, irgendwie doch noch in Deutschland leben zu können. Mitten in der Nacht drang eine Horde von Nationalsozialisten in die Wohnung ein. Hannele erinnert sich genau: „Ihre Gesichter waren hassverzerrte Fratzen, rot oder bleich; sie brüllten und johlten, schauten sich wütend und zähnebleckend um und schwangen ihre Äxte, Vorschlaghämmer, Steine und Messer. Ein Stuhl landete im Frisierspiegel und die Scherben flogen durchs Zimmer. Ich duckte mich, als ich sah, wie eines der Ungeheuer brüllend auf ein Gemälde zustürzte, das auf Papis Seite über dem Bett hing, und sein hell aufblitzendes Messer schwang". Nach und nach zertrümmerten die SA-Männer die gesamte Einrichtung, bevor sie die Wohnung verließen. „Am deutlichsten", so erinnerte sich Hannele, „ist mir das Bild meines Vaters haften geblieben, wie er, zusammengesunken auf einem Küchenstuhl neben dem Herd, hemmungslos weinte. Mein Herz krampfte sich zusammen und schien dann stehen zu bleiben. Niemals in meinem Leben hatte ich meinen Vater weinen sehen."

Die Familie beschloss, Deutschland zu verlassen. Aber nur für Hannele und ihre Schwester ergab sich eine Chance. Beide Kinder wurden 1939 mit einem Transport nach England gebracht und dort von einer Pflegefamilie aufgenommen. Die Eltern schafften es nicht mehr, rechtzeitig auzureisen; sie wurden 1941 deportiert und 1942 ermordet.

Hannele Zürndorfer an ihrem ersten Schultag, 1932

Hannele Zürndorfer

@ SNG-34530-026

Hannele (rechts) mit Vater und Schwester

Notiert in knapper Form
a) wichtige Angaben zur Person und zum Lebenslauf;
b) wie der Ausschluss aus der Volksgemeinschaft konkret ablief und wie er begründet wurde;
c) wie sich die Bevölkerungsmehrheit verhielt.

Sechs Jahre NS-Diktatur – Hitlers Bilanz unter der Lupe

1933 bis 1939 sind die Jahre, in denen das NS-Regime seine Herrschaft stabilisierte. In einer Rede vom 28. April 1939 zog Hitler die Bilanz seiner Politik in diesen Jahren – eine Bilanz, die aus heutiger Sicht geprüft und bewertet werden kann.

- *Wie beschreibt und beurteilt Hitler seine eigene Leistung in den vergangenen sechs Jahren (1933 – 1939)?*
- *Wie bewertet ihr auf der Grundlage eures heutigen Kenntnisstands und eurer Wertmaßstäbe diese Bilanz?*

Präsentiert einen Kurzvortrag, in dem ihr anhand eines Flipchart-Anschriebs die Ergebnisse eurer Interpretation der Hitler-Rede vorstellt. Bewertet ausgehend davon Hitlers Bilanz im Kreisgespräch.

1. Setzt euch in einem kleinen Arbeitsteam zusammen und interpretiert gemeinsam die Rede (s. Methodenwerkstatt, S. 313). Formuliert einen Flipchart-Anschrieb und ein Stichwortkonzept für euren Vortrag. **Tipp:** Es bietet sich an, beides anhand der drei Arbeitsschritte der Methode zu strukturieren.

2. Setzt euch nach der Präsentation in neuen Gesprächsgruppen zusammen und formuliert in Stichwortform kurze Statements zur zweiten Leitfrage. Folgt dabei den Arbeitsschritten der Methode „Werturteile entwickeln und formulieren" und stellt die Statements im Kreisgespräch zur Diskussion.

Eine andere Möglichkeit … Ihr könntet zwei **Kommentare** schreiben und in der Klasse zur Diskussion stellen, in denen ein überzeugter Anhänger des NS-Regimes und ein kritisch eingestellter Zeitgenosse zur Rede Hitlers Stellung nehmen.

Methode **Werturteile entwickeln und formulieren**

Anders als bei Sachurteilen, bei denen wir nach den Maßstäben der Zeitgenossen urteilen, urteilen wir bei Werturteilen aus heutiger Perspektive. Wir fällen dieses Urteil also auf der Grundlage vieler Informationen, die Zeitgenossen nicht oder nicht alle hatten, und orientieren uns an Maßstäben, die wir heute für wichtig halten. Ein Werturteil gründet sich zwar auf einer persönlichen Sichtweise – aber es ist nicht beliebig. Die Maßstäbe der eigenen Bewertung müssen klar benannt werden und die Werturteile sind mit Fakten und Argumenten zu begründen. Das Werturteil gewinnt an Qualität, wenn man erkennen lässt, dass man sich auch mit anderen Bewertungen auseinandergesetzt hat.

Arbeitsschritte	Erläuterungen und Lösungshilfen
1. Schritt: Die Leitfrage formulieren (zur Bewertung)	Kategorien für die Bildung eines Werturteils könnten z. B. sein: Gewaltenteilung, Menschenrechte, Friedenspolitik … So entsteht etwa die Leitfrage: *Wie ist Hitlers Bilanz aus der Perspektive einer demokratischen Ordnung zu bewerten?*
2. Schritt: Den behaupteten Sachverhalt untersuchen	Grundlage der Untersuchung sind Kenntnisse über die historischen Ereignisse und Zusammenhänge. Diese sind zu nutzen, um die Darstellung der Quelle zu prüfen. *Hitler beurteilt seine Politik sehr …/Dieses Urteil bezieht er vor allem auf die Bereiche …/Seine eigene Person stellt er dabei …/Er erwähnt nicht …/Er geht davon aus, dass …*
3. Schritt: Ein begründetes Werturteil formulieren	Auf der Grundlage der Überprüfung und der eigenen Wertmaßstäbe wird nun das eigene Werturteil klar und eindeutig formuliert. *Viele Zuhörer und Zeitgenossen haben vermutlich …/Aus meiner heutigen Sicht …/ Mein Werturteil gründet auf der Überzeugung, dass …*

M 1 Adolf Hitler, Rede vor dem Deutschen Reichstag in der Kroll-Oper zu Berlin (28. April 1939) – Auszüge

[...] Ich habe das Chaos in Deutschland überwunden, die Ordnung wiederhergestellt, die Produktionen auf allen Gebieten unserer nationalen Wirtschaft ungeheuer gehoben, durch äußerste Anstrengungen für die zahlreichen uns fehlenden Stoffe Ersatz geschaffen, neuen Erfindungen die Wege geebnet, ge-
5 waltige Straßen in Bau gegeben. Ich habe Kanäle graben lassen, riesenhafte neue Fabriken ins Leben gerufen und mich dabei bemüht, auch den Zwecken der sozialen Gemeinschaftsentwicklung, der Bildung und der Kultur meines Volkes zu dienen. Es ist mir gelungen, die uns allen so zu Herzen gehenden sieben Millionen Erwerbslosen restlos wieder in nützliche Produktionen ein-
10 zubauen, den deutschen Bauern trotz aller Schwierigkeiten auf seiner Scholle zu halten und diese selbst ihm zu retten, den deutschen Handel wieder zur Blüte zu bringen und den Verkehr auf das Gewaltigste zu fördern.
Um den Bedrohungen durch eine andere Welt vorzubeugen, habe ich das deutsche Volk nicht nur politisch geeint, sondern auch militärisch aufgerüs-
15 tet, und ich habe weiter versucht, jenen Vertrag Blatt um Blatt zu beseitigen, der in seinen 440 Artikeln die gemeinste Vergewaltigung enthält, die jemals Völkern und Menschen zugemutet worden ist. Ich habe die uns 1919 geraubten Provinzen dem Reich wieder zurückgegeben; ich habe Millionen von uns weggerissener, tief unglücklicher Deutscher wieder in die Heimat geführt; ich
20 habe die tausendjährige historische Einheit des deutschen Lebensraumes wiederhergestellt und ich habe [...] mich bemüht, dieses alles zu tun, ohne Blut zu vergießen und ohne meinem Volk oder anderen daher das Leid des Krieges zuzufügen.
Ich habe dies [...] als ein noch vor 21 Jahren unbekannter Arbeiter und Soldat
25 meines Volkes aus meiner eigenen Kraft geschaffen und kann daher vor der Geschichte es in Anspruch nehmen, zu jenen Menschen gerechnet zu werden, die das Höchste leisteten, was von einem Einzelnen billiger- und gerechterweise verlangt werden kann.
(Zit. nach: Dokumente der deutschen Politik VI.1, Berlin 1940, S. 180)

> Hitler spricht von Fabriken zur Herstellung von synthetischem Gummi und Treibstoffen. Kautschuk und Erdöl gab es in Deutschland nicht, sie sind aber für die Kriegsführung sehr wichtig.

> Scholle = Ackerland

> Gemeint ist der Versailler Vertrag.

Regierungserklärung Hitlers vor dem Reichstag am 28.4.1939

> Notiert in Stichworten vorläufige Antworten auf die euch bekannten W-Fragen: Wer sagt Was zu Wem? Wann und Wo tut er dies, mit Welche(r) Absicht und Wie?

Spurensuche in unserer Stadt – Arbeiten im Archiv

Die Jahre 1933 bis 1938/39 verliefen nicht nur in Berlin turbulent. Fast überall in Deutschland ereigneten sich nahezu unfassbare Vorfälle, höchstwahrscheinlich auch in unserer Stadt. Einige von euch haben bestimmt Interesse, die Ereignisse „vor Ort" zu untersuchen.
Bildet Kleingruppen und entscheidet, welches Thema euch besonders interessiert und worüber ihr im Archiv mehr erfahren wollt. Z. B.:

- *Was geschah in unserer Stadt im Frühjahr 1933, in der „Reichskristallnacht" 1938 oder auch an einem normalen Tag im Jahre 1936?*

„Schandpfahl" für „undeutsche Literatur"
auf dem Domplatz von Münster, Mai 1933

Recherchiert im Archiv eurer Gemeinde und präsentiert, z. B. als PPP oder auf einer Schautafel, die Ergebnisse eurer Arbeit.

Einige Hinweise vorweg:
Da jede Gemeinde über ein Archiv verfügt, in dem wichtige Dokumente aufbewahrt werden, bietet sich der Besuch eines solchen Gemeindearchivs an.
Besonders lohnend erscheint die Untersuchung der Berichterstattung in den örtlichen Zeitungen. Schließlich haben die Zeitungen fast täglich über die Entwicklung berichtet. Aber auch Fotos oder Akten sind sehr aufschlussreich.
Wer ohne klare Zielsetzung in ein Archiv geht, ist allerdings häufig enttäuscht. In einem Archiv kann man nicht so frei herumstöbern wie in einer Bibliothek oder im Internet. Ihr müsst den Besuch sorgfältig vorbereiten. Tipps für eine lohnende Archivarbeit findet ihr auf der folgenden Seite: Methode „Arbeiten im Archiv".

Straßenterror: SA-Motorradabteilungen sammeln sich am Falkenkrug bei Detmold, 1933.

Brennende Synagoge in Essen, 10.11.1938

Arbeiten im Archiv

1. Schritt: **Festlegung der Fragestellung**	Die Eingrenzung auf eine klar umrissene Fragestellung ist besonders wichtig. Beispiele: • *Wie reagierte man in unserer Gemeinde auf den Tag der „Machtergreifung" am 30. Januar 1933: Gab es Fackelzüge, gab es Proteste?* • *Die Wahl am 5. März 1933: Wie wählten die Menschen in unserer Gemeinde? Wie kommentierte die Presse das Ergebnis?* • *Der 1. Mai 1933: Wie wurde er gefeiert? Und was geschah bei uns am 2. Mai mit den Gewerkschaften?* • *Die Olympischen Spiele 1936: Wie berichtete die heimische Presse? Nahmen auch Sportler aus unserer Gemeinde teil?*
2. Schritt: **Anmeldung beim Archiv**	Fragt frühzeitig beim Archiv an und nennt euer Thema, damit euch die Mitarbeiterinnen und Mitarbeiter bei der Suche nach Materialien unterstützen können. Ihr solltet auch einen Termin vereinbaren, damit ihr vor Ort beraten werdet. Vielleicht ist es auch möglich, eine Archivführung zu bekommen. Eine solche Führung vermittelt einen ersten Eindruck vom Archiv, seiner Funktion und den Arbeitsmöglichkeiten.
3. Schritt: **Bestellung der Archivmaterialien**	Nun kann eure Arbeit im Archiv beginnen. Eine Übersicht bieten die sogenannten Findbücher oder ein digitalisiertes Verzeichnis der Bestände. Die Benutzung wird euch von den Mitarbeiterinnen und Mitarbeitern des Archivs erklärt. Bestellt das Material, das euch am ergiebigsten erscheint, damit es euch vorgelegt wird. Bei Zeitungsjahrgängen ist die Suche natürlich sehr einfach.
4. Schritt: **Arbeiten mit Archivmaterialien**	Sichtet das vorgelegte Material. Interessante Schriftstücke solltet ihr zusammenfassen, abschreiben oder kopieren. Achtung: Das ist eine Arbeit, die viel Zeit erfordert. Achtet darauf, dass ihr die Fundstelle des Materials genau notiert: Signatur, Titel, Verfasser, Datum usw.
5. Schritt: **Auswertung der Archivmaterialien**	In der Regel wird die Arbeit nicht im Archiv, sondern zu Hause oder in der Schule abgeschlossen. Ordnet eure Ergebnisse und haltet fest, welche gesicherten Antworten ihr auf eure Frage bereits erhalten habt. Sind Fragen offen? Notiert diese. Vielleicht ist es sinnvoll, noch einen weiteren Besuch im Archiv durchzuführen.
6. Schritt: **Präsentation der Ergebnisse**	Überlegt euch eine geeignete Präsentationsform für eure Arbeitsergebnisse. Eine PowerPoint-Präsentation bietet sich häufig an, z. B. für die Klasse. Denkbar ist aber auch eine kleine Ausstellung, etwa auf Stellwänden im Eingangsbereich der Schule. Noch ein Tipp: Berichtet nicht nur von den Erfolgen, sondern auch von den Problemen eurer Arbeit.

Mitarbeiter im Archiv vor einem
Regal mit Archivmaterialien

Bei einem Besuch im Vernichtungslager Auschwitz-Birkenau hinterlässt eine deutsche Schülergruppe diese Blume neben den Gleisen, die zu den Gaskammern und Krematorien führen.

Das Kriegsgeschehen im Überblick

Krieg bedeutet immer Tod, Schrecken und Entsetzen. Der Zweite Weltkrieg war in einem solchen Ausmaß von Grausamkeit und Menschenverachtung geprägt, dass er heutige Betrachter fast sprachlos macht. Das gilt nicht nur für das Kriegsgeschehen selbst, sondern auch für den damit einhergehenden Vernichtungsfeldzug gegen die europäischen Juden. Weltkrieg und Ausschwitz, ein Ort des nationalsozialistischen Völkermords, in dem über eine Million Menschen systematisch getötet wurden, gehören zusammen.

● *Was sind die wichtigsten Stationen und Entwicklungen im Zweiten Weltkrieg?*

Präsentiert mithilfe eines digitalen Programms einen kartengestützten Vortrag, in dem ihr die wichtigen Daten, Schauplätze, Beteiligten und Schlüsselereignisse des Kriegsgeschehens darstellt und erläutert.

1. Wertet zusammen mit einer Partnerin bzw. einem Partner die darstellenden Texte und die Kartenmaterialien aus.

2. Gestaltet auf der Grundlage der erarbeiteten Informationen Präsentationsfolien für den Vortrag. Anregungen und Hilfen findet ihr im der Methodenwerkstatt (S. 311). **Empfehlungen:** Fertigt

Der Zweite Weltkrieg im Überblick			
Phase	Datum	Schauplatz/Beteiligte	Ereignis/Vorgänge
1			
2			Überfall auf Polen
3		Europa, Nordafrika, Pazifik	
4	6.6.1944		

Scans der Karten als Bausteine für die Präsentation an. Erstellt auf einer Präsentationsfolie eine Tabelle. Animiert sie in der Weise, dass ihr begleitend zu euren Ausführungen an der jeweiligen Stelle sukzessive wichtige Daten, Schauplätze und Ereignisse für jede Phase des Krieges aufblenden könnt.

3. Startet einen Probelauf eurer Präsentation, bevor ihr sie im Plenum vorstellt.

Wer möchte …

Allein oder mit einem Partner/einer Partnerin könntet ihr auch einen Ort vorstellen, den Schülerinnen und Schüler in anderen europäischen Ländern mit dem Zweiten Weltkrieg verbinden. Kaum ein deutscher Jugendlicher hat die Namen Oradour, Coventry oder Katyn schon einmal gehört; in Frankreich, Großbritannien oder Polen kennt sie nahezu jeder. Die Karte zeigt mehrere solcher Orte für viele europäische Länder.

Recherchiert im Internet und informiert die Klasse über die Ereignisse (Was ist an diesem Ort geschehen?) und über die Bedeutung (Warum ist dieser Ort für die Bewohner des Landes so wichtig?). **Tipps:** Wer eine Person aus einem der europäischen Länder kennt, sollte die Chance ergreifen und diese Person danach befragen, was ihr zu diesem Ortsnamen einfällt.

Ihr könntet in der Klasse eine Europakarte projizieren/verteilen und auf ihr nach und nach Stichworte zu den einzelnen Ortsnamen eintragen.

Listet in Stichworten die Kerninformationen (Daten, Gegner und Schauplätze der Kampfhandlungen, Ereignisse) zu den Kriegsphasen 1 und 2 auf.

Expansion vor Kriegsausbruch

Der erfolgreiche Anschluss Österreichs (März 1938) bestärkte Hitler in dem Entschluss, die Ausdehnung nach Osten mit der Zerschlagung der Tschechoslowakei einzuleiten. Immer häufiger bezeichnete er die Zustände im Sudetengebiet, das mehrheitlich von Deutschen bewohnt wurde, als unerträglich. Der Versailler Vertrag hatte dieses Gebiet der Tschechoslowakei zugesprochen. Öffentlich setzte Hitler den Termin zum Einmarsch auf den 1.10.1938 fest. Die Welt hielt den Atem an: Würde es Krieg geben? Ein Einmarsch hätte die Bestimmungen des Versailler Vertrages verletzt; England und Frankreich hätten militärisch antworten müssen. In fast letzter Sekunde wurde die Gefahr abgewendet: Auf einer eilig einberufenen Konferenz in München erhielt Deutschland von England, Frankreich und Italien das Sudetengebiet zugesprochen (29.9.1938). Franzosen und Briten hofften, den Frieden durch eine Politik des Entgegenkommens ("Appeasement") zu bewahren. Man glaubte dem Versprechen Hitlers, dass es keine weiteren territorialen Forderungen gebe, wenn die Sudeten "heim ins Reich" geholt worden seien.

Die Situation spitzt sich zu

Die tatsächliche Wertlosigkeit des Münchener Abkommens wurde am 15.3.1939 deutlich. Deutsche Truppen marschierten in die sogenannte Rest-Tschechei ein und erklärten die fast ausschließlich von Tschechen bewohnten Gebiete zum Protektorat (= Schutzgebiet) Böhmen und Mähren. Dieser Verstoß gegen alle internationalen Verträge machte klar: Hitlers Bekenntnis, das Selbstbestimmungsrecht der Völker "zu heiligen" und nur Ungerechtigkeiten des Versailler Vertrages überwinden zu wollen, war rein taktischer Art gewesen. Er machte Ernst mit seiner Idee einer offensiven Lebensraumpolitik. Auf den Einmarsch deutscher Truppen in der Tschechoslowakei reagierten England und Frankreich sofort: Gemeinsam gaben sie Garantieerklärungen für den Bestand anderer europäischer Staaten ab (u. a. für Polen) und beschleunigten die eigene Aufrüstung. In dieser gespannten Atmosphäre allgemeiner Kriegserwartung überraschte die Nachricht von einem Nichtangriffspakt zwischen Deutschland und der Sowjetunion (23.8.1939). Kommunisten und Nationalsozialisten galten als ideologische Todfeinde – und jetzt einigten sie sich! Auch ohne Kenntnis des geheimen Zusatzprotokolls, in dem die beiden Großmächte Osteuropa untereinander aufteilten, war der Weltöffentlichkeit klar: Polen war in seiner Existenz bedroht. Ein Krieg ließ sich nicht mehr vermeiden.

M 1 Die Erweiterung des deutschen Machtbereichs von 1935 bis zum Kriegsbeginn

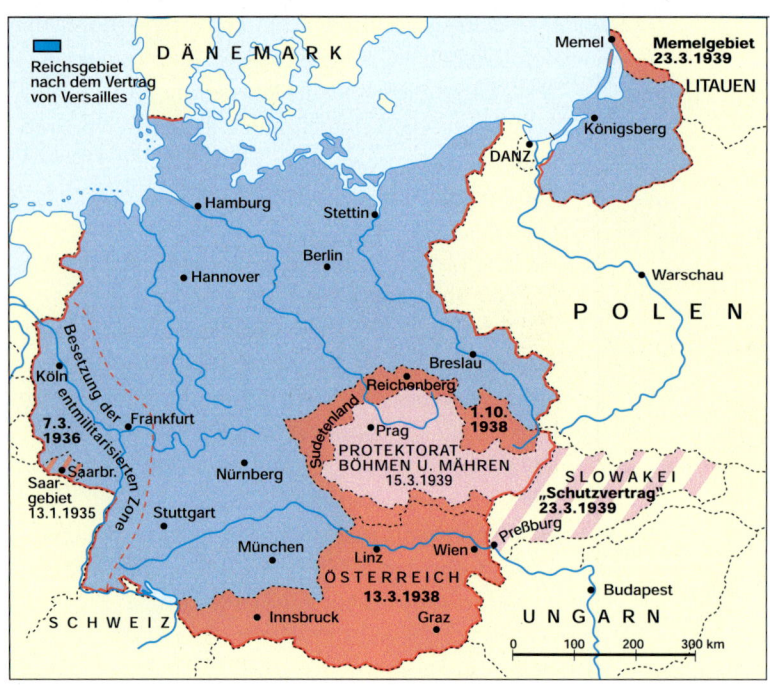

Phase 2: Krieg in Europa 1939 – 1942

Der Krieg bricht aus

Unter dem Vorwand, Polen hätten den schlesischen Radiosender Gleiwitz angegriffen, ließ Hitler am 1.9.1939 deutsche Truppen in Polen einmarschieren. Dies war der Beginn des Zweiten Weltkrieges in Europa. Zur Verblüffung Hitlers („Unsere Gegner sind kleine Würmchen. Ich sah sie in München.") erklärten Frankreich und Großbritannien am 3.9. den Krieg. Die USA und die meisten europäischen Länder verhielten sich neutral, Italien (später auch Japan) unterstützte die deutsche Seite („Achsenmächte").

Zeit der „Blitzkriege"

In den ersten Kriegsjahren errangen die deutschen Truppen viele Siege. In sogenannten „Blitzkriegen" konnten große Teile Europas besetzt werden. Die Kampfhandlungen im Osten (Polen: 1.9 – 28.9.1939), Norden (Dänemark, Norwegen: 9.4. – 10.6.1940) und im Westen (Niederlande, Belgien, Frankreich: 10.5. – 22.6.1940) dauerten jeweils nur wenige Wochen. Dann konnte die deutsche Propaganda melden: „Der Feind wurde vernichtend geschlagen". Auch wenn der Luftkrieg gegen England erfolglos blieb und die Idee einer Eroberung der Insel aufgegeben wurde, ließ sich Hitler als der „größte Feldherr aller Zeiten" feiern. In den ersten beiden Kriegsjahren waren große Teile der deutschen Bevölkerung vom Kriegsgeschehen nicht unmittelbar betroffen. Und auch für die aktiven Soldaten war die Phase der eigentlichen Kämpfe erheblich kürzer als die Zeiten der „Kriegspausen" – eine Zeit der relativen Ruhe, die 1941 durch militärische Erfolge deutscher und italienischer Truppen im Mittelmeerraum, in Nordafrika und in Südosteuropa aufgewertet wurde. Die „Achse Berlin-Rom" dominierte fast ganz Europa.

Der Angriff auf die Sowjetunion

Am 22.6.1941 war es mit der trügerischen Ruhe vorbei. Deutsche Truppen überfielen die Sowjetunion – trotz Nichtangriffspakt und Freundschaftsvertrag. Auch hier gab es große Anfangserfolge. Dass der deutsche Vormarsch auf Moskau im russischen Winter 1941/42 gestoppt wurde, konnte die deutsche Siegeszuversicht kaum trüben: Im Jahre 1942 erstreckte sich der deutsche Machtbereich bis zur Wolga. „Heute gehört uns Deutschland, und morgen die ganze Welt" – diese Zeile aus einem populären Lied wurde von vielen Menschen nicht nur gesungen, sondern auch geglaubt.

M 2 Der Kriegsverlauf 1939 – 1942

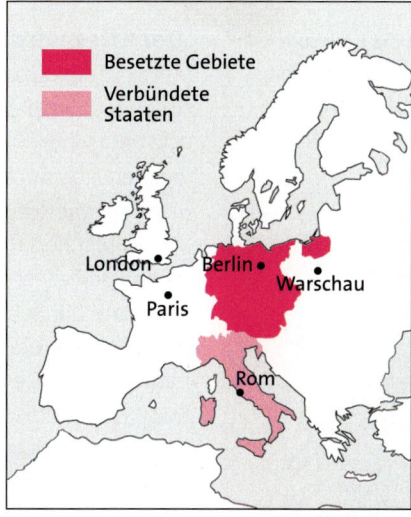

August 1939

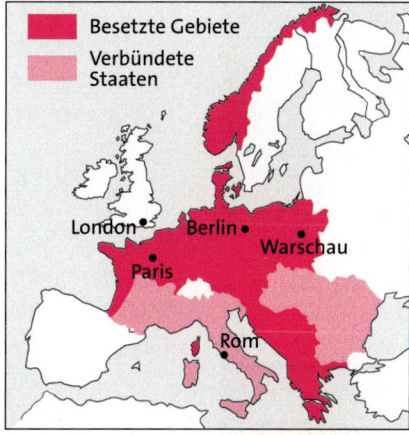

Mai 1941

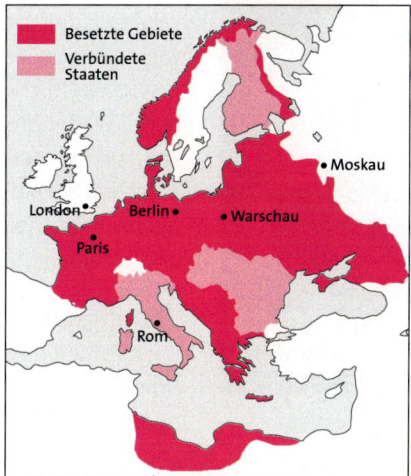

1942: Größte Ausdehnung der Achsenmächte

Notiert in Stichworten die Ergebnisse der Kartenauswertungen.

Listet in Stichworten die Kerninformationen (Daten, Gegner und Schauplätze der Kampfhandlungen, Ereignisse) zu den Kriegsphasen 3 und 4 auf.

Propagandaplakat von 1943

Illustration aus der Propagandabroschüre „Europa arbeitet in Deutschland" (1943)

Phase 3: Die Wende im Weltkrieg

Der Krieg wird zum Weltkrieg

Mit dem Jahreswechsel 1942/43 änderte sich der Kriegsverlauf in fundamentaler Weise: Der deutsche Vormarsch kam nicht nur zum Halt, von nun an wurden die deutschen Truppen nach und nach an allen Fronten zurückgedrängt. Jetzt zeigten sich auch die Auswirkungen eines Ereignisses, das schon ein Jahr zurücklag: der Kriegseintritt USA.

Die deutschen Raumgewinne waren in den ersten Kriegsjahren so beeindruckend gewesen, dass viele Zeitgenossen kaum registrierten, dass Großbritannien und die Sowjetunion keineswegs besiegt waren und in den eroberten Gebieten Befreiungsbewegungen und Partisanen gegen die deutschen bzw. italienischen Besatzer kämpften. Eine weitere ganz entscheidende Entwicklung war ebenfalls kaum wahrgenommen worden: der japanische Luftangriff auf die US-Flotte im Hafen von Pearl Harbor auf Hawaii (7.12.1941). Dieser Angriff bewog die USA, ihre offizielle Neutralität aufzugeben. Hitler hatte diese vermeintliche Chance genutzt und den USA am 11.12.1941 den Krieg erklärt. Noch standen sich deutsche und US-amerikanische Soldaten nicht direkt gegenüber. Aber es zeichnete sich eine neue Dimension des Krieges ab, denn die USA waren eine Großmacht mit nahezu unbegrenzten wirtschaftlichen und militärischen Möglichkeiten.

„Totaler Krieg"

Aus deutscher Sicht gilt rückblickend die Schlacht um Stalingrad, wo nach monatelangen Kämpfen große Teile der deutschen Armee kapitulieren mussten (2.2.1943), als deutliche Wende des Krieges. Fast zeitgleich gerieten auch die Soldaten in Nordafrika in britische Gefangenschaft, wodurch die „Südflanke" offen wurde. Die Idee von der Unbesiegbarkeit der Wehrmacht war damit haltlos geworden, dennoch glaubte die große Mehrheit der Deutschen weiterhin an den Sieg. Propagandaminister Joseph Goebbels hielt im Berliner Sportpalast eine geschickt inszenierte Rede, bei der die Zuhörer ihm zujubelten und seine Frage „Wollt ihr den totalen Krieg? Wollt ihr ihn, wenn nötig, totaler und radikaler, als wir ihn uns heute überhaupt vorstellen können?" mit Beifallsstürmen bejahten. In wirtschaftlicher Hinsicht bedeutete totaler Krieg, dass alle verfügbaren Kräfte der Waffenproduktion dienten. In neuen, teilweise unterirdisch angelegten Fabriken wurden kriegswichtige Geräte hergestellt. Alle waffenfähigen Männer zwischen 16 und 60 wurden als „Volkssturm" an die Front geschickt. Die 14-jährigen Jungen halfen bei der Flakabwehr oder bei Schanzarbeiten, die Mädchen und Frauen arbeiteten im Sanitätsdienst und zunehmend auch in Fabriken.

„Zwangsarbeiter"

Der Großteil des Bedarfs an Arbeitskräften wurde jedoch durch ausländische Arbeitskräfte gedeckt, die zum Arbeitseinsatz in Deutschland gezwungen wurden. Im Sommer 1944 arbeiteten 7,6 Millionen Männer und Frauen aus den „besiegten Gebieten", um die deutsche Kriegswirtschaft in Gang zu halten. Davon waren „nur" zwei Millionen kriegsgefangene Soldaten, die große Mehrheit waren verschleppte Zivilisten. Fast alle lebten in Baracken, bei schlechter Verpflegung und ohne Lohn. Die NS-Propaganda sprach verharmlosend von „Fremdarbeitern" im „freiwilligen Arbeitseinsatz".

Phase 4: Kriegsende

Das Vordringen der Alliierten

Die Anstrengungen für den totalen Krieg verhinderten nicht, dass sich Niederlage an Niederlage reihte. Im Sommer 1943 verloren die Deutschen mit Italien
den wichtigsten Verbündeten: Nach der Landung alliierter Truppen auf Sizilien
hatten die Italiener ihren faschistischen Führer Benito Mussolini gestürzt und
dem einstigen Verbündeten Deutschland den Krieg erklärt. An allen Fronten
rückten die Alliierten vor: von Osten die „Rote Armee", von Westen die Streitkräfte Englands und der USA, unterstützt von Divisionen aus Frankreich und
vielen anderen Ländern. Seit dem „D-Day", dem Tag der Invasion der Westalliierten in der nordfranzösischen Normandie (6.6.1944), war es nur noch eine
Frage der Zeit, bis der Landkrieg auch das deutsche Gebiet erreichen würde.

Deutschland wird Kriegsschauplatz

Um die Jahreswende 1944/45 standen die Alliierten sowohl im Westen als auch
im Osten an den alten Reichsgrenzen. Der Luftkrieg hatte Deutschland und die
deutsche Bevölkerung schon längst erreicht. Seit 1943 flogen die alliierten
Bomber fast täglich und oft in Großverbänden Luftangriffe auf kriegswichtige
Ziele und auch auf Wohnviertel. Mindestens 700 000 Zivilisten wurden bei diesen Angriffen getötet. Im März 1945 überschritten Westalliierte den Rhein. Mit
der Einnahme Berlins durch die Rote Armee endeten die Kriegshandlungen in
Deutschland. Die deutsche Wehr-
macht musste be-
dingungslos kapi-
tulieren (8.5.1945).
Hitler hatte sich in
seinem Bunker un-
ter der Reichskanz-
lei selbst getötet
(30.4.1945).
Deutschland war
nicht nur militä-
risch, auch wirt-
schaftlich und mo-
ralisch zerstört.
Im Pazifik endete
der Krieg zwischen
Japan und den
USA erst nach dem
Abwurf zweier
Atombomben auf
Hiroshima und Na-
gasaki im August
1945 (offizielle Ka-
pitulation am
2.9.1945).

> Notiert in Stichworten die Ergebnisse
> der Kartenauswertung.

M 3

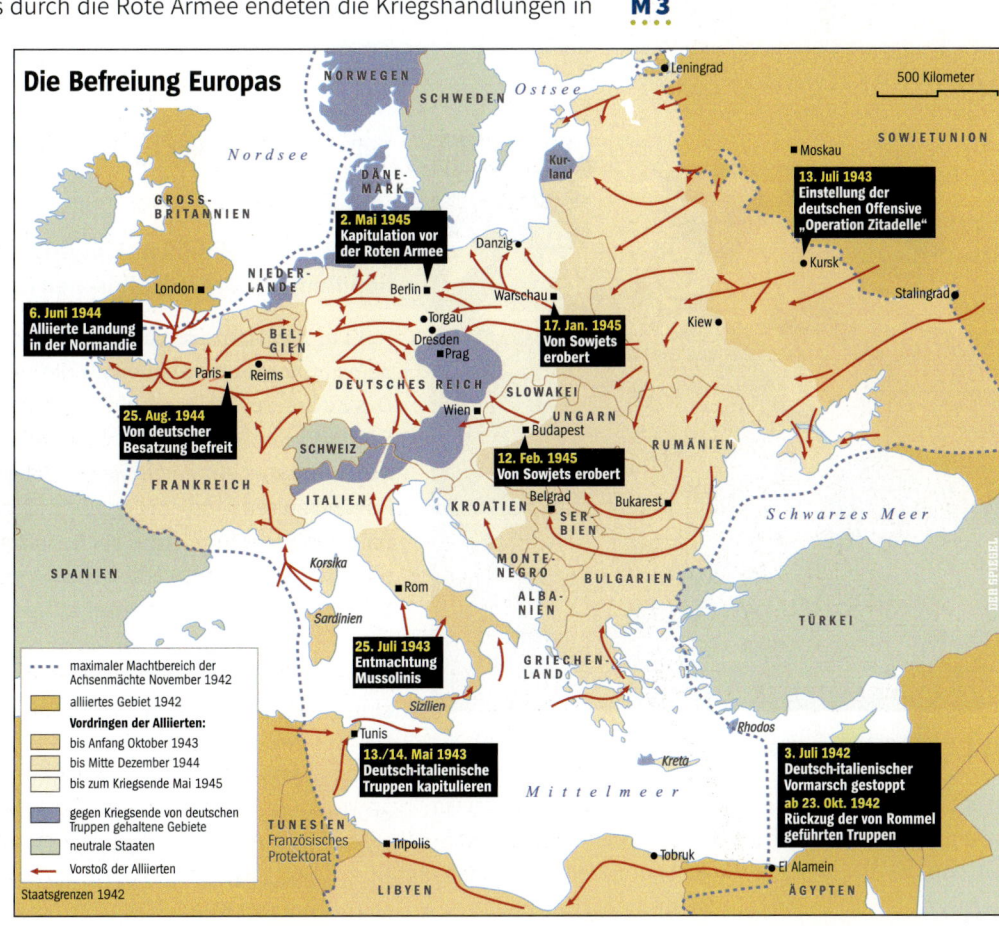

Die Befreiung Europas

500 Kilometer

13. Juli 1943
Einstellung der
deutschen Offensive
„Operation Zitadelle"

2. Mai 1945
Kapitulation vor
der Roten Armee

6. Juni 1944
Alliierte Landung
in der Normandie

17. Jan. 1945
Von Sowjets
erobert

25. Aug. 1944
Von deutscher
Besatzung befreit

12. Feb. 1945
Von Sowjets erobert

25. Juli 1943
Entmachtung
Mussolinis

13./14. Mai 1943
Deutsch-italienische
Truppen kapitulieren

3. Juli 1942
Deutsch-italienischer
Vormarsch gestoppt
ab 23. Okt. 1942
Rückzug der von Rommel
geführten Truppen

- - - - maximaler Machtbereich der
Achsenmächte November 1942
alliiertes Gebiet 1942
Vordringen der Alliierten:
bis Anfang Oktober 1943
bis Mitte Dezember 1944
bis zum Kriegsende Mai 1945
gegen Kriegsende von deutschen
Truppen gehaltene Gebiete
neutrale Staaten
Vorstoß der Alliierten
Staatsgrenzen 1942

NORWEGEN · SCHWEDEN · Ostsee · Leningrad · SOWJETUNION · Moskau · Nordsee · DÄNE-MARK · Kur-land · GROSS-BRITANNIEN · Danzig · Kursk · Stalingrad · London · NIEDER-LANDE · Berlin · Warschau · Kiew · Torgau · Dresden · Prag · BEL-GIEN · Paris · Reims · DEUTSCHES REICH · SLOWAKEI · Wien · UNGARN · Budapest · RUMÄNIEN · SCHWEIZ · FRANKREICH · ITALIEN · KROATIEN · Belgrad · SER-BIEN · Bukarest · Schwarzes Meer · Korsika · MONTE-NEGRO · BULGARIEN · TÜRKEI · SPANIEN · Rom · ALBA-NIEN · Sardinien · GRIECHEN-LAND · Sizilien · Rhodos · Tunis · Kreta · Mittelmeer · TUNESIEN Französisches Protektorat · Tripolis · Tobruk · El Alamein · LIBYEN · ÄGYPTEN

Der Krieg im Osten – kein Krieg wie jeder andere

Dass Kriege ohne Ausnahme immer grausam sind, entsetzliche Opfer fordern und viel Leid mit sich bringen, überrascht niemanden. Für die meisten Geschichtswissenschaftler ist jedoch klar, dass der Krieg im Osten eine besonders brutale Form der Kriegsführung war. Sie sprechen von einem Vernichtungskrieg.

- *Was waren die charakteristischen Merkmale der Kriegsführung im Osten?*
- *Ist der Begriff „Vernichtungskrieg" nachvollziehbar und gerechtfertigt?*

Präsentiert auf einem Wandplakat oder einer Folie eine Mindmap, anhand derer ihr vor der Klasse die charakteristischen Merkmale und Besonderheiten des Krieges im Osten beschreibt, erläutert und Stellung dazu nehmt, ob ihr die Bezeichnung „Vernichtungskrieg" für die Geschehnisse für angemessen haltet.

1. Erarbeitet die Materialien, z. B. in einer Kleingruppe.

2. Stellt die Besonderheiten des Krieges im Osten strukturiert zusammen. **Tipp:** Mögliche Aspekte für die inhaltliche Struktur der Mindmap: Begründung des Feldzugs nach Osten, Vorstellungen der führenden Politiker und Militärs vom „Ostmenschen", konkrete Maßnahmen, Folgen.

3. Diskutiert auf dieser Grundlage die zweite Leitfrage

Eine andere Möglichkeit, die Besonderheiten des Kriegs im Osten darzustellen: Präsentiert ein **Thesenpapier** zu der These „Der Krieg im Osten war kein Krieg wie jeder andere". Belegt diese Aussage mit mindestens drei Argumenten und entsprechenden Beispielen.

M 1 „Rassetauglichkeit"

Himmler, Reichsführer der SS (= Schutzstaffel) betrachtet ein russisches Kind auf seine „Rassetauglichkeit". Himmler war begeisterter Geflügelzüchter und übertrug den Zuchtgedanken wie kaum ein anderer auf die „menschliche Rasse".

Führende Politiker und Militärs äußern sich zum Krieg im Osten

M 2 Heinrich Himmler: Einige Gedanken über die Behandlung der Fremdvölkischen im Osten (15.5.1940)

[...] Für die nichtdeutsche Bevölkerung des Ostens darf es keine höhere Schule geben als die vierklassige Volksschule. Das Ziel dieser Volksschule hat lediglich zu sein: einfaches Rechnen bis höchstens 500, Schreiben des Namens; eine Lehre, dass es ein göttliches Gebot ist, den Deutschen gehorsam zu sein und ehrlich, fleißig und brav zu sein. Lesen halte ich nicht für erforderlich. Außer dieser Schule darf es im Osten überhaupt keine Schulen geben. Eltern, die ihren Kindern von vornherein eine bessere Schulbildung [...] vermitteln wollen, müssen dazu einen Antrag bei den höheren SS- und Polizeiführern stellen. Der Antrag wird in erster Linie danach entschieden, ob das Kind rassisch tadellos und unseren Bedingungen entsprechend ist. Erkennen wir ein solches Kind als unser Blut an, so wird den Eltern eröffnet, dass das Kind auf eine Schule nach Deutschland kommt und für Dauer in Deutschland bleibt. [...]

(Zit. nach: Reinhard Kühnl (Hg.), Der deutsche Faschismus in Quellen und Dokumenten, Köln 1978 u. ö.)

M 3 Aktennotiz aus einer Besprechung der Generalität und führender Politiker (2.5.1941)

1. Der Krieg ist nur weiterzuführen, wenn die gesamte Wehrmacht im dritten Kriegsjahr aus Russland ernährt wird.

2. Hierbei werden zweifellos zig Millionen verhungern,
5 wenn von uns das für uns Notwendige aus dem Lande herausgeholt wird.

(Zit. nach: Rolf-Dieter Müller, Der Zweite Weltkrieg, München 1989, S. 240)

M 4 Ausführungen Hitlers im Führerhauptquartier (17.9.1941)

[...] Der russische Raum ist unser Indien, und wie die Engländer es mit einer Handvoll Menschen beherrschen, so werden wir diesen unseren Kolonialraum regieren. [...] Die slawischen Völker hingegen sind zu einem eigenen
5 Leben nicht bestimmt. Das wissen sie und wir dürfen ihnen nicht einreden, sie könnten das auch. [...] Wir bringen ihnen das Lesen besser nicht bei. Sie lieben uns gar nicht, wenn wir sie mit Schulen quälen; es wäre schon falsch, sie auch nur auf eine Lokomotive zu stellen. Wir
10 haben auch keinen Grund, mit einer Neuverteilung des Bodens anzufangen. Die Eingeborenen werden künftig aber weit besser leben als jetzt. Wir finden in ihnen die Menschen zur Bearbeitung des Bodens, der uns heute abgeht. Wir werden ein Getreide-Exportland sein für alle in
15 Europa, die auf Getreide angewiesen sind. In der Krim haben wir Südfrüchte, Gummipflanzen, Baumwolle. [...] Den Ukrainern liefern wir Kopftücher, Glasketten als Schmuck und was sonst Kolonialvölkern gefällt. Unsere Deutschen – das ist die Hauptsache – müssen eine festungsartig in
20 sich geschlossene Gemeinschaft bilden, der letzte Pferdebursche muss höher stehen als einer der Eingeborenen außerhalb dieser Zentren [...].

(Zit. nach: Adolf Hitler, Monologe im Führerhauptquartier 1941–1944. Die Aufzeichnungen Heinrich Heims, hrsg. von Werner Jochmann, Hamburg 1980, S. 62 ff.)

M 5 Befehl des Oberkommandos der Wehrmacht zur Bekämpfung von Partisanen (16.12.1942)

Der Feind setzt im Bandenkampf fanatische, kommunistisch geschulte Kämpfer ein, die vor keiner Gewalttat zurückschrecken. [...] Wenn dieser Kampf gegen die Banden sowohl im Osten wie auf dem Balkan nicht mehr mit den allerbrutalsten Mitteln geführt wird, so reichen in abseh-5 barer Zeit die verfügbaren Kräfte nicht mehr aus, um dieser Pest Herr zu werden. Die Truppe ist daher berechtigt und verpflichtet, in diesem Kampf ohne Einschränkung auch gegen Frauen und Kinder jedes Mittel anzuwenden, wenn es nur zum Erfolg führt. Rücksichten, gleich wel-10 cher Art, sind ein Verbrechen gegen das deutsche Volk und den Soldaten an der Front [...].

(Zit. nach: Wolfgang Benz, Das Dritte Reich – Die 101 wichtigsten Fragen, München 2006, S. 119)

M 6 Behandlung der russischen Bevölkerung

Ein Historiker hat dazu folgende Daten zusammengestellt:

– Zahl der russischen Zivilisten, die zwischen 1941 und 1945 in Russland verhungert sind: 7 Mio.
– Zahl der russischen Frauen und Männer, die ins Deutsche Reich verschleppt wurden und als „Ostarbeiter" arbeiten mussten: 2,8 Mio.
– Zahl der russischen Soldaten in deutscher Kriegsgefangenschaft: 5,7 Mio.
– davon in der Gefangenschaft gestorben: 3,3 Mio.

(Angaben nach: Wolfgang Michalka, Der Zweite Weltkrieg – Analysen, Grundzüge, Forschungsbilanz, München (Piper) 1989)

1. Analysiert die Quellenauszüge M 2, M 3, M 4, M 5. Wendet dazu das bekannte W-Fragen-Modell an und notiert die Ergebnisse in Stichwortform.

2. Beschreibt das Foto M 1 und erläutert die Aussage und Wirkung auf den Betrachter.

Holocaust – von der Verfolgung zum Völkermord

Am 30. Januar 1939 hatte Hitler „die Vernichtung der jüdischen Rasse in Europa" in einer Reichstagsrede öffentlich ange-kündigt. Wohl kaum jemand ahnte, wie brutal und menschenverachtend diese Ankündigung umgesetzt werden würde.

- *Welche Formen der Ausgrenzung erlebten Juden vor Kriegsbeginn und was erwartete sie nach dem Beginn und während des Zweiten Weltkriegs?*

Haltet einen bildgestützten Gruppenvortrag, in dem ihr die Phasen der Judenentrechtung und -verfolgung bis hin zum Völkermord darstellt.

1. Bildet ein kleines Arbeitsteam. Lest in Einzelarbeit die darstellenden Texte zu den einzelnen Phasen und notiert in Stichwortform die zentralen Informationen.

2. Erstellt auf dieser Grundlage ein inhaltliches Konzept für euren Vortrag. Entscheidet, wie ihr die Bildmaterialien als Visualisierung in eure Ausführungen einbeziehen wollt. Sprecht ab, wie ihr als Gruppe vortragen wollt.

Eine weitere Möglichkeit für eine Arbeitsgruppe …

Der prominente jüdische Journalist Marcel Reich-Ranicki erlebte als junger Mann die Verfolgung unmittelbar. Informiert euch über seine Erfahrungen zwischen 1938 und 1945 und stellt die Phasen der Judenverfolgung an diesem Einzelschicksal dar. Hier eine Starthilfe für eure Recherche:

@ SNG-34530-027

Judenstern

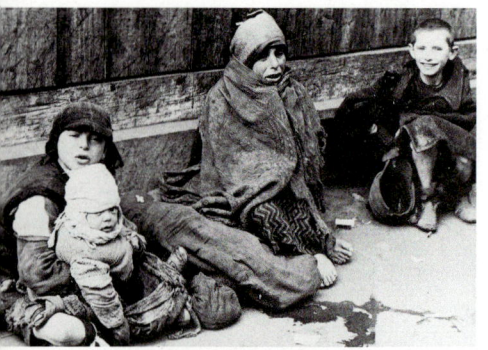

Kinder im Warschauer Getto

Maßnahmen der Ausgrenzung: Zahlreiche Verordnungen hatten bereits vor Ausbruch des Krieges zur Ausgrenzung der Juden aus der deutschen Gesellschaft geführt. Die „Nürnberger Gesetze" (1935) und die Reichspogromnacht waren zwei besonders spektakuläre Beispiele. Bis Kriegsbeginn hatten mehrere Hunderttausend Juden die „Reichsfluchtsteuer" bezahlt und waren aus Deutschland geflohen. Juden, die nicht in Deutschland geboren waren, wurden in ihre „Heimatländer" deportiert (= fortgebracht). Auf die ca. 185 000 Juden, die im September 1939 noch in Deutschland lebten, kamen nun neue Diskriminierungen zu: Juden durften nur tagsüber auf die Straße, sie durften keine Rundfunkgeräte und Telefone besitzen, konnten nur zu bestimmten Zeiten einkaufen, durften keine Haustiere halten und keine öffentlichen Verkehrsmittel benutzen. Seit dem 1.9.1941 mussten sie einen gelben Stern auf ihrer Kleidung tragen – so waren sie leicht zu identifizieren und gleichzeitig schutzlos willkürlichen Übergriffen ausgesetzt.

Einrichtung von Gettos im Osten: Demütigung, Isolierung und Ausbeutung der Juden erhielten mit Kriegsbeginn im Osten eine neue Qualität. Polnische Juden wurden in wenigen „Wohngebieten" konzentriert. Diese Gettos wurden von der Außenwelt durch Mauern und Stacheldraht abgeschlossen. Dass Überfüllung und Hunger zu lebensgefährlichen Krankheiten und Epidemien führten, war durchaus gewollt.

Massenerschießungen und -deportationen: Zu Beginn des Russlandfeldzuges (1941) folgten die Einsatzgruppen der Wehrmacht und ermordeten fast 560 000 Menschen – fast ausschließlich Juden. Traurige Berühmtheit erhielten die Vorfälle vom 29. und 30.9.1941, als die SS-Einheiten bei Babi Yar (Ukraine) weit über 30000 Juden erschossen. Seit Herbst 1941 wurden immer mehr deutsche Juden aus dem Reich in Gettos deportiert, die in den neu eroberten Gebieten lagen. Die Juden durften so gut wie nichts mitnehmen, ihre Fahrt mussten sie bezahlen (in Höhe einer Fahrkarte 3. Klasse).

Massenvernichtung: Mit dem Bau von sechs Massenvernichtungslagern auf dem Gebiet des ehemaligen Polen begann die letzte Phase. Am 20.1.1942 beschlossen führende Nationalsozialisten auf einer Konferenz am Berliner Wannsee die „Endlösung der europäischen Judenfrage". Alle Juden im deutschen Machtbereich sollten ohne Rücksicht auf Alter, Geschlecht, Beruf usw. vernichtet werden. In einer beispiellosen Sprache der Menschenverachtung ist das Konferenzprotokoll verfasst, das den Tod von „rund 11 Millionen Juden" vorsieht. Aus ganz Europa („von Westen nach Osten") sollen diese Juden ausnahmslos in die Lager transportiert werden, um dort zu arbeiten („wobei zweifellos ein Großteil durch natürliche Verminderung ausfallen wird") und dann den „verbleibenden Restbestand" zu töten. Generalstabsmäßig wurde geplant, wie die Vernichtung durchgeführt werden sollte. Mit dem Vorrücken der sowjetischen Armee löste das Wachpersonal die Lager auf, baute Gaskammern und Krematorien weitgehend ab. Die Zahl der Juden, die sich in Deutschland verstecken und überleben konnten, wird auf unter 10 000 geschätzt.

Die „Endlösung" – ein einzigartiger Vorgang in der Geschichte: Ob die industrielle Vernichtung bereits 1933 oder 1939 fest geplant war oder ob die Vernichtung ungeplant radikaler wurde, ist umstritten. Unbestritten ist der Tatbestand, dass etwa sechs Millionen Menschen, nur weil sie Juden waren, systematisch verfolgt und ermordet wurden – und dass sich zahlreiche Menschen an der technisch perfekten Ausrottung beteiligten bzw. diese unwidersprochen hinnahmen. So unterschiedlich auch die Bezeichnungen für den Massenmord sind (im englischsprachigen Raum heißt er Holocaust, die Juden nennen ihn Shoa, die Deutschen Völkermord), die „Endlösung der Judenfrage" ist ohne Beispiel in der Geschichte.

Erschießung von Juden (Vinnica, Ukraine)

Krematorium im Lager Auschwitz

M Die wichtigsten Konzentrationslager im Deutschen Reich und in den besetzten Gebieten

Karte der Konzentrations- und Vernichtungslager

Deutschland in den Grenzen von 1937
Konzentrationslager
Vernichtungslager

1. Listet in kurzer Form die Kerninformationen des darstellenden Textes auf.

2. Notiert in Stichworten die Ergebnisse der Beschreibung und Auswertung der Karte.

Auschwitz – weltweites Symbol für den Völkermord

„Nein, Juden sind keine Menschen! Wir sprechen ihnen jedes Menschtum ab [...]. Wir haben den Juden am eigenen Körper kennengelernt und daher werden wir nicht ruhen, bis er vernichtet ist." Mit diesen Worten rechtfertigt der Gauleiter Lautenbacher im Jahr 1943, was im größten Massenvernichtungslager Auschwitz-Birkenau längst grauenvolle Wirklichkeit der „Endlösung der Judenfrage" war. Über eine Million Menschen wurden hier getötet.

- *Wie haben die Täter ihr Verhalten dargestellt, wie haben die Opfer die „Endlösung" erlebt?*
- *Was bewegt euch an dem, was ihr hier über das Geschehen im Konzentrationslager erfahrt?*
- *Wie kann und soll man mit dieser Erinnerung umgehen?*

Führt ein von euch selbst moderiertes Kreisgespräch, in dem ihr ausgehend von den Leitfragen versucht, die für uns eigentlich unfassbare Wirklichkeit Auschwitz aus der Perspektive von „Tätern" und „Opfern" zu diskutieren.

1. Teilt euch auf: Die eine Hälfte der Klasse (Großgruppe A) konzentriert sich auf die Lektüre und Auswertung der Materialien zur Täterseite, die andere Hälfte (Großgruppe B) auf die zu den Opfern.

2. Bildet innerhalb der Großgruppen kleine Arbeitsgruppen. Wertet die Foto- und Textmaterialien mithilfe der Erschließungshilfen aus. **Tipp:** Für die Erarbeitung bietet sich die Placemat-Methode an. Entscheidet, ob und wie ihr ergänzende Materialien, die ihr z. B. in der Bibliothek oder im Internet recherchieren könnt, zusätzlich einbringen wollt.

3. Tauscht euch im „Kugellager" über die beiden Perspektiven „Tätersicht" und „Opfersicht" aus.

4. Schreibt nach dem „Kugellager" in Einzel- oder Partnerarbeit mit wenigen Stichworten persönliche Eindrücke, Gefühle, Gedanken, Fragen zu dem auf, was ihr hier über das Geschehen in Auschwitz erfahren habt und im Kreisgespräch persönlich einbringen möchtet.

Auschwitz: Die Sicht der Täter

M 1 Die „Rampe" im Lager Auschwitz-Birkenau

Das Foto zeigt die Situation kurz nach dem Eintreffen eines Transports ungarischer Juden auf dem Bahnsteig (1944). Im Hintergrund ist das Eingangstor zum Lager zu erkennen. In der Verlängerung der Gleise liegen die unterirdischen Gaskammern und die Krematorien.

M2 Rudolf Höß, Kommandant in Auschwitz, über die „Endlösung"

Höß verfasste seine Autobiografie nach Kriegsende in polnischer Gefangenschaft.
Die „Endlösung" der jüdischen Frage bedeutete die vollständige Ausrottung aller Juden in Europa. Ich hatte den Befehl, Ausrottungserleichterungen in Auschwitz im Juni 1942 zu schaffen. [...] Ich besuchte Treblinka (Lager östlich von Warschau), um festzustellen, wie die Vernichtungen ausgeführt wurden.
5 Der Lagerkommandant von Treblinka sagte mir, dass er 80 000 im Laufe eines halben Jahres liquidiert hätte. [...] Er wandte Monoxid-Gas an und nach seiner Ansicht waren seine Methoden nicht sehr wirksam. Als ich das Vernichtungsgebäude in Auschwitz errichtete, gebrauchte ich also Zyklon B, eine kristallisierte Blausäure, die wir in die Todeskammer durch eine kleine Öffnung ein-
10 warfen. Es dauerte 3 bis 15 Minuten, je nach den klimatischen Verhältnissen, um die Menschen in der Todeskammer zu töten. Wir wussten, wann die Menschen tot waren, weil ihr Kreischen aufhörte. Wir warteten gewöhnlich eine halbe Stunde, bevor wir die Türen öffneten und die Leichen entfernten. Nachdem die Leichen fortgebracht waren, nahmen unsere Sonderkommandos die
15 Ringe ab und zogen das Gold aus den Zähnen der Körper. [...]

(Zit. nach: Wochenschau 49, März/April 1998, Frankfurt/M. (Wochenschau-Verlag), S. 171)

Rudolf Höß (1900 – 1947) bei einem Rundgang im Lager Auschwitz

M3 Aussage des Josef Erber (1897 – 1987), Unterscharführer in Auschwitz

Erber leistete häufig an der „Rampe" Dienst.
Wie groß war etwa der Anteil derjenigen, die arbeiten mussten, und derjenigen, die direkt in die Gaskammern geschickt wurden?
ERBER: Man kann als Anteil rechnen mit 30 Prozent zu der Arbeit.
5 *Und 70 Prozent in die Gaskammern?*
ERBER: Und 70 Prozent kam weg. Ich meine, es war eine sehr schlimme Sache. Aber wir durften nicht darüber reden und gar nichts. [...]
Da konnten dreitausend Leute auf einmal ins Gas geschickt werden?
ERBER: Ja, aber so viele kamen nie zusammen, weil nie zwei Transporte zu-
10 sammen kamen. Weil ein Transport immer nach dem anderen abgefertigt wurde. Und dann fing der Arzt mit der Selektion an.
Was ist das?
ERBER: Also das Aussuchen. Zum Beispiel junge Leute, also die arbeitsfähig waren, zu der Arbeit. Und die anderen mussten in die Gaskammer gehen.
15 *Direkt von der Rampe in die Gaskammer?*
ERBER: Direkt von der Rampe weg.

(Zit. nach: Ebbo Demant (Hg.), Auschwitz, Reinbek (Rowohlt) 1979, S. 31 und 33 f.)

M4 Der Historiker Till Bastian fasst Ergebnisse seiner Recherchen zusammen

Nur sehr selten kam es vor, dass Angehörige der SS-Besatzung die Teilnahme am Massenmord ablehnten und sich zum Beispiel weigerten, bei der Übernahme eines in Birkenau eintreffenden, größtenteils zur sofortigen Vernichtung bestimmten Sammeltransportes Dienst zu tun – obschon kein einziger SS-Mann
5 je disziplinarisch bestraft worden ist, weil er sich hier verweigert hätte. Eine solche Weigerung, bei der „Selektion an der Rampe" mitzuwirken, ist zum Beispiel von dem SS-Arzt Dr. Hans Münch [...] bekannt. Münch blieb unbehelligt.

(Till Bastian, Auschwitz und die Auschwitz-Lüge, München (Beck) ⁵1997, S. 54 f.)

Erarbeitet aus dem Foto M1 sowie den Berichten des Lagerkommandanten Höß und des Unterscharführers Erber charakteristische Merkmale eines Profils des „typischen Täters".

Fragen, die helfen können:
– Wie berichten die beiden Täter?
– Wie gehen sie mit Menschen um?
– Welche Einstellung haben sie zu den Opfern?
– Wie sehen sie sich selbst und ihr Verhalten?
– Welche Charakterzüge besaßen sie?

Auschwitz – So erleben und nehmen die Opfer ihr Schicksal wahr

M 1 Auschwitz

Eines von Tausenden Kindern: Dieses Mädchen mit der Häftlingsnummer 26947 wurde im Dezember 1942 mit einem Sammeltransport nach Auschwitz verschleppt. Gleich nach der Ankunft wurden die Haare abgeschnitten; sie wurden zur Herstellung von wärmenden Materialien, Seilen usw. verwendet.

Zeitzeugen erinnern das Grauen

M 2 Ungarische Juden an der Rampe in Auschwitz, Sommer 1944

M 3 Bericht eines jüdischen Mädchens

Esther, 14 Jahre, erinnert sich:

Ich kam am 22. August 1944 nach Auschwitz. Ich war zusammen mit meiner Mutter, meinem Bruder, meiner Tante, meinem Onkel und meinem Cousin. [...] Alles ging sehr schnell. Als Mengele [= SS-Arzt in Auschwitz, berüchtigt für medizinische Experimente an Häftlingen] kam, begann er mit der Selektion. Meine Tante mit ihrem kleinen Jungen stand vorn, dann meine Mutter mit 5 dem kleinen Mädchen an der Hand und mein Bruder, und ich war die Letzte. Meine Tante und ihr kleiner Sohn wurden nach links beordert, und als er meine Mutter fragte, ob das kleine Mädchen ihr Kind sei, und sie nickte, schickte er sie nach links. Da mein Bruder damals erst zwölf war, schickte er ihn auch nach links, mich winkte er nach rechts. Ich begriff, dass meine Mutter auf der 10 anderen Seite war, und wollte zu ihr laufen, ich wollte bei ihr sein. Eine Jüdin, die dort arbeitete, fing mich in der Mitte ab und sagte auf Polnisch: „Wag es nicht, dich von hier wegzurühren!" Sie wusste, dass ich in die Gaskammer kommen würde, wenn ich auf der anderen Seite stünde. Und sie wollte mich nicht loslassen. Das war das letzte Mal, dass ich meine Mutter gesehen habe. 15

(Zit. nach: Debórah Dwork, Kinder mit dem gelben Stern, München (C. H. Beck) 1994, S. 215; Übers.: Gabriele Krüger-Wirrer)

M 4 Bericht eines Lagerarztes

Dr. André Lettich, jüdischer Häftling, der als Arzt im Lager in Auschwitz arbeitete, erinnert sich:

[...] Mehr als fünfhundert Meter weiter befanden sich zwei Baracken: Auf der einen Seite standen Männer, auf der anderen Frauen. Sehr höflich und liebenswürdig hielt man ihnen eine kleine Ansprache: „Ihr kommt von der Reise, ihr seid schmutzig, ihr werdet ein Bad nehmen, zieht euch schnell aus". Man ver-
5 teilte Handtücher und Seife, und plötzlich erwachten die Rohlinge und zeigten ihr wahres Gesicht: Mit starken Hieben zwang man diese Menschenherde, diese Männer und Frauen, sommers wie winters nackt herauszugehen und so die paar Hundert Meter Entfernung bis zum „Duschraum" zurückzulegen. Über der Eingangstür stand das Wort „Brausebad". An der Decke konnte man sogar
10 Duschbrausen bemerken, die verkittet waren, jedoch niemals das Wasser durchlaufen ließen. Diese armen Unschuldigen waren zusammengepfercht, die einen gegen die anderen gepresst, und da brach Panik aus: Denn endlich begriffen sie, welches Schicksal sie erwartete; jedoch stellten Kolbenschläge und Revolverschüsse schnell die Ruhe wieder her und alle betraten schließlich
15 die Todeskammer. Die Türen wurden geschlossen und zehn Minuten danach war die Temperatur hoch genug, um die Verflüchtigung der Blausäure zu begünstigen, denn mit Blausäure wurden die Verurteilten vergast. Dies war eben das „Zyklon B" [...], das von der deutschen Barbarei verwendet wurde.
Durch eine kleine Luke warf sodann SS-Unterscharführer Moll das Gas ein. Die
20 Schreie, die man hören konnte, waren fürchterlich: Aber einige Augenblicke später herrschte vollständige Stille. Zwanzig bis fünfundzwanzig Minuten darauf wurden Türen und Fenster zur Lüftung geöffnet und die Leichen sofort in Gruben zum Verbrennen geworfen. Aber die Zahnärzte hatten vorher jeden Mund nachgeprüft, um die Goldzähne auszuziehen. Man vergewisserte sich
25 auch, ob die Frauen nicht etwa in ihren intimen Körperteilen Schmuck versteckt hatten, und ihr Haar wurde abgeschnitten und für industrielle Zwecke methodisch zusammengebündelt.

(Zit. nach: Eugen Kogon u. a. (Hg.), Nationalsozialistische Massentötungen durch Giftgas, Frankfurt/M. (Fischer TB) 1983, S. 210 f.)

M 5 Originaldose Zyklon B (Lagermuseum Auschwitz)

M 6 Verbrennungsöfen in Auschwitz

Verbrennungsofen mit zwei Kammern in einem Krematorium

M 7 Das Innere einer Baracke

Hier waren ca. 300 arbeitsfähige weibliche KZ-Insassen untergebracht.

Erarbeitet aus den Fotos und den autobiografischen Texten,
a) was die Zeitzeugen über das Geschehen im Lager berichten;
b) wie sie erinnernd mit dem eigentlich unfassbaren, menschenverachtenden Geschehen umgehen.

Weitere Materialien zum Thema Opfer:

@ SNG-34530-029

Der Alltag – zwischen Begeisterung und Widerstand

Nach heutiger Schätzung gab es höchstens 20 000 bis 40 000 Personen, die im NS-Regime Widerstand geleistet haben – eine deutliche Minderheit. Aber nicht alle Deutschen haben gleichermaßen „mitgemacht". Der Historiker Detlev Peukert schlägt vor, die Bandbreite der Einstellungen in einem mehrstufigen Modell zu beschreiben. Die Erinnerungen des Journalisten Hans-Peter Herz an seine Kindheit und Jugend sind ein anschauliches Beispiel, wie breit das Verhaltensspektrum im Alltag war.

● *Wie verhielten sich viele Deutsche während der NS-Diktatur?*

Haltet einen Kurzvortrag, in dem ihr Beispiele alltäglicher Verhaltensweisen in der NS-Diktatur beschreibt, sie in das Modell Peukerts einordnet und jeweils dazu Stellung nehmt. Diskutiert eure Entscheidungen.

1. Setzt euch in kleinen Arbeitsgruppen zusammen, um den Kurzvortrag vorzubereiten. Lest die Erinnerungen des Journalisten Herz (M 1) und entscheidet gemeinsam, welche der von Peukert genannten Einstellungen am besten zu der von Herz genannten Person/Personengruppe passt.

2. Entwerft ein Vortragskonzept. **Tipp** für ein Präsentationsmodell: Erstellt an der Tafel, auf Folie oder einem Plakat folgende Skala, um die Personen/Personengruppen zuzuordnen und den Vortrag daran zu strukturieren.

---○-----------------○-----------------○-----------------○-----------------○-------------○----
 Begeisterung   Zufriedenheit   Anpassung   Verweigerung   Protest   Widerstand

Wenn ihr lieber persönlich auf den Erfahrungsbericht reagieren möchtet: Verfasst in Partnerarbeit oder allein einen **Brief** an Herrn Herz, in dem ihr auf die von ihm geschilderten Verhaltensweisen der Bevölkerung eingeht, diese aus eurer Sicht kommentiert und dazu Stellung nehmt.

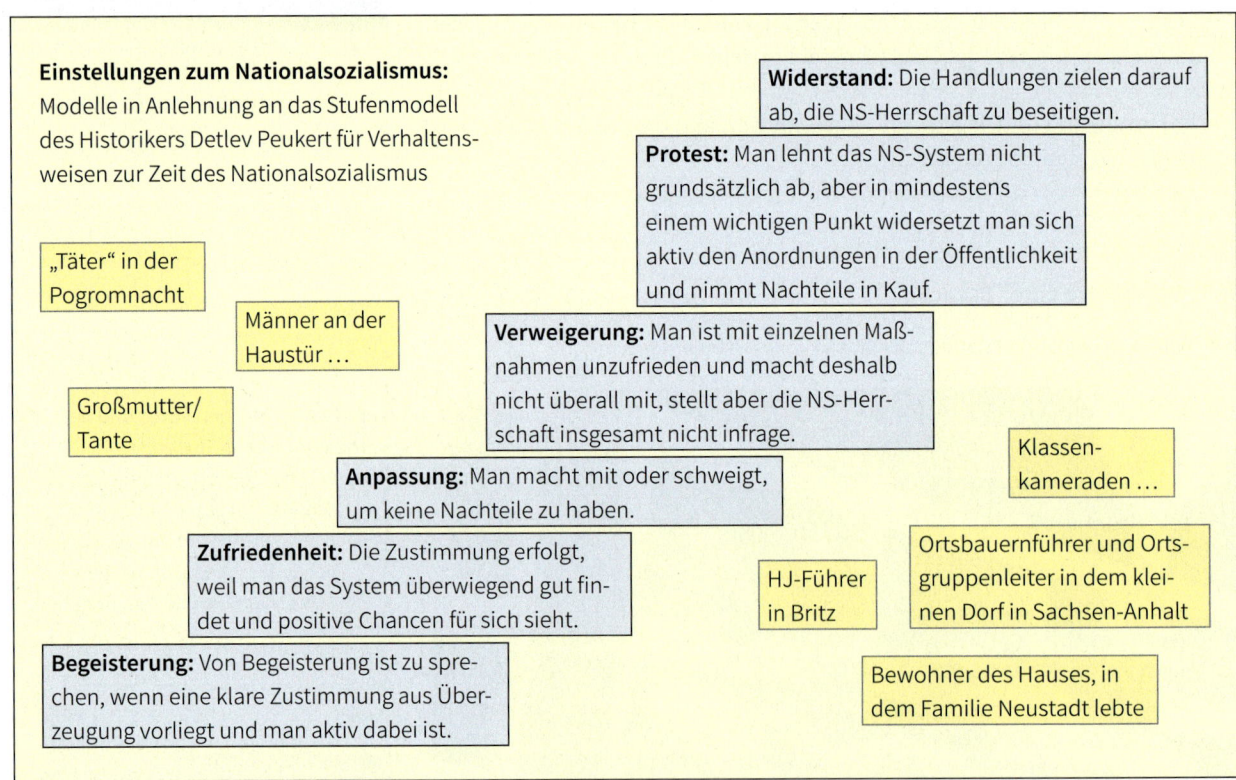

Einstellungen zum Nationalsozialismus:
Modelle in Anlehnung an das Stufenmodell des Historikers Detlev Peukert für Verhaltensweisen zur Zeit des Nationalsozialismus

„Täter" in der Pogromnacht

Männer an der Haustür …

Großmutter/ Tante

Widerstand: Die Handlungen zielen darauf ab, die NS-Herrschaft zu beseitigen.

Protest: Man lehnt das NS-System nicht grundsätzlich ab, aber in mindestens einem wichtigen Punkt widersetzt man sich aktiv den Anordnungen in der Öffentlichkeit und nimmt Nachteile in Kauf.

Verweigerung: Man ist mit einzelnen Maßnahmen unzufrieden und macht deshalb nicht überall mit, stellt aber die NS-Herrschaft insgesamt nicht infrage.

Klassenkameraden …

Anpassung: Man macht mit oder schweigt, um keine Nachteile zu haben.

Zufriedenheit: Die Zustimmung erfolgt, weil man das System überwiegend gut findet und positive Chancen für sich sieht.

HJ-Führer in Britz

Ortsbauernführer und Ortsgruppenleiter in dem kleinen Dorf in Sachsen-Anhalt

Begeisterung: Von Begeisterung ist zu sprechen, wenn eine klare Zustimmung aus Überzeugung vorliegt und man aktiv dabei ist.

Bewohner des Hauses, in dem Familie Neustadt lebte

M 1 Der Journalist Hans-Peter Herz (geb. 1927 in Berlin) berichtet im Rückblick über seine Erfahrungen

Anfang 1933 wohnten wir in der Gielower Straße in einem Einfamilienhaus. Eines Tages erschienen Männer an der Haustür und schrieben mit schwarzer Farbe „Juden raus" an die Wand. Ich habe meinen Vater gefragt, was
5 das bedeutet. Er antwortete: „Ich bin Jude. Und du bist Halbjude[1]." So habe ich das erfahren. Vorher spielte es keine Rolle, weil wir evangelisch waren.

1934 ist mein Vater dann beim Ullstein Verlag, wo er Journalist war, rausgeflogen. Als Jude durfte er nicht
10 mehr in seinem Beruf arbeiten.

Ich war Oberschüler im Kaiser-Wilhelm-Realgymnasium Neukölln. Am Morgen nach der Pogromnacht[2] bin ich wie immer mit der Straßenbahn zur Schule gefahren und ein Stück gelaufen. An der Buschkrugallee bin ich an dem
15 Textilgeschäft der jüdischen Familie Baum vorbeigekommen: Die Ware war auf die Straße geworfen und angesteckt worden. Daneben befand sich die Albrecht-Dürer-Apotheke, die der jüdischen Familie Mockrauer gehörte. Dort waren die Scheiben eingeschmissen. An die Wände
20 war „Juden raus" geschmiert und Herr Mockrauer war zusammengeschlagen worden; er sah furchtbar aus, ihm fehlten mehrere Zähne.

Ich kam dann in die Schule, meine Klassenkameraden hatten sich in der Halle versammelt und die meisten sagten:
25 „Das wollen wir nicht. Das kann nicht gut gehen." Auch unsere Lehrer waren konsterniert[3], bis auf einige wenige, die mit ihrem Parteiabzeichen durch die Gegend schaukelten. Die fanden das richtig. [...]

Von 1935/36 an war unsere Siedlung in Britz[4] mit SS-Leu-
30 ten durchsetzt. Sie kamen als Mieter in Wohnungen von Juden, die rausmussten. Die Hitlerjugendführer, die bei uns in Britz wohnten, haben mich angepöbelt; sie haben mir mein Spielzeug geklaut und mich ausgeschlossen. Sie riefen: „Judenbengel, hau ab!"
35 Als Oberschüler habe ich mich in der Tanzschule Meise angemeldet, um mit meinen Kameraden Walzer zu tanzen. Aber das durfte ich nicht, die Nazis hatten das verboten. Also wurde ich rausgeschmissen.

Als die ersten Deportationen aus Berlin erfolgt waren,
40 musste mein Vater als Jude untertauchen: Er war bei Familie Neustadt in der Pariser Straße zur Untermiete gemeldet, weil meine Großmutter und meine Tante Angst davor hatten, dass er bei uns lebt. Die Neustadts, das waren jüdische Möbelfabrikanten. Die Tochter hat als Einzige der Familie überlebt, weil sie rechtzeitig nach Palästina ausge-
45 wandert ist. 1942 war ich am zweiten Adventssonntag bei der Familie eingeladen. Wir haben vorweihnachtlich gefeiert. Frau Neustadt hatte einen Nudelauflauf gemacht, den wir statt Kuchen gegessen haben. Dann kam die Gestapo. Innerhalb von zehn Minuten mussten die Koffer ge-
50 packt sein. Ich habe mich im Hause versteckt und beobachtet, wie noch in der gleichen Nacht die Deutschen, die in dem Haus wohnten, die Wohnungen der Juden geplündert und die Möbel rausgeschleppt haben. Die gleichen Leute haben später behauptet, sie hätten nichts davon ge-
55 wusst. Mein Vater war Gott sei Dank nicht da gewesen.

Überlebt hat mein Vater [...] in einem kleinen Dorf in Sachsen-Anhalt, bei Verwandten meiner Mutter. Er wohnte in einem Zimmer bei der Großtante. Gegenüber lebte der Ortsbauernführer, um die Ecke der Ortsgrup-
60 penleiter der NSDAP; beide Männer haben sich um meinen Vater gekümmert. Sie brachten ihm Milch und Eier, Brot und Butter. Und zweimal pro Woche haben sie sich bei meinem Vater zum Skatspielen getroffen. Das Verhalten dieser beiden Männer hat dazu beigetragen, dass un-
65 sere Familie nach dem Krieg in Deutschland geblieben ist.

(Zit. nach: DIE ZEIT/Geschichte. 1938 – Abschied von der Zivilisation (Heft 4/2008), S. 38)

---

1. Notiert für jede im Text genannte Person/Personengruppe, welche Einstellung vorliegt, und begründet die Zuordnung im Rückgriff auf die Definitionen.

2. Markiert die entsprechende Position auf der Peukert-Skala.

3. Notiert, wenn es unterschiedliche Zuordnungsvorschläge in eurer Gruppe gibt.

---

[1] Halbjude = Bezeichnung für eine Person, deren einer Elternteil jüdisch war. Hans-Peter selbst war, wie seine Mutter, evangelisch.
[2] Pogromnacht = Bezeichnung für die von den Nazis so bezeichnete „Reichskristallnacht" am 9.11.1938 (vgl. S. 141)
[3] konsterniert = bestürzt, fassungslos
[4] Britz = Ortsteil von Berlin

Widerstand gegen die NS-Herrschaft

„Wer nicht für uns ist, ist gegen uns", so verlangte es die Idee der Volksgemeinschaft. Die NS-Diktatur ging deshalb mit aller Härte gegen jeden Gegner vor. Dennoch gab es Frauen und Männer, die sich zur Wehr setzten. Es waren nur wenige, aber ihr Beispiel kann Mut machen, selbst einzugreifen, wenn elementare Rechte aller Menschen verletzt sind. Die Motive und Formen des Widerstands waren vielfältig.

● *In welcher Weise und mit welchen Motiven wurde Widerstand geleistet?*

Präsentiert Plakate zum Thema „Widerstand gegen die NS-Herrschaft" und erläutert sie in Kurzvorträgen.

1. Verschafft euch in Einzelarbeit einen Überblick über das Material- und Webcode-Angebot. Entscheidet, welche Widerstandsgruppe – „Weiße Rose" oder Militärischer Widerstand – ihr vorstellen möchtet.

2. Setzt euch in Arbeitsteams zusammen und wertet die darstellenden Texte und Quellen sachgerecht aus. Sprecht untereinander ab, wer weitere Informationen durch die Webcode-Recherche beschafft und einbringt.

3. Gestaltet euer Plakat. **Tipps:** Nutzt die Hinweise und Anregungen für eine anschauliche Plakatgestaltung (Methodenwerkstatt, S. 298). Als grafische und inhaltliche Grundstruktur eignen sich zum Beispiel die Überschriften Aktion/Personen/Motive/Resultat.

Arbeitsgruppen könnten auch von einem aktuellen Bezug ausgehen und diesen Weg gehen …

In vielen Städten sind Straßen, Schulen usw. nach Widerstandskämpfern benannt. Formuliert einen Brief an den Stadtrat, in dem ihr begründet, warum eurer Meinung nach auch in eurer Stadt durch eine solche Namensgebung an den Widerstand oder einen Widerstandskämpfer erinnert werden sollte.

EIN DEUTSCHES FLUGBLATT

DIES ist der Text eines deutschen Flugblatts, von dem ein Exemplar nach England gelangt ist. Studenten der Universität München haben es im Februar dieses Jahres verfasst und in der Universität verteilt. Sechs von ihnen sind dafür hingerichtet worden, andere wurden eingesperrt, andere strafweise an die Front geschickt. Seither werden auch an allen anderen deutschen Universitäten die Studenten „ausgesiebt". Das Flugblatt drückt also offenbar die Gesinnungen eines beträchtlichen Teils der deutschen Studenten aus.

Aber es sind nicht nur die Studenten. In allen Schichten gibt es Deutsche, die Deutschlands wirkliche Lage erkannt haben; Goebbels schimpft sie „die Objektiven". Ob Deutschland jetzt noch selber sein Schicksal wenden kann, hängt davon ab, dass diese Menschen sich zusammenfinden und handeln. Das weiss Goebbels, und deswegen beteuert er krampfhaft, „dass diese Sorte Mensch zahlenmässig nicht ins Gewicht fällt". Sie sollen nicht wissen, wie viele sie sind.

Wir werden den Krieg sowieso gewinnen. Aber wir sehen nicht ein, warum die Vernünftigen und Anständigen in Deutschland nicht zu Worte kommen sollen. Deswegen werfen die Flieger der RAF zugleich mit ihren Bomben jetzt dieses Flugblatt, für das sechs junge Deutsche gestorben sind, und das die Gestapo natürlich sofort konfisziert hat, in Millionen von Exemplaren über Deutschland ab.

Manifest der Münchner Studenten

Erschüttert steht unser Volk vor dem Untergang der Männer von Stalingrad. 330.000 deutsche Männer hat die geniale Strategie des Weltkriegsgefreiten sinn- und verantwortungslos in Tod und Verderben gehetzt. Führer, wir danken Dir!

Es gärt im deutschen Volk. Wollen wir weiter einem Dilettanten das Schicksal unserer Armeen anvertrauen? Wollen wir den niedrigsten Machtinstinkten einer Parteiclique den Rest der deutschen Jugend opfern? Nimmermehr!

Der Tag der Abrechnung ist gekommen, der Abrechnung unserer deutschen Jugend mit der verabscheuungswürdigsten Tyrannei, die unser Volk je erduldet hat. Im Namen des ganzen deutschen Volkes fordern wir von dem Staat Adolf Hitlers die persönliche Freiheit, das kostbarste Gut der Deutschen zurück, um das uns in der erbärmlichsten Weise betrogen hat.

In einem Staat rücksichtsloser Knebelung jeder freien Meinungsäußerung sind wir aufgewachsen.

G.39

Die wenigsten leisteten Widerstand

Nach dem Zusammenbruch und Endes des Zweiten Weltkriegs hatten viele Deutsche das Interesse, sich als Gegner des NS-Regimes darzustellen, als hätten sie nur widerwillig mitgemacht oder Zustimmung aus Angst vorgetäuscht. Heutige Historikerinnen und Historiker vertreten eher die gegenteilige Ansicht. Nur wenige haben das Regime öffentlich abgelehnt und offenen Widerstand geleistet. Die NS-Diktatur stützte sich in hohem Maß auf Einverständnis und Beteiligung. In der Geschichtswissenschaft wird deshalb die These vom „Widerstand ohne Volk" vertreten. Wenn Widerständler verurteilt wurden, in nicht wenigen Fällen sogar zum Tode, gingen sie einsam zur Richtstätte, denn bis zum Kriegsende bildeten sie eine kleine Minderheit und wurden als Verräter beschimpft. Das gilt auch für zwei der bekanntesten Widerstandsbewegungen, den Widerstand der „Weißen Rose" und den militärischen Widerstand vom 20. Juli 1944.

Der Widerstand der „Weißen Rose"

Die Aktion: Den Widerstand aus dem Kreis der „Weißen Rose" hat man als Widerstand des Wortes bezeichnet. Die Aktion bestand darin, Flugblätter herzustellen und diese zu verteilen. Insgesamt sind sechs Flugblätter bekannt. Die ersten wurden im Laufe des Jahres 1942 in einer kleinen Auflage von etwa 100 Exemplaren vervielfältigt und nur an Freunde und Bekannte weitergegeben. Das fünfte Flugblatt hatte eine viel größere Auflage und tauchte in mehreren

Städten auf. Anfang Februar 1943 gingen Mitglieder der Gruppe nachts durch München und malten Parolen wie „Nieder mit Hitler" und „Freiheit" auf mehrere Gebäude. Das sechste Flugblatt führte zur Entdeckung der Gruppe.

Die Personen: Die „Weiße Rose" war ein lockerer Zusammenschluss mehrerer Personen, die an der Universität München studierten oder arbeiteten. Führende Mitglieder waren die Geschwister Hans und Sophie Scholl und der Professor Kurt Huber. Die Geschwister Scholl waren anfangs vom Nationalsozialismus begeistert gewesen. Die Zustimmung löste sich jedoch auf, als Hans Scholl als Soldat an der Ostfront kämpfte. Auf Heimaturlaub erzählte er im Kreis der Familie und befreundeter Studenten von den Gewaltverbrechen im Vernichtungskrieg. Gemeinsam beschloss man, Flugblätter zu verfassen, in denen man zum Widerstand gegen die „Verführer" und für die „Freiheit" aufrufen wollte.

Das Resultat: In der Nacht des 18.2.1943 beobachtete der Hausmeister des Hauptgebäudes der Münchener Universität die Flugblatt-Aktion. Er erkannte die Studenten und meldete sie sofort. Die Gestapo hatte wenig Mühe, Hans und Sophie Scholl sowie weitere Mitglieder zu verhaften. Vor dem „Volksgerichtshof" wurde ihnen ein „kurzer Prozess" gemacht. Am 22. Februar wurden sie wegen „Hochverrats" zum Tode verurteilt und noch am gleichen Tage hingerichtet. Es ist unklar, wie viele Menschen die Flugblätter gelesen haben und welche Wirkung sie hatten.

Die Geschwister Scholl
(Foto vom 24.7.1942)

Weitere Informationen und Materialien zum Thema:

@ SNG-34530-030

M 1 Die Motive: Auszüge aus den Flugblättern der „Weißen Rose"

Mit mathematischer Sicherheit führt Hitler das deutsche Volk in den Abgrund. Hitler kann den Krieg nicht gewinnen, nur noch verlängern! Seine und seiner Helfer Schuld hat jedes Maß unendlich überschritten. Die gerechte Strafe rückt näher und näher! Sollen wir auf ewig das von aller Welt gehasste und
5 ausgestoßene Volk sein? Nein! Darum trennt euch von dem nationalsozialistischen Untermenschentum! Beweist durch die Tat, dass ihr anders denkt! [...] In einem Staat rücksichtsloser Knebelung jeder freien Meinungsäußerung sind wir aufgewachsen. HJ, SA, SS haben uns in den fruchtbarsten Bildungsjahren unseres Lebens zu uniformieren, zu revolutionieren, zu narkotisieren ver-
10 sucht. „Weltanschauliche Schulung" hieß die verächtliche Methode, das aufkeimende Selbstdenken in einem Nebel leerer Phrasen zu ersticken. Freiheit und Ehre! Zehn Jahre haben Hitler und seine Genossen die beiden herrlichen deutschen Worte bis zum Ekel ausgequetscht, abgedroschen, verdreht. [...] Der deutsche Name bleibt für immer geschändet, wenn nicht die deutsche Ju-
15 gend endlich aufsteht, rächt und sühnt zugleich, ihre Peiniger zerschmettert und ein neues geistiges Europa aufrichtet.
(Zit. nach: Bundeszentrale für politische Bildung (Hg.), Informationen zur politischen Bildung – Der deutsche Widerstand, Bonn 1974 u. ö., S. 20)

1. Notiert die Kernaussagen der darstellenden Texte in Stichworten.

2. Formuliert zusammenfassend in eigenen Worten, welche Argumente von der „Weißen Rose" (M 1) angeführt werden, um die Notwendigkeit offenen Widerstands zu begründen und dazu aufzurufen.

Das Führerhauptquartier nach dem Attentat

Graf von Stauffenberg

Weitere Informationen und Materialien zum Thema:

@ SNG-34530-031

Militärischer Widerstand: 20. Juli 1944

Die Aktion: Die bekannteste Widerstandsaktion ist das Attentat auf Hitler vom 20. Juli 1944. Geplant war es von mehreren hochrangigen Offizieren, ausgeführt wurde es von Claus Graf von Stauffenberg. Eine Lagebesprechung im Führerhauptquartier in Ostpreußen sollte genutzt werden, um nicht nur Hitler, sondern auch andere führende Personen durch eine Bombe zu töten und die Macht im Staate zu übernehmen. Der Anschlag misslang. Hitler überlebte die Explosion leicht verletzt. Der Aufstand wurde nach kurzer Zeit niedergeschlagen.

Die Personen: Stauffenberg (1907–1944) war der führende Kopf der Widerstandsgruppe. Seine Lebensgeschichte ist recht typisch für den Widerstand aus dem Kreis des Militärs. Er wuchs in einer sehr vermögenden Adelsfamilie auf, in der die Weimarer Republik verachtet wurde. Als junger Berufsoffizier stand er dem Nationalsozialismus zunächst sehr positiv gegenüber. Die Überwindung der „Schmach von Versailles" begeisterte ihn geradezu. „Welche Veränderung in welcher Zeit", schwärmte er von den Siegen in Polen und Frankreich. Auch sein Bild von den „Ostmenschen" entsprach dem Rassismus der NS-Ideologie. In Polen, so schrieb er an seine Frau, gebe es „unglaublichen Pöbel, sehr viele Juden"; es sei ein „Volk, welches sich nur unter der Knute wohlfühlt". Erst nach dem Scheitern der deutschen Hoffnungen auf einen Blitzsieg gegen die Sowjetunion änderte sich Stauffenbergs Haltung. In Briefen an seine Frau sprach er von der „braunen Pest" und von dem „Gefühl, dass ich jetzt etwas tun muss, um das Reich zu retten."

Die Motive: Die Beweggründe Stauffenbergs und seiner Kameraden werden am besten in dem Aufruf deutlich, der nach dem gelungenen Attentat verbreitet werden sollte.

M 2 Aufruf

Deutsche! Hitler [hat] Ehre und Würde, Freiheit und Leben anderer für nichts erachtet. Zahllose Deutsche, aber auch Angehörige anderer Völker schmachten seit Jahren in Konzentrationslagern, den größten Qualen ausgesetzt und häufig schrecklichen Foltern unterworfen. [...] Durch grausame Massenmorde ist unser guter Name besudelt. [...] Unser Ziel ist die wahre, auf Achtung, Hilfsbereitschaft und soziale Gerechtigkeit gegründete Gemeinschaft des Volkes. [5] Wir wollen [...] Recht und Freiheit anstelle von Gewalt und Terror [...].

(Zit. nach: Bodo Scheurig, Deutscher Widerstand, München (dtv Verlagsgesellschaft) 1984, S. 278 ff.)

Das Resultat: Stauffenberg wurde mit fünf seiner engsten Verschwörer noch in der Nacht vom 20. Juli standrechtlich erschossen. Hunderte Urteile gegen weitere „Verschwörer" folgten. In der Bevölkerung wurde die Nachricht vom Attentat überwiegend mit Bestürzung aufgenommen. Historiker gehen sogar davon aus, dass in manchen Teilen der Bevölkerung Hitlers Ansehen sogar noch wuchs.

1. Notiert die Kernaussagen der darstellenden Texte in Stichworten.
2. Formuliert zusammenfassend in wenigen kurzen Sätzen Motive und Ziele, die in dem Aufruf angesprochen werden.

Widerstand im Dritten Reich – Recherchieren im Internet

Die wenigsten Widerstandskämpfer sind so bekannt wie die Geschwister Scholl oder Graf Stauffenberg. Das Internet bietet eine gute Möglichkeit, Genaueres über die Motive und Formen weiterer Menschen herauszufinden, die ebenfalls sehr viel Zivilcourage zeigten und Widerstand leisteten.

- *So könnt ihr in Arbeitsteams zu einzelnen Personen im Internet recherchieren und eure Arbeitsergebnisse präsentieren.*

Kardinal von Galen (Katholische Kirche)

1. Schritt: Recherche planen
- Legt fest, **zu welcher Person** ihr im Internet recherchieren möchtet.
- Formuliert **Leitfragen** als Grundlage für eure Untersuchung/Recherche.
- **Ein erster Blick ins Netz:** Ruft eine Suchmaschine auf und informiert euch auf der Startseite in einem kursorischen Überblick über die Aspekte und das Materialangebot zu der von euch ausgewählten Person.
- **Arbeitsplanung:** Entscheidet, wie ihr vorgehen wollt. **Tipp:** Es empfiehlt sich, Partnerteams zu bilden, die arbeitsteilig das thematische Materialangebot unter den Leitfragen bearbeiten und auswerten.
- **Legt die Form der Präsentation eurer Arbeitsergebnisse fest:** Überlegt, welches Produkt sich für eure Präsentation anbietet, z. B. eine Ausstellung, eine kommentierte Wandzeitung oder eine PP-Präsentation.
- Verabredet einen konkreten **Zeit- und Arbeitsplan**.

2. Schritt: Mit Blick auf die Leitfragen themabezogen im Internet recherchieren und Arbeitsergebnisse schriftlich festhalten
- Recherchiert leitfragenbezogen zu euren thematischen Aspekten.
- Haltet eure Arbeitsergebnisse schriftlich fest. Das bedeutet z. B.: passende Darstellungstexte und Quellen recherchieren; sie fachgerecht auswerten; Ergebnisse festhalten: Notizen machen, zentrale Passagen abschreiben, Materialien speichern; erste Teilergebnisse formulieren; Rechercheergebnisse als Ganzes strukturiert zusammenstellen.
  Tipp: Ihr könntet den gedanklichen Aufbau unter den Kategorien Aktion/Person/Motive/Resultat strukturieren.

3. Schritt: Präsentation erstellen und im Plenum vor der Klasse vorstellen und erläutern
- Präsentation ausarbeiten, Arbeitsergebnisse in die verabredete Produktform bringen. **Darauf solltet ihr besonders achten:** Eine gute Präsentation ist auf die Leitfragen konzentriert, klar gegliedert, sachlich korrekt, anschaulich und für Zuhörer verständlich gestaltet.
- Vorgehen bei der Präsentation untereinander absprechen. Das ganze Team sollte einbezogen sein.

Dietrich Bonhoeffer (Evangelische Kirche)

Kurt Schumacher (Arbeiterwiderstand)

Bartholomäus Schink Widerstand von Jugendlichen

Frauen von der Rosenstraße (Widerstand im privaten Bereich)

Georg Elser (Einzelkämpfer)

Weltkriegsfolgen – Flucht und Vertreibung

Bereits während des Zweiten Weltkriegs hatten viele Menschen ihre Heimat verloren. Am Ende des Kriegs verschärfte sich das Problem der Bevölkerungsbewegungen dramatisch. Der Zug der Flüchtlinge, die in der letzten Kriegsphase vor der anrückenden sowjetischen Armee geflohen waren, verlängerte sich nun in eine Welle der gezielten und politisch gewollten „Vertreibung".

- *Welches Ausmaß hatten Flucht und Vertreibung und was bedeuteten Flucht und Vertreibung für die Betroffenen?*
- *Was waren Gemeinsamkeiten und Unterschiede der beiden Vorgänge?*

Ihr seid Experten. Haltet einen kurzen Vortrag, in dem ihr das Ausmaß, die Hintergründe und einen typischen Ablauf von Flucht und Vertreibung beschreibt sowie Gemeinsamkeiten und Unterschiede der beiden Prozesse erläutert.

1. Wertet in Partnerarbeit die Darstellungstexte und die Karte M 1 mithilfe der Erschließungshilfen aus.

2. Erstellt auf dieser Grundlage ein inhaltliches Konzept für eure Ausführungen. **Tipp:** Entscheidet, wie ihr die Karte und Abbildungen zur Veranschaulichung einbinden möchtet.

3. Specht mit eurer Partnerin bzw. dem Partner ab, wie ihr die Vortragsanteile in der Präsentation aufteilen wollt.

Eine andere Möglichkeit, das Thema „Flucht und Vertreibung" an einem Beispiel vorzustellen:	Recherchiert im Internet (z. B. http://www.spiegel.de/panorama/zeitgeschichte) über die Gustloff-Katastrophe vom 30. Januar 1945 und informiert die Klasse (z. B. mit PowerPoint). Es handelt sich um die größte Schiffskatastrophe aller Zeiten. Die „Wilhelm Gustloff" war mit über 10 000 Personen an Bord, darunter ca. 8 800 Flüchtlinge, versenkt worden.

M 1 Bevölkerungsverschiebung als Folge des Zweiten Weltkriegs

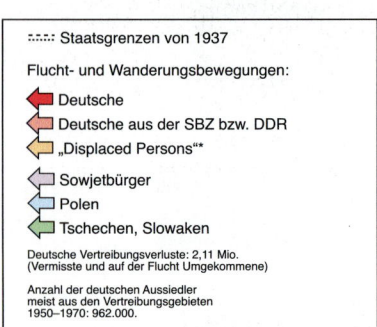

Staatsgrenzen von 1937

Flucht- und Wanderungsbewegungen:

- Deutsche
- Deutsche aus der SBZ bzw. DDR
- „Displaced Persons"*
- Sowjetbürger
- Polen
- Tschechen, Slowaken

Deutsche Vertreibungsverluste: 2,11 Mio. (Vermisste und auf der Flucht Umgekommene)

Anzahl der deutschen Aussiedler meist aus den Vertreibungsgebieten 1950–1970: 962.000.

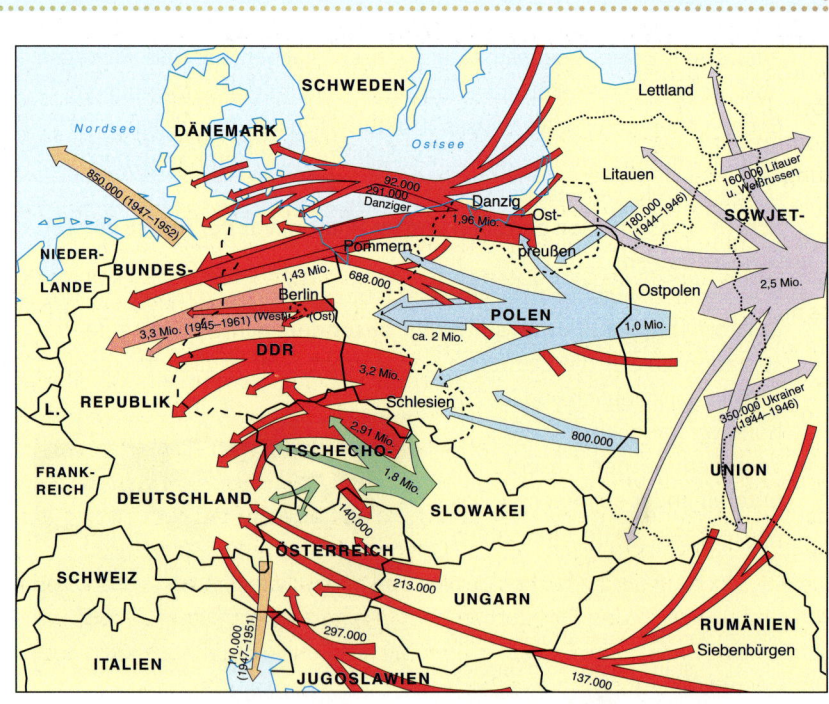

1. Fasst die Ergebnisse der Beschreibung der Karte in Stichwortform zusammen.

2. Notiert in kurzen Sätzen erkennbare Auffälligkeiten der Bevölkerungsverschiebungen.

Weltkriegsende: Millionen Menschen müssen eine neue Heimat finden

Flucht und Vertreibung sind eindeutig die Folge des Weltkriegs. Im Gegensatz zu früheren Kriegen war die Zivilbevölkerung viel stärker betroffen. Die Bevölkerungsverschiebungen, die schon während des Krieges begannen, führten in ihrem Ergebnis zu einer Neuordnung der Grenzen in Mittel- und Osteuropa und veränderten die Bevölkerungslandschaft.

Flucht aus den Ostgebieten: Unter Flucht versteht man das ungeordnete Zurückweichen vor einer Gefahr. Gegen Kriegsende setzte im deutschen Osten eine große Fluchtbewegung ein. Warum die Menschen aus den Ostgebieten flüchteten und was dies für Flüchtlinge konkret bedeutete, schildert der Historiker Walter Saller:

„Die Menschen versuchen zu fliehen – in den Westen, wo man sich von den amerikanischen und britischen Soldaten eine mildere Behandlung erhofft. Oft brechen die Menschen erst in letzter Sekunde auf, überstürzt und nur mit Handgepäck. Zu Fuß, mit Fahrrädern, auf Planwagen. Ihr Ziel sind zumeist die Ostseehäfen, ihre Hoffnung: ein Platz auf einem Schiff nach Westen. Quälend langsam schleichen die Trecks des Elends und der Angst auf verstopften, tief verschneiten Landstraßen nach Westen. Immer wieder werden ganze Kolonnen durch flüchtende deutsche Truppen von den Straßen gedrängt. Oder von sowjetischen Einheiten überrollt, buchstäblich niedergewalzt – denn Panzer sind schneller als Fuhrwerke. Kinder und Alte erfrieren in den Nächten, in denen die Temperaturen auf minus 20 Grad fallen. Liegen gelassene Koffer, Taschen, Rucksäcke markieren die Ränder der Fluchtwege. […] Die Flüchtlinge trifft die Rache der Sowjetarmee. Die Rache für Hitlers Krieg. Für die Leiden im eingeschlossenen Leningrad. Für das Wüten der SS. Für über fünf Millionen ermordete Juden. Für etwa 25 Millionen tote Russen, davon mehr als die Hälfte Zivilisten. […]" (Walter Saller, Flucht und Vertreibung; in: GEO Epoche, Heft 9/2003, S. 49 f.)

Vertreibung am Ende des Zweiten Weltkriegs: Nach dem Ende des Krieges wurde die Fluchtbewegung von Vertreibungen und Zwangsumsiedlung abgelöst. Die Hintergründe dieser Entwicklung lagen viel früher. Rückblickend kommt dem sogenannten Hitler-Stalin-Pakt vom August 1939 große Bedeutung zu. Denn in diesem Abkommen war Polen in ein deutsches und in ein russisches Interessensgebiet aufgeteilt worden. Seitdem beanspruchte die Sowjetunion Ostpolen für sich. Aus sowjetrussischer Sicht war es unvorstellbar, dieses Gebiet wieder abzutreten. Die einheimische Bevölkerung sollte, wie es hieß, „umgesiedelt" werden, um Russen und Ukrainern Platz zu machen. Die im ehemaligen Ostpolen wohnenden Polen sollten im Westen entschädigt werden – und in Ostpreußen, Pommern und Schlesien wohnen. Die Flüsse Oder und Neiße sollten künftig die Westgrenze Polens bilden. Bereits 1943 hatten die Westmächte ihre grundsätzliche Zustimmung zu diesem Plan erteilt. Nach Kriegsende wurde er im Prinzip bestätigt. Der Blick auf die Karte zeigt deutlich, dass diese Westverschiebung Polens eng mit der Vertreibung der deutschen Bevölkerung jenseits von Oder und Neiße verknüpft war.

Viele Deutsche in der Tschechoslowakei und den Balkanstaaten wurden gegen Kriegsende und in den Folgejahren ebenfalls vertrieben, „umgesiedelt" oder sahen keine realistische Chance in ihrer alten Heimat. Man schätzt, dass heute etwa jeder fünfte Bundesbürger Vertriebene in seiner Familie hat.

Mit Pferd und Wagen auf der Flucht

Mit Kindern auf der Flucht

Ostpreußen: Reste eines Flüchtlingstrecks nach einem Tieffliegerangriff

@ SNG-34530-032

Notiert in Stichwortform die Kernaussagen des darstellenden Textes zu Abläufen, Ausmaß und Merkmalen sowie den historischen Hintergründen von Flucht und Vertreibung.

„Die Jaschkes" – von der Vertreibung zum Neuanfang

Die „Jaschkes" haben nicht wirklich gelebt. Der Schulbuchautor stellt euch hier eine fiktive sudetendeutsche Familie vor. Wie in einem Brennglas bündelt das Schicksal der „Jaschkes" typische Erfahrungen vieler Vertriebenenfamilien. Am Beispiel der „Jaschkes" soll erfahrbar gemacht werden, was es für die Menschen bedeutete, aus ihrer Heimat vertrieben zu werden, und wie schwierig der Neuanfang war.

- *Wie verliefen Vertreibung und Neuanfang der „Familie Jaschke"?*

Erzählt das Schicksal der „Jaschkes", indem ihr sechs Fotos zum Thema Vertreibung vorstellt und erläutert.

1. Bildet kleine Teams. Jeder für sich liest zunächst das Interview; klärt Verständnisprobleme im Team.

2. Jede der sechs Abbildungen zeigt eine wichtige Station auf dem Weg der Vertreibung, wie sie die „Jaschkes" erlebt haben. Klebt Kopien der Fotos auf ein Plakat und notiert für jedes Foto, wie die „Jaschkes" die jeweilige Situation erlebt haben. **Tipp:** Folien oder Scans wären eine andere gute Möglichkeit als Erzählgrundlage.

3. Überlegt, wie ihr euch als Erzähler abwechseln wollt. Übt eure Erzählungen im Team ein.

Ein anderes Lernangebot für ein Arbeitsteam … Vielleicht habt ihr in der Familie oder im Bekanntenkreis Personen, die selbst geflohen sind oder vertrieben wurden. Ihr könntet bei denen eine **Zeitzeugenbefragung** durchführen. **Tipp:** Orientiert euch an den Fragen des Interviews mit Herrn Jaschke.

M 1 **Vertreibung und Neuanfang in Bildern**

Foto 1: Russische Soldaten werden in Prag von den Tschechen als Befreier begrüßt (Frühjahr 1945).

Foto 2: Vertriebene Sudetendeutsche warten auf weitere Anweisungen (Frühjahr 1945).

Foto 3: Sudetendeutsche verlassen vor dem Abtransport das Lager Modrany, eines von 300 Lagern.

Foto 4: Unterwegs – Ausgewiesene werden mit Güterzügen abtransportiert (1945/46).

Foto 5: Entlausung von Flüchtlingen am Frankfurter Hauptbahnhof (April 1946)

Foto 6: Wohnhäuser für Flüchtlinge (1950)

M 2 Interview einer Schülergruppe mit Herbert Jaschke (geb. 1937)

Das Interview mit Herrn Jaschke hat in dieser Form nicht stattgefunden. Die Fragen und Antworten wurden auf der Basis mehrerer Interviews zusammengestellt, die Schülergruppen mit Vertriebenen geführt haben. Alle Äußerungen sind also jede für sich in der Sache authentisch, entsprechen den Tatsachen und sind belegbar.

Frage: Herr Jaschke, welche Erinnerung haben Sie an die Jahre bis 1945?

Antwort: An meine Kindheit im Sudetengebiet habe ich eigentlich nur gute Erinnerungen, wenn man davon ab-
5 sieht, dass mein Vater seit 1939 Soldat war und uns allen natürlich fehlte. Der Krieg verschonte uns lange, die ersten Schüsse hörte ich erst im April 1945. Russische Soldaten rückten mit ihren Panzern ein.

Frage: Wie erlebten Sie diesen Einmarsch?

10 **Antwort:** Mit einer Mischung aus Erstaunen und Angst. Die Soldaten kamen einfach in unser Haus und wohnten jetzt darin. Es war ein ständiges Kommen und Gehen. Für uns blieb eine allerletzte Ecke. Meine Mutter zitterte jetzt ständig, nie hat sie offen mit uns Kindern über ihre Erleb-
15 nisse gesprochen.

Frage: Blieben die Soldaten lange?

Antwort: Nein, Ende Mai zogen sie ab, der Krieg war ja jetzt zu Ende. Von nun an übernahmen die Tschechen das Kommando. Früh am Morgen kamen sie auch zu uns: Alle
20 Deutschen mussten um 9 Uhr in der ehemaligen Kaserne sein – mit höchstens 20 Kilo Gepäck und Essen für drei Tage. Wir hatten keine Ahnung, was geschehen würde.

Frage: Wurden Sie jetzt vertrieben?

Antwort: Ja und nein. Aus unserem Haus waren wir ver-
25 trieben, dort zogen jetzt Tschechen ein. Aber wir lebten noch ein Jahr in der Stadt oder in der Nähe. Mal unter freiem Himmel, mal in Häusern, mal in Lagern. In einer alten Kaserne war es ganz schlimm. Zu dritt teilten wir uns ein Bett. Wir hatten ständig Hunger; da war es fast
30 egal, dass wir nicht nur Schmuck, sondern auch Besteck abgeben mussten. Wenn es Essen gab, prügelten sich die Frauen darum. Fast alle litten an Durchfall und Erbrechen, viele starben. Von den Tschechen wurden wir als Nazis beschimpft und hasserfüllt angesehen. Die Erwach-
35 senen wurden sechs Tage in der Woche zu Arbeitseinsätzen abgeholt und mussten eine weiße Armbinde mit ei-

nem schwarzen N darauf tragen – N wie Nazi. Ich verstand das alles nicht.

Frage: Hatten Sie irgendwelche Pläne, was Sie machen wollten?
40

Antwort: Das war es ja, wir waren wie gelähmt, lebten nur von Tag zu Tag und versuchten, uns irgendwie zu ernähren. Ich bin ziemlich sicher, dass auch die Tschechen nicht so richtig wussten, was mit uns geschehen sollte. Und dann, im Frühjahr 1946, kam der Befehl zur „Entger- 45
manisierung": Alle Deutschen sollten sich vor dem Bahnhof einfinden, ein Zug würde uns nach Deutschland bringen. Der Zug bestand aus Güterwagen, in die wir eingepfercht wurden. Als die Fahrt losging, wusste niemand, wohin es ging und wie lange die Fahrt dauern wür- 50
de. Wir durften nur mitnehmen, was wir tragen konnten. Viele überlebten diese Strapazen nicht. Wenn der Zug hielt, dann irgendwo auf freiem Feld. Dort legten wir die Toten an den Bahndamm. Ein Eimer ersetzte die Toilette. Wir hatten kaum Essen und fast kein Wasser. 55
Zwei Wochen dauerte die Zick-Zack-Fahrt. Wir waren jetzt in Westfalen und wurden erst einmal entlaust.

Frage: Fühlten Sie sich jetzt befreit?

Antwort: Nein, noch lange nicht. Wir hatten überlebt, aber wir wollten in unsere Heimat zurück. Und wir merk- 60
ten auch, dass wir für die Einheimischen eine große Last waren. In dem Dorf lebten damals etwa 1000 Menschen, jetzt kamen 600 hinzu. Kein Wunder, dass wir nur wenig Hilfe fanden, aber viel Ablehnung. Die meisten von uns wohnten in Baracken am Dorfrand. Wir aber hatten 65
Glück, denn wir wurden auf einem kleinen Bauernhof untergebracht. Der Bauer musste uns ein Zimmer abtreten. Er tat es nur widerwillig. Wir halfen so gut wir konnten, aber Wasser, Feuerholz usw. mussten wir immer erbetteln. In der Schule wurden wir Vertriebene als „Zigeu- 70
ner" verspottet und die einheimischen Kinder machten sich über unseren Dialekt lustig. Neben den „Barackenkindern" wollte niemand sitzen. Es hat Jahre gedauert, bis wir uns einigermaßen wohlfühlten.
Die Wende kam mit der Rückkehr meines Vaters aus der 75
Kriegsgefangenschaft. Er war Facharbeiter, fand sofort einen Arbeitsplatz und verdiente gut. Er konnte einen günstigen Kredit aufnehmen und beschloss, ein eigenes Haus zu bauen. Von nun an ging es bergauf.

Sachkompetenz – Methodenkompetenz: Ich kann die Schlüsselereignisse benennen, die auf zeitgenössischen Abbildungen dargestellt sind, und die dahinterstehenden Sachverhalte chronologisch einordnen und erläutern.

30. Januar 1933	August 1936	1. September 1939	18. Februar 1943	20. Juli 1944	Januar 1945

1. Ordne zunächst den Bildern das richtige Datum zu.
2. Erläutere jetzt das dargestellte Ereignis im historischen Zusammenhang.

M 1

Eingangsbereich des KZ Auschwitz-Birkenau. Die Fotografie entstand nach der Befreiung des Lagers.

M 2

Das Bild zeigt durch deutsche Bomben zerstörte Häuser in Warschau. Mit dem Überfall auf Polen begann der Zweite Weltkrieg.

M 3

Fackelzug der Nationalsozialisten nach dem „Tag der Machtergreifung". Die Szene wurde für das Foto extra nachgestellt.

M 4

Jubelnde Zuschauer während der Goebbels-Rede im Berliner Sportpalast, in der er zum „totalen Krieg" aufrief.

M 5

Roland Freisler, Präsident des Volksgerichtshofes, vor der Urteilsverkündung im Prozess gegen die Attentäter um Graf Stauffenberg.

M 6

Bei der Olympiade begrüßen alle Zuschauer auf der Tribüne den Führer mit dem Hitlergruß.

Sachkompetenz/Methodenkompetenz/Urteilskompetenz:
Ich kann eine Bildquelle beschreiben, im Rückgriff auf Schlüsselbegriffe der
NS-Ideologie deuten und zu der Aussage kritisch Stellung nehmen.

M 7 Propagandaplakat
zum Eintopfgericht
(Berlin 1935 – 40)

1. Beschreibe das Plakat.
2. Erläutere die Darstellungsabsicht.
   Greife auf die Schlüsselbegriffe
   „Gleichschaltung" und „Volksgemeinschaft" zurück.
3. Bewerte die Aussage aus heutiger
   Sicht.

Sachkompetenz/Methodenkompetenz/Urteilskompetenz: Ich kann eine
Textquelle analysieren, die Aussagen erklären und die Leitfrage zusammenfassend beantworten.

● *Leitfrage: Warum wurde die Quelle 1936 nicht veröffentlicht, sondern blieb geheim?*

M 8 Adolf Hitler, Denkschrift zum Vierjahresplan (Berlin 1936)

Im Jahre 1936 verabschiedete die NS-Regierung einen Wirtschaftsplan für die
nächsten vier Jahre. Dieser Plan war öffentlich und enthielt für die deutsche Industrie genaue Vorgaben über Produkte und Produktionszahlen. Nur sehr wenige Ent-
scheidungsträger von Politik und Wirtschaft erhielten darüber hinaus das Geheim-
papier, aus dem diese Auszüge stammen.

Wir sind übervölkert und können uns auf der eigenen Grundlage nicht ernähren. […]
Die endgültige Lösung liegt in einer Erweiterung des Lebensraumes bzw. der
Rohstoff- und Ernährungsbasis unseres Volkes. […] Ähnlich der militärischen
5 und politischen Aufrüstung […] unseres Volkes hat auch eine wirtschaftliche
zu erfolgen, und zwar im selben Tempo, […] und wenn nötig mit der gleichen
Rücksichtslosigkeit. […]
Ich halte es für notwendig, dass nunmehr mit eiserner Entschlossenheit auf all
den Gebieten eine 100 %ige Selbstversorgung eintritt, auf denen diese möglich
10 ist […].
Ich stelle damit folgende Aufgabe:
Die deutsche Armee muss in vier Jahren einsatzfähig sein.
Die deutsche Wirtschaft muss in vier Jahren kriegsfähig sein.
(Zit. nach: Günter Schönbrunn, Geschichte in Quellen, Weltkriege und Revolutionen,
München (bsv) [5]1995, S. 321 f.)

1. Analysiere die Quelle. Beschreibe
   also Autor, Adressat, Entstehungs-
   ort und -zeit, die Textsorte. Gib die
   wichtigen Aussagen in eigenen
   Worten wieder.
2. Erkläre die Aussagen und die Absicht, die du hinter diesem Ge-
   heimpapier erkennst.
3. Formuliere eine zusammenfassende Antwort auf die Leitfrage und
   beurteile das Vorgehen Hitlers.

Neuordnungen der Welt und Situation Deutschlands

Zündung der 15-Megatonnen-Wasserstoffbombe der USA auf dem Bikini-Atoll 1954

Berlin 1961: Amerikanische und sowjetische Panzer stehen sich in Berlin am „Checkpoint Charlie" gegenüber.

Eine gefährliche Situation: Eine falsche Bewegung oder eine unbedachte Handlung und die Welt hätte in Flammen aufgehen können.

Denn die Jahrzehnte nach dem Zweiten Weltkrieg standen im Schatten der Atombombe. Die ehemals verbündeten Großmächte USA und Sowjetunion waren zu erbitterten Feinden geworden und hatten die Welt in zwei Lager geteilt.

Mittendrin: Das geteilte Deutschland.

Das Brandenburger Tor – Spiegel der wechselhaften Geschichte Deutschlands von 1945 bis 1990

1945
Nach Kriegsende: Flüchtlinge im zerstörten Berlin.

1946
Hunger und Wohnungsnot: Frauen legen Kleingärten auf Brachflächen in der Stadt an.

1950er-Jahre
DKW Junior und Auto Union 1000: Die noch sündhaft teuren Autos sind die ersten Anzeichen des beginnenden „Wirtschaftswunders" im Westen.

1961
Die Regierung der DDR riegelt die innerdeutsche Grenze mit Zäunen und Sperranlagen ab. In der Nacht vom 12. auf den 13. August 1961 beginnt sie mit dem Bau der Berliner Mauer.

1945
Ende des Zweiten Weltkrieges
Potsdamer Konferenz

1947
Truman-Doktrin
Marshall-Plan

1949
Gründung der beiden deutschen Staaten

1953
Volksaufstand in der DDR

1955
Beitritt der Bundesrepublik zur NATO

1961
Bau der Berliner Mauer

1961 – 1989

Die beiden deutschen Staaten sind durch eine unüberwindbare Grenze voneinander getrennt. Mauern, Stacheldraht, Wachtürme und Selbstschussanlagen machen die Grenze zu einem tödlichen Hindernis: Mindestens 139 Menschen starben bei dem Versuch, durch die Grenzanlagen aus der DDR zu fliehen.

In dieser Zeit trennte der weltweite Ost-West-Konflikt auch die beiden deutschen Staaten – politisch, ideologisch, wirtschaftlich und militärisch waren sie zu einem untrennbaren Teil der verfeindeten Blöcke geworden, deren Grenze mitten durch Deutschland und mitten durch Berlin verlief.

1989

10. November 1989: Menschen feiern ausgelassen den Fall der Berliner Mauer. In der Nacht zuvor hatte die Regierung der DDR die Öffnung ihrer Grenzen bekanntgegeben.

| **1962** Kuba-Krise | **1970 – 74** „Neue Ostpolitik" der Bundesregierung | **1975** Konferenz für Sicherheit und Zusammenarbeit in Europa (KSZE) | **1985** Beginn der Reformen in der Sowjetunion | **1989** Friedliche Revolution in der DDR Öffnung der Mauer | **1990** Vereinigung der beiden deutschen Staaten |

Ein Briefträger im zerstörten Berlin – unmittelbar nach dem Krieg

Der Krieg war zu Ende, aber viele Städte in Europa lagen in Schutt und Asche. In Deutschland war jede staatliche Ordnung zusammengebrochen. Das ganze Land war von alliierten Truppen besetzt. Von ihnen hing nun alles ab.

Die Sieger ordnen Deutschland und Europa neu

Unmittelbar nach ihrem Sieg im Zweiten Weltkrieg trafen sich die obersten Vertreter der alliierten Siegermächte in Potsdam (bei Berlin) um über die Neuordnung Deutschlands und Europas zu beraten.

- *Wie traten die Siegermächte ihrem ehemaligen Feindstaat nach dem Sieg im Zweiten Weltkrieg gegenüber?*
- *Wie ordneten die Siegermächte Deutschland und Europa nach dem Zweiten Weltkrieg?*

Präsentiert einen Gruppenvortrag, in dem ihr die Neuordnung Deutschlands und Europas nach dem Zweiten Weltkrieg darstellt.

1. Bildet Arbeitsteams, mit denen ihr den Gruppenvortrag vorbereiten und durchführen möchtet.

2. Informiert euch anhand des Darstellungstextes und der Materialien über die Neuordnung Europas und Deutschlands nach dem Zweiten Weltkrieg.

3. Legt gemeinsam fest, wie ihr euren Gruppenvortrag gestalten wollt. Methodische Hinweise findet ihr auf S. 308 in der Methodenwerkstatt.
So könnte euer Gruppenvortrag inhaltlich gegliedert sein:

Deutschland: Ein Feindstaat? → **Demonstrative Einigkeit: Das Potsdamer Abkommen** → **Unterschiedliche Interessen: Streit um die Besatzungspolitik**

Für Teams, die die wichtigste Konferenz nach dem Zweiten Weltkrieg weiter erforschen und vorstellen möchten: Informiert euch im Internet oder in der Bibliothek über die Potsdamer Konferenz. Interessante Materialien findet ihr z. B. hier: @ SNG-34530-033
Stellt der Klasse eure Ergebnisse vor.

Deutschland: Ein Feindstaat?

„Es muss den Deutschen klargemacht werden, dass Deutschlands rücksichtslose Kriegsführung und der fanatische Widerstand der Nazis […] Chaos und Leiden verursacht haben, und dass sie nicht der Verantwortung für das entgehen können, was sie selbst auf sich geladen haben. Deutschland wird nicht besetzt zum Zwecke seiner Befreiung, sondern als besiegter Feindstaat."

So hieß es in einer Direktive der amerikanischen Regierung an den amerikanischen Militärgouverneur in Deutschland (Direktive JCS 1067) im April 1945. Der Text macht deutlich, wie die Siegermächte die Deutschen unmittelbar nach dem Krieg wahrnahmen: als Feinde, die es zu bestrafen galt.

Der Wahnsinn des nationalsozialistischen Eroberungskrieges und seiner Welteroberungsphantasien fiel nun auf die Deutschen zurück. Wie würden die Alliierten jetzt mit Deutschland und den Deutschen umgehen?

Jugendliche Volkssturm-Gefangene auf dem Weg in die Kriegsgefangenschaft (Berlin, Mai 1945)

Die „großen Drei" auf der Konferenz zur Zukunft Deutschlands in Potsdam (v. l. n. r.): Winston Churchill/GB, Harry Truman/USA, Josef Stalin/UdSSR (Pressefotografie, Potsdam 1945)

Demonstrative Einigkeit: Das Potsdamer Abkommen

Potsdam, 17.7. – 2.8.1945: Die „großen Drei" beraten über die Zukunft Deutschlands und Europas. Das Pressefoto sollte aller Welt zeigen: Die Alliierten handeln einmütig und gemeinsam.

Gemeinsam hatten die drei Alliierten das Interesse, den ehemaligen Feindstaat Deutschland zu kontrollieren, die Kriegsverbrecher zu bestrafen und das besetzte Gebiet zu verwalten. Einig war man sich auch darüber, dass das besiegte Deutschland besetzt werden und Reparationen bezahlen sollte.

Neue Grenzen in Europa: Der sowjetische Führer Stalin hatte außerdem darauf bestanden, dass die Sowjetunion als Ausgleich für erlittene Kriegsschäden einen Teil Polens erhalten sollte. Als Ausgleich sollte wiederum Deutschland einen Teil seines früheren Territoriums an Polen abtreten. Dieser sogenannten „Westverschiebung" Polens stimmten die westlichen Alliierten (USA, Großbritannien) schließlich zu. Die polnische Bevölkerung im ehemaligen Ostpolen und die deutsche Bevölkerung im ehemaligen Ostpreußen, das jetzt zu Polen gehören sollte, mussten ihre Heimat verlassen. Obwohl im Potsdamer Abkommen von einer „planmäßigen Umsiedlung" die Rede war, wurden die Menschen oft mit roher Gewalt vertrieben.

M 1 **Die territoriale Neuordnung Europas nach dem Zweiten Weltkrieg und die Besatzungszonen in Deutschland**

SCHWEDEN

UdSSR

DÄNEMARK

0,09 Baltikum

Danzig
0,29 Danzig

Königsberg
Litauen
0,18

Kiel
Schleswig-Holstein
Hamburg
Allenstein

Mecklenburg
· Schwerin

Pommern
1,96 Ostpreußen

1,43 Stettin
Pommern

Bremen

Niedersachsen

Brandenburg
Berlin
· Hannover
0,39
Potsdam
Ostbrandenburg

Westpolen
0,69

1 Ostpolen

POLEN

Nordrhein-Westfalen
· Düsseldorf

Sachsen-Anhalt
Halle

3,2 Schlesien
Breslau

2,5

Erfurt
Thüringen
Dresden
Sachsen
2,91 Sudetenland

Hessen
Wiesbaden

2 Zentralpolen

Rheinland-Pfalz
Mainz

0,8 Ukraine

Saarland
Saarbrücken
Württemberg-Baden
Stuttgart
Bayern

TSCHECHOSLOWAKEI

Tübingen
Württemberg-Hohenzollern
Freiburg
München
Linz
Salzburg
Wien

ÖSTERREICH
Graz

Innsbruck

SCHWEIZ

Klagenfurt

0   100   200 km

Besatzungszonen in Deutschland

Britisch	
Amerikanisch	
Französisch	
Sowjetisch	

////// vormals deutsch
vormals polnisch

Vertriebene, Flüchtlinge, Umgesiedelte in Mio.

Sowjetbürger

Deutsche | Polen

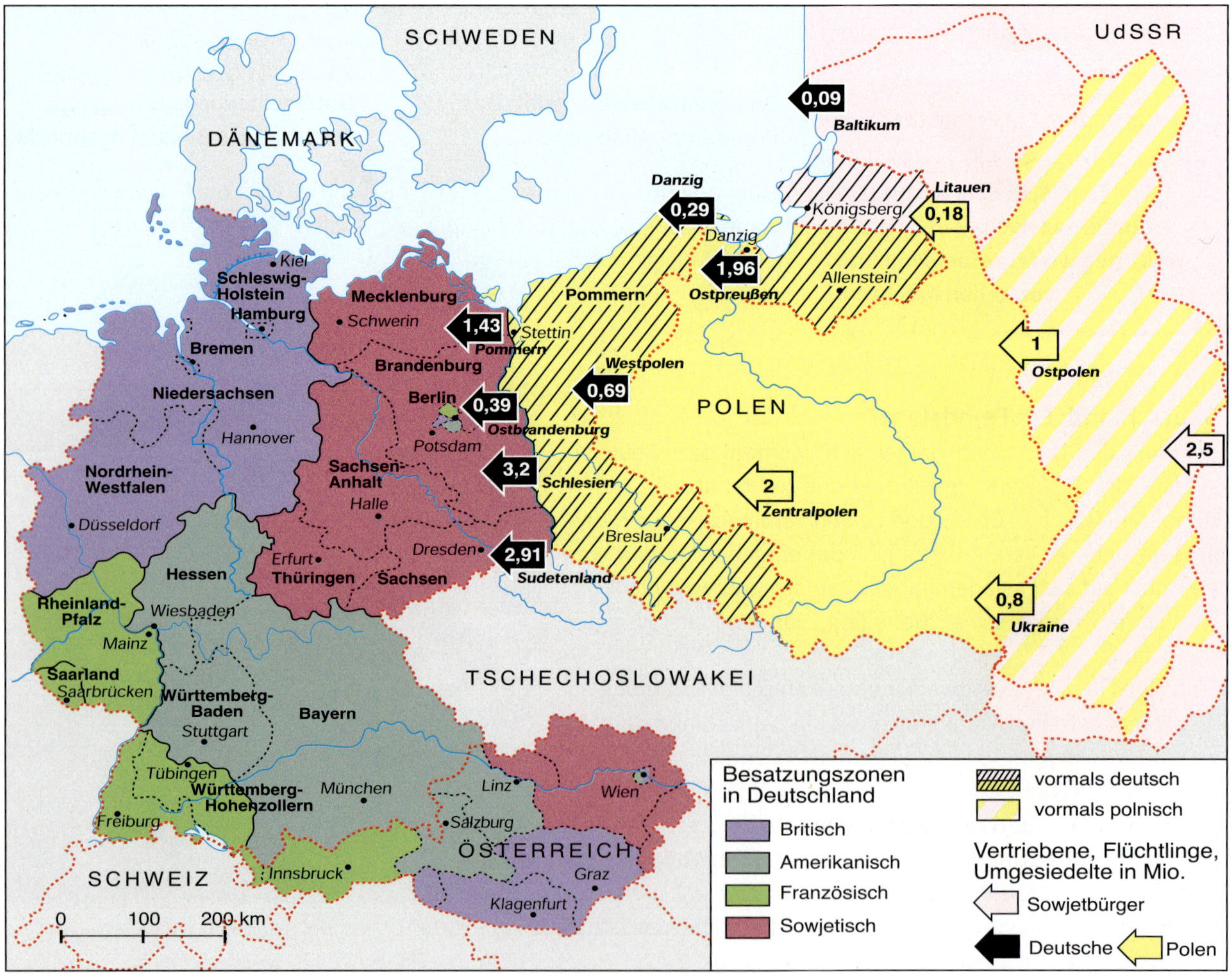

Die Zukunft Deutschlands und der Deutschen: Die Siegermächte legten außerdem fest, nach welchen Grundsätzen die Deutschen in Zukunft behandelt werden sollten. Diese Grundsätze sind unter der Überschrift „Vier D's" bekannt geworden. Durch sie sollten der Nationalsozialismus beseitigt, Kriegsverbrecher bestraft und ein demokratischer Neuanfang in Deutschland ermöglicht werden.

Die Aufteilung Deutschlands in Besatzungszonen: Um das besetzte Gebiet des ehemaligen deutschen Reiches zu verwalten, einigten sich die Siegermächte auf die Aufteilung Deutschlands in Besatzungszonen. Auch Frankreich bekam eine Zone zugesprochen. Jede der vier Zonen sollte von der jeweiligen Besatzungsmacht verwaltet werden. Auch die ehemalige Hauptstadt Berlin wurde in vier Sektoren aufgeteilt. Alle Fragen, die ganz Deutschland betrafen, sollten im „Alliierten Kontrollrat", dem alle vier Militärgouverneure angehörten, besprochen und beschlossen werden.

Unterschiedliche Interessen: Streit um die Besatzungspolitik in Deutschland

Unterschiedliche Interessen: Obwohl die Siegermächte anfangs planten, Deutschland gemeinsam zu verwalten, zeigte sich bald, dass sie in ihren Besatzungszonen unterschiedliche Interessen verfolgten.

Die Sowjetunion hatte besonders unter dem deutschen Angriff im Zweiten Weltkrieg gelitten. Sie bestand deshalb auf umfangreichen Reparationszahlungen aus allen vier Besatzungszonen.

Frankreich war innerhalb der jüngeren Geschichte dreimal von Deutschland angegriffen worden: 1870 im deutsch-französischen Krieg, 1914 im Ersten Weltkrieg und 1939 im Zweiten Weltkrieg. Damit sich dies nicht erneut wiederholen könnte, wollte Frankreich kein mächtiges Deutschland als Nachbarn mehr dulden. Es widersetzte sich deshalb allen Versuchen, den Deutschen wieder eigene Verwaltungsorgane zu erlauben.

Die USA und Großbritannien wollten hingegen ihre Besatzungszonen möglichst schnell wirtschaftlich wiederbeleben. Sie erkannten, dass die Deutschen immer weniger in der Lage waren, die Kosten für ihre Nahrungsmittel selbst aufzubringen. Sie wollten schließlich ihren Wählern diese Kosten nicht zumuten. Noch weniger wollten sie durch Reparationslieferungen aus ihren Zonen die Sowjetunion indirekt unterstützen.

Streit unter den Besatzungsmächten: So entstand der erste Streit unter den Besatzungsmächten in der Frage, aus welchen Besatzungszonen wie viele Reparationen zu zahlen wären. Als der amerikanische Gouverneur Lucius D. Clay die Reparationslieferungen aus der amerikanischen Besatzungszone an die Sowjetunion stoppte, brach dieser Streit offen aus.

Die vier „D" des Potsdamer Abkommens:

Demilitarisierung:
- Auflösung aller militärischen Verbände und der Rüstungsindustrie

Denazifizierung:
- Aufhebung aller nationalsozialistischen Organisationen
- Anklage gegen alle Kriegsverbrecher vor einem internationalen Militärgerichtshof

Demokratisierung:
- Politische Selbstorganisation der Deutschen soll schrittweise auf demokratischer Grundlage wieder ermöglicht werden.

Dezentralisierung:
- Politische Dezentralisierung: Deutschland soll zwar als Einheit erhalten, ein starker Zentralstaat aber verhindert werden.
- Wirtschaftliche Dezentralisierung: Großunternehmen sollen in kleinere Unternehmen aufgeteilt werden.
- Politische und wirtschaftliche Dezentralisierung sollen einen Machtmissbrauch – wie zur Zeit des Nationalsozialismus – verhindern.

---

1. Notiert zum Potsdamer Abkommen
   a) Ort, Zeit, Teilnehmer der Konferenz;
   b) gemeinsame Interessen der Teilnehmer;
   c) politische Grundsätze;
   d) territoriale Beschlüsse und Verwaltungsstruktur im besetzten Deutschland.

2. Notiert in Stichworten zur Besatzungspolitik in Deutschland,
   a) welche Interessen die Besatzungsmächte in Deutschland jeweils verfolgten;
   b) aus welchem Grund es zum Streit zwischen den Besatzungsmächten kam.

Alltag im besiegten Deutschland – Bilder erzählen

Der Krieg war zu Ende. Wer überlebt hatte, atmete auf – und musste in einem zerstörten und chaotischen Alltag zurechtkommen. Zeitgenössische Fotografien erzählen aus dieser Zeit.

- *Welche Probleme gab es im Alltag der Nachkriegszeit?*
- *Wie konnten die Menschen sie bewältigen?*

Haltet einen bildgestützten Gruppenvortrag, in dem ihr die Alltagsprobleme in Nachkriegsdeutschland beschreibt.

1. Bildet Arbeitsgruppen, in denen ihr gemeinsam einen Vortrag vorbereiten und präsentieren möchtet.

2. Verschafft euch einen Überblick über das Materialangebot auf dieser Doppelseite. Sprecht in der Gruppe ab, wie ihr vorgehen und die Arbeit inhaltlich aufteilen wollt. Folgt den Schritten der Methode „Fotografien interpretieren" (Methodenwerkstatt, S. 314). **Tipp:** Weitere Fotografien und Materialien könnt ihr hier finden:

   @ SNG-34530-034

3. Stellt eure Arbeitsergebnisse einander in der Gruppe vor. Gestaltet auf dieser Grundlage gemeinsam ein Konzept für den Gruppenvortrag. Orientiert euch dabei an den bekannten Arbeitsschritten der Methode „Mit Karteikarten einen Kurzvortrag halten" (Methodenwerkstatt, S. 294).

Eine weitere Möglichkeit, die Alltagsprobleme und das Alltagshandeln in der Nachkriegszeit zu thematisieren: Präsentiert und erläutert eine **Mindmap** zum Thema „Deutschland – ein zerstörtes Land".

Zeitgenössische Fotografien erzählen aus der Nachkriegszeit

M 1 Die Hohenzollernbrücke in Köln, 1945

Zerstörung

Kälte, Hunger und Wohnungsnot bestimmten den Alltag der Menschen. Viele Großstädte wie Berlin, Hamburg oder Dresden waren fast vollständig zerstört. Auch in Köln war die Hälfte der Häuser vollständig, der Rest teilweise zerstört. Nur 300 Häuser waren unversehrt geblieben.

M 2 Flüchtlingstreck am Brandenburger Tor, 1945

Flucht, Migration, Ungewissheit

In der Folge des Krieges bewegten sich riesige Flüchtlings- und Wanderungsströme durch Europa und Deutschland. Über 12 Millionen Flüchtlinge und Heimatvertriebene aus dem Osten zogen in Trecks aus Pferdewagen, zu Fuß oder in Bahntransporten nach Westen. Täglich zogen 300 000 von ihnen durch Berlin. Hinzu kamen die so genannten „displaced persons", zum Beispiel ehemalige Kriegsgefangene, Überlebende der Konzentrationslager oder ehemalige Evakuierte in Deutschland. Viele Menschen suchten verzweifelt nach ihren vermissten Angehörigen: Waren sie im Krieg gefallen oder irgendwo in Kriegsgefangenschaft, irrten sie irgendwo durch Deutschland, hatte sie jemand gesehen?

M 3 Bahnhof Berlin-Spandau, 1945

Hamsterfahrten

Erschöpft, aber glücklich schleppen die Menschen nach einer „Hamsterfahrt" Lebensmittel in Rucksäcken und Koffern nach Hause.
Viele notwendige Dinge gab es nur im Tauschhandel auf dem Schwarzmarkt. Die alte Reichsmark war wertlos geworden, an ihre Stelle sind amerikanische Zigaretten getreten.
Auf tagelangen „Hamsterfahrten" versuchten die Hungernden, auf dem Land Wertgegenstände gegen Lebensmittel einzutauschen. Viele wanderten zu Fuß, andere hatten das Glück einen der unregelmäßig fahrenden, mühsam zusammengeflickten und völlig überfüllten Züge zu erwischen. Sie fuhren auf den Dächern, Trittbrettern oder Puffern. Nachts versuchten viele, Kohlen aus den Güterzügen zu klauen – der einzige Weg an Brennmaterial zu kommen. Weil der Kölner Kardinal Frings den Diebstahl aus Überlebensnot gerechtfertigt hatte, sprach der Volksmund von „fringsen".

M 4 Irgendwo in Deutschland, 1946

Kinder und Jugendliche

Auch Kinder und Jugendliche mussten sich mit ihrem Leben in Hunger und Elend arrangieren. Manchmal gab es glückliche und selbstvergessene Momente, die aber über die allgemeine Not nicht hinwegtäuschen konnten.
Etwa 250 000 Kinder und Jugendliche, deren Eltern vermisst waren, streiften alleine durchs Land. Hunger, Verwahrlosung und Wohnungsnot führten zu einer steigenden Jugendkriminalität. Kinder- und Jugendbanden versuchten, durch Raub und Diebstahl das zum Überleben Notwendigste zu ergattern. Allein in Berlin besaßen 1947 125 000 Kinder kein einziges Paar brauchbare Schuhe.
Um die Ernährungssituation der Kinder zu verbessern, organisierten amerikanische und englische Besatzungstruppen seit 1947 eine tägliche „Schulspeisung" aus Armeebeständen für 3,5 Millionen Kinder zwischen 6 und 18 Jahren – für viele die einzige warme Mahlzeit am Tag.

M 5 Berlin, 1946

Trümmerfrauen

Ohne jedes technische Hilfsgerät räumten „Trümmerfrauen" auch schwerste Hindernisse, wie Stahlträger, aus dem Weg. Unzählige Männer waren gefallen oder lebten in Kriegsgefangenschaft. Die Bevölkerung bestand zu zwei Dritteln aus Frauen. Sie standen dem Chaos in Deutschland alleine gegenüber. Unter härtesten Bedingungen sorgten sie für ihre Familien und begannen, die Trümmer der zerstörten Städte wegzuräumen. Unterbrochen von nur kurzen Pausen reinigte eine Frau im Durchschnitt 1 200 Ziegelsteine pro Tag. Ohne die Arbeit der Trümmerfrauen wäre an Wiederaufbau nicht zu denken gewesen.

Die „Entnazifizierung": Was geschieht mit der Vergangenheit?

Als der Krieg zu Ende war, standen die Alliierten vor einem wichtigen Problem. Wie sollte man mit dem ehemaligen Feind, den Deutschen, umgehen – dem Volk, das ein verbrecherisches Regime errichtet und die Welt in einen furchtbaren Weltkrieg gestürzt hatte?

- *Wie gingen die Alliierten mit den Deutschen und ihrer Vergangenheit um?*
- *Wie beurteilt ihr das Vorgehen der Alliierten?*

Präsentiert eine Mindmap, in der ihr das Vorgehen der Alliierten gegenüber den Deutschen und ihrer Vergangenheit in strukturierter Form darstellt, und tauscht in einem anschließenden Kreisgespräch eure Urteile über das Vorgehen der Alliierten aus.

1. Informiert euch in Einzelarbeit anhand des Darstellungstextes und der Materialien auf dieser Doppelseite über das Vorgehen der Alliierten gegenüber den Deutschen und ihrer Vergangenheit. **Tipp:** Weitere Informationen und Materialien: @ SNG-34530-035 .

2. Findet euch in Partnergruppen zusammen und überlegt, wie ihr die Mindmap sinnvoll gestalten möchtet. Methodische Hinweise zur Gestaltung einer Mindmap findet ihr im Methodenanhang auf S. 296.

3. Findet euch nach der Präsentation der Mindmap in Kleingruppen zusammen und entwickelt Ansätze zur Beurteilung des Vorgehens der Alliierten.

Eine Möglichkeit für Teams, die zeitgenössische Fotografien untersuchen und ihre Ergebnisse vorstellen wollen: Wenn ihr die Möglichkeit habt und Grundkenntnisse besitzt – vielleicht sogar einen Medienführerschein – könnt ihr auch eine **digitale Präsentation** zum Thema vorbereiten und vorführen.

M 1 Konfrontation

Zuschauer verlassen ein Kino in Burgsteinfurt, in dem sie einen Film über Bergen-Belsen und Buchenwald ansehen mussten (zeitgenössische Fotografie). Weil viele Deutsche nach Kriegsende die Vergangenheit verdrängten oder behaupteten, von nichts gewusst zu haben, konfrontierten die Siegermächte die Deutschen bewusst mit ihrer verbrecherischen Vergangenheit.

Konfrontation, Bestrafung, Entnazifizierung

Wie die Siegermächte mit den Deutschen umgehen würden, hing in erster Linie davon ab, wie sie deren Schuld an den NS-Verbrechen einschätzten.

Der Umgang mit dem deutschen Volk: In der Weltöffentlichkeit waren anfangs viele der Meinung, alle Deutschen trügen die Verantwortung für den Nationalsozialismus und müssten deshalb als ganzes Volk bestraft werden. Diese Haltung änderte sich später: Die Alliierten versuchten, zwischen Tätern, Mitläufern und Unschuldigen zu unterscheiden. Die Täter sollten bestraft werden, während die Mehrheit der Deutschen „entnazifiziert" (vom Nationalsozialismus befreit) werden sollte. Außerdem sollten die Deutschen wieder zu demokratischem Verhalten erzogen werden. Dafür prägten die Amerikaner den Begriff „Reeducation" („Wieder-Erziehung").

M 2 Bestrafung

Josef Cramer, KZ-Kommandant von Bergen-Belsen, und Irma Grese, die für die Todeszellen verantwortlich war, warten auf ihr Verhör (zeitgenössisches Foto).

M 3 Die Anklagebank im Nürnberger Kriegsverbrecherprozess (zeitgenössisches Foto)

Die Bestrafung der Hauptkriegsverbrecher: Im sogenannten „Nürnberger Kriegsverbrecherprozess" wurden vor einem alliierten Gericht die Haupttäter der nationalsozialistischen Verbrechen öffentlich angeklagt und verurteilt. Der Prozess sollte die Welt über diese Verbrechen aufklären und den Deutschen einen demokratischen Neuanfang ermöglichen. Außerdem sollte er den Menschenrechten auch im internationalen Recht Anerkennung verschaffen. Heute gilt der Nürnberger Prozess als Vorläufer internationaler Gerichte, wie z. B. dem Gerichtshof für Menschenrechte in den Haag.

Entnazifizierung in West und Ost

Obwohl die Alliierten gemeinsam die „Entnazifizierung" der Deutschen beschlossen hatten, gingen sie in ihren Besatzungszonen sehr unterschiedlich vor.
Die Entnazifizierung in den Westzonen: In den drei Westzonen versuchten die Alliierten, die individuelle Schuld der Menschen festzustellen. Alle Deutschen erhielten einen Fragebogen in dem sie über ihr Verhalten während des Nationalsozialismus Auskunft geben mussten. Spruchkammern teilten sie dann in fünf Kategorien ein: (I) Hauptschuldige, (II) Belastete, (III) Minderbelastete, (IV) Mitläufer, (V) Entlastete. Je nachdem, in welche Kategorie man eingeordnet wurde, wurde man mit Gefängnis bestraft, erhielt Berufsverbot oder konnte unbehelligt weiterleben.
Vielen Deutschen gelang es allerdings, sich durch falsche Angaben oder manipulierte Zeugenaussagen „reinzuwaschen". Dafür kursierte bald der englische Ausdruck „to white wash". Im Verlauf der 1950er-Jahre wurde das Entnazifizierungsverfahren eingestellt. Für die drei Westmächte USA, Großbritannien und Frankreich waren andere Probleme wichtiger geworden.
Die Entnazifizierung in der sowjetischen Besatzungszone: In der sowjetischen Besatzungszone verlief die Entnazifizierung etwas anders. Auch hier wurden Nationalsozialisten persönlich bestraft. Zusätzlich aber wurden ganze Bevölkerungsgruppen für die nationalsozialistischen Verbrechen verantwortlich gemacht. Nach Ansicht der Sowjetunion waren Großgrundbesitzer und Großunternehmer die wichtigsten Unterstützer Hitlers und der Nationalsozialisten gewesen. Ab September 1945 wurden deshalb Großgrundbesitzer in der sowjetischen Besatzungszone enteignet und ihr Land an Kleinbauern oder landwirtschaftliche Genossenschaften verteilt.

M 4 Enteignung

Plakate und Spruchbänder werben für die „Enteignung von Kriegsverbrechern" in der sowjetisch besetzten Zone. Dazu fand am 30. Juni 1946 in Sachsen ein Volksentscheid statt. 77,6 % der Befragten stimmten dafür.

Notiert die Kernaussagen des Darstellungstextes in Stichworten.

Checkpoint Charlie Berlin, 1961: Sowjetische und US-amerikanische Panzer stehen sich gefechtsbereit gegenüber. Nur wenige Jahre nach dem Ende des Zweiten Weltkrieges wurden aus den ehemaligen Verbündeten tief zerstrittene Feinde – ein Konflikt, der die Welt für Jahrzehnte prägen sollte.

Aus Verbündeten werden Gegner: Wie der Ost-West-Konflikt begann

Europa im Jahr 1947: Der Zweite Weltkrieg lag zwei Jahre zurück. Im östlichen Teil standen sowjetische, im westlichen Teil amerikanische Truppen. Nach außen hin waren die beiden Siegermächte miteinander verbündet, aber sie begannen, Europa aus unterschiedlichen Perspektiven zu betrachten.

- *Eine Welt – zwei Perspektiven: Wie deuteten die Regierungen der USA und der UdSSR die weltpolitische Situation im Jahr 1947?*
- *Was verbindet beide Perspektiven, was unterscheidet sie?*
- *Auf welche Faktoren lassen sich die unterschiedlichen Perspektiven zurückführen?*

Präsentiert ein historisches Rollenspiel, in dem ihr in den Rollen eines Vertreters der USA bzw. der Sowjetunion die Sichtweisen „eurer" Regierungen auf die Weltpolitik im Jahr 1947 einander gegenüberstellt, und tauscht in einem anschließenden Klassengespräch mögliche Antworten auf die zweite und dritte Leitfrage aus.

1. Wertet in Partnerarbeit oder in kleinen Arbeitsgruppen arbeitsteilig entweder die Quellen M 1 und M 2 (Sichtweise der USA) oder die Quellen M 3 und M 4 (Sichtweise der Sowjetunion) unter der ersten Leitfrage aus. Wichtige Hintergrundinformationen findet ihr im Darstellungstext auf dieser Seite. Haltet eure Ergebnisse auf Rollenkarten fest.

   Vergleicht die beiden zeitgenössischen Sichtweisen miteinander (zweite Leitfrage). Haltet Gemeinsamkeiten und Unterschiede in Stichworten fest. Überlegt gemeinsam, auf welche Ursache die unterschiedlichen Perspektiven der Siegermächte zurückgeführt werden können (dritte Leitfrage). Haltet eure Ergebnisse in schriftlichen Hypothesen fest.

2. Übt die Rolle, die ihr übernehmen wollt, ein.

3. Setzt euch nach dem Vorspielen noch einmal in kleinen Gruppen zur Vorbereitung des Klassengespräches zusammen. So könnt ihr vorgehen:

   Für Teams, die sich schriftlich äußern möchten: Erstellt ein **Poster** zum Thema „Wie der Ost-West-Konflikt begann" und präsentiert es der Klasse.

Während des Krieges: Ein Traum …

Die Idee von der „Einen Welt": Noch während des Zweiten Weltkrieges hatte der amerikanische Präsident Roosevelt eine Idee entwickelt, die unter dem Schlagwort „One World" („Eine Welt") bekannt wurde. Diese Idee beruhte auf der Hoffnung, dass – nach der schrecklichen Erfahrung des Weltkrieges – alle Staaten gemeinsam beschließen könnten, auf Gewalt zu verzichten und alle Streitigkeiten friedlich zu lösen. Für Roosevelt war diese Idee – neben dem Sieg über das nationalsozialistische Deutschland – das eigentlich Kriegsziel der USA.

Die Gründung der „Vereinten Nationen": Die konkrete Umsetzung seiner Idee der „Einen Welt" konnte Roosevelt nicht mehr erleben. Zwei Wochen nach seinem Tod eröffnete sein Nachfolger, der amerikanische Präsident Harry Truman, am 26. Juni 1945 die Gründungsversammlung der Vereinten Nationen (UN). In dieser Organisation sollten alle Staaten der Welt vertreten sein und versuchen, Streitigkeiten friedlich zu lösen. Die Organisation existiert bis heute und sie ist – mitsamt der ihr zugrunde liegenden Idee – mindestens genauso aktuell wie 1945.

„Entwurf für ein Siegerdenkmal" (Karikatur aus der „Schweizer Illustrierten Zeitung", 11.4.1945)

Zeitgenössisches westdeutsches Plakat zum Marshall-Plan

Notiert die Kernaussagen des Darstellungstextes in Stichworten.

Nach Kriegsende: ... zerplatzt

Streit um Deutschland: Wie manche Zeitgenossen erkannte ein hellsichtiger Karikaturist schon im April 1945 in seinem „Entwurf für ein Siegerdenkmal", dass die Siegermächte des Zweiten Weltkrieges in entgegengesetzte Richtungen strebten.

Im Potsdamer Abkommen hatten die Siegermächte das besetzte Deutschland zwar in Besatzungszonen aufgeteilt, sich aber zugleich darauf geeinigt, ganz Deutschland betreffende Fragen gemeinsam im „Alliierten Kontrollrat" zu besprechen und zu lösen.

Tatsächlich begannen die Alliierten in ihren jeweiligen Zonen unterschiedliche politische und gesellschaftliche Strukturen aufzubauen. Bestimmte Formulierungen im Potsdamer Abkommen erwiesen sich als „Gummibegriffe", unter denen die Alliierten etwas ganz Unterschiedliches verstanden. Unter „Demokratie" zum Beispiel verstanden die Westmächte eine liberale Parteiendemokratie mit grundlegenden Menschenrechten, wie Meinungs- und Pressefreiheit. Die Sowjetunion verstand unter „Demokratie" vor allem die Vorherrschaft einer „Partei der Arbeiterklasse" in einem sozialistischen Staat.

Streit um Europa: Streit gab es aber nicht nur um Deutschland. Spätestens mit Beginn des Jahres 1946 begannen die beiden Großmächte USA und Sowjetunion damit, ihren Einfluss in ganz Europa zu festigen und – wenn möglich – auszudehnen.

In den von ihr besetzten Staaten Osteuropas setzte die Sowjetunion kommunistische Regierungen ein. Andere Gruppen oder Parteien wurden behindert oder nicht zugelassen.

Auch die USA machten ihren Einfluss geltend: Im Juni 1947 verkündete der amerikanische Außenminister George Marshall den nach ihm benannten „Marshall-Plan". Mit diesem Plan boten die USA allen europäischen Staaten zinslose Kredite zum Wiederaufbau an. Die UdSSR lehnte den Marshall-Plan ab und verbot den osteuropäischen Staaten in ihrem Einflussbereich die Annahme der Marshall-Plan-Kredite.

Offenen Streit gab es um Griechenland: In einem mit großer Härte geführten Bürgerkrieg kämpfte die von Großbritannien unterstützte konservative Regierung gegen kommunistischen Partisanen. Großbritannien und die USA beschuldigten die Sowjetunion, die Partisanen indirekt (z. B. durch Waffenlieferungen) zu unterstützen.

Spätestens am Ende des Jahres 1947 war klar, dass Europa sich in zwei Richtungen entwickelte: In Osteuropa entwickelten sich unter dem Einfluss der Sowjetunion kommunistische, in Westeuropa unter dem Einfluss der USA liberale Gesellschafts- und Staatsordnungen.

Die Geschichte eines Weltkonfliktes: Der Streit in Deutschland und Europa hatte eine Vorgeschichte. Sie beginnt im Jahr 1917. In diesem Jahr stürzte die kommunistische Partei der „Bolschewiki" die Zarenherrschaft in Russland. Seither existierten zwei Weltanschauungen nebeneinander, die unterschiedlicher kaum sein konnten: der Kommunismus in der Sowjetunion und die liberale Demokratie in den westlichen Staaten. Nur durch den gemeinsamen Kampf gegen den deutschen Faschismus war dieser Gegensatz für eine Zeit überdeckt gewesen. Nun tauchte er wieder auf.

Die Sichtweise der USA

M 1 Die „Truman-Doktrin" (12.3.1947)

In einer Rede vor dem Kongress beschrieb US-Präsident Truman die Leitlinien der amerikanischen Außenpolitik:

Zum gegenwärtigen Zeitpunkt der Weltgeschichte muss fast jede Nation zwischen alternativen Lebensformen wählen. Nur zu oft ist diese Wahl nicht frei.
Die eine Lebensform gründet sich auf den Willen der
5 Mehrheit und ist gekennzeichnet durch freie Institutionen, repräsentative Regierungsform, freie Wahlen, Garantien für die persönliche Freiheit, Rede- und Religionsfreiheit und Freiheit von politischer Unterdrückung.
Die andere Lebensform gründet sich auf den Willen einer
10 Minderheit, den diese der Mehrheit gewaltsam aufzwingt. Sie stützt sich auf Terror und Unterdrückung, auf die Zensur [...], auf manipulierte Wahlen und auf den Entzug der persönlichen Freiheiten. Ich glaube, es muss die Politik der Vereinigten Staaten sein, freien Völkern beizustehen, die sich der angestrebten Unterwerfung durch bewaffnete Minderheiten oder durch äußeren Druck widersetzen.

(Zit. nach: Wolfgang Lautemann/Manfred Schlenke (Hg.), Geschichte in Quellen – Die Welt seit 1945, München (bsv) 1980, S. 576 f.)

M 2 Der „Marshall-Plan" (5. 6.1947)

US-Außenminister George Marshall stellte in einer Rede das später nach ihm benannte Hilfsprogramm vor:

Unsere Politik ist nicht gegen irgendein Land oder eine Doktrin, sondern gegen Hunger, Armut, Verzweiflung
5 und Chaos gerichtet. Ihr Zweck soll es sein, die Weltwirtschaft wiederherzustellen, um das Entstehen politischer und sozialer Verhältnisse zu ermöglichen, unter welchen freie Institutionen existieren können. Jede Regierung, die willens ist, bei der Aufgabe des Wiederaufbaues mitzu-
10 wirken, wird, dessen bin ich sicher, seitens der Regierung der Vereinigten Staaten volle Unterstützung erfahren. Eine Regierung, welche den Wiederaufbau anderer Länder zu verhindern sucht, kann keine Hilfe von uns erwarten. Regierungen [...], welche bestrebt sind, das menschliche Elend zu verewigen, um daraus politisch [...] zu profitieren, werden auf den Widerstand der Vereinigten Staaten stoßen.

(Zit. nach: Geschichte in Quellen, a.a.O., S. 370 f.)

Die Sichtweise der Sowjetunion

M 3 Die „Zwei-Lager-Theorie" (September 1947)

Der Sekretär des Zentralkomitees der KPdSU, Schdanow, äußerte sich zur außenpolitischen Situation:

Je größer der Zeitraum wird, der uns von der Beendigung des Krieges trennt, desto schärfer heben sich zwei Grundtendenzen in der internationalen Nachkriegspolitik hervor, die der Teilung der politischen Kräfte in zwei Lager entsprechen: in das imperialistische und antidemokrati-
5 sche Lager einerseits und das antiimperialistische und demokratische Lager andererseits. Die führende Hauptkraft des imperialistischen Lagers sind die USA. [...]
Sie machen alles, um sich von den [...] übernommenen Verpflichtungen loszusagen und sich die Hände frei zu
10 machen für eine neue Politik, die nicht auf die Zusammenarbeit der Völker berechnet ist, sondern darauf, sie gegeneinander aufzuhetzen.

(Zit. nach: Keesing's Archiv der Gegenwart, Jahrgang XVII/1947, S. 128 f.)

M 4 Die Aufnahme des Marshall-Plans in der Sowjetunion (1.10.1947)

Am 1. Oktober 1947 bewertete der Sekretär der KPdSU Schdanow, den Marshall-Plan wie folgt:

Die US-‚Wirtschaftshilfe' verfolgt das weit gestreckte Ziel, Europa mithilfe des amerikanischen Kapitals zu versklaven. Doch die wirtschaftliche Kontrolle zieht auch die politische Unterordnung nach sich. [...] Ihren Ausdruck
5 haben die Bestrebungen in den USA gegenwärtig in der Truman-Doktrin und im Marshall-Plan gefunden. [...] Die Truman-Doktrin, die darauf berechnet ist, alle [...] reaktionären Regime zu unterstützen, trägt unverhüllt aggressiven Charakter. Da die Truman-Doktrin eine so ungüns-
10 tige Aufnahme fand, tauchte die Notwendigkeit des Marshall-Planes auf. Das Wesen [...] dieses Planes besteht darin, einen Block der Staaten zu schaffen, die durch Verpflichtungen den USA gegenüber gebunden sind, und den europäischen Staaten als Lohn für ihren Verzicht auf
15 die wirtschaftliche und dadurch auch politische Selbstständigkeit amerikanische Kredite zu gewähren.

(Zit. nach: Winfried Reichert, Die Deutsche Frage, Würzburg (Ploetz) 1974, S. 50)

Notiert die wesentlichen Ergebnisse einer systematischen Auswertung der Quellen M 1 – M 4 in Stichworten.

Der Ost-West-Konflikt: Weltordnung für Jahrzehnte

Der Konflikt zwischen der Sowjetunion und den USA hatte weitreichende Folgen: Er prägte für vier Jahrzehnte die gesamte Weltpolitik.

● *Wie entwickelte sich der „Ost-West-Konflikt" in der Folgezeit?*

Präsentiert und erläutert ein großflächiges Wandplakat, auf dem ihr die wichtigsten Merkmale und den Verlauf des Ost-West-Konfliktes systematisch geordnet darstellt.

1. Bildet Kleingruppen und wertet den Darstellungstext und die Materialien unter der Leitfrage aus. **Tipp:** Weitere Informationen und Materialien zum Ost-West-Konflikt findet ihr hier: @ SNG-34530-036 .

2. Legt gemeinsam fest, wie ihr eure Ergebnisse auf dem Wandplakat visualisieren wollt. Anregungen findet ihr in der Methodenwerkstatt S. 299.

Für Kleingruppen, die eine zeitgenössische Karikatur untersuchen und ihre Ergebnisse der Klasse präsentieren wollen:

Wertet die Karikatur M 1 aus. Methodische Hinweise zur Auswertung einer Karikatur findet ihr in der Methodenwerkstatt auf S. 315. Projiziert die Karikatur (z. B. per OHP oder Beamer) und stellt der Klasse eure Ergebnisse vor.

M 1 Hilfe, ich werde verfolgt!

Karikatur von Horst Hatzinger, 1981

Die Merkmale des Ost-West-Konflikts

Bipolare Weltordnung: Der Ost-West-Konflikt teilte die Welt von 1947/48 bis 1989/90 in zwei feindliche Lager. Historiker sprechen deshalb von einer „bipolaren" („bipolar" = zweiseitig) Weltordnung. Als Gegner standen sich die „Supermächte" UdSSR (im Osten) und USA (im Westen) mit den jeweils mit ihnen verbündeten Staaten gegenüber. Beide Seiten gründeten Militärbündnisse: Im Westen war dies die NATO (North Atlantic Treaty Organization) und im Osten der „Warschauer Pakt".

Beide Seiten kämpften um die Vorherrschaft in der Welt. Sie waren beide fest davon überzeugt, die „richtige" Weltanschauung und das „bessere" System zu vertreten. Aus ihrer Sicht war es zum Wohle der Menschheit richtig und wichtig, ihre jeweilige Weltanschauung und ihre politischen, gesellschaftlichen und ökonomischen Vorstellungen zu verteidigen und weltweit durchsetzen.

Machtmittel: Im Mittelpunkt des Ost-West-Konflikts stand eine fürchterliche Waffe: die Atombombe. Atomwaffen waren auf Raketen, U-Booten oder an Flugzeugen montiert und bedrohten das jeweils gegnerische Territorium. Schließlich war das Atomwaffenarsenal so groß geworden, dass man mit ihm sämtliches Leben auf der Erde mehrfach hätte auslöschen können („overkill"). Gerade diese Bedrohung führte aber dazu, dass die Atomwaffen tatsächlich nie eingesetzt wurden, denn in einem atomaren Weltkrieg hätte es keine Sieger geben können („Gleichgewicht des Schreckens").

Aber die Gegner im Ost-West-Konflikt bedrohten sich nicht nur militärisch. Sie versuchten in eigentlich allen Bereichen des menschlichen Lebens den Gegner zu übertrumpfen – in der Wirtschaft, in der Kultur und sogar im Sport. Nach jeder Olympiade wurde genau gezählt, wie viele Goldmedaillen die USA und wie viele die Sowjetunion gewonnen hatte.

Der Verlauf des Ost-West-Konflikts

Der Ost-West-Konflikt verlief nicht gleichförmig, sondern in Wellen: Zeiten verstärkter Anspannung wechselten sich mit Zeiten der Entspannung ab.

Konfliktverschärfung (1948–1962): In der Zeit des Ost-West-Konfliktes begegneten sich beide Seiten grundsätzlich mit tiefem Misstrauen. Anfangs versuchten sie, durch massive Hochrüstung der anderen Seite militärisch überlegen zu sein – oder zumindest nicht ins Hintertreffen zu geraten. So schaukelte sich der Konflikt immer weiter hoch. Er mündete schließlich im Jahr 1962 in die „Kuba-Krise" – den Höhepunkt des Ost-West-Konflikts. Damals stand die Welt am Rande eines Atomkrieges. Glücklicherweise erkannten die Regierungen der beiden Supermächte, dass ein Atomkrieg die gesamte Menschheit zerstört hätte. In einem Atomkrieg hätte es nur Verlierer gegeben.

Politik des „Status Quo" (1962–1968): Nach der Erfahrung der Kuba-Krise akzeptierten beide Seiten die gegebene Machtverteilung („Status quo" = gegebener Zustand) und versuchten – aus Angst vor einem Atomkrieg – nicht mehr, sie zu ihren Gunsten zu verändern. Dazu gehörte auch, dass beide Seiten sich nicht mehr in die innere Politik des jeweils anderen Blocks einmischten.

Unterhalb der Schwelle eines Atomkrieges führten die Supermächte jedoch in allen Teilen der Welt eine Vielzahl von „Stellvertreterkriegen", die insgesamt mehr Opfer forderten als der Zweite Weltkrieg.

Rüstungskontrolle und Entspannungspolitik (1968–1975): Seit den 1970er-Jahren versuchten beide Seiten, die Atomrüstung durch Verträge zu kontrollieren und zu begrenzen. Durch diese Verträge entspannte sich der Konflikt zwischen den Supermächten etwas („Entspannungspolitik"). Den Höhepunkt der Entspannungspolitik bildete die Unterzeichnung der Schlussakte der „Konferenz für Sicherheit und Zusammenarbeit in Europa" (KSZE) im August 1975. Darin verpflichteten sich die beteiligten Staaten aus beiden Blöcken, die bestehenden Grenzen in Europa anzuerkennen und nicht mit Gewalt verändern zu wollen.

„Second cold war" (1977–1985): In der Folgezeit verschärfte sich der Konflikt wieder deutlich. Die UdSSR stellte neue Atomraketen in Mitteleuropa auf und die NATO drohte daraufhin ebenfalls mit der Stationierung neuer Raketen. Die USA entwarfen einen Plan zur Aufrüstung des Weltraums.

Konfliktlösung (1985–1989/90): Jahrzehntelang schien der Konflikt für die Zeitgenossen unlösbar – wie ein „ewiger Konflikt". Die Lösung kam deshalb für sie völlig überraschend. Reformen in der Sowjetunion seit 1985 und Revolutionen in Osteuropa im Jahr 1989 führten zur Auflösung der Sowjetunion und des Ostblocks. Damit verschwand einer der Konfliktgegner von der Bildfläche – eine neue Zeit begann.

Schlüsselereignisse im Ost-West-Konflikt

1948–1949: Berlin-Krise

1948 sperrte die Sowjetunion alle Landverbindungen von den Westzonen nach Westberlin. Die Westmächte reagierten mit einer Luftbrücke, um die Bevölkerung Westberlins mit allem Lebensnotwendigen zu versorgen.

1950–1953: Korea-Krieg

Im Korea-Krieg kämpfte das westlich orientierte Südkorea mit Unterstützung der USA gegen das kommunistische Nordkorea. Der Waffenstillstand am 27.7.1953 stellte nach drei verlustreichen Jahren die ursprüngliche Grenze entlang des 38 Breitengrades wieder her. Etwa vier Millionen Zivilisten hatten ihr Leben verloren.

1961: Bau der Berliner Mauer

Die ostdeutsche DDR errichtete ab dem 13.8.1961 eine Mauer mitten durch Berlin und später auch befestigte Grenzanlagen zwischen den beiden deutschen Staaten.

1962: Kuba-Krise

1962 versuchte die UdSSR, Atomraketen auf Kuba zu installieren, die alle Großstädte der USA bedrohten. Die USA errichteten eine Seeblockade rund um Kuba, um die Lieferung der Raketen zu verhindern. Ein weltweiter Atomkrieg konnte in letzter Sekunde verhindert werden, weil die sowjetische Führung schließlich nachgab.

1955–1975: Vietnam-Krieg

Der mit aller Härte geführte „Stellvertreterkrieg" zwischen dem kommunistischen Nord- und dem westlich orientierten Südvietnam kostete etwa 60 000 amerikanische Soldaten sowie etwa fünf Millionen vietnamesische Soldaten und Zivilisten das Leben.

Notiert die Kernaussagen des Darstellungstextes in Stichworten. **Tipp:** Die Zwischenüberschriften können euch helfen!

Die Teilung: Deutschland im Sog der Weltpolitik

Alle vier Besatzungsmächte hatten 1945 im Vertrag von Potsdam vereinbart, dass sie Deutschland gemeinsam verwalten wollten. Aber diese Vereinbarung war bald nichts mehr wert. Das besetzte Deutschland geriet in den Sog der Weltpolitik.

- *Schlüsselstationen auf dem Weg zur Teilung: Wie entstanden die beiden deutschen Staaten?*
- *Deutschland im Sog der Weltpolitik: Hatten die Deutschen eine Chance, die Teilung in zwei Staaten zu verhindern?*

Präsentiert einen Galerierundgang, in dem ihr die Schlüsselstationen auf dem Weg zur deutschen Teilung darstellt, und erörtert anschließend im Klassengespräch, ob die Deutschen eine Chance hatten, die Teilung in zwei Staaten zu verhindern.

1. Schaut euch in Einzelarbeit die folgenden Doppelseiten an. Entscheidet, welche der Schlüsselstationen euch besonders interessiert.

Schlüsselstation 1: Gründung der SED	**Schlüsselstation 2:** Marshall-Plan	**Schlüsselstation 3:** Währungsreform	**Schlüsselstation 4:** Berlin-Krise	**Schlüsselstation 5:** Gründung der beiden deutschen Staaten

2. Bildet kleine Arbeitsgruppen, in denen ihr mit Mitschülern und Mitschülerinnen gemeinsam die ausgewählte Schlüsselstation erarbeiten wollt. Wertet die jeweiligen Darstellungstexte und der Materialien aus. Tipps und Hinweise zu jeder Schlüsselstation helfen euch dabei.

3. Gestaltet auf dieser Grundlage gemeinsam euren Beitrag zum Galerierundgang. Lest dazu in der Methodenwerkstatt nach, was ihr bei der Gestaltung eines Galerierundgangs beachten solltet.

Anregung für eine mögliche Grundstruktur eurer Beiträge zum Galerierundgang:

4. Nach dem Galerierundgang: Setzt euch zur Vorbereitung des Klassengespräches in Kleingruppen zusammen und entwickelt gemeinsam mögliche Antworten auf die zweite Leitfrage. Haltet eure Urteile in Form von schriftlichen Thesen fest.

> **Das Ereignis:** Um welches Ereignis geht es?
> **Die Ursachen:** Welche Ursachen führten zu diesem Ereignis?
> **Die Folgen:** Welche Folgen hatte dieses Ereignis?
> **Euer Fazit:** Warum handelte es sich um eine „Schlüsselstation" auf dem Weg zur deutschen Teilung?

Eine Möglichkeit für IT-Spezialisten: „Schlüsselstationen auf dem Weg zur deutschen Teilung" – Erstellt eine multimediale **Folienpräsentation** zu diesem Thema und präsentiert sie der Klasse. Zusätzliches Material könnt ihr in der Bibliothek oder im Internet finden: @ SNG-34530-037

Schlüsselstation 1: Die Gründung der SED

Die „Sozialistische Einheitspartei Deutschlands" (SED): April 1946: Auf Veranlassung der sowjetischen Besatzungsmacht vereinigten sich die „Kommunistische Partei Deutschlands" (KPD) und die „Sozialdemokratische Partei Deutschlands" (SPD) in der sowjetischen Zone zu einer gemeinsamen Partei, der SED. Viele Sozialdemokraten waren damit nicht einverstanden, aber sie wurden nicht gefragt.

In Zusammenarbeit mit der sowjetischen Besatzungsmacht bestimmte die SED fortan die Politik in der sowjetischen Besatzungszone – ohne dass die Bevölkerung eine Wahl gehabt hätte. Wie konnte es dazu kommen?

Der Hintergrund – die „Gruppe Ulbricht": 30. April 1945: In den letzten Tagen des Krieges, unmittelbar hinter der Frontlinie der sowjetischen Armee, kehrte eine Gruppe deutscher Kommunisten unter Führung von Walter Ulbricht nach Deutschland zurück. 1933 waren sie nur knapp der nationalsozialistischen Verfolgung entkommen und in die Sowjetunion geflohen. Jetzt hatten sie den Auftrag, Deutschland neu aufzubauen. Nun wollten sie die politische Macht nicht mehr aus der Hand geben.

Die Begründung – der Antifaschismus: Der Zusammenschluss von KPD und SPD wurde mit dem Argument begründet, dass man die richtigen Lehren aus der Geschichte ziehen müsse: Die beiden Arbeiterparteien müssten nun – anders als bei der Machtergreifung der Nationalsozialisten – gegen den Faschismus zusammenstehen. „Antifaschismus" war in den Augen der sowjetischen Besatzungsmacht eine notwendige Voraussetzung für einen demokratischen Neuanfang in Deutschland.

Der eigentliche Grund für den Zusammenschluss der beiden Parteien lag aber woanders: Die KPD fand in der Bevölkerung weit weniger Anklang als die SPD. Um sich auch deren Unterstützung zu sichern, vereinigte man beide Parteien einfach.

Die Folgen – der Beginn einer Diktatur: „Es muss demokratisch aussehen, aber wir müssen alles in der Hand haben." Das soll Walter Ulbricht – so die Erinnerung eines Zeitzeugen – gesagt haben. In der SED wurden alle wichtigen Posten mit Kommunisten besetzt. Die Sozialdemokraten in der SED wurden langsam zur Seite gedrängt. Es gab keine Wahlen, bei denen die Bevölkerung für oder gegen die SED hätte stimmen können.

Zwei politische Systeme in Deutschland: Auch in den Westzonen war den Deutschen eine freie politische Betätigung zunächst nicht erlaubt. Die westlichen Besatzungsmächte besetzten alle wichtigen Positionen anfangs einfach mit Personen, denen sie vertrauten. Erst 1946 wurden verschiedene Parteien zugelassen. Mit den Kommunal- und Landtagswahlen 1946/47 ging mehr politische Verantwortung auf die Deutschen über.

So bildeten sich im besetzten Deutschland zwei politische Systeme heraus: ein Mehrparteiensystem in den Westzonen und die Diktatur einer Partei, der SED, in der sowjetischen Zone.

Schlüsselstation 1:
Das Ereignis: Um welches Ereignis geht es?
Die Ursachen: Welche Ursachen führten zu diesem Ereignis?
Die Folgen: Welche Folgen hatte dieses Ereignis?
Euer Fazit: Warum handelte es sich um eine „Schlüsselstation" auf dem Weg zur Teilung in Ost und West?

M 1 **Wilhelm Pieck während des Vereinigungsparteitages von KPD und SPD im April 1946**

„Die antifaschistisch-demokratische Einheit ist die Grundlage der Neugeburt unseres Volkes"

Notiert die Kernaussagen des Darstellungstextes in Stichworten.

Schlüsselstation 2:

Das Ereignis: Um welches Ereignis geht es?

Die Ursachen: Welche Ursachen führten zu diesem Ereignis?

Die Folgen: Welche Folgen hatte dieses Ereignis?

Euer Fazit: Warum handelte es sich um eine „Schlüsselstation" auf dem Weg zur Teilung in Ost und West?

M 2 **Plakat zum Marshall-Plan, 1947**

Schlüsselstation 2: Der Marshall-Plan

Der Marshall-Plan: In ihrem „Marshall-Plan" (Juni 1947) stellten die USA den europäischen Staaten Kredite für den Wiederaufbau nach dem Krieg zu Verfügung. Auch die westlichen Besatzungszonen in Deutschland erhielten Mittel aus dem Marshall-Plan.

Die Deutschen in der sowjetischen Zone waren doppelt benachteiligt: Erstens erhielten sie keine Hilfe aus dem Marshall-Plan, weil die Sowjetunion ihn abgelehnt hatte. Zweitens mussten sie – im Gegenteil – weiter Reparationslieferungen an die Sowjetunion leisten.

Der Hintergrund: Die USA begründeten den Marshall-Plan mit ihrem Wunsch, das zerstörte Europa nach dem Krieg wiederaufzubauen. Im beginnenden Ost-West-Konflikt wollte man mit dem Marshall-Plan allerdings auch die Bevölkerung in Europa auf die Seite der USA ziehen und den Einfluss der Sowjetunion eindämmen.

Tatsächlich weckte der Marshall-Plan unter vielen Deutschen in den Westzonen Sympathie für die amerikanische Besatzungsmacht. Viele sahen in ihr nun den Freund, der ihnen helfen wollte. Die USA erkannten, dass sie mit ihrer wirtschaftlichen Hilfe die Unterstützung der Deutschen im Ost-West-Konflikt gewinnen konnte.

Um die wirtschaftliche Entwicklung in den Westzonen noch weiter voranzubringen, vereinigten die Westmächte ihre Zonen zu einem gemeinsamen Wirtschaftsgebiet. Am 1.1.1947 entstand durch die Zusammenlegung der amerikanischen und der britischen Zone die sogenannte „Bizone". Später kam auch die französische Zone hinzu („Trizone").

Die Bodenreform in der sowjetischen Zone: In der sowjetischen Zone verlief die Wirtschaftspolitik ganz anders. Hier begann die SED – wieder mithilfe der sowjetischen Besatzungsmacht – eine sozialistische Gesellschaft aufzubauen. In einer groß angelegten Bodenreform wurden Großgrundbesitzer enteignet und ihr Land an Kleinbauern verteilt. Große Industrieunternehmen wurden verstaatlicht. Begründet wurden diese Maßnahmen mit dem „Antifaschismus". In den Augen der Kommunisten waren Großgrundbesitzer und Großindustrielle die Hauptstützen der nationalsozialistischen Diktatur gewesen.

Zwei Wirtschaftsräume in Deutschland: Der Marshall-Plan führte dazu, dass sich Deutschland wirtschaftlich auseinanderentwickelte: In den westlichen Besatzungszonen ging es den Menschen wirtschaftlich bald wesentlich besser als den Menschen in der sowjetisch besetzten Zone.

Notiert die Kernaussagen des Darstellungstextes in Stichworten.

Schlüsselstation 3: Die Währungsreform

Neues Geld in den Westzonen – Die „D-Mark": 20. Juni 1948: Die Westmächte verkünden für das „Vereinigte Wirtschaftsgebiet" der drei Westzonen eine „Währungsreform". Anstelle der alten, wertlos gewordenen Reichsmark trat neues Geld: Die „Deutsche Mark", im Volksmund auch „D-Mark" genannt. Jeder Einwohner der Westzonen erhielt 40,– „Deutsche Mark" Kopfgeld. Weitere Guthaben in alter Reichsmark wurden im Verhältnis 10:1 umgetauscht.

Das Ende der Lebensmittelkarten: Das neue Geld veränderte das Alltagsleben in den Westzonen mit einem Schlag. Bis dahin waren alle Waren sehr knapp gewesen. Um sie gerecht zu verteilen, hatte es Lebensmittelkarten gegeben, die man zu festen Preisen gegen Butter, Brot oder andere Lebensmittel eintauschen konnte. Der Nachteil dieses Systems war aber: Es lohnte sich nicht, zu arbeiten oder Waren zu verkaufen, wenn die festgelegten Preise zu niedrig waren. So horteten viele Händler ihre Waren lieber oder verkauften sie – illegal – auf dem Schwarzmarkt zu horrenden Preisen.

Als das neue Geld da war und die Preise freigegeben worden waren, füllten sich über Nacht die Schaufenster. Produzenten und Händler konnten wieder Geld verdienen, Konsumenten konnten endlich wieder einkaufen.

Damit hatten die Westmächte in den Westzonen Deutschlands ein marktwirtschaftliches Wirtschaftssystem eingeführt. Das freie Spiel von Angebot und Nachfrage sollte die Produktion und die Verteilung der Waren steuern.

Die Reaktion der Sowjetunion: Die Sowjetunion reagierte empört auf die Währungsreform in den Westzonen und in den westlichen Sektoren von Berlin, die mit ihr nicht abgesprochen war. Selbstverständlich wollte sie das Geld, das die Westmächte eingeführt hatten, in ihrer Zone nicht haben. Das marktwirtschaftliche Wirtschaftssystem lehnte sie ab. Statt dessen wollte sie – wie im eigenen Land – ein planwirtschaftliches System. Das bedeutet, dass der Staat (in einem großen „Plan") die Produktion und die Verteilung der Waren organisiert.

Die wirtschaftliche Zweiteilung: Wieder wurde deutlich, dass die Westmächte und die Sowjetunion unterschiedliche, ja gegensätzliche Vorstellungen von der Zukunft Deutschlands hatten. In wirtschaftlicher Hinsicht gingen beide Teile Deutschlands nun schon getrennte Wege.

Schlüsselstation 3:
Das Ereignis: Um welches Ereignis geht es?
Die Ursachen: Welche Ursachen führten zu diesem Ereignis?
Die Folgen: Welche Folgen hatte dieses Ereignis?
Euer Fazit: Warum handelte es sich um eine „Schlüsselstation" auf dem Weg zur Teilung in Ost und West?

M 3 Ein Schaufenster unmittelbar nach der Währungsreform

Notiert die Kernaussagen des Darstellungstextes in Stichworten.

Schlüsselstation 4:

Das Ereignis: Um welches Ereignis geht es?

Die Ursachen: Welche Ursachen führten zu diesem Ereignis?

Die Folgen: Welche Folgen hatte dieses Ereignis?

Euer Fazit: Warum handelte es sich um eine „Schlüsselstation" auf dem Weg zur Teilung in Ost und West?

Schlüsselstation 4: Die Berlin-Krise

Die Blockade Berlins: Die Einführung der westlichen Währung in den Westsektoren von Berlin spaltete auch die Stadt in zwei Teile. Sie führte zur Berlin-Krise im Juni 1948, dem ersten Höhepunkt des Kalten Krieges: Die Sowjetunion sperrte alle Land- und Wasserwege nach Berlin.

Diese Sperrung war möglich, weil Berlin mitten in der sowjetischen Besatzungszone lag. Auf dem Landweg waren die Westsektoren der Stadt nun von den Westzonen Deutschlands aus nicht mehr zu erreichen. Menschen konnten nicht mehr reisen, Warenlieferungen konnten die Stadt nicht mehr erreichen.

Die Luftbrücke: Diese Blockade West-Berlins war für die Westmächte eine ungeheure Provokation. Auch ihre Militärs konnten jetzt die Stadt auf dem Landweg nicht mehr erreichen. Natürlich hätte man versuchen können, sich den Zugang mit Waffengewalt zu verschaffen. Aber das hätte mit Sicherheit eine schwere militärische Auseinandersetzung, vielleicht sogar den Beginn eines neuen Weltkrieges bedeutet.

Die Amerikaner und Briten entschieden sich für eine andere Lösung: Sie richteten eine Luftbrücke nach Berlin ein. Elf Monate lang wurden die Westzonen Berlins von sogenannten „Rosinenbombern" aus der Luft mit Lebensmitteln, Brennstoffen und anderen notwendigen Gütern versorgt. Erst am 12. Mai 1949 gab die Sowjetunion nach langen und schwierigen Verhandlungen die Blockade auf. Sie musste erkennen, dass die Westmächte nicht bereit waren, auf West-Berlin zu verzichten.

Das Ende des Alliierten Kontrollrates: Unter dem Eindruck der Berlin-Krise beschlossen die Westmächte im Jahr 1948, den Deutschen in den Westzonen die Möglichkeit zu geben, eine Verfassung auszuarbeiten und einen eigenen Staat zu gründen. Die Sowjetunion reagierte mit dem Rückzug des sowjetischen Militärgouverneurs aus dem Alliierten Kontrollrat. Dieser hatte allerdings schon längst seine ursprüngliche Aufgabe – eine gemeinsame Verwaltung ganz Deutschlands – verloren.

M 4 **Westberlin 1948: Ein „Rosinenbomber" im Anflug auf den Flughafen Tempelhof**

Notiert die Kernaussagen des Darstellungstextes in Stichworten.

Schlüsselstation 5: Die Gründung der beiden deutschen Staaten

Die Gründung der Bundesrepublik Deutschland: Die Regierungschefs der inzwischen in den Westzonen gegründeten Länder standen dem Angebot der Westmächte, einen neuen westdeutschen Staat zu gründen, zunächst sehr skeptisch gegenüber. Sie wussten, dass eine solche Staatsgründung zu einer endgültigen Spaltung Deutschlands führen würde. Andererseits eröffnete sie die Aussicht auf Normalität und die Wiedergewinnung staatlicher Souveränität. Schließlich fand man einen Kompromiss: Der neue westdeutsche Staat sollte gegründet werden, aber er sollte ausdrücklich ein vorübergehendes Provisorium bleiben – bis zu einer späteren Vereinigung mit der sowjetischen Besatzungszone (SBZ).

Die zukünftige Verfassung des westdeutschen Staates wurde von Vertretern aus allen westdeutschen Ländern im „Parlamentarischen Rat" erarbeitet. Um ihren provisorischen Charakter zu betonen, nannte man sie aber nicht „Verfassung", sondern „Grundgesetz". Es wurde im Mai 1949 verkündet, im September 1949 fanden die ersten Bundestagswahlen statt.

Die Gründung der Deutschen Demokratischen Republik: In der sowjetischen Zone (SBZ) waren auf Veranlassung der Besatzungsmacht schon im April 1946 die „Kommunistische Partei Deutschlands" (KPD) und die „Sozialdemokratische Partei Deutschlands" (SPD) zu einer gemeinsamen Partei, der „Sozialistischen Einheitspartei Deutschlands" (SED), vereinigt worden. Mit dieser neuen Partei, in der die Kommunisten das Sagen erhielten, wollte die Besatzungsmacht den Eindruck einer breiten Unterstützung in der deutschen Bevölkerung für ihre Politik erwecken. Viele Sozialdemokraten waren damit nicht einverstanden, aber sie wurden nicht gefragt.

Im November 1947 versammelten sich Vertreter „antifaschistischer Organisationen", die von der sowjetischen Besatzungsmacht ausgewählt worden waren, zum „Volkskongress für Einheit und gerechten Frieden". Im März 1948 erteilte dieser Volkskongress dem von ihm gewählten „Deutschen Volksrat" den Auftrag eine Verfassung auszuarbeiten.

Als Reaktion auf die Gründung der Bundesrepublik setzte der „Deutsche Volksrat" die von ihm ausgearbeitete Verfassung im Oktober 1949 in Kraft. Sie war auf demokratisch sehr fragwürdige Weise zustande gekommen, denn weder der „Deutsche Volksrat" noch der „Volkskongress" war von der Bevölkerung der SBZ gewählt worden.

Ein Deutschland – Zwei Staaten: Am Ende hatte es nur drei Jahre gedauert (von 1945 bis 1948): Aus dem besiegten und besetzten Deutschland waren zwei verschiedene deutsche Staaten geworden. Deutschland war geteilt. In einem Deutschland gingen die Deutschen in zwei Staaten zwei sehr unterschiedliche, ja gegensätzliche Wege. Erst rund 40 Jahr später – in den Jahren 1989/90 – sollten sie wieder zueinander finden.

Schlüsselstation 5:
Das Ereignis: Um welches Ereignis geht es?
Die Ursachen: Welche Ursachen führten zu diesem Ereignis?
Die Folgen: Welche Folgen hatte dieses Ereignis?
Euer Fazit: Warum handelte es sich um eine „Schlüsselstation" auf dem Weg zur Teilung in Ost und West?

M 5 Der Parlamentarische Rat

Er trat am 1.9.1948 zu seiner ersten Sitzung in der Aula der Pädagogischen Akademie in Bonn zusammen. Er bestand aus 65 Mitgliedern: 27 von der CDU/CSU, 27 von der SPD, 5 von der FDP, je zwei von der Deutschen Partei (DP), dem Zentrum und der KPD.

Notiert die Kernaussagen des Darstellungstextes in Stichworten.

Berlin 1963: Ein schmaler Durchlass in der Mauer, die Berlin in Ost und West trennt.

Die Grenze zwischen den beiden deutschen Staaten ist mit ihren meterhohen Zäunen, Wachtürmen, Selbstschussanlagen und Sprengfallen unüberwindbar geworden.
Ost- und Westdeutsche können sich nur noch aus der Ferne sehen. Für vier Jahrzehnte werden sie getrennte Wege gehen, in zwei gegensätzlichen Staaten leben, verschiedene Geschichten erleben.

Was heißt hier „Demokratie"?

Zum Verständnis eines jeden Staates ist die Kenntnis der Staatsordnung und Verfassung grundlegend. Das gilt auch für die beiden deutschen Staaten. Sowohl die DDR wie die Bundesrepublik nahmen für sich in Anspruch, ein „demokratischer" Staat zu sein. Mit Recht?

- *Bundesrepublik Deutschland: Was verstand man unter „Demokratie" und welche grundlegenden Elemente prägten die politische Ordnung?*
- *Deutsche Demokratische Republik: Was verstand man unter „Demokratie" und welche grundlegenden Elemente prägten die politische Ordnung?*
- *Euer Urteil ist gefragt: Wie demokratisch war die Bundesrepublik, wie demokratisch die DDR?*

Stellt eine Stafettenpräsentation vor, in der ihr die unterschiedlichen Vorstellungen von „Demokratie" in den beiden deutschen Staaten und die grundlegenden Elemente der beiden Staatsordnungen darstellt. Tauscht in einem anschließenden Klassengespräch eure Urteile über das Demokratieverständnis und die Staatsordnungen der beiden deutschen Staaten aus.

1. Bildet arbeitsgleiche Teams aus mindestens vier Personen.

2. Geht innerhalb eures Teams arbeitsteilig vor und wertet in Partner- oder Kleingruppenarbeit die Materialien zum Demokratieverständnis und zur politische Ordnung (a) der Bundesrepublik und (b) der DDR aus. Folgt dabei den Schritten der Methode „Schaubilder auswerten" (Methodenwerkstatt, S. 316). Haltet eure Ergebnisse in Stichworten fest.

3. Stellt euch gegenseitig eure Ergebnisse vor und legt gemeinsam fest, wie ihr eure Stafettenpräsentation gestalten wollt. Methodische Hinweise findet ihr in der Methodenwerkstatt auf S. 301.

Bundesrepublik Deutschland (BRD)		Deutsche Demokratische Republik (DDR)	
Was verstand man in der BRD under „Demokratie"?	Die politische Ordnung der BRD	Was verstand man in der DDR unter „Demokratie"?	Die politische Ordnung der DDR
Quelle (M 2)	Schaubild (M 1)	Quelle (M 4)	Schaubild (M 3)

4. Findet euch im Anschluss an die Stafettenpräsentation in Kleingruppen zusammen und entwickelt gemeinsam mögliche Antworten auf die dritte Leitfrage. **Tipp:** Formuliert Thesen, die ihr in der Klasse zur Diskussion stellen könnt.

> Meiner Meinung nach kann ein Einparteiensystem wie in der DDR …

> Meiner Meinung nach ist wichtig, dass die Mehrheit …

> Meiner Meinung nach …

Für Teams, die eine Gesprächsszene als historisches Rollenspiel präsentieren wollen:

Prag, im Jahr 1970: Während einer Klassenfahrt treffen auf einem Ausflugsboot auf der Moldau Jugendliche aus der Bundesrepublik und der DDR zufällig aufeinander. Im Gespräch erklären und verteidigen beide Gruppen das Demokratieverständnis und die Staatsordnung ihrer Länder. Schreibt ein „Drehbuch" für diese **Gesprächsszene** und führt sie der Klasse vor.

197

„Demokratie" – in der Bundesrepublik Deutschland

Die wichtigsten Institutionen: die Staatsordnung

M 1 Verfassungsorgane der Bundesrepublik Deutschland

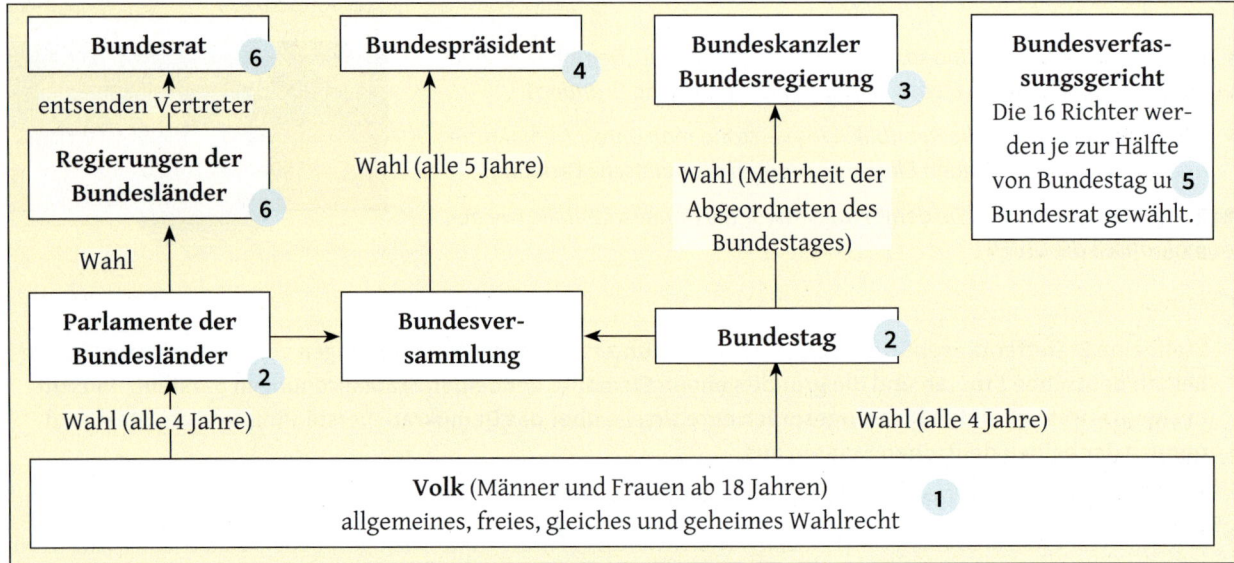

---

1 Nach dem Grundgesetz ist das **Volk** die Grundlage des Staates (Art. 21, Abs. 2). Es bestimmt aber seine Gesetze und seine Regierung nicht direkt, sondern indirekt durch gewählte Vertreter (Abgeordnete des Parlamentes). Volksabstimmungen sind im Grundgesetz nicht vorgesehen.

2 Gesetze dürfen nur vom **Bundestag** und von den Landesparlamenten beschlossen werden. Die **„gesetzgebende Gewalt"** (Legislative), liegt also ganz alleine bei ihnen. Die Väter und Mütter des Grundgesetzes trauten den Abgeordneten der Parlamente am ehesten kluge und abgewogene Entscheidungen zu.

3 Die **Regierung** wird vom Bundestag mit Mehrheit gewählt. Sie steht an der Spitze der **„ausführenden Gewalt"** (Exekutive). Eine Regierung darf nur dann vom Parlament abgewählt werden, wenn zugleich eine neue Regierung gewählt wird, damit das Land nie ohne Regierung dasteht.

4 Der **Bundespräsident** ist das höchste Staatsorgan. Seine wichtigste Aufgabe ist die Vertretung des deutschen Volkes nach außen. Er darf aber nicht direkt in den Gang der Gesetzgebung oder die Arbeit der Regierung eingreifen. Er wird nicht vom Volk, sondern von der „Bundesversammlung" gewählt, deren Mitglieder je zur Hälfte vom Bundestag und vom Bundesrat bestimmt werden.

5 Das **Bundesverfassungsgericht** steht an der Spitze der **„rechtsprechenden Gewalt"** (Judikative): Es überprüft, ob Gesetze oder das Handeln von Staatsorganen mit dem Grundgesetz vereinbar sind. Es kann z. B. Gesetze außer Kraft setzen, die gegen eines der in Artikel 1 bis 19 festgelegten Grundrechte verstoßen.

6 Die **Bundesländer** haben eigene Rechte (v. a. Polizei und Schulwesen), in die Bundestag und Bundesregierung nicht eingreifen dürfen.
Bestimmte Bundesgesetze bedürfen der Zustimmung des **Bundesrates**, der von den Länderregierungen gebildet wird.

Notiert in Stichworten die Ergebnisse der Auswertung des Verfassungsschemas. Orientiert euch an der Methode „Ein Schaubild auswerten".

Die Grundidee: das Demokratieverständnis

Was man in der Bundesrepublik Deutschland unter „Demokratie" verstand, das war im „Grundgesetz" vom 23. Mai 1949 festgelegt. Es bildete die Grundlage für die Staatsordnung der Bundesrepublik Deutschland und gilt im Grundsatz unverändert bis heute.

In einem Grundsatzurteil im Jahr 1956 präzisierte das höchste Gericht in der Bundesrepublik die wichtigsten Merkmale der „freiheitlichen Demokratie" nach dem Grundgesetz.

M 2 „Freiheitliche Demokratie": Aus einem Urteil des Bundesverfassungsgerichts (1956)

Das Urteil richtete sich an alle Deutschen, besonders aber an Politiker und Parteien. Es sollte klarstellen, welche „Spielregeln" in der westdeutschen Demokratie grundsätzlich zu beachten sind.

Das Grundgesetz bezeichnet die von ihm geschaffene Staatsordnung als eine freiheitliche Demokratie. [...]
Ihre Aufgabe besteht wesentlich darin, die Wege für alle denkbaren Lösungen offenzuhalten, und zwar jeweils dem Willen der tatsächlichen Mehrheit des
5 Volkes für die einzelnen Entscheidungen Geltung zu verschaffen, aber diese Mehrheit auch zur Rechtfertigung ihrer Entscheidungen vor dem ganzen Volke, auch vor der Minderheit, zu zwingen. [...]
Was die Mehrheit will, wird jeweils in einem sorgfältig geregelten Verfahren ermittelt. Aber der Mehrheitsentscheidung geht die [...] freie Diskussion vor-
10 aus, zu der die freiheitliche, demokratische Ordnung vielfältige Möglichkeiten gibt [...]. Da die Mehrheit immer wechseln kann, haben auch Minderheitsmeinungen die reale Chance, zur Geltung zu kommen. [...] Weil Unzufriedenheit und Kritik mannigfache, selbst drastische Ausdrucksmöglichkeiten besitzen, zwingt die Einsicht in die Labilität ihrer Position die Mehrheit selbst, die Inte-
15 ressen der Minderheit grundsätzlich zu berücksichtigen.
Dass diese Ordnung funktionieren [kann], wird durch ein System rechtlich gesetzter oder vorausgesetzter Spielregeln sichergestellt, die sich [...] in einer langen historischen Entwicklung ergeben haben. Die mannigfach gesicherte politische Meinungs- und Diskussionsfreiheit und die Vereinigungsfreiheit
20 führen zum Mehrparteiensystem und zum Recht auf organisierte politische Opposition. Freie Wahlen mit regelmäßiger Wiederholung in relativ kurzen Zeitabständen sichern die Kontrolle des Volkes über die Benutzung der Macht durch die politische Mehrheit. Die Regierung ist der Volksvertretung gegenüber verantwortlich. Das Prinzip der Aufteilung der Staatsmacht auf verschie-
25 dene, sich gegenseitig kontrollierende und hemmende Träger dient der Vermeidung übermäßiger Machtkonzentration an einer Stelle im Staat.

(Entscheidungen des Bundesverfassungsgerichts, 5. Band, Tübingen (Mohr-Siebeck Verlag) 1956, S. 197 – 200)

Notiert in Stichworten oder kurzen Sätzen,
a) welche Aufgabe die Demokratie im Wesentlichen hat;
b) welche Rechte und Pflichten die Mehrheit hat;
c) welche Möglichkeiten eine Minderheitsmeinung hat, ihre Interessen durchzusetzen;
d) welche „Spielregeln" gelten;
e) warum die Staatsmacht auf verschiedene Träger aufgeteilt ist.

„Demokratie" – in der Deutschen Demokratischen Republik

Die wichtigsten Institutionen: die Staatsordnung

M 3 Verfassungsorgane der DDR

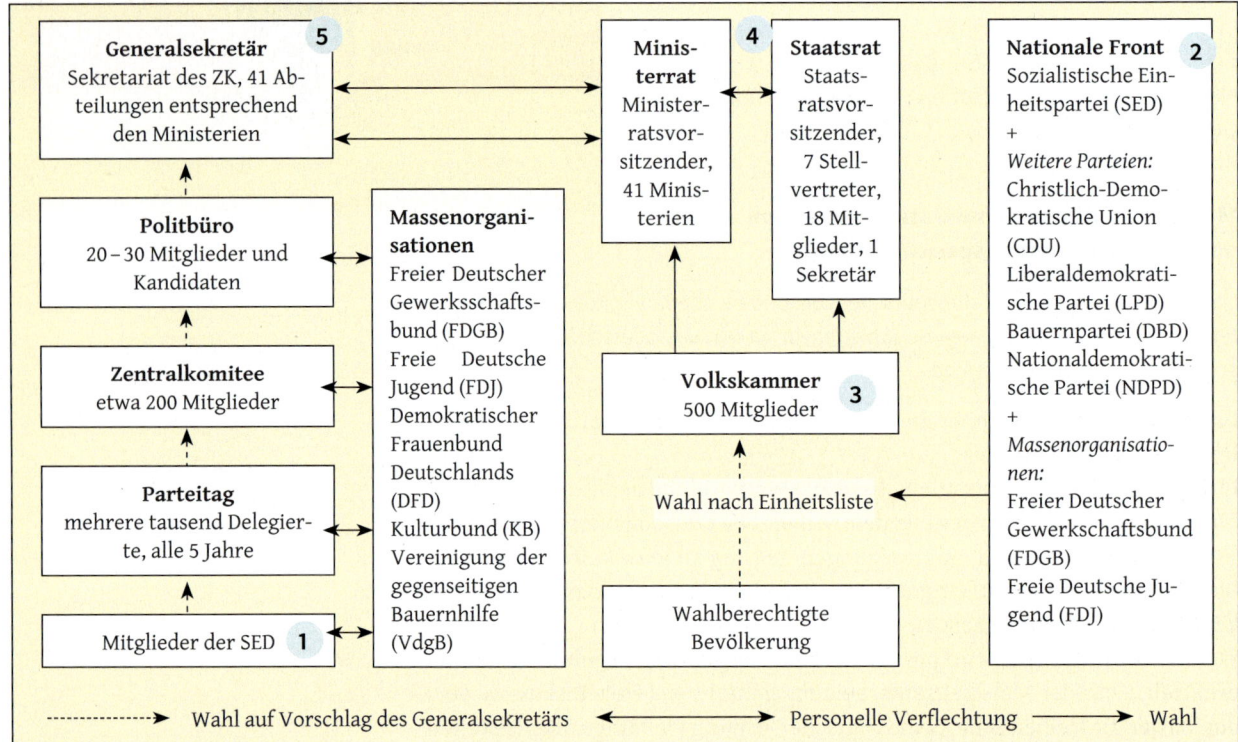

Generalsekretär 5
Sekretariat des ZK, 41 Abteilungen entsprechend den Ministerien

Politbüro
20–30 Mitglieder und Kandidaten

Zentralkomitee
etwa 200 Mitglieder

Parteitag
mehrere tausend Delegierte, alle 5 Jahre

Mitglieder der SED 1

Massenorganisationen
Freier Deutscher Gewerksschaftsbund (FDGB)
Freie Deutsche Jugend (FDJ)
Demokratischer Frauenbund Deutschlands (DFD)
Kulturbund (KB)
Vereinigung der gegenseitigen Bauernhilfe (VdgB)

Ministerrat 4
Ministerratsvorsitzender, 41 Ministerien

Staatsrat
Staatsratsvorsitzender, 7 Stellvertreter, 18 Mitglieder, 1 Sekretär

Volkskammer 3
500 Mitglieder

Wahl nach Einheitsliste

Wahlberechtigte Bevölkerung

Nationale Front 2
Sozialistische Einheitspartei (SED)
+
Weitere Parteien:
Christlich-Demokratische Union (CDU)
Liberaldemokratische Partei (LPD)
Bauernpartei (DBD)
Nationaldemokratische Partei (NDPD)
+
Massenorganisationen:
Freier Deutscher Gewerkschaftsbund (FDGB)
Freie Deutsche Jugend (FDJ)

- - - - → Wahl auf Vorschlag des Generalsekretärs   ◄───► Personelle Verflechtung   ───► Wahl

---

1 Als **„Partei der Werktätigen"** beanspruchte die „Sozialistische Einheitspartei Deutschlands" (SED) die Führung in Staat und Gesellschaft. Andere Parteien oder Gruppierungen mussten sich unterordnen, verschiedene Meinungen wurden nicht mehr zugelassen.

2 1949/50 wurden alle bestehenden Parteien und die wichtigsten „Massenorganisationen" zur **„Nationalen Front"** zusammengeschlossen. In dieser „Nationalen Front" bestimmte nur die SED über alle wichtigen politischen Entscheidungen. Alle anderen Parteien und Organisationen mussten sich diesen Entscheidungen unterordnen – im Volksmund hießen sie deshalb spöttisch „Blockflöten".

5 Der **Generalsekretär** der SED war der mächtigste Mensch in der DDR. Die Mitglieder des **Zentralkomitees** und des **Politbüros** konnten nur auf Vorschlag des Generalsekretärs gewählt werden. Das Politbüro war die eigentliche Schaltstelle der Macht. Hier wurden alle wesentlichen Entscheidungen getroffen.

4 **Ministerrat** und **Staatsrat** bildeten zusammen die Regierung der DDR. Beide wurden von der Volkskammer gewählt, deren Zusammensetzung wiederum von der Führungsspitze der SED – dem Politbüro – bestimmt wurde. Der Ministerrat und der Staatsrat waren deshalb vom Politbüro der SED abhängig.

3 In der **Volkskammer** wurden die Gesetze beschlossen. Bei den Wahlen zur Volkskammer trat die Nationale Front mit einer **Einheitsliste** an. Die Anzahl der Sitze auf dieser Liste wurde vorab zwischen den Parteien und Organisationen aufgeteilt. Da die SED immer die meisten Sitze auf dieser Liste hatte, war ihr die absolute Mehrheit in der Volkskammer sicher. Die Wähler konnten nur zwischen Zustimmung und Ablehnung dieser Liste entscheiden.

Notiert in Stichworten die Ergebnisse der Auswertung des Verfassungsschemas. Orientiert euch an der Methode „Ein Schaubild auswerten".

Die Grundidee: das Demokratieverständnis

Was man in der DDR unter „Demokratie" verstand, das war in der Verfassung der DDR vom 7.10.1949 festgelegt. Beispielhaft wird dieses Demokratieverständnis in zwei zeitgenössischen Quellen deutlich.

M 4 „Sozialistische Demokratie" – eine Erklärung

Gegen Ende der 1950er-Jahre wurden eine Reihe von innerparteilichen Kritikern aus der SED ausgeschlossen und aus ihren Ämtern entlassen. Hermann Matern, ein führendes Mitglied der SED, begründete dieses Verhalten der SED 1958 in einer Rede so:

Die Staatsmacht in den Händen zu haben, das ist eine große Sache [...]. Wir denken nie daran, die Arbeiter- und Bauernmacht wieder aufzugeben. Bei uns lassen wir nicht zu, dass jemand bei den Wahlen kandidiert, der den Kapitalismus wiederaufbauen will.

5 Es geht doch um die Macht, und die Macht ist keine Kleinigkeit, versteht ihr? Ich kenne keinen Fall in der Geschichte der Arbeiterbewegung, wo die Arbeiterklasse durch den Stimmzettel die Macht erobert hat [...].
Da wären wir doch rückständige Menschen, wenn wir zulassen würden, die Macht mit dem Stimmzettel zu verlieren. Was wären wir denn dann für Politi-
10 ker und Arbeiterfunktionäre. Nein, das dürft ihr von uns nicht erwarten.
Und es gibt bei uns auch keine Partei, die den Standpunkt vertritt, bei uns den Kapitalismus wiederherzustellen. Deshalb gibt es also auch keine Opposition nach bürgerlichen Vorstellungen. Das ist unsere sozialistische Demokratie, und darüber muss man sich klar sein.

(Zit. nach: Dokumente zur Geschichte der SED, Bd. 2, Berlin/Ost (Dietz) 1986)

M 5 „Sozialistische Demokratie" – eine Definition

In einem Wörterbuch der DDR wird die Demokratie in der DDR im Jahr 1978 so definiert:

Sozialistische Demokratie: politische Machtausübung der von der Arbeiterklasse und ihrer marxistisch-leninistischen Partei geführten werktätigen Massen des Volkes. [...]
Im Mittelpunkt steht die Mitarbeit der Bürger in den gewählten Volksvertre-
5 tungen und ihren Organen [...]. Nicht nur die regelmäßigen Wahlen zu den Volksvertretungen [...] sind hier von Bedeutung, sondern vor allem die ständige Mitarbeit der Bürger an der Lösung wichtiger sachlicher Fragen der praktischen Leitungsarbeit.

(Gertrud Schütz, Kleines Politisches Wörterbuch, Berlin/Ost (Dietz) [3]1978, S. 808 – 812)

Notiert in Stichworten oder kurzen Sätzen:
a) wer die Macht in der „sozialistischen Demokratie" ausübt;
b) welche Rolle die „marxistisch-leninistische Partei" (gemeint ist die SED) spielt;
c) welche Rolle den Bürgern im Staat zugewiesen wird.

Notiert in Stichworten oder kurzen Sätzen:
a) welche Bedeutung die „Staatsmacht" für den Autor hat;
b) wie der Autor über Abstimmungen mit dem „Stimmzettel" urteilt;
c) welche Standpunkte und Parteien in der DDR nicht zulässig sind.

Markt oder Plan – wer bestimmt das Wirtschaftsleben?

In den beiden deutschen Staaten entstanden nicht nur verschiedene politische Systeme, sondern auch zwei unterschiedliche Wirtschaftssysteme – mit wichtigen Folgen für das Leben der Menschen.

- *Wie funktionierte das Wirtschaftssystem in der BRD, wie das in der DDR?*
- *Welche Vor- und Nachteile hatten beide Systeme?*

Präsentiert eine Gesprächsszene, in der Bürger aus der BRD und aus der DDR ihre Wirtschaftssysteme beschreiben und über deren Vor- und Nachteile diskutieren.

1. Bildet Arbeitsgruppen aus mindestens vier Personen.

2. Informiert euch innerhalb eurer Arbeitsgruppe arbeitsteilig in Partnerarbeit über das Wirtschaftssystem der BRD und der DDR. Haltet eure Ergebnisse in Stichworten fest.

3. Tauscht eure Ergebnisse untereinander aus und entwickelt gemeinsam Antworten auf die zweite Leitfrage.
   Tipp: Ihr könnt eure Ergebnisse zum Beispiel stichwortartig in eine solche Tabelle eintragen:

Die „Soziale Marktwirtschaft"		Die „Planwirtschaft"	
Vorteile	Nachteile	Vorteile	Nachteile
> Wenig Bürokratie > Belohnung von Leistung & Anstrengung > Hohe Preise bewirken …	> Ist die staatliche Unterstützung, z. B. für Familien, ausreichend? > …	> Der Staat kann wichtige Produkte, z. B. Grundnahrungsmittel, ganz billig machen.	> Viel Bürokratie > Kein Ansporn für Leistung > …

4. Überlegt gemeinsam, wie ihr euer Rollenspiel gestalten wollt.

Eine weitere Möglichkeit für Teams, die sich lieber schriftlich äußern möchten: Verfasst in Partnerarbeit einen **Beitrag für ein Internet-Lexikon** zu den Stichworten „Soziale Marktwirtschaft" und „Sozialistische Planwirtschaft".

Die „Soziale Marktwirtschaft"

Die Grundidee: die „unsichtbare Hand"

Schon im 19. Jahrhundert hatte der Engländer Adam Smith das Konzept der „freien Marktwirtschaft" entwickelt. Adam Smith behauptete, dass alle Menschen vor allem nach ihrem eigenen Interesse handeln. Deshalb suchte er eine Möglichkeit, diesen Egoismus zum Wohl der Allgemeinheit zu nutzen. Das war der „freie Markt". Wie eine „unsichtbare Hand" sollten steigende und fallende Preise die Produktion und die Verteilung der Güter bestimmen. Das würde dazu führen, dass immer genau die Güter produziert würden, die die Bevölkerung haben wollte.

Der Staat sollte diesen „freien Markt" sich selbst überlassen. Vor allem sollte er keine Preise festlegen – das würde den ganzen Mechanismus nur stören.

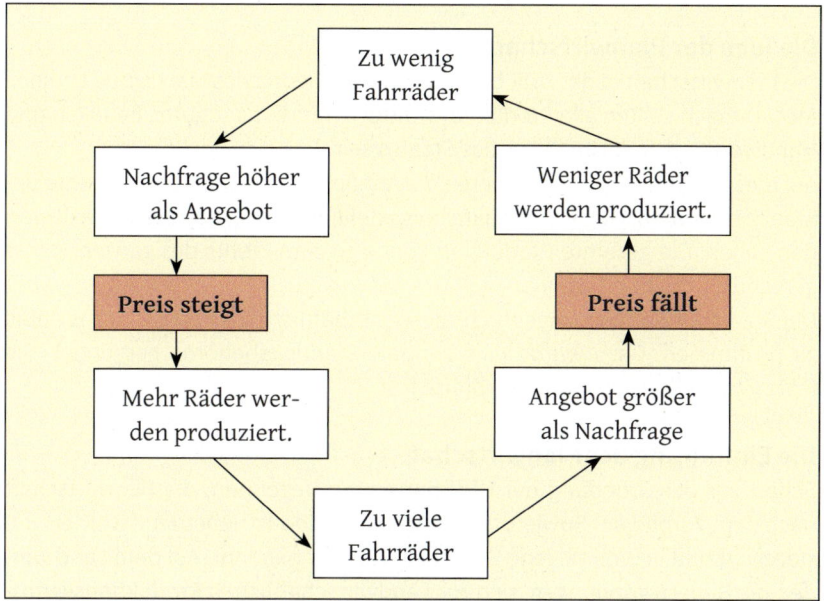

Ein verändertes Konzept: die „Soziale Marktwirtschaft"

Die „Soziale Marktwirtschaft" basierte auf dieser Grundidee der „Marktwirtschaft". Aber sie ergänzte die Marktwirtschaft um einen sozialen Aspekt, denn es war inzwischen offensichtlich geworden, dass ein völlig, freier Markt auch Ungerechtigkeiten hervorrufen konnte – etwa dann, wenn ein Mensch aufgrund einer gesundheitlichen Beeinträchtigung nicht für seinen eigenen Unterhalt sorgen kann.

Deshalb ergänzte das Konzept der „Sozialen Marktwirtschaft" das ältere Konzept der „Marktwirtschat" um einen sozialen Ausgleich, für den der Staat zuständig sein sollte. Der Staat soll überall dort für soziale Gerechtigkeit sorgen, wo der freie Markt sie nicht selbst herstellen kann. Damit dieses Konzept funktionieren kann, gelten fünf „Grundprinzipien" der Sozialen Marktwirtschaft:

- **Sozialstaat:** Der Staat soll Menschen, die nicht am Wettbewerb teilnehmen können, schützen und unterstützen. Zum Beispiel sollen Kinder, Alte, Behinderte oder Menschen, die in Not geraten sind, vom Staat unterstützt werden.
- **Leistung:** Auf dem Fleiß der Unternehmer und der Arbeitnehmer beruht der Wohlstand des ganzen Volkes. Wer gute Ideen hat oder fleißig arbeitet, soll auch durch ein höheres Einkommen belohnt werden.
- **Stabilität:** Der Staat soll dafür sorgen, dass die wirtschaftlichen Rahmenbedingungen für alle in Ordnung sind. So soll er zum Beispiel für eine stabile Währung sorgen und Maßnahmen gegen Arbeitslosigkeit treffen.
- **Wettbewerb:** Der freie Wettbewerb in der Wirtschaft soll zu Leistung anspornen. Der freie Wettbewerb um gute Jobs führt dazu, dass alle sich etwas mehr anstrengen. Außerdem soll der freie Wettbewerb um Kunden zu möglichst niedrigen Preisen führen – denn die kaufen sonst bei der Konkurrenz.
- **Freie Initiative:** Unternehmer, Arbeitnehmer und Konsumenten sollen frei handeln können. Sie wissen viel besser als eine staatliche Planungsbehörde, was zu tun ist. Der Staat soll sich also nicht unnötig einmischen.

Ludwig Erhard war von 1949 – 1963 Wirtschaftsminister der Bundesrepublik Deutschland. Er war maßgeblich an der Umsetzung des Konzepts der „Sozialen Marktwirtschaft" beteiligt.

Notiert die Kernaussagen des Darstellungstextes.

Die „sozialistische Planwirtschaft"

Die Idee der Planwirtschaft

Die Planwirtschaft in der DDR beruhte auf der Theorie des Marxismus-Leninismus. Danach sollten alle Produktionsmittel (wie z. B. Landgüter, Fabriken und Handwerksbetriebe) im Besitz des Staates sein.

Auf diese Weise – so argumentieren die Anhänger dieser Theorie – könnte der Staat bestimmen, welche Produkte hergestellt und wie sie gerecht verteilt werden sollen. Die gesamte Produktion könne so zum Wohle des ganzen Volkes gerechter geplant werden.

Der Staat hatte also den Anspruch, alle wirtschaftlichen Vorgänge bis ins Detail zu bestimmen. Dazu wurde eine zentrale Planungsbehörde gegründet. Sie legte Produktionsmengen und -preise fest.

Die Einführung der Planwirtschaft

Schon vor der Gründung der DDR hatte man begonnen, die Planwirtschaft nach dem Vorbild der Sowjetunion aufzubauen. Industriebetriebe wurden verstaatlicht und in „Volkseigene Betriebe" (VEB) umbenannt. Auf dem Land wurden die Bauern gezwungen, sich zu „Landwirtschaftlichen Produktionsgenossenschaften" (LPG) zusammenzuschließen. Für die gesamte Wirtschaft der DDR wurden Fünf-Jahres-Pläne aufgestellt. Der erste Plan galt ab 1950.

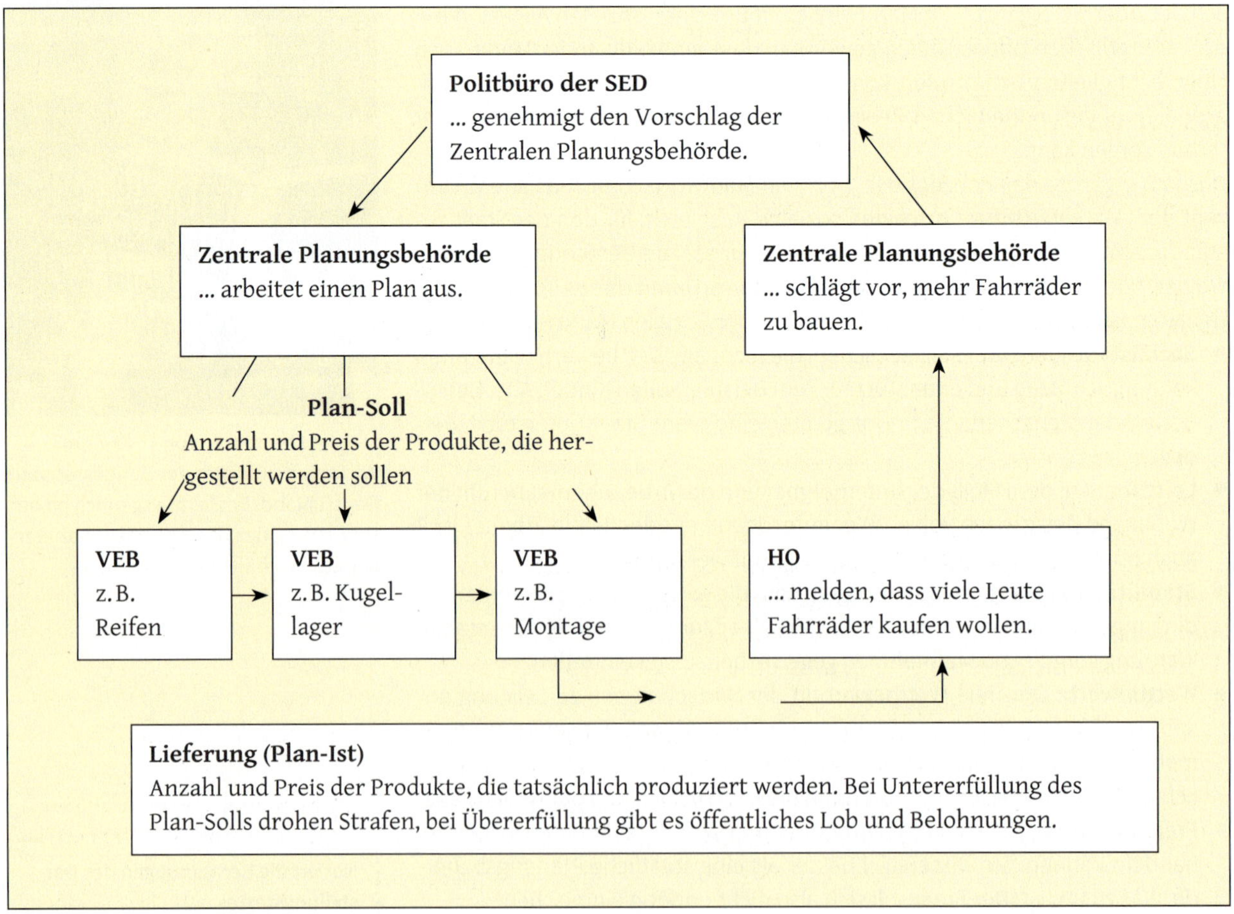

M 2 Wie die Planwirtschaft funktionierte: Das Beispiel Fahrräder

Politbüro der SED
... genehmigt den Vorschlag der Zentralen Planungsbehörde.

Zentrale Planungsbehörde
... arbeitet einen Plan aus.

Zentrale Planungsbehörde
... schlägt vor, mehr Fahrräder zu bauen.

Plan-Soll
Anzahl und Preis der Produkte, die hergestellt werden sollen

VEB
z. B.
Reifen

VEB
z. B. Kugellager

VEB
z. B.
Montage

HO
... melden, dass viele Leute Fahrräder kaufen wollen.

Lieferung (Plan-Ist)
Anzahl und Preis der Produkte, die tatsächlich produziert werden. Bei Untererfüllung des Plan-Solls drohen Strafen, bei Übererfüllung gibt es öffentliches Lob und Belohnungen.

Die Folgen

Die Planwirtschaft hatte zunächst einige Erfolge beim Wiederaufbau der Industrie nach dem Krieg. Für die Bevölkerung hatte sie außerdem den Vorteil, dass der Staat immer für Arbeitsplätze sorgte und niemand Angst vor Arbeitslosigkeit haben musste.

Ihre Schwächen führten aber dazu, dass die Warenproduktion immer wieder ins Stocken geriet. Zwar herrschte in der DDR nie wirkliche Not, aber die Produktionsleistung blieb gering. Einkommen und Konsummöglichkeiten blieben immer deutlich unter dem Niveau Westdeutschlands.

Anspruch und Wirklichkeit der Planwirtschaft gingen weit auseinander (zeitgenössische Fotografie, DDR 1980er-Jahre)

Schließlich brach die Wirtschaft der DDR in den 1980er-Jahren praktisch zusammen und konnte nur noch mithilfe ausländischer Kredite halbwegs aufrechterhalten werden.

Wie Wirtschaftswissenschaftler im Nachhinein urteilen …

M 3 Warum die Planwirtschaft scheiterte

In einem Standardwerk der Wirtschaftswissenschaften, das 1992 erschien, fassen die Autoren die Schwächen der Planwirtschaft der DDR so zusammen:

1. Keine Planbehörde ist in der Lage, die Erzeugung und Verteilung von Abermillionen Gütern und Dienstleistungen zentral bis ins Detail zu planen. [...]
2. Da die Planerfüllung [...] höchstes Gebot war, suchten die Betriebe erfolgreich nach Methoden einer leichteren Zielerreichung. Dies äußerste sich im
5 Streben nach „weichen Plänen", d.h. in bewusster Fehlinformation der Zentrale über das eigene Leistungsvermögen. [...]
3. Mit der Beseitigung des Privateigentums an Produktionsmitteln wurde auch das Interesse am Erhalt und an der rationellen Nutzung der Produktionsanlagen, der Gebäude, der Rohstoffe etc. abgeschafft. Die desolaten Fa-
10 briken, die heruntergekommenen Stadtviertel, die freudlosen Geschäfte, zeugen von einer „kollektiven Verantwortungslosigkeit" [...].
4. Um die Pläne leichter erfüllen zu können, horteten die Betriebe z.B. Rohstoffe und Arbeitskräfte [...], die dann an anderer Stelle fehlten.
5. Weitere schwerwiegende Mängel resultierten aus dem starren Preissystem
15 [...]. Die Verbraucherpreise wurden künstlich niedrig gehalten oder (z.B. bei Autos, Fernsehern, Waschmaschinen) kräftig heraufgesetzt. [...] Viele Waren [waren] so knapp, dass sich schwarze Märkte bildeten und „Beziehungen" erforderlich waren, um sie zu erhalten.

(Nach: Peter Czada/Michael Tolksdorf/Alparslan Yenal, Wirtschaftspolitik, Opladen (Leske & Budrich) 1992, S. 25 ff., bearb.)

1. Notiert die Kernaussagen des Darstellungstextes.
2. Listet in Stichworten die Schwächen der Planwirtschaft auf, die Wirtschaftswissenschaftler im Nachhinein beschreiben (M 3)

Gemeinsam an Stationen lernen und arbeiten: Schlüsselereignisse in der Geschichte der beiden deutschen Staaten

„Schlüsselereignisse" – das sind besonders wichtige Ereignisse im Strom der Geschichte. Solche Schlüsselereignisse prägten auch die Geschichte der Bundesrepublik und der DDR. Auch wenn sie entweder in der Bundesrepublik oder der DDR stattfanden, betrafen sie mehr oder weniger direkt auch die Menschen im anderen deutschen Staat.

Station 1

17. Juni 1953 – Volksaufstand in der DDR: Realität und Propaganda

Station 2

1954 – Westintegration der Bundesrepublik: Abschied von der Einheit?

Station 3

13. August 1961 – Die Mauer: Symbol der Teilung Deutschlands

Station 4

1970 – Die „Neue Ostpolitik": Friedenspolitik oder Verrat?

Ihr habt die Wahl: Entscheidet euch, an welcher der vier angebotenen Stationen ihr zusammen mit Mitschülerinnen und Mitschülern das Thema, um das es in der Station geht, bearbeiten und Besuchern präsentieren möchtet, die wie bei einem Galeriegang eure Station besuchen und informiert werden wollen.

Bearbeitet das von euch gewählte Thema mithilfe der inhaltlichen und methodischen Arbeits- und Präsentationsvorschläge, die ihr an jeder Lernstation vorfindet.

Tipp: Zu allen vier Schlüsselereignissen gibt es hier weitere Materialien und Recherchetipps: @ SNG-34530-038

Station 1: 17. Juni 1953 – Volksaufstand in der DDR: Realität und Propaganda

Ostberlin, 17. Juni 1953: Menschen protestieren gegen die Lebensbedingungen in der DDR. Aus verschiedenen kleineren Demonstrationen entwickelt sich ein regelrechter Volksaufstand. Das war für die Regierung der DDR äußerst peinlich. Und so entwickelte sie eine eigene Version der Ereignisse.

Themafragen:

- *Was geschah am 17. Juni 1953?*
- *Wie erlebte ein Zeitzeuge die Ereignisse?*
- *Wie stellte die Führung der DDR die Ereignisse dar?*
- *Euer Urteil ist gefragt: Wie denkt ihr über die Ereignisse des 17. Juni ?*

So könnt ihr an eurer Lernstation eure Arbeit im Team organisieren:

1. Wertet den Darstellungstext sowie die Fotografien M 1 und M 2 unter der ersten Leitfrage aus.

2. Wertet die Quellen M 1 und M 2 unter der zweiten und dritten Leitfrage aus.

3. Vergleicht die Darstellung der Ereignisse in M 1 und M 2 miteinander. Haltet Gemeinsamkeiten und Unterschiede fest.

4. Entscheidet, wie ihr an eurer Station Besuchern beim Rundgang die Arbeitsergebnisse auf eurem Gruppentisch oder an einer Stellwand präsentieren wollt. Vorschlag: Legt Kopien der Fotos aus bzw. hängt sie auf.

5. Legt gemeinsam in der Gruppe fest, wie ihr als Experten eure Ergebnisse vortragen wollt.

So könnt ihr Ergebnisse auf einem Plakat zusammenfassen:

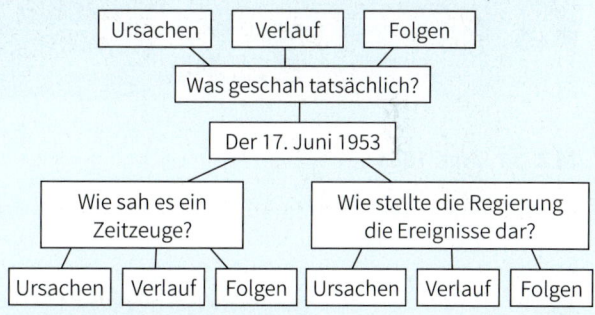

So könnten eure Urteile beginnen:

> Ich kann verstehen, dass die Arbeiter in der DDR …

> Die Darstellung im Schulbuch ist doch zumindest einseitig …

Ein anderer Präsentationsvorschlag: Erstellt ein **Radiofeature**, das aus heutiger Sicht und im Rückblick über den Ablauf des 17. Juni 1953 und seine Darstellung in einem Schulbuch der DDR informiert. Ihr könnt das Feature (z. B. auf einem Recorder) aufnehmen und euren Besuchern vorspielen.

Was geschah am 17. Juni 1953?

Die Vorgeschichte: 1952 hatte die SED auf einem Parteitag beschlossen, die Industrialisierung des Landes voranzutreiben. Um Geld für den Aufbau von Fabriken und Produktionsanlagen zu erhalten, wurden die Preise für Konsumgüter angehoben. Zugleich wurden die „Arbeitsnormen" erhöht. Das bedeutete, dass Arbeiter länger und mehr arbeiten mussten, um denselben Lohn zu erhalten, oder – wenn sie das nicht konnten oder wollten – einen niedrigeren Lohn erhielten.

M 1 17. Juni 1953

Demonstrationszug von Arbeitern ins Stadtzentrum von Ost-Berlin

M 2 17. Juni 1953

Demonstranten werfen Steine auf sowjetische Panzer in den Straßen von Ost-Berlin.

Unzufriedenheit und Wut: Höhere Preise und sinkende Löhne – das bedeutete eine deutliche Verschlechterung der Lebenssituation für viele Menschen. Das Argument der Regierung, auf die Dauer werde man durch diese Maßnahmen den Wohlstand der „Werktätigen" in der DDR erhöhen, wollten viele Menschen nicht nachvollziehen. Außerdem verglichen sie ihre eigene Lebenssituation mit den Lebensumständen der Menschen in der Bundesrepublik: Dort nahm der Wohlstand der Bevölkerung in der Zeit des „Wirtschaftswunders" deutlich zu.

16. Juni 1953: Demonstranten in Ost-Berlin fordern die Rücknahme der Erhöhung der Arbeitsnormen. Noch am selben Tag weiten sich die Proteste auch auf andere Städte aus.

Die Staatsführung reagiert schnell und gibt durch Lautsprecherwagen die Herabsetzung der Normen bekannt. Trotzdem gehen die Demonstrationen weiter. Die Demonstranten fordern jetzt auch freie Wahlen.

17. Juni 1953: Massenhaft ziehen Demonstrationszüge in das Stadtzentrum von Berlin. General Dibrowa, Kommandant der sowjetischen Truppen in Ost-Berlin, ruft den Ausnahmezustand aus. Sowjetische Panzereinheiten rücken aus und schlagen den Aufstand nieder. Mehrere Hundert Menschen kommen ums Leben.

Die Folgen: Angesichts der Gewalt der sowjetischen Panzer wird deutlich, dass offener politischer Protest in der DDR unmöglich geworden ist. Die kurze Hoffnung vieler Menschen auf eine Änderung der politischen Verhältnisse war danach für lange Zeit zerstört. Es war nun ganz offensichtlich, dass die DDR eine Diktatur war, deren Machthaber sich nur mit Gewalt an der Macht halten konnten.

In der Bundesrepublik wurde der 17. Juni zum Gedenken an den Volksaufstand in der DDR zum offiziellen Nationalfeiertag erklärt.

1. Notiert die Kernaussagen des Darstellungstextes in Stichworten.
2. Notiert in Stichworten, was auf den Bildern zu sehen ist und welche Botschaft sie vermitteln.

Wie erlebte ein Zeitzeuge die Ereignisse?

M 3   Der Zeitzeuge Heinz Brandt über die Ereignisse des 17. Juni 1953

Zum Zeitpunkt des Volksaufstandes war Heinz Brandt (1909 – 1986) Sekretär der Berliner SED. Nach dem Volksaufstand wurde er seines Postens enthoben. 1958 floh Brandt in die Bundesrepublik. In seinen Lebenserinnerungen schrieb er 1967:

Als ich morgens [am 17. Juni] zu dem mir zugeteilten volkseigenen Großbetrieb in Berlin-Wilhelmsruh kam, wurde dort keine Hand gerührt. Die Arbeiter diskutierten am Arbeitsplatz, Vertrauensleute nahmen miteinander Verbindung auf, um eine Versammlung der gesamten Belegschaft herbeizuführen.
5 In wenigen Minuten war der Riesenraum von einem einzigen Brodeln erfüllt. [...] Das war eine elementare, leidenschaftliche Auseinandersetzung, eine historische Abrechnung mit dem SED-Regime. All das, was sich bisher gestaut hatte, nie offen [...] ausgesprochen worden war, brach sich jetzt Bahn. Aus eigenem Erleben, in der drastischen, ungekünstelten Sprache des erregten
10 Menschen, der von seinen persönlichen Erfahrungen ausgeht, wurden zahllose empörende Beispiele von Rechtswillkür angeführt. Namen von Arbeitskollegen [...] wurden genannt, die verhaftet, verurteilt, misshandelt worden waren, deren Angehörige nichts mehr von ihnen gehört hatten.
Es wurde eine Entschließung angenommen, die den gewählten Arbeitsaus-
15 schuss bevollmächtigte, die wirtschaftlichen und politischen Interessen der Belegschaft zu vertreten. Als politisches Hauptziel wurde die Wiedervereinigung Deutschlands durch freie demokratische Wahlen gefordert.
Am Schluss der Versammlung sprang ein Arbeiter auf das Podium und forderte die Belegschaft auf, sich mittags am Betriebstor zu versammeln, um im
20 Stadtzentrum zu demonstrieren [...].

(Heinz Brandt, Ein Traum, der nicht entführbar ist, München (List) 1967, S. 187 f.)

Wie stellte die Regierung der DDR die Ereignisse dar?

M 4   Ein Schulbuch der DDR (1970er-Jahre)

In einem Geschichtsbuch, das seit den 1970er-Jahren in den Schulen der DDR benutzt wurde, hieß es über den 17. Juni 1953:

Am 17. Juni 1953 gelang es Agenten verschiedener imperialistischer Geheimdienste, die von Westberlin aus zahlreich in die Hauptstadt und einige Bezirke der DDR eingeschleust worden waren, in der Hauptstadt und in verschiedenen anderen Orten der Republik einen kleinen Teil der Werktätigen zu zeitweili-
5 gen Arbeitsniederlegungen und Demonstrationen zu bewegen. In einigen Städten plünderten Gruppen von Provokateuren und Kriminellen. Sie legten Brände, rissen Transparente herunter, misshandelten und ermordeten Funktionäre der Arbeiterbewegung, holten verurteilte Kriegsverbrecher aus Gefängnissen und forderten den Sturz der Arbeiter-und-Bauern-Macht.
10 Doch der junge sozialistische Staat bestand unter Führung der Partei auch diese Belastungsprobe. Die Mehrheit der Arbeiterklasse und der Bevölkerung stand zu ihrem Staat. In zahlreichen Großbetrieben, wie im Eisenhüttenkombinat Ost, in den Eisenwerken West (Calbe), im Bergbau sowie im Stahl- und Walzwerk Brandenburg wiesen Arbeiter die Provokateure entschieden zurück.

(„Geschichte", Berlin (Verlag Volk und Wissen) 1974, Bd. 10, S. 170)

Notiert in Stichworten oder kurzen Sätzen die Kernaussagen des Zeitzeugen Heinz Brandt (M 3) bzw. des Schulbuches (M 4) über den Ablauf des 17. Juni. Achtet besonders darauf,

a) welche Ursachen des Aufstandes benannt werden;

b) welche Personen(gruppen) als Träger des Aufstandes dargestellt werden;

c) wie das Verhalten der Aufständischen beschrieben wird;

d) welche Ziele des Aufstandes genannt werden;

e) welche Folgen des Aufstandes dargestellt werden.

Demonstration gegen die „Pariser Verträge" und die Wiederbewaffnung (Bonn, Marktplatz)

Station 2: 1954 – Westintegration der Bundesrepublik: Abschied von der Einheit?

15.12.1954: Der westdeutsche Bundestag debattiert über eine Grundsatzentscheidung historischen Ausmaßes: die Westintegration.

Themafragen:

- *Was bedeutete „Westintegration"?*
- *Welche Argumente nannte die Regierung für, welche Argumente nannte die Opposition gegen die „Westintegration"?*
- *Euer Urteil ist gefragt: Wie denkt ihr über Adenauers Politik der Westintegration?*

So könnt ihr an eurer Lernstation eure Arbeit im Team organisieren:

1. Wertet den Darstellungstext unter der ersten Leitfrage aus.

2. Wertet die Quellen M 1 und M 2 unter der zweiten Leitfrage aus.

3. Entscheidet, wie ihr an eurer Station Besuchern beim Rundgang die Arbeitsergebnisse auf eurem Gruppentisch oder an einer Stellwand präsentieren wollt. Vorschlag: Erstellt zwei Argumentlisten, in denen ihr die Argumente für und gegen die Westintegration stichwortartig notiert.

4. Legt gemeinsam in der Gruppe fest, wie ihr als Experten eure Ergebnisse vortragen wollt.

So könnten eure Argumentlisten beginnen:

> **Die „Westintegration" der Bundesrepublik**

> Die Debatte im Bundestag am 15.12.1954

> Argumente für die „Westintegration":
> …
> …

> Argumente gegen die „Westintegration":
> …
> …

So könnten eure Urteile beginnen:

> Wenn ich beide Argumentlisten vergleiche, …

> Ich weiß nicht, ob es eine Alternative zur Westintegration …

Ein anderer Präsentationsvorschlag: Eine **zeitgenössische Talkshow** im westdeutschen Fernsehen: Entwerft ein **historisches Rollenspiel** mit verteilten Rollen, in dem Gegner und Befürworter der „Westintegration" im Fernsehen diskutieren. Führt das Rollenspiel vor euren Besuchern auf.

Notiert in Stichworten,
a) welche Ziele Adenauer mit seiner Politik der Westintegration verfolgte;
b) warum diese Politik auch im Interesse der Westmächte lag;
c) was Demonstranten an der Politik der Westintegration kritisierten.

„Westintegration": Die Politik Adenauers (CDU)

Nach ihrer Gründung im Jahre 1948 konnte die Bundesrepublik Deutschland keineswegs handeln wie sie wollte. Sie war nicht – so lautet der Fachbegriff – „souverän". Die Militärbefehlshaber der drei Westalliierten in Deutschland waren nach wie vor alleine für die gesamte Außenpolitik zuständig und überwachten die Einhaltung des Grundgesetzes.

Der damalige Bundeskanzler Konrad Adenauer war bestrebt, der Bundesrepublik wieder zu voller Souveränität zu verhelfen. Er wusste, dass dies nur mithilfe der Westmächte möglich war. Adenauer brauchte die Westmächte noch aus einem anderen Grund: Er hatte Angst vor der Sowjetunion. Er wollte nicht, dass die Bundesrepublik ihr im Notfall schutzlos ausgeliefert wäre. Einen solchen Schutz konnten nur die Westmächte und ihr Verteidigungsbündnis, die NATO, bieten. Deshalb wollte Adenauer möglichst eng mit den USA und ihren Verbündeten zusammenarbeiten und die Bundesrepublik politisch und militärisch in den „Westblock" integrieren. Den Westmächten war das ganz recht: Sie konnten den Beitrag der Bundesrepublik im „Kalten Krieg" gegen die Sowjetunion gut gebrauchen.

Die Politik Adenauers löste eine regelrechte Protestwelle in der Bundesrepublik aus. Die Demonstranten wandten sich vor allem gegen die geplante militärische Aufrüstung und gegen die Tatsache, dass es – kaum zehn Jahre nach Ende des Krieges – wieder deutsche Soldaten geben sollte.

Im Jahr 1955 war es so weit: Die Bundesrepublik wurde mit den „Pariser Verträgen" in die NATO aufgenommen. Damit erhielt sie die volle staatliche Souveränität und das Recht, wieder eine eigene Armee (die „Bundeswehr") aufzubauen.

„Westintegration": Die Debatte im Bundestag

Am 15. Dezember 1955 diskutierte der Bundestag über die Westintegration. Die wichtigsten Reden hielten der damalige Bundeskanzler, Konrad Adenauer (CDU) sowie der Vorsitzende der SPD und Oppositionsführer, Erich Ollenhauer.

M 1 Bundeskanzler Konrad Adenauer/CDU, 15.12.1954 (Auszug)

Eines der bedeutsamsten Ergebnisse der Pariser Konferenz [...] ist die Wiederherstellung der deutschen Souveränität im Bereiche der Bundesrepublik.

Die Bundesregierung weist nachdrücklich die Behauptung zurück, dass die Spaltung Deutschlands durch die Wiederherstellung der Souveränität für ei-
5 nen Teil Deutschlands vertieft oder verhärtet werde. [...]

[Die Bundesregierung] sieht in der wieder gewonnenen Souveränität eine erweiterte politische Selbstständigkeit, Verantwortlichkeit und Handlungsfähigkeit, die ihr erlauben, mit größerer Wirksamkeit und Überzeugungskraft die schon bisher erstrebten Ziele zu verfolgen: die Wiedervereinigung
10 Deutschlands und die Einigung Europas.

Listet die Argumente auf, die Adenauer für die Unterzeichnung der Pariser Verträge anführt.

M 2 Oppositionsführer Erich Ollenhauer/SPD, 15.12.1954 (Auszug)

Wir waren und wir sind der Meinung, dass [...] vor der Entscheidung über [...] Formen eines militärischen Beitrags der Bundesrepublik zunächst ein neuer ernsthafter Versuch unternommen werden sollte, in Vier-Mächte-Verhandlungen[1] die Möglichkeiten einer befriedigenden Lösung der deutschen Frage
5 zu prüfen.

Es gibt unter den Pariser Dokumenten keine Vereinbarung über die gemeinsame Politik zur Verwirklichung des Ziels der deutschen Wiedervereinigung. [...] Damit ist eindeutig der Aufrüstung der Bundesrepublik der Vorrang vor der Wiedervereinigung gegeben worden.

10 Wir können es vor dem deutschen Volke nicht verantworten, dass wir das unbestreitbare Risiko eingehen, dass [dann] Verhandlungen über die Wiedervereinigung nicht mehr möglich sind und dass wir dann vor der Tatsache eines endgültig gespaltenen Deutschlands stehen.

(M 1/M 2 zit. nach: Materialien für den Geschichtsunterricht, Bd. VI, Frankfurt/M. (Diesterweg) ²1987, S. 267 f.)

Listet die Argumente auf, die Ollenhauer gegen die Unterzeichnung der Pariser Verträge anführt.

[1] Verhandlungen der vier Siegermächte des Zweiten Weltkrieges: Sowjetunion, Großbritannien, Frankreich, USA.

Station 3: 13. August 1961 – Die Mauer: Symbol der Teilung Deutschlands

Im Morgengrauen des 13. August 1961 begann die DDR mit dem Bau der Berliner Mauer – seither Symbol der deutschen Teilung und bis 1989 alltägliche Realität.

Themafragen:
- *Warum errichtete die Regierung der DDR die Mauer in Berlin?*
- *Wie reagierten die USA?*
- *Welche Folgen hatte die Mauer für die Menschen in Ost und West?*
- *Euer Urteil ist gefragt: Wie denkt ihr über den Bau der Mauer, die Reaktion der USA und die Folgen für die Menschen in Deutschland?*

So könnt ihr an eurer Lernstation eure Arbeit im Team organisieren:

1. Wertet den Darstellungstext sowie die Materialien unter den Leitfragen aus.

2. Entscheidet, wie ihr an eurer Station Besuchern beim Rundgang die Arbeitsergebnisse auf eurem Gruppentisch oder an einer Stellwand präsentieren wollt. Vorschlag: Erstellt eine Mindmap, in der ihr eure Ergebnisse systematisch geordnet darstellt. Kopiert die Materialien und legt sie auf eurem Gruppentisch aus bzw. hängt sie an einer Stellwand auf. **Tipp:** Ihr könnt eure Präsentation um weitere Fotografien und Materialien ergänzen: @ SNG-34530-039 .

3. Legt gemeinsam in der Gruppe fest, wie ihr als Experten eure Ergebnisse vortragen wollt.

So könnt ihr Ergebnisse zusammenfassen:

> **Der 13. August 1961:**
> **Der Bau der Mauer**
>
> | DDR:
 – Rechtfertigung: …
 – Ursache: …
 – eigentliches Motiv: … | Reaktion der USA | Folgen für die Deutschen in Ost und West |
> | --- | --- | --- |

So könnten eure Urteile beginnen:

> Ehrlich gesagt, die Reaktion der USA …

> Ich finde die offizielle Rechtfertigung der Regierung der DDR …

Ein anderer Präsentationsvorschlag: Erstellt eine **Multimedia-Präsentation** zum Bau der Mauer am 13. August 1961. Führt die Präsentation euren Besuchern vor.

M 1 Anzahl der Flüchtlinge aus der DDR (1949 – 1962)

Flüchtlinge

BRD		DDR
	129 245	1949
	197 788	1950
	165 648	1951
	182 393	1952
331 390		1953
	184 198	1954
252 870		1955
279 189		1956
261 622		1957
204 092		1958
	143 917	1959
199 188		1960
207 026		1961
	21 356	1962

13. August 1961: Bau der „Mauer" in Berlin

Der Mauerbau: Rechtfertigung und eigentliches Motiv

Im Radio der DDR hörte sich der Bau der Mauer am 14. August 1961 so an: „Seit gestern wird eine Kontrolle und Bewachung unserer Grenzen durchgeführt, wie sie an den Grenzen jedes souveränen Staates üblich ist." Offiziell begründete die Regierung der DDR den Bau der „gesicherten Grenzanlagen" mit der Notwendigkeit die feindliche Tätigkeit westlicher Agenten in der DDR zu unterbinden. Erst viele Jahre später gab die DDR-Regierung das wahre Ziel des Mauerbaus zu: Die Zahl der „Republikflüchtlinge" nahm dramatisch zu. Vor allem gut ausgebildete und junge Menschen verließen die DDR. Denn in der DDR nahm die Not zu, sogar Grundnahrungsmittel waren knapp. Im Westen waren der Lebensstandard und die Löhne wesentlich höher. Der Bau der Mauer sollte das Schlupfloch in den Westen endgültig und wirksam verstopfen.

Die Reaktion der USA

Zum Zeitpunkt des Mauerbaus waren die beiden deutschen Staaten bereits fest in die beiden feindlichen Machtblöcke integriert. Die Bundesrepublik war seit dem 5.5.1955 Mitglied der NATO und die DDR seit dem 28.1.1956 Mitglied des Warschauer Paktes. Die Front des Kalten Krieges verlief mitten durch Deutschland und durch Berlin.

Der Bürgermeister von West-Berlin, Willy Brandt, schickte einen energischen Brief an den amerikanischen Präsidenten John F. Kennedy, in dem er um Hilfe bat. Doch die USA konnten nicht helfen: Die Mauer stand auf dem Boden Ost-Berlins und die Supermächte ließen sich in ihrem jeweiligen Einflussgebiet in Ruhe. Niemand wollte einen Atomkrieg riskieren.

Die Folgen für die Deutschen in Ost und West

Gesamtberlin gab es nicht mehr, die Stadt war geteilt. Ost-Berlin wurde Hauptstadt der DDR. West-Berlin war noch mehr auf die militärische Sicherung durch die Westmächte und auf finanzielle Hilfe aus der Bundesrepublik angewiesen. Die Transportwege und Reisemöglichkeiten zwischen der Bundesrepublik und West-Berlin blieben gefährdet. Während man West-Berlin mit dem Flugzeug eher unproblematisch erreichen konnte, mussten Autofahrer auf den drei zugelassenen Autobahnen an schwerbewachten Grenzübergängen stundenlange penible Kontrollen über sich ergehen lassen.

Die Mauer wurde höher und weiter ausgebaut. Mit den Jahren gewöhnten sich die Menschen an das absurde Bauwerk. Vom Westen her wurde es bemalt und mit Sprüchen oder Gedenkzeichen versehen. Vom Osten her konnte man die Mauer kaum zu Gesicht bekommen: Die nach Westen gehenden Fenster naheliegender Gebäude waren zugemauert, die Grenzanlagen waren militärisches Sperrgebiet.

M 2 Berlin, Bernauer Straße (1962)

Den Freunden und Bekannten über Hunderte Meter zuzuwinken, blieb für viele Menschen die einzige Möglichkeit des Kontakts.

M 3 Der Aufbau der Grenzanlagen zwischen der DDR und der Bundesrepublik

Gesamtlänge der Mauer: zwischen Ost- und West-Berlin: 43,1 km; zwischen der DDR und West-Berlin: 111,9 km; insgesamt 155 km.

Bauweise: Betonplattenwand, 3,50 m hoch, oder Metallgitterzaun, vor allem außerhalb des bebauten Stadtbereichs: 67 km.

Andere Sicherungs- und Überwachungsteile: 302 Beobachtungstürme, 20 Bunker, Panzersperren, Kfz-Graben, z. T. auch „Spanische Reiter" (zaunähnliche Barriere).

Hinter der Mauern: zweite Mauer, sog. Hinterlandmauer (127 km); Kolonnenweg, 6 – 7 m breit (124 km).

Bis zur Wiedervereinigung versuchten 5 000 Menschen, unter Lebensgefahr die Mauer zu überwinden. Etwa 3 000 wurden dabei festgenommen und wegen Republikflucht zu mehrjährigen Haftstrafen verurteilt.

Mindestens 136 Menschen wurden beim Fluchtversuch an der Berliner Mauer getötet, viele durch Schüsse verletzt.

Telefon, Wasser, Strom: getrennte Systeme; Straßenübergänge gab es (streng kontrolliert).

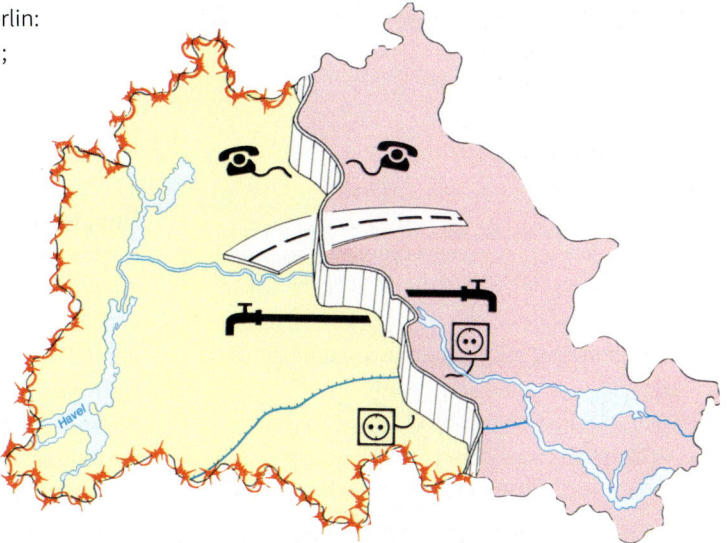

Station 4: 1970 – Die „Neue Ostpolitik": Friedenspolitik oder Verrat?

7.12.1970: Der Bundeskanzler der Bundesrepublik Deutschland, Willy Brandt, kniet vor dem Mahnmal für die Opfer des Aufstandes im ehemaligen Warschauer Getto nieder. Das Foto ging um die Welt – auch als Symbol der sogenannten „Neuen Ostpolitik". Die aber war in Deutschland sehr umstritten.

Themafragen:

- *Was bedeutete „Neue Ostpolitik", auf welcher Grundidee beruhte sie?*
- *Welche Positionen standen sich in der Debatte um die „Neue Ostpolitik" gegenüber?*
- *Euer Urteil ist gefragt: Wie denkt ihr über die „Neue Ostpolitik"?*

So könnt ihr an eurer Lernstation eure Arbeit im Team organisieren:

1. Wertet den Darstellungstext unter der ersten Leitfrage aus.
2. Wertet die Quellen M 1 – M 3 unter der zweiten Leitfrage aus.
3. Entscheidet, wie ihr an eurer Station Besuchern beim Rundgang die Arbeitsergebnisse auf eurem Gruppentisch oder an einer Stellwand präsentieren wollt. Vorschlag: Erstellt zwei Argumentlisten.
4. Legt gemeinsam in der Gruppe fest, wie ihr als Experten eure Ergebnisse vortragen wollt.

So könnten eure Argumentlisten beginnen:

> **Die „Neue Ostpolitik"**
> Ziele/Grundidee

> Argumente der Regierung: …

> Argumente der Opposition: …

So könnten eure Urteile beginnen:

> Die Grundidee finde ich …

> Waren die Sorgen der Opposition begründet? Ich finde …

Ein anderer Präsentationsvorschlag: Eine **zeitgenössische Talkshow** im westdeutschen Fernsehen: Entwerft ein **historisches Rollenspiel** mit verteilten Rollen, in dem Gegner und Befürworter der „Neuen Ostpolitik" im Fernsehen diskutieren. Führt das Rollenspiel vor euren Besuchern auf.

Die Verträge der „Neuen Ostpolitik"

Nach zähen Verhandlungen wurden Verträge mit der Sowjetunion, Polen und der DDR geschlossen: Beide Seiten erklärten, die bestehenden Grenzen anzuerkennen und auf Gewaltanwendung zu verzichten.

7.8.1970: „Moskauer Vertrag" mit der Sowjetunion
7.12.1970: „Warschauer Vertrag" mit Polen
21.12.1972: „Grundlagenvertrag" mit der DDR: Anerkennung der DDR als gleichberechtigter und souveräner Staat ohne völkerrechtliche Anerkennung als Ausland.

Die „Neue Ostpolitik" der Regierung Brandt

Nachdem die Welt in der Kuba-Krise (1963) kurz vor einem Atomkrieg gestanden hatte, waren die Weltmächte um den Abbau von Spannungen und Kriegsrisiken bemüht. Dazu gehörten auch die Spannungen zwischen den beiden deutschen Staaten. Nach den Bundestagswahlen des Jahres 1969 setzte auch in der Bundesrepublik ein politischer Wandel ein. Während alle früheren Bundesregierungen immer größten Wert darauf gelegt hatten, dass die DDR international nicht als Staat anerkannt werden dürfe, und jeden offiziellen Kontakt mit der Regierung der DDR vermieden, verfolgte die neue Regierung unter Bundeskanzler Willy Brandt (SPD) das Ziel, die Konfrontation mit der DDR und anderen Ostblockstaaten durch Verträge zu entspannen.

Die Grundidee der „Neuen Ostpolitik"

M 1 Aus einer Denkschrift des SPD-Politikers Egon Bahr

Der SPD-Politiker Egon Bahr gilt als eigentlicher Architekt der „neuen Ostpolitik".
Er skizzierte schon 1963 seine Grundgedanken in einer Denkschrift so:

Die Voraussetzungen zur Wiedervereinigung sind nur mit der Sowjetunion zu
schaffen. [...] Wenn es richtig ist, [...] dass man auch die Interessen der anderen Seite anerkennen und berücksichtigen müsse, so ist es sicher für die Sowjetunion unmöglich, sich die Zone zum Zwecke der Stärkung des westlichen
5 Potenzials entreißen zu lassen. Die Zone muss mit Zustimmung der Sowjets
transformiert werden [...]. Das ist eine Politik, die man auf die Formel bringen
könnte: Wandel durch Annäherung.

*Notiert die Kernaussagen der Denk-
schrift in Stichworten.*

(Zit. nach: Heinrich von Siegler, Dokumentation zur Deutschlandfrage, Hauptband 3,
Bonn (Siegler-Verlag) 1966, S. 256 ff.)

Die Debatte im Bundestag

M 2 Die Position der Regierung (28.10.1969)

Der damalige Bundeskanzler Willy Brandt erklärte vor dem Deutschen Bundestag:

Aufgabe der praktischen Politik in den jetzt vor uns liegenden Jahren ist es, die
Einheit der Nation dadurch zu wahren, dass das Verhältnis zwischen den Teilen Deutschlands aus der gegenwärtigen Verkrampfung gelöst wird [...].
20 Jahre nach Gründung der Bundesrepublik Deutschland und der DDR müs-
5 sen wir ein weiteres Auseinanderleben der deutschen Nation verhindern, also
versuchen, über ein geregeltes Nebeneinander zu einem Miteinander zu kommen. Dies ist nicht nur ein deutsches Interesse, denn es hat seine Bedeutung
auch für den Frieden in Europa und für das Ost-West Verhältnis.
Die Bundesregierung bietet dem Ministerrat der DDR Verhandlungen an, die
10 zu vertraglich geregelter Zusammenarbeit führen sollen. Eine völkerrechtliche Anerkennung der DDR durch die Bundesregierung kann nicht in Betracht
kommen. Auch wenn zwei Staaten in Deutschland existieren, sind sie doch
füreinander nicht Ausland.

*Notiert die Kernaussagen der Regie-
rungserklärung Willy Brandts in
Stichworten.*

(Bulletin des Presse- und Informations-
amtes der Bundesregierung, Nr. 132,
29.10.1969, S. 1121 ff.)

M 3 Die Position der Opposition (27.5.1970)

In einer Rede vor dem Deutschen Bundestag erklärte der Oppositionspolitiker und
CSU-Abgeordnete Freiherr von und zu Guttenberg:

Ich sage hier für meine Freunde und für mich mit allem Nachdruck, mit allem
Ernst und leider auch mit der heute nötigen Sorge: Wir, die CDU/CSU, sind
nicht bereit, sogenannte Realitäten zu achten, zu respektieren oder gar anzuerkennen, die den Namen „Unrecht" tragen. [...]
5 Was aber wäre denn die unausweichliche Konsequenz [...]? Die erste Konsequenz wäre die, dass viele, allzu viele in Amerika sagen würden, nun sei das
entscheidende Problem in Europa gelöst; wozu also noch amerikanische Truppen in Europa? Die zweite Konsequenz wäre die, dass die Sowjetunion in der
wichtigsten und zentralen Auseinandersetzung in Europa über den Westen ei-
10 nen entscheidenden politischen Sieg errungen hätte. [...] Dieser Kurs [der Re-
gierung] wird dazu führen, dass eines Tages der Schutz der NATO zerbröckeln
und die Sowjetunion die Herrschaft über ganz Europa gewinnen kann [...].

*Notiert die Kerngedanken der Rede
des Abgeordneten Freiherr von und
zu Guttenberg in Stichworten.*

(Verhandlungen des deutschen Bundes-
tages, Stenografische Berichte, Bd. 72,
S. 2693 ff., bearb.)

Leben in Ost und West: Eine Ausstellung

Das Leben in der DDR und in der Bundesrepublik war so unterschiedlich wie die Menschen selbst. Trotzdem gab es typische Situationen und Lebensgefühle – typisch für die Lebensumstände in den beiden deutschen Staaten.

● *Welche Lebensumstände prägten typische Lebensgefühle im Alltag der beiden deutschen Staaten?*

Präsentiert eine Ausstellung zum Thema „Bundesrepublik und DDR: Leben in Ost und West".

1. Betrachtet in Einzel- oder Partnerarbeit die folgenden Doppelseiten um einen ersten Überblick über mögliche Themen für eure Ausstellung zu gewinnen.

2. Entscheidet euch für eines der angebotenen Themen, das euch besonders interessiert, und bildet Arbeitsteams, mit denen ihr das ausgewählte Thema bearbeiten und für die Ausstellung aufbereiten möchtet.

| **Thema 1** | **Thema 2** | **Thema 3** | **Thema 4** |
| Die Wirtschaftswunderjahre | Frauenbilder in Ost und West | Kindheit und Jugend in Ost und West | „Schild und Schwert der Partei" – die Stasi |

3. Wertet das Material zu „eurem" Thema aus. Erschließungsaufgaben helfen euch dabei.

4. Bereitet euren Teil der Ausstellung vor. Kopiert dazu euer Material (evtl. vergrößert) und erläutert es auf anschauliche Weise (Texttafeln, Grafiken). Achtet dabei insbesondere darauf,
   – die Materialien zeitlich und inhaltlich richtig einzuordnen;
   – Lebensumstände, Ereignisse oder Entwicklungen, auf die sie sich beziehen, zu benennen und darzustellen;
   – typische Lebensgefühle, die in ihnen zum Ausdruck kommen, darzustellen.

Tipp: Zeitzeugenbefragung. Ihr könnt eure Ausstellung noch interessanter gestalten, wenn ihr Zeitzeugen befragt. Eltern, Verwandte oder Bekannte, die die Bundesrepublik oder die DDR vor 1989 erlebt haben, sind – wenn ihr freundlich fragt – sicher bereit, über typische Lebensumstände und Lebensgefühle zu berichten. Methodische Hinweise zu einer Zeitzeugenbefragung findet ihr auf der gegenüberliegenden Seite. Ergänzt eure Ausstellung um die von euch ausgewerteten Zeitzeugenberichte.

Andere Präsentationsmöglichkeiten, die ihr auch wählen könnt:

- Arbeitsgruppen können einzelne Themen mit einer computergestützten **Folienpräsentation** vorstellen. Hinweise und methodische Anleitung findet ihr in der Methodenwerkstatt auf S. 311.
- Ihr könnt die Themen auch in einem **Portfolio** präsentieren. Methodische Hinweise zur Erstellung eines Portfolios findet ihr in der Methodenwerkstatt auf S. 307.

Wenn ihr geschichtliche Ereignisse oder Zusammenhänge erforschen wollt, die noch nicht allzu weit zurückliegen, könnt ihr Menschen, die sie selbst erlebt haben, befragen und ihre Berichte auswerten.

Der Vorteil: Zeitzeugen berichten aus „erster Hand" und oft sehr anschaulich und konkret. So könnt ihr von Erlebnissen erfahren, die in keinem Buch zu finden sind.

Darauf müsst ihr achten: Zeitzeugen erzählen die Vergangenheit so, wie sie sie selbst erlebt und empfunden haben. Das ist in Ordnung, aber nicht jeder empfindet dasselbe Ereignis auf dieselbe Weise. Zeitzeugen erzählen also aus einer bestimmten Perspektive.

Schritte des Zeitzeugeninterviews

1. Schritt: Das Interview vorbereiten	• **Gesprächspartner:** Überlegt und entscheidet, wer für euer Thema ein geeigneter Zeitzeuge oder eine geeignete Zeitzeugin sein könnte. • **Thema und Leitfrage:** Legt fest, zu welchem Thema und welcher Leitfrage ihr den oder die Zeitzeugen befragen wollt. • **Fragen:** Überlegt euch ggf. schon im Vorfeld Fragen, die ihr stellen möchtet.
2. Schritt: Das Interview durchführen	• **Begrüßung:** Begrüßt den Zeitzeugen freundlich. Stellt euch persönlich vor und erläutert euer Anliegen. • **Durchführung:** Führt die Befragung durch. • **Dokumentation:** Haltet wichtige äußere Daten (Geburtsjahr und Geschlecht der Zeitzeugen, Datum der Befragung) schriftlich fest und dokumentiert seinen oder ihren Bericht (Stichworte, Tonaufnahme). • **Materialien:** Fragt ggf., ob ihr anschauliche Materialien (Fotos etc) ausleihen dürft. • **Verabschiedung:** Verabschiedet euch von eurem Zeitzeugen und bedankt euch für seine Bereitschaft, euch zu helfen.
3. Schritt: Das Interview auswerten	Wertet den Bericht unter eurer Leitfrage aus. Stellt insbesondere fest, … • auf welches konkrete Ereignis, welchen Zeitraum und welchen Ort sich der Bericht bezieht; • welche Aspekte in dem Bericht besonders betont und hervorgehoben werden; • welche Inhalte ihr besonders bemerkenswert oder interessant findet.

Thema 1: Die „Wirtschaftswunderjahre" in der Bundesrepublik

Die 1950er-Jahre: Ein beispielloser Wirtschaftsaufschwung bescherte den Westdeutschen ein ganz besonderes Lebensgefühl.

- *Was war das: das „Wirtschaftswunder"?*
- *Welche Ursachen hatte das „Wirtschaftswunder"?*
- *Welche Folgen hatte das „Wirtschaftswunder" für das Lebensgefühl der 1950er-Jahre?*

So könnt ihr euren Teil der Ausstellung vorbereiten und präsentieren:

1. Wertet – ggf. arbeitsteilig – die Materialien auf dieser Doppelseite unter den Leitfragen aus. **Tipp:** Weitere anschauliche Materialien findet ihr hier: @ SNG-34530-040 .

2. Überlegt gemeinsam, was für und was gegen die Bezeichnung „Wunder" spricht (M 1, M 2).

3. Charakterisiert in Stichworten das Lebensgefühl der „Wirtschaftswunderjahre" (M 3 – M 5).

4. Legt gemeinsam fest, wie ihr euren Teil der Ausstellung gestalten möchtet.

M 1 Das „Wirtschaftswunder" in Zahlen

Notiert wichtige wirtschaftliche Entwicklungen in knappen Stichworten.

Das „Wirtschaftswunder"

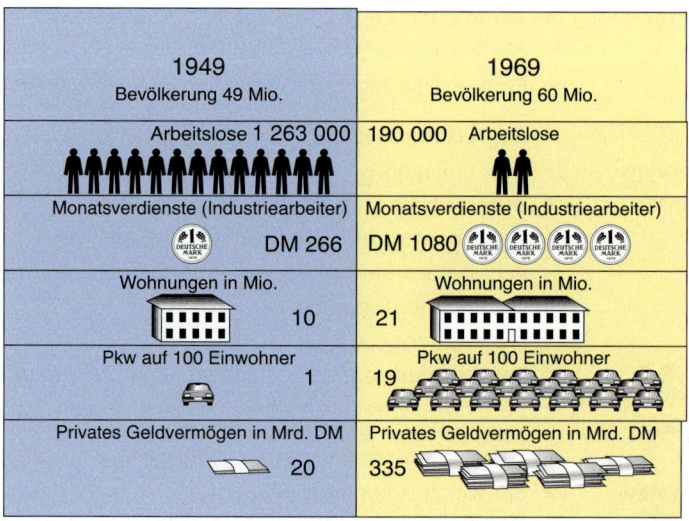

1949 Bevölkerung 49 Mio.	1969 Bevölkerung 60 Mio.
Arbeitslose 1 263 000	190 000 Arbeitslose
Monatsverdienste (Industriearbeiter) DM 266	DM 1080 Monatsverdienste (Industriearbeiter)
Wohnungen in Mio. 10	Wohnungen in Mio. 21
Pkw auf 100 Einwohner 1	19 Pkw auf 100 Einwohner
Privates Geldvermögen in Mrd. DM 20	335 Privates Geldvermögen in Mrd. DM

M 2 Die Ursachen des „Wirtschaftswunders": Ein Historiker gibt Auskunft

Notiert in Stichworten, welche Ursachen nach Ansicht von Hagen Schulze zum „Wirtschaftswunder" beitrugen.

Zunächst hatte nicht viel für einen Wirtschaftsboom gesprochen. Im Winter 1949/50 herrschte Massenarbeitslosigkeit. [...] Aber dann kam, in der Folge des Korea-Krieges, ein weltweiter Wirtschaftsaufschwung, der auch der westdeutschen Wirtschaft einen beträchtlichen Wachstumsschub verlieh. Die Verbraucher hatten einen gewaltigen Nachholbedarf an Konsumgütern, die nach ₅ Kriegszerstörung [...] darniederliegende Industrie investierte beträchtliche Mittel in moderne Produktionsanlagen, der Marshall-Plan sorgte für das notwendige Kapital. [...] Nach der größten Niederlage ihrer Geschichte erlebten die Deutschen die größte wirtschaftliche Blüte ihrer Geschichte.

(Hagen Schulze, Kleine deutsche Geschichte, München (C. H. Beck) 1996, S. 244 f.)

Die Folgen des „Wirtschaftswunders"

M 3 Ein Zeitzeuge erinnert sich

Im Rückblick schrieb der Journalist und Schriftsteller Hellmuth Karasek über die 1950er-Jahre:

Man trug wieder Schlips, die Mädchen artig weite oder artig glockige Röcke: Die Männer waren ganz Kavalier, was auch hieß, dass die Frauen wieder entmündigt wurden. Aus Trümmerfrauen wurden wieder Heimchen am Herd. [...] Im Restaurant – man fraß sich durch Sahneberge und Eisbeine – [...] bekam
5 nur der Herr die Speisekarte. [...]
Es galt wieder an Traditionen anzuknüpfen – aber was hatte das neue, geteilte Vaterland für Traditionen nach einem [...] Krieg, der Städte eingeäschert, Millionen Männer in den Tod und in die grässlichste Gefangenschaft getrieben, Frauen und Kinder in den Städten zerbombt, Millionen Unschuldiger in den
10 Gaskammern wahnhaft vernichtet und das Deutsche Reich zerstückelt hatte? In der Adenauer-Ära [...] rauchte der Schornstein wieder im Wirtschaftswunderland. In dieser Ära waren es der Volkswagen aus Wolfsburg und [...] „der dicke Mercedes", die die Deutschen erst richtig mobil, reisewütig und dann wohlhabend machten. „Wohlstand" war ein Leitbegriff der Epoche.
15 Und schließlich wurden „wir" auch 1954 durch das „Wunder von Bern" Weltmeister, Fußballweltmeister. Das war Balsam für die deutsche Seele.

(Hellmuth Karasek, in: SPIEGEL SPECIAL, Nr. 9/1998, S. 116 f.)

M 4 Aus einer zeitgenössischen Illustrierten

In den 1950er-Jahren wurden Reisen mit dem eigenen Auto nach Italien für viele Familien erschwinglich. Der massenhaft produzierte VW-„Käfer" entwickelt sich zu einem der Symbole des „Wirtschaftswunders".

M 5 Aus einer zeitgenössischen Illustrierten

Im Originaltext hieß es:

„Wir haben es geschafft: Das neue Auto steht vor der Tür. Alle Nachbarn liegen im Fenster und können sehen, wie wir für eine kleine Wo-
5 chenendfahrt rüsten. Jawohl, wir leisten uns etwas, wir wollen etwas haben vom Leben; dafür arbeiten wir schließlich alle beide, mein Mann im Werk und ich als Sekretä-
10 rin."

1. Notiert die Kernaussagen des Zeitzeugenberichts von Hellmuth Karasek (M 3) über das Lebensgefühl der 1950er-Jahre.

2. Haltet in Stichworten fest, welche Bedeutung das „neue Auto" für viele Westdeutsche hatte (M 4, M 5).

Thema 2: Frauenbilder und Frauenpolitik in Ost und West

Die Gleichberechtigung der Geschlechter – das war offizielle Politik in Ost- und in Westdeutschland. Wie sie aber zu erreichen war, da gab es Unterschiede und Auseinandersetzungen.

- *Welche Frauenbilder prägten die Gesellschaften in Ost und West?*

So könnt ihr euren Teil der Ausstellung vorbereiten und präsentieren:

1. Wertet – ggf. arbeitsteilig – die Darstellungstexte und Materialien auf dieser Doppelseite aus. **Tipp:** Weitere anschauliche Materialien, die ihr auswerten und für eure Ausstellung nutzen könnt, findet ihr hier:
   @ SNG-34530-041 .

2. Legt gemeinsam fest, wie ihr euren Beitrag zur Ausstellung gestalten möchtet.

M 1 **Titelseite einer westdeutschen Illustrierten (1952)**

Notiert die Kernaussagen des Darstellungstextes zur Frauenpolitik und zum Wandel des Frauenbildes in der Bundesrepublik. Bezieht dabei auch M 1 mit ein.

Frauenbilder und Frauenpolitik in der Bundesrepublik

Das Grundgesetz und die Realität: „Frauen und Männer sind gleichberechtigt" – so steht es seit 1948 im §3 des Grundgesetzes. Was das aber in der Realität zu bedeuten hatte, darüber gab es in der Geschichte der Bundesrepublik immer wieder heftige Auseinandersetzungen.

Der Wandel des Frauenbildes in der Bundesrepublik: In den ersten Nachkriegsjahren hatten die Frauen die Hauptlast des Wiederaufbaus getragen. Mit dem Wirtschaftswunder wurden sie jedoch in das traditionelle Rollenbild als Hausfrau und Mutter zurückgedrängt. Dagegen wehrten sich besonders seit Ende der 1960er-Jahre viele Frauen. Eine „neue Frauenbewegung" entstand. Sie forderte nicht nur rechtliche Gleichstellung, sondern auch Schutz- und Freiräume für die Entwicklung weiblicher Identität. Eine Vielzahl von besonderen Frauenprojekten, wie z. B. Frauenbuchläden oder Frauenhäuser, entstanden; in allen Parteien bildeten sich Frauenzusammenschlüsse zur Durchsetzung ihrer Forderungen.

Streit um das Abtreibungsrecht: Heftige Auseinandersetzungen gab es vor allem um das Abtreibungsrecht. In dem bis 1974 geltenden Verbot von Abtreibungen sahen die Anhängerinnen der Frauenbewegung eine Fremdbestimmung über ihren Körper. Sie konnten erreichen, dass der Bundestag 1974 die „Fristenregelung" beschloss, die einen Abbruch innerhalb der ersten drei Schwangerschaftsmonate straffrei stellte. Diese „Fristenregelung" wurde vom Bundesverfassungsgericht aufgehoben. Es sah darin das im Grundgesetz verankerte Grundrecht auf Unantastbarkeit des Lebens verletzt. Daraufhin verabschiedete der Bundestag 1976 die sogenannte „Indikationslösung": Ein Schwangerschaftsabbruch war danach nur noch unter ganz bestimmten Bedingungen (z. B. Gefährdung der Gesundheit der Mutter oder des Kindes, schwere soziale Notlage) straffrei.

Frauenbilder und Frauenpolitik in der DDR

Die Frauenpolitik der DDR: „Eine wirkliche Gleichberechtigung der Frau ist erst dann vorhanden, wenn sie einen Beruf erlernt hat und imstande ist, eine gesellschaftlich wirklich nützliche Arbeit zu verrichten." Diesen Grundsatz der Frauenpolitik der SED formulierte Walter Ulbricht im Februar 1949. Die Berufstätigkeit von Frauen – auch in sogenannten „Männerberufen" – war in der DDR eine Selbstverständlichkeit. Sie galt als Garant für die wirtschaftliche Unabhängigkeit der Frau.

Allerdings gab es für diese Politik der SED auch andere handfeste Gründe: Die Arbeitskraft der Frauen wurde zum Aufbau der Wirtschaft dringend benötigt.

Ausbildung und Beruf: Ende der 1980er-Jahre war der Beschäftigungsgrad von Frauen in der DDR einer der höchsten der Welt: 78,1 % aller Frauen waren erwerbstätig; wenn man Frauen in der Ausbildung oder im Studium hinzuzählt, waren es sogar 91,2 %.

Mädchen strebten ebenso wie die Jungen eine solide Berufsausbildung an. Weit häufiger als in der Bundesrepublik begannen in der DDR Mädchen und Frauen ihre Berufsausbildung in technischen, naturwissenschaftlichen und mathematischen Fachrichtungen.

Rollenbilder: Obwohl Väter und Mütter rechtlich in gleicher Weise für die Erziehung der Kinder verantwortlich waren, richteten sich alle diese Maßnahmen vornehmlich an Mütter. Dadurch verfestigten sich traditionelle Rollenstrukturen in der Familie eher. Das Bild des Mannes als „Hauptverdiener" blieb auch in der DDR bestehen.

Frauen und Politik: Die sozialpolitischen „Errungenschaften" verfehlten in der DDR ihre Wirkung nicht: Sie trugen wesentlich zur Identifikation der Bürgerinnen der DDR mit ihrem Staat bei.

Dennoch blieben Widersprüche. Dazu gehörte, dass in allen Führungspositionen erheblich mehr Männer als Frauen arbeiteten. In den politischen Organen der Parteien und des Staates waren Frauen kaum vertreten. Im Politbüro der SED gab es über die gesamte Dauer der Existenz der DDR niemals eine Frau als stimmberechtigtes Mitglied.

M 2 Plakat zum internationalen Frauentag (DDR, 1954)

Notiert in Stichworten oder knappen Sätzen, welches Frauenbild im Plakat zum internationalen Frauentag (M 2) deutlich wird.

Notiert die Kernaussagen des Darstellungstextes zur Frauenpolitik und zum Frauenbild in der DDR.

Thema 3: Kindheit und Jugend in Ost und West

Als Kinder werden wir alle seit jeher in ein bestimmtes System hineingeboren, als Jugendliche beginnen wir, es kritisch zu betrachten.

- *Welche Erziehungsgrundsätze prägten die Bundesrepublik und die DDR?*
- *Wie reagierten Kinder und Jugendliche darauf?*

So könnt ihr euren Teil der Ausstellung vorbereiten und präsentieren:

1. Wertet – ggf. arbeitsteilig – die Darstellungstexte und Materialien auf dieser Doppelseite aus. **Tipp:** Weitere anschauliche Materialien, die ihr auswerten und für eure Ausstellung nutzen könnt, findet ihr hier:
   @ SNG-34530-042 .

2. Legt gemeinsam fest, wie ihr euren Beitrag zur Ausstellung gestalten möchtet.

M 1 Straßenkrawall in West-Berlin, April 1968

Notiert die Kernaussagen des Darstellungstextes in Stichworten.

Protestjahr 1968: Die Jugend der Bundesrepublik begehrt auf

Die Nachkriegsjahre: In den Jahren nach dem Krieg waren die Erwachsenen damit beschäftigt, die schreckliche Vergangenheit hinter sich zu lassen. Viele verdrängten sie und ihre eigene, persönliche Schuld. Die „heile Welt" der Wirtschaftswunderzeit half dabei. Den eigenen Kindern wollte man eine bessere Welt bieten, aber zu viele Fragen sollten sie nicht stellen.

Der Protest: Ende der 1960er-Jahre änderte sich die Situation grundlegend. Eine Protestwelle überrollte das Land. Getragen wurde sie von der „Außerparlamentarischen Opposition". Die APO – so die zeitgenössische Abkürzung – war für die Zeitgenossen in vielerlei Hinsicht etwas ganz Neues, Verstörendes und Provozierendes. Denn: Die jungen Leute von der APO stellten die Generation ihrer Eltern mitsamt ihrer Lebensweise radikal infrage.

Die Studenten kritisierten den Vietnamkrieg der USA, die Ausbeutung der „Dritten Welt", die Unterstützung von Diktaturen, die Benachteiligung von Frauen und die damals noch übliche autoritäre Erziehung der Kinder. In Wohngemeinschaften probierten sie neue Formen des Zusammenlebens aus. Musiker wie die Beatles oder die Rolling Stones waren die Vorbilder eines neuen Lebensgefühls.

Die Situation eskalierte am 2. Juni 1967. An diesem Tag protestierte die APO in West-Berlin gegen den Besuch des Schahs von Persien (heute: Iran) und sein diktatorisches Regime. Mit Schlagstöcken bewaffnete Anhänger des Schahs provozierten die Demonstranten und die Situation geriet außer Kontrolle. Die überforderte Polizei erschoss den Studenten Benno Ohnesorg. Als dann im April 1968 einer der Wortführer der APO, Rudi Dutschke, von einem jugendlichen Rechtsradikalen angeschossen und schwer verletzt wurde, kam es Ostern 1968 zu schweren Unruhen in allen Großstädten der Bundesrepublik.

Die Folgen: Die APO war mehr als ein reiner Jugendprotest. Sie veränderte die Gesellschaft der Bundesrepublik grundlegend. Sie bereitete Reformen und Modernisierungen in allen gesellschaftlichen Bereichen vor und förderte Liberalität, Offenheit und kritisches Bewusstsein im alltäglichen Leben der Bundesrepublik.

Kindheit und Jugend in der DDR: FDJ und Jugendweihe

Die Nachkriegsjahre: Wie in der Bundesrepublik hatte die Elterngeneration nach dem Zweiten Weltkrieg schwer an ihrer Schuld zu tragen. Aber die DDR verstand sich als Nachfolgestaat des Widerstands gegen den Nationalsozialismus und versuchte, ihre Kinder und Jugendlichen im Geist des Antifaschismus zu erziehen.

Die „Freie Deutsche Jugend" (FDJ): Diesem Ziel diente vor allem die FDJ, in der etwa 98 % aller Kinder und Jugendlichen organisiert waren. Ein blaues Halstuch diente als Zeichen der Mitgliedschaft bei den Jungpionieren und ab der vierten Klasse bei den „Thälmann-Pionieren". Ab dem 14 Lebensjahr wurde man in die FDJ aufgenommen. Die FDJ war allgegenwärtig, war in der Schule präsent (der Klassensprecher hieß in der DDR „FDJ-Sekretär") und organisierte Freizeitaktivitäten von der Disco bis zum Zeltlager.

Die Jugendweihe: Die Jugendweihe war – gewissermaßen als Ersatz für Konfirmation oder Kommunion im Westen – seit 1954 eine feste Institution in der DDR. Etwa 95 % aller Jugendlichen nahmen daran teil.

Der Protest: Auch in der DDR protestierten Jugendliche seit den 1970er-Jahren gegen die Erwachsenengeneration. Vor allem unter dem schützenden Dach der Kirchen bildeten sich Friedens- und Umweltgruppen – misstrauisch beobachtet von den Staatsorganen der DDR. Öffentlicher Widerstand aber blieb gefährlich: Berufsverbote oder gar Gefängnisstrafen drohten.

M 3 Ein Jugendlicher erinnert sich

Nach dem Ende der DDR beschrieb ein Zeitzeuge seine Erinnerungen an seine Jugend in der DDR so:

Diese schulische Propaganda hatte bei mir weder großen Erfolg noch großen Misserfolg, wie das bei vielen der Fall ist, die zu jung sind, das Gesagte kritisch zu verarbeiten und zu bewerten. Man wiederholt einfach die dargebotenen Phrasen – und der Lehrer ist zufrieden. [...]

5 Dieser Anti-Effekt wurde bei mir noch verstärkt, als ich allmählich erwachte und meine Umwelt genauer wahrnahm. Ich hörte aufmerksamer den Gesprächen meiner Eltern zu, die sich keineswegs mit dem deckten, was der Lehrer in der Schule erzählte [...]. Dazu kam noch das Fernsehen, das buchstäblich jeden Tag den enormen Qualitätsunterschied in Information und Unterhaltung de-
10 monstrierte.

So wurde ich, wie fast alle Kinder und Jugendlichen in diesem Land, zur DDR-spezifischen Schizophrenie erzogen, nämlich in der Schule so zu tun als ob und das zu sagen, was der Lehrer hören wollte, und zu Hause, unter Freunden die eigene wirkliche Meinung zu sagen. Diese Anpassungsfähigkeit funktio-
15 niert erstaunlich reibungslos [...]. In der DDR heißt das Acht-Stunden-Ideologie. Dieser Begriff macht deutlich, dass sich die Persönlichkeitsspaltung von der Schule bis in das Berufsleben fortsetzt [...].

(Matthias Bothe, Die Acht-Stunden-Ideologie; in: Bundeszentrale für politische Bildung (Hg.), Aus Politik und Zeitgeschichte, B 33/1981, S. 34 – 40; zit. nach: Praxis Geschichte, Heft 4/1993, S. 32)

M 2 Das Gelöbnis der Jugendweihe

GELÖBNIS

LIEBE JUNGE FREUNDE!

Seid ihr bereit, als junge Bürger unserer Deutschen Demokratischen Republik mit uns gemeinsam, getreu der Verfassung, für die große und edle Sache des Sozialismus zu arbeiten und zu kämpfen und das revolutionäre Erbe des Volkes in Ehren zu halten, so antwortet:

JA, DAS GELOBEN WIR!

Seid ihr bereit, als treue Söhne und Töchter unseres Arbeiter-und-Bauern-Staates nach hoher Bildung und Kultur zu streben, Meister eures Fachs zu werden, unentwegt zu lernen und all euer Wissen und Können für die Verwirklichung unserer großen humanistischen Ideale einzusetzen, so antwortet:

JA, DAS GELOBEN WIR!

Seid ihr bereit, als würdige Mitglieder der sozialistischen Gemeinschaft stets in kameradschaftlicher Zusammenarbeit, gegenseitiger Achtung und Hilfe zu handeln und euren Weg zum persönlichen Glück immer mit dem Kampf für das Glück des Volkes zu vereinen, so antwortet:

JA, DAS GELOBEN WIR!

Seid ihr bereit, als wahre Patrioten die feste Freundschaft mit der Sowjetunion weiter zu vertiefen, den Bruderbund mit den sozialistischen Ländern zu stärken, im Geiste des proletarischen Internationalismus zu kämpfen, den Frieden zu schützen und den Sozialismus gegen jeden imperialistischen Angriff zu verteidigen, so antwortet:

JA, DAS GELOBEN WIR!

Wir haben euer Gelöbnis vernommen. Ihr habt euch ein hohes und edles Ziel gesetzt. Feierlich nehmen wir euch auf in die große Gemeinschaft des werktätigen Volkes, das unter Führung der Arbeiterklasse und ihrer revolutionären Partei, einig im Willen und im Handeln, die entwickelte sozialistische Gesellschaft in der Deutschen Demokratischen Republik errichtet.

Wir übertragen euch eine hohe Verantwortung. Jederzeit werden wir euch mit Rat und Tat helfen, die sozialistische Zukunft schöpferisch zu gestalten.

ZUM FESTTAG DER JUGENDWEIHE
WÜNSCHEN WIR DIR

ALLES GUTE UND VIEL ERFOLG
IN DEINEM KÜNFTIGEN LEBEN UND SCHAFFEN
FÜR UNSERE
DEUTSCHE DEMOKRATISCHE REPUBLIK

Berlin DEN 6.4.1986

Vorsitzender
Zentraler Ausschuß

Vorsitzender
Örtlicher Ausschuß

1. Notiert die Kernaussagen des Darstellungstextes in Stichworten.

2. Haltet in Stichworten fest,
   a) welche Haltung im „Gelöbnis" der Jugendweihe eingefordert wurde (M 2);
   b) wie ein Zeitzeuge die typische Reaktion der Jugendlichen beschreibt (M 3).

Thema 4: „Schild und Schwert der Partei" – Die „Stasi"

„Schild und Schwert der Partei": So bezeichnete sich das Ministerium für Staatsicherheit (MfS) in der DDR – von der Bevölkerung nur kurz „die Stasi" genannt – selbst. Die Stasi unterhielt einen riesigen Überwachungsapparat, um die Bevölkerung zu kontrollieren.

- *Ein Beispiel: Mit welchen Methoden überwachte das MfS die Bevölkerung in der DDR?*
- *Wie beurteilen wir das Vorgehen des MfS heute?*

So könnt ihr euren Teil der Ausstellung vorbereiten und präsentieren:

1. Wertet – ggf. arbeitsteilig – die Darstellungstexte und Materialien auf dieser Doppelseite aus. **Tipp:** Weitere anschauliche Materialien, die ihr auswerten und für eure Ausstellung nutzen könnt, findet ihr hier:

   @ SNG-34530-043

2. Eure Meinung ist gefragt: Überlegt gemeinsam, wie ihr das Vorgehen des MfS im „Fall Seifert" aus heutiger Sicht beurteilt. Formuliert eure (ggf. mehrere) Urteilsansätze in knappen Thesen und begründet sie jeweils in knapper, stichwortartiger Form.

3. Legt gemeinsam fest, wie ihr euren Beitrag zur Ausstellung gestalten möchtet.

Die Stasi in Zahlen: Bei ihrer Auflösung im Jahr 1989 arbeiteten nicht weniger als 91 000 hauptamtliche und 173 000 „Inoffizielle Mitarbeiter" (IM) für die Stasi. Rein rechnerisch stand damit ein Mitarbeiter der Stasi 60 Menschen gegenüber.

Das Ministerium für Staatssicherheit in der DDR

Die Aufgaben: Das Ministerium für Staatsicherheit (MfS) – von der Bevölkerung nur kurz „die Stasi" genannt – war eine Hauptstütze der Herrschaft der SED. Das MfS war eine Art Geheimpolizei, die die Bürger der DDR überwachte und eigene Gefängnisse und Verhörzentren unterhielt.

Die Ausweitung des Stasi-Apparates und insbesondere des Netzes der „Inoffiziellen Mitarbeiter" zeugt von dem Grundmisstrauen der SED-Führung dem eigenen Volk gegenüber. Die Stasi blieb für alle Menschen eine Bedrohung – besonders natürlich für diejenigen, die der DDR kritisch gegenüberstanden.

Die Akten der Staatssicherheit: Das Ministerium für Staatssicherheit hatte alle Überwachungsaktionen genauestens dokumentiert. Seit dem Ende der DDR-Regimes (1989) können ehemalige Bürgerinnen und Bürger der DDR auf Antrag Einsicht in die Akten nehmen, die über sie angelegt worden waren. Viele mussten dabei erkennen, dass sie von Familienmitgliedern, Freunden oder Bekannten bespitzelt worden waren.

Ein Beispiel: Der „Operative Vorgang (OV) – Gold" – richtete sich gegen Matthias und Elke Seifert (Name geändert). Die Überwachung des Ehepaars Seifert ist kein spektakulärer Einzelfall, sondern ein eher alltäglicher Vorgang, wie er in der DDR häufig vorkam. Matthias Seifert war Lehrer an einer Oberschule, seine Frau Elke war Sonderschullehrerin und hatte ein Studium für Pädagogik an der Universität in Halle begonnen. Das Paar hatte zwei Kinder.

1. Notiert die Kernaussagen des Darstellungstextes in Stichworten.

2. Listet die Maßnahmen auf, die das MfS im „Fall Seifert" ergriff (M 1).

3. Notiert, welche Folgen der „OV Gold" für den Lebensweg von Matthias und Elke Seifert haben konnte.

Abkürzungen in der Akte

OV „Operativer Vorgang" – Bezeichnung für eine Maßnahme der Stasi, wie z. B. die Oberservierung von Personen.

BV „Bezirksverwaltung" des Ministeriums für Staatssicherheit

KD „Kreisdienststelle" des Ministeriums für Staatssicherheit

IMS „Inoffizieller Mitarbeiter Staatssicherheit" – verdeckt arbeitende Ermittler im Auftrag der Stasi. Die IMS wurden von der Stasi meist für besondere Vorgänge angeworben; sie wurden zu ihrer Tätigkeit teils mit Versprechungen gelockt, teils mit Druckmitteln gezwungen.

GMS „Gesellschaftlicher Mitarbeiter Staatssicherheit" – verdeckt arbeitende Ermittler der Stasi, die den Auftrag hatten, ihr soziales Umfeld (Wohnviertel, Betrieb etc.) zu beobachten.

NVA „Nationale Volksarmee"

Gen. „Genosse"

OSL „Oberstleutnant" – die hauptamtlichen Mitarbeiter des MfS trugen militärische Dienstgrade.

OS „Oberschule" – bezeichnet die Oberschule, an der S. als Lehrer arbeitete.

BstU „Behörde für Staatssicherheitsunterlagen" – die Behörde versieht alle Kopien von Aktenstücken, die sie auf Antrag aushändigt, mit einem Stempel.

M 1 Akte des MfS zum „Operativen Vorgang ‚Gold'" (Faksimile)

```
      Operativplan zum     OV    „Gold"

1. Zielstellung
- Vorbeugende Verhinderung eines feindlich-negativen Wirksamwer-
  dens in der Öffentlichkeit;
- Aufklärung der konkreten Pläne, Absichten und Handlungen sowie
  deren strafrechtliche Relevanz;
- Aufklärung des Charakters der operativ-bedeutsamen Verbindungen
  insbesondere in die BRD und WB.

2. Operative Maßnahmen
2.1. Einsatz von IM/GMS
1. IMB „▮▮▮▮▮▮"
   Der IMB ist derzeitig der einzigste IM, der in der privaten
   Sphäre eingesetzt ist.
   - Informationsbedarf
     o weitere Aufklärung des Persönlichkeitsbildes
     o Aufklärung der Wohnung
     o Feststellung, wo die schriftlichen Aufzeichnungen des S.
       liegen, wie sind sie gesichert und welche Möglichkeiten
       des Zugriffs bestehen?
     o Beschaffung des Wohnungsschlüssels bzw. welche Möglichkei-
       ten des Zugriffs bestehen?
     o Feststellung, ob bei Abwesenheit der Familie S. jemand die
       Wohnung betreut.
     o Wie ist der Kontakt der Familie S. im Hause?
     o Urlaubspläne der Familie S. im Jahre 1981
     o Wie akurat ist die Ordnung in der Wohnung des S.? Stellen
       sie geringfügige Veränderungen fest? Machen sie sich Mar-
       kierungen?
     o Feststellung des Standes der schriftstellerischen Arbeit
     o Der S. ist zu veranlassen, dem IM Einblick in seine Arbeit
       zu geben bzw. Lesungen zu tätigen.
     o Herausarbeiten: Wer hat alles und in welchem Umfang Kennt-
       nis von seinem schriftstellerischen Vorhaben?
     o Wann, wo und über wen will der S. veröffentlichen?
     o Aufklärung anderer feindlich-negativer Pläne, Absichten
       und Handlungen durch den S.
     o Gibt es durch den S. Fehlverhaltensweisen bzw. kriminelle
       Handlungen?
     o Aufklärung des Umgangskreises der Familie S., insbesondere
       in das NSA
     o Herstellung eines Vertrauensverhältnisses zu den NSA-Kon-
       takten, insbesondere zu dem S., ▮▮▮▮▮▮ (entsprechend den
       Möglichkeiten bei Einreisen).
       Termin: 10. 3. 1981, 24. 3. 1981, 7. 4. 1981
       verantw.: Major ▮▮▮▮▮
2. GMS „▮▮▮▮▮"
   Der GMS wohnt im Hause der bearbeiteten Person. Die Ehrlichkeit
   und Zuverlässigkeit des GMS ist gegeben. Persönliche Kontakte
   zu den OV-Personen bestehen nicht.
   Der GMS wird eingesetzt im Rahmen der Aufklärung, Beobachtung
   und Durchführung der spezifischen Maßnahmen 26 „B". Des weiteren wird der GMS ein-
   gesetzt zur Aufklärung des Umgangskreises, des Persönlichkeits-
   bildes und der Lebensgewohnheiten der Familie S.
   Zu diesem Zweck erfolgt Treffteilnahme zur persönlichen Auf-
   tragserteilung und Instruierung durch Maj. ▮▮▮▮▮.
   [...]
3. IMS „▮▮▮▮▮"
   Bei dem IMS handelt es sich um einen leitenden Mitarbeiter der
```

```
   Abt. Volksbildung. Die Ehrlichkeit und Zuverlässigkeit ist ge-
   geben.
   - Einsatzrichtung
     o Aufklärung und Vervollständigung des Persönlichkeitsbil-
       des, des Umgangskreises der Familie S.
     o Aufklärung der Lehrer, die an der Schule des S. und seiner
       Ehefrau tätig sind
     o Verhinderung des Einsatzes des S. und seiner Ehefrau in
       leitenden Stellungen
     o Bindung des S. bei der Durchführung der operativ-techni-
       schen Maßnahmen
     Termin: 27.2.81, 6.3.81, 13.3.81 und danach bei Notwendigkeit
     verantw.: Ltn. ▮▮▮▮▮
4. Suche, Auswahl und Gewinnung eines IM/GMS an der OS „▮▮▮▮▮
   Die OV-Person ist an der OS „▮▮▮▮▮▮" tätig. Zur Absiche-
   rung des S. im Arbeitsbereich ist ein IM/GMS zu schaffen.
   [...]
2.2. Einsatz weiterer operativer Kräfte und Mittel
1. Zur Beweisführung der staatsfeindlichen Tätigkeit ist eine kon-
   spirative Wohnungsdurchsuchung bei dem S. durchzuführen. Das
   Ziel ist die Dokumentierung seines Tagebuches, seiner schrift-
   stellerischen Aufzeichnungen und die Literatur mit antisozia-
   listischem Inhalt
   [...]
6. BV Halle, Abt. XX
   Die Ehefrau der OV-Person studiert zur Zeit in ▮▮▮▮ Sonder-
   pädagogik. Durchführung einer persönlichen Absprache mit der
   Zielstellung:
   - Prüfung der Einführung eines IM
   - operative Kontrolle während ihres Aufenthaltes in ▮▮▮▮
   - weitere Aufklärung des S.
   - Verhinderung eines feindlich-negativen Wirksamwerdens
   - Erarbeitung von Informationen zu Fehlverhaltensweisen, die
     zur vorzeitigen Beendigung des Studiums führen könnten.
     [...]
   - Prüfung von Möglichkeiten, die S. zu zwingen, eine klare po-
     litische Haltung zu zeigen, um ihre wahre politische Einstel-
     lung herauszuarbeiten
   - Überprüfung der Seminargruppe mit dem Ziel der Herausarbei-
     tung operativ nutzbarer Personen
     Termin: 16.3.81
     verantw.: Maj. ▮▮▮▮
     [...]
4. Zusammenwirken mit anderen Einrichtungen
   - Über die Abt. Volksbildung ist duchzusetzen, daß die S. in
     keine leitende Stellung eingesetzt wird.
     Termin: 28.2.81
     verantw.: Maj. ▮▮▮▮
   - Über die Abt. Volksbildung ist durchzusetzen, daß der S. kei-
     ne außerplanmäßige Aspirantur erhält und in keine leitende
     Stellung eingesetzt wird.
     Termin: 28.2.81
     Verantw.: Maj. ▮▮▮▮

Nach Abarbeitung der Maßnahmen erfolgt eine erneute Zwischenein-
schätzung zum Stand der Bearbeitung sowie die Erarbeitung eines
neuen Operativplanes.

Die Kontrolle der Maßnahmen erfolgt direkt durch den Leiter der
KD - Gen. OSL ▮▮▮▮.
```

November 1985:
Der sowjetische Parteichef Michael Gorbatschow und der US-Präsident Ronald Reagan treffen in Genf zum ersten Mal aufeinander.

November 1989:
Menschen tanzen auf der Berliner Mauer. Die brutalen Grenzanlagen hatten ihren Schrecken verloren.

Ein Weltkonflikt – und sein Ende

*Die Zeitgenossen waren froh, dass die politischen Führer der beiden Super-
mächte nach Jahren der Anspannung wieder miteinander sprachen. Aber kaum
jemand ahnte, dass in dieser Begegnung schon der Keim für eine radikale, für
unmöglich gehaltene Wende in der Weltpolitik angelegt war: Schon vier Jahre
später – 1989 – löste sich der Ost-West-Konflikt auf.*

- *Welche Entwicklungen führten zur Lösung des Ost-West-Konflikts?*

Präsentiert einen Gruppenvortrag, in dem ihr die historischen Entwicklungen zur Lösung des Ost-West-Konflikts chronologisch geordnet darstellt und im Zusammenhang erläutert.

1. Bildet Arbeitsteams aus mindestens sechs Personen. Lest zunächst in Einzelarbeit den Darstellungstext kursorisch. Entscheidet euch anschließend, wer welches Schlüsselereignis genauer erarbeiten und anschließend vortragen möchte.

2. Wertet den Darstellungstext zu dem von euch gewählten Schlüsselereignis aus.

3. Tragt euch im Arbeitsteam eure Ergebnisse gegenseitig vor. Klärt Verständnisfragen im Team und ggf. mithilfe eurer Lehrerin oder eures Lehrers. Verbessert oder ergänzt ggf. eure Notizen.

4. Überlegt gemeinsam, wie ihr euren Gruppenvortrag insgesamt gestalten wollt. Methodische Hinweise findet ihr auf S. 308. **Tipp:** Eine Folie oder ein Plakat kann euren Vortrag übersichtlicher und anschaulicher gestalten.

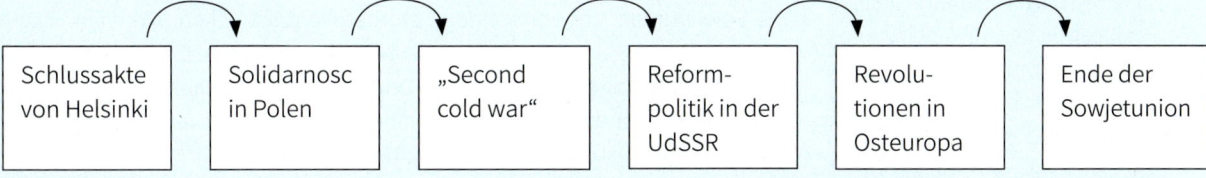

| Schlussakte von Helsinki | Solidarnosc in Polen | „Second cold war" | Reform-politik in der UdSSR | Revolu-tionen in Osteuropa | Ende der Sowjetunion |

Für Teams, die ihre Ergebnisse schriftlich präsentieren möchten: Erstellt eine **Themenwand**, auf der ihr die Stationen der Lösung des Ost-West-Konflikts anschaulich und strukturiert darstellt.

Auf dem Weg zur Lösung des Ost-West-Konflikts …

Schlussakte von Helsinki: Um die Ursachen für das Ende des Ost-West-Konflikts in den Jahren 1989/90 zu verstehen, muss man weit zurückgehen – bis in das Jahr 1975.

Am 1. August 1975 unterzeichneten Vertreter von 35 Staaten, darunter auch die beiden Supermächte USA und UdSSR sowie die beiden deutschen Staaten, in einer feierlichen Zeremonie die Schlussakte der „Konferenz für Sicherheit und Zusammenarbeit in Europa" (KSZE) in der finnischen Hauptstadt Helsinki. In dieser Schlussakte gelang es den Teilnehmern über alle Feindschaft hinweg, sich auf bestimmte gemeinsame Grundsätze zu einigen.

Die Anerkennung der bestehenden Grenzen und der Verzicht auf militärische Gewalt erhöhten die Sicherheit in Europa. Langfristig ebenso bedeutsam war eine vierte Übereinkunft der Konferenz: Die gemeinsame Achtung universeller Menschenrechte und Grundfreiheiten. Diese vierte Übereinkunft war zunächst von vielen Zeitgenossen unterschätzt worden. Tatsächlich entwickelte sie

> **Kurz zusammengefasst:**
> **Die Schlussakte von Helsinki**
> > Anerkennung der bestehenden Grenzen in Europa
> > Verzicht auf militärische Gewalt
> > Keine Einmischung in die inneren Angelegenheiten anderer Staaten
> > Achtung der Menschenrechte

„Der Geist von Helsinki" (Karikatur von 1990)

große Sprengkraft. Denn in den Staaten des Ostblocks entstand eine Vielzahl von Bürgerrechtsbewegungen, die gegen die offensichtliche Verletzung der Menschenrechte (z. B. Meinungs- und Pressefreiheit) in ihren Staaten protestierten. Diese Bürgerrechtsbewegungen bildeten den Keim der späteren Revolutionen in Osteuropa.

„Solidarnosc" in Polen: Im August 1980 begannen polnische Werftarbeiter einen – für sie sehr gefährlichen – Streik. Er richtete sich vordergründig gegen Preiserhöhungen, die die Regierung verfügt hatte. In Wirklichkeit war er Ausdruck des Widerstandes der mehrheitlich katholischen Bevölkerung gegen die kommunistische Regierung.

Die streikenden Arbeiter organisierten sich in der Gewerkschaft „Solidarnosc" (= Solidarität). Sie forderten freie Wahlen, Rede- und Pressefreiheit, die Freilassung von politischen Gefangenen und unabhängige Gerichte. Die kommunistische Regierung zeigte sich zunächst verhandlungsbereit. Als die Streikbewegung aber schließlich das ganze Land erfasste, zog sie am 13.12.1981 die Notbremse und verhängte das Kriegsrecht. Arbeiterführer und Oppositionelle wurden verhaftet, die Gewerkschaft „Solidarnosc" verboten. Damit war die Streikbewegung in Polen zwar zunächst gescheitert. Aber: Sie blieb weithin ein Vorbild für den Widerstand gegen kommunistische Regime in den Ostblockstaaten.

„Second cold war": Ende der 1970er- und Anfang der 1980er-Jahre verschärfte sich der Ost-West-Konflikt wieder. Deshalb nennen Historiker diese Zeit „Second cold war".

Die Sowjetunion stationierte neue atomare Mittelstreckenraketen in Osteuropa, die alle westeuropäischen Städte bedrohen konnten. Der Westen reagierte 1979 mit dem sogenannten „NATO-Doppelbeschluss". Diese Entwicklung verstärkte die Angst der Menschen vor einem Atomkrieg erneut; viele gaben ihrer Sorge in Protesten und Demonstrationen Ausdruck.

Etwa zeitgleich marschierte die Sowjetunion im Dezember 1979 mit ihren Truppen in Afghanistan ein, um der dortigen kommunistischen Regierung gegen islamistische Rebellen zur Seite zu stehen. Für viele Menschen im Westen war dies ein weiterer Beweis für die Machtbestrebungen der UdSSR.

Im Jahr 1981 wurde der Republikaner Ronald Reagan zum Präsidenten der USA gewählt. Er vertrat eine harte Linie gegenüber der UdSSR, die er als „Reich des Bösen" bezeichnete. Er kündigte ein umfassendes Programm zur militärischen Aufrüstung im Weltraum an.

Mit diesem Programm trafen die USA die Sowjetunion an einer sehr empfindlichen Stelle: dem Geld. Die Sowjetunion konnte kaum die finanziellen Mittel für einen weiteren Schritt im atomaren Rüstungswettlauf – nun auch noch im Weltraum – aufbringen.

Reformpolitik in der Sowjetunion: Tatsächlich gab die Sowjetunion nach. Dies war das Verdienst des neuen sowjetischen Staatschefs Michail Gorbatschow, der 1985 an die Macht kam. Gorbatschow wollte sein Land wirtschaftlich voranbringen. Deshalb leitete er eine Reformpolitik ein, die die offensichtlich gewordene Wirtschaftsmisere des Landes beheben sollte. Mehr Freiheiten für alle Bürgerinnen und Bürger sollten Initiative und Leistungsbereitschaft wecken.

Die hohen Kosten des Rüstungswettlaufs zwischen den Großmächten belasteten die Wirtschaft der UdSSR und behinderten Gorbatschows Wirtschaftspolitik. Dies war ein wichtiger Grund dafür, dass die UdSSR seit 1985 neue Verhandlungen mit den USA anregte. So kam es nun zu Gipfeltreffen zwischen Gorbatschow und dem US-Präsidenten Ronald Reagan in Genf (1985) und in Reykjavik (1986). Die beiden Staatschefs einigten sich auf weitreichende Vereinbarungen zur Abrüstung.

Revolutionen in Osteuropa: Die internationale Entspannung und die von Gorbatschow in der Sowjetunion proklamierten Reformen zeigten in den Staaten des Warschauer Paktes eine enorme Wirkung. Vor allem in Polen, Ungarn und der Tschechoslowakei wurde Perestroika und Glasnost als Rücknahme des Herrschaftsanspruches der UdSSR über den Ostblock verstanden. Das „neue Denken" Gorbatschows strahlte auch auf diese Länder aus und ermutigte die dort schon vorhandenen Oppositionsbewegungen.

Das Jahr 1989 brachte den ersten nichtkommunistischen Präsidenten in Polen sowie in Ungarn das Ende der Herrschaft der kommunistischen Partei und schließlich eine gewaltlose Revolution. Ähnliches geschah auch in der DDR, obwohl hier die kommunistische Regierung länger Widerstand gegen demokratische Reformen leistete.

In wieder anderen Ländern, wie zum Beispiel in Rumänien, konnten sich die Reformer erst nach harten, blutigen Kämpfen gegen die verhassten kommunistischen Diktatoren durchsetzen.

Ende der Sowjetunion: Die UdSSR selbst blieb von diesen Veränderungen nicht ausgenommen. Gorbatschows Reformpolitik hatte Hoffnungen geweckt, die sie nur zum Teil erfüllen konnte. Im Vielvölkerstaat UdSSR verlangten jetzt einige Völker nach einem Ende der russischen Vorherrschaft. Dies beschleunigte den Verfall der UdSSR und versetzte einen Teil der alten Führungsriege in Angst und Schrecken. Sie versuchten 1991, in einem Putsch gegen Gorbatschow die alten Zustände wiederherzustellen. Dieser Putschversuch scheiterte am Widerstand der Bevölkerung. Danach war die Auflösung der UdSSR nicht mehr aufzuhalten. Im August 1991 trat Gorbatschow zurück. Im Dezember des Jahres 1991 verkündeten die Vertreter von ehemaligen Sowjetstaaten das Ende der UdSSR und gründeten die „Gemeinschaft unabhängiger Staaten" (GUS).

Schon 1990 hatten die Staats- und Regierungschefs der KSZE in ihrer „Charta für ein neues Europa" die Ära der Konfrontation und der Spaltung Europas für beendet erklärt. Im April 1991 löste sich der Warschauer Pakt, das Militärbündnis der Ostblockstaaten, auf. Damit war einer der beiden Kontrahenten im Ost-West-Konflikt verschwunden. Der Ost-West-Konflikt war zu Ende.

Gorbatschow und die damaligen Staatschefs der USA, Frankreichs und Großbritanniens tragen den „Kalten Krieg" zu Grabe (Karikatur von 1990).

Notiert in Stichworten oder kurzen Sätzen die Kernaussagen des Darstellungstextes.

Die DDR in der Krise: Was will die Opposition?

Seit den 1980er-Jahren geriet die DDR in eine schwere Krise. Die Zukunft der seit Jahrzehnten festgefügten Staatsordnung war plötzlich ungewiss.

- *Welche Ursachen hatte die Krise der DDR, wie reagierte die Regierung?*
- *Welche Vorschläge machte die Opposition zur Zukunft der DDR?*
- *Eure Meinung: Wie sind die Vorschläge der Opposition zu beurteilen?*

Brief an einen Freund im Westen: Stellt der Klasse einen fiktiven zeitgenössischen Brief vor, in dem ihr in die Rolle eines ostdeutschen Journalisten schlüpft, der einem Freund im Westen die Situation in der DDR im Jahr 1989 erklärt sowie seine Meinung zu den Reformvorschlägen der Opposition darlegt.

1. Bildet kleine Arbeitsteams. Wertet den Darstellungstext unter der ersten Leitfrage aus.

2. Wertet die Quelle M 1 unter der zweiten Leitfrage aus.

3. Überlegt gemeinsam, welche Haltung Menschen in der DDR gegenüber den Vorschlägen der Opposition eingenommen haben könnten. Dabei solltet ihr euch in der zeitgenössischen Situation bewegen, könnt aber eure eigenen Grundüberzeugungen mit einbeziehen. Denkt daran: In einem privaten Brief kann man schreiben, was man wirklich denkt.

4. Legt gemeinsam fest, wie euer Brief aufgebaut und formuliert werden soll.

Für Arbeitsgruppen, die ihre Ergebnisse mündlich vortragen möchten:

Große Pause in einer polytechnischen Oberschule in Ost-Berlin: Gestaltet eine **Gesprächssituation**, in der ihr verschiedene zeitgenössische Meinungen von Schülerinnen und Schülern zur Zukunft der DDR vorstellt.

Notiert in Stichworten
a) die Ursachen der Krise in der DDR;
b) die Reaktion der Regierung.

Knapp erklärt: Die DDR in der Krise

In den 1980er-Jahren geriet die DDR in eine tiefe Krise. Diese hatte drei Ursachen:

Schlussakte
Die Regierung feierte die KSZE-Schlussakte zwar als Erfolg, denn endlich waren die Grenzen der DDR auch international anerkannt und garantiert. Aber die KSZE-Schlussakte bekräftigte zugleich die Menschenrechte, zu denen zum Beispiel auch die Meinungs- und Reisefreiheit gehörte. Darauf beriefen sich nun die Bürger der DDR. Die Regierung der DDR reagierte mit zunehmender Unterdrückung der Bevölkerung. Unmut und Verzweiflung in der Bevölkerung nahmen zu.

Die Wirtschaftskrise
Seit dem Ende der 1970er-Jahre war das Erdöl – Grundstoff für viele Produkte – weltweit viel teurer geworden. Die DDR mit ihren ohnehin rückständigen und veralteten Produktionsanlagen war jetzt endgültig nicht mehr konkurrenzfähig. Der Wohlstand der Bevölkerung nahm ab. Häuser, Straßen und Produktionsanlagen verfielen, die Umweltverschmutzung nahm weiter zu.

Die Reformpolitik in der Sowjetunion
Schon immer hatte man die westlichen kapitalistischen Staaten bekämpft. Jetzt aber begannen in der Sowjetunion – dem „Brudervolk" der DDR – die Reformen Michail Gorbatschows. Die Regierung der DDR lehnte die Übernahme dieser Reformpolitik für die DDR kategorisch ab – sie hatte viel zu viel Angst davor, die Macht im eigenen Land zu verlieren.

Die Regierung der DDR fand keine Lösung für die Krise. Sie klammerte sich stattdessen an ihren Machtapparat. Die Kontrolle und Unterdrückung der Bevölkerung durch die Stasi und die Polizei nahm weiter zu. Weil die Regierung zudem die Reformpolitik ablehnte, die in der Sowjetunion begonnen hatte, war sie bald auch international isoliert.

Die Forderungen der Opposition

Nach der Niederschlagung des Volksaufstandes 1953 schien offener Protest in der DDR unmöglich. Doch der Staatsführung gelang es nie, die Opposition ganz mundtot zu machen. Durch die Reformen in der Sowjetunion und die revolutionären Bewegungen in den anderen Ostblockstaaten (seit 1985) gewannen die Oppositionsgruppen auch in der DDR neue Hoffnung. Sie formierten sich trotz vielfältiger Unterdrückungsmaßnahmen im Umfeld der Kirchen, die als einzige relativ unabhängige Organisationen in der DDR noch existierten.

Demonstration im September 1989 in Leipzig

M 1 Gründungsaufruf des neuen Forums (18.9.1989)

Das „Neue Forum" war eine der wichtigsten oppositionellen Organisationen in der DDR. In seinem Gründungsaufruf hieß es:

In unserem Lande ist die Kommunikation zwischen Staat und Gesellschaft offensichtlich gestört. Belege dafür sind die weit verbreitete Verdrossenheit bis hin zum Rückzug in die private Nische oder zur massenhaften Auswanderung. Fluchtbewegungen dieses Ausmaßes sind anderswo durch Not, Hunger und
5 Gewalt verursacht. Davon kann bei uns keine Rede sein.
Die gestörte Beziehung zwischen Staat und Gesellschaft lähmt die schöpferischen Potenzen unserer Gesellschaft und behindert die Lösung der anstehenden lokalen und globalen Aufgaben. [...]
In Staat und Wirtschaft funktioniert der Interessenausgleich zwischen den
10 Gruppen und Schichten nur mangelhaft. [...] Im privaten Kreis sagt jeder leichthin, wie seine Diagnose lautet, und nennt die ihm wichtigsten Maßnahmen. Aber die Wünsche und Bestrebungen sind sehr verschieden. [...]
Auf der einen Seite wünschen wir uns eine Erweiterung des Warenangebotes und bessere Versorgung, andererseits sehen wir deren soziale und ökologi-
15 sche Kosten und plädieren für die Abkehr vom ungehemmten Wachstum.
Wir wollen Spielraum für wirtschaftliche Initiative, aber keine Entartung in eine Ellenbogengesellschaft. [...]
Wir wollen freie, selbstbewusste Menschen, die doch gemeinschaftsbewusst handeln.
20 Wir wollen vor Gewalt geschützt sein und dabei nicht einen Staat von Büttteln und Spitzeln ertragen. Faulpelze und Maulhelden sollen aus ihren Druckposten vertrieben werden, aber wir wollen dabei keine Nachteile für sozial Schwache und Wehrlose. [...]
Um alle diese Widersprüche zu erkennen, Meinungen und Argumente dazu
25 anzuhören und zu bewerten [...], bedarf es eines demokratischen Dialogs über die Aufgaben des Rechtsstaates, der Wirtschaft und der Kultur. Über diese Fragen müssen wir in aller Öffentlichkeit, gemeinsam und im ganzen Land, nachdenken und miteinander sprechen. [...]
Allen Bestrebungen, denen das Neue Forum Ausdruck und Stimme verleihen
30 will, liegt der Wunsch nach Gerechtigkeit, Demokratie und Frieden sowie Schutz und Bewahrung der Natur zugrunde.
Die Zeit ist reif.

(Gründungsaufruf des Neuen Forum (Auszüge), 18.9.1989; zit. nach: Klaus Schröder, Der SED-Staat, München (Propyläen) 2000, Dokument 31, S. 709)

Notiert in Stichworten oder knappen Sätzen
a) wie das „Neue Forum" die Situation in der DDR beschreibt;
b) welche Vorschläge zur Zukunft der DDR gemacht werden und wie sie jeweils begründet werden;
c) welche zentrale Forderung die Opposition erhebt.

1989: Die „Friedliche Revolution"

Plötzlich ging alles sehr schnell: Im Herbst des Jahres 1989 stürzte die Opposition innerhalb weniger Wochen die Herrschaft der SED in der DDR.

- *Wie verlief die „Friedliche Revolution" in der DDR?*
- *Welche Ursachen und welche Folgen hatte sie?*

Präsentiert der Klasse eine Conceptmap auf einem großflächigen Wandplakat, in der ihr Ursachen, Verlauf und Folgen der Friedlichen Revolution in der DDR strukturiert darstellt und erläutert.

1. Bildet kleine Arbeitsteams. Wertet den Darstellungstext unter beiden Leitfragen aus. Nutzt dazu die Methode „Kernaussagen aus einem Darstellungstext entnehmen" (s. Methodenwerkstatt, S. 312).

2. Entwickelt gemeinsam eine Conceptmap. Folgt dabei den Schritten der Methode „Eine Conceptmap erstellen" (s. Methodenwerkstatt, S. 297).
   Tipp: Ihr könnt eure Coneptmap besonders anschaulich gestalten, wenn ihr passende Materialien (z. B. Fotos) an den richtigen Stellen einfügt. Weitere Materialien und Informationen zum Thema könnt ihr im Internet finden:

   @ SNG-34530-044

So könnte eure Conceptmap beginnen:

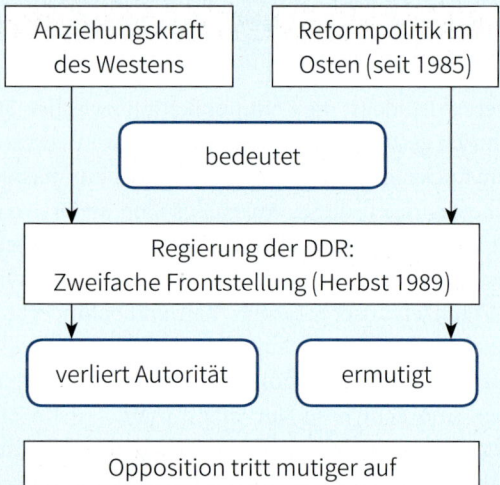

```
Anziehungskraft        Reformpolitik im
des Westens            Osten (seit 1985)

           bedeutet

      Regierung der DDR:
  Zweifache Frontstellung (Herbst 1989)

verliert Autorität        ermutigt

   Opposition tritt mutiger auf
```

Eine andere Präsentationsmöglichkeit für IT-interessierte Teams: Stellt der Klasse Ursachen, Verlauf und Folgen der „Friedlichen Revolution" in einer **Multimedia-Präsentation** vor.

In Leipzig demonstrieren am 30. Oktober 1989 über 100 000 DDR-Bürger für mehr Demokratie, freie Wahlen, das Recht auf freie Meinungsäußerung und die Zulassung der Oppositionsgruppe „Neues Forum".

Die Opposition formiert sich

Die DDR im Herbst 1989: Die Regierung der DDR versuchte zunächst, die Veränderungen zu ignorieren, die im ganzen Ostblock vor sich gingen. Sie sperrte sich kategorisch gegen Reformen, wie sie Gorbatschow in der Sowjetunion begonnen hatte. Damit verlor sie in den Augen der Bevölkerung aber nur noch mehr Autorität: Jahrzehntelang war die Sowjetunion immer das große Vorbild gewesen – und jetzt plötzlich nicht mehr?

So befand sich die Regierung der DDR im Herbst 1989 in einer zweifachen Frontstellung: Gegen den „kapitalistischen" Westen, insbesondere gegen die Bundesrepublik, und – das war neu – nun auch gegen die reformorientierte Sowjetunion.

Die „Montagsdemonstrationen": Die Bevölkerung in der DDR spürte, dass die Zeichen der Zeit sich gewandelt hat-

Berlin, 7.10.1989, vormittags: Militärparade zum 40. Jahrestag der DDR

Berlin, 7.10.1989, abends: Die Polizei versucht, Demonstranten aufzuhalten.

ten. Die Oppositionsgruppen traten – ermutigt durch das Vorbild Gorbatschows – mutiger und offener auf. Jeden Montag versammelten sich jetzt Demonstranten im Anschluss an das Friedensgebet in der Leipziger Nicolaikirche. An diesen „Montagsdemonstrationen" nahmen Woche für Woche mehr Menschen teil – unter hohem persönlichen Risiko, denn jeder musste damit rechnen, verfolgt und verhaftet zu werden.

Die Revolution beginnt

7. Oktober 1989: Anfang Oktober spitzte sich die Situation zu: Für den 7. Oktober 1989 plante die Regierung der DDR umfangreiche Feiern und Militärparaden zum 40 Jahrestag der DDR. Im Vorfeld dieser Feiern wurde die Staatsführung nervös. Sie ließ führende Oppositionelle verhaften und Demonstrationen mit Gewalt auflösen. Während der Feiern geriet sie in eine sehr brenzlige Situation, denn ihr wichtigster Ehrengast, Michail Gorbatschow, forderte sie öffentlich und ziemlich unverblümt zu Reformen auf. Am Abend und in der Nacht zogen Tausende Demonstranten durch Berlin.

Leipzig, 9.10.1989: Hunderttausende fordern auf der bis dahin größten Montagsdemonstration den Rücktritt der Regierung und freie Wahlen.

9. Oktober 1989: Zwei Tage später, am Montag, dem 9. Oktober 1989, fand wieder eine „Montagsdemonstration" in Leipzig statt. Sie wurde mit großer Spannung erwartet. Die Sorge vor einer Eskalation der Gewalt war groß. Die Regierung zog Bereitschaftspolizei in Leipzig zusammen, scharfe Munition wurde ausgeteilt. Die Bevölkerung wurde aufgerufen, die Innenstadt von Leipzig zu meiden. Kinder und Jugendliche mussten bis spätestens 15 Uhr aus den Schulen abgeholt werden. In den Krankenhäusern wurden Betten und Blutkonserven bereitgestellt.

Prag, 2.10.1989: Tschechoslowakische Polizisten versuchen, einen DDR-Bürger am Überklettern eines Zaunes um das Gelände der Botschaft der Bundesrepublik Deutschland zu hindern.

Trotz dieser angespannten Situation nahmen 90 000 Menschen an der Demonstration teil. Es herrschte eine fast gespenstische, angespannte Stille. Immer wieder war aber der Ruf „Keine Gewalt" zu hören.

Tatsächlich verlief die Montagsdemonstration gewaltlos. Das hatte zwei Gründe: Einerseits verhielten sich die Demonstranten sehr diszipliniert und vermieden jede Provokation. Andererseits zogen die lokalen Machthaber die kasernierte Polizei zurück. Dazu hatte sicher auch beigetragen, dass sie – anders als am 17. Juni 1953 – nicht mit der Unterstützung der sowjetischen Armee rechnen konnten.

Der Sturz Honeckers: So gewannen auch in der SED gemäßigte Politiker, die auf einen Dialog mit der Opposition setzten, die Oberhand. Am 17. Oktober 1989 setzte das Politbüro der SED Erich Honecker ab. Als Nachfolger wurde Egon Krenz gewählt, der als Einsatzverantwortlicher am 9. Oktober den friedlichen Verlauf der Montagsdemonstration für sich in Anspruch nahm.

Die Massenflucht

Die Botschaftsflüchtlinge: Während viele Menschen protestierten und Reformen in der DDR forderten, suchten andere Bürger in der DDR ihr Heil in der Flucht. Sie hatten keine Hoffnung auf Veränderungen in der DDR, sondern wollten einfach nur weg. Angesichts der Veränderungen in den Nachbarländern bot sich ihnen eine einmalige Chance; niemand wusste, ob sie jemals wiederkommen würde. Tausende Bürger besetzten im Sommer 1989 die ständigen Vertretungen der Bundesrepublik in Ost-Berlin oder in Budapest, Warschau und Prag. Am 8. August 1989 wurde die Ständige Vertretung der Bundesrepublik in Ost-Berlin wegen Überfüllung geschlossen, am 13. August auch die Botschaft der Bundesrepublik in Ungarn. Hunderte hatten sich auf das Botschaftsgelände geflüchtet, um ihre Ausreise zu erzwingen.

Besonders chaotische Zustände herrschten in der Prager Botschaft der Bundesrepublik, die von Tausenden Ausreisewilligen total überfüllt war. Der damalige Außenminister der Bundesrepublik, Hans-Dietrich Genscher, erreichte schließlich in langen Verhandlungen, dass die Botschaftsflüchtlinge ausreisen durften. Um den Schein einer „Ausweisung" dieser Menschen aus der DDR zu wahren, mussten sie in verplombten Zügen durch DDR-Gebiet in die Bundesrepublik fahren. 14 Züge brachten etwa 10 000 Menschen zwischen dem 1. und dem 5. Oktober 1989 aus Prag in das bayrische Hof.

Hof (Bayern), 5.10.1989: Ein Zug mit Botschaftsflüchtlingen aus Prag erreicht den westdeutschen Bahnhof in Hof.

Berlin, 10.11.1989: Bürger der DDR überqueren die innerdeutsche Grenze.

Die Grenzen fallen

Die Öffnung der ungarischen Grenze: Als die Republik Ungarn in der Nacht vom 10. zum 11. Oktober ihre Grenze nach Österreich öffnete, strömten DDR-Bürger in Massen über Ungarn in den Westen. Gegen diesen Massenexodus wusste sich die Regierung der DDR nur mit einem Ausreiseverbot in die sozialistischen Nachbarländer zu helfen. Die DDR war nun komplett vom Rest der Welt isoliert.

Die Öffnung der Berliner Mauer (9.11.1989): Durch diese Isolation spitzte sich die Krise der DDR immer weiter zu. Die massenhaften Proteste gingen immer weiter. Durch die Flucht vieler DDR-Bürger fehlten überall wichtige Arbeitskräfte.

Unter diesem Druck suchte die neue Führung der SED nach einem Ventil für die Proteste im Land und beschloss die innerdeutsche Grenze zu öffnen. Von der eher beiläufigen Ankündigung während einer internationalen Pressekonferenz am Abend des 9. November wurden alle überrascht: Die Bürger der DDR, die Grenztruppen und die internationale Öffentlichkeit. Sofort begann ein massenhafter Andrang auf alle Grenzübergänge. Zunächst versuchten die Grenzbeamten noch, auf Formalitäten wie Ausweise, Anträge und Stempel zu bestehen, aber sie gaben unter dem Druck der wartenden Massen bald auf. Die innerdeutsche Grenze hatte ihren Schrecken verloren.

Was als Ventil für Unzufriedene gedacht war, erwies sich bald als Einsturz der DDR. Zu Tausenden strömten die DDR-Bürger in den Westen und kehrten nicht zurück. Das führte zu menschlichen und politischen Problemen: Viele Krankenhäuser standen plötzlich ohne Ärzte, Altersheime ohne Pflegepersonal, Universitäten ohne Professoren da. Der DDR lief das Volk weg. Es war klar: Grundlegende Reformen mussten dringend her.

Das Ende der SED-Herrschaft: Von nun an ging alles sehr schnell. Am 13. November nahm eine neue Regierung unter Leitung des reformorientierten SED-Bezirkssekretärs Hans Modrow die Arbeit auf, am 28. November schaffte die Volkskammer die „führende Rolle der SED" in Staat und Gesellschaft ab. Damit endete die ideologisch begründete Einparteiendiktatur. Seit dem 7. Dezember begleitete ein „Runder Tisch" aus Regierungsmitgliedern und Vertretern der Oppositionsbewegung die Regierungsarbeit. Dieser „Runde Tisch" bereitete freie und geheime Wahlen vor, die am 18. März 1990 stattfinden sollten.

Notiert die Kernaussagen des Darstellungstextes in Stichworten oder knappen Formulierungen.
Tipp: Notiert eure Stichworte auf Karteikarten und ordnet sie chronologisch.

Im Nachhinein: Urteile über die DDR

Der Zusammenbruch der DDR kam für die allermeisten Zeitgenossen völlig überraschend. Schon unmittelbar danach gab es deshalb erste Erklärungsversuche, die vor allem um zwei Fragen kreisten:

- *Warum hat sich die SED-Herrschaft so lange halten können?*
- *Warum scheiterte sie letztlich?*

Präsentiert einen Stafettenvortrag, in dem ihr verschiedene zeitgenössischen Urteile über die DDR materialgestützt wiedergebt und zur Diskussion stellt.

1. Bildet mindestens fünf kleine Arbeitsteams. Lest bzw. betrachtet die Materialien M 1 – M 4 kursorisch und entscheidet euch dann für eines der Materialien.

2. Wertet das von euch ausgewählte Material unter der ersten (M 1) bzw. der zweiten (M 2 – M 4) Leitfrage aus. Beachtet die Hinweise zu den Methoden „Eine historische Darstellung analysieren und kritisch zu ihr Stellung nehmen" und „Karikaturen entschlüsseln" in der Methodenwerkstatt auf den Seiten 319 und 315.

3. Findet euch in neuen Teams zusammen. Stellt euch gegenseitig eure Ergebnisse vor und legt fest, wie ihr euren Stafettenvortrag strukturieren und gestalten wollt.

Für Schülerinnen oder Schüler, die ihre Ergebnisse schriftlich präsentieren möchten: Gebt die zeitgenössischen Urteile jeweils in Form eines **Positionspapiers** wieder (s. Methodenwerkstatt, S. 306).

Warum hat sich die SED-Herrschaft so lange halten können?

Notiert zu M 1 in Stichworten oder eigenen knappen Formulierungen
a) die Kernaussage des Textes;
b) die angeführte Begründung.

M 1 Der Oppositionelle Stefan Berg

Der ehemals in der Opposition aktive Stefan Berg beschrieb das Verhalten der Bürger der DDR so:

Die allmächtige Partei brauchte nur noch in Ausnahmefällen – an der Grenze zum Beispiel – die brutalen Herrschaftsinstrumente. Für den Alltag hatten sie ausgesorgt. Denn die Angst hatte sie in den Jahren zuvor tief in die Bevölkerung eingepflanzt. Nun konnte sie die Anpassung ernten. Wie eine Erbkrankheit wurde sie von den Eltern an die Kinder weitergegeben. So verinnerlicht 5 waren bestimmte Erfahrungen, dass viele sie gar nicht erst machen mussten, um sich doch so zu verhalten, als hätten sie sie gemacht.

(Stefan Berg, Die Geschichte der eigenen Angst; in: Hansjörg Buck/Gunter Holzweißig/Eberhard Kurth, Am Ende des realen Sozialismus, Bd. 2, Opladen (Leske + Budrich) 1996, S. 38 ff.)

Warum scheiterte die DDR? – Ein Experte urteilt

Listet die innen- und außenpolitischen Gründe für den Zusammenbruch der DDR auf, die der Autor nennt. **Tipp:** Unterscheidet zwischen außen- und innenpolitischen Gründen.

M 2 Der Historiker Günther Heydemann

Die DDR, der Staat der SED, ist aus mehreren unterschiedlichen Gründen zusammengebrochen [...].
Tatsächlich veränderten sich die Existenzbedingungen der DDR durch die Politik Gorbatschows grundlegend. Die Betonung der Eigenständigkeit ließ den

₅ SED-Staat auf Distanz [zur Sowjetunion] gehen. Damit zeigte er aber nur umso krasser die eigene Erstarrung und Reformunfähigkeit auf.

Noch entscheidender aber war, dass mit dem fundamentalen Politikwechsel in der UdSSR durch Gorbatschow die [...] Bestandsgarantie der DDR durch die Sowjetunion aufgegeben wurde. [...] Das Nichteingreifen sowjetischer Streit-
₁₀ kräfte während der Revolution von 1989/90 in der DDR besiegelte faktisch ihr Ende.

Die internen Gründe für den Zusammenbruch der DDR sind noch vielfältiger. Zu keiner Zeit war das mithilfe der sowjetischen Besatzungsmacht von der KPD/SED errichtete Herrschaftssystem demokratisch legitimiert. Zudem [...]
₁₅ stand [die DDR] mit dem anderen deutschen Teilstaat Bundesrepublik Deutschland in fortwährender Konkurrenz [...].

Ebenso wenig gelang es, ein leistungsfähiges Wirtschaftssystem zu errichten, das international wettbewerbsfähig war und mehr als nur eine Grundversorgung der Bevölkerung sicherstellen konnte. [...]
₂₀ Mit den wachsenden Wirtschafts- und Versorgungsproblemen nahm auch der innenpolitische Druck zu. [...] Die Zahl oppositioneller Gruppen im Schutz der Kirchen wuchs, noch mehr nahm die Zahl der Ausreisewilligen zu. Mit dem massenhaften Exodus [Auswanderung] von DDR-Bürgern, die ihr Land verließen und verlassen wollten, war letztlich das Ende des SED-Staates besiegelt –
₂₅ ein Staat, dem die eigenen Menschen davonliefen, besaß keine Existenzgrundlage mehr.

(Günther Heydemann, Entwicklung der DDR bis Ende der Achtzigerjahre; in: Informationen zur politischen Bildung 270/Jan. 2001, hg. vom Bundesinstitut für politische Bildung, München 2001, S. 19 ff., S. 33)

Nutzt die Schritte der Methode „Karikaturen entschlüsseln" und notiert eure Ergebnisse.

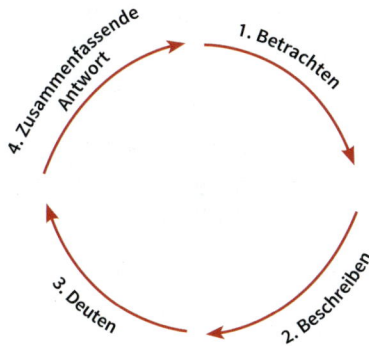

1. Betrachten
2. Beschreiben
3. Deuten
4. Zusammenfassende Antwort

Warum scheiterte die DDR? – Wie Karikaturisten urteilten

Nach der Grenzöffnung am 9.11.1989 sahen Karikaturisten die Lage der DDR so:

M 3 Ohne Titel

Westdeutsche Karikatur von 1989

M 4 „VEB-DDR stellt ein"

Westdeutsche Karikatur von 1989

Von der „Friedlichen Revolution" zur Einheit

Heute gibt es die DDR nicht mehr. Im Herbst 1989 war aber genau das die Frage: Sollte die DDR fortbestehen? Oder sich möglichst schnell mit der Bundesrepublik zu einem gemeinsamen Deutschland vereinigen?

- *Zwei Positionen: Was soll mit der DDR geschehen?*

Präsentiert eine historische Spielszene, in der ihr zwei unterschiedliche Zielvorstellungen über die Zukunft der DDR einander gegenüberstellt.

1. Bildet Kleingruppen, in denen ihr die Spielszene vorbereiten und aufführen wollt.

2. Wertet arbeitsteilig (z. B. in Partnerarbeit) die Quellen M 1 und M 2 unter der Leitfrage aus.

3. Verfasst eine Rollenkarte für den Gesprächsteilnehmer, dessen Rolle ihr einnehmen wollt. **Tipp:** Bezieht die Chronologie mit ein. Notiert zur Vorbereitung auf eurer Rollenkarte,
   – für welche zeitgenössische Person oder Gruppe ihr sprecht,
   – welche Position zur Zukunft der DDR ihr vertretet,
   – mit welchen Argumenten ihr euren Standpunkt begründet.

4. Tragt euch in der Kleingruppe eure Ergebnisse gegenseitig vor und überlegt gemeinsam, wie ihr eure Spielszene gestalten wollt.

Ihr möchtet gerne eure Ergebnisse schriftlich darstellen: Verfasst zwei kurze **Zeitungsartikel aus zeitgenössischer Perspektive** und stellt sie der Klasse vor:
   – einen Artikel für eine ostdeutsche Tageszeitung, die den Oppositionsgruppen in der DDR nahesteht;
   – einen Artikel für eine Tageszeitung, die der Regierung Kohl nahesteht.

Kurz zusammengefasst: Ereignisse und Entscheidungen nach dem Fall der Mauer

9. November 1989: Öffnung der Mauer. Viele Menschen verlassen die DDR in Richtung Bundesrepublik, um dort besser bezahlte Arbeitsplätze und bessere Lebensverhältnisse zu finden.

28. November 1989: Der westdeutsche Bundeskanzler Helmut Kohl (CDU) fordert in einem „10-Punkte-Programm" die möglichst rasche Herstellung der deutschen Einheit.

7. Dezember 1989: Ein „runder Tisch" aus Vertretern der Regierung und verschiedener Oppositionsgruppen bereitet freie Wahlen in der DDR vor.

Januar – März 1990: Für die bevorstehenden Wahlen werden in aller Eile neue Parteien gegründet. Manche entstehen aus den Oppositionsgruppen der DDR, manche lehnen sich an bestehende Parteien in der Bundesrepublik an. Aus der früheren SED ist mit verändertem politischen Programm die PDS (Partei des Demokratischen Sozialismus) hervorgegangen.

18. März 1990: Die ersten freien Wahlen in der Geschichte der DDR finden statt. Die „Allianz für Deutschland", die der westdeutschen CDU nahesteht, geht als Siegerin aus ihnen hervor. Damit ist klar: Die Bevölkerung will eine schnelle Vereinigung mit der Bundesrepublik.

12. April 1990: Der CDU-Politiker Lothar de Maizière wird zum Ministerpräsidenten der DDR gewählt.

1. Juli 1990: Der „Staatsvertrag zur Herstellung der Währungs-, Wirtschafts- und Sozialunion" tritt in Kraft. Mit diesem Vertrag zwischen den beiden deutschen Staaten übernimmt die DDR die wichtigsten gesetzlichen Regelungen der Bundesrepublik. Die „Deutsche Mark" wird Zahlungsmittel in der DDR.

Zwei zeitgenössische Positionen

M 1 Aufruf „Für unser Land", 26.11.1989

Der Aufruf wurde von einer Gruppe von bekannten Persönlichkeiten aus der DDR – wie dem Schriftsteller Stefan Heym, dem Pfarrer Friedrich Schorlemmer und der Schriftstellerin Christa Wolf – veröffentlicht. Die Unterzeichner standen verschiedenen Oppositionsgruppen in der DDR nahe.

Stefan Heym

Gewaltfrei, durch Massendemonstrationen hat das Volk den Prozess der revolutionären Erneuerung erzwungen, der sich in atemberaubender Geschwindigkeit vollzieht. Uns bleibt nur wenig Zeit, auf die verschiedenen Möglichkeiten Einfluss zu nehmen [...].

5 Entweder: können wir auf der Eigenständigkeit der DDR bestehen und versuchen, mit allen unseren Kräften [...] in unserem Land eine solidarische Gesellschaft zu entwickeln, in der Frieden und soziale Gerechtigkeit, Freiheit des Einzelnen, Freizügigkeit aller und die Bewahrung der Umwelt gewährleistet sind. Oder: Wir müssen dulden, dass, veranlasst durch starke ökonomische Zwänge
10 und durch unzumutbare Bedingungen, an die einflussreiche Kreise [...] aus der Bundesrepublik ihre Hilfe für die DDR knüpfen, ein Ausverkauf unserer materiellen und moralischen Werte beginnt und über kurz oder lang die Deutsche Demokratische Republik durch die Bundesrepublik vereinnahmt wird.
Lasst uns den ersten Weg gehen. Noch haben wir die Chance, in gleichberech-
15 tigter Nachbarschaft zu allen Staaten Europas eine sozialistische Alternative zur Bundesrepublik zu entwickeln.

(Zit. nach: Klaus Schröder, Der SED-Staat, München (Propyläen TB) 2000, S. 721 f.)

> Notiert in Stichworten,
> a) vor welcher Alternative die Unterzeichner des Aufrufes die Bevölkerung in der DDR sehen;
> b) welche Befürchtungen die Unterzeichner des Aufrufes mit einer Vereinigung der beiden deutschen Staaten verbinden;
> c) welche Zukunft sie sich für die DDR wünschen.

M 2 Bundeskanzler Helmut Kohl, 21.6.1990

Der damalige Bundeskanzler der Bundesrepublik Deutschland, Helmut Kohl (CDU), sagte in seiner Regierungserklärung zu Beginn der Debatte im Bundestag zum „Staatsvertrag zur Herstellung der Währungs-, Wirtschafts- und Währungsunion":

Die Bundesregierung will jetzt die Voraussetzungen dafür schaffen, dass bald alle Deutschen gemeinsam in Frieden, Freiheit und Wohlstand leben können [...].
.Ich bin mir bewusst, dass der Weg, den wir jetzt einschlagen, schwierig sein
5 wird. Das wissen auch die Menschen in der DDR. Aber sie sagen uns allen unmissverständlich: Der Staatsvertrag muss kommen [...].
Wer jetzt behauptet, man hätte sich noch mehr Zeit lassen können, der verkennt die Realitäten in Deutschland [...].
Ein Hinauszögern des Staatsvertrages hätte den Zusammenbruch der DDR be-
10 deutet. Die Übersiedlerzahlen wären sprunghaft erneut angestiegen – wie wir alle wissen, mit verheerenden Folgen [...].
Es wird harte Arbeit, auch Opfer erfordern, bis wir Einheit und Freiheit, Wohlstand und sozialen Ausgleich für alle Deutschen verwirklichen können. Viele unserer Landsleute in der DDR werden sich auf neue und ungewohnte Lebens-
15 bedingungen einstellen müssen und auch auf eine gewiss nicht einfache Zeit des Übergangs. Den Deutschen in der DDR kann ich sagen: Es wird niemandem schlechter gehen als zuvor – dafür vielen besser.

(Zit. nach: Das Parlament, Nr. 27 vom 29.6.1990, S. 1 – 6)

> Notiert in Stichworten,
> a) welche Alternative Helmut Kohl für die Zukunft Deutschlands sieht und für welche Möglichkeit er sich entscheidet;
> b) welche Argumente er zur Begründung anführt;
> c) welche Zukunft er den Menschen in der DDR verspricht.

Ein Zeitzeuge berichtet: Wie reagierten die Siegermächte?

Die deutsche Einheit betraf nicht nur die Deutschen, sondern auch ihre Nachbarn und vor allem die Siegermächte des Zweiten Weltkrieges. Ohne ihre Zustimmung hätte es keine Vereinigung der beiden deutschen Staaten geben können. Ein prominenter Zeitzeuge, der damalige westdeutsche Außenminister Hans-Dietrich Genscher, berichtete später über die Verhandlungen.

- *Welche Sorgen und Vorbehalte hatten die Siegermächte angesichts der Vereinigung der beiden deutschen Staaten?*
- *Warum stimmten sie der deutschen Einheit zu?*

Präsentiert einen zusammenfassenden Darstellungstext für euer Schulbuch „Zeiten und Menschen", in dem ihr die beiden Leitfragen beantwortet, und vergleicht eure Textvorschläge im Klassengespräch.

1. Bildet kleine Autorenteams.

2. Stellt die Informationen, die das Radio-Interview mit dem damaligen Außenminister Hans-Dietrich Genscher zu den beiden Leitfragen liefert, schriftlich zusammen.

3. Schreibt einen Darstellungstext, den ihr der Klasse vorstellen wollt. **Tipp:** Nutzt die Arbeitsaufträge zur Erschließung des Interviews als inhaltlichen Leitfaden für eure Darstellung. Nehmt auch Informationen, die in den Fragen enthalten sind, mit auf, z. B. so: *Es gab im Ausland viele Bedenken gegenüber einer Vereinigung der beiden deutschen Staaten. Diese konnten überwunden werden, weil …*

4. Kopiert eure Textbeiträge. Ihr könnt sie auch als E-Mail schicken oder in das Intranet der Schule stellen. So hat jedes Mitglied der Klasse die Texte zur Verfügung.

Für Arbeitsgruppen, die eine Folienpräsentation vorstellen möchten: Erstellt eine **Folienpräsentation**, in der ihr beide Leitfragen systematisch beantwortet.

Vier entscheidende Monate

14. – 16. Juli 1990: Bundeskanzler Kohl erreicht die Zustimmung des sowjetischen Staatschefs Gorbatschow zu einer Vereinigung der beiden deutschen Staaten. Diese Zustimmung war eine Sensation, denn die DDR war jahrzehntelang ein wichtiger Verbündeter der Sowjetunion gewesen. Die Auflösung der DDR bedeutete einen erheblichen Einflussverlust für die Sowjetunion.

31. August 1990: Die beiden deutschen Regierungen unterzeichnen einen Vertrag „zur Her-

M 1 Ein Zeitzeuge berichtet

Aus einem Radiointerview mit dem ehemaligen Außenminister der Bundesrepublik Deutschland, Hans-Dietrich Genscher (12.9.2000):

Frage: Wenn Sie sich an all die Bedenken erinnern, Herr Genscher, an die Ängste, die einem größeren Deutschland vonseiten der Sowjets, aber genauso vonseiten der Verbündeten Frankreich und Großbritannien entgegengebracht wurden, wie hat es dann schließlich doch zu diesem für Deutschland so großzügigen Vertrag kommen können? Lag das nur an den Amerikanern? 5
Genscher: Man darf vielleicht nicht verallgemeinern. Die Amerikaner haben ganz eindeutig die deutsche Einheit von Anfang an unterstützt. Das war besonders wertvoll für uns. Aber auch Präsident Mitterand [französischer Präsident] hat keinen Zweifel daran gelassen und mir das am 29. November 1989 schon gesagt, dass er die Einheit Deutschlands für eine historische Notwendig- 10
keit hielt. Ihm ging es darum, dass dieses vereinte Deutschland den europäi-

schen Weg fortsetzt, der von der Bundesrepublik Deutschland beschritten war. Das war für uns ja kein Problem. [...].

Was die Sowjetunion angeht, so steht heute fest, dass für Gorbatschow und
15 Schewardnadse [Außenminister der Sowjetunion] die ganz eindeutige Haltung der Deutschen in der DDR, die ja sowohl in den Demonstrationen, aber dann auch in der ersten freien Wahl am 18. März 1990 zum Ausdruck kam, bestimmend war. Man wollte sich nicht wie früher einer Freiheitsentwicklung entgegenstellen, sondern dem Willen des Volkes Rechnung tragen. Damit
20 kommen wir zum Kern der Lösung der deutschen Frage. Vollendet ist die deutsche Einheit am Ende durch die ganz klare Willensäußerung und die Freiheitsrevolution der Deutschen, aber das machte natürlich die Verhandlungen über diesen Vertrag [nicht überflüssig].

In der Sache waren das komplizierte Verhandlungen. Es musste ja geklärt wer-
25 den einmal das Recht Deutschlands, in der NATO zu bleiben. Da konnten wir uns auf die Schlussakte von Helsinki berufen, wo ein solches Recht der freien Bündniswahl verankert war. Es war klar, dass es eine eindeutige Festlegung der deutschen Ostgrenze geben musste. Da wurde nichts aufgegeben, denn Hitler hatte die deutschen Ostgebiete durch seinen verbrecherischen Krieg
30 verspielt. Aber dennoch bedurfte es hier eines Vertrages und der moralischen Grundlage des vereinten Landes entsprach es, dass wir unseren Verzicht auf Massenvernichtungswaffen noch einmal bekräftigten.

Frage: Herr Genscher, Sie haben das eingangs ein bisschen zur Seite gewischt. 1990 blickte man immerhin auf 41 friedfertige Jahre Bonner Republik zurück.
35 Auch wenn Sie sagten, es waren differenzierte Meinungen bei unseren Verbündeten, es gab schon ziemlich viel Misstrauen, was Deutschland entgegenschlug [...]. Hat Sie das persönlich enttäuscht?

Genscher: Nein. [...] Alle diese Bedenken konnten überwunden werden, weil am Ende ja etwas ganz Wichtiges geschah, nämlich dass es eine Freiheitsrevo-
40 lution gab, nicht nur in der DDR, sondern in Polen, in der Tschechoslowakei, in Ungarn, im ganzen sowjetischen Machtbereich. Die wurde nicht mehr niedergewalzt wie früher. An dieser Freiheitsrevolution, die ja eine europäische war, waren die Deutschen beteiligt.

Vielleicht ist noch nicht voll überall erkannt worden, was es für das ganze
45 Deutschland bedeutete, dass Deutsche an dieser Freiheitsrevolution beteiligt waren. Das ist das sehr kostbare Geschenk, das die Deutschen aus der damaligen DDR mit ins vereinte Land brachten, nämlich selbst und friedlich errungene Freiheit. Das wurde hoch anerkannt [...].

Frage: Wenn man heute Gorbatschow und Schewardnadse vor zehn Jahren
50 betrachtet, dann wächst die Achtung vor dem damaligen Verhalten. Sie sagten, die beiden sind eingegangen auf den Willen der Bevölkerung im damaligen Ostblock. Woher kam dieser Mut? Können Sie das rückblickend kurz für uns zusammenfassen?

Genscher: Das war wirklich neues Denken. Sie hatten erkannt, dass die alte
55 Politik der Sowjetunion das eigene Land nicht weiterführte, sondern lähmte und dass die Ost-West-Konfrontation auf Dauer die Kräfte der Menschen in die falsche Richtung lenkt. Das war eine wirklich zutiefst verantwortungsvolle und auch moralische Entscheidung.

(Deutschlandfunk, „Informationen am Morgen", 12.9.2000, 7.15 Uhr; zit. nach: Zeit-Archiv)

stellung der staatlichen Einheit Deutschlands".

12. September 1990: Unterzeichnung des „2+4-Vertrages" zwischen den beiden deutschen Staaten und den vier Siegermächten des Zweiten Weltkrieges (Sowjetunion, USA, Frankreich, Großbritannien). In diesem Vertrag verzichteten die Siegermächte auf alle noch verbliebenen Rechte und machten damit den Weg zur Einheit Deutschlands frei.

3. Oktober 1990: Die in der DDR neu gegründeten Länder treten nach Artikel 23 des Grundgesetzes als „neue Bundesländer" der Bundesrepublik Deutschland bei. Der 3. Oktober wird zum neuen Nationalfeiertag des vereinigten Deutschland.

Notiert in Stichworten die wichtigsten Aussagen des Zeitzeugen Hans-Dietrich Genscher dazu,
a) welche Siegermacht die deutsche Einheit von Anfang an unterstützte;
b) welche Bedingung für den französischen Präsidenten besonders wichtig war und wie die Bundesregierung diese Bedingung empfand;
c) welche politischen Fragen im Verlauf der 2+4-Verhandlungen geklärt werden mussten;
d) welches Argument für die Zustimmung der Siegermächte zur deutschen Einheit besonders bedeutsam war;
e) wie Hans-Dietrich Genscher das Verhalten des sowjetischen Präsidenten Gorbatschow und des sowjetischen Außenministers Schewardnadse beurteilt.

Die deutsche Einheit – vollendet?

Am 3. Oktober 2015 feierte die Nation den 25. Jahrestag der deutschen Einheit. Der damalige Bundespräsident Joachim Gauck hielt die Festrede.

- *Welche Bilanz zog Bundespräsident Joachim Gauck in seiner Rede zum 25. Jahrestag der deutschen Einheit?*
- *Eure Einschätzung ist gefragt: Wie denkt ihr über den Stand der deutschen Einheit?*

Präsentiert ein Positionspapier, in dem ihr die Bilanz des Bundespräsidenten zur deutschen Einheit systematisch geordnet darstellt, und ergänzt es im Klassengespräch um inhaltliche Aspekte, die aus eurer Sicht zu einer Bilanz dazugehören.

1. Bildet Partnergruppen und wertet die Rede des Bundespräsidenten unter der Leitfrage aus.

2. Nehmt gemeinsam Stellung zur Bilanz des Bundespräsidenten: Wo stimmt ihr ihm zu, wo seht ihr die Dinge anders?

3. Formuliert gemeinsam ein Positionspapier. Folgt dabei den Schritten der Methode „Ein Positionspapier formulieren" (s. Methodenwerkstatt, S. 306).

4. Setzt euch nach der Präsentation der Positionspapiere noch einmal in kleinen Teams zusammen und überlegt gemeinsam mögliche Antworten auf die zweite Leitfrage. Erstellt eine Liste von Aspekten, die aus eurer Sicht bedeutsam sind. Ihr könnt auch offene Fragen formulieren.

So könnte euer Positionspapier beginnen:

Bundespräsident J. Gauck (3.10.2015)	
Die Einheit ist ein großes Glück, auch wenn …	
Positive Aspekte:	Kritische Aspekte:
…	…
…	…

So könnte eure Liste beginnen:

Aspekte, die uns wichtig sind:

1) Für uns Jugendliche ist die deutsche Einheit längst …

2) Ost und West sind immer noch …

3) …

Für Schülerinnen oder Schüler, die selbst eine Rede halten wollen: Versammlung in eurer Gemeinde zum Jahrestag der deutschen Einheit. Auch ein Schüler oder eine Schülerin hält eine kurze **Rede** zur Sicht von Jugendlichen auf das Thema. Bereitet eine solche Rede in kleinen Teams vor und präsentiert sie der Klasse.

Schlüsseldatum 9. November 2015: Feier „25 Jahre Mauerfall"

M 1 Aus der Rede des Bundespräsidenten Joachim Gauck zum 25. Jahrestag der deutschen Einheit am 3.10.2015

Der Tag der deutschen Einheit. Das ist für unser Land seit 25 Jahren ein Datum der starken Erinnerungen, ein Anlass für dankbaren Rückblick auf mutige Menschen. Auf Menschen, deren Freiheitswille Diktaturen
5 ins Wanken brachte, in Danzig, Prag und Budapest. Auf Menschen auch in Leipzig, Plauen und so vielen anderen Orten der DDR, die mit der Friedlichen Revolution die Vereinigung beider deutscher Staaten überhaupt erst vorstellbar werden ließen. [...]
10 Am 3. Oktober denken viele von uns an den Klang der Freiheitsglocke, an die Freudentränen nicht nur vor dem Reichstag, an die Aufbruchsstimmung, die uns beherrschte, ja: an großes Glück.
Für mich steht die positive Bilanz im 25. Jahr der Deut-
15 schen Einheit außer Frage. Auch wenn es zuweilen Enttäuschungen gab, wenn Wirtschaftskraft und Löhne nicht so schnell gewachsen sind, wie die meisten Menschen in Ostdeutschland hofften, und wenn die finanzielle Förderung länger währt, als die meisten
20 Westdeutschen wünschen, so ist doch gewiss:
Die große Mehrheit der Deutschen, gleichgültig woher sie stammen, fühlt sich in diesem vereinten Land angekommen und zu Hause. Die Unterschiede sind kleiner geworden und besonders in der jungen Generati-
25 on, da sind sie doch eigentlich gänzlich verschwunden. Deutschland hat in Freiheit zur Einheit gefunden – politisch, gesellschaftlich, langsamer auch wirtschaftlich und mit verständlicher Verzögerung auch mental.
Es ist wieder zusammengewachsen, was zusammenge-
30 hörte – Willy Brandt hat Recht behalten. Allerdings war der Prozess der Vereinigung deutlich schwieriger, als die meisten in der Euphorie vor 1989/90 glaubten. Beide Seiten hatten sich ihre Eindrücke vom „Drüben" ja lange nur aus der Ferne gemacht. Als wir einander
35 schließlich direkt in Augenschein nehmen konnten, da waren viele Menschen überrascht, einige auch erschrocken. „Alles marode", sagten die einen. „Alles Show", fanden die anderen.
Eins stimmt natürlich: Noch hat der Osten das wirt-
40 schaftliche Niveau des Westens nicht erreicht. Gleich-

wohl, das Bild vom maroden Osten ist inzwischen Vergangenheit. Der äußere Wandel ist überdeutlich in Vorher-Nachher-Bildern darstellbar: Hunderttausende von Eigenheimen, sanierte Straßen, Dörfer, Städte, 45 gerettete Baudenkmäler und Kulturstätten, saubere Flüsse und Seen. All die runderneuerten Landstriche, sie geben Anlass zur Freude. Sie sind Zeugnisse einer großen gemeinsamen Anstrengung. [...]
In diesem Zusammenhang sollten wir uns außerdem 50 bewusst machen, dass auch die Westdeutschen den Ostdeutschen ein Geschenk gemacht haben: mit dem Grundgesetz, das die Würde des Menschen in den Mittelpunkt stellt, die Grundrechte sichert, mit einer funktionierenden Demokratie, einer unabhängigen 55 Justiz und einem sozialen System, das die Schwachen auffängt.
Allerdings hat die Einheit den meisten Westdeutschen im täglichen Leben wenig abverlangt, den Ostdeutschen dagegen mit einem enormen Transformations- 60 druck sehr viel. Das neue Leben im Osten brachte ja nicht nur volle Einkaufsregale, schnelle Autos und bunte Reisekataloge. Es brachte auch die massenhafte „Abwicklung" sogenannter volkseigener Betriebe, brachte damit Massenarbeitslosigkeit und Massenab- 65 wanderung. Leere Werksgelände, leere Plattenbauten, leere Schulklassen – all das hinterließ seelische Spuren. Selbst für die Jüngsten von damals, die sich heute als „Wendekinder" bezeichnen, sind dies prägende Erinnerungen, sie sind in ihrem Gedächtnis geblieben. 70 Für 16 Millionen Menschen änderte sich in kürzester Zeit fast alles. Aber manches – gemessen an den großen Hoffnungen – eben nicht schnell genug. Erst allmählich wurde klar, dass die Angleichung der Lebensverhältnisse und Mentalitäten in Ost und West eine 75 Aufgabe, ein Prozess von Generationen – ja: Plural! – sein würde.

(Der Bundespräsident, Festakt zum 25. Jahrestag der Deutschen Einheit, 3.10.2015; zit. nach: http://www.bundespraesident.de/SharedDocs/Reden/DE/Joachim-Gauck/Reden/2015/10/151003-Festakt-Deutsche-Einheit.html [30.06.2018])

Listet in Stichworten oder knappen Sätzen die Kernaussagen der Rede des Bundespräsidenten auf.
Tipp: Unterscheidet zwischen eindeutig positiven und eher kritischen Aspekten.

Sind wir nun *ein* Volk? Projekte zum Stand der deutschen Einheit

Berlin, Mauergedenkstätte Bernauer Straße: Jahrzehnte nach dem Fall der Mauer ist die deutsche Teilung in zwei getrennte Staaten ein Fall für das Museum. Doch die „Bilanz" des Bundespräsidenten Gauck zum 25. Jahrestag der Deutschen Einheit wirft zumindest die Frage nach ihren Spuren in der Gegenwart auf. Es lohnt sich, genauer zu schauen:

- *Gibt es noch Spuren der deutschen Teilung in der Gegenwart?*

Projektvorschlag 1:

Sind die Lebensverhältnisse in Ost und West gleich?

Statistiken auswerten

Projektvorschlag 2:

„Mauer in den Köpfen"? Gibt es Vorurteile zwischen Ost- und Westdeutschen?

Karikaturen untersuchen

Projektvorschlag 3:

Die DDR im Museum

Gedenkstätten und Ausstellungen besuchen

Ihr habt die Wahl: Entscheidet euch für eines der vorgeschlagenen Projekte. Wenn ihr möchtet, könnt ihr auch weitere Projektthemen vorschlagen und ausarbeiten – vielleicht haben sich solche Themen aus eurer Arbeit mit der vorhergehenden Doppelseite ergeben.

Projektvorschlag 1: Sind die Lebensverhältnisse in Ost und West gleich? *Statistiken auswerten*

M 1 Bevölkerungsentwicklung in den Bundesländern (in Tausend)

	1991	2013	Veränderung In Prozent
Baden-Württemberg	10 002	10 631	6,3
Bayern	11 596	12 604	8,7
Berlin	3 446	3 422	– 0,7
Brandenburg	2 543	2 449	– 3,7
Bremen	684	657	– 3,8
Hamburg	1 669	1 746	4,6
Hessen	5 837	6 045	3,6
Mecklenburg-Vorpommern	1 892	1 597	– 15,6
Niedersachsen	7 476	7 791	4,2
Nordrhein-Westfalen	17 510	17 572	0,4
Rheinland-Pfalz	3 821	3 994	4,5
Saarland	1 077	991	– 8,0
Sachsen	4 679	4 046	– 13,5
Sachsen-Anhalt	2 823	2 245	– 20,5
Schleswig-Holstein	2 649	2 816	6,3
Thüringen	2 572	2 161	– 16,0
Deutschland	80 275	80 767	0,6

M 2 Bruttoinlandsprodukt je Einwohner 1991 und 2013 (in Euro)

Projektvorschlag 1

So könnt ihr beginnen:
> Wertet die Materialien M 1 – M 3 aus. Folgt den Schritten der Methode „Diagramme und Statistiken auswerten" (S. 97).

So könntet ihr weiterarbeiten:
> Überlegt, welche weiteren Daten für einen Vergleich interessant sein könnten (z. B. Einkommen, Schulabschlüsse…).
> Statistiken findet ihr unter

@ SNG-34530-046

Präsentationsvorschlag:
> Präsentiert Statistiken und Schaubilder sowie eure Auswertungen auf einer Themenwand.

Notiert in Stichworten,
– wie sich die Bevölkerungszahl, das Bruttoinlandsprodukt und die Anzahl der Erwerbstätigen in den west- bzw. den ostdeutschen Ländern entwickelt hat;
– welche Rückschlüsse auf die Lebensverhältnisse jeweils gezogen werden können.

M 3 Veränderung der Anzahl der Erwerbstätigen 1991 und 2013 (in %)

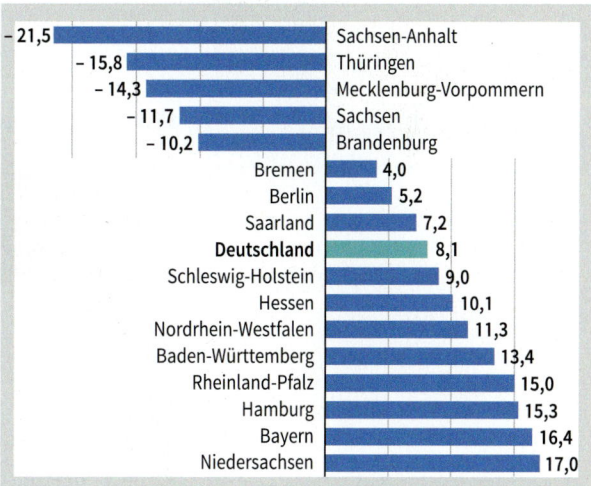

Bruttoinlandsprodukt = Wert aller in einem Jahr produzierten Güter und Dienstleistungen.

Erwerbstätige = Personen, die eine auf Erwerb ausgerichteten Arbeit nachgehen (Selbstständige und Arbeitnehmer).

(M 1 – M 3 zusammengestellt nach verschiedenen Quellen)

Projektvorschlag 2

So könnt ihr beginnen:

➤ Wertet die Materialien M 1 – M 3 aus. Folgt den Schritten der Methode „Karikaturen entschlüsseln" (S. 315).

So könntet ihr weiterarbeiten:

➤ Recherchiert im Internet oder in der Bibliothek nach weiteren Karikaturen zur deutschen Einheit und wertet sie aus.

➤ Macht eine Umfrage zum Thema „Vorurteile zwischen Ost und West?" auf dem Schulhof oder in der Fußgängerzone.

Tipps: Überlegt euch zuvor die Fragen, die ihr stellen wollt. Notiert das Alter der Befragten, damit ihr ggf. Unterschiede feststellen könnt. Ihr könnt die Interviews auch auf einem Recorder aufnehmen.

Präsentationsvorschlag:

➤ Präsentiert Karikaturen und eure Auswertungsergebnisse sowie ggf. die Ergebnisse eurer Umfrage auf einer großflächigen Themenwand.

Projektvorschlag 2: „Mauer in den Köpfen"? Gibt es Vorurteile zwischen Ost- und Westdeutschen? – *Karikaturen entschlüsseln*

M 1 Wolfgang Schubert: „Schlager des Jahres" (1990)

M 2 Egon Kaiser: „Mahlzeit" (ohne Datum, 1990?)

M 3 Hans-Jürgen Starke: „Ossi – Wessi" (1994)

Notiert in knappen Sätzen, welche Position die Karikaturisten zur Themafrage einnehmen.

Projektvorschlag 3: Die DDR im Museum – Gedenkstätten und Ausstellungen besuchen

Die DDR ist – so sagen heute manche Historiker – nur eine „Fußnote der Ge-schichte". Trotzdem: Millionen Menschen haben 40 Jahre – mehr als eine Gene-ration lang – in diesem Staat gelebt und mehr oder weniger unter ihm gelitten. Heute kann man dieses Leben in all seinen unterschiedlichen Facetten beson-ders anschaulich in Museen und Gedenkstätten erfahren.

Projektvorschlag 3

So könnt ihr beginnen:

> Besucht Gedenkstätten und Museen zunächst „virtuell". Die Links findet ihr auf dieser Seite. Methodische Hinweise findet ihr auf S. 310.

So könntet ihr weiterarbeiten:

> Viele Museen und Gedenkstätten können – z. T. kostenlose – Kataloge oder begleitende Literatur zur Verfügung stellen. Bestellt diese Materiali-en bzw. fragt nach, ob ihr sie für die Schulbibliothek anschaffen könnt. Sie ermöglichen euch weitere und vertiefende Einblicke.
> Vielleicht könnt ihr sogar den Besuch eines Museums oder einer Gedenk-stätte mit der Schulklasse oder eurer Familie vorbereiten.

Präsentationsvorschlag:

> Präsentiert Materialien und eure Kommentare auf einer Themenwand.

Museen

→ Haus der Geschichte der Bundesrepublik Deutschland, Bonn
Willy-Brandt-Allee 14, 53113 Bonn (www.hdg.de)
Umfangreiche Ausstellung zur Geschichte der Bundesrepublik und der DDR.

→ DDR-Museum, Berlin
Karl-Liebknecht-Str. 1, 10178 Berlin (www.ddr-museum.de)
Schwerpunkt: Leben in der DDR

→ DDR-Museum, Dresden
Wasastr. 50, 01445 Radebeul (www.ddr-museum-dresden.de)
Schwerpunkt: Alltagsleben in der DDR

Gedenkstätten zur Überwachung und Unterdrückung durch das MfS

→ Stiftung Gedenkstätte Berlin-Hohenschönhausen
Genslerstr. 66, 13055 Berlin (www.stiftung-hsh.de)
Zentrale Untersuchungshaftanstalt der Stasi

→ Gedenkstätte Bautzen
Weigangstr. 8a, 02625 Bautzen (www.stsg.de)
Ehemalige Haftanstalt in der NS-Zeit und in der DDR

→ Stasimuseum Berlin – Gedenkstätte Normannenstraße
Ruschestr. 103, 10365 Berlin (www.stasimuseum.de)
Das Museum zeigt in Originalräumen die ehemalige, früher von der Außenwelt abgeschlossene Hauptverwaltung des Ministeriums für Staatssicherheit und informiert über die Überwachung der Bevölkerung durch das MfS.

→ Weitere Gedenkstätten zu Stasi-Haftanstalten, z. B. in Potsdam oder Ros-tock, sind zu finden über: www.bstu.bund.de

M 1 Gefängiszelle der Staatssi-cherheit (Stasi)

Gedenkstätte Untersuchungshaftan-stalt des MfS Dresden

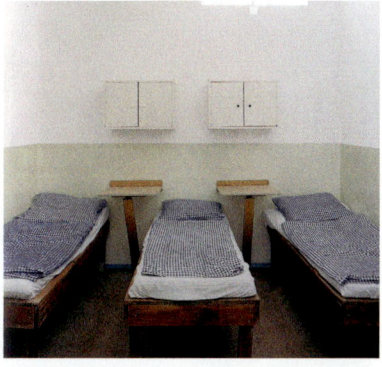

M 2 Auf dem Schreibtisch von Erich Mielke, Chef des MfS

Stasimuseum Berlin

M 3 Alltag in der DDR: z. B. der Trabi

DDR Museum, Berlin 2013

Handlungskompetenz – Sachkompetenz – Methodenkompetenz
Ich kann Schlüsselstationen der deutschen Geschichte von 1945 bis 1990 in Form einer Fotodokumentation präsentieren und erläutern.

Deutsche Geschichte von 1945 bis 1990: Fotografien erzählen

1945

1945

1946

1953

1956

1963

1968

1970

1985

1989

1989

2015

1. Schaut gemeinsam in kleinen Arbeitsteams noch einmal rückblickend auf die Seiten dieses Kapitels und sucht aussagekräftige Fotografien aus, die wichtige Schlüsselstationen der deutschen Geschichte von 1945 bis 1990 zeigen.

2. Scannt oder kopiert diese Fotografien, die ihr präsentieren wollt. Notiert in Stichworten auf Karteikarten, wie ihr diese Fotografien vorstellen und erläutern wollt.

Transnationale Kooperation: Europäische Einigung und Vereinte Nationen

Nach der Erfahrung von zwei Weltkriegen im 20. Jahrhundert hofften die Menschen überall auf der Welt, dass Konflikte zwischen Völkern und Staaten zukünftig mit friedlichen Mitteln und durch internationale Zusammenarbeit gelöst werden könnten. Die EU ist ein Beispiel dafür, dass Staaten ihre Beziehungen durch eine Vielzahl von Verträgen „transnational" regeln und dauerhaft friedlich gestalten können. Dafür wurde die EU im Jahre 2012 sogar mit dem Friedensnobelpreis geehrt.

Auch die UNO ist ein Versuch, internationale Konflikte mit friedlichen Mitteln zu lösen: Das ist aber höchstens in Ansätzen gelungen – und deshalb steht die UNO bei aktuellen Konflikten fast immer in der Kritik. Trotzdem: Bessere Lösungen sind bis heute nicht in Sicht.

Wenn man heute in den Medien von der UNO oder der EU liest oder hört, denken die meisten Menschen vermutlich sofort an New York oder Brüssel. Dort fallen heute die Entscheidungen dieser internationalen Institutionen. Die ersten Anfänge der Vereinten Nationen und der europäischen Einigungsbestrebungen aber liegen an anderen Orten, wie ihr hier nachlesen könnt.

Die Geschichte der Vereinten Nationen begann auf hoher See. Am 14. August 1941 trafen sich der amerikanische Präsident F. D. Roosevelt und der britische Premierminister W. Churchill auf einem Kriegsschiff vor der Küste Neufundlands: Hier formulierten sie – noch vor dem Kriegseintritt der USA – ihre Vorstellungen einer künftigen Weltfriedensordnung und die Idee einer neuen Weltorganisation. Die Erklärung ging als „Atlantik-Charta" in die Geschichte ein.

The Roosevelt-Churchill **"Atlantic Charter"** of World-Freedom. August 1941.

The President of the United States and the Prime Minister, Mr Churchill, representing His Majesty's Government in the United Kingdom, being met together, deem it right to make known certain common principles in the national politics of their respective countries on which they base their hopes for a better future for the world.

1. Their countries seek no aggrandisement, territorial or other.
2. They desire to see no territorial changes that do not accord with the freely expressed wishes of the peoples concerned.
3. They respect the right of all peoples to choose the form of government under which they will live, and they wish to see sovereign rights and self-government restored to those who have been forcibly deprived of them.
4. They will endeavour, with due respect for their existing obligations, to further the enjoyment by all States, great or small, victor or vanquished, of access on equal terms to the trade and to the raw materials of the world which are needed for their economic prosperity.
5. They desire to bring about the fullest collaboration between all nations in the economic field, with the object of securing for all improved labour standards, economic advancement, and social security.
6. After final destruction of Nazi tyranny they hope to see established a peace which will afford to all nations the means of dwelling in safety within their own boundaries and which will afford assurance that all the men in all the lands may live out their lives in freedom from fear and want.
7. Such a peace should enable all men to traverse the high seas and oceans without hindrance.
8. They believe all the nations of the world, for realistic as well as spiritual reasons, must come to the abandonment of the use of force. Since no future peace can be maintained if land, sea, or air armaments continue to be employed by nations which threaten or may threaten aggression outside their frontier, they believe that, pending the establishment of a wider and permanent system of general security, the disarmament of such nations is essential. They would likewise aid and encourage all other practicable measures which will lighten for peace-loving peoples the crushing burden of armaments.

666

26. Juni 1945
Vertreter von 50 Staaten unterzeichnen in San Francisco die UN-Charta.

9. Mai 1950
In Paris schlägt der französische Außenminister Schuman eine supranationale Organisation für die deutsche und französische Eisen- und Stahlindustrie vor.

25. März 1957
Auf dem Kapitol in Rom unterschreiben Vertreter der sechs Gründungsstaaten von EWG und Euratom die Römischen Verträge.

1. Januar 1973
Großbritannien, Irland und Dänemark treten der Europäischen Gemeinschaft bei.

7. – 10. Juni 1979
Das Europäische Parlament wird in den Mitgliedstaaten der EG erstmals direkt gewählt.

Über 700 Politiker, Intellektuelle, Künstler, Gewerkschafter und Wirtschaftsvertreter aus 28 europäischen Ländern trafen sich vom 7.–10. Mai 1948 in Den Haag, um über Europas Zukunft zu diskutieren. Die Beratungen fanden im Rittersaal des niederländischen Parlaments statt.
Der Haager Kongress gilt als Geburtsstunde der europäischen Einigung.

Heute arbeiten die Organe der Europäischen Union nicht nur an einem Ort: Neben Brüssel beraten die Organe der EU hauptsächlich in Luxemburg und Straßburg.

Sitz der Europäischen Kommission in Brüssel

Gebäude des EU-Parlaments in Straßburg: Hier finden die Plenarsitzungen des Europäischen Parlaments statt; Fraktionen und Ausschüsse tagen in der Regel in Brüssel.

Der Gerichtshof der Europäischen Union (EuGH) hat seinen Sitz in Luxemburg.

9./10. Dezember 1991
Auf dem EU-Gipfel wird der Vertrag von Maastricht verabschiedet: Er tritt am 1.11.1993 in Kraft.

1. Mai 2004
Acht osteuropäische Staaten sowie Zypern und Malta treten der EU bei (sog. Osterweiterung).

2008/2009
Weltfinanzkrise: Ausgehend von den USA erschüttert eine weltweite Finanz-und Wirtschaftskrise auch die Staaten der EU.

12. Dezember 2015
Die UN-Klimakonferenz in Paris einigt sich darauf, die Erwärmung des Erdklimas auf unter 2° C zu begrenzen.

23. Juni 2016
Im sog. Brexit-Referendum spricht sich die Mehrheit der britischen Wähler für den Austritt des Vereinigten Königreichs aus der EU aus.

Grenzübergang nach Polen im Jahr 1993: So oder ähnlich sahen vor dem Schengen-Abkommen auch die meisten Grenzübergänge im westlichen Europa aus.

„Europa 1.0": Die ersten Etappen der europäischen Einigung

Winston Churchill bei seiner Züricher Rede 1946

Zürich, September 1946: Der ehemalige britische Premierminister Winston Churchill hält eine Rede, über die man bald in ganz Europa spricht. Er entwirft darin die Vision einer neuen Ordnung des Kontinents, der „Vereinigten Staaten von Europa". In den nächsten Jahrzehnten – bis zu den Umbrüchen von 1989/90 – nimmt das „Projekt Europa" allmählich Konturen an, auch wenn sich die Entwicklung längst nicht in jeder Hinsicht mit Churchills Ideen deckt.

- *Wie stellte sich Churchill die „Vereinigten Staaten von Europa" vor?*
- *In welchen Etappen hat sich Europa in den folgenden vier Jahrzehnten entwickelt?*
- *Und welche Ereignisse hatten eine besondere Bedeutung für die europäische Einigung?*

Präsentiert einen ausformulierten Kurzbeitrag „Zeitzeichen: Heute vor … Jahren", in dem ihr an ein Ereignis aus den ersten Jahrzehnten der europäischen Einigung (bis in die 1980er-Jahre) erinnert sowie Hintergründe und Folgen erläutert. Stellt euren Beitrag im Plenum zur Diskussion unter der Fragestellung, ob er das ausgewählte Ereignis und dessen Bedeutung zutreffend darstellt.

1. Verschafft euch einen ersten Überblick über die Etappen der europäischen Einigung nach dem Zweiten Weltkrieg. Dazu könnt ihr die Zeittafel auf S. 252 f. nutzen und die Materialien auf den nächsten Seiten heranziehen.

2. Bildet Partnerteams, die sich jeweils mit einer Etappe näher befassen. Wählt in jedem Team ein Ereignis aus, zu dem ihr ein „Zeitzeichen" formulieren wollt. Zieht dazu die der Methode auf S. 322 in der Methodenwerkstatt heran.

3. Wertet jeweils die Darstellungstexte und die Materialien aus, die für das von euch ausgewählte Ereignis wichtig sind. Ergänzend könnt ihr über Recherchen im Internet weitere Informationen beschaffen: @ SNG-34530-047

Eine andere Möglichkeit: Alternativ können Arbeitsteams auch eine **Stafettenpräsentation** (s. Methodenwerkstatt, S. 301) zu den ersten Etappen der europäischen Einigung vorbereiten.

Die Anfänge: Europa-Ideen nach dem Krieg

Nach den Schrecken und Zerstörungen des Zweiten Weltkriegs wurden Erinnerungen an „Europa-Projekte" aus den 1920er-Jahren wach. Dazu gehörte z.B. die „Paneuropa-Union", die der Österreicher Graf Coudenhove-Kalergi 1922 ins Leben gerufen hatte. Man erinnerte sich auch an eine Initiative des damaligen französischen Außenministers Briand: Dieser hatte 1929/30, in einer Zeit des aufwallenden Nationalismus, u. a. in einer Rede vor dem Völkerbund eine „föderative Verbindung" zwischen den Staaten und Völkern Europas vorgeschlagen. Durch Überwindung nationalstaatlicher Gegensätze wollte er die Voraussetzungen für einen dauerhaften Frieden in Europa schaffen.

Es waren Politiker aus fast allen politischen Lagern und besonders viele junge Leute, die nach 1945 solche Vorschläge wieder aufgriffen und sich für die Idee der europäischen Einigung einzusetzen begannen. Sie alle fühlten sich durch die Rede ermutigt, die Winston Churchills im September 1946 in Zürich hielt (M 1).

> Fasst in Stichpunkten zusammen, welche zentralen Informationen der Darstellungstext über die ersten Schritte zu einer Einigung Europas gibt.

Die Europa-Flagge geht auf einen Beschluss des Europarats im Jahr 1955 zurück. Die abgebildeten 12 Sterne stehen für die Werte Einheit, Solidarität und Harmonie in Europa. Seit 1985 ist die Flagge offizielles Symbol der EU (bzw. der früheren EG).

Angestoßen von Churchills Rede kamen im Frühjahr 1948 mehr als 700 Teilnehmer zu einem Europa-Kongress nach Den Haag. Die Teilnehmer hatten sehr unterschiedliche Vorstellungen über die Zukunft Europas: von einem lockeren Staatenbund bis zu der Idee, grenzüberschreitend „Generalstände" nach dem Vorbild der Französischen Revolution 1789 einzuberufen. Trotz aller Meinungsunterschiede über den richtigen Weg verband die Teilnehmer das gemeinsame Ziel eines in Zukunft geeinten Europa.

Wichtigstes Ergebnis des Haager Kongresses war die Gründung des Europarats (1949), in dem bis heute Fragen der europäischen Politik diskutiert werden. Die Verabschiedung der Europäischen Konvention zum Schutz der Menschenrechte und Grundfreiheiten (1950) und die Einrichtung des Europäischen Gerichtshofs für Menschenrechte (EGMR, 1959) in Straßburg gehen auf die Arbeit des Europarats zurück.

1948 entstand die Organisation für Europäische Wirtschaftliche Zusammenarbeit (OEEC, heute OECD), die bei der Umsetzung des Marshall-Plans eine wichtige Rolle spielte. Zu einer Übertragung nationaler Befugnisse an überstaatliche (supranationale) Instanzen, wie sie den Vertretern der europäischen Einigungsbewegung vorschwebte, kam es jedoch weder beim Europarat noch im Falle der OEEC.

Churchills Rede als Tondokument:
@ SNG-34530-048

M 1 Aus der Züricher Rede Winston Churchills, 19. September 1946

Wir müssen etwas wie die Vereinigten Staaten von Europa schaffen. Nur so können Hunderte von Millionen schwer arbeitender Menschen wieder die einfachen Freuden und Hoffnungen zurückgewinnen, die das Leben lebenswert machen. [...]

Wir Briten haben unser eigenes Commonwealth of Nations. [...] Und warum ⁵ sollte es keine europäische Gruppe geben, die den irregeleiteten Völkern dieses unruhigen und machtvollen Kontinents das Gefühl eines weitergespannten Patriotismus und einer gemeinsamen Staatszugehörigkeit einflößen könnte, und warum sollte sie nicht bei der Gestaltung des menschlichen Schicksals ihren rechtmäßigen Platz neben anderen großen Gruppen einnehmen? [...] ¹⁰

Der erste Schritt ist die Bildung eines Europarats. Wenn zu Anfang auch nicht alle Staaten Europas willens oder in der Lage sind, der Union beizutreten, müssen wir uns dennoch ans Werk machen, diejenigen Staaten, die es wollen und können, zusammenzufassen und zu vereinen. [...]

Ich spreche jetzt etwas aus, das Sie in Erstaunen setzen wird. Der erste Schritt ¹⁵ bei der Neugründung der europäischen Familie muss eine Partnerschaft zwischen Frankreich und Deutschland sein. Nur auf diese Weise kann Frankreich die moralische Führung Europas wieder erlangen. Es gibt kein Wiederaufleben Europas ohne ein geistig großes Frankreich und ein geistig großes Deutschland. Bei dieser so dringenden Aufgabe müssen Frankreich und Deutschland die ²⁰ Führung zusammen übernehmen.

(Zit. nach: Forschungsinstitut der Deutschen Gesellschaft für Auswärtige Politik (Hg.), Europa – Dokumente zur Frage der europäischen Einigung, Bd. 1, München (Oldenbourg) 1962, S. 113 ff.)

Notiert in kurzen Sätzen,
a) wie sich Churchill die „Vereinigten Staaten von Europa" vorstellt;
b) welche Motive und Begründungen deutlich werden.

Die erste Etappe: Die 1950er-Jahre – Montanunion und EWG

Der Auftakt – Schuman-Plan 1950: Fast auf den Tag genau fünf Jahre nach Kriegsende, am 9. Mai 1950, macht der französische Außenminister Robert Schuman vor der Presse in Paris einen weitreichenden Vorschlag: Die französische und deutsche Stahlindustrie, also die Leitindustrien der früheren Kriegsgegner, sollen künftig unter dem Dach einer gemeinsamen, supranationalen Behörde zusammengeführt und kontrolliert werden (M 2).

Schumans Plan geht auf. Der deutsche Bundeskanzler Adenauer reagiert sofort – und zustimmend (M 3). Ein Jahr wird verhandelt und 1951 ist der Vertrag über die „Europäische Gemeinschaft für Kohle und Stahl" (EGKS/Montanunion) unterschriftsreif. Neben Frankreich und Deutschland treten auch die Benelux-Staaten und Italien bei: Es ist der erste Schritt zum „Europa der Sechs".

Der nächste Schritt – Die Europäische Wirtschaftsgemeinschaft: Die sechs Regierungen stellen bald Überlegungen zu weiteren Integrationsschritten an. Auf der Konferenz von Messina 1955 kommen die Außenminister überein, die wirtschaftliche Zusammenarbeit ihrer Länder weiter auszubauen. Am 25. Mai 1957 werden an einem historischen Ort, dem Kapitol in Rom, die „Römischen Verträge" unterzeichnet: So entstehen die Europäische Atomgemeinschaft (Euratom) und die Europäische Wirtschaftsgemeinschaft (EWG), die Keimzelle der heutigen EU.

Gescheitert – Die militärische Zusammenarbeit: Unter dem Eindruck des Korea-Kriegs im Fernen Osten – dort hatte 1950 das kommunistische Nordkorea das westlich orientierte Südkorea angegriffen – wurden auch Pläne zu einer militärischen Zusammenarbeit in Europa diskutiert. Der Plan einer „Europäischen Verteidigungsgemeinschaft" unter Einbeziehung eines (wiederbewaffneten) West-Deutschland scheiterte aber 1954 am Veto der französischen Nationalversammlung. Stattdessen wurde die Bundesrepublik Deutschland 1955 in die schon 1949 gegründete NATO aufgenommen.

Wirtschaftliche Erfolge: Wirtschaftlich schrieb die EWG in den nächsten Jahren eine große Erfolgsgeschichte. Durch den Abbau der Zollschranken stieg der Handel zwischen den Mitgliedstaaten der Gemeinschaft rasant an und die zunehmende Verflechtung zwischen ihnen trug auch zum Abbau des wirtschaftlichen Gefälles bei. Das Bruttosozialprodukt der EWG-Staaten wuchs zwischen 1958 und 1970 um 70 Prozent.

Eine Sonderstellung nahm die Landwirtschaft ein: Hier war besonders Frankreich daran interessiert, die eigenen Bauern vor der internationalen Konkurrenz zu schützen. Deshalb baute die EWG ein teures und kompliziertes System von Regelungen für den Agrarmarkt auf, das bis heute ausländischen Erzeugern den Zugang zum europäischen Markt erschwert.

Stockende politische Integration: Alle wichtigen Entscheidungen in der EWG fielen auf der Ebene der Regierungen, das Europäische Parlament spielte nur eine untergeordnete Rolle. Die politische Integration, also die allmähliche Übertragung nationaler Souveränitätsrechte an die Gemeinschaft, kam lange nicht weiter voran. Vor allem dem seit 1958/59 regierenden französischen Staatspräsidenten de Gaulle schwebte mehr ein „Europa der Vaterländer" als ein politisch geeintes Europa vor. De Gaulle lehnte auch die Aufnahme Großbritanniens in die Gemeinschaft ab; dagegen trieb er die Aussöhnung mit Deutschland voran, die 1963 zum Abschluss des deutsch-französischen Freundschaftsvertrages führte.

Plakat von 1955

1. Listet die Stationen auf dem Weg zu einer Einigung Europas auf.

2. Stellt – z. B. in tabellarischer Form – Erfolge und Misserfolge der Einigungsbemühungen gegenüber.

M 2 Erklärung des Franzosen Robert Schuman, 9. Mai 1950

Solange Europa nicht vereint war, haben wir Krieg gehabt. Europa wird nicht mit einem Schlag und auch nicht durch eine Konstruktion des Ganzen gebildet werden; es wird durch konkrete Verwirklichungen gebildet, die zunächst eine Solidarität der Tatsachen schaffen. Die Vereinigung der europäischen Nationen erfordert, dass der jahrhundertealte Gegensatz zwischen Frankreich und 5 Deutschland ein Ende nimmt. [...]

Die französische Regierung schlägt vor, die Gesamtheit der französisch-deutschen Produktion von Kohle und Stahl unter eine gemeinsame oberste Autorität innerhalb einer Organisation zu stellen, die der Mitwirkung anderer Staaten offensteht. [...] Die Solidarität der Produktion, die auf diese Weise geknüpft 10 werden wird, wird dartun, dass jeder Krieg zwischen Frankreich und Deutschland nicht nur undenkbar, sondern materiell unmöglich wird.

(Zit. nach: Gerhard Brunn (Hg.), Die Europäische Einigung im 20. Jahrhundert – Ziele und Wege, Stuttgart (Klett) 1997, S. 39)

M 3 Aus den Memoiren des deutschen Bundeskanzlers Konrad Adenauer

Schuman legte [in seinem Memorandum] dar, dass die Zusammenlegung der Kohle-, Eisen- und Stahlerzeugung zwangsläufig zur ersten Etappe eines europäischen Staatenbundes [...] führen werde. [...]

In dem persönlich an mich gerichteten Brief schrieb mir Schuman, der Zweck seines Vorschlages sei nicht wirtschaftlicher, sondern eminent politischer Natur. 5 In Frankreich bestehe die Furcht, dass Deutschland, wenn es sich wieder erholt habe, Frankreich angreifen werde. Er könne sich denken, dass umgekehrt auch in Deutschland der Wunsch nach Sicherheit bestehe. Aufrüstung mache sich zuerst fühlbar in einer erhöhten Produktion von Kohle, Eisen und Stahl. Wenn man eine Einrichtung schaffe, wie er, Schuman, sie vorschlage, 10 die jedes der beiden Länder in den Stand setze, die ersten Anzeichen einer Aufrüstung wahrzunehmen, so würde die Schaffung dieser Möglichkeit in Frankreich eine ganz außerordentliche Beruhigung zur Folge haben.

Schumans Plan entsprach voll und ganz meinen seit Langem vertretenen Vorstellungen einer Verflechtung der europäischen Schlüsselindustrien. Ich teil- 15 te unverzüglich Robert Schuman mit, dass ich seinem Vorschlag aus ganzem Herzen zustimme.

(Konrad Adenauer, Erinnerungen 1945 – 1953, Stuttgart (DVA) 1965, S. 327 f.)

1. Beschreibt in kurzer Form den unmittelbaren historischen Kontext, in dem die jeweiligen Quellen entstanden sind.
2. Notiert in Stichworten oder in kurzen Sätzen,
   a) den Inhalt der politischen Vorschläge oder Vereinbarungen sowie die Motive der Beteiligten;
   b) wie sich Motive und Ziele der Beteiligten im Lauf der Zeit verändert haben.

M 4 Aus dem Schlusskommuniqué der Konferenz von Messina, 3. Juni 1955

[Die sechs Regierungen] erachten es als notwendig, die Schaffung eines vereinigten Europa durch die Weiterentwicklung gemeinsamer Institutionen, durch die schrittweise Fusion der nationalen Wirtschaften, durch die Schaffung eines gemeinsamen Marktes und durch die schrittweise Harmonisierung ihrer Sozialpolitik fortzusetzen. [...] 5

Die sechs Regierungen stellen fest, dass das Ziel ihres Vorgehens auf wirtschaftspolitischem Gebiet in der Bildung eines von allen Zollschranken und mengenmäßigen Beschränkungen freien Marktes besteht. Sie sind der Ansicht, dass dieser Markt schrittweise geschaffen werden muss.

(Zit. nach: Brunn, a. a. O., S. 50 f.)

Die zweite Etappe: Die 1970er- und 80er-Jahre

Schon 1967 wurden die Organe der drei Gemeinschaften EWG, Euratom und Montanunion zusammengeschlossen: Seither sprach man von der „Europäischen Gemeinschaft" (EG).

Die Gemeinschaft hatte bedeutende wirtschaftliche Erfolge vorzuweisen: Der innergemeinschaftliche Handel zwischen den Mitgliedstaaten stieg von 30 auf über 50 Prozent. Das Sozialprodukt und der Lebensstandard der Bevölkerung in den Mitgliedstaaten wuchsen deutlich und fast kontinuierlich. Solche positiven Wirtschaftszahlen machten die EG auch nach außen hin attraktiv.

Erweiterung von sechs auf neun: Am 1. 1. 1973 traten Dänemark, Irland und das Vereinigte Königreich der EG bei. Vor allem um die Frage der Aufnahme Großbritanniens hatte es aber vorher einen jahrelangen Streit gegeben: Während Frankreich unter Staatspräsident de Gaulle die Aufnahme Großbritanniens ablehnte, traten die anderen Gründungsstaaten entschieden dafür ein. Erst nach dem Rücktritt de Gaulles (1969) kamen die Beitrittsverhandlungen wieder in Gang. Auch in Großbritannien selbst gab es lange Vorbehalte gegen einen Beitritt: Die Briten wollten zwar die wirtschaftlichen Vorteile des größeren Marktes nutzen, lehnten aber Schritte zur politischen Integration ab. Aus ähnlichen Gründen blieb auch Norwegen der EWG fern.

Norderweiterung der EU 1973, Süderweiterung 1981/1986

Weltwirtschaftliche Turbulenzen: In den 1970er-Jahren geriet die EG in eine Reihe wirtschaftlicher und politischer Turbulenzen: 1971 und 1973 erschütterten Währungskrisen die Weltwirtschaft und die Volkswirtschaften der EG. Das bis dahin bekannte System fester Wechselkurse zwischen den Währungen – z. B. zwischen DM und Dollar in Verhältnis 4,20 bzw. 4 : 1 – brach zusammen. 1973 und noch einmal 1979 wurden die westlichen Länder durch die sog. Ölkrisen, d. h. massive Steigerungen des Rohölpreises, geschockt: Die Zeit des Wirtschaftswunders mit hohen Wachstumsraten und einer gewaltigen Verbesserung des allgemeinen Lebensstandards war vorbei.

Reaktionen der EG: Die Staaten der EG fanden lange keine gemeinsame Antwort auf die Krisen, was ihrem Ansehen bei den Bürgern schadete. Um den stockenden Integrationsprozess wieder in Gang zu bringen, regten der französische Staatspräsident Giscard d'Estaing und Bundeskanzler Schmidt regelmäßige Treffen der Staats- und Regierungschefs an. Als „Europäischer Rat" oder „EU-Gipfel" wurden diese Treffen seit Ende 1974 faktisch zu einer neuen Gemeinschaftsinstitution und zum wichtigen Motor der weiteren Entwicklung. Auch die demokratische Legitimation der Gemeinschaft wurde gestärkt: Im Juni 1979 fand die erste Direktwahl der Abgeordneten zum Europäischen Parlament in den damals neun Mitgliedstaaten statt. Offizieller Sitz dieses supranationalen Parlaments blieb Straßburg.

Süderweiterung: Die diktatorischen Regime, die sich in Südeuropa lange behauptet hatten, waren in den 1970-Jahren am Ende. Die EG hatte großes Interesse an der Demokratisierung in diesen Ländern. Die schnelle Aufnahme von Griechenland (1981), Spanien und Portugal (1986) in die EG sollte den wirtschaftlichen Aufbau in diesen Ländern unterstützen und die jungen Demokratien so auch politisch stabilisieren.

Formuliert in Stichpunkten,
a) welche Probleme in Europa seit Ende der 1960er-Jahre auftraten;
b) welche Schritte zur weiteren Einigung gemacht wurden.

Jacques Delors, Kommissionspräsident der EG/EU 1985 – 1995: Er wollte die Gemeinschaft aus dem Stillstand der 1970er- und frühen 1980er-Jahre führen.

„Europa 2.0": Maastricht und das neue Europa nach 1989/90

Mit „Maastricht" verbinden wir bis heute die Veränderungen, die das „Projekt Europa" in den 1990er-Jahren des letzten Jahrhunderts erlebte. Parallel zum Maastrichter Vertrag, der 1993 in Kraft trat, gab es weitere Entwicklungen, die Politik, Wirtschaft und Lebensverhältnisse bis heute prägen.

- *Welche Reformen waren mit dem Vertrag von Maastricht verbunden?*
- *Welche weiteren Veränderungen erlebte „Europa" in den 1990er-Jahren?*

Präsentiert eine Mindmap, in der ihr die wichtigen Veränderungen Europas zwischen 1985 und der Jahrtausendwende darstellt sowie Verbindungen deutlich macht, und erläutert sie.

1. Sucht euch eine Partnerin/einen Partner mit der/dem ihr die Mindmap erarbeiten und in der Klasse vorstellen möchtet. Lest in Einzelarbeit den Darstellungstext und stellt die wichtigsten Informationen für die Mindmap zusammen. Gleicht eure Arbeitsergebnisse miteinander ab; ergänzt und korrigiert, wo es in der Sache notwendig ist.

2. Entwerft auf dieser Grundlage eine Mindmap für die Präsentation. **Wichtig:** In der Mindmap solltet ihr mit grafischen Mitteln Bezüge und Verknüpfungen sichtbar machen. Ein möglicher Vorschlag für die Anlage:

François Mitterrand, französischer Staatspräsident 1981 – 1995: Er wollte die starke Wirtschaftsmacht Deutschland dauerhaft an Europa binden.

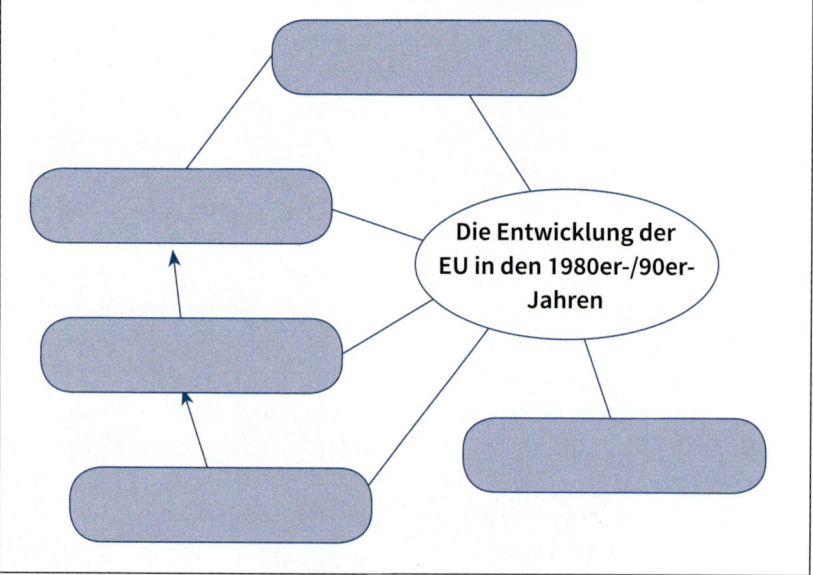

Die Entwicklung der EU in den 1980er-/90er-Jahren

Helmut Kohl, deutscher Bundeskanzler 1982 – 1998: Er wollte das vereinigte Deutschland möglichst in eine politische Union Europas integrieren.

Veränderungen in Europa

Anstöße zu Reformen: Seit 1985 brachten die Mitgliedstaaten der EG Reformen auf den Weg, die den europäischen Integrationsprozess vorantreiben sollten. Treibende Kräfte dabei waren der EG-Kommissionspräsident Jacques Delors, der französische Staatspräsident François Mitterrand sowie die deutsche Regierung unter Bundeskanzler Helmut Kohl und Außenminister Hans-Dietrich Genscher.

Ziel – Binnenmarkt: Bis 1968, also im ersten Jahrzehnt ihres Bestehens, hatte die EWG durch die Zollunion den Warenhandel zwischen den Mitgliedstaaten wesentlich erleichtert. Aber noch gab es zahllose Hindernisse, die den wirtschaftlichen Austausch hemmten, darunter die – oft zeitraubenden – Kontrollen an den Binnengrenzen der Gemeinschaft. Erst mit dem Schengener Abkommen, das 1985 von Frankreich, Deutschland und den Benelux-Staaten geschlossen wurde, konnten die Grenzkontrollen aufgehoben werden. Es dauerte allerdings noch rund zehn Jahre bis zur Umsetzung. Nach und nach schlossen sich die meisten Staaten der Gemeinschaft dem Abkommen an; heute gehören 22 EU-Staaten sowie einige weitere Länder, wie Norwegen und die Schweiz, dem Schengen-Raum an.

Mit der Einheitlichen Europäischen Akte (1986) gaben die EG-Staaten das Ziel vor, bis Ende 1992 einen einheitlichen Binnenmarkt zu schaffen, d. h. die Märkte nicht nur für Waren, sondern auch für Dienstleistungen, Arbeitskräfte und Kapital aus allen Mitgliedsländern zu öffnen (sog. Vier Freiheiten). Eine Riesenaufgabe bestand darin, die unterschiedlichen nationalen Vorschriften und technischen Normen – von den einfachsten Elektrosteckern bis zu komplizierten Umweltvorschriften – nach und nach durch Gemeinschaftsregelungen zu harmonisieren.

> **Zollunion:** Der Begriff bezeichnet einen Wirtschaftsraum mehrerer Länder, in dem im Warenverkehr keine Binnenzölle erhoben werden und ein gemeinsamer Außenzoll gegenüber Drittstaaten eingeführt ist.
>
> **Vier Freiheiten:** Der Begriff bezeichnet den freien Verkehr von Waren, Dienstleistungen, Personen (Freizügigkeit) und Kapital innerhalb eines Wirtschaftsraums.

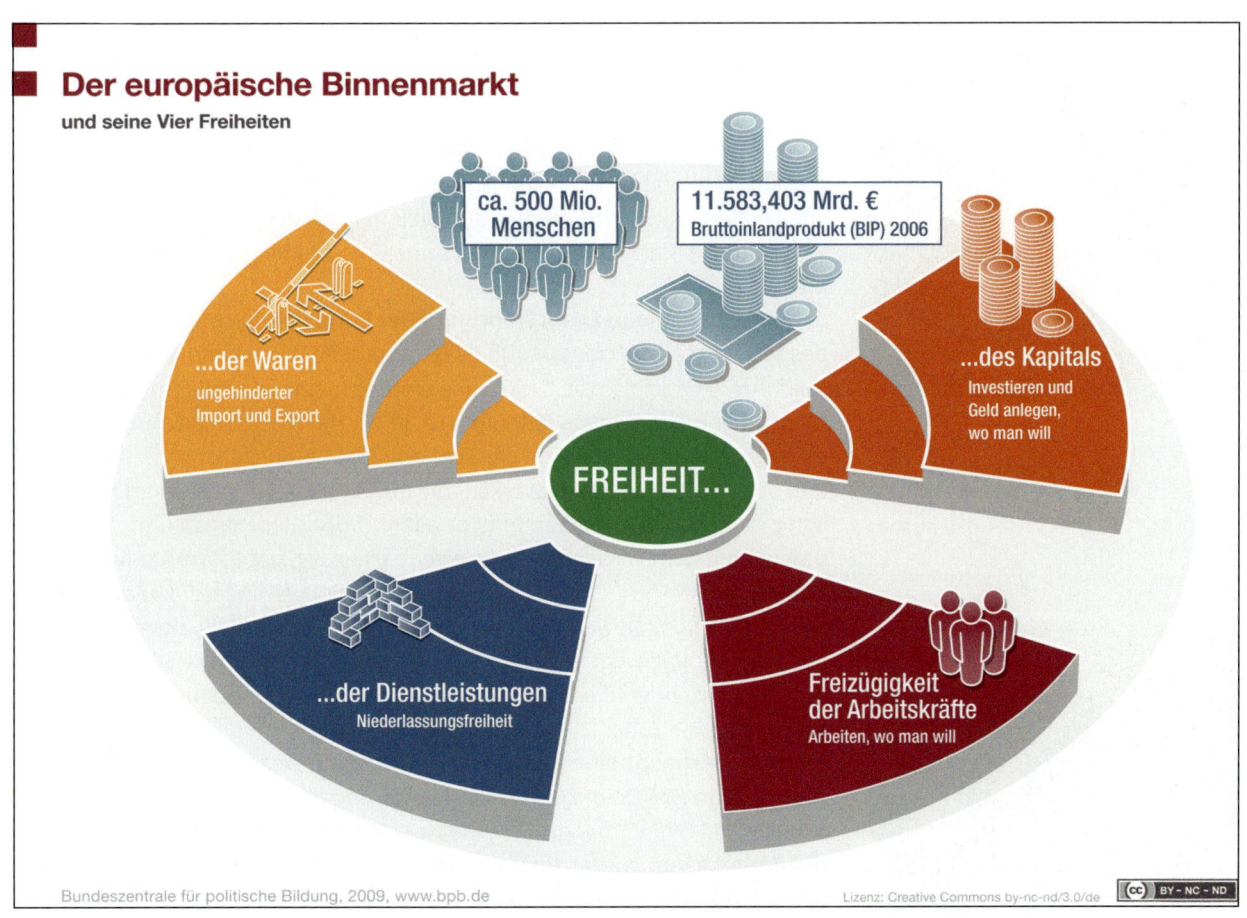

Der europäische Binnenmarkt
und seine Vier Freiheiten

ca. 500 Mio. Menschen

11.583,403 Mrd. €
Bruttoinlandprodukt (BIP) 2006

...der Waren
ungehinderter
Import und Export

...des Kapitals
Investieren und
Geld anlegen,
wo man will

FREIHEIT...

...der Dienstleistungen
Niederlassungsfreiheit

Freizügigkeit
der Arbeitskräfte
Arbeiten, wo man will

Die Europäische Union

1. Säule Europäische Gemeinschaften	2. Säule Gemeinsame Außen- und Sicherheitspolitik	3. Säule Polizeiliche und justiz. Zusammenarbeit

EG
- Agrarpolitik
- Zollunion und Binnenmarkt
- Strukturpolitik
- Handelspolitik
- Wirtschafts- und
  Währungsunion
- Bildung und Kultur
- Forschung und Umwelt
- Gesundheitswesen
- Verbraucherschutz
- Sozialpolitik
 	
EURATOM
- Zusammenarbeit im
  Bereich Kernenergie
	Außenpolitik:
	- Gemeinsame Positionen
	- Friedenserhaltung
	- Menschenrechte
	- Demokratie
	- Hilfe für Nicht-EU-Staaten
	
	Sicherheitspolitik:
	- Gemeinsames Vorgehen
	- Kampf gegen den
	  Terrorismus
	- Gemeinsame Truppen
		- Kampf gegen die organisierte
		  Kriminaltität (z.B. Drogen,
		  Menschenhandel)
		- Einwanderungs- / Asylpolitik
		- Zusammenarbeit in Zivil- und
		  Strafprozessen
		- Polizeiliche Zusammenarbeit

EG   GASP   PJZS

Schließlich hatten Unternehmen und Verbraucher mit dem Problem der unterschiedlichen Währungen in der Gemeinschaft zu kämpfen. Unternehmen litten vor allem unter den Währungsschwankungen. Aber auch die Verbraucher hatten Nachteile: Experten rechneten vor, dass die Reisekasse eines Touristen bei einer Reise durch nur fünf Länder allein wegen der beim Währungsumtausch anfallenden Kosten 25 bis 30 Prozent an Wert einbüßte.

Der Vertrag von Maastricht: Der eigentliche Durchbruch zu einer Reform der Gemeinschaft gelang mit dem Vertrag von Maastricht, der nach dem Gipfeltreffen der Staats- und Regierungschefs im Dezember 1991 ausgehandelt wurde und Ende 1993 in Kraft trat. Mit „Maastricht" entstand die Europäische Union (EU), mit der die bestehenden Europäischen Gemeinschaften (wie unter einem gemeinsamen Dach) zusammengeführt wurden. Neben den wirtschaftlichen Zuständigkeiten bekam die EU nun auch Kompetenzen in der Außen- und Sicherheitspolitik sowie bei der Zusammenarbeit von Justiz und Polizei. Allerdings sind diese neuen „Säulen" der EU-Zuständigkeiten bis heute von geringerer Bedeutung: Bei Beschlüssen in Sachen Außenpolitik und Polizei/Justiz gilt innerhalb der EU im Wesentlichen das Einstimmigkeitsprinzip, was gemeinsame Entscheidungen meistens schwierig macht.

Schritte zur gemeinsamen Währung – Der Euro: Zum wichtigsten Bestandteil des Maastrichter Vertrags wurde die Europäische Wirtschafts- und Währungsunion – am Ende also die Einführung einer gemeinsamen Währung, des Euro. Nach einer mehrjährigen Vorlaufphase, in der die Wechselkurse enger zusammengeführt wurden, ersetzte der Euro am 1.1.1999 zunächst im Bankensektor und am 1.1.2002 im Bargeldverkehr die früheren Währungen. Allerdings beteiligten sich nicht alle EU-Länder: Vor allem Großbritannien stimmte dem Vertrag nur mit dem Vorbehalt zu, die eigene Währung, das Pfund Sterling, beibehalten zu können (sog. opt-out-Klausel). Einige andere Länder hatten Schwierigkeiten, die vereinbarten Bedingungen für die Teilnahme an der gemeinsamen Währung, vor allem was Haushaltsdefizite bzw. Staatsverschuldung angeht, zu erfüllen. Das führt bis heute zu großen Spannungen und Krisen in der Euro-Zone.

Warum überhaupt eine gemeinsame Währung? Der Präsident der EU-Kommission, Jacques Delors, sah in der Einführung des Euro die logische Fortsetzung des EU-Binnenmarktes. Er erhoffte sich eine bessere Position Europas auf den Weltmärkten und letztlich auch eine wirtschaftliche Angleichung zwischen den EU-Staaten.

Die deutsche Wirtschaft war in den 1990er-Jahren im Vergleich zu den meisten anderen EG-Staaten noch stärker geworden. Mit Sorge stellten die anderen Länder fest, dass z.B. die Deutsche Bundesbank praktisch die Zinsen in ganz

Europa bestimmen konnte. Mit der deutschen Wiedervereinigung 1990 nahmen die Ängste wegen der wirtschaftlichen Dominanz der Deutschen noch weiter zu. Der französische Staatspräsident Mitterrand, der energisch für die gemeinsame Währung eintrat, wollte deshalb mit dem Euro wichtige wirtschaftliche Entscheidungen auf die europäische Ebene verlagern und auf diese Weise auch den Einfluss Frankreichs dauerhaft sichern.

Die Deutschen taten sich Anfang der 1990er-Jahre dagegen schwer damit, die eigene Währung aufzugeben. Die D-Mark war zum Sinnbild des deutschen Wohlstands geworden. Die Strategie der Bundesregierung war es, die EU möglichst nicht nur im wirtschaftlichen Bereich weiterzuentwickeln, sondern gleichzeitig die politische Einigung zu vertiefen. Sie strebte daher eine „Politische Union" an. Das hätte die Übertragung weiterer nationaler Souveränitätsrechte an die EU und z. B. die weitere Stärkung des Europa-Parlaments bedeutet. Mit dem Ziel der „Politischen Union" konnte sich Deutschland in den Verhandlungen um den Maastrichter Vertrag am Ende aber nicht durchsetzen: Immerhin erhielt das Europäische Parlament einige zusätzliche Kompetenzen.

Erweiterung der EU

Nach dem Ende des Ost-West-Konfliktes gab es für die neutralen Staaten in Europa keinen Grund mehr, der Gemeinschaft fernzubleiben: Am 1. Januar 1995 traten Finnland, Österreich und Schweden der EU bei; die Gemeinschaft umfasste nun insgesamt 15 Mitgliedstaaten. Ungeklärt blieb vorläufig noch, wann es auch Beitrittsperspektiven für die früher kommunistischen Staaten Ostmittel- und Südosteuropas geben würde.

Die Europäische Zentralbank in Frankfurt übernahm seit ihrer Gründung viele Aufgaben, die vorher bei den Zentralbanken der Staaten, wie der Deutschen Bundesbank, gelegen hatten.

Die Karte zeigt außerdem die Erweiterungen nach 1995 (Osterweiterungen, s. S. 264 f.).

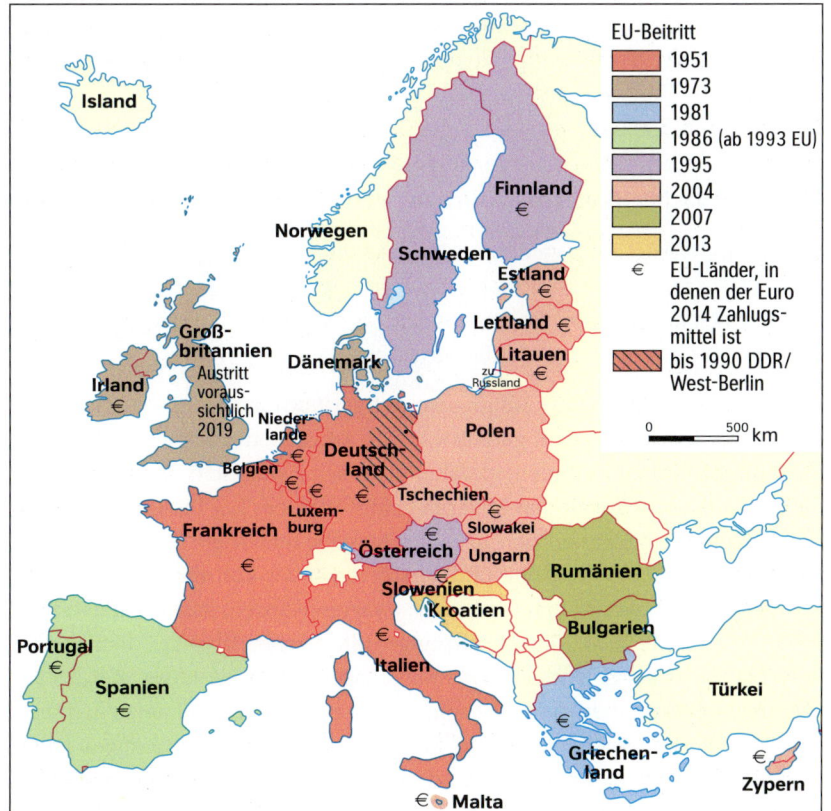

EU-Beitritt
- 1951
- 1973
- 1981
- 1986 (ab 1993 EU)
- 1995
- 2004
- 2007
- 2013
- € EU-Länder, in denen der Euro 2014 Zahlungsmittel ist
- bis 1990 DDR/West-Berlin

0 — 500 km

Notiert stichwortartig die Kernaussagen des Darstellungstextes (S. 260 – 263) zu

a) den Veränderungen der Gemeinschaft vor Inkrafttreten des Maastrichter Vertrages;

b) den Hintergründen und Reformvorhaben des Maastrichter Vertrags.

Feiern in Warschau anlässlich des Beitritts Polens zur EU am 1. Mai 2004

Europa wird größer: Die Osterweiterung der EU

Am 1. Mai 2004 war es so weit: In der größten Erweiterungsrunde in der Geschichte der EU traten acht Staaten Ostmitteleuropas sowie die Mittelmeerländer Malta und Zypern der EU bei. Die früher kommunistischen Länder des östlichen Europa hatten lange auf den Beitritt warten müssen.

- *Warum dauerte es nach den Revolutionen von 1989 noch rund 15 Jahre bis zur Aufnahme der osteuropäischen Länder in die EU?*
- *Welche Voraussetzungen für den Beitritt mussten diese Staaten erfüllen?*
- *Wie wurde der Beitritt der neuen Mitglieder in den „alten" Mitgliedstaaten gesehen?*

1. Mai 2004: Schreibt eine historische Reportage zur Osterweiterung der EU und stellt sie in der Klasse zur Diskussion.

1. Informiert euch gemeinsam in der Klasse in der Methodenwerkstatt (S. 321), wie ihr mithilfe der bekannten Sechs-Schritt-Methode eine historische Reportage erarbeiten und präsentieren könnt.

2. Bildet Teams und erarbeitet arbeitsteilig die Sachinformationen aus Darstellungstext und Materialien.

3. Stellt einander die Ergebnisse vor und entwerft auf dieser Basis ein Konzept für die Reportage: Thematischer Mittelpunkt sind die drei Leitfragen; darauf muss eure Reportage Antworten geben! Legt die Aspekte fest, die ihr ansprechen wollt, und formuliert dann – passagenweise – euren Text.

Eine andere Möglichkeit: Stellt das Ereignis der EU-Osterweiterung 2004 in einem Kurzvortrag vor, in dem ihr die Interpretation der Karikaturen in den Mittelpunkt eurer Ausführungen stellt.

M 1 **Rede Václav Havels anlässlich der Verleihung des Karlspreises, 1991**

Václav Havel (1936 – 2011) gehörte zu den bekanntesten Oppositionellen in der kommunistischen Tschechoslowakei. Nach der sog. „Sanften Revolution" wurde er 1989 erster nichtkommunistischer Staatspräsident. Nach der Teilung des Landes war er bis 2003 Präsident der Tschechischen Republik.

Europa ist ein sehr bunter und ungleichartiger Kontinent, um so mehr, als es bis vor Kurzem so grausam geteilt war. Die Aufgabe, die beste Gestalt seiner zukünftigen Einheit zu finden, ist daher in keinem Falle leicht und kann gewiss nicht von einem Tag auf den anderen erfüllt werden. [...] Die Länder Mittel- und Osteuropas bekennen sich zu dieser Aufgabe und orientieren sich auf sie 5 nicht, weil sie als heute arme und zerstörte Länder von ihren reichen und prosperierenden westlichen Freunden erwarten würden, dass sie alle Probleme an ihrer Stelle lösen. Ohne großzügige Hilfe, vergleichbar mit dem ehemaligen Plan von George Marshall, ebenfalls Träger des Karls-Preises, werden wir zwar nicht auskommen, und eine solche Hilfe ist sogar im existenziellen Interesse des Westens selbst, doch der Hauptantrieb unserer Bemühungen ist etwas anderes: Indem wir uns heute zum sogenannten Westen bekennen, bekennen wir uns damit vor allem und hauptsächlich zu einer bestimmten

1. Notiert Informationen zur Person des Redners und zum historischen Kontext der Rede.

2. Gebt den Gedankengang Havels in euren Worten wieder und erläutert, wie Havel den Wunsch nach Annäherung an die westeuropäischen Staaten begründet.

Zivilisation, zu einer bestimmten politischen Kultur, zu bestimmten geistigen
15 Werten und universellen Prinzipien. Keineswegs also nur zu den reicheren
Nachbarn. Dabei geht es nicht um eine Zivilisation, Kultur und um Werte, die
uns – nach dem Zusammenbruch des kommunistischen Systems – plötzlich
gefallen, sondern um eine Zivilisation, Kultur und um Werte, die wir als die
unseren empfinden, weil wir lange Jahrhunderte hindurch an ihrer Schaffung
20 beteiligt waren. Es geht also nicht um die Faszination durch eine andere Welt.
Es geht im Gegenteil um das Sehnen, nach Jahrzehnten unnatürlicher Abwei-
chung wieder auf den Weg zurückzukehren, der einst auch der unsere war.

(Rede von Václav Havel, 9.5.1991; http://www.karlspreis.de/de/preistraeger/vaclav-havel-
1991/rede-von-vaclav-havel [30.07.2018])

Der Weg zur Ost-Erweiterung der EU

Nach dem Ende der kommunistischen Regime 1989/90 wünschten die meisten
Menschen im östlichen Europa, dass ihre Länder sich schnell dem Westen nä-
hern und auch der EU beitreten sollten.

Dazu fehlten aber fast alle Voraussetzungen: Die Wirtschaft in den früher kommunistischen Staaten war überall staatlich gelenkt (Planwirtschaften), außerdem einseitig auf die ehemalige Vormacht Sowjetunion ausgerichtet und international überhaupt nicht konkurrenzfähig. Das bedeutete, dass die Wirtschaftssysteme erst „umgebaut", also in Marktwirtschaften umgewandelt
werden mussten, bevor an eine Aufnahme in die EU zu denken war. (Nur die
DDR wurde schon im Prozess der Vereinigung der beiden deutschen Staaten
1990 in die EU integriert.)

Die EU einigte sich im Juni 1993 auf drei Kriterien für die Aufnahme neuer Mitglieder: das eindeutige Bekenntnis zu Demokratie und Rechtsstaat, ein marktwirtschaftliches Wirtschaftssystem und die Bereitschaft zur Übernahme der
gesamten EU-Gesetzgebung (sog. Kopenhagener Kriterien).

In den beitrittswilligen Staaten mussten daher nicht nur die wirtschaftlichen
Strukturen verändert werden. Aus dem ersten Kriterium ergab sich, dass z. B.
eine unabhängige Justiz und eine leistungsfähige öffentliche Verwaltung ganz
neu aufzubauen waren. Das machte die Beitrittsverhandlungen langwierig und
kompliziert. Polen, die Tschechoslowakei, Ungarn, Slowenien und die balti-
schen Staaten erfüllten aus EU-Sicht die Beitrittsbedingungen spätestens
2004; im Falle Bulgariens, Rumäniens (EU-Aufnahme 2007) und Kroatiens
(2013) zogen sich die Verhandlungen noch länger hin. Über die Aufnahmean-
träge weiterer Balkanstaaten wird bis heute verhandelt.

Wie die „Alt-Mitglieder" die Osterweiterung sahen

Auch für die bisherigen EU-Staaten war der Prozess der Erweiterung nicht ohne
Komplikationen. Die meisten EU-Staaten fürchteten vor allem neue finanzielle
Belastungen, aber auch negative Folgen für den eigenen Arbeitsmarkt durch
den Zustrom billiger Arbeitskräfte aus den östlichen Ländern.

Tatsächlich half die EU mit einem gewaltigen Investitionsprogramm, die Infra-
struktur in den neuen Mitgliedstaaten zu entwickeln. Für den Arbeitsmarkt
setzte Deutschland Übergangsfristen durch, sodass Arbeitskräfte aus den östlichen Ländern erst verzögert in den Genuss der Freizügigkeit im europäischen
Binnenmarkt kamen. Dagegen war z. B. die britische Wirtschaft zunächst froh
über die Zuwanderung vor allem polnischer Fachkräfte.

**M 2 Horst Haitzinger (Deutsch-
land, 2004)**

Text: „Hurra, wir sind 25 Mann stark!"

„Hurra, wir sind 25 Mann stark!"

**M 3 Lubomir Lichý (Tschechien,
2004)**

Notiert,
a) wer die Zeichner der beiden Karikaturen sind;
b) welche Perspektive die Karikaturen einnehmen;
c) was die Grundaussagen/die „Botschaft" der jeweiligen Karikatur
   und die Absichten der Zeichner
   sind.

Die EU heute – Wir befragen einen Politiker

Geschichte befasst sich mit der Vergangenheit – normalerweise. In diesem Kapitel aber geht es um Gegenwart und Zukunft. Die EU bietet sich für einen solchen Perspektivwechsel an, weil „Europa" uns heute und in näherer Zukunft sicher weiter beschäftigen wird.

Nicht nur aus aktuellen Anlässen, z. B. der Wahl des Europäischen Parlaments, sind Parteienvertreter, Kandidaten oder Abgeordnete an Gesprächen mit jungen Leuten über „Europa" fast immer sehr interessiert. Das kann man nutzen: In der Diskussion mit einem solchen Gesprächspartner und Experten gewinnt man nämlich in jedem Fall bessere Einblicke in das politische Geschehen und die Kompetenz, in aktuellen Fragen mitzureden und vielleicht auch einmal „mitzuhandeln", also in der einen oder anderen Weise selbst mitzuwirken.

Auf solche Gespräche muss man sich allerdings vorbereiten, zum Beispiel anhand der folgenden Fragen:

- ● *Wie funktioniert die EU eigentlich heute?*
  (Und was will ich dazu im Detail von unserem Gesprächspartner erfahren?)

- ● *Auf welche Ursachen gehen die Krisen zurück, von denen tagtäglich in den Medien die Rede ist?*
  (Bei welchen Fragen verfügt unser Gesprächspartner vielleicht über besondere Erfahrung und Expertenwissen?)

- ● *Wie könnte es weitergehen mit Europa?*
  (Welche Position vertritt unser Diskussionspartner?)

Wichtig: Informiert euch vorab über euren Gesprächspartner, über seine Funktionen und Aufgaben. Nur so könnt ihr im Gespräch die richtigen Fragen stellen!

Ladet einen Abgeordneten des Europäischen Parlaments oder einen für „Europa" zuständigen Politiker aus eurer Region zu einer Diskussion in eurer Klasse oder Schule ein. Bereitet das Gespräch in folgender Weise vor:

1. Entscheidet zunächst, ob ihr euch gemeinsam und nacheinander mit allen drei Themenkreisen befassen oder ob ihr die Themen in drei Teams bearbeiten wollt:

Wie funktioniert die EU heute?	**Krisen überall? – Die EU in der Gegenwart**	**Wie weiter mit der EU?**

2. Wertet die Informationen auf den folgenden Seiten, bezogen auf die drei Leitfragen, nacheinander oder parallel in den jeweiligen Teams aus. Zieht dazu auch die methodischen Hinweise
   - zur Auswertung von Schaubildern (S. 316),
   - zum Umgang mit Darstellungstexten (S. 312 o.) und
   - zur Analyse von Quellen (S. 312 u.)
   in der Methodenwerkstatt heran.

3. Notiert die wichtigsten Ergebnisse und formuliert Fragen für das Gespräch bzw. die Diskussion in eurer Klasse. Am besten schreibt ihr eure Fragen auf Karteikarten auf. Wenn ihr in Gruppen gearbeitet habt, müsst ihr eure Ergebnisse den Mitschülerinnen und Mitschülern kurz vorstellen.

4. Besprecht in eurer Klasse eine „Strategie" für das Gespräch mit dem eingeladenen Politiker. Dabei solltet ihr euch über eure Erwartungen austauschen und Gesprächsthemen festlegen, vielleicht auch eine Reihenfolge der Themen.

M 1 Wer kümmert sich um was? Nationale und europäische Zuständigkeiten

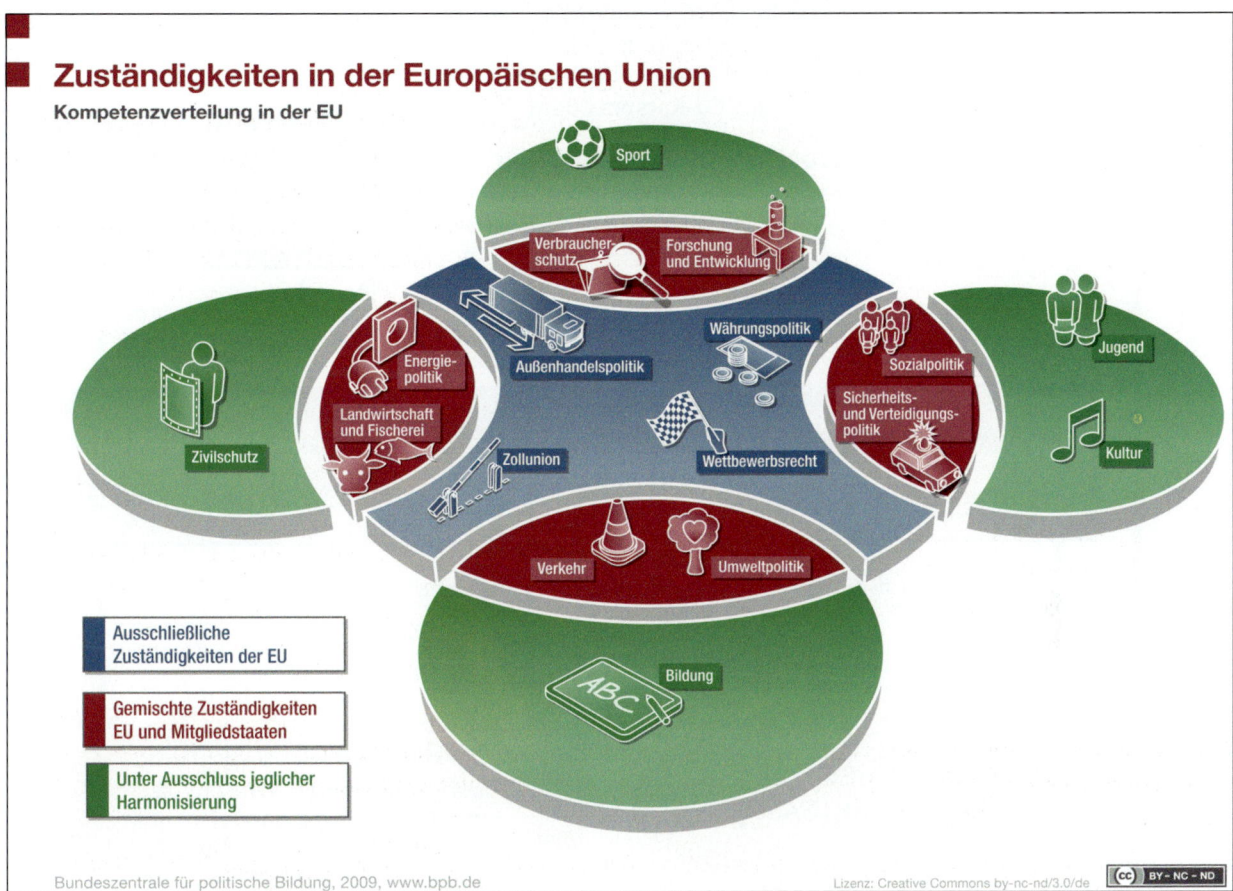

Zuständigkeiten in der Europäischen Union
Kompetenzverteilung in der EU

Sport

Verbraucher-schutz

Forschung und Entwicklung

Energie-politik

Außenhandelspolitik

Währungspolitik

Sozialpolitik

Jugend

Landwirtschaft und Fischerei

Sicherheits- und Verteidigungs-politik

Zivilschutz

Zollunion

Wettbewerbsrecht

Kultur

Verkehr

Umweltpolitik

Bildung

Ausschließliche Zuständigkeiten der EU

Gemischte Zuständigkeiten EU und Mitgliedstaaten

Unter Ausschluss jeglicher Harmonisierung

Bundeszentrale für politische Bildung, 2009, www.bpb.de

M 2 Was sind europäische Gesetze?

Zwei Arten der Gesetzgebung in der EU kann man unterscheiden:

➤ **EU-Verordnungen:** Sie gelten unmittelbar in jedem Mitgliedstaat.

Beispiele: Flugsicherheit, Handytarife im Ausland, Kennzeichnung von Lebensmitteln

5 ➤ **EU-Richtlinien:** Sie legen verbindliche Ziele fest; die Umsetzung ist jedoch der Gesetzgebung der Mitgliedstaaten überlassen.

Beispiele: Luftreinhaltung, Gleichbehandlung (Schutz vor Diskriminierung), Produkthaftung

Ein Beispiel: Die EU-Richtlinie zur Luftreinhaltung sieht bis 2030 eine Senkung

10 des Feinstaubausstoßes um 49 % (für Deutschland: 43 %) und der Stickoxide um 63 % (Deutschland: 65 %) vor. *Wie* die Reduktionsziele erreicht werden, bleibt den nationalen Parlamenten überlassen.

Wertet das Schaubild aus, indem ihr
a) die Aufteilung von Zuständigkeiten zwischen der EU und den Mitgliedstaaten herausarbeitet;
b) die Zuweisung der Zuständigkeiten begründet;
c) mögliche Konflikte in der Praxis benennt und erörtert.

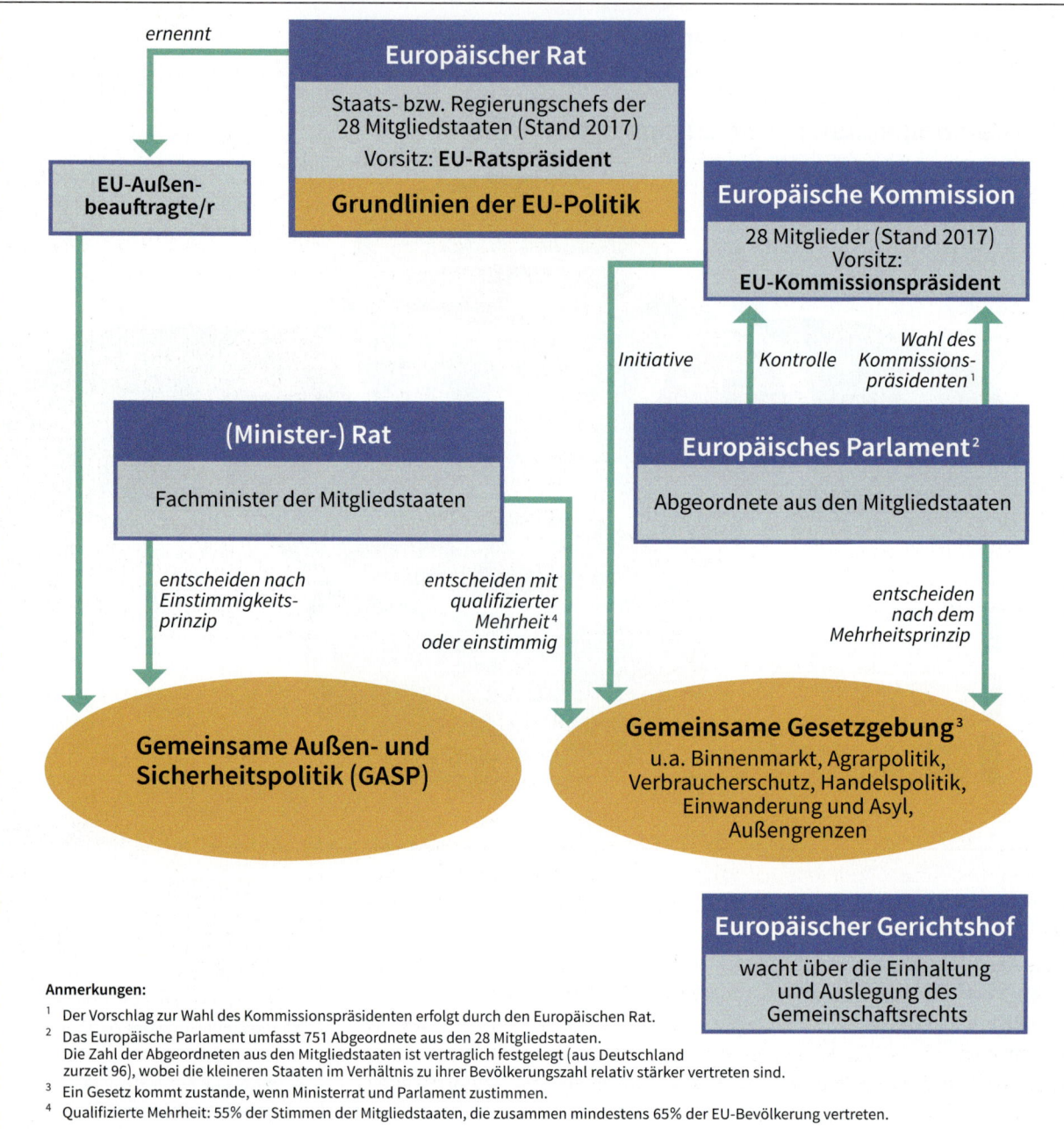

Europäischer Rat

Staats- bzw. Regierungschefs der 28 Mitgliedstaaten (Stand 2017)
Vorsitz: **EU-Ratspräsident**

Grundlinien der EU-Politik

ernennt

EU-Außen-beauftragte/r

Europäische Kommission

28 Mitglieder (Stand 2017)
Vorsitz:
EU-Kommissionspräsident

Initiative   *Kontrolle*   *Wahl des Kommissions-präsidenten* [1]

(Minister-) Rat

Fachminister der Mitgliedstaaten

Europäisches Parlament [2]

Abgeordnete aus den Mitgliedstaaten

entscheiden nach Einstimmigkeits-prinzip

entscheiden mit qualifizierter Mehrheit [4] *oder einstimmig*

entscheiden nach dem Mehrheitsprinzip

Gemeinsame Außen- und Sicherheitspolitik (GASP)

Gemeinsame Gesetzgebung [3]
u.a. Binnenmarkt, Agrarpolitik, Verbraucherschutz, Handelspolitik, Einwanderung und Asyl, Außengrenzen

Europäischer Gerichtshof

wacht über die Einhaltung und Auslegung des Gemeinschaftsrechts

Anmerkungen:

[1] Der Vorschlag zur Wahl des Kommissionspräsidenten erfolgt durch den Europäischen Rat.
[2] Das Europäische Parlament umfasst 751 Abgeordnete aus den 28 Mitgliedstaaten.
    Die Zahl der Abgeordneten aus den Mitgliedstaaten ist vertraglich festgelegt (aus Deutschland zurzeit 96), wobei die kleineren Staaten im Verhältnis zu ihrer Bevölkerungszahl relativ stärker vertreten sind.
[3] Ein Gesetz kommt zustande, wenn Ministerrat und Parlament zustimmen.
[4] Qualifizierte Mehrheit: 55% der Stimmen der Mitgliedstaaten, die zusammen mindestens 65% der EU-Bevölkerung vertreten.

So könnt ihr das Schaubild auswerten: Benennt die wichtigsten EU-Organe und haltet in Stichpunkten fest,

a) welche Zuständigkeiten sie besitzen;
b) wie die Zusammenarbeit zwischen den Organen geregelt ist;
c) wie und wodurch Konflikte entstehen können.

Thema 2: Krisen überall? – Die EU in der Gegenwart

Der „Brexit"

Juni 2016: Die Briten stimmen über den „Brexit" ab, den Ausstieg des Vereinigten Königreichs aus der EU. Überraschend erringen die EU-Gegner in der Abstimmung einen knappen Sieg. Junge Briten protestieren gegen das Ergebnis, weil viele von ihnen gegen den Brexit gestimmt haben – andererseits hat sich ein großer Teil der jungen Wähler am Referendum gar nicht beteiligt und somit den Älteren gewissermaßen die Entscheidung überlassen.

Das Brexit-Votum der Briten ist der erste Fall, in dem ein Mitgliedstaat der EU die Gemeinschaft wieder verlassen will – siebzig Jahre nach Churchills Rede über die „Vereinigten Staaten von Europa" und mehr als vier Jahrzehnte nach dem Beitritt Großbritanniens zur Gemeinschaft.

Die Verhandlungen über das Ausscheiden Großbritanniens aus der EU sind sehr kompliziert, weil die Mitgliedstaaten in den letzten Jahrzehnten stark zusammengewachsen sind. So sind in den Austrittsverhandlungen unendlich viele Sachgebiete betroffen: von Finanzfragen über Regelungen für den Handelsaustausch bis hin zu der Frage, ob junge Menschen künftig noch kostenlos in Großbritannien bzw. in der EU studieren können. Ergebnisse müssten bis zum Austrittszeitpunkt 2019 vorliegen.

Junge Briten protestieren gegen den Brexit.

Streit um die Zuwanderung

Meinungsforscher haben festgestellt, dass beim Brexit-Referendum in Großbritannien das Thema der Freizügigkeit eine wichtige Rolle gespielt hat: Viele Briten wollten vor allem die Zuwanderung von Arbeitskräften aus Osteuropa stoppen, die ein Resultat der Freizügigkeit im EU-Binnenmarkt ist.

Das Thema der Migration ist aber viel umfassender: Neben der Zuwanderung von Arbeitskräften aus EU-Staaten geht es um den Zustrom von Flüchtlingen aus anderen Teilen der Welt. Soll oder kann sich die EU gegen Zuwanderer abschotten? Vor allem rechte Parteien zweifeln an der Integrationsfähigkeit und -bereitschaft vieler Migranten und sehen die Zuwanderung auch als Sicherheitsrisiko; linke Parteien bringen eher humanitäre Argumente für die Aufnahme von Flüchtlingen vor.

In der EU lehnen die östlichen Mitgliedstaaten die Aufnahme muslimischer Flüchtlinge überwiegend ab. Eine Begrenzung der Flüchtlingszahl oder eine Zurückweisung von politisch Verfolgten stellt die EU insgesamt vor große Probleme, weil sich die Mitgliedstaaten in völkerrechtlichen Verträgen zur Einhaltung der Menschenrechte und zum Schutz verfolgter Minderheiten verpflichtet haben.

„Sandkastenspiele?"

Finanzkrise – Schuldenkrise – Krise des Euro?

Die Bewältigung der wirtschaftlichen Probleme zählt zu den größten Herausforderungen der EU in der Gegenwart. Krisensymptome waren in Europa seit dem Ausbruch der großen Finanz- und Wirtschaftskrise in den USA 2008 nicht mehr zu übersehen. Damals brach in New York die weltweit bedeutende Lehman-Bank zusammen; schnell gerieten auch europäische Banken ins Schlingern (und mussten mit staatlicher bzw. EU-Hilfe gerettet werden). Die Konjunktur in Europa brach ein, Arbeitslosigkeit und Staatsschulden wuchsen

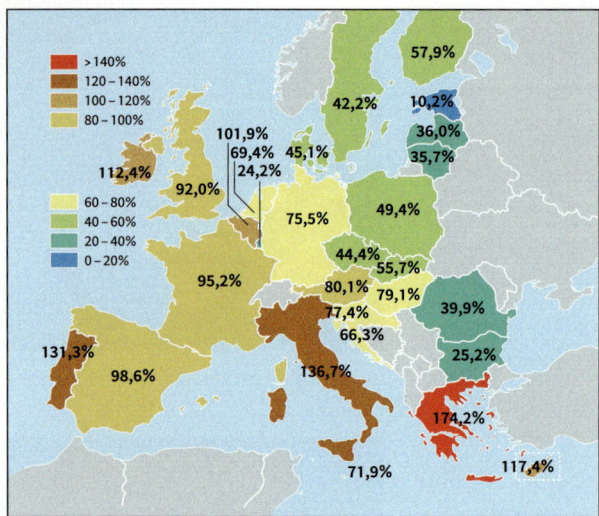

Staatsschuldenquote der europäischen Länder (in % des BIP)

Das Euro-Währungsgebiet

dramatisch an. Die Folgen zeigten sich z. B. in einer hohen Arbeitslosigkeit in vielen EU-Ländern. In einigen Staaten waren mehr als 40 Prozent der Jugendlichen ohne Job. Aber nicht alle Krisenerscheinungen waren auf den Crash von 2008 zurückzuführen:

> Besonders in den Südländern der EU stieg schon vorher die Verschuldung immer weiter an: Die Staatsausgaben und die Kosten der sozialen Sicherungssysteme waren, z. B. in Griechenland und Italien, weit höher als die laufenden Einnahmen.

> Auch aufgrund der niedrigen Zinsen seit Einführung des Euro kam es in vielen Ländern zu wirtschaftlichen Fehlentwicklungen. In Spanien entwickelte sich so im ersten Jahrzehnt des 21. Jahrhunderts eine „Immobilienblase", deren Folgen an nicht fertiggestellten Häusern und Hotels an Spaniens Küste bis heute zu sehen sind.

> In manchen Ländern wurden notwendige Anpassungsprozesse in der Boomphase nach der Jahrtausendwende auch einfach verpasst.

Im Mai 2010 kam es zu einer dramatischen Situation: Griechenland stand vor der Zahlungsunfähigkeit. Ein griechischer Staatsbankrott hätte Banken in ganz Europa, die dem griechischen Staat und griechischen Banken Kredite gegeben hatten, in größte Schwierigkeiten gebracht – das Ende des Euro drohte. In dieser Lage entschlossen sich die Staats-und Regierungschefs der Euro-Länder zu einer außergewöhnlichen Rettungsaktion: Für Griechenland – und in der Folgezeit für mehrere weitere Länder – wurden „Rettungsschirme" geschaffen, die mehrere Hundert Milliarden Euro umfassten. D. h.: Die EU-Länder stellten durch Bürgschaften, neue Kredite oder (teilweisen) Schuldenerlass die Zahlungsfähigkeit dieser Länder wieder her. Als stärkste Wirtschaftsmacht übernahm Deutschland den Löwenanteil dieser Verpflichtungen. Kritiker sahen hierin eine Verletzung der EU-Verträge, die eigentlich keine gemeinsame Haftung für Staatsschulden vorsehen.

Exportstarke Länder wie Deutschland haben durch den Euro aber auch profitiert: Mit der Euro-Einführung entstand eine stabile Währungszone, in der es keine Wechselkursschwankungen mit ihren negativen Folgen für die Wirtschaft mehr gibt. Andererseits haben die Euro-Staaten weniger Möglichkeiten, durch nationale Maßnahmen bis hin zur Abwertung der eigenen Währung die heimische Wirtschaft anzukurbeln.

Seit 2017 sind in vielen EU- bzw. Euro-Staaten Anzeichen einer wirtschaftlichen Erholung sichtbar. Gleichzeitig kommen neue Herausforderungen von außen auf die Gemeinschaft zu.

Gefahren von außen?

Schon vor der Jahrtausendwende konnte man sehen, dass die europäischen Staaten keine Antworten auf neu auftretende Krisen hatten, so bei den jahrelangen grausamen Kriegen im ehemaligen Jugoslawien. Heute steht die EU vor der Frage, wie sie auf russische Expansionsstrebungen, z. B. die Annexion der Krim-Halbinsel, reagiert oder mit den Krisen im Nahen Osten umgeht. Seit der Präsidentschaft Donald Trumps haben sich auch die Beziehungen zwischen den USA und der EU – besonders in Fragen der Handelspolitik und in Fragen des Klimaschutzes – verschlechtert.

Deshalb fordern einige Politiker seit Jahren eine aktivere und einheitliche Außenpolitik der EU – bis hin zum Aufbau einer eigenen europäischen Armee, wie sie schon einmal in den Fünfzigerjahren des letzten Jahrhunderts geplant war. Nationale Sonderinteressen verhindern aber bisher eine einheitliche EU-Politik; dabei wirkt sich auch das Einstimmigkeitsprinzip, das in Fragen der Außen- und Sicherheitspolitik immer noch gilt, lähmend aus.

Vom Vorbild zum Feindbild?

Im Jahre 2012 wurde die EU mit dem Friedensnobelpreis ausgezeichnet. Das Nobelpreiskomitee begründete die Ehrung mit der Rolle der EU bei der Sicherung des Friedens sowie mit ihrem Einsatz für Versöhnung, Menschenrechte und Demokratie in Europa. Von den Leistungen der EU wird aber heute immer weniger gesprochen. In vielen Staaten sind nationalistische und populistische Parteien stärker geworden, die einen Austritt aus der EU oder wenigstens einen „Rückbau von Europa" propagieren. Nationalistische Gruppen haben die EU teilweise sogar zu ihrem erklärten Feindbild gemacht.

Zu den bekannten Argumenten der EU-Skeptiker zählt die Kritik an der Bürokratie in „Brüssel": Entscheidungen der EU werden als bürgerfern oder demokratisch nicht hinreichend legitimiert dargestellt. EU-Befürworter halten dagegen, dass die Brüsseler Bürokratie als Zentralinstanz für 28 Einzelstaaten und über 500 Millionen Menschen zahlenmäßig nicht größer ist als die Bürokratie einer deutschen Großstadt und dass das Europäische Parlament laufend an Einfluss gewonnen hat. Manche EU-Kritiker fordern, Zuständigkeiten und Entscheidungen von der EU einfach wieder stärker in die Parlamente der Einzelstaaten (zurück)zugeben. Allerdings sind heute viele Probleme, z. B. bei Migrations- und Flüchtlingsfragen, in der Umwelt- und Klimapolitik, im Verbraucherschutz oder in der Handelspolitik, kaum im nationalen Rahmen lösbar.

Manchmal wird die EU aber auch ganz einfach zum Sündenbock für Fehlentwicklungen gemacht, die eigentlich von den nationalen Regierungen zu verantworten sind.

Reform der EU?

Der französische Präsident Emmanuel Macron ist seit seiner Wahl 2017 als energischer Befürworter einer EU-Reform aufgetreten, die die Gemeinschaft nach innen und außen stärken soll. Dabei denkt er an eine intensive Zusammenarbeit zwischen Frankreich und Deutschland, wie sie in den 1950er-Jahren am Beginn des europäischen Integrationsprozesses bestanden hat.

Ratspräsident Van Rompuy, Kommissionspräsident Barroso und EU-Parlamentspräsident Schulz bei der Preisverleihung 2012 in Oslo (der Friedensnobelpreis wird jährlich in Oslo verliehen, die übrigen Nobelpreise in der schwedischen Hauptstadt Stockholm).

1. Notiert,
   a) welche Krisenerscheinungen die EU in der Gegenwart belasten;
   b) auf welche Ursachen die Krisen zurückgehen;
   c) welche Argumente heute für und gegen die EU angeführt werden.

Tipp: Formuliert zur Vorbereitung auf das Gespräch mit dem Abgeordneten in kurzen Sätzen eure Einschätzungen zur Stichhaltigkeit der Argumente.

Thema 3: Wie weiter mit Europa?

M 4 Navid Kermani: Mehr Europa?

Der deutsch-iranische Schriftsteller Navid Kermani (geb. 1967 in Siegen) schreibt:

Er wolle von „großen Visionen, Konventen und Verträgen nichts mehr hören", sagt der [... niederländische Ministerpräsident] Mark Rutte [...]. Genau das haben wir nach der gescheiterten Verfassung[1] und nach jeder weiteren Krise gehört: noch weniger Europa, und um Gottes Willen keine Visionen. Ebendieser Pragmatismus, der ausschließlich auf die eigene, nationale Wählerschaft schielt, hat Europa handlungsunfähig gemacht. [...]

Doch, Herr Rutte, was Europa jetzt braucht, ist nichts weniger als eine Neugründung, ein gründlich durchdachtes, sorgfältig ausgearbeitetes Gebäude statt eines dauerhaften Provisoriums. Es braucht eine Verfassung, durch die seine Entscheidungen demokratisch legitimiert und transparent sind, es braucht ein Parlament, das den Namen verdient und so eine europäische Öffentlichkeit schafft, es braucht auf Dauer auch gesamteuropäische Parteien oder mindestens Parteienverbünde, die bei europäischen Wahlen tatsächlich gemeinsam antreten. Statt 28 Kommissaren braucht es handlungsfähige Organe und statt Vetorechten klare Regeln für Vertragsverstöße. Es braucht eine Ökonomie, die nicht nur einen gemeinsamen Markt, sondern eine gemeinsame Politik hat [...]. Europa kann auch in Zukunft eine Verheißung sein.

(Navid Kermani, Auf Kosten unserer Kinder; in: F.A.Z., Nr. 148/28. 6. 2016, S. 9. © Alle Rechte vorbehalten. Frankfurter Allgemeine Zeitung GmbH, Frankfurt. Zur Verfügung gestellt vom Frankfurter Allgemeine Archiv)

---

[1] Die geplante Verfassung für die gesamte EU scheiterte Anfang des Jahrtausends an Volksabstimmungen in Frankreich und den Niederlanden.

M 5 Thomas Schmid: Weniger Europa?

Der Autor (geb. 1945) ist Journalist und war u. a. Chefredakteur der „Welt".

Diese Vereinigten Staaten [von Europa] waren nie mehr als eine bunte Girlande am fernen Rand des Firmaments, die man vor allem in Festtagsreden pathetisch entrollte. [...] Europa kann sich um eine neue Staatenordnung bemühen. Es hatte und hat aber – unauflösbar verheddert in seine Zwistgeschichte – keine Möglichkeit, sich vollkommen neu zu schaffen [...]. Es kann sich nur verbessern, allmählich, Schritt für Schritt, pragmatisch und mit dem nüchternen Willen, im kleinen Ziel das große anzugehen.

Die Europäische Union ist kein Staat. Das gereicht ihr aber nicht zum Nachteil. [...] Die Europäische Union täte gut daran, in dieser Spur zu bleiben: Teilung der Macht, verschiedene Gravitationszentren und Gemeinschaftshandeln nur dort, wo es – wie in der Außen-, Sicherheits-, Verteidigungs- und Umweltpolitik – zwingend geboten oder – wie in der Forschungspolitik – eindeutig von Vorteil ist. [...]

Je unauffälliger eine von vielem Ballast befreite und auf das Wesentliche sich konzentrierende Union funktionieren würde, desto größer wäre die Wahrscheinlichkeit, dass auch Bürger, die heute geboren werden, sie in 20 Jahren als ein gutes, nützliches und nicht einengendes Gebilde akzeptieren, wie selbstverständlich. [...] Wollen wir dahin kommen, dann sollte bedacht werden: In mancher Hinsicht ist weniger Europa mehr Europa.

(Thomas Schmid, Europa ist tot, es lebe Europa! Eine Weltmacht muss sich neu erfinden, München (Bertelsmann) 2016, S. 221 ff., 232 f.)

---

1. Notiert in Stichpunkten,
   a) welche Vorstellung die Autoren Kermani und Schmid von „Europa" haben;
   b) welche Argumente sie im Einzelnen vorbringen.
2. Vergleicht die Ziele der Autoren miteinander.

M 6 Eine eigene Verteidigung/Armee für Europa?

a) Die deutsche Verteidigungsministerin Ursula von der Leyen in einem Interview:

ZEIT: Trump hat angekündigt, dass Europa sich um seine Probleme selbst kümmern oder zahlen muss. Ist das nicht im Grunde legitim?

Von der Leyen: [...] Spätestens seitdem der Kreml Grenzen missachtet, der IS uns terrorisiert und wir die Migration aus Afrika erleben, wissen wir Europäer,
5 dass wir schon selbst anpacken müssen. Die USA werden immer unser wichtigster und engster Partner sein, aber wir Europäer dürfen uns nicht länger ableiten von der Stärke Amerikas, von seinem Willen oder Unwillen, in der Welt Präsenz zu zeigen. Europa muss entscheiden, ob es selbst mitgestalten oder nur Spielball sein will.
10 **ZEIT:** Europa ist nicht gerade in Topform. Und nach dem Brexit wird es nur noch ein Europa der 27 sein.

Von der Leyen: Genau deshalb wollen Deutschland und Frankreich die Europäische Verteidigungsunion forcieren, eine deutlich enger abgestimmte und effektiver verzahnte Sicherheitspolitik als bisher. Für die Verteidigung des Terri-
15 toriums bleibt die Nato unverzichtbar. Aber die EU verfügt über zusätzliche Stärken, die das Militärbündnis Nato nicht besitzt: Neben 1,5 Millionen Soldaten hat sie ein breites Instrumentarium an zivilen Fähigkeiten. Nur ist das alles verstreut und hängt an losen Enden, die nicht miteinander kommunizieren. Wenn die Krise zuschlägt, sind wir quälend langsam. Das wollen wir ändern.

(Peter Dausend und Tina Hildebrandt im Gespräch mit Ursula von der Leyen: „Ein Weckruf",
in: DIE ZEIT, Nr. 48/17.11.2016)

b) Leitartikel in einer überregionalen Zeitung:

Es gibt schon lange viele gute Gründe, warum die EU eine größere Rolle in der Weltpolitik spielen sollte: Da sind etwa der Aufstieg von Schwellenländern wie China, der russische Revisionismus und die vielen Krisen in Arabien und Afrika. All das schreit geradezu nach einer gemeinsamen europäischen Antwort,
5 weil kein Mitgliedsland der EU stark genug ist, um seine Interessen auf nur einem dieser Felder alleine durchzusetzen. [...]
Worüber derzeit in Brüssel geredet wird, ist [aber] sicher nicht dazu geeignet, eine Supermacht zu begründen, auch wenn manche davon schwafeln. Mit einer verbesserten Planung von Missionen oder ein wenig mehr Rüstungs-
10 kooperation sind die EU-Staaten noch lange nicht in der Lage, die beiden wesentlichen Funktionen zu übernehmen, die derzeit die Vereinigten Staaten über die NATO liefern: das Führen anspruchsvoller Operationen und der Schutz des Bündnisgebiets. Für beides brauchten die Europäer viel stärkere konventionelle Kräfte; für die Abschreckung Russlands zudem eine nukleare
15 Kapazität, die weit über das hinausgehen müsste, was Briten und Franzosen zu bieten haben. [...]
Eine europäische Armee, die jetzt in Deutschland wieder gefordert wird, ist aber nicht nur aus materiellen Gründen eine Illusion. Wenn sie einsatzfähig sein und ernstgenommen werden soll, dann dürfte sie nicht dem Veto-Recht von 28, bald
20 27 Regierungen unterliegen. Voraussetzung für eine Armee wäre eine europäische Regierung. Dazu wird nicht einmal Trump die Europäer bringen.

(Nikolaus Busse, „Kleine Brötchen"; in: F. A. Z., Nr. 267/15. 11. 2016, S. 1. © Alle Rechte
vorbehalten. Frankfurter Allgemeine Zeitung GmbH, Frankfurt. Zur Verfügung gestellt vom
Frankfurter Allgemeine Archiv)

1. Listet die Argumente auf, die die Autoren in M 6 a und b für eine veränderte Rolle der EU in der Welt anführen.

2. Arbeitet heraus, wie die Autoren die Handlungsspielräume der EU einschätzen.

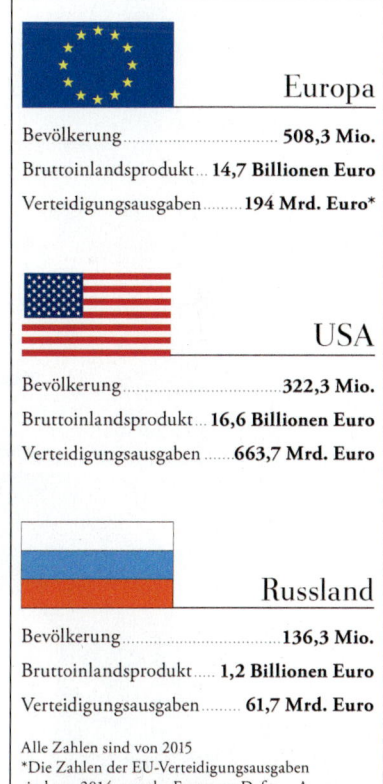

Europa

Bevölkerung	508,3 Mio.
Bruttoinlandsprodukt	14,7 Billionen Euro
Verteidigungsausgaben	194 Mrd. Euro*

USA

Bevölkerung	322,3 Mio.
Bruttoinlandsprodukt	16,6 Billionen Euro
Verteidigungsausgaben	663,7 Mrd. Euro

Russland

Bevölkerung	136,3 Mio.
Bruttoinlandsprodukt	1,2 Billionen Euro
Verteidigungsausgaben	61,7 Mrd. Euro

Alle Zahlen sind von 2015
*Die Zahlen der EU-Verteidigungsausgaben
sind von 2014, von der European Defense Agency
geschätzte Zahl für 2015: 200 Mrd. EUR

(ZEIT-Grafik, 17.11.2016)

Vereinte Nationen

An der Planung und Ausführung der UN-Wolkenkratzer am East River in New York – in einem exterritorialen Gelände – wirkten die berühmtesten Architekten der Zeit mit, unter ihnen der Amerikaner Wallace Harrison, der Schweizer Le Corbusier und der Brasilianer Oscar Niemeyer.

Die Skulptur „Non Violence" des schwedischen Künstlers Carl Fredrik Reuterswärd vor dem Hauptgebäude der Vereinten Nationen war ein Geschenk Luxemburgs.

Die UNO – Vision einer friedlichen Welt

One World – eine Welt: Das war die Idee, nach der US-Präsident Roosevelt die internationale Ordnung nach dem Zweiten Weltkrieg gestalten wollte. Das Ergebnis war die Gründung der Vereinten Nationen – engl: United Nations (Organization) – im Jahre 1945, mit deren Hilfe Konflikte zwischen den Staaten künftig mit friedlichen Mitteln und nach den Grundsätzen des Völkerrechts beigelegt werden sollten.

Heute, rund ein Dreivierteljahrhundert später, umfasst die UNO fast alle Staaten der Welt: Ihr Ziel, Kriege zu verhindern, hat sie nicht erreicht, aber die UNO spielt dennoch eine wichtige Rolle, wenn es darum geht, kriegerische Konflikte zu begrenzen und, soweit es geht, humanitäre Hilfen zu leisten. Darüber hinaus hat die Weltorganisation Aufgaben übernommen, die für das Weiterleben der Menschen auf dem Planeten Erde von Bedeutung sind.

- *Auf welchen Feldern ist die UNO überhaupt präsent und welche Rolle spielt sie dabei?*

- *Wie bewertet ihr Tätigkeit und Ergebnisse der UNO?*

Präsentiert im Rahmen eines Unterrichtsprojekts zum Thema „Die UNO – Visionen einer friedlichen Welt" Beiträge für eine Themenwand, auf der ihr wichtige Arbeitsfelder der UNO dokumentiert. Diskutiert anhand der vorgestellten Beispiele in einem Kreisgespräch Bedeutung und Wirksamkeit der Arbeit der UNO heute.

1. Informiert euch in Partnerarbeit aus dem Darstellungstext über die Geschichte der UNO und erarbeitet aus dem Text Kernbereiche ihrer weltweiten Arbeit. Erstellt dazu eine erste Übersicht, für die ihr diese Vorlage nutzen könnt.

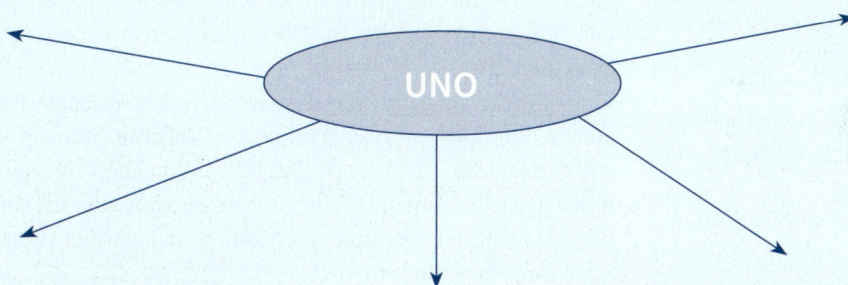

2. Bildet kleine Arbeitsteams, in denen ihr euch mit jeweils einem Bereich näher beschäftigt. Entnehmt wesentliche Fakten aus dem Darstellungstext und formuliert Fragen für eure weitere Arbeit. Entscheidet euch ggf. (und in Absprache mit eurer Lehrerin oder eurem Lehrer) für ein konkretes Beispiel einer UNO-Aktion, z. B. in einem Krisengebiet.

3. Recherchiert auf dieser Basis gezielt im Internet. Unter dem Webcode @ SNG-34530-049 findet ihr weitere Internetadressen.

4. Gestaltet euren Beitrag für die Themenwand und bereitet die mündliche Präsentation eurer Ergebnisse vor.

THE UNITED NATIONS FIGHT FOR FREEDOM

Die UNO – Gründung einer Weltorganisation

San Francisco, 26. Juni 1945: Die Vertreter von 50 Staaten unterzeichnen in der Stadt am Pazifik die Charta der Vereinten Nationen. Drei Monate später, am 24. Oktober 1945, tritt die UN-Charta in Kraft – das ist zugleich das offizielle Gründungsdatum der Weltorganisation, der heute 193 Staaten angehören.

Zur Vorgeschichte gehören die Atlantik-Charta (s. S. 252) und die Konferenz von Jalta, auf der sich die Siegermächte des Zweiten Weltkriegs über die Grundsätze der künftigen Weltorganisation verständigten. Im Unterschied zum Völkerbund nach dem Ersten Weltkrieg sollte mit den Vereinten Nationen ein den gesamten Erdball umspannendes Sicherheitssystem geschaffen werden. 1919 waren die USA noch dem Völkerbund ferngeblieben, jetzt übernahmen die Großmächte gemeinsam die Verantwortung für das Funktionieren der neuen Ordnung.

Die erste Generalversammlung der Weltorganisation fand 1946 in London statt. New York ist erst seit 1950 Sitz der UNO.

Organe der UNO: In der Generalversammlung sind alle Mitgliedstaaten mit Sitz und Stimme gleichberechtigt vertreten. Anders im Sicherheitsrat: Dieser hat fünf Ständige Mitglieder, nämlich China, Frankreich, Großbritannien, Russland (früher: Sowjetunion) und die USA, sowie zehn weitere Mitglieder, die für jeweils zwei Jahre gewählt werden. Die Beschlüsse (sog. Resolutionen) der Generalversammlung sind völkerrechtlich nicht bindend; dagegen kann der Sicherheitsrat Entscheidungen treffen, die von allen Staaten befolgt werden müssen. Allerdings steht den Ständigen Mitgliedern ein Vetorecht zu, das erhebliche Auswirkungen auf die Handlungsweise der UNO insgesamt hat. Ausführendes Organ der UNO ist der von der Generalversammlung gewählte Generalsekretär.

Der UN-Sicherheitsrat ist im Prinzip Wächter des Allgemeinen Gewaltverbots, das sich aus Art. 2, Ziffer 4 der UN-Charta ergibt: Dieses nimmt den Staaten das Recht zur Androhung und Anwendung militärischer Gewalt – es sei denn im Falle der Selbstverteidigung. Die Artikel 41 und 42 beschreiben die Mittel bzw. Sanktionen, die dem Sicherheitsrat zur Durchsetzung von Beschlüssen zur Verfügung stehen. Auch wenn das Gewaltverbot in vielen Fällen nicht durchgesetzt werden konnte und sich die Großmächte selbst in einigen Fällen (Irak-Krieg der USA 2003 und Russlands Vorgehen in der Ukraine) darüber hinweggesetzt haben, ist die „Grundidee, den Staaten die freie Verfügbarkeit über das Mittel des Krieges zu entziehen, zur weithin akzeptierten, fundamentalen Norm des modernen Völkerrechts geworden" (S. B. Gareis).

Friedensmissionen: Wichtiger Bestandteil im Rahmen der UN-Friedensbemühungen sind die Friedensmissionen. Da die UNO über keine eigenen Truppenverbände verfügt, ist sie darauf angewiesen, dass die Mitgliedstaaten Militärbeobachter oder leichtbewaffnete Einheiten („Blauhelme") zur Verfügung stellen (solche Aktionen werden mit dem Begriff *peacekeaping* bezeichnet). Erstmals geschah dies im Jahr 1948, um den Waffenstillstand nach dem ersten Krieg zwischen Israelis und Palästinensern abzusichern. Zwischen 1948 und 1988 führte die UNO insgesamt 13 solcher Friedensmissionen durch, die meisten davon in Afrika.

Nach dem Ende des Ost-West-Konfliktes stieg die Zahl solcher Missionen dramatisch an, vor allem weil die UNO sich jetzt verstärkt auch in Bürgerkriege

Nach **Art. 41 der UN-Charta** kann der Sicherheitsrat, um seinen Beschlüssen Nachdruck zu verleihen, nichtmilitärische Maßnahmen wie wirtschaftliche Sanktionen oder den Abbruch der diplomatischen Beziehungen beschließen.

Art. 42 erlaubt, sofern Maßnahmen nach Art. 41 nicht erfolgreich sind, militärische Maßnahmen unter Einsatz von Luft-, See- und Landstreitkräften von Mitgliedstaaten der Vereinten Nationen.

einschaltete und nach Lösungen für solche innerstaatlichen Konflikte suchte (*peacebuilding*). Erfolge solcher Missionen werden dabei öffentlich weniger wahrgenommen als schlimme Rückschläge, wie das Versagen in Somalia (1992–94) oder in Srebrenica (1995), wo UN-Blauhelme das von Serben verübte Massaker an über 8000 bosnischen Männern und Jungen nicht verhinderten. Auch im blutigen syrischen Bürgerkrieg konnte die UNO verheerende Angriffe auf Zivilisten und ein millionenfaches Flüchtlingselend nicht aufhalten.

„Positiver Friedensbegriff": Von Anfang an legte die UNO den Begriff des Friedens so aus, dass mit ihm nicht nur die Verhinderung militärischer Auseinandersetzungen gemeint war, sondern auch die Gewährleistung individueller Rechte. Das kommt in der Allgemeinen Erklärung der Menschenrechte (1948), die die universelle Geltung der Grundrechte zum Ausdruck bringt, in besonderer Weise zum Ausdruck. Auf dieser Linie lagen auch die 1951 verabschiedete Genfer Flüchtlingskonvention, eine Konvention über die Beseitigung der Frauendiskriminierung (1979) und die 1989 beschlossene Kinderrechtskonvention. 1963 verabschiedete die UNO eine Erklärung über die Beseitigung jeder Form von Rassendiskriminierung, was im Kampf gegen die Apartheid in Südafrika eine große Rolle spielte.

Durch das wachsende Gewicht von ehemaligen Kolonien kamen auch Fragen der Armutsbekämpfung und einer gerechteren weltwirtschaftlichen Verteilung des Reichtums auf die Tagesordnung der Generalversammlung: In der Millenniums-Erklärung aus dem Jahr 2000 formulierte die UNO verpflichtende Zielsetzungen im Bereich der Armutsbekämpfung. Durch zahlreiche Sonderorganisationen – z. B. das Kinderhilfswerk UNICEF, das Welternährungsprogramm WFP und die Weltgesundheitsorganisation WHO (die z. B. bei der weltweiten Seuchenbekämpfung eine herausragende Rolle spielt) – wird die UNO zum weltweit tätigen Akteur im Kampf gegen Hunger, Armut und Krankheit.

Klimaschutz: Auch die Bedrohung der Lebensgrundlagen auf der Erde durch Treibhausgase und andere Folgen der modernen Wirtschaft wurden zum Thema der UNO: Ein erster Durchbruch war das Kyoto-Protokoll zur Klimarahmenkonvention (1997). 2015 einigte sich die UN-Klimakonferenz in Paris auf den Beschluss zur Begrenzung der globalen Erwärmung auf weniger als 2 Grad Celsius – dieser Beschluss wurde in Industriestaaten, Schwellenländern und Entwicklungsstaaten gleichermaßen als entscheidende Wegmarke zu einer nachhaltigen Klimapolitik gewertet. Deshalb wurde auch fast überall in der Welt Kritik laut, als Präsident Trump für die USA den Ausstieg aus dem Klimaabkommen ankündigte.

Internationaler Strafgerichtshof: Im Jahre 2002 nahm der Internationale Strafgerichtshof in Den Haag seine Arbeit auf: Er geht auf UN-Bemühungen zurück, Kriegsverbrecher aus der Zeit des Jugoslawien-Konflikts und des Bürgerkriegs in Ruanda in den 1990er-Jahren zur Rechenschaft zu ziehen, ist aber als von der UNO unabhängiges überstaatliches Justizorgan konstruiert. Der Gerichtshof hat seit seinem Bestehen schon Urteile in einer Reihe von Verfahren wegen Völkermord und Verbrechen gegen die Menschlichkeit gesprochen. Allerdings sind bisher längst nicht alle Staaten dem Statut zur Einrichtung des Gerichtshofs beigetreten: Die USA, Russland und China fehlen auf der Liste. Die USA befürchten, dass ihre Soldaten aus „politischen Gründen" missbräuchlich vor ein solches Gericht gezogen werden könnten.

Notiert in Stichpunkten
a) den Aufbau der UN-Organisation;
b) Bereiche, in denen die UNO tätig ist;
c) Unterorganisationen der UNO und deren Aufgaben;
d) bedeutsame Abkommen, die auf Initiative der UNO zurückgehen.

**Sachkompetenz – Methodenkompetenz – Urteilskompetenz – Handlungs-
kompetenz:** Ich kann wichtige Etappen und Ziele der europäischen Einigung
benennen und darstellen.

Aus aktuellem Anlass will sich die Schülerzeitung eurer Schule mit einer stritti-
gen Frage aus dem Bereich der Europa-Politik befassen. Ihr seid Redakteure
der Zeitung und sollt – als Einleitung auf einer Seite – unter Nutzung grafischer
Mittel einen knappen Überblick über Stationen des Einigungsprozesses geben.

1. Erstellt ein Konzept für eure Kurzübersicht und überlegt, welche Stationen des
   Einigungsprozesses aus eurer Sicht erwähnt werden sollen.
2. Überlegt, welche Ziele in den einzelnen Etappen des Einigungsprozesses im Vordergrund standen, und notiert diese Ziele in eurem Konzept. Als Vorlage könnt
   ihr nachstehenden Entwurf nutzen; natürlich könnt ihr nach Belieben Veränderungen vornehmen.

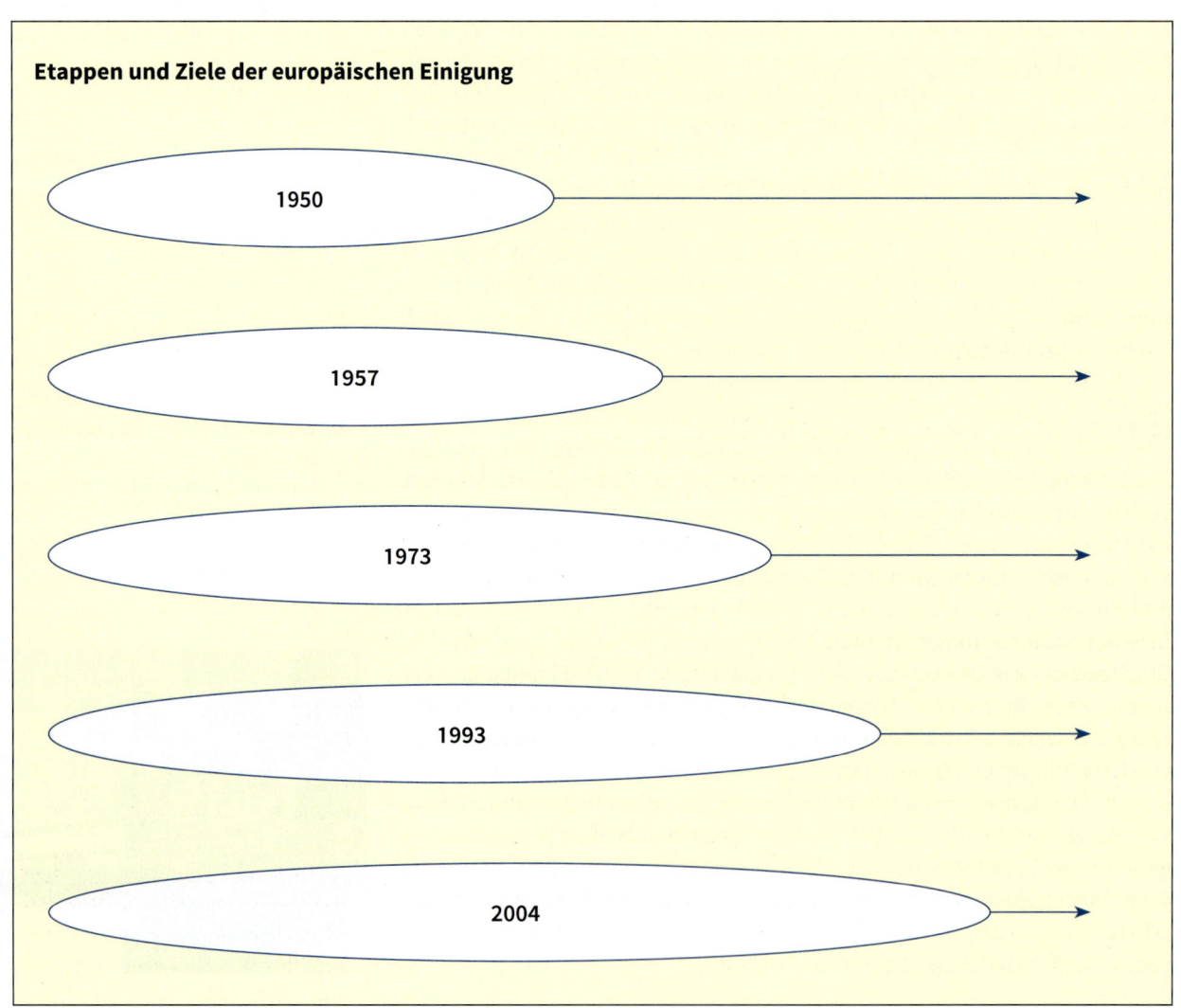

Etappen und Ziele der europäischen Einigung

1950

1957

1973

1993

2004

Sachkompetenz – Methodenkompetenz – Urteilskompetenz – Handlungskompetenz: Ich kann wichtige Fachbegriffe erläutern und erklären, in welchen Zusammenhängen im Bereich der internationalen Politik sie eine Rolle spielen.

Hier sind einige Fachbegriffe und Zusammenhänge, die erläutert und zugeordnet werden sollen (unterschiedliche bzw. Mehrfach-Zuordnungen sind nicht ausgeschlossen):

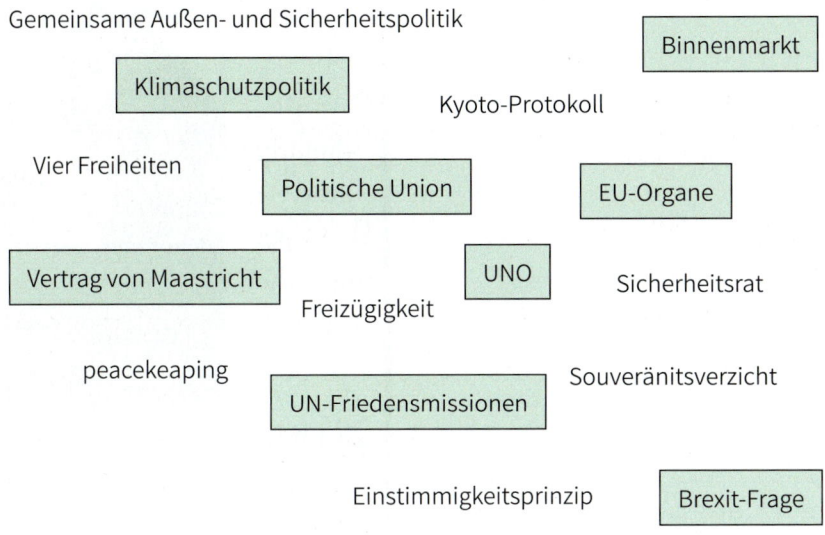

Gemeinsame Außen- und Sicherheitspolitik

Binnenmarkt

Klimaschutzpolitik

Kyoto-Protokoll

Vier Freiheiten

Politische Union

EU-Organe

Vertrag von Maastricht

UNO

Sicherheitsrat

Freizügigkeit

peacekeaping

UN-Friedensmissionen

Souveränitsverzicht

Einstimmigkeitsprinzip

Brexit-Frage

So könnt ihr vorgehen:

1. Bildet kleine Arbeitsteams; wählt in jedem Team zwei Begriffe aus und entscheidet euch, in welchem Zusammenhang (farbig unterlegte Kästchen) ihr diese erläutern wollt.

2. Arbeitet in zwei Schritten:
   a) Erläutert zunächst den Fachbegriff und den größeren Zusammenhang (Kontext), in den ihr den Begriff gestellt habt.
   b) Erörtert dann in eurem Team auch die Probleme, die sich aus dem politischen Kontext ergeben.

Notiert eure Ergebnisse in Stichwortform auf Karteikarten.

3. Tragt eure Ergebnisse in der Klasse vor und stellt sie zur Diskussion.

Nicht nur ein Ratespiel!

M Ein französischer Politiker schrieb im Jahr …

Die Gemeinschaft ist aber von einer Verwirklichung [ihrer Ziele] noch weit entfernt: Eine gemeinsame Konjunktur-, Industrie-, Regional- oder Sozialpolitik stecken noch in den Kinderschuhen, von einer gemeinsamen Energie- oder Währungspolitik kann noch nicht einmal die Rede sein, was insoweit völlig
5 irrsinnig ist, wenn man bedenkt, dass es sich hier um Bereiche handelt, die den Kern der augenblicklichen Krise bilden. [...]
Die Schwäche der Institutionen [der Gemeinschaft] ist offenkundig [...]: Die Ohnmacht der Kommission, der Mangel an demokratischer Kontrolle, die Lähmung des Ministerrates durch unregelmäßig stattfindende Sitzungen und
10 durch das Prinzip der Einstimmigkeit [...].
Am schlimmsten aber wirkt sich die Tatsache aus, dass sie sich nicht zu einer politischen Gemeinschaft entwickelt, was ursprünglich ihr vorrangiges Ziel gewesen ist [...]. Dieser wirtschaftliche Riese ist ein politischer Zwerg. Das kann nicht mehr lange gut gehen, ohne das Unternehmen insgesamt zu ge-
15 fährden.

(Zit. nach: Gerhard Brunn (Hg.), Die Europäische Einigung im 20. Jahrhundert – Ziele und Wege, Stuttgart (Klett) 1997, S. 96)

Lest den nebenstehenden Text. Gebt die zentralen Aussagen des Verfassers wieder und versucht, eine ungefähre Datierung vorzunehmen; begründet eure Meinung.

Selbstbild und Fremdbild in historischer Perspektive – Deutsche und Polen

Die **Steirische Völkertafel** entstand um 1720 in der Steiermark; von dem Gemälde (Öl auf Leinwand) existieren noch sechs Versionen.

Den Deutschen (Spalte 5) und Polen (Spalte 8) werden folgende Eigenschaften zugeschrieben (in der Senkrechten gelesen):

Sitten	Offenherzig	Bäuerisch
Natur und Eigenschaft	Ganz Gut	Noch wilder
Verstand	Witzig [Gewitzt]	Geringachtend
…Eigenschaften	Überall mit [dabei]	Mittelmäßig
Wissenschaft	Weltliche Rechte	Unterschiedl. Sprachen
… Kleidung	Macht alles nach	Langröckig
Untugend	Verschwenderisch	Prasser [verfressen]
[Vor]Lieben	Den Trunk	Den Adel
Krankheiten	Podagra (Gicht)	Durchbruch (Durchfall)
Ihr Land	Fruchtbar	Waldreich
Kriegstugenden	Unüberwindlich	Ungestüm
Gottesdienst [Religion]	Noch andächtiger	Glaubt allerlei
Erkennen als ihren Herrscher	Einen Kaiser	Einen Erwählten
Haben Überfluss	An Getreide	An Pelzen ??
Die Zeit vertreiben	Mit Trinken	Mit Zanken
Vergleich mit den Tieren	Einen Löwen	Einen Bär
Ihr Lebensende	Im Wein	Im Stall

...älisch	Teutscher	Engerländer	Schwöth	Boläck	Unger	Muskawith	Türk oder Grich
...nderhaltig	Offenherzig	Wohlgestalt	Stark und Groß	Bäurisch	Untreü	Boßhafft	Wie das Abrilweter
...fersichtig	Ganz Gut	Lieb-reich	Kraus-sam	Hochwilder	Aller Grausambst	Gut Ungerisch	Ein Lüng Teufel
...harffsinig	Wizig	Anmuthig	Hartknäkig	Hering Achtent	Nochweniger	Gar Nichts	Oben Auß
...iejederwill	Über Allsmit	Weiblich	Unerkendlich	Mittlmässig	Bluthbegirig	Unentflichrob	Zärt-lich
...fftlichen Rechte	Weltlichen Rechte	Welt Weis	Freuen Künsten	In Uterschidlichen Sprachen	Ladeinischer Sprach	Krichischer Sprach	Ein Falscher Bolliticus
...hrsam	Macht alles Nach	auf Französische art	Von Löder	Lang Röckig	Viel Färbig	Mit böcken	auf Weiber Art
...eilsichtig	Verschwenderisch	Unruhig	Aber Glauberisch	Braller	Veräther	Gar Veräterisch	Noch Veräterischer
...as Gold	Den Trunck	Die Wohllust	Köstliche Speisen	Den Adl	Die Aufruhr	Den Brügl	Selbsteigne Lieb
...bösser seüch	An bodogrä	Der schwindsucht	Der Wassersucht	Den Durchbruch	An der freis	An Reichen	An Schwachheit
ergözlich und Wohllüstig	Gut	Fruchtbaar	Bergig	Waldich	Frucht Und gold Reich	Voller Läx	Ein Liebreiches
...irsichtig	Uniberwindlich	Ein See Held	Unverzackt	Un Gestimt	Aufrirerisch	Miesamb	Gar faul
...was besser	Hoch Andächtiger	Derendärlich Wie der Mond	Eifrig in Glauben	Glaubt Allerley	Unmüessig	Ein Abtriniger	Gwen ein solchen
...en Bäterärch	Einen Käiser	bald den balt jene	Freüe Herrschaft	Einen Erwelden	Einen Unbeliebigen	Einen Freimiligen	Ein Thiran
...n Wein	An Geträid	An sich Weid	An Ärtz Kruben	An Böltzwerch	In Allen	An Immen	Und weichen sachen
...it schwätzen	Mit Trincken	Mit Arbeiten	Mit Essen	Mit zancken	Mit Müessigehen	Mit schlaffen	Mit Kränkeln
...nen Luchsen	Einen Löben	Einen Pferd	Einen Ochsen	Einen Bern	Einen Wolffen	Einen Esel	Einer Katz
...n Kloster	In Wein	In Wasser	Auf der Erd	Im stall	beym säwel	In schnee	In betrug

Polen und Deutsche – Geschichte einer „Erbfeindschaft"?

In den Beziehungen zwischen Völkern und Staaten spielen gegenseitige Wahrnehmungen eine wichtige Rolle. Solche Wahrnehmungen bzw. Wahrnehmungsmuster (Stereotype) stimmen nicht unbedingt mit den Tatsachen überein. Selbst- und Fremdbilder können sogar die Wirklichkeit grob entstellen – aber sie beeinflussen trotzdem das Denken und Handeln der Menschen.

Im Falle der beiden wichtigsten Nachbarn Deutschlands, Frankreich und Polen, haben sich Stereotype in der gegenseitigen Wahrnehmung über lange Zeiträume verfestigt. Das Verhältnis zwischen Deutschen einerseits und Polen oder Franzosen andererseits wurde von vielen Menschen als ein quasi natürlicher Gegensatz aufgefasst, für den sich sogar der Begriff der „Erbfeindschaft" einbürgerte.

In diesem Kapitel befassen wir uns mit Selbst- und Fremdbildern am Beispiel von Polen und Deutschen.

- *Wie haben sich Selbst- und Fremdbilder von Polen und Deutschen in den vergangenen Jahrhunderten entwickelt und verändert?*

Stellt die Entwicklung von Selbst- und Fremdbildern in der polnisch-deutschen Geschichte in der Form einer Stafettenpräsentation vor. Vergleicht eure Ergebnisse in einem anschließenden Kreisgespräch und erörtert Funktion und Wirkungen von Stereotypen im öffentlichen Bewusstsein.

1. Bildet kleine Arbeitsteams (2 – 3 Personen), die jeweils einen Zeitabschnitt und eine bestimmte Perspektive in den Blick nehmen. Wertet die Materialien zu eurem Teilthema in eurem Team aus.

2. **Wichtig:** Bereitet kurze Beiträge (Statements) von höchstens drei bis fünf Minuten Länge vor. Konzentriert euch deshalb auf den nach eurer Ansicht zentralen Aspekt für euer Teilthema. Ins Zentrum eurer Ausführungen könnt ihr ein Zitat oder auch ein Bild stellen.

3. Tragt eure Ergebnisse in der Klasse nacheinander vor und vergleicht sie; dabei können kurze Rückfragen der Mitschülerinnen und Mitschüler beantwortet werden.

Wie die Polen sich sahen: Selbstbild im „langen" 19. Jahrhundert	„Polnische Wirtschaft": Das deutsche Polenbild im 19. Jahrhundert	Vorbild oder Unterdrücker? Wie die Polen in der Kaiserzeit die Deutschen sahen
Verfeindete Nachbarn: Deutsche Reaktionen auf die polnische Staatsgründung	Polen in der Ideologie der Nationalsozialisten	„Noch ist Polen nicht verloren!" Wie die Polen auf Besatzung und Zerstörung reagierten

Wie die Polen sich sahen: Selbstbild im „langen" 19. Jahrhundert

Die Geschichte von Polen und Deutschen war seit dem Mittelalter auf vielfältige Weise miteinander verwoben. Friedliches Miteinander und kriegerische Auseinandersetzungen wechselten sich ab und nicht selten waren Fronten und Gegensätze gar nicht klar auszumachen: z. B. wenn der polnische Adel einen König aus Sachsen zum Herrscher Polens wählte oder wenn die überwiegend von Deutschen bewohnte Stadt Danzig sich unter den Schutz des polnischen Königs stellte. Am Ende des 18. Jahrhunderts aber änderten sich die Verhältnisse für die Polen grundlegend.

Die polnischen Teilungen: Seit 1772 teilten die Großmächte Russland, Österreich und Preußen den polnischen Staat in drei Schritten untereinander auf. Für 123 Jahre verschwand Polen von der europäischen Landkarte. In ganz Europa warben polnische Emigranten für die Idee der Freiheit Polens. In der Literatur der polnischen Romantik wurde die alte Größe Polens und der polnischen Kultur in höchsten Tönen beschrieben (M 1). Eine wichtige Rolle spielte der katholische Glaube, zu dem sich die große Mehrheit der Polen bekannte: Die Jungfrau Maria wurde als Königin und Retterin Polens verehrt.

In Polen kam es während des gesamten 19. Jahrhunderts immer wieder zu großen Aufständen, deren Ziel die Wiederherstellung eines eigenen polnischen Staates war. Aber die drei Teilungsmächte schlugen diese Aufstände, z. B. 1830/31 und 1863/64, erbarmungslos nieder.

Die drei Teilungen Polens im 18. Jahrhundert

M 1 Selbstbild der Polen im 19. Jahrhundert

Der berühmte polnische Schriftsteller Adam Mickiewicz schrieb 1832 in den „Büchern des polnischen Volkes und der polnischen Pilgerschaft":

Von Anfang bis zu Ende also war das polnische Volk dem Gott seiner Vorfahren treu. Seine Könige und Ritter griffen nie irgendein gläubiges Volk an, sondern verteidigten die Christenheit vor den Heiden und den Barbaren, die
5 die Sklaverei mit sich führten.
Und es zogen die polnischen Könige aus zur Verteidigung des Christentums in ferne Lande, König Wladislaw nach Warna und König Johann nach Wien[1], zur Verteidigung des Ostens und des Westens. [...]
10 Das polnische Volk ist nicht gestorben; sein Leib liegt im Grab, und seine Seele hat die Erde, das öffentliche Leben verlassen, um hinabzusteigen zum Abgrund [...]. Und am

dritten Tage wird die Seele in den Leib zurückkehren, und das Volk wird auferstehen, und es wird alle Völker Europas befreien. [...] Und wie mit dem auferstandenen 15 Christus die blutigen Opfer von der ganzen Erde verschwanden, so werden mit der Auferstehung des polnischen Volkes aufhören innerhalb der Christenheit die Kriege.

(Zit. nach: Enno Meyer (Hrsg.), Deutschland und Polen 1772–1914, Stuttgart (Klett) 1966, S. 38 f.)

---

[1] Schlacht gegen die Türken am Schwarzen Meer 1440 und Kampf um Wien im Jahre 1683

Notiert in Stichworten,
a) welches Bild Mickiewicz von seinen Landsleuten entwirft;
b) wie er Polens Zukunft sieht.

Residenz Kaiser Wilhelms II. in Posen

„Polnische Wirtschaft": Das deutsche Polenbild im 19. Jahrhundert

Nach den Teilungen Polens am Ende des 18. Jahrhunderts erschien der Freiheitskampf der Polen vielen Deutschen als Vorbild für den eigenen Kampf für einen Nationalstaat. Beim Hambacher Fest 1832 wehte die schwarz-rot-goldene Fahne der deutschen Nationalbewegung neben der rot-weißen polnischen Fahne. Aber seit den Tagen der Revolution 1848 drehte die Stimmung: Als es darum ging, ob die Provinz Posen dauerhaft zu einem deutschen Nationalstaat oder zu einem künftigen polnischen Staat gehören sollte, entschied sich die große Mehrheit der Abgeordneten der deutschen Nationalversammlung in der Frankfurter Paulskirche gegen die Polen (M 2).

Die Sicht der Polen im Kaiserreich: In der Zeit des Kaiserreichs wurde das Polen-Bild in Deutschland immer negativer. Besonders gängig und beliebt war das Stereotyp der „polnischen Wirtschaft", das schon Ende des 18. Jahrhunderts aufgekommen war: Es stand für Durcheinander und Desorganisation – dem stellte man das Bild eines ordentlichen und funktionierenden deutschen Wirtschaftslebens gegenüber. Politisch galten die – katholischen – Polen seit Bismarck als unzuverlässig, ja als „Reichsfeinde", weil sie am Ziel eines eigenen, unabhängigen Staates festhielten. Um die deutschen Ansprüche auf die östlichen Provinzen zu untermauern, ließ sich Kaiser Wilhelm II. in Posen sogar ein eigenes Schloss bauen.

Notiert in Stichwortform,
a) wie der Redner Deutsche und Polen bzw. ihr Verhältnis charakterisiert;
b) mit welchen Argumenten er die Aufteilung Polens rechtfertigt.

M 2 Aus der Rede des Abgeordneten Jordan in der Polendebatte der deutschen Nationalversammlung, 24. Juli 1848

Wilhelm Jordan (1819–1904) tritt in seiner Rede für die Eingliederung der mehrheitlich von Polen bewohnten Provinz Posen in das künftige Deutschland ein.

Ja, wir haben erobert. Die Deutschen haben polnische Länder erobert, aber diese Eroberungen sind auf einem Wege, auf eine Weise geschehen, dass sie nicht mehr zurückgegeben werden können. Es sind, wie man es schon so oft gesagt hat, nicht sowohl Eroberungen des Schwertes, als Eroberungen der Pflugschar. [...] Die Übermacht des deutschen Stammes gegen die meisten sla- 5
wischen Stämme, vielleicht mit alleiniger Ausnahme des russischen, ist eine Tatsache, die sich jedem unbefangenen Beobachter aufdrängen muss [...]. Ich behaupte also, die deutschen Eroberungen in Polen waren eine Naturnotwendigkeit. Das Recht der Geschichte ist ein anderes als das der Kompendien. Es kennt nur Naturgesetze, und eins derselben sagt, dass ein Volkstum durch 10
seine bloße Existenz noch kein Recht hat auf politische Selbstständigkeit, sondern erst durch die Kraft, sich als Staat unter andern zu behaupten. Der letzte Akt dieser Eroberung, die viel verschriene Teilung Polens, war nicht, wie man sie genannt hat, ein Völkermord, sondern nichts als die Proklamation eines bereits erfolgten Todes, nichts als die Bestattung einer längst in Auflösung 15
begriffenen Leiche, die nicht mehr geduldet werden durfte unter den Lebendigen. Denn in der Tat, ein Volk, das aus Edelleuten, Juden und Leibeignen bestand, war, nachdem eine langjährige Anarchie es verwildert, einer vernünftigen Freiheit unfähig, und konnte, als eine solche Freiheit zur Lebensbedingung wurde, nicht länger existieren. 20

(Stenographischer Bericht über die Verhandlungen der deutschen constituierenden Nationalversammlung zu Frankfurt am Main, 2. Band, Leipzig 1848, S. 1143 ff.; zit. nach: http://daten.digitale-sammlungen.de/~db/0001/bsb00011909/images)

Vorbild oder Unterdrücker? Wie die Polen in der Kaiserzeit die Deutschen sahen

In der zweiten Hälfte des 19. Jahrhunderts war das Deutschenbild der Polen, nicht einheitlich. Manche, vor allem gebildete Polen, bewunderten Fleiß, Zielstrebigkeit und wirtschaftlichen Erfolg der Deutschen; so konnten sie die Deutschen sogar als Vorbild für die Entwicklung der eigenen Wirtschaft und Nation nehmen. Dagegen sahen z. B. polnische Arbeitskräfte, die sich als Saisonarbeiter verdingen mussten, in ihren deutschen Arbeitgebern oft eher Unterdrücker und Ausbeuter.

Die meisten Polen legten großen Wert darauf, ihre kulturelle Identität zu bewahren. Deshalb provozierten die Bestrebungen des Kaiserreichs, in den östlichen Provinzen den Einfluss der polnischen Sprache und Kultur zurückzudrängen und das Deutschtum zu stärken (Germanisierung), zunehmend den Widerstand der Polen. Berühmt wurde der „Wreschener Schulstreik" im Raum Posen im Jahre 1901: Polnische Grundschüler wehrten sich gegen die Verfügung, den Katechismus auf Deutsch zu lernen,

und blieben dem Unterricht fern. Der Streik fand viele Nachahmer in den Grenzprovinzen – und überall reagierten die deutschen Behörden mit harten Strafmaßnahmen. Zunehmend entstand für die Polen ein Bild der Deutschen, die immer mit Härte und Rücksichtslosigkeit ihre eigenen Interessen durchsetzten.

Dieser Eindruck verfestigte sich nach Ausbruch des Ersten Weltkrieges 1914: Polen wurde zum Hauptkriegsschauplatz im östlichen Europa. Die Frontlinien zwischen den Mittelmächten (Deutschland und Österreich-Ungarn) und Russland befanden sich auf polnischem Gebiet und die polnische Bevölkerung bekam die verheerenden Folgen des Krieges zu spüren. Berichte über das brutale Vorgehen der deutschen Armee häuften sich und wurden in polnischen Zeitschriften aufgegriffen (M3). Der Wunsch vieler Polen nach einem eigenen Staat wurde so noch weiter bestärkt.

M3 **Polnische Karikatur zum militärischen Vorgehen der Deutschen zu Beginn des Ersten Weltkriegs**

Die Karikatur aus einer polnischen Zeitschrift vom 4.9.1914 bezieht sich auf das Vorgehen der deutschen Truppen, die die direkt hinter der Grenze zu Russisch-Polen gelegene Stadt Kalisch komplett zerstörten, wobei 250 Einwohner zu Tode kamen.

Übersetzung der Bildunterschrift:
Major Preusker: „So viel wird über die Größe der englischen, französischen und anderer Zivilisationen geredet, doch keine andere Nation auf der Welt vermag es, die Kultur so hoch zu halten wie wir Deutsche."

Formuliert in Stichworten,
a) was auf der Karikatur im Einzelnen zu sehen bzw. dargestellt ist, und erläutert die politischen Umstände, in denen sie entstanden ist;
b) worin die Kernbotschaft und Absicht des Zeichners bestehen.

Ostsee
Memel
Litauen
Kaunas
Wilna
Königsberg
Danzig
Minsk
Grodno
Deutsches Reich
Bialystok
Posen
Warschau
Pinsk
Brest
Kalisch
Lodz
Sowjetunion
Breslau
Polen
Kielce
Curzon-Linie
vom 08.12.1918
Prag
Krakau
Przemysl
Lemberg
Tarnopol
Brünn
Tschechoslowakei
Wien
Rumänien
Deutsche
Litauer
Weißrussen
Ukrainer

Polen nach dem Ersten Weltkrieg

Der Pole
ist arbeitsam,
ist freiheitsliebend und tapfer gegen seine Unterdrücker und Blutsauger,
DANZIG
BERLIN
POSEN
OBERSCHLESIEN
BRESLAU
ist edelmütig, denn er beläßt uns sogar Berlin,
sodaß die schönsten Hoffnungen für dieses wieder aufblühende, geeinte Volk berechtigt sind.

Verfeindete Nachbarn: Deutsche Reaktionen auf die polnische Staatsgründung

Im November 1918 entstand – 123 Jahre nach der Aufteilung des Landes – wieder ein unabhängiger polnischer Staat. Die Polen nutzten die Chance, die sich durch den Zusammenbruch Russlands, den Zerfall Österreich-Ungarns und die militärische Niederlage des Deutschen Kaiserreichs im Ersten Weltkrieg ergeben hatte. Noch waren allerdings die polnischen Grenzen unklar: Die neue Regierung Polens erhob Ansprüche auf die Provinzen Posen, Schlesien, West- und Ostpreußen, die bis zum Kriegsende zum Deutschen Reich gehört hatten.

In der Versailler Friedenskonferenz kamen die Siegermächte den polnischen Wünschen entgegen: Posen, Westpreußen, d. h. der sog. polnische Korridor, und Teile Schlesiens fielen an Polen. Die wichtige Hafenstadt Danzig wurde zur Freien Stadt. Die große Mehrzahl der Deutschen reagierte mit Ablehnung, die in Zeitungsartikeln und Karikaturen (M4) ihren Ausdruck fand. Die deutsch-polnischen Beziehungen der folgenden Jahre blieben von größtem Misstrauen geprägt.

M4 „Der Pole“

In der deutschen Satirezeitschrift „Kladderadatsch“ erschien Anfang 1919 diese Karikatur, die sich kritisch mit dem neuen Selbstverständnis der Polen befasst. Die Untertitel lauten:

Der Pole
ist arbeitsam,
ist freiheitsliebend und tapfer gegen seine Unterdrücker und Blutsauger,
ist edelmütig, denn er beläßt uns sogar Berlin,
sodaß die schönsten Hoffnungen für dieses wieder aufblühende, geeinte Volk berechtigt sind.

Notiert in Stichwortform Kontext und Thema der Karikatur und erläutert,
- a) welches Bild der Polen die Karikatur vermittelt;
- b) mit welchen Mitteln der Zeichner arbeitet (bezieht die Bildunterschriften ein).

Polen in der Ideologie der Nationalsozialisten

Die nationalsozialistische Ideologie übernahm das Negativbild der Polen, das sich in Deutschland über einen langen Zeitraum entwickelt hatte, und radikalisierte es noch im Bild der slawischen „Untermenschen". Dem stellte Hitler in seinen Reden und Schriften die Vorstellung von den Deutschen als „Herrenrasse" gegenüber.

Ideologie und Politik der Nationalsozialisten zielten darauf, den Deutschen „Lebensraum" im Osten zu erobern. Der schnelle Sieg der deutschen Wehrmacht nach dem Angriff auf Polen am 1. September 1939 machte es möglich, das nationalsozialistische Programm in die Tat umzusetzen: Polen wurde zum ersten Opfer der brutalen Besatzungspolitik des nationalsozialistischen Deutschland während des Zweiten Weltkriegs.

Welches Bild der polnischen Bevölkerung hatten die deutschen Besatzer und welche Rolle war den Polen zugedacht?

M 5 Aus einer Denkschrift Heinrich Himmlers, 1940

Heinrich Himmler, „Reichsführer SS" und Hauptverantwortlicher für die Politik der Vertreibung und Ausrottung von Slawen und Juden im östlichen Europa, beschreibt in einer Denkschrift, welche Rolle den Polen zugedacht ist:

Diese Bevölkerung [des Generalgouvernements, d.h. Rest-Polens] wird als führerloses Arbeitsvolk zur Verfügung stehen und Deutschland jährlich Wanderarbeiter und Arbeiter für besondere Arbeitsvorkommen (Straßen,
5 Steinbrüche, Bauten) stellen; sie wird selbst dabei mehr zu essen und zu leben haben als unter der polnischen Herrschaft und bei eigener Kulturlosigkeit unter der strengen, konsequenten und gerechten Leitung des deutschen Volkes berufen sein, an dessen ewigen Kulturtaten
10 und Bauwerken mitzuarbeiten und diese, was die Menge der Arbeit anlangt, vielleicht erst ermöglichen.

(Heinrich Himmler, „Gedanken über die Behandlung Fremdvölkischer im Osten". Denkschrift für Hitler, Mai 1940; zit. nach: Enno Meyer (Hg.), Deutschland und Polen 1914–1970, Stuttgart (Klett) 1983, S. 61 ff.)

M 6 Aus einer Denkschrift des Staatssekretärs Dr. Josef Bühler über die „Deutsche Ordnung im Generalgouvernement", 1942

Die seelische Veranlagung der Polen, ihr Hass und die vorangegangene Verhetzung ließen kein williges Eingehen

Polen 1939

auf die Tätigkeit deutscher Behörden erwarten. [...] Dieses Land, das die Polen im Eigeninteresse nicht recht bestellen konnten, das nahezu in allem noch in einer ausge- 5 sprochenen Frühstufe der Entwicklung steht, einer gesicherten, planmäßigen Wirtschafts- und Arbeitsentwicklung entgegenzuführen, konnte nur einer deutschen Vollverwaltung gelingen, die alle maßgeblichen öffentlichen Funktionen in deutsche Hände legte und nur die 10 rein technisch ausführende oder aber rein lokale Tätigkeit einheimischen Kräften überließ. Die Leistung, die anderswo möglicherweise von einer klar und nüchtern denkenden Bevölkerung zum eigenen Besten erbracht werden könnte, musste hier durch ein eisernes Netz von 15 Ordnungs- und Führungslinien erzwungen werden [...].

(Zit. nach: Meyer, a. a. O., S. 63)

1. Beschreibt in kurzer Form, um welche Quellengattung es sich handelt und wer die Autoren sind. Erläutert den historischen Kontext, in dem die Quellen entstanden sind.

2. Notiert in Stichworten oder kurzen Sätzen,
   a) welches Bild der polnischen Bevölkerung in den beiden Quellen vermittelt wird;
   b) welche Rolle die Autoren für die Polen vorsehen;
   c) welches Eigenbild der Deutschen zum Ausdruck kommt.

„Noch ist Polen nicht verloren!" Wie die Polen auf Besatzung und Zerstörung ihres Landes reagierten

„Noch ist Polen nicht verloren" – der Satz stammt aus einem bekannten Lied, das seit 1926 polnische Nationalhymne ist. Der Text des Liedes ist älter: Er entstand kurz nach den polnischen Teilungen im ausgehenden 18. Jahrhundert und drückte Anspruch und Willen der Polen aus, sich auch unter schwierigen Umständen als Nation zu behaupten.

In der kurzen Geschichte der Zweiten Polnischen Republik nach dem Ersten Weltkrieg bekam die Liedzeile noch einmal eine besondere Bedeutung. Polen war nach der Staatsgründung mit fast allen Nachbarstaaten verfeindet: Die größte Bedrohung ging von Deutschland aus, das den Verlust der im Versailler Vertrag an Polen verlorenen Ostprovinzen nie akzeptierte. 1934 schloss Polen zwar einen Nichtangriffspakt mit Hitler-Deutschland; aber für Hitler war der Vertrag nur ein Deckmantel für seine aggressiven Absichten.

Seit Ende 1938 verlangte Hitler von Polen ultimativ, einer Revision der territorialen Bestimmungen des Versailler Vertrags zuzustimmen. Die polnische Regierung weigerte sich jedoch, auf die Forderungen Hitlers einzugehen (M 7).

Im August 1939 verständigten sich die Sowjetunion und Deutschland in einem geheimen Zusatzprotokoll zum Hitler-Stalin-Pakt, Polen untereinander aufzuteilen. Auch die westlichen Garantiemächte Polens konnten dem Land nicht mehr helfen. Mit dem deutschen Angriff auf Polen im September 1939 war die kurze Geschichte der polnischen Unabhängigkeit schon wieder zu Ende.

Die Zeit der deutschen Besatzung: Mit der deutschen Besatzung begann eine Zeit schrecklichen Leidens für Polen: Deutschland gliederte die westlichen Provinzen dem Reich an und vertrieb große Teile der polnischen Bevölkerung. Zentralpolen wurde zum „Generalgouvernement", das nun von einem deutschen Militärkommandeur, Hans Frank, von Krakau aus regiert wurde.

Die Polen gaben nicht auf: In London arbeitete eine polnische Exilregierung. In Polen kämpfte eine Heimatarmee gegen die Besatzer und es entstand das eigentümliche Gebilde eines „Untergrundstaates", der am Anspruch der Polen auf Selbstbestimmung und Wiedererrichtung ihres Staates festhielt (M 8).

Ende des Zweiten Weltkriegs: 1945 war Polen ein geschundenes Land: Viele Städte und Verkehrsverbindungen waren zerstört, die Hauptstadt Warschau war nach dem Aufstand 1944 von den Deutschen in Schutt und Asche gelegt worden. Bis zu sechs Millionen Polen waren durch Krieg und Völkermord zu Tode gekommen. Der Hass auf „alles Deutsche" wurde auf lange Zeit zu einer Konstante der polnischen Nachkriegsgeschichte.

Das zerstörte Warschau

M 7 Erklärung des polnischen Außenministers Beck im Sejm, 5. Mai 1939

Die polnische Regierung lehnte Hitlers Forderungen nach einer Rückkehr Danzigs zum Reich und einer exterritorialen Verbindung nach Ostpreußen durch den polnischen Korridor ab. Vor dem Hintergrund wachsender Spannungen mit Deutschland gab der polnische Außenminister J. Beck im Sejm, dem polnischen Parlament, folgende Erklärung ab:

Der Friede ist eine kostbare und erwünschte Sache. Unsere durch den Krieg in Blut getauchte Generation verdient sicherlich eine Periode des Friedens. Doch der Frieden, wie fast alles in dieser Welt, hat einen hohen, aber doch berechenbaren Preis. Den Begriff des Friedens um jeden Preis kennen wir in Polen nicht.
5 Im Leben der Menschen, der Völker und der Staaten gibt es nur ein Gut, das keinen Preis hat: die Ehre.

(Zit. nach: Włodzimierz Borodziej, Geschichte Polens im 20. Jahrhundert, München (Beck) 2010, S. 189)

1. Benennt in kurzer Form, um welche Quellengattung es sich handelt und wer die Autoren sind. Beschreibt mithilfe des Darstellungstextes den historischen Kontext, in dem die beiden Quellen stehen.

2. Gebt in kurzen Sätzen die Hauptaussagen wieder, indem ihr
   a) zentrale Begriffe und Textstellen der Quellen wiedergebt;
   b) das hier zum Ausdruck kommende Selbstbild der Polen beschreibt.

M 8 Der polnische Widerstandskämpfer Jan Karski über Polens Widerstand gegen den Nationalsozialismus und den polnischen Untergrundstaat

Jan Karski (geb. 1914) war als polnischer Offizier im Untergrund tätig. 1943 schickte ihn die polnische Exilregierung in die USA, wo er Präsident Roosevelt über die Verbrechen der Nazis und den polnischen Untergrund informierte. Sein Buch „Story of a Secret State" erschien erstmals 1944 in den USA.

In Warschau war die Perspektive [...], dass man sich aktiv gegen die gigantischste und skrupelloseste Kriegsmaschine wandte, die es je gegeben hatte, während ganz Europa sich passiv verhielt oder Kompromisse schloss. Es war der erste Widerstand gegen die erdrückende Macht der Nazis – ein Wider-
5 stand, der sich nicht nur auf die Verteidigung Danzigs oder eines Korridors bezog, sondern auf die moralischen Grundsätze, die für das Zusammenleben der Nationen unabdingbar sind. Für uns in Warschau bedeutete dies, zu kämpfen und dabei tagtäglich das Leben Tausender Mitarbeiter des Untergrunds zu riskieren. Es bedeutete, dass wir trotz des Opfers von fünf Millionen Men-
10 schenleben bis in den Tod hinein an unsere gerechte Sache glaubten.
Mir wurde bald klar, dass die Außenwelt die beiden wichtigsten Prinzipien des polnischen Widerstands nicht nachvollziehen konnte. Sie würde nie verstehen und würdigen können, welche Opfer und welcher Heldenmut darin lagen, dass sich unsere gesamte Nation weigerte, mit den Deutschen zu kollaborie-
15 ren. Sie wusste weder den Umstand zu schätzen, dass unsere unnachgiebige Haltung Quislinge[1] in unseren Reihen verhinderte, noch hatte sie eine Vorstellung, was diese Haltung tatsächlich bedeutete. Die Tatsache, dass ein Staatsapparat im Untergrund normal funktionieren konnte, mit einem Parlament, einer Regierung, einem Justizwesen und einer Armee, war für sie reine Fantasie.
20 Manchmal hatten sogar emigrierte Polen Schwierigkeiten, sich die Situation in ihrem Land während des Krieges vorzustellen.

(Jan Karski, Mein Bericht an die Welt – Geschichte eines Staates im Untergrund, hrsg. v. Céline Gervais-Francelle, dt. Übersetzung von Franka Reinhart und Ursel Schäfer, München (Suhrkamp) 2011, S. 535 f.)

Ein Kämpfer der polnischen Heimatarmee während der Straßenkämpfe in Warschau, 1944

---

[1] Verräter, Kollaborateur (nach einem Norweger, der im Zweiten Weltkrieg mit den deutschen Besatzern kollaborierte)

Grenze Polens seit 1945
Grenze des Deutschen Reiches 1937
Ostgrenze Polens 1937

0   100   200
km   2743E_1

Grenzverschiebungen nach dem Zweiten Weltkrieg: Von Flucht, Vertreibungen und Umsiedlungen betroffen waren Deutsche und Polen.

Polen und Deutsche nach dem Zweiten Weltkrieg – (Wie) Lassen sich Stereotype überwinden?

Stereotypen und Feindbilder haben die Geschichte von Deutschen und Polen über einen langen Zeitraum geprägt und vergiftet. Die Verbrechen der nationalsozialistischen Herrschaft in Polen, aber auch die Folgen des Kriegs für die Deutschen, vor allem die Vertreibung von Millionen Menschen aus den früheren, heute zu Polen gehörenden Ostgebieten, waren eine fortwirkende schwere Belastung des Verhältnisses zwischen beiden Völkern.

Dennoch: Die Geschichte der letzten Jahrzehnte beweist, dass Feindbilder auch abgebaut werden können. Im Falle Polens machten die katholischen Bischöfe des Landes zwanzig Jahre nach Kriegsende den Anfang.

● *Wie lassen sich Stereotype in der Wahrnehmung anderer Völker überwinden?*

Präsentiert folien- oder plakatgestützt zwei **Positionspapiere**, auf denen ihr zwei Sichtweisen zum Thema „Polen und Deutsche nach dem Krieg – wie sich Stereotype und Feindbilder abbauen lassen" strukturiert darstellt und in einem **Kurzvortrag** erläutert. Vergleicht im **Kreisgespräch** die Vorschläge zur Überwindung von Stereotypen und diskutiert auf dieser Basis Chancen und Schwierigkeiten der Überwindung von Feindbildern und Stereotypen.

Lest beide Texte und und entscheidet, welchen ihr erarbeiten und präsentieren wollt (Gruppen oder Partnerarbeit). Wertet den Text aus und formuliert gemeinsam ein Positionspapier (**Tipp:** Methodenwerkstatt, S. 306).

Eine zusätzliche Möglichkeit …

Eine Arbeitsgruppe könnte nach weiteren Beispielen für Bedeutung/Wirksamkeit von Stereotypen im Verhältnis zwischen Großgruppen/Völkern/Staaten suchen und diese in Form von **Statements im Kreisgespräch** einbringen.

Polen und Deutschland nach dem Zweiten Weltkrieg

1944: Warschau wird auf Befehl Hitlers von deutschen Truppen fast vollständig zerstört.

1945: In den Konferenzen von Jalta und Potsdam beschließen die Siegermächte die sog. Westverschiebung Polens: Die polnischen Ostprovinzen fallen an die Sowjetunion; Polen erhält die deutschen Gebiete östlich von Oder und Neiße; Millionen Deutsche fliehen aus den ehemaligen Ostgebieten oder werden vertrieben.

1950: Die DDR erkennt im Görlitzer Vertrag die Oder-Neiße-Grenze als polnische Westgrenze an; die Bundesrepublik Deutschland lehnt die Anerkennung der Oder-Neiße-Grenze vor einem Friedensvertrag ab; bis 1972 gibt es keine diplomatischen Beziehungen zwischen der BRD und Polen.

1970: Bundeskanzler Brandt unterschreibt den Warschauer Vertrag, in dem beide Seiten die „Unverletzlichkeit der bestehenden Grenzen" und Gewaltverzicht erklären.

1990/91: Die Bundesrepublik erkennt nach der deutschen Vereinigung die Oder-Neiße-Grenze völkerrechtlich an; 1991 schließen Polen und Deutschland den Nachbarschafts- und Freundschaftsvertrag.

M 1 „Schreiben der polnischen Bischöfe an ihre deutschen Brüder im Hirtenamt", 1965

Die Bischöfe Polens luden mit diesem Schreiben die katholischen Bischöfe aus Deutschland zur Teilnahme an der Tausendjahrfeier der polnischen Kirche ein. Der Brief der polnischen Bischöfe wurde sofort nach Bekanntwerden von der kommunistischen Staatsführung Polens scharf kritisiert. Eine Einreise der deutschen Bischöfe wurde untersagt.

Nach alledem, was in der Vergangenheit geschehen ist [...], ist es nicht zu verwundern, dass das ganz polnische Volk unter dem schweren Druck eines elementaren Sicherheitsbedürfnisses steht und seinen nächsten Nachbarn im Westen immer noch mit Misstrauen beobachtet. 5 [...]

Die Belastung der beiderseitigen Verhältnisse ist immer noch groß und wird vermehrt durch das sogenannte „heiße Eisen" dieser Nachbarschaft; die polnische Westgrenze an Oder und Neiße ist, wie wir wohl verstehen, für 10 Deutschland eine äußerst bittere Frucht des letzten Massenvernichtungskrieges [...]. Für unser Vaterland, das aus dem Massenmorden nicht als Siegerstaat, sondern bis zum äußersten geschwächt hervorging, [aber] ist es eine Existenzfrage [...].

15 Und trotz alledem, trotz dieser fast hoffnungslos mit Vergangenheit belasteten Lage, gerade aus dieser Lage heraus, Hochwürdige Brüder, rufen wir Ihnen zu: Versuchen wir zu vergessen! Keine Polemik, kein weiterer kalter Krieg, aber Anfang eines Dialogs, wie er heute vom Konzil und von Papst Paul VI. angestrebt wird [...]. In diesem allerchristlichsten und zugleich sehr menschlichen

20 Geist strecken wir unsere Hände zu Ihnen hin in den Bänken des zu Ende gehenden Konzils, gewähren Vergebung und bitten um Vergebung.

(Zit. nach: Enno Meyer (Hg.), Deutschland und Polen 1914–1970, Stuttgart (Klett) 1983, S. 98 f.)

Fasst die Haltung der polnischen Bischöfe zusammen, indem ihr
a) den Inhalt des Briefes wiedergebt;
b) besonders auf die Wortwahl der Bischöfe eingeht;
c) zusammenfassend erläutert, worin das Außergewöhnliche des Vorgehens der polnischen Bischöfe liegt.

M 2 Der Historiker Hans-Henning Hahn über Stereotype in der Wahrnehmung anderer Völker

Negative Stereotypen anderer Völker werden meist historisch begründet: „Sie sind so, denn die Geschichte beweist, dass sie schon immer so waren." Negative Stereotypen von den anderen brauchen konfrontative Geschichtsbilder, die von ewigen Feindschaften erzählen. Wenn wir also auf der einen Seite die

5 negativen Stereotypen bekämpfen und ihre verhängnisvolle Wirkung auf die Menschen unterbinden wollen, dann müssen wir sie durch positive Stereotypen ersetzen [...].

Aber kann man die Geschichte als das Geschehene auf diese Weise vergewaltigen? Weder die Beteiligung zweier deutscher Großmächte am Untergang des

10 polnischen Staatswesens im 18. Jahrhundert noch die preußische Germanisierungspolitik, der Zweite Weltkrieg oder die Vertreibung der Deutschen aus den Ostgebieten nach 1945 kann man doch ungeschehen machen. Es geht nicht an, so zu tun, als ob Polen und Deutsche sich immer gut verstanden hätten. Die historische Wahrheit lässt sich nicht unterdrücken. Eine Geschichts-

15 klitterung bleibt auch dann eine Geschichtsklitterung, wenn sie aus guter Absicht geschieht. [...]

Aber wie Vergangenes erinnert wird, welche Deutung wir für uns dem Geschehenen geben, das bestimmen die Menschen in der Gegenwart, nach den Wertkategorien, die sie für sich und ihre Zukunft als relevant empfinden. [...]

20 Die Zukunft liegt sicherlich nicht in der Vergangenheit, indem wir uns sympathische Stimmen und Ergebnisse herausfischen und andere vergessen oder für unwesentlich erklären. Menschliches Leid und Irren und Scheitern gehören ebenso zur Geschichte. Aber wenn es uns gelingt, die Vergangenheit zu zivilisieren, indem wir sie geistig erfassen und nicht wild wuchern lassen, dann kann sie

25 zu einem Baustein der Zukunft werden. Die vollkommen neue Qualität der Beziehungen zwischen Polen und Deutschen seit den Sechzigerjahren erweist sich gerade in den Bemühungen um einen bewussten Umgang mit einer letztlich doch gemeinsamen Vergangenheit. Die [in den zurückliegenden Jahrzehnten erreichte] Offenheit des Dialogs zwischen Deutschen und Polen, seien es nun

30 Historiker, Publizisten oder Politiker, über alle diesbezüglichen Aspekte gilt in vielen anderen Ländern zu Recht als beispielhaft. Die Anstrengungen [...] und die Ehrlichkeit, mit der dabei von beiden Seiten vorgegangen wurde, geben Anlass zu berechtigten Hoffnungen, dass zumindest diese Lektion gelernt wurde.

(Hans-Henning Hahn, Belastung oder Herausforderung? In: Haus der Geschichte der Bundesrepublik Deutschland (Hg.), Annäherungen – Zbliżenia. Deutsche und Polen 1945–1995, Düsseldorf (Droste) 1996, S. 182 ff.)

Fasst den Gedankengang Hahns zusammen, indem ihr
a) den Aufbau der Argumentation und die Argumente des Autors detailliert wiedergebt;
b) erläutert, was der Autor unter „Geschichtsklitterung" versteht;
c) die vom Autor erwähnten Mittel zum Abbau von Stereotypen benennt.

Methodenwerkstatt

Informationen präsentieren

Präsentieren bedeutet Arbeitsergebnisse vorstellen und zeigen. Im Kern geht es darum, es Zuhörerinnen bzw. Zuhörern zu erleichtern, neue Informationen besser zu verstehen. Wir benutzen den Begriff „präsentieren", wenn wir gezielt verschiedene Medien einsetzen, um Sachverhalte optisch sichtbar zu machen und zu veranschaulichen. Wir „visualisieren" Sachverhalte oder Sachzusammenhänge, wie es in der Fachsprache heißt.

Zum Beispiel Vortrag: In einem Vortrag informiert ihr Zuhörerinnen und Zuhörer über ein bestimmtes ausgewähltes Thema. Wenn ihr dabei Medien zur Veranschaulichung eurer Ausführungen einsetzt, sprechen wir auch von einer Präsentation.

Arbeitsschritte	Präsentieren ...
1. Schritt: **Thema und inhaltliche Zielsetzung klären und festlegen**	➤ Zu welchem Thema will ich etwas vortragen bzw. zeigen? ➤ Wen will ich informieren? ➤ Welche wichtigen Informationen zum Thema sollen inhaltlich im Einzelnen dargestellt werden? ➤ Wie lassen sich die Informationen in der Abfolge logisch sinnvoll ordnen?
2. Schritt: **Präsentation gestalten**	➤ Überlegt, wie ihr die Informationen veranschaulichen wollt. ➤ Entscheidet, welche Medien ihr zur Visualisierung einsetzen wollt. Z. B.: Plakate, Folien, Wandzeitungen, Bilder, Skizzen, Schaubilder, Fotos, Grafiken, Tabellen. ➤ Gestaltet sie so, dass eure wichtigsten Aussagen vom Zuhörer und Betrachter schnell und übersichtlich erfasst werden können. ➤ Legt fest, welche Präsentationsmedien ihr nutzen wollt. Ihr habt verschiedene Möglichkeiten. Z. B.: Wandtafel, Pinnwand, Flipchart, Stellwand, Overhead-Projektor, Beamer.
3. Schritt: **Präsentation einüben**	➤ Probt eure Präsentation mit Partnerinnen bzw. Partnern oder in einem kleinen Kreis, bevor ihr sie vor der Klasse oder einer anderen Öffentlichkeit vorstellt.
4. Schritt: **Präsentation durchführen**	➤ Stellt eure Präsentation vor der Klasse oder einer anderen Öffentlichkeit vor. ➤ Sprecht möglichst frei. Lest nicht ab. Das heißt nicht, dass ihr nicht gelegentlich auf eure Aufzeichnungen (Karteikarten, Merkzettel) schauen dürft. Versucht, dies so wenig wie möglich zu tun.
5. Schritt: **Fragen**	➤ Gebt den Zuhörern am Ende eurer Präsentation die Möglichkeit zu inhaltlichen Nachfragen. ➤ Ihr könnt, wenn es in der Sache sinnvoll ist, auch Zeit für eine anschließende Diskussion einplanen. ➤ Bittet die Zuhörer um ein kurzes „Feedback", – ob alles verständlich war; – ob sie gut folgen konnten; – ob die Visualisierung anschaulich und hilfreich war; – was verbessert werden könnte.

Mit Karteikarten einen Kurzvortrag halten

In einem Vortrag wollen wir für Zuhörer Sachzusammenhänge mündlich darstellen. Wir vermitteln ihnen auf diesem Weg Informationen, die sie sich sonst selbst erarbeiten müssten. Wichtig für den Erfolg eines Vortrags ist, dass die Zuhörer den Ausführungen auch gut folgen können.

Dies gelingt dir, wenn

➢ du gut strukturiert, d. h. geordnet, vorträgst;

➢ deine Ausführungen klar gegliedert sind (z. B. wenn du zu Beginn das Thema oder auch die Leitfrage/n und die Gliederung deines Vortrags vorstellst);

➢ du die wesentlichen Informationen, sachlich, verständlich und anschaulich vorträgst;

➢ du frei vorträgst und nicht nur abliest.

Die Voraussetzung ist eine gute Vorbereitung. Dazu benötigst du ein geordnetes Konzept, in dem du die Gliederung des Vortrags und die Kernaussagen schriftlich festhältst.

Arbeitsschritte **Sechs Schritte zur Erstellung eines Vortragsmanuskripts**

Jemand, der einen Vortrag hält, kann nicht alles im Kopf haben. Es empfiehlt sich, die wichtigsten Informationen auf Karteikarten zu schreiben. Karteikarten haben den Vorteil, dass sie eine praktische Größe haben und dass man beim Vortragen umsortieren und leicht verändern kann.

1. Schritt:	Überlege, welche Aspekte du zu deinem Thema ansprechen möchtest.
2. Schritt:	Lege für jeden Aspekt eine Karteikarte an. Die Überschrift notierst du oben auf der Karteikarte.
3. Schritt:	Sammle aus dem zum Thema zur Verfügung stehenden Material zu jedem Aspekt die wichtigen Einzelinformationen. **Tipp:** Schreibe sie zunächst auf Zettel und nicht gleich auf Karteikarten.
4. Schritt:	Übertrage die zusammengestellten Einzelinformationen auf die Karteikarten. Wähle eine sinnvolle Reihenfolge. Beschrifte deine Karteikarten nur einseitig in Form von Stichwörtern. Notiere Kernaussagen und Schlüsselwörter, nutze Pfeile oder Verbindungslinien, um Zusammenhänge zu markieren. Notiere auch, an welchen Stellen und wie du eventuell Bilder zur Veranschaulichung einsetzen möchtest. **Wichtig:** Schreibe groß und deutlich!
5. Schritt:	Bringe alle Karteikarten in eine sinnvolle Reihenfolge: Mit welchem Aspekt möchtest du deinen Vortrag beginnen? In welcher Reihenfolge fortfahren? Nummeriere die Karten entsprechend.
6. Schritt: Überprüfung	Hast du alles Wichtige aufgenommen? Fehlt etwas? Gibt es überflüssige Überschneidungen? Stimmt die Dauer des Kurzvortrags (zu kurz, zu lang)? Eventuell letzte Korrekturen vornehmen.

Ein „Handout" erstellen

Manchmal fragt ihr euch sicher, warum ihr überhaupt ein „Handout" (Handzettel) zusätzlich zu einem Vortrag bereitstellen sollt und was der Sinn und Zweck ist. Handouts sind gedacht als eine Form der Serviceleistung für eure zuhörenden Mitschülerinnen und Mitschüler. Ein Handout hilft den Zuhörer/innen, den Ausführungen des oder der Vortragenden besser folgen zu können. Es entlastet die Zuhörer/innen von aufwendigem Mitschreiben. Sie können entspannter zuhören und folgen. Zudem ermöglicht es den Zuhörer/innen, zentrale Inhalte einer mündlichen Präsentation, z. B. eines Vortrags, später noch einmal nachzulesen.

| **Arbeitsschritte** | **Ein Handout erstellen** |

Ein Handout sollte so angelegt sein, dass es für die Zuhörerinnen und Zuhörer, in eurem Fall in der Regel Mitschülerinnen und Mitschüler, eine wirklich informative inhaltliche Hilfestellung darstellt. Dazu muss ein gutes Handout verständlich formuliert und logisch gegliedert sein. Das heißt:

1. Inhalte	● Auf einem Handout müsst ihr die wichtigsten Aspekte und Erkenntnisse eurer Ausführungen in knapper Form festhalten. Dabei sollte ein „roter Faden" erkennbar sein. ● Auch Bilder, Tabellen und Grafiken, die zentraler Bestandteil eurer Präsentation sind, können in manchen Fällen Bestandteil des Handouts sein.
2. Gliederung	● Sinnvoll ist, sich für eine überschaubare Anzahl von Aspekten zu entscheiden und diese mit Unterpunkten weiter zu differenzieren. ● Das Thema eurer Ausführungen ist der Titel des Handouts. ● Die Gliederung soll klar und übersichtlich sein. ● Eine Strukturierung ist mit römischen oder arabischen Ziffern oder auch mit Kleinbuchstaben möglich. ● Für die Kennzeichnung weiterer Unterpunkte bieten sich Aufzählungszeichen an. **Tipp:** In manchen Fällen bietet sich auch die Form einer Mindmap (s. S. 282) oder Conceptmap (s. S. 283) als Grundstruktur für die Anlage eures Handouts an.
3. Form und Gestaltung	● Für die Gestaltung gilt als Grundregel, dass sie übersichtlich und einheitlich sein sollte. ● Auf verschiedene Schriftarten sollte verzichtet werden. Entscheidet euch für eine Schrifttype, die gut lesbar ist. ● Hervorhebungen werden entweder durch **Fettdruck**, <u>Unterstreichungen</u> oder *Kursivdruck* deutlich gemacht. ● Inhalte können in Stichworten, Halbsätzen oder ganzen Sätzen dargestellt werden. Auch hierbei müsst ihr auf Einheitlichkeit achten. ● Sprachliche Richtigkeit ist ein unbedingtes Muss. ● Aussagen und Positionen fremder Autoren, auf die ihr euch bezieht, müsst ihr durch eine Literaturangabe klar kennzeichnen.

Eine Mindmap erstellen

Was ist eine Mindmap?

Wörtlich übersetzt bedeutet der Begriff Mindmap Gedächtnislandkarte oder Gedankenlandkarte. Mithilfe einer Mindmap kann man Informationen und Arbeitsergebnisse in eine bestimmte Ordnung (Struktur) bringen und übersichtlich darstellen. Mindmaps stellen ein gutes Konzept als Vortragsgrundlage für mündliche Präsentationen dar. Zudem sind sie auch nützliche Lern- und Merkhilfen.

Später, wenn man die Mindmap erneut betrachtet, kann man sich die Sachverhalte und die Zusammenhänge schnell wieder vor Augen führen und in Erinnerung rufen.

In ihrer Anlage erinnert eine Mindmap an einen Baum, der aus der Vogelperspektive gesehen wird. Wir sehen einen Stamm, von dem Hauptäste, Nebenäste und Zweige in vielerlei Richtungen abzweigen. Wie der Stamm in der Mitte des Baumes, so steht bei einer Mindmap das Gesamtthema in der Mitte. Von dort aus gehen, wie große Äste von einem Baum, wichtige Unterthemen ab. Wie kleinere Nebenäste und Zweige an den großen Ästen eines Baumes, können diesen Unterthemen einzelne Aspekte oder Stichworte zugeordnet werden.

Ganz wichtig ist dabei, dass die Formulierungen zu den Haupt-, Nebenästen und Zweigen inhaltlich klar erkennbare Bezüge aufweisen.

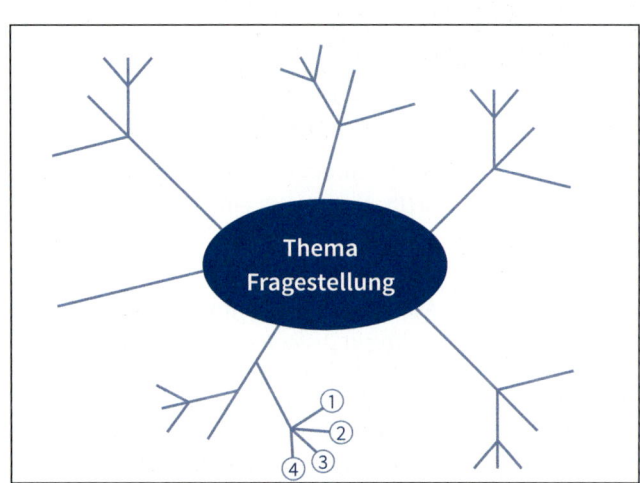

Arbeitsschritte	Eine Mindmap erstellen
1. Schritt: **Das Hauptthema formulieren**	Im Mittelpunkt, dem Stamm, steht immer das Thema. Dies kann auch als Fragestellung oder Problem formuliert werden. Bei der Anlage und Gestaltung einer Mindmap gehen wir immer vom Zentrum aus. Schreibe also das Thema in die Mitte des Arbeitsblattes.
2. Schritt: **Hauptäste anlegen**	Überlege, in welche Teilbereiche (Hauptaspekte, Oberthemen) sich das Thema untergliedern lässt. Zeichne dazu für jeden Hauptaspekt des Themas oder Problems, um das es geht, einen Hauptast. Beschrifte jeden Hauptast mit den jeweiligen Hauptaspekten. **Wichtig:** Keine Sätze, nur kurze Überschriften in Form von Stichworten! Diese nennen wir **Schlüsselworte**. **Tipp:** Du kannst für die Hauptäste verschiedene Farben wählen.
3. Schritt: **Nebenäste anlegen**	Überlege, welche näheren Informationen zu den Hauptästen aufgenommen werden sollen. Zeichne dafür Nebenäste, die von den jeweiligen Hauptästen abzweigen. Formuliere für jeden Nebenast entsprechende Teilaspekte. **Wichtig:** Hier gilt das Gleiche wie bei den Hauptästen: keine Sätze, nur kurze Überschriften in Form von Stichworten!
4. Schritt: **Zweige hinzufügen**	Wenn weitere Informationen zu den Teilaspekten, die du auf den Nebenästen notiert hast, hilfreich und notwendig sind, zeichne Zweige, die von den Nebenästen abgehen. **Wichtig:** Auch hier gilt: keine Sätze, nur kurze Überschriften in Form von Stichworten!

Eine Conceptmap erstellen

Was ist eine Conceptmap?

Eine Conceptmap ist in ihrer Grundstruktur einer Mindmap sehr ähnlich. Ein entscheidender Unterschied zwischen einer Conceptmap und einer Mindmap liegt darin, dass die Verbindungen zwischen den Schlüsselbegriffen bei einer Conceptmap beschriftet sind. Beschriftet werden die Verbindungen mit Verben oder Adjektiven.

Conceptmaps eignen sich gut zur Erarbeitung von schwierigeren Inhalten. Mit ihnen könnt ihr Zusammenhänge und zeitliche Abläufe sichtbar machen.

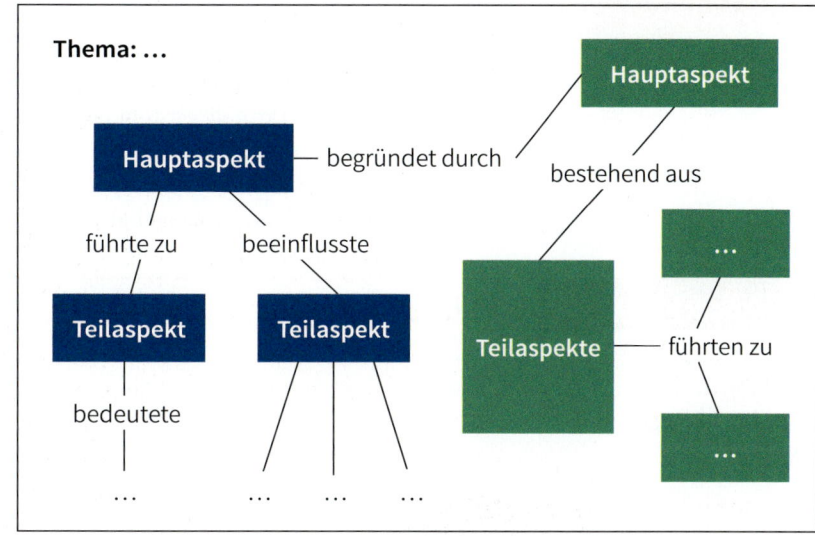

Arbeitsschritte	Eine Conceptmap erstellen
1. Schritt: **Hauptäste anlegen**	Im Gegensatz zu einer Mindmap kann auf das räumlich im Zentrum angelegte Schlüsselwort verzichtet werden. Überlege also, in welche Teilbereiche (Hauptaspekte, Oberthemen) sich das Thema untergliedern lässt. Zeichne dazu für jeden Hauptaspekt des Themas oder Problems, um das es geht, einen Hauptast und beschrifte ihn. **Wichtig:** Keine Sätze, nur kurze Überschriften in Form von Stichworten! Diese nennen wir **Schlüsselworte**. **Tipp:** Du kannst für die Hauptäste verschiedene Farben wählen
2. Schritt: **Nebenäste anlegen**	Überlege, welche näheren Informationen zu den Hauptästen aufgenommen werden sollen. Zeichne dafür Nebenäste, die von den jeweiligen Hauptästen abzweigen. Formuliere für jeden Nebenast entsprechende Teilaspekte. Nun kannst du an die Verbindungslinien zwischen den Haupt- und Teilaspekten Verben oder Adjektive notieren, die die Beziehung zwischen den Ästen beschreiben. **Wichtig:** Hier gilt das Gleiche wie bei den Hauptästen: keine Sätze, nur kurze Überschriften in Form von Stichworten!
3. Schritt: **Zweige hinzufügen**	Wenn weitere Informationen zu den Teilaspekten, die du auf den Nebenästen notiert hast, hilfreich und notwendig sind, zeichne Zweige, die von den Nebenästen abgehen. Beschrifte auch hier die Verbindungslinien mit Verben und Adjektiven. **Wichtig:** Auch hier gilt: keine Sätze, nur kurze Überschriften in Form von Stichworten!

Ein Plakat entwerfen und vorstellen

Was ist ein Plakat?

Ein Plakat ist ein „Aushang", der von Interessierten aufmerksam betrachtet und gelesen werden soll. Der Inhalt soll sich dem Betrachter möglichst schnell einprägen. Deshalb besteht ein Plakat in der Regel aus drei Teilen, aus

- dem Titel oder Thema;
- einer Veranschaulichung durch Bilder oder Grafiken;
- kurzen bzw. knapp gehaltenen Texten.

Arbeitsschritte	Ein Plakat entwerfen und vorstellen
1. Schritt: **Thema festlegen und formulieren**	Legt das Thema fest und formuliert dieses sprachlich möglichst einprägsam.
2. Schritt: **Informationen sammeln und sichten**	Tragt zur Verfügung stehende Informationsmaterialien zum gestellten Thema zusammen und wertet sie aus.
3. Schritt: **Informationen ordnen**	Wählt aus der Fülle der Informationen zu eurem Thema für das Plakat zentrale Aspekte aus, die ihr den Lesern vermitteln wollt. **Tipp:** Ordnet sie nach Teilthemen und logischen Zusammenhängen.
4. Schritt: **Plakat entwerfen und gestalten**	Skizziert zunächst auf einem Blatt Papier, wie das Plakat aussehen soll. Überlegt, wo und in welcher Größe Bilder und Texte platziert werden sollen. **Für eine ansprechende Form und Gestaltung gelten folgende Grundsätze:** • übersichtliche und klare Struktur und Gliederung, sodass die inhaltlichen Schwerpunkte auf einen Blick erkennbar sind; • kurze, selbstgeschriebene Texte, in Stichworten oder kurzen Sätzen; • ein ausgewogenes Verhältnis von Bild/Grafik und Text; • große, gut lesbare Schrift (Faustregel: zwei Zentimeter Buchstabengröße, wenn das Plakat aus zwei Metern Abstand gut lesbar sein soll); • Gliederung der Informationen durch unterschiedliche Schriftgrößen; • Unterstreichung/Einrahmung von Schlüsselbegriffen und Veranschaulichung von Zusammenhängen durch Pfeile und Linien; • sparsamer Umgang mit Farben (Schriftfarbe: schwarz oder dunkelblau).
5. Schritt: **Plakat einsetzen und vorstellen**	Plakate könnt ihr als Begleitmaterial zur Veranschaulichung vielfältig einsetzen und nutzen: • um mündliche Präsentationen (z. B. einen Kurzvortrag) anschaulich zu unterstützen; • um die Arbeitsergebnisse aus Gruppenarbeiten zu präsentieren; • als Bestandteil einer Wandzeitung; • im Rahmen eines „Gallery Walk".

Eine Wandzeitung gestalten

Wozu erstellt man eine Wandzeitung?

Egal, ob Tageszeitung, Wochenzeitung oder Schülerzeitung. Zeitungen wollen uns informieren. Das gleiche Ziel verfolgen auch Wandzeitungen. Sie wollen Informationen zu einem ausgewählten Thema vermitteln Eine Wandzeitung ist eine großformatige, anschauliche Präsentation von Arbeitsergebnissen zu einem bestimmten Thema. In einer Wandzeitung informiert ihr ein Publikum (z. B. Mitschülerinnen und Mitschüler, Eltern, Lehrerinnen und Lehrer) über ein Thema. Ihr könnt sie auf einer Stellwand im Klassenzimmer oder auch im Schulgebäude aushängen.

Arbeitsschritte	Eine Wandzeitung erstellen
1. Schritt: **Thema festlegen und formulieren**	Zunächst müsst ihr euch inhaltlich darüber verständigen und entscheiden, zu welchem Thema eine Wandzeitung erstellt und gestaltet werden soll. **Tipp:** Lasst euch dabei auch von eurer Lehrerin bzw. eurem Lehrer beraten.
2. Schritt: **Arbeit planen und verteilen**	Eine Wandzeitung entsteht zumeist in einem Arbeitsteam. Überlegt gemeinsam, wie ihr die Arbeit zur Erstellung der Wandzeitung unter euch verteilen wollt. Besorgt das notwendige Material (Tapete, Plakate, Stifte, Schere, Kleber).
3. Schritt: **Informationen sammeln, sichten und auswählen**	Tragt zur Verfügung stehende Informationsmaterialien zum gewählten Thema zusammen und wertet sie aus. Sprecht euch untereinander ab, wer welches Material bearbeitet. Sichtet die Arbeitsergebnisse und entscheidet gemeinsam, welche Informationen aus dem Gesamtmaterial in die Wandzeitung aufgenommen werden sollen.
4. Schritt: **Gestaltung der Wandzeitung**	Eine Wandzeitung will den Betrachter zum Lesen auffordern. Die Darstellung der erarbeiteten Informationen muss optisch so gestaltet werden, dass die Inhalte ins Auge fallen. Ein fremder Leser will sich schnell orientieren können und sofort sehen, wo ihn welche Informationen erwarten. Für eine ansprechende Form und Gestaltung gelten die gleichen **Gestaltungsgrundsätze**, wie ihr sie auch **für die Erstellung von Wandplakaten** anwendet: <ul><li>übersichtliche klare Struktur und Gliederung, die die inhaltlichen Schwerpunkte auf einen Blick erkennen lässt</li><li>kurze, selbstgeschriebene Texte</li><li>ein ausgewogenes Verhältnis zwischen Texten und unterschiedlichen grafischen Elementen (Bilder, Fotos, Schaubilder, Tabellen, Skizzen)</li><li>ansprechende Überschriften</li><li>große, gut lesbare Schrift (Faustregel: zwei Zentimeter Buchstabengröße, wenn die Wandzeitung aus zwei Meter Abstand gut lesbar sein soll)</li><li>Farben wählen, die gute Lesbarkeit gewährleisten und optisch ansprechen</li></ul>

Eine Themenwand erstellen

Wollt ihr eure Arbeitsergebnisse, die ihr über längere Zeit und/oder arbeitsteilig erarbeitet habt, anschaulich präsentieren? Dann ist eine Themenwand eine gute Idee! Eine Themenwand ist eine großformatige, anschauliche Präsentation von Arbeitsergebnissen zu einem bestimmten Thema. Sie besteht aus mehreren großen Plakaten oder Wandzeitungen, die an einer Wand befestigt werden. Auf den einzelnen Plakaten könnt ihr Gruppenarbeitsergebnisse darstellen oder nach und nach festhalten, welche Ergebnisse ihr im Klassenunterricht erzielt habt. So bleiben euch eure Arbeitsergebnisse während des Unterrichts immer vor Augen und ihr könnt immer wieder leicht darauf zurückgreifen.

Arbeitsschritte	Eine Themenwand erstellen
1. Schritt: **Thema festlegen**	Legt fest, zu welchem Thema ihr eine Themenwand erstellen wollt. Das Thema sollte weitläufig genug sein und mehrere Unterthemen ermöglichen. *Z. B.: Ursachen, Verlauf und Ergebnisse der Französischen Revolution.*
2. Schritt: Aufbau und Gestaltung der Themenwand planen	Plant gemeinsam den Aufbau und die Gestaltung der Themenwand. <ul><li>Legt fest, auf welche Weise die Themenwand entstehen soll. Zwei Möglichkeiten: **a)** Verschiedene Gruppen oder Teams erarbeiten arbeitsteilig verschiedene Unterthemen und präsentieren ihre Ergebnisse auf den einzelnen Elementen der Themenwand. **b)** Die Klasse erarbeitet gemeinsam im Verlauf einer Unterrichtsreihe verschiedene Unterthemen und hält ihre Ergebnisse nach und nach auf der Themenwand fest. In diesem Fall entsteht die Themenwand parallel zum Verlauf des Unterrichts.</li><li>Legt fest, aus welchen Elementen die Themenwand bestehen soll (z. B. Plakate) und wie diese gestaltet sein sollen (z. B. Bilder, Texte, Farben usw.).</li><li>Gestaltet eine Überschrift oder ein erstes Plakat, auf dem das Thema der Themenwand und ggf. auch weitere Informationen (wie z. B. Gliederung, Namen von Arbeitsteams, Hinweise zum Vorgehen etc.) dargestellt sind.</li></ul>
3. Schritt: **Die Elemente der Themenwand erstellen**	Erstellt – ggf. arbeitsteilig – die einzelnen Elemente der Themenwand, indem ihr eure Arbeitsergebnisse anschaulich und gut verständlich präsentiert. <ul><li>Wenn ihr in der ganzen Klasse oder in einer großen Gruppe arbeitet, ist es sinnvoll, schon zu Beginn „Experten" für die Gestaltung der Themenwand zu benennen.</li><li>Ihr könnt Bilder oder Textquellen fotokopieren und aufkleben, grafische Elemente (Pfeile, Linien, Kästchen) benutzen, mit verschiedenen Farben arbeiten usw.</li><li>Notiert keine langen Texte, sondern eher knappe Sätze, Überschriften oder Stichworte.</li></ul>
4. Schritt: **Die Elemente der Themenwand präsentieren**	Immer wenn ihr einen Abschnitt der Themenwand fertiggestellt habt, könnt ihr ihn der Klasse vorstellen. Erläutert eure Ergebnisse und beantwortet Fragen aus der Klasse. Wenn mehrere Abschnitte gleichzeitig präsentiert werden, bietet sich die Form des „Galerierundgangs" für die Präsentation an.
5. Schritt: **Die Themenwand reflektieren**	Wenn die Themenwand fertiggestellt ist, solltet ihr zum Abschluss gemeinsam überlegen, wie gut sie gelungen ist und wie der Arbeitsprozess verlaufen ist. **Maßstäbe für eine gelungene Themenwand:** Eine gute Themenwand … <ul><li>präsentiert Arbeitsergebnisse zu einem umfangreichen Thema anschaulich und gut verständlich;</li><li>ist klar und eindeutig in verschiedene Unterthemen gegliedert;</li><li>ermöglicht einen guten Überblick über das gesamte Thema.</li></ul>

Eine Stafettenpräsentation vorbereiten und gestalten

Eine Stafettenpräsentation eignet sich besonders, wenn ein Thema in verschiedene Teilaspekte aufgeteilt werden kann. Eine Stafettenpräsentation wird arbeitsteilig vorgetragen. Bei dieser Form der Präsentation wechselt ihr euch bei der Vorstellung der Arbeitsergebnisse zu einem Thema wie bei einem Staffellauf in der Leichtathletik ab. Ein Teammitglied trägt einen ersten Aspekt des Gesamtthemas vor und übergibt dann ähnlich einer Stafette beim Staffellauf an ein weiteres Teammitglied und so weiter. Voraussetzungen für eine gelungene Präsentation sind auch in diesem Fall eine gute Vorbereitung und ein stimmiges Konzept für die einzelnen Beiträge.

Arbeitsschritte	Vorbereitung und Gestaltung einer Stafettenpräsentation
1. Schritt: **Themaentscheidung**	Überlegt und entscheidet euch, welchen Teilaspekt ihr präsentieren möchtet.
2. Schritt: **Informations-sammlung**	Sammelt zu den verschiedenen inhaltlichen Punkten, die ihr ansprechen möchtet, die wichtigen Einzelinformationen. **Tipp:** Legt Karteikarten an. Dies Vorgehen hat den Vorteil, dass ihr euch zu den inhaltlichen Punkten während der Vorstellung schnell orientieren könnt. Außerdem könnt ihr die Abfolge eurer Ausführungen, wenn nötig und sinnvoll, noch während der Präsentation verändern.
3. Schritt: **Strukturierung der Ausführungen**	Bringt die Karteikarten in eine inhaltlich sinnvolle Reihenfolge, in der ihr vortragen möchtet.
4. Schritt: **Abschließender Kontrollcheck**	Legt abschließend alle Karteikarten zum Vergleich nebeneinander und kontrolliert eure Aufzeichnungen. Alles Wichtige aufgenommen? Oder fehlt etwas? Gibt es Überschneidungen?
5. Schritt	Übt die Präsentation ein, indem ihr sie zum Beispiel Gruppenmitgliedern oder einer Mitschülerin bzw. einem Mitschüler vorstellt.
6. Schritt	Wenn ihr zusammen mit einer Partnerin oder einem Partner oder auch in einem kleinen Team vorstellen wollt, sprecht vorher genau ab, wer was vorträgt.

„Gallery Walk" (Galerierundgang)

In einer Kunstgalerie bewegt man sich von Kunstwerk zu Kunstwerk. Beim „Gallery Walk" im Unterricht wird das Klassenzimmer zu unserer Galerie. Die Arbeitsergebnisse eurer Arbeitsgruppen sind die Ausstellungsstücke. Dabei stellt jede Arbeitsgruppe ihr Endprodukt einer Gruppenarbeitsphase an einer Stelle im Klassenraum aus. Das kann z. B. ein Lernplakat, eine Präsentation, eine Foto-Story oder eine Website sein. Ihr bestimmt in eurer jeweiligen Arbeitsgruppe einen oder mehrere Sprecher, die eure Arbeitsergebnisse vorstellen und erläutern. Die übrigen Mitglieder der Arbeitsgruppen gehen nun von „Ausstellungsstück" zu „Ausstellungsstück" und informieren sich über die Ergebnisse der anderen Arbeitsgruppen. Ihr hört den Sprechern zu, stellt Rückfragen, auf die diese Antworten und Erläuterungen geben. Zum Schluss versammelt ihr euch noch einmal in eurer ursprünglichen Arbeitsgruppe und besprecht, was ihr als Ergebnisse in den anderen Arbeitsgruppen erfahren habt. Als Schlusspunkt des „Gallery Walk" solltet ihr in einer Plenumsrunde zu einer Abschlussdiskussion über die Ergebnisse der Gruppenarbeit zusammenkommen.

Arbeitsschritte	Einen „Gallery Walk" vorbereiten und durchführen
1. Schritt: Thema festlegen	Entscheidet euch, zu welchem Thema ihr einen Beitrag erstellen wollt. Setzt euch in einer Gruppe mit denjenigen zusammen, die sich auch für dieses Thema entschieden haben.
2. Schritt: Informationen beschaffen	Überlegt gemeinsam, wo ihr – über die Informationen im Schulbuch hinaus – geeignete zusätzliche Informationen bekommen könnt.
3. Schritt: Informationen erarbeiten	Wertet die unterschiedlichen Materialien aus, die ihr gefunden habt. Notiert die Arbeitsergebnisse eurer Materialauswertung auf Karteikarten oder Stichwortzetteln.
4. Schritt: Informationen sichten	Besprecht in der Gruppe, welche Informationen zu eurem Thema in welchem Umfang im Rahmen des „Gallery Walk" euren Besuchern vermittelt werden sollen.
5. Schritt: Gestaltung und Präsentation planen und vorbereiten	Sammelt eure Ideen zur Gestaltung des Vortrages. Entscheidet gemeinsam, welches Produkt (Poster, Plakat mit Texten, Bildern, Skizzen …, Website etc.) ihr präsentieren wollt. Entscheidet, wie ihr eure Arbeitsergebnisse präsentieren wollt: zum Beispiel in Form einer Wandzeitung, als Plakate auf einer Pinnwand oder ausgelegt auf dem Gruppentisch; ebenso möglich wäre eine kurze digitale Folienpräsentation (s. Methodenwerkstatt, S. 296). **Tipps:** Entwerft einen Auswertungsbogen, auf dem die Besucher aus den anderen Arbeitsgruppen als Ergebnissicherung Notizen machen können und ihre Rückfragen und eure Antworten und Erläuterungen dazu notieren können. Hilfreich könnte auch ein knappes Handout (s. Methodenwerkstatt, S. 281) für eure Besucher sein. Legt gemeinsam fest, wer von euch die Ergebnisse eurer Gruppe präsentieren soll.
6. Schritt: „Gallery Walk"	Zunächst bietet es sich an, sich einen Überblick über alle Arbeitsgruppen und deren Präsentationen zu verschaffen. Dabei könnt ihr euer Lerntempo frei wählen und eigenständig Schwerpunkte setzen: Ihr solltet alle Arbeitsgruppen kurz besuchen, dabei euch nach freier Wahl mit einem Thema der ein oder anderen Arbeitsgruppe beschäftigen. Bei einem sich anschließenden zweiten Rundgang präsentieren die Sprecher jeder Arbeitsgruppe euch Besuchern ausführlich das jeweilige Gruppenergebnis. Hier ist Gelegenheit für gezielte Rückfragen und Klärungen.
7. Schritt: Auswertung	In dieser abschließenden Plenumsrunde werden zusammenfassend die inhaltlichen Ergebnisse der verschiedenen Arbeitsgruppen, eventuell notwendige Korrekturen und Ergänzungen dazu, Fragen und Anmerkungen zur Präsentation der Ergebnisse sowie die Methode des „Gallery Walk" als Arbeitsform diskutiert.

Als Zeitreisende aus verschiedenen Perspektiven erzählen

Wozu unternimmt man eine Zeitreise und erzählt aus verschiedenen Perspektiven?

Wenn ihr eine Zeitreise unternehmt, dann versetzt ihr euch in frühere, längst vergangene Zeiten zurück. Ihr versucht zu verstehen, wie Menschen früher gedacht und was sie gefühlt haben. So wie heute haben auch die Menschen früher über ein und dieselbe Sache oft sehr unterschiedlich gedacht und gefühlt. Im Anschluss an eure Zeitreise könnt ihr berichten, was euch bei eurer Zeitreise begegnet ist, und aus den verschiedenen Perspektiven der Menschen, die früher gelebt haben, erzählen.

Arbeitsschritte	Als Zeitreisende aus verschiedenen Perspektiven erzählen
1. Schritt: **Thema und Perspektiven festlegen**	➢ Überlegt, in welche Zeit und an welchen Ort eure Zeitreise führen soll. ➢ Legt fest, über welchen historischen Vorgang ihr aus zeitgenössischen Perspektiven erzählen wollt. ➢ Legt fest, aus welchen Perspektiven (z. B. Bauer, Gutsbesitzer, Soldat, …) ihr erzählen wollt.
2. Schritt: **Arbeit planen und verteilen**	➢ Bedenkt, dass ihr eine Reise in die Vergangenheit macht. Ihr müsst euch also in die Vergangenheit zurückversetzen und euch in die Situation Betroffener versetzen. ➢ Ihr könnt arbeitsteilig vorgehen, indem ihr die verschiedenen Perspektiven der Betroffenen unter euch aufteilt und jeweils genauer betrachtet.
3. Schritt: **Informationen sammeln, sichten und auswählen**	➢ Tragt zur Verfügung stehende Informationsmaterialien zum gewählten Thema zusammen und wertet sie aus. ➢ Überlegt, wie verschiedene Menschen in der Vergangenheit angesichts eines historischen Vorgangs gedacht und gefühlt haben mögen.
4. Schritt: **Bereitet eure Erzählung aus verschiedenen Perspektiven vor.**	Haltet die Ergebnisse eurer Zeitreise in Stichworten auf Karteikarten fest. ● Fertigt für jede historische Perspektive eine eigene Karteikarte an. ● Verdeutlicht jeweils die Gedanken und Gefühle, Sorgen und Wünsche der Zeitgenossen. ● Ihr dürft eure Erzählung ein wenig ausschmücken. Aber ihr sollt nichts neu erfinden, sondern die historische Realität möglichst treffend nacherzählen.

Aus einer zeitgenössischen Perspektive schreiben

Wie hätte ich mich verhalten, wenn ich mit Kolumbus Amerika „entdeckt" und die ersten „Indianer" getroffen hätte? Oder wenn ich als Adliger am Schloss von Versailles gelebt hätte? Die Antworten verlangen von uns die Bereitschaft, sich in eine ganz andere Zeit zu versetzen und eine völlig fremde Sichtweise einzunehmen. Dieser Perspektivenwechsel kann uns viele Aufschlüsse über vergangene Zeiten und über das Verhalten von Menschen geben, weil er anschaulich und lebendig ist. Aber er macht nur Sinn, wenn wir auch Kenntnisse über die Zeit und die Zeitumstände besitzen. Wenn wir eine fremde Perspektive einnehmen, dürfen wir also nicht spekulieren, sondern müssen auf unser Wissen zurückgreifen.

Arbeitsschritte	Aus einer zeitgenössischen Perspektive schreiben
1. Schritt: Zeit, Ort und Perspektive festlegen	Legt die grundlegenden Vorgaben der „Zeitreise" fest. Dabei helfen die klassischen W-Fragen: Wer?, Wann?, Wo? *Ein Beispiel: Wir schreiben das Jahr 1668. Als Gesandter meines Fürsten besuchte ich gestern das Schloss von Versailles. Es machte einen unglaublichen Eindruck auf mich. …*
2. Schritt: Textart und Adressaten wählen	Es gibt mehrere **Textformen**, in denen sich Zeitgenossen schriftlich geäußert haben könnten, z. B. in der Form eines persönlichen Briefes an einen Freund oder in der Form eines Flugblattes (das in der Öffentlichkeit verteilt werden sollte), als Tagebucheintrag, als Beschwerdebrief usw. Entscheidet euch für eine Textart, die euch besonders geeignet erscheint, und legt den Adressaten fest. *Zwei Beispiele:* *(1) Mein lieber Freund Paul, ich schreibe dir ganz im Vertrauen, was mir gestern passiert ist …* *(2) Volk von Paris! Wehrt euch! Ich rufe euch zu einer Versammlung …*
3. Schritt: Informationen sammeln und auswerten	Lest die Darstellungstexte und untersucht die weiteren Materialien (z. B. Quellentexte, Bilder, Gemälde, Fotos, Schaubilder), die das Buch zum Thema bereitstellt. Listet auf, welche Informationen ihr auf jeden Fall in euren Text aufnehmen wollt.
4. Schritt: Text schreiben	Folgender **Fragenkatalog** hilft bei der Niederschrift: ● Was muss ich über mich/meine Rolle aufschreiben, damit die Leser/innen meinen Text und die Botschaften einordnen und verstehen können? ● Was habe ich erlebt? Wie bin ich in die Situation, von der ich erzähle, gekommen? Was ist passiert? ● Welche Gedanken und Gefühle habe ich, welche Sorgen und Hoffnungen? ● Denken alle so wie ich – oder gibt es sogar Gegner? Achtet darauf, dass ihr die historische Wirklichkeit nicht aus den Augen verliert. Ausschmückungen sind erlaubt, aber reine Phantasiegeschichten machen im Geschichtsunterricht keinen Sinn.

Ein Statement formulieren

Ein Statement ist eine kurz gefasste Stellungnahme zu einem bestimmten Thema. Es besteht aus dem Ergebnis der Stellungnahme (einer „Position") sowie einem oder mehreren Argumenten zur Begründung.

Im Geschichtsunterricht geht es oft darum, verschiedene Meinungen oder Urteile zu einem bestimmten Thema auszutauschen und zu diskutieren. Bestimmt habt ihr schon oft erlebt, dass es in eurer Klasse sehr unterschiedliche Meinungen zu einem Thema gab. Das liegt daran, dass Meinungen oder Urteile immer auch von der Person und der Perspektive desjenigen abhängen, der sie äußert. Meinungen und Urteile sind deshalb nie „richtig" oder „falsch", sondern nur mehr oder weniger gut begründet.

Ein oder mehrere Statements eignen sich deshalb besonders gut als Einstieg in eine kontroverse Diskussion zu einem bestimmten Thema. So kann schnell deutlich werden, welche Meinungen oder Urteile es in der Klasse zu einem bestimmten Thema gibt und wie sie begründet werden.

Arbeitsschritte	So gelingt es, ein begründetes Statement zu formulieren
1. Schritt: **Thema festlegen**	Legt gemeinsam fest, zu welchem Thema ihr Statements formulieren wollt.
2. Schritt: **Informationen zum Thema sammeln und auswerten**	Informiert euch gründlich über das ausgewählte Thema. Nur wer über ein Thema informiert ist, kann eine begründete Stellungnahme formulieren. Sichert eure Arbeitsergebnisse.
3. Schritt: **Mögliche Positionen entwickeln**	Tauscht euch (am besten in einer kleinen Gruppe) darüber aus, wie ihr spontan über das Thema denkt. Sammelt dazu erste Ideen, Meinungen oder Urteile. Tauscht Argumente aus, die für oder gegen bestimmte Positionen sprechen. Entscheidet euch für eine oder mehrere Positionen, die ihr der Klasse vortragen wollt.
4. Schritt: **Position(en) schriftlich formulieren**	Formuliert eure Position(en) schriftlich, gut verständlich und möglichst knapp.
5. Schritt: **Argumente formulieren**	Formuliert die Argumente, die aus eurer Sicht für eine Position sprechen, in schriftlicher, stichwortartiger Form. **Tipp:** Notiert die Argumente hinter Spiegelstrichen unterhalb der Position.
6. Schritt: **Abschließender Kontrollcheck**	**Ein gutes Statement …** ● bringt eine Position (Meinung oder Urteil zu einem Thema) präzise und eindeutig zum Ausdruck; ● ist knapp und einprägsam formuliert; ● ist mit einem oder mehreren Argumenten sachgerecht begründet.

Ein Positionspapier formulieren

Positionspapier

1) Thema:
_____

2) Autor:
_____

3) Position:
_____

4) Argumente:
  a) _____
  b) _____

5) Persönliches Urteil:
_____

Auch in der Vergangenheit haben Zeitgenossen oft verschiedene Positionen (Meinungen) zu einem bestimmten Thema, einer anstehenden Entscheidung oder einem Ereignis vertreten. Solche historischen Positionen begegnen euch im Geschichtsunterricht oft dann, wenn ihr z. B. mehrere Textquellen von verschiedenen Autoren zu einem Thema bearbeitet. Gleiches gilt für historische Darstellungen, in denen heutige Historikerinnen und Historiker über ereignisgeschichtliche Vorgänge, Zusammenhänge, Sicht- und Denkweisen urteilen. Es bietet sich an, solche verschiedenen zeitgenössischen Positionen oder Darstellungen, in denen heutige Historikerinnen und Historiker aus ihrer Sicht urteilen, in knapper Form und verständlich mit eigenen Worten zusammenfassend in einem Positionspapier darzustellen, um sie dann zu vergleichen und zu den einzelnen Positionen Stellung zu nehmen.

| **Arbeitsschritte** | **Fünf-Schritt-Methode: So formuliert ihr ein informatives und aussagekräftiges Positionspapier** |

Angaben zum Thema/zur Fragestellung:	Worum geht es?
Angaben • zu der historischen Person (Autor), die in der Vergangenheit eine bestimmte Position vertreten hat; • dem Autor, der in einer heutigen historischen Darstellung eine bestimmte Position vertritt.	Wer vertritt die Position, um die es geht?
Zusammenfassung der Position	Wie lautet die Position, die vertreten wird?
Auflistung der Argumente, mit der diese Position begründet wird.	Wie wird die Position begründet, die vertreten wird?
Formulierung einer eigenen persönlichen Stellungnahme zu der/den vertretenen Position(en) der Autoren.	Wie beurteilst du die jeweiligen Positionen und die dazu aufgeführten Argumente?

Ein Portfolio erstellen

Ein Portfolio ist – einfach ausgedrückt – eine Mappe, in der ihr eigene Produkte zu einem bestimmten Thema sammelt und präsentiert. Genau diese Bedeutung steckt auch in dem Begriff „Portfolio": Zusammengesetzt aus den lateinischen Wörtern „portare" und „folium" bedeutet er so viel wie „tragbares Blatt".

Arbeitsschritte	Fünf Schritte für die Organisation der Portfolioarbeit
1. Schritt: **Themenfestlegung**	Portfolioarbeit ist besonders geeignet für die gemeinsame Arbeit in der ganzen Klasse oder einer Gruppe. Zu Beginn solltet ihr das Thema bzw. die übergeordnete(n) Fragestellung(en) für die Portfolioarbeit festlegen. Innerhalb dieser inhaltlichen Vorgaben könnt ihr dann individuelle Schwerpunkte setzen und die Themenstellung auch durch eigene Ideen und weiterführende Fragen ergänzen. Ihr könnt an dieser Stelle auch eine Tabelle anlegen, in der ihr aufführt, was ihr bereits zum Thema wisst und was ihr erforschen wollt. Am Ende der Portfolioarbeit könnt ihr in der letzten Spalte ergänzen, was ihr gelernt habt. _Was weiß ich bereits?_ / _Was will ich erforschen?_ / _Was habe ich gelernt?_
2. Schritt: **Materialsichtung**	Nach der Themenfindung erfolgt eine intensivere Materialsichtung. Welche eurer individuellen Fragen können mithilfe des Lehrbuches beantwortet werden? Wo habt ihr noch eigene Ideen? An welchen Stellen sind möglicherweise ergänzende Recherchen sinnvoll, hilfreich, notwendig?
3. Schritt: **Festlegung und Absprachen zur Themenwahl**	In der Regel besteht ein Portfolio aus Pflicht- und Wahlaufgaben. Die Pflichtaufgaben sollen von allen bearbeitet werden; bei den Wahlaufgaben könnt ihr frei entscheiden.
4. Schritt: **Bearbeitung der Pflichtaufgaben und Wahlaufgaben**	Du solltest zunächst die verabredeten Pflichtaufgaben erledigen. Danach hast du Zeit für Wahlaufgaben sowie ergänzende eigene Ideen und Fragestellungen. Hierfür bieten sich die euch bekannten verschiedenen Recherchemöglichkeiten an: Internetrecherchen, Büchereibesuche. Denkbar wäre es auch, zu versuchen, Experteninterviews mit Geschichtslehrern oder Referendaren durchzuführen.
5. Schritt: **Präsentation der Portfolios**	Die Präsentation eurer Portfolios kann auf verschiedene Art und Weise erfolgen. Ihr könnt beispielsweise einzelne Seiten, auf die ihr vielleicht besonders stolz seid, in der Klasse vorstellen oder auch die gesamten Portfolios ausstellen und andere Klassen und/oder Eltern zu dieser Portfolioausstellung einladen.

Hinweise zum Aufbau des Portfolios

Euer Portfolio sollte nicht nur inhaltlich korrekt, sondern auch gut strukturiert sein. Schön ist es, wenn ihr für ein Portfolio ein passendes Deckblatt gestaltet und zudem ein Inhaltsverzeichnis führt. Außerdem ist es hilfreich, ein Logbuch anzulegen. Mit dem Logbuch dokumentiert ihr euren eigenen Lernweg. Ihr könnt beispielsweise nachschauen, welche Aufgaben ihr schon bearbeitet habt und wie viel Zeit ihr für einzelne Aufgaben benötigt habt. Zudem könnt ihr eure Arbeit kommentieren: Ist euch eine Aufgabe leicht oder schwer gefallen? Hat euch eine bestimmte Aufgabe vielleicht besonders viel Spaß gemacht?

Logbuch		
Was?	Wann?	Kommentar

Im Gruppenpuzzle arbeiten

Das Gruppenpuzzle ist eine besondere Form der Gruppenarbeit. Es ermöglicht euch, in Kleingruppen verschiedene Themen arbeitsteilig zu erarbeiten ("Expertengruppen") und eure Ergebnisse anschließend untereinander auszutauschen ("Stammgruppen").

Arbeitsschritte	Im Gruppenpuzzle arbeiten
1. Schritt: **Das (übergreifende) Thema festlegen (Plenum)**	Legt fest, zu welchem übergreifenden Thema ihr ein Gruppenpuzzle durchführen wollt und zu welchen Teilthemen ihr „Expertengruppen" bilden wollt. Diesen Arbeitsschritt könnt ihr im Klassenverband („Plenum") oder bereits in „Stammgruppen" (siehe Schritt 3) durchführen. *Ein Beispiel:* Übergreifendes **Gesamthema**: *Der Verlauf der Französischen Revolution* **Teilthemen**: *Die vier Phasen der Französischen Revolution*
2. Schritt: Teilthemen ausarbeiten (Expertengruppen)	Bildet „Expertengruppen". Jede Expertengruppe erarbeitet jeweils eines der Teilthemen. Jeder Teilnehmer und jede Teilnehmerin der Expertengruppe notiert die Ergebnisse in Stichworten auf Karteikarten.
	Expertengruppe 1 1 1 1 1 **Expertengruppe 2** 2 2 2 2 **Expertengruppe 3** 3 3 3 3 **Expertengruppe 4** 4 4 4 4
3. Schritt: **Arbeitsergebnisse austauschen (Stammgruppen)**	Bildet jetzt neue „Stammgruppen", die aus je einem Vertreter/einer Vertreterin jeder der Expertengruppen bestehen.
	Stammgruppe 1 1 2 3 4 **Stammgruppe 2** 1 2 3 4 **Stammgruppe 3** 1 2 3 4 **Stammgruppe 4** 1 2 3 4
	Tauscht die Ergebnisse der Expertengruppen untereinander aus: • Jede/r Experte/in trägt die Ergebnisse seiner oder ihrer Expertengruppe vor. • Die anderen Teilnehmer/innen der Stammgruppe hören aufmerksam zu, stellen ggf. Verständnisfragen und halten wichtige Ergebnisse in Stichworten fest.
4. Schritt: **Ergebnisse zusammenfassen, sichern und präsentieren (Stammgruppen)**	Wenn alle Experten und Expertinnen vorgetragen haben, könnt ihr überlegen, ob ihr gemeinsam eine Zusammenfassung oder Schlussfolgerung zu eurem übergreifenden Thema formulieren könnt. Haltet die Ergebnisse eurer Arbeit in der Stammgruppe in schriftlicher Form (z. B. im Geschichtsheft) fest. Legt fest, in welcher Form ihr eure Ergebnisse der Klasse präsentieren wollt (z. B. als Kurzvortrag oder mit einem Lernplakat, das ihr vorstellt und erläutert).

Lernen an Stationen

Arbeitsschritte	Lernen an Stationen
1. Schritt: Entscheidung für eine Lernstation	Es bietet sich an, zunächst einen Blick auf alle Stationen zu werfen. Vielleicht wisst ihr ja auch schon etwas über eines der Themen. So könnt ihr eine Entscheidung treffen, welche Lernstation(en) ihr zusammen mit Mitschülerinnen und Mitschülern bearbeiten möchtet.
2. Schritt: Materialsichtung und Planung des Arbeitsprozesses	Zu Beginn der Arbeit an eurer ausgewählten Lernstation solltet ihr die dazu angebotene(n) Fragestellung(en), den Präsentationsvorschlag sowie den empfohlenen Arbeitsweg gemeinsam besprechen und die Arbeit im Team planen. Ihr entscheidet selbst, wie ihr die Arbeit im Einzelnen aufteilen und organisieren wollt.
3. Schritt: Erarbeitung und Sicherung der Arbeitsergebnisse	Wertet die Materialien mithilfe der Erschließungshinweise aus. **Wichtig:** Sichert die Einzelergebnisse auf Karteikarten! Stellt die Arbeitsergebnisse einander in der Gruppe vor; korrigiert und ergänzt sie, soweit nötig.
4. Schritt: Planung und Durchführung der Präsentation der Arbeitsergebnisse	Gestaltet eine Präsentation, mit der ihr eure Arbeitsergebnisse in der Klasse vorstellen wollt. Sie wird – je nach Produkt – auf unterschiedliche Art erfolgen. **Tipp:** Lest dazu noch einmal in der Methodenwerkstatt auf S. 293 nach.

Das Internet nutzen

Geschichte im Internet

Geschichtsdarstellungen in Büchern, Lexika, Zeitschriften, Fernsehsendungen, historische Filme – alles über lange Zeit häufig genutzte herkömmliche Informationsquellen, wenn wir etwas über ein geschichtliches Thema erfahren wollen. Heute ist die Internetrecherche als Suche nach Informationen zu einem bestimmten Thema eine bevorzugte Informationsquelle geworden. Das Internet sozusagen als „Fenster zur Geschichte". Wer die Internetrecherche beherrscht, kann sich auf diesem Weg vielfältige Informationen beschaffen. Allerdings sollet ihr euch dabei gezielt auf die Suche im Netz begeben.

Arbeitsschritte	Recherchieren im Internet
1. Schritt: **Das Thema für die Suche festlegen**	Bei einem umfangreichen Thema müsst ihr genau wissen, wozu ihr im Einzelnen Informationen finden möchtet. Formuliert am besten zentrale Untersuchungsfragen für die Recherche. Ohne solche zielführenden Fragen verliert man schnell den Überblick.
2. Schritt: **Suchbegriffe formulieren**	Nicht „planlos surfen", sondern genau festlegen, worüber ihr Informationen beschaffen möchtet. Formuliert dazu Suchbegriffe, die ihr vorgebt, zu denen Suchmaschinen Internetseiten für euch auswählen sollen, in denen diese Suchbegriffe vorkommen.
3. Schritt: **Suchmaschinen benutzen**	Gebt die Suchbegriffe in eine Suchmaschine ein. Bekannte Suchmaschinen, die sich als Einstieg anbieten, sind zum Beispiel: Google: www.google.de Blinde Kuh (eine spezielle Kindersuchmaschine): www.blinde-kuh.de Planet Wissen: www.planet-wissen.de Altavista: www.altavista.de LeMo: https://www.dhm.de/lemo **Tipp:** Wenn ihr nur einen Suchbegriff – z. B. *„Steinzeit"* – eingebt, werden euch in der Regel so viele Internetseiten angezeigt, dass man leicht den Überblick verlieren kann. Wenn ihr allerdings mehrere Begriffe – wie z. B. *„Jungsteinzeit Werkzeug"* – eingebt, ist die Wahrscheinlichkeit größer, dass ihr Seiten angezeigt bekommt, die zu dem Thema, um das es geht, passen.
4. Schritt: **Suchergebnisse ordnen**	Die Internetrecherche liefert vielfältige Informationen. Eine besonders wichtige Aufgabe besteht darin, das auf den verschiedenen Internetseiten angebotene Material zu sichten und zu ordnen. Ihr müsst entscheiden, welche der gefundenen Webseiten brauchbare Informationen für euer Vorhaben enthalten. **Wichtig:** Prüft in jedem Fall, wer die Seite verfasst hat und wie verlässlich die Informationen wohl sind!
5. Schritt: **Informationen speichern und verarbeiten**	Druckt nur die wichtigsten Materialien aus, die ihr auch wirklich verwenden wollt. Sinnvoll ist es, für euch interessante Webseiten zu speichern oder auch nur einzelne Texte oder Bilder als Dateien zu speichern. Anschließend könnt ihr sie am Rechner bearbeiten, um die Informationen in eure Präsentation einzubringen.

Eine Folienpräsentation erstellen

Mithilfe einer Folienpräsentation lassen sich mündliche Vorträge übersichtlich und anschaulich gestalten. Die entsprechenden Computerprogramme (z. B. PowerPoint) bieten eine Vielzahl technischer Möglichkeiten – von unterschiedlichen Schriften über Grafiken bis hin zur Einbindung von Fotos oder Videos.

Arbeitsschritte	Eine Folienpräsentation vorbereiten und erstellen

1. Schritt:
 Thema und Gliederung des geplanten Vortrags festlegen
	Legt das Thema und die Gliederung eures Vortrags fest. Notiert eure Überlegungen in Stichworten auf Karteikarten.
	 Die **typische Gliederung** eines Vortrags sieht in der Regel so aus:
	 1. Einleitung (Thema und Gliederung des Vortrags)
	 2. Hauptteil
	     a) Unterthema 1
	     b) Unterthema 2
	     c) …
	 3. Schluss (Zusammenfassung/Fazit)

2. Schritt: **Programm starten und Layout festlegen**	Startet euer Präsentationsprogramm und legt die Grundeinstellungen für das Layout fest: ● Wählt ein vorgefertigtes Folienlayout (Schriften, Kopf- und Fußzeilen, Farben etc.) aus. **Oder:** Wählt ein leeres Layout und gestaltet die Elemente selbst. ● Wählt eine Form des Übergangs zwischen den einzelnen Folien aus.
3. Schritt: **Abfolge der Folien planen**	Plant eine Abfolge der einzelnen Folien. Orientiert euch dabei an eurer Gliederung (vgl. Schritt 1). **Tipp:** Bei dem folgenden Schritt könnt ihr – wenn ihr als Team arbeitet – arbeitsteilig vorgehen, indem ihr die Ausarbeitung der Folien zu den verschiedenen Abschnitten eurer Gliederung unter euch aufteilt.
4. Schritt: **Ausarbeitung der einzelnen Folien**	Fügt Bilder, Texte usw. auf den zunächst leeren Folienblättern ein, indem ihr die entsprechenden Elemente im Menü unter „einfügen" auswählt. ● Eine einzelne Folie sollte nicht zu viele Informationen oder zu viel Material beinhalten. Eure Zuhörer/innen sollen ja gleichzeitig eurem Vortrag folgen können. Legt im Zweifel lieber eine weitere Folie an. ● Notiert auf den Folien keine langen Sätze, sondern nur knappe Überschriften oder Stichworte. Diese könnt ihr dann im Vortrag mündlich näher ausführen und erläutern. ● Achtet darauf, dass Bilder, Grafiken etc. groß genug dargestellt sind, damit man sie gut erkennen kann.
5. Schritt: **Folien zu einer Präsentation zusammenfügen**	Legt fest, in welcher Reihenfolge die Folien nacheinander erscheinen sollen. An dieser Stelle könnt ihr eure ursprünglich geplante Reihenfolge noch einmal verändern, zum Beispiel weitere Folien einfügen und vieles mehr.
6. Schritt: **Qualität der Präsentation prüfen**	Prüft zum Schluss die Qualität eurer Präsentation. Eine gute Möglichkeit wäre, sie in eurer Gruppe probeweise vorzustellen und dabei einer letzten Qualitätsprüfung zu unterziehen. **Tipps für die Qualitätsprüfung:** Eine gute Präsentation … ● stellt die wesentlichen Aspekte des Vortrags knapp und übersichtlich dar; ● hilft den Zuhörern, sich anhand der Folien im Ablauf des Vortrags zu orientieren; ● veranschaulicht die Inhalte des Vortrags, z. B. durch Bilder, Filmausschnitte, Grafiken, Schaubilder etc.

Kernaussagen aus einem Darstellungstext entnehmen

1. Schritt: Erstes Lesen des Textes, um einen Gesamteindruck zu erhalten, worum es inhaltlich geht.

2. Schritt: Zweites genaues Lesen des Textes. Dabei die wichtigen Informationen (Kernaussagen, Schlüsselwörter) markieren. Wichtig! Sparsam markieren, das heißt nicht zu viele Markierungen vornehmen, damit es übersichtlich bleibt. Verschiedene Farben benutzen.

3. Schritt: Stichwortsammlung erstellen, um die Kernaussagen des Textes knapp und treffend in eigenen Worten wiedergeben zu können. Ordne die Stichworte nach übergeordneten Gesichtspunkten.

Eine Textquelle systematisch erschließen

Quellen erzählen Geschichten, aber Vorsicht! Sie sind nicht die Geschichte. Quellen sind Materialien, die aus der Zeit stammen, über die sie erzählen. So berichten Textquellen z. B. über Personen und Ereignisse. Sie sind jedoch zunächst einmal eine persönliche Sichtweise dessen, der sie aufgeschrieben und der Nachwelt hinterlassen hat. Ein heutiger Leser sollte aber nicht unkritisch die Sichtweisen bzw. Meinungen des Quellenverfassers übernehmen, will er nicht Gefahr laufen, möglicherweise irregeführt oder einseitig informiert zu werden. Um dieser Gefahr zu begegnen, müssen wir Textquellen systematisch befragen. Nur so können wir die Informationen, die wir erhalten, sachgerecht nutzen.

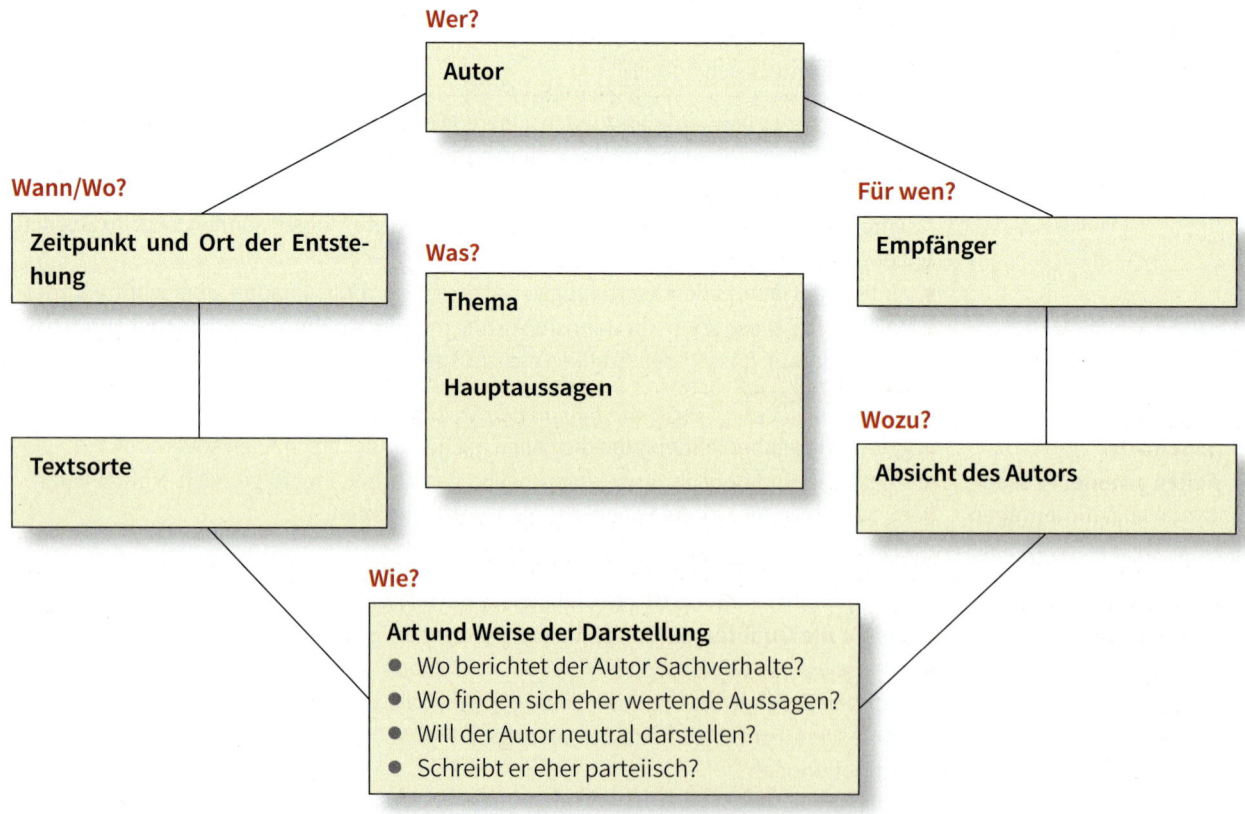

Wer?
Autor

Wann/Wo?
Zeitpunkt und Ort der Entstehung

Textsorte

Was?
Thema

Hauptaussagen

Für wen?
Empfänger

Wozu?
Absicht des Autors

Wie?
Art und Weise der Darstellung
- Wo berichtet der Autor Sachverhalte?
- Wo finden sich eher wertende Aussagen?
- Will der Autor neutral darstellen?
- Schreibt er eher parteiisch?

Eine politische Rede interpretieren

Ihr erinnert euch? Quellen erzählen Geschichte, aber sie sind nicht „die Geschichte". Sie sind Materialien, die aus der Zeit stammen, über die sie erzählen – Reste der Vergangenheit. Sie sind zunächst einmal die persönliche Sichtweise dessen, der sie der Nachwelt hinterlassen hat. Politische Reden sind eine besondere Form sprachlicher Textquellen. Aber warum sollen wir eigentlich eine Rede, die in der Vergangenheit gehalten wurde, lesen und uns damit beschäftigen? Schnee von gestern? Nicht ganz. Anhand von Quellen können wir Vergangenes „rekonstruieren". Voraussetzung ist, dass es uns gelingt, eine Quelle „zum Sprechen zu bringen". Der Fachbegriff dafür lautet, eine Quelle zu **interpretieren**.

**So geht „interpretieren":
Eine Drei-Schritt-Methode führt zum Ziel.**

Am Anfang steht die **Frage**, nicht die Quelle",
d. h. wir stellen Fragen an die Vergangenheit.

Wir **interpretieren** die Textaussagen und formulieren zusammenfassende Antworten auf unsere Fragen.

Textquelle

Wir erschließen die Quelle systematisch. Dabei wenden wir das bekannt W-Fragen-Modell an. Diesen Schritt nennen wir **analysieren**.

Arbeitsschritte	Eine politische Rede interpretieren
1. Schritt: **Leitfrage(n) festlegen**	Wir legen fest, welche Frage(n) wir beantworten wollen.
2. Schritt: **Redetext analysieren**	**Wir klären folgende Fragen:** • **Wer** ist der Autor? • **Was** ist das **Thema** der Quelle? • **Wann** und **wo** ist die Quelle entstanden? D. h.: In welcher geschichtlichen Situation ist sie entstanden? • Um welche **Textsorte** handelt es sich bei der Quelle? • Wer ist der **Adressat**? D. h.: An wen sind die Ausführungen gerichtet? **Wir fassen die inhaltlichen Kernaussagen zusammen, d. h.:** • den Text in sinnvolle Abschnitte gliedern, • die Kernaussagen eines jeden Abschnitts mit eigenen Worten zusammenfassen.
3. Schritt: **Redetext interpretieren** Das bedeutet: • Aussagen erklären, erläutern, deuten	**Fragen, die den Schritt der Interpretation leiten könnten:** • *Welche Absichten verfolgt der Redner mit seiner Rede?* • *Wie rechtfertigt er seine Ziele?* • *Wie überzeugend ist das, was er vorträgt und wie er es vorträgt?* • *Welche Wirkung erzeugt die Rede bei den Zuhörern?* • *Wie ist das, was er sagt und fordert, zu beurteilen?*
• zusammenfassende Antworten auf die Leitfrage(n) formulieren, z. B.:	• *Wichtige Gründe für die Reaktion der Zuhörer sind …* • *Seine Wortwahl und Ansprache der Zuhörer …* • *Seine Argumente überzeugen, weil …* • *…*

Bilder als historische Quelle nutzen

Arbeitsschritte	Erläuterungen und Lösungshilfen
1. Schritt: Die Untersuchung beginnt mit einer Frage.	Was erzählen die Bilder (das Bild) zum Thema?
2. Schritt: Betrachtung	Betrachtet die Bilder (das Bild) ganz genau.
3. Schritt: Beschreibung	Formuliert eine genaue Beschreibung des Dargestellten: ● Welche Personen sind dargestellt, was tun sie? ● Gibt es Auffälligkeiten in der Darstellung (z. B. Kleidung, Größenverhältnisse …)?
4. Schritt: Erläuterung und Deutung	Jetzt beginnt die Auswertung: Nur mit Kenntnissen über das Thema sind historische Abbildungen zu verstehen. **Tipp:** Zieht die Informationen, die euch das Schulbuch zum Thema bietet, mit heran!
5. Schritt: Auswertung	Beantwortet in einem kurzen zusammenfassenden Text die Leitfrage.

Fotografien interpretieren

Arbeitsschritte	Erläuterungen und Lösungshilfen
1. Schritt: Leitfrage(n) festlegen	Leitfrage(n) formulieren.
2. Schritt: Betrachten	Die Fotos genau betrachten und erste Eindrücke formulieren.
3. Schritt: Beschreiben	● Den Fotograf vorstellen. ● Thema, Gegenstand des Fotos benennen. Z. B: *Das Foto zeigt …* ● Genau beschreiben, was zu sehen ist. *Im Mittelpunkt des Fotos steht … Im Vordergrund … Im Hintergrund …* ● Darstellen, wie das Foto gestaltet ist (Bildausschnitt, Blickwinkel, Nähe und Ferne, Licht und Schatten).
4. Schritt: Deutung	● Aussageabsicht erkennen und erläutern: Erläutern, welche Absicht der Fotograf verfolgt und welche Wirkung erzielt werden soll. *Der Fotograf will zeigen, dass …* ● Erklären, was das Foto über die historische Situation aussagt. *Das Foto …* *Das Foto „verschweigt" …*
5. Schritt: Leitfrage(n) beantworten	Zusammenfassende Antworten auf die Leitfrage(n) formulieren.

Karikaturen entschlüsseln

Seine Meinung kann man nicht nur mit Worten sagen. Bilder oder Zeichnungen können ebenso deutlich sein.

Früher, als viele Menschen nicht lesen und schreiben konnten, waren solche Bilder noch wichtiger als heute. Ohne viele Worte konnte jeder Betrachter sofort verstehen, was gemeint war.

Die Zeichner konnten auf diese Weise ihre Meinung zu gesellschaftlichen oder politischen Zuständen oder Ereignissen einer breiten Öffentlichkeit kundtun.

Die Spottbilder aus z B. der Zeit der Französischen Revolution sind Vorläufer der heutigen Karikaturen (lat: „carrus" = der Wagen, hier Überladung und ital.: caricare = übertreiben). Das wichtigste Merkmal von Spottbildern und Karikaturen ist die Übertreibung. Jeder soll wissen, was kritisiert wird.

Spottbilder und Karikaturen entschlüsseln: die 4-Schritt-Methode

Jede Untersuchung beginnt mit einer **Frage**:
Welche Botschaft vermittelt der Karikaturist über …

4. Schritt:
Fasst die Botschaft der Karikatur möglichst knapp und präzise mit eigenen Worten **zusammen**.

3. Schritt:
Deutet die Karikatur in zwei Teilschritten:
a) Klärt den geschichtlichen Zusammenhang, in dem die Karikatur steht.
b) Erklärt die Bedeutung der einzelnen Bildelemente.

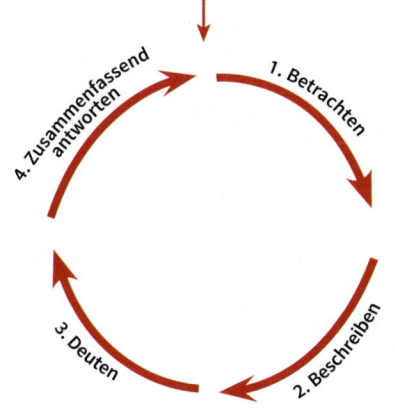

1. Schritt:
Betrachtet die Karikatur und lasst sie auf euch wirken. Notiert erste spontane Eindrücke.

2. Schritt:
Beschreibt die Karikatur möglichst genau.
Beginnt bei den auffälligen Inhalten und beschreibt dann die Details.

Wichtige Bildelemente und ihre Bedeutung	
Bildelement(e)	stehen für

Schaubilder auswerten

Schaubilder zeigen uns anschaulich, wie Staat und Gesellschaft aufgebaut und geordnet sind. Verfassungsschaubilder zeigen zum Beispiel, welche staatlichen Einrichtungen es gibt, wer regiert, welche Rechte Bürger haben. Schaubilder, die den Gesellschaftsaufbau zum Thema haben, zeigen, welche Gruppen es gibt und was ihre wichtigen Merkmale sind. Wie bei Geschichtskarten ist allerdings auch hier die Voraussetzung, dass man gelernt hat, Schaubilder sachgerecht zu „lesen".

Arbeitsschritte	Erläuterungen und Lösungshilfen
1. Schritt: **Leitfrage formulieren**	Wir legen fest, welche Frage/n beantwortet werden soll(en): *Wie sind der Staat/die Gesellschaft … aufgebaut? Wie funktionierte dort politische Mitwirkung?*
2. Schritt: **Thema benennen**	Wie lautet das Thema des Schaubildes? *Das Schaubild zeigt, …* **Tipp:** In der Regel gibt die Überschrift schon entscheidende Hinweise.
3. Schritt: **Das Schaubild beschreiben**	● Wie ist das Schaubild aufgebaut? Welche Elemente (z. B. beschriftete Pfeile, Linien, Farben, Kästchen) werden verwendet? ● Wie liest man das jeweils abgebildete Schaubild am besten (von oben nach unten, von unten nach oben oder von links nach rechts, von rechts nach links, eventuell auch vom Zentrum in der Mitte her)?
4. Schritt: **Das Schaubild auswerten** Die Auswertungsergebnisse mit Blick auf die Leitfragen in Stichworten oder einem zusammenhängenden Text zusammenfassen.	● Welche Aussagen macht das Schaubild? Welche Zusammenhänge lassen sich aufzeigen? ● Was erfahren wir aus dem Schaubild/den Schaubildern für unsere Fragestellung(en)? **Z. B. Gesellschaftsordnung:** – Welche gesellschaftlichen Gruppen und Personen gab es? – Welche Stellung hatten sie? **Z. B. Staatsaufbau:** – Welche staatlichen Einrichtungen gab es? – Welche Gruppen/Personen durften mitbestimmen und welche nicht? – Wer/welche Gruppen war(en) am mächtigsten?

Geschichtskarten „lesen" und auswerten

Karten in Geschichtsbüchern sehen in mancherlei Hinsicht Landkarten, wie ihr sie aus dem Erdkundeunterricht kennt, ähnlich. Geschichtskarten unterscheiden sich jedoch von solchen Landkarten. Sie wollen etwas anderes leisten. Ziel der Geschichtskarten ist es, Auskunft über vergangene Zusammenhänge zu geben. Dargestellt sein kann zum Beispiel der Zustand eines großen Gebietes zu einem bestimmten Zeitpunkt. Manchen Karten lassen sich auch Entwicklungen und Veränderungen über einen längeren Zeitraum entnehmen. Wenn wir also wissen wollen, wie zum Beispiel Europa zur Zeit Karls des Großen ausgesehen hat, können wir über eine Geschichtskarte anschauliche Informationen dazu erhalten. Voraussetzung dazu ist, dass man gelernt hat, eine solche Geschichtskarte richtig zu „lesen".

Arbeitsschritte	Erläuterungen und Lösungshilfen
1. Schritt: **Leitfrage/n formulieren**	Wir legen fest, welche Frage/n beantwortet werden soll/en.
2. Schritt: **Thema benennen**	Wie lautet das Thema der Karte? **Tipp:** In der Regel gibt die Überschrift schon entscheidende Hinweise.
3. Schritt: **Kartenlegende erfassen:** **Symbole und Beschriftungen** **entschlüsseln**	Welche Farben, Linien, Pfeile oder andere Symbole werden genutzt, um das Thema zu veranschaulichen? Welcher Maßstab wird verwendet? **Tipp:** In der Regel finden sich hierzu wichtige Hinweise in der Legende.
4. Schritt: **Die Karte beschreiben und** **auswerten**	Was erfahren wir aus der Karte für unsere Fragestellung? ● Welchen Raum zeigt die Karte? ● Über welchen Zeitpunkt/-raum gibt die Karte Auskunft? ● Welche Informationen liefert die Karte im Einzelnen? ● Was ist die Gesamtaussage der Karte.
5. Schritt: **Eine zusammenfassende** **Antwort auf die Leitfrage** **formulieren**	Wir fassen die Untersuchungsergebnisse in einem Text oder in Stichworten zusammen.

Neben der Betrachtung einzelner Karten gibt es auch den sog. **„Kartenfilm"**. So bezeichnet man eine Abfolge von Karten, die alle denselben Raumausschnitt, aber jeweils zu verschiedenen Zeiten zeigen. Wenn man die einzelnen Karten eines Kartenfilms nacheinander betrachtet und beschreibt, kann man darstellen, wie sich ein Raum (zum Beispiel eine Stadt, ein Land oder ein Kontinent) im Laufe der Geschichte verändert hat.

Historische Karten „lesen" und verstehen

Historische Karten stammen im Gegensatz zu Geschichtskarten aus einer vergangenen Zeit. Sie spiegeln das Weltbild der Menschen in der jeweiligen Zeit wider. Z. B. zeigen sie, welchen Wissensstand und welche Vorstellungen Menschen früher vom Aussehen der Erde besaßen.

Arbeitsschritte	Erläuterungen und Lösungshilfen
1. Schritt: Leifrage(n) formulieren	Wir legen fest, welche Frage(n) beantwortet werden soll(en). *Z. B.: Welches Bild von der Welt hatten die Menschen damals?*
2. Schritt: Äußere Merkmale beschreiben und erläutern	• Wie lautet das Thema? • Wer ist der Zeichner der Karte? • Wann und wo ist die Karte entstanden? • Welcher Raum wird gezeigt?
3. Schritt: Karte beschreiben und erläutern	• Was genau ist im Einzelnen auf der Karte dargestellt? • Welche Besonderheiten fallen uns auf?
4. Schritt: Zusammenfassende Antwort(en) auf die Leitfrage(n) formulieren	Welche Schlussfolgerungen zur Leitfrage lassen sich formulieren? (Stichwortform oder kurzer zusammenfassender Text)

Eine historische Darstellung analysieren und kritisch zu ihr Stellung nehmen

In einer historischen Darstellung beschreiben Wissenschaftler und Publizisten vergangene Fakten und ereignisgeschichtliche Vorgänge, stellen Zusammenhänge her und urteilen über das Geschehene. Sie stellen für Leserinnen und Leser dar, wie sie die Vergangenheit deuten.

Für uns als Leser sind solche historischen Darstellungen eine gute und effektive Möglichkeit, uns über Vergangenheit zu informieren. Allerdings: Die Autoren historischer Darstellungen schildern und urteilen aus ihrer Sicht. Die Auswertung eines solchen Textes erfordert für uns als Leser deshalb Dreierlei: unsere Fragen an den Text stellen, den Text analysieren und zu den Ausführungen kritisch Stellung nehmen. Auf diese Weise können wir uns ein eigenes Urteil bilden und Antworten auf die Frage formulieren, die uns interessiert.

Arbeitsschritte	Erläuterungen und Lösungshilfen
1. Schritt: **Leitfrage(n) festlegen**	Die Frage(n) festlegen, auf die wir mithilfe der historischen Darstellung Antworten finden wollen.
2. Schritt: **Den Text analysieren** **a) Die historische Darstellung vorstellen** **b) Den Inhalt wiedergeben**	• Den Autor, den Erscheinungsort und den Zeitpunkt des Erscheinens vorstellen. *Der Autor heißt … Er ist … Der Text wurde im Jahr … in … veröffentlicht.* • Die Adressaten bestimmen. *Der Text richtet sich an …* • Das Thema benennen. *Der Autor beschäftigt sich mit …* Die Kernaussagen der historischen Darstellung soweit als möglich mit eigenen Worten wiedergeben. Dafür gibt es zum Beispiel diese Möglichkeiten: • Die Kernaussagen der Darstellung in Stichworten knapp zusammenfassen. • Die Darstellung in Abschnitte gliedern und deren Inhalt mit eigenen Worten wiedergeben. • Die Schlussfolgerung (das „Fazit") des Autors knapp zusammenfassen und Argumente, die zur Begründung genannt werden, auflisten. *Das Fazit des Autors: …* *Zur Begründung führt er diese Argumente an: …*

3. Schritt:
Sich kritisch mit dem Text auseinandersetzen
	Zum Inhalt der historischen Darstellung mit Blick auf die Leitfrage(n) kritisch Stellung nehmen. Dafür gibt es zum Beispiel diese Möglichkeiten:
	• Die Darstellung mit den eigenen Kenntnissen vergleichen und prüfen, ob alle Tatsachen richtig und verständlich dargestellt sind.
	• Prüfen, ob Schlussfolgerungen und Urteile sachlich nachvollziehbar und gut verständlich begründet werden.
	• Ansätze eines eigenen Urteils formulieren.
	  – *Ich finde, dass …*
	  – *Nach meiner Meinung ist vor allem von Bedeutung …*

Ein historisches Sachurteil formulieren

Beim Umgang mit Geschichte geht es nicht nur darum zu wissen, was früher geschehen Ist, sondern auch darum, angemessen darüber urteilen zu können. Dabei müssen wir einen wichtigen Grundsatz beachten. Wenn wir über vergangenes Denken oder Handeln urteilen, müssen wir sachgerecht zugrunde legen, was Menschen früher wussten und was sie nicht wissen konnten, was sie für richtig hielten, welche Wertvorstellungen sie hatten. Historiker sagen: Wir müssen den damaligen „Zeithorizont" als Maßstab nehmen. Bei einem Sachurteil urteilen wir also nach zeitgenössischen Wertmaßstäben.

Arbeitsschritte	Erläuterungen und Lösungshilfen
1. Schritt: Leifrage(n) formulieren	Wir legen fest, welche Frage(n) beantwortet werden soll(en).
2. Schritt: Die historischen Ereignisse und ihre Hintergründe darstellen	Stellt die ereignisgeschichtlichen Sachzusammenhänge vor, die man kennen muss, um ein begründetes Urteil zu fällen.
3. Schritt: Kriterien und Argumente für das Sachurteil benennen	Benennt die Kriterien und Argumente, die ihr eurem Sachurteil zugrunde legen werdet.
4. Schritt: Ein eigenes Urteil formulieren	Formuliert ein zusammenfassendes Urteil, indem ihr **a)** z B. Ziele, Maßnahmen, angeführte Argumente und Begründungen benennt, die für euch nachvollziehbar, stichhaltig und überzeugend sind; **b)** zu einzelnen Punkten/Argumenten eine in Teilen möglicherweise abweichende, begründete eigene Einschätzung abgebt.

Historische Reportage

Ihr alle kennt aktuelle Ereignisse, über d (e Reporter möglichst zeitnah berichten, z. B. im Fernsehen oder in Zeitungsartikeln. Im Unterschied dazu berichtet eine *historische Reportage* über ein früheres, zurückliegendes Ereignis. D. h.: Es wird beschrieben, was vor längerer Zeit geschehen ist. Dabei werden Ort, Zeit, das Ereignis selbst und natürlich die Hintergründe des Geschehens beleuchtet. Eine historische Reportage unterscheidet sich von einem umfassenden Bericht oder einer sorgfältigen fachlichen bzw. wissenschaftlichen Analyse dadurch, dass sie nur einen Ausschnitt oder einen Aspekt aus einem größeren Geschehen aufgreift, also eine engere Perspektive wählt, diese aber dafür deutlicher hervortreten lässt.

Arbeitsschritte	Erläuterungen und Lösungshilfen
1. Schritt: Thema festlegen, z. B. aus einer Auswahl von mehreren möglichen Themen; danach genaue Fragestellungen formulieren	*Zum Beispiel:* – *Was geschah in …* – *Welche Hintergründe …* – *Welche Folgen …*
2. Schritt: Informationen beschaffen	Z. B.: Darstellungstext in diesem Buch lesen, bei Bedarf weitere Informationsquellen heranziehen, z. B.: ● Bücher aus der Stadtbücherei ● Artikel im Internet
3. Schritt: Informationen ordnen und unter den vorher festgelegten Fragestellungen auswerten	Fragen könnten z. B. sein: ● Was erfahre ich über das Ereignis (Ort, Zeit, beteiligte bzw. betroffene Personen)? ● Wie wird das Geschehen vor Ort bewertet? *Zum Beispiel: Was denkt die Bevölkerung in …?* „Wie äußert sich die Regierung in …? ● Welche Hintergründe des Ereignisses sind wichtig? ● Vielleicht Welche Folgen hatte das Geschehen
4. Schritt: Informationen für die Zuhörer oder Leser aufbereiten	Dabei kann ich mir folgende Fragen stellen: ● Welche Informationen brauchen meine Zuhörer oder Leser, um das Ereignis zu verstehen? ● Was wird sie besonders/zusätzlich interessieren? ● Wie kann ich meine Reportage möglichst anschaulich aufbereiten?
5. Schritt: Durchführung planen	● Mündlicher Vortrag: Merkzettel (Stichpunkte) vorbereiten, vielleicht Fotos auswählen. ● Schriftliche Darstellung: möglichst flüssigen, gut lesbaren Text schreiben (nicht zu lange Sätze)
6. Schritt: Reportage schreiben oder vortragen	● Vorgegebenen (zeitlichen) Umfang einhalten.

„Zeitzeichen: Heute vor …"

Vielleicht kennt ihr – auch aus eurem Geschichtsunterricht – die Radiosendung „Zeitzeichen", in der regelmäßig an wichtige geschichtliche Ereignisse erinnert wird. Ein wenig an diese Sendung angelehnt, könnt ihr selbst kleine Beiträge (Features) erstellen, in denen ihr historische Ereignisse vorstellt.

Aber Vorsicht: Nicht jedes historische Geschehen eignet sich für die Aufarbeitung mithilfe dieser Methode! Es geht immer um ein konkretes Ereignis, von dem wahrscheinlich viele Menschen schon einmal gehört oder gelesen haben (oder auch um eine bekannte Person, deren Geburts- oder Todestag z. B. zum Anlass für die Erinnerung werden kann). Das Besondere der Methode liegt darin, dass wir mit ihr Geschichte – fokussiert auf ein begrenztes Ereignis – selbstständig erzählen können.

Da es wesentlich auf die Form der Darstellung und die Präzision der Schilderung ankommt, muss der eigene Beitrag in der Regel schriftlich formuliert werden. Gut ist es, wenn man die eigene Darstellung z. B. durch prägnante Quellenzitate auflockern und plastischer machen kann.

Arbeitsschritte	Erläuterungen und Lösungshilfen
1. Schritt:	**Entscheidet, um welches Ereignis es gehen soll.** Möglichst genaues Datum, vielleicht sogar Wochentag und Stunde, sowie den Ort des Geschehens angeben, die beteiligten Personen benennen und evtl. kurz vorstellen.
2. Schritt:	**Beschreibt, in welchem Kontext das Ereignis stand.** Vorgeschichte des Ereignisses klären und darstellen (Hintergründe, Ursachen, Auslöser? Interessen der Beteiligten bzw. der Betroffenen?). **Wichtig:** Denkt daran, dass ihr eure Beiträge für Zuhörer, nicht Leser verfasst. D. h.: Eure Schilderung muss sofort verstanden werden; dazu sind kurze, prägnante Formulierungen hilfreich.
3. Schritt:	**Erläutert, welche Wirkungen bzw. Folgen von dem Ereignis ausgingen.** Reaktionen auf das Ereignis festhalten (Medienberichte, Äußerungen von Zeitgenossen, kritische oder zustimmende Äußerungen zu einer Entscheidung erwähnen). **Tipp:** Wenn möglich, Originalzitate verwenden (beim Vortrag in der Klasse können diese Passagen von einem zweiten Sprecher bzw. einer zweiten Sprecherin vorgelesen werden).
4. Schritt:	Stellt dar, welche längerfristigen Auswirkungen von dem Ereignis ausgingen bzw. welche Bedeutung das Ereignis möglicherweise bis heute hat. Ereignis z. B. als den Beginn eines längeren Prozesses einordnen, der das Leben vieler Menschen verändert, als Vorbild für andere Entwicklungen gewirkt hat oder uns bis heute beschäftigt.

Begriffe zum Nachschlagen

Abrüstung. Seit der Aufklärung gibt es Vorstellungen über die Begrenzung, Kontrolle und Verminderung der Rüstung, um Kriege zu verhindern. Nach den beiden Weltkriegen hat die moderne Kriegstechnik, insbesondere das Vorhandensein nuklearer Waffen, Abrüstungsgespräche sehr schwierig gemacht und allenfalls Teilerfolge im Bereich der Rüstungskontrolle und Rüstungsbegrenzung ermöglicht. Erst am Ende des Kalten Krieges, vor allem seit dem Niedergang des sozialistischen Weltsystems, sind mit dem Mittelstreckenabkommen und den START-Verträgen (Strategic Arms Reduction Talks) durch den US-Präsidenten George Bush und den letzten Präsidenten der UdSSR, Michail Gorbatschow, Durchbrüche erzielt worden, die eine echte Abrüstung durch die Vernichtung von Waffensystemen mit einer wirksamen Kontrolle vor Ort verbinden und eine Basis für die dringend erforderliche Abrüstung darstellen.

Abschreckung. Die militärisch-politische Strategie der Abschreckung beruht auf der Vorstellung, durch den Ausbau und die Verstärkung der eigenen Streitkräfte einen möglichen militärischen Gegner davon abzuhalten, einen Angriff zu starten. Diese in der Geschichte immer wieder verwendete Strategie gipfelte im 20. Jahrhundert in der Abschreckungspolitik während des Kalten Krieges und der Jahre der Entspannungspolitik, als die führenden Atommächte und ihre Verbündeten sich gegenseitig mit konventionellen, chemischen, biologischen und nuklearen Waffen bedrohten, um den Ausbruch eines dritten Weltkrieges zu verhindern.

Antisemitismus. In einem sehr weiten Sinne meint der Begriff jede Form von Abneigung oder Feindschaft gegenüber den Juden. Im engeren Sinne meint Antisemitismus eine politische Weltanschauung, die gegen Ende des 19. Jahrhunderts entstanden ist und die Judenfeindschaft mit biologisch-rassistischen Argumenten zu begründen versucht. In Anlehnung an die Überlegungen Darwins werden Juden als eine minderwertige „Rasse" betrachtet. Letztlich bildete dieses Denken die Voraussetzung für die nationalsozialistische Ideologie und die Massenvernichtung.

Appeasement-Politik. Die Bezeichnung leitet sich vom englischen Verb „to appease" ab (= beschwichtigen, Zorn mildern). Gemeint ist der Versuch der britischen Regierung, die aggressiven Tendenzen der deutschen Außenpolitik zwischen 1933 und 1938 durch eine Politik der Zugeständnisse einzudämmen und somit den Frieden zu sichern. Die Münchener Konferenz von 1938 gilt als Inbegriff dieser Strategie und gleichzeitig als Ausdruck ihres Scheiterns, denn die weitgehenden diplomatischen und territorialen Konzessionen konnten den Krieg nicht verhindern.

Aufrüstung. Der scheinbar einfache Vorgang der Rüstungssteigerung mit dem Ziel, die militärische Kampfkraft der eigenen Truppen zu verbessern, kann sehr unterschiedlichen Motiven dienen: Kriegsvorbereitung, Ausgleich für gegnerische Rüstung, Abschreckung, Ruinieren der gegnerischen Finanzen durch Verstrickung in einen Rüstungswettlauf, Arbeitsbeschaffung, Arbeitsmarktentlastung durch Heeresverstärkung. Der Beurteilung von Aufrüstungsmaßnahmen muss daher eine genaue Analyse der politisch-strategischen und wirtschaftlichen Lage vorausgehen.

Autokratie. Autokratie (Selbstherrschaft) ist ein Sammelbegriff für Regierungsformen, bei denen die Staatsgewalt uneingeschränkt in der Hand eines Einzelnen liegt.

Bolschewismus. Dieser Begriff wird oft gleichbedeutend mit Kommunismus verwendet. Er leitet sich ab von den „Bolschewiki", den „Mehrheitlern", jenem radikalen Flügel der Sozialdemokratischen Arbeiterpartei Russlands, der seit 1903 den revolutionären Gedanken Lenins folgte.

Bürgerkrieg, amerikanischer. 1861 traten 7 der 15 Sklaven haltenden Südstaaten aus der Union der amerikanischen Staaten aus. Sie gründeten die „Konföderierten Staaten von Amerika". Ihr „Austritt" (lat. secessio) löste den amerikanischen Bürgerkrieg (Sezessionskrieg) aus. Den Hintergrund bildete der Gegensatz zwischen dem industrialisierten, auf freier Lohnarbeiterschaft basierenden bzw. in freier Farmwirtschaft betriebenen Norden und der Pflanzeraristokratie des Südens, deren Plantagenwirtschaft auf Sklavenarbeit beruhte.

DAF/Deutsche Arbeitsfront. Organisation, die in der Arbeitswelt die Idee der „Volksgemeinschaft" umsetzen sollte. Interessengegensätze zwischen Unternehmern, Angestellten und Arbeitern konnte es in einer national organisierten Arbeitswelt nicht mehr geben. Gewerkschaften und Arbeitgeberverbände hatten in diesem Denkmodell keinen Platz. Führer (= Unternehmer) und Gefolgschaft (= Arbeiter) kämpften gemeinsam zum Wohle des Volkes. Folgerichtig gab es kein Streikrecht mehr und die Löhne wurden festgesetzt. Die Organisation „Kraft durch Freude" versuchte, den gesellschaftlichen Abstand zwischen Unternehmern und Arbeitern aufzuheben: durch Betriebsfeste, Konzerte in Werkshallen und Urlaubsangebote.

Demokratie. Der Begriff stammt aus dem Griechischen und bedeutet „Volksherrschaft". Seit dem 18. Jahrhundert wurde die Demokratie als repräsentative Demokratie in den Staaten Nordamerikas, West- und Mitteleuropas bis 1918 schrittweise durchgesetzt. Auf der Grundlage einer selbst gegebenen Verfassung wählt das Volk auf Zeit seine Vertreter (Repräsentanten), die die Gesetzgebung und die Kontrolle der Regierung wahrnehmen sollen. Diesem liberalen Verständnis zufolge zeichnet sich eine Demokratie durch Rechtsstaatlichkeit, die Existenz von Grundrechten, Minderheitenschutz und Gewaltenteilung aus.

Diktatur. Der Begriff bezeichnet die auf Gewalt beruhende, uneingeschränkte Herrschaft eines Einzelnen oder einer Gruppe. Im 20. Jahrhundert können z. B. der Nationalsozialismus oder der Stalinismus als Diktaturen bezeichnet werden.

Diktatur des Proletariats. Karl Marx prägte diesen Begriff als Bezeichnung für die Übergangsphase zwischen der proletarischen Revolution und der anzustrebenden herrschaftsfreien, klassenlosen Gesellschaft. In dieser Übergangsphase herrscht die Mehrheit des Proletariats über die Minderheit der Bourgeoisie.

Dolchstoßlegende. Behauptung, nicht die militärische Führung des Deutschen Kaiserreiches sei schuld an der Niederlage Deutschlands im Ersten Weltkrieg, sondern Demokraten und Sozialisten, die sich gegen einen Siegfrieden als Kriegsziel gewandt hatten. Die Dolchstoßlegende wurde zu einer politischen Kampfparole der antidemokratischen, nationalistischen Kräfte in der Weimarer Republik.

Einigungsvertrag. Umgangssprachliche Bezeichnung für den innerdeutschen „Vertrag zur Herstellung der staatlichen Einheit Deutschlands", der am 31. August 1990 von dem Ministerpräsidenten der DDR, Lothar de Maizière, und dem Bundeskanzler der Bundesrepublik Deutschland, Helmut Kohl, unterzeichnet wurde. Die deutsche Einheit trat am 3. Oktober 1990 in Kraft.

Entnazifizierung. Sammelbegriff für den Versuch der Siegermächte des Zweiten Weltkrieges, die deutsche Bevölkerung vom nationalsozialistischen Denken zu „säubern". Neben der Aburteilung der Hauptkriegsverbrecher in Nürnberg (Nürnberger Prozess) wurden die ehemaligen Parteimitglieder in Hauptschuldige, Belastete, Minderbelastete, Mitläufer und Entlastete eingestuft. Viele belastete Berufstätige verloren ihre Stellung, die meisten Erfassten wurden als Mitläufer bezeichnet. In der SBZ umfasste der Begriff „Entnazifizierung" auch Maßnahmen zur gesellschaftlichen Umgestaltung, wie die Enteignung von Industrieunternehmen oder landwirtschaftlichem Großgrundbesitz. Auf diese Weise sollten nach dem Verständnis der sowjetischen Besatzungsmacht die Trägerschichten des Nationalsozialismus entmachtet werden. Infolge des aufkommenden Ost-West-Gegensatzes und der Teilung Deutschlands wurde die Entnazifizierung für die Siegermächte in allen Zonen bald zu einem untergeordneten Vorhaben. Im Westen wurde sie vorzeitig abgebrochen.

Entspannung. Zustand des friedlichen Nebeneinanders von Machtblöcken oder Nationen mit der Praxis des diplomatisch geregelten Interessen- und Konfliktaustrags. Die Entspannungspolitik zur Zeit des Ost-West- Konfliktes verfolgte durch Vereinbarungen zur Sicherung des Friedens, zur Rüstungskontrolle und zur Aufnahme intensiver Beziehungen auf allen Ebenen das Ziel der Spannungsminderung zwischen den führenden Atommächten und ihren Bündnissystemen auf westlicher und östlicher Seite.

Euthanasie. Die wörtliche Übersetzung lautet: „leichter Tod" – eine Menschen verachtende Vokabel, mit der die Ermordung behinderter oder kranker Menschen verschleiert wird.

Faschismus. Das aus dem Italienischen stammende Wort „fascisti" könnte etwa mit „Bündler", „Angehörige eines Bundes" wiedergegeben werden. Im engeren Sinne bezeichnet der Begriff Faschismus nur das italienische Herrschaftssystem unter Mussolini. Die politischen Gegner, insbesondere die Marxisten, haben das Wort jedoch in einem allgemeineren Sinne verwendet und auch auf den Nationalsozialismus in Deutschland bezogen. Gemeinsamkeiten der Ideologie sind etwa Nationalismus, Idee der Volksgemeinschaft, Machtmonopol einer Partei, diktatorische Strukturen, Ausschaltung jeder Opposition und expansionistische Tendenzen.

Föderalismus. Prinzip der Aufteilung politischer Macht zwischen einer Zentralregierung (in der Bundesrepublik: Bundestag und Bundesregierung) und regionalen politischen Strukturen (in der Bundesrepublik: Bundesländer mit ihren Länderparlamenten und Landesregierungen). Der föderale Staat soll übermäßige Machtkonzentration verhindern und für mehr Bürgernähe von Politik und Verwaltung sorgen.

Frauenemanzipation. Emanzipation bedeutet Selbstständigkeitserklärung, Gleichstellung vorher Minderberechtigter. Durch die Weimarer Verfassung erhielten Frauen erstmalig in Deutschland das Wahlrecht. In den 1920er-Jahren wurde in den Medien das Bild der „neuen Frau" verbreitet. Sie beanspruchte eine neue Rolle, strebte nach akademischem Studium und nach einem qualifizierten Arbeitsplatz. In der Mode signalisierten Bubikopf-Frisuren und kurze Röcke das neue Frauenbild. Dieses Frauenbild entsprach aber in vielen Fällen nicht der Wirklichkeit. Frauen waren im Reichstag unterrepräsentiert, verdienten für gleiche Arbeit weniger als Männer und erhielten eine weniger qualifizierte Ausbildung. Neuen Schwung erhielten die traditionellen Forderungen der Frauenemanzipation in der BRD durch die „neue Frauenbewegung" zu Beginn der 1970er-Jahre.

Friedensvertrag. Am 12. September 1990 unterzeichneten die Vertreter der vier Siegermächte des Zweiten Weltkrieges und der beiden deutschen Staaten den sogenannten „2+4-Vertrag", mit dem alle noch aus dem Zweiten Weltkrieg resultierenden alliierten Vorbehalte aufgehoben wurden und Deutschland in die volle Souveränität entlassen wurde.

Frontier. 1893 vertrat der amerikanische Historiker Frederik Jackson Turner (1861 – 1932) die These, dass das Vorhandensein freien Landes und das Vordringen der Siedlungsgrenze nach Westen die amerikanische Entwicklung erkläre. Die Bedingungen des Grenzraums, des Aufeinandertreffens besiedelten und unbesiedelten Landes, der „Frontier", hätten die Möglichkeiten des sozialen Aufstiegs, des Individualismus und der Demokratie gefördert. Turner sah den Westen als das wahre Amerika. Damit erklärte er die fortschrittlichen politischen und gesellschaftlichen Institutionen Amerikas nicht aus der europäischen Tradition, sondern leitete sie aus dem demokratisierenden Einfluss der Siedlungserfahrung ab. Zwar wurde Turners These kritisiert, die besondere Bedeutung der ständigen Grenzverschiebung ist jedoch unbestritten, insbesondere die durch die Pioniergesellschaften aus Farmern, Kaufleuten, Händlern, Handwerkern, Arbeitern und freien Berufen geförderte Tendenz zur gleichberechtigten, Standesunterschiede einebnenden und vom Einzelnen zu verantwortenden Teilhabe an sozialen und ökonomischen Chancen.

Führer (Führerprinzip, Führerstaat). Der offizielle Titel Hitlers lautete seit August 1934: „Führer und Reichskanzler". In seinem Selbstverständnis verkörperte der Führer das Volk und verwirklichte den „wahren Volkswillen", was sich auch in der Anrede „Mein Führer" ausdrückte. Der Führerstaat sollte das Prinzip von Befehl und Gehorsam auf allen Ebenen durchführen und setzte uneingeschränkte Befugnisse des Führers voraus. In Wirklichkeit schuf er ein schwer durchschaubares System rivalisierender Ämter.

Genozid/Holocaust. Gemeint ist der Völkermord an den europäischen Juden, der von den Nationalsozialisten systematisch geplant und durchgeführt wurde. Die Ausgrenzung der Juden begann bereits 1933: Schikanen und Demütigungen steigerten sich über die Nürnberger Gesetze (1935) und die Reichspogromnacht (1938). Nach Kriegsbeginn weitete sich die Verfolgungswelle aus. Deportationen bildeten die Zwischenstufe zur „Endlösung", die auf der Wannsee-Konferenz 1942 beschlossen wurde und zur Ermordung von etwa sechs Millionen europäischen Juden in Massenvernichtungslagern führte.

Gestapo. „Geheime Staatspolizei", ursprünglich von Göring in Preußen eingerichtete Polizeidienststelle zur Verfolgung politischer Gegner wurde die Gestapo seit 1939 eine der SS unterstellte Reichsdienststelle. Zentrale der Gestapo war das „Reichssicherheitshauptamt" (RSHA) der SS in Berlin. Die Gestapo erzwang Aussagen durch Folter, ließ Gefangene ermorden und organisierte die Einweisung in Konzentrations- und Vernichtungslager.

Gleichschaltung. Der Begriff taucht zuerst auf im „Vorläufigen Gesetz zur Gleichschaltung der Länder" vom 31.3.1933, das die Zusammensetzung der Landtage nach den Stärkeverhältnissen des Reichstages regelte. Übertragen wurde der Begriff auf die nationalsozialistische Durchdringung aller wirtschaftlichen, sozialen und kulturellen Vereinigungen und des gesamten Informationswesens. Alle Menschen sollten in den wichtigen Dingen „gleich" denken, was der Idee der Volksgemeinschaft entsprach.

Hitler-Stalin-Pakt. Umgangssprachliche Bezeichnung für das zwischen dem Deutschen Reich und der Sowjetunion am 23.8.1939 geschlossene Abkommen, in dessen geheimem Zusatzprotokoll die Interessensphären beider Staaten in Osteuropa, insbesondere eine zukünftige Aufteilung Polens, festgelegt wurde.

Ideologie. Im engeren Sinne bezeichnet der Begriff eine Ansammlung von Ideen oder Wertvorstellungen, die beansprucht, die Wirklichkeit sinnvoll zu deuten – seien die politischen, wirtschaftlichen oder gesellschaftlichen Verhältnisse auch noch so kompliziert. Wichtige Elemente der NS-Ideologie sind z. B. das Führerprinzip, die Idee des (knappen) Lebensraumes, der Rassismus und der Antisemitismus. Aufgabe der Ideologiekritik ist es, die Hintergründe und Interessengebundenheit eines derartigen Denkens aufzudecken und damit nachzuweisen, dass dieses Denken mit der Wirklichkeit nicht übereinstimmt, aber für die Träger der Ideologie Nutzen bringt.

Inflation. Darunter versteht man eine durch anhaltende Preissteigerung gekennzeichnete Geldentwertung. Während und vor allem nach dem Ersten Weltkrieg kam es insbesondere in Deutschland und Österreich, aber auch in anderen Staaten zu einer schweren Inflation, weil die Regierungen die Ausgaben für die Kriegsfinanzierung und Reparationen durch Ausweitung der Geldmengen aufzubringen versuchten, während das Warenangebot gleichzeitig aufgrund des Krieges zurückging. Den Höhepunkt erreichte die Inflation in Deutschland im Jahre 1923. Die sozialen Folgen waren steigende Arbeitslosigkeit, Verlust von Besitz und Geld bei Sparern, riesige Gewinne dagegen bei Schuldnern und Spekulanten. Durch einen Währungsschnitt wurde die Inflation im November 1923 beendet.

Kalter Krieg. Der Begriff bezeichnet die nach dem Zweiten Weltkrieg entstandene machtpolitische und ideologische Auseinandersetzung zwischen den USA und der ehemaligen Sowjetunion sowie ihren Bündnissystemen. Eine direkte militärische Auseinandersetzung konnte trotz mehrerer schwerer Krisen (Berlin 1948, Kuba 1962), die einen „heißen Krieg" hätten herbeiführen können, vermieden werden. Während des Kalten Krieges versuchten beide Staaten, ihre eigene Position durch Aufrüstung, Paktsysteme, Wirtschaftshilfe, Propaganda, Unterstützung von Staatsstreichen, Revolutionen und Stellvertreterkriegen in der Dritten Welt zu stärken bzw. zur Verhinderung eines dritten Weltkrieges die jeweils andere Seite abzuschrecken. Noch während dieser Epoche wurde aber auch eine Entspannungspolitik entworfen und erfolgreich abgeschlossen.

Kapitalismus. Wenn alle Abläufe der Wirtschaft vom Besitz/Nichtbesitz von Kapital sowie von der Art des Einsatzes abhängen, gilt ein Wirtschaftssystem als kapitalistisch. Kapital umfasst dabei sowohl das frei verfügbare Vermögen als auch das in Grundstücken, Gebäuden, Maschinen, Werkzeugen und anderen Betriebsmitteln investierte Kapital.

Kollektivschuld. Überlegung, dass bestimmte Handlungen nicht (nur) einzelnen Tätern zuzuordnen sind, sondern der gesamten Gruppe, in der diese Täter gelebt haben und ihre Taten ausüben konnten. Die These der Kollektivschuld wurde vor allem nach dem Zweiten Weltkrieg als Vorwurf gegen die deutsche Bevölkerung erhoben.

Kommunismus. Zum einen steht dieser Begriff für die von Karl Marx und Friedrich Engels angestrebte herrschaftsfreie, klassenlose Gesellschaft. Oft wird der Begriff auch ähnlich wie „Sozialismus" als Bezeichnung für die mit der Oktoberrevolution in Russland etablierte Herrschaftsform verwendet.

Konzentrationslager (KL, KZ). Ursprünglich Internierungslager für politische Gegner als „Schutzhäftlinge", vor allem Funktionäre der KPD und SPD. Erste Lager waren Oranienburg, Dachau, dann Buchenwald bei Weimar; Leitung seit 1934 durch die SS. Nach Kriegsbeginn Errichtung riesiger Arbeits- und Vernichtungslager für Juden, Polen, Sinti und Roma u. a., vor allem im besetzten Polen: Auschwitz ist bis heute Inbegriff eines Konzentrationslagers.

Lebensraum. Gegen Ende des 19. Jahrhundert entwickelter geopolitischer, von der nationalsozialistischen Rassenlehre aufgenommener Begriff, der das einem Volk zur Verfügung stehende Territorium bezeichnete und implizierte, dass ein Volk umso mächtiger sei, je mehr Land ihm zur Verfügung stünde. Die nationalsozialistische Propaganda betonte immer wieder, dass dem deutschen

Volk ein zu enger „Lebensraum" zur Verfügung stünde („Volk ohne Raum"). Dieser „Lebensraum"-Begriff bildete als Rechtfertigung der deutschen Expansionspolitik im Zweiten Weltkrieg einen der zentralen Begriffe der nationalsozialistischen Ideologie.

Liberalismus. Der Liberalismus (lat. liber bedeutet frei) entstand als politische Bewegung des Bürgertums Ende des 18. Jahrhunderts. Grundlage bildeten die Ideen der Aufklärung wie die der Freiheit und Selbstbestimmung des Menschen in geistiger, politischer und wirtschaftlicher Hinsicht. Die Vorstellung, dass der Wirtschaftsprozess nicht vom Staat, sondern von den privaten Wirtschaftsteilnehmern auf der Grundlage des freien Wettbewerbs und des Privateigentums bestimmt wird, ist Grundgedanke des Wirtschaftsliberalismus.

Manifest Destiny. Der Begriff wurde 1845 durch den Journalisten John L. O'Sullivan geprägt, der in einem Artikel der „Democratic Review" ausführte, die Erschließung und der Besitz des amerikanischen Kontinents sei „die offenkundige Bestimmung" der Vereinigten Staaten. Das Bekenntnis zur „Manifest Destiny" beinhaltete vor allem die Verpflichtung, die demokratischen Institutionen auszubreiten. Neben den rein machtpolitischen Triebkräften spiegelte sich in dieser Auffassung der heilige Eifer der puritanischen Kolonisten. Amerika galt als der Hort politischer Demokratie, die den Menschen überall Glück und Freiheit bringen sollte. Wenige Jahrzehnte später wurde der Begriff zur Rechtfertigung der außerkontinentalen Expansion der USA benutzt.

Marxismus. Gesamtheit der Lehren von Karl Marx und Friedrich Engels. Im Zentrum steht die geschichtsphilosophische Vorstellung, dass die wirtschaftliche und gesellschaftliche Entwicklung notwendig auf eine sozialistische Gesellschaft hinausläuft (Historischer Materialismus). Vor diesem Hintergrund analysieren und kritisieren Marx und Engels die wirtschaftlichen Gegebenheiten ihrer Zeit. Sie entwerfen Vorstellungen von der Beschaffenheit einer künftig anzustrebenden Gesellschaftsordnung und zeigen mögliche Wege ihrer Durchsetzung auf.

Marxismus-Leninismus. Der Begriff bezeichnet die von Lenin vorgenommene Ausdeutung, Erweiterung bzw. Veränderung der marxistischen Lehre zu einer ideologischen Grundlage des politischen Systems der UdSSR und anderer Staaten, z. B. des ehemaligen Ostblocks.

Münchener Abkommen. Das Münchener Abkommen vom 29.9.1936 zwischen Deutschland, Frankreich, Großbritannien und Italien sah die sofortige Abtretung des Sudetenlandes von der CSR an das Dritte Reich vor. Die CSR war kein Vertragspartner, sondern reines Objekt der Verhandlungen. Das Abkommen ist Bestandteil der deutschen Expansionspolitik vor dem Zweiten Weltkrieg und stellt den letzten und historisch bedeutsamsten Ausdruck der Appeasementpolitik Großbritanniens und Frankreichs gegenüber dem nationalsozialistischen Deutschland dar.

Nationalsozialismus. Nach dem Ersten Weltkrieg in Deutschland aufgekommene, dem Führerideal huldigende, antidemokratische Bewegung mit extrem nationalistischer, rassistischer und antisemitischer Weltanschauung. Nach der Machtübertragung am 30.1.1933 bezeichnet der Begriff neben der so charakterisierten Weltanschauung und politischen Bewegung (NSDAP) auch das nun errichtete Herrschafts- und Gesellschaftssystem sowie die Epoche der deutschen Geschichte zwischen 1933 und 1945.

NATO. Die NATO wurde im April 1949 von zwölf Staaten Europas, den USA und Kanada gegründet. Sie versteht sich als Bündnis der westlichen Welt zur Verteidigung von Demokratie, Menschenrechten, Marktwirtschaft und Rechtsstaatlichkeit in dem Territorium ihrer Mitglieder und der assoziierten Staaten. In der Zeit des Kalten Krieges dominierte das militärische Gegengewicht gegen das Sowjet-Imperium (Warschauer Pakt), wozu die Unterstützung Europas durch Nordamerika notwendig war. Die militärische Struktur wurde durch weitere Gesetze und Verträge laufend modernisiert, doch gilt die NATO im Kern als eine politische Wertegemeinschaft, d. h. das Militär ist der politischen Führung der demokratisch legitimierten Staaten unterstellt.

Notverordnungen. Durch Regierung oder Staatsoberhaupt ohne Beteiligung des Parlamentes erlassene Gesetze. Viele Verfassungen enthalten solche Bestimmungen für den Fall, dass das rechtmäßige Gesetzgebungsorgan, das Parlament, nicht handlungsfähig ist, so z. B. die Weimarer Verfassung mit dem Art. 48.

Ostpolitik. Sammelbezeichnung für diejenigen außenpolitischen Aktivitäten der sozialliberalen Koalition (SPD/FDP), die auf dem Konzept einer Zusammenarbeit mit den Ostblockstaaten und insbesondere der DDR beruhten. Die Ostpolitik bildete das Gegenstück zur Politik der Westintegration der Ära Adenauer. Die Ostpolitik ging von der Anerkennung der territorialen und politischen Verhältnisse aus, die durch den Zweiten Weltkrieg geschaffen waren. Sie betonte den Verzicht auf Gewalt als Mittel zur Veränderung dieser Verhältnisse und versuchte durch ein Reihe von Verträgen, Vertrauen zu schaffen sowie wirtschaftliche Zusammenarbeit und menschliche Begegnungen zu fördern. Auf diese Weise sollten die Teilung Europas und Deutschlands für die Menschen erträglicher gemacht und langsame Veränderungen in der Konfrontation der Blöcke ermöglicht werden.

Parlamentarische Demokratie. Bezeichnung für ein politisches System, bei dem ein Parlament, das aus Wahlen hervorgegangen ist, die Wählerschaft repräsentiert und somit die wichtigste Instanz der politischen Willensbildung darstellt. Die zentralen Rechte eines Parlamentes sind das Gesetzgebungsrecht, das Haushaltsrecht und die Funktion, Regierung und Verwaltung zu kontrollieren. In der deutschen Novemberrevolution von 1918/19 konkurrierten für eine kurze Übergangszeit die parlamentarische Demokratie und die sozialistische Räte- Republik. Schließlich wurde eine verfassunggebende Nationalversammlung gewählt, die die Verfassung für eine parlamentarische Demokratie verabschiedete.

Parteienstaat. Eine Partei ist der organisierte Zusammenschluss von Bürgern, die gemeinsame soziale Interessen und politische Vorstellungen über die Gestaltung ihrer staatlichen, gesellschaftlichen und wirtschaftlichen Ordnung haben. Ihr Ziel ist es, auf verfassungsmäßig geregeltem Weg Herrschaft zu übernehmen. Im Grundgesetz ist die Rolle der Parteien klar geregelt; sie wirken mit an der „politischen Willensbildung des Volkes". Der Begriff „Parteienstaat" bezeichnet deshalb wertneutral die ausschlaggebende Rolle, die Parteien in der parlamentarischen Demokratie spielen. In der Weimarer Republik wurde der Begriff abwertend für eine Demokratie gebraucht, in der es aufgrund des Wahlsystems und der fehlenden 5 %-Klausel eine Vielzahl von Splitterparteien gab. Dadurch wurde die Regierungsbildung erheblich erschwert. In der Weimarer Verfassung wurden Parteien nicht ausdrücklich erwähnt. Ihre wesentliche Aufgabe war die Organisation von Wahlen.

Pilgrim Fathers. Bezeichnung für die 41 erwachsenen männlichen Passagiere des Schiffes „Mayflower", die 1620 mit insgesamt 102 Männern, Frauen und Kindern bei Cape Cod landeten. Sie gehörten zur Glaubensgemeinschaft der Puritaner, die die hierarchische Struktur der anglikanischen Kirche ablehnten und stattdessen Presbyter oder Kirchenälteste als Vertreter an die Spitze ihrer Gemeinden wählten. Diese basisdemokratischen Vorstellungen wurden mit in die neue Heimat übernommen. Die Männer der Gemeinden berieten sich in Kirchen und regelten Probleme des Zusammenlebens im Sinne einer echten Selbstverwaltung.

Planwirtschaft. Bezeichnung für die Wirtschaftsordnung in sozialistischen Staaten wie der Sowjetunion oder der DDR. Die Planwirtschaft beruht auf dem staatlichen Eigentum an Produktionsmitteln. Das gesamte Wirtschaftsgeschehen wird von einer zentralen Behörde gelenkt, die festlegt, wann welche Güter von welchen Betrieben zu welchen Preisen produziert werden.

Präsidialregierungen. In der Endphase der Weimarer Republik (1930 – 1933) büßten die kompromissunfähigen Parteien ihre Kontrollfunktion gegenüber der Regierung weitgehend ein. Der Reichspräsident wurde zum eigentlichen Machtzentrum. Er beriet die Kanzler (Brüning, Papen, Schleicher), die sich an seinen Wünschen und Vorstellungen orientieren mussten. Er nutzte dazu den Artikel 48 der Weimarer Verfassung, um Gesetzesvorlagen im Wege der Notverordnung zu erlassen, und den Artikel 25, um den Reichstag bei Ablehnung der Notverordnungen aufzulösen. Diese Kombination der Artikel 48 und 25 war verfassungsrechtlich problematisch.

Propaganda. Versuch der Beeinflussung von Menschen. In der Zeit des Dritten Reiches wurde der Begriff durchaus positiv gesehen und in einem Atemzug mit „Aufklärung" genannt. Propagandaminister Goebbels bediente sich vor allem der gleichgeschalteten Massenmedien (Radio, Film, Presse), um die Bevölkerung noch stärker an die Ideen des Nationalsozialismus zu binden.

Rassismus. Im Gegensatz zur wissenschaftlichen Biologie, die Rassen nach angeborenen äußeren Merkmalen beschreibt und unterscheidet (z. B. Hautfarbe), geht der Rassismus von der Idee einer Verschiedenwertigkeit der Rassen aus. Die höherwertige Rasse, das war in der Ideologie der NS-Zeit die arische Rasse, habe das Recht und die Pflicht, die minderwertigen Rassen zu unterdrücken. In der Logik des Denkansatzes liegt es, dass die sogenannten „parasitären Rassen" vernichtet werden müssen, um das Überleben der „Herrenrassen" zu sichern.

Rätedemokratie. Dieses Regierungssystem entstand in Russland, wo es sich 1917 durchsetzte. Eine Aufteilung der Gewalten in Exekutive, Legislative und Judikative wird abgelehnt; die gesamte Gewalt liegt bei den sogenannten Räten. Die Mitglieder entstammen der Klasse der Arbeiter, Bauern und Soldaten. Anders als die Abgeordneten im parlamentarischen System, die ihrem Gewissen verpflichtet sind, sind Räte an die Beschlüsse der Gruppe gebunden, die sie gewählt hat. Sie sind jederzeit abwählbar. Die Regierung ist an die Weisungen des Rätekongresses gebunden. Die politische Zielsetzung besteht in der Enteignung der Besitzenden, der Beseitigung der Klassenunterschiede und damit der Durchsetzung einer sozialistischen Staats- und Wirtschaftsordnung.

Rechtsstaat. Der Rechtsstaat garantiert die Gültigkeit der in der Verfassung festgelegten Rechte (Menschenrechte) und aller nachgeordneten Gesetze und Verordnungen, ohne Ansehen der Person einklagbar vor Gerichten. Zur Durchsetzung des Rechts und der Rechtssicherheit für alle Individuen beansprucht der Staat das Gewaltmonopol. Gleichzeitig untersteht alles staatliche Handeln der Kontrolle durch Gerichte. In der Bundesrepublik Deutschland bildet das Bundesverfassungsgericht in Karlsruhe die oberste Gerichtsinstanz.

Revolution. Im politischen Sprachgebrauch meint Revolution die im Allgemeinen unter Einsatz von Gewalt ablaufende Umwälzung einer politischen Ordnung, die gleichzeitig zu tief greifenden gesellschaftlichen Veränderungen führt. Als klassisches Beispiel eines solchen Umsturzes gilt die Französische Revolution von 1789. Aber auch frühere Jahrhunderte und vor allem das 19. und 20. Jahrhundert kennen zahlreiche Beispiele von Revolutionen. Im 20. Jahrhundert brachte in Europa die Russische Revolution von 1917 wohl die einschneidendsten Folgen. Für Deutschland bedeutsam waren die Novemberrevolution 1918/19 und die „Friedliche Revolution" in der DDR 1989.

SA. Abkürzung für „Sturmabteilung". Gruppierung von Nationalsozialisten, die zur Zeit der Weimarer Republik eigene Veranstaltungen schützen und gegnerische Aktionen sprengen sollte. SA-Männer wurden von weiten Teilen des Bürgertums abgelehnt, u. a. weil sie oft grölend durch die Straßen zogen und mit Saal- und Straßenschlachten assoziiert wurden. Wegen der Gewalttätigkeiten war die SA in der Weimarer Republik zeitweilig verboten. 1934 wurde die Führungsspitze der SA endgültig ausgeschaltet. Die SA spielte von nun an kaum noch eine Rolle.

Sozialdarwinismus. Der Rassismus und der Antisemitismus greifen auf das sozialdarwinistische Denkmodell zurück, das sich auf die Lehre des britischen Naturforschers Charles Darwin (1809–1882) von der Entstehung und Selbstbehauptung der Arten beruft. Der Sozialdarwinismus überträgt auf das Zusammenleben der Menschen die These, dass sich nur die biologisch stärkeren oder angepassteren Lebewesen im „Kampf ums Dasein" durchsetzen.

Soziale Marktwirtschaft. Bezeichnung für die Wirtschaftsordnung in der Bundesrepublik Deutschland, die vor allem vom Wirtschaftsminister und späteren Bundeskanzler Ludwig Erhard in der Nachkriegszeit in die Praxis umgesetzt und später weiter ausgebaut wurde. Sie beruht einerseits auf dem System der Marktwirtschaft, nach dem der Markt (Angebot und Nachfrage) und die freie Konkurrenz alle wirtschaftlichen Vorgänge regeln, und andererseits auf der Idee des sozialen Ausgleichs durch staatliche Politik (z. B. durch sozialpolitische Maßnahmen wie Sozialhilfe, Kindergeld oder Wohngeld oder durch wirtschaftspolitische Maßnahmen wie die Bekämpfung von Inflation oder Arbeitslosigkeit).

Sozialismus. Eine im 19. Jahrhundert als Gegenmodell zur kapitalistischen Wirtschafts- und Gesellschaftsordnung entstandene weltanschauliche Richtung und politische Bewegung. Ziel aller verschiedenen sozialistischen Strömungen ist eine von sozialer Gleichheit gekennzeichnete Gesellschaft. Dem Gleichheitsgrundsatz räumen sozialistische Zukunftsmodelle bewusst höheren Rang ein als der Entfaltungsfreiheit des Individuums, wie sie vom Liberalismus stark betont wird.

SS. Die SS (= Schutzstaffel) ist eine nationalsozialistische Gruppierung, die sich selbst als Elitetruppe verstand und nach der Machtergreifung zum stärksten Machtfaktor aufstieg. Aufgenommen wurde nur, wer den strengen rassischen Aufnahmebedingungen entsprach. Seit 1929 stand die SS unter Leitung des „Reichsführers SS" Heinrich Himmler, der SS-Ordensburgen errichten ließ, die Idee des „Herrenmenschentums" zuspitzte und eine Symbolik entwickelte, die an germanische Kulte erinnert. Die Geheime Staatspolizei und der Sicherheitsdienst waren Untergliederungen der SS. Mit Beginn des Krieges wurde die

Ausrottung der unterworfenen Völker zur zentralen Aufgabe der SS.

Stalinismus. Der Begriff meint zum einen die Erweiterung der Lehre von Marx, Engels und Lenin durch Josef Stalin. Zum anderen wird damit jene Periode der Geschichte der UdSSR bezeichnet, in der Stalin weitgehend unumschränkte Macht ausübte. Terror, Verfolgung, straffe wirtschaftliche Organisation und Personenkult bildeten markante Merkmale dieser Phase.

Totalitarismus. Mit diesem Begriff werden die Eigenarten solcher politischen Systeme des 20. Jahrhunderts bezeichnet, deren Absicht es ist, alle Lebensbereiche der Gesellschaftsmitglieder vollständig zu erfassen und gleichzuschalten. Dabei spielt die Ausrichtung auf ein neues, dem bisher bestehenden entgegengesetztes Wertesystem eine entscheidende Rolle: Ein „neuer Mensch" soll geschaffen werden. Um dies zu erreichen, bedienen sich totalitäre Systeme neuartiger Mittel, die erst durch die moderne Technik zur Verfügung gestellt werden: Informations- und Propagandamonopol durch Beherrschung der Massenmedien, Geheimpolizei, die gegen die eigene Bevölkerung eingesetzt wird, eine Monopolpartei als Mittel der Massenerfassung und -mobilisierung. Der Totalitarismusbegriff wurde vorwiegend eingesetzt, um die strukturellen Ähnlichkeiten zwischen dem Nationalsozialismus und dem Bolschewismus aufzuzeigen. Bis heute ist eine solche Parallelisierung umstritten.

Unabhängigkeitserklärung. In einer Unabhängigkeitserklärung verlautbart eine zuvor von einer Führungsmacht abhängige Körperschaft ihre politische Selbstständigkeit. In der folgenreichsten Unabhängigkeitserklärung der Weltgeschichte, der der 13 englischen Kolonien in Nordamerika, erklärten diese am 4. Juli 1776 ihre Unabhängigkeit vom englischen Mutterland. In der feierlichen Erklärung legten die Kolonien die Prinzipien ihres Zusammenlebens dar und begründeten mit Bezug zum Selbstbestimmungsrecht ausführlich ihre Trennung von England. Die Unabhängigkeitserklärung wurde von Thomas Jefferson im Auftrag der Repräsentanten der Kolonien ausgearbeitet. Im anschließenden Unabhängigkeitskrieg besiegten die amerikanischen Truppen unter dem Oberbefehl von George Washington die englischen Truppen. Im Frieden von Paris (1783) anerkannte England die Unabhängigkeit der Vereinigten Staaten von Amerika.

Vereinte Nationen (UN). Am 26.6.1945 in San Francisco gegründete Weltorganisation der Völker der Erde, deren Mitglieder sich auf die Erhaltung des Weltfriedens, notfalls mit militärischer Gewalt, verpflichtet haben, auf Gewalt als Mittel der Durchsetzung ihrer Ziele im Übrigen aber verzichten und die Achtung der Menschenrechte garantieren. Organe der UN sind die jährlich tagende Vollversammlung (ein Staat – eine Stimme), ein aus 15 Mitgliedern bestehender Sicherheitsrat (5 mit einem Vetorecht ausgestattete ständige, 10 nichtständige Mitglieder), ein von der Vollversammlung gewählter Generalsekretär und eine Reihe von sehr wichtigen Unterorganisationen wie die Weltgesundheitsorganisation und die UNESCO. Die Machtmittel der UN erstrecken sich über diplomatische Schritte, wirtschaftliche Maßnahmen bis hin zu militärischen Kampfeinsätzen zur Friedenserzwingung.

Verfassung. Die vertragsmäßige Regelung der grundlegenden Ordnung eines Staates, der Aufgaben, Rechte und Pflichten seiner Organe und Bürger. Eine Verfassung kann sich über einen längeren Zeitraum hin aufgrund einzelner Rechtsakte entwickeln oder in einem einmaligen Gesetzgebungsakt (z. B. Verfassung der USA, 1789) geschaffen werden.

Versailler Vertrag. Am 28.6.1919 wurde im Schloss von Versailles, einem Vorort von Paris, zwischen dem Deutschen Reich und 27 alliierten Staaten der Versailler Vertrag zur Beendigung des Ersten Weltkrieges unterzeichnet. Deutschland, das von den Verhandlungen ausgeschlossen war, verlor 13 % seines Gebietes, wichtige Rohstoffvorkommen und Produktionseinrichtungen. Einhellige Empörung in der Bevölkerung riefen vor allem die zeitweilige Besetzung deutscher Gebiete an Rhein und Saar, die erzwungene Abrüstung sowie der „Kriegsschuldartikel" hervor.

Völkerbund/Völkerbundsrat. Internationale Staatenorganisation, die 1920 auf Anregung des amerikanischen Präsidenten Wilson mit dem Ziel der Friedensbewahrung gegründet wurde, der die Vereinigten Staaten von Amerika jedoch nicht beitraten. Oberste Organe waren die in Genf tagende Bundesversammlung sowie der Völkerbundsrat, dem die Hauptmächte (Großbritannien, Frankreich, Italien bis 1937, Japan bis 1933, Deutschland 1926–1933 und die UdSSR 1934–1939) als ständige Mitglieder angehörten. Die Mitgliedsstaaten verpflichteten sich zur Schlichtung von Streitfragen durch internationale

Organisationen. Die Machtmittel des Völkerbundes beschränkten sich auf wirtschaftliche Druckmittel.

Volksgemeinschaft. Überzeugung der Nationalsozialisten von der Zusammengehörigkeit des ganzen Volkes und der Überwindung aller Gegensätze. Die Zersplitterung in Klassen, in Parteien, in Konfessionen sei in der schicksalhaft verbundenen Volksgemeinschaft überwunden. Der Ausspruch „Ein Volk – ein Reich – ein Führer" zeigt die große Nähe dieser Idee zum Führerprinzip, nach welchem sich unterschiedslos alle Volksgenossen dem Führer anvertrauen sollten. Raum für Minderheiten oder individuelle Präferenzen lässt die Idee der Volksgemeinschaft nicht zu.

Währungs-, Wirtschafts- und Sozialunion. Die W. wurde am 1. Juli 1990 durch einen Staatsvertrag zwischen der DDR und der BRD begründet. Sie schuf – vor allem durch die Einführung der DM in der DDR und die Übertragung westdeutscher Regelungen – ein gemeinsames Wirtschaftsgebiet. Die W. bereitete die Vereinigung der beiden deutschen Staaten vor.

Warschauer Pakt. Der Warschauer Pakt wurde 1955 als Antwort auf die NATO, der die Bundesrepublik Deutschland 1955 beitrat, als Militärbündnis der osteuropäischen Staaten unter der Führung der Sowjetunion gegründet. Er stabilisierte den Ostblock gegenüber dem Westen. Es war aber auch jeder Mitgliedsstaat verpflichtet, militärisch gegen jeden Staat im eigenen Bündnis vorzugehen, der die Bedingungen des Ostblocks nicht einhielt. Die Sowjetunion hatte allein die oberste Kommandogewalt im Pakt, in dem Zwangsmitgliedschaft herrschte. Unter dem Begriff der Nichteinmischung in die inneren Angelegenheiten setzte die Sowjetunion ihre Macht im Pakt und gegenüber dem Westen durch. 1990 löste der Warschauer Pakt sich selbst auf.

Weltwirtschaftskrise. Seit dem Ende des 19. Jahrhunderts wurden die USA zur führenden Wirtschaftsmacht der Welt. Von ihr ging eine zweite industrielle Revolution aus, die wesentlich von der Massenproduktion von Konsumgütern (Autos, Radios) geprägt wurde. Die USA wurden zum Inbegriff der hoch entwickelten kapitalistischen Gesellschaft, in der sich einerseits Macht und Reichtum bei wenigen privaten Firmen konzentrierten, in der sich andererseits die Konsummöglichkeiten der breiten Bevölkerungsschichten entscheidend veränderten. Ab 1929 geriet das „amerikanische System" in eine schwere Krise. Der „Schwarze Freitag", der 24. Oktober 1929, markiert mit seinen dramatischen Kursstürzen den Beginn der Krise. Die Produktion sank um die Hälfte, Millionen Menschen wurden arbeitslos. Da die USA ihre Kredite aus Europa abzogen und ihren Markt durch Zölle abschirmten, wurden auch andere Staaten, in besonderem Maße Deutschland, in die Krise hineingezogen. Die amerikanische Krise wurde zur Weltwirtschaftskrise. Im Unterschied zu den USA entwickelte sich in Deutschland die Wirtschaftskrise zur Staatskrise; die Weimarer Republik wurde zerstört.

Westintegration. Politischer Leitbegriff der Außenpolitik der Adenauer-Ära. Die Konfrontation der Weltblöcke im Kalten Krieg und die politischen Grundbedingungen der Nachkriegszeit erlaubten der Bundesrepublik keine volle Souveränität. Deshalb wurde die Einbindung in das westliche Bündnis (NATO, EWG) einer Politik der Wiedervereinigung vorgezogen. Nach Ansicht ihrer Verfechter waren nur durch die Westintegration Stabilität, Sicherheit, wirtschaftlicher Aufschwung und die innere Entwicklung der Bundesrepublik möglich. Eine Weiterentwicklung gab es erst mit der Ostpolitik der sozialliberalen Koalition.

Register

Abrüstung   229, 322
Abschreckung 322, s. auch Gleichgewicht des Schreckens
Achsenmächte   149
Adenauer, Konrad   210 f.
Alliierte   177 f., 182 f., 186, 210
Alliierter Kontrollrat   179, 186, 194
Amerika / USA (bis 1917)   36 – 59
Antisemitismus 111 f., 322, s. auch Judenverfolgung
Appeasement   128, 148, 322
Aprilthesen   21
Arbeiter- und Soldatenräte   20, 71 f.
Arier, arisch s. Rassismus
Atlantik-Charta   252, 276
Atombombe/-krieg/-rüstung/-waffen   173, 188 f., 213 f., 228
Aufrüstung 322, s. auch Rüstungswettlauf
Auschwitz   109, 146, 155 – 159, 170
Außerparlamentarische Opposition (APO)   222

Baden, Prinz Max von   68 ff.
Berlin-Blockade/-krise   190, 194
Besatzungszonen   178 f., 183, 186, 192
Blitzkriege   149
Blockbildung/-system s. Kalter Krieg, Ost-West-Konflikt
Bolschewiki   19, 21 f., 24, 27, 59
Bombenkrieg s. Luftkrieg
Boston Tea Party   40
Brandt, Willy   213 ff., 243
Brüning, Heinrich   73, 100, 102
Bund Deutscher Mädchen (BDM)   122 f., 133

D-Day   151
Deutsche Arbeitsfront (DAF)   118, 120, 322 f.
Deutsche Einheit s. Einheit
Deutscher Volksrat   195
Dolchstoßlegende   82, 86, 323
Drittes Reich s. Nationalsozialismus

Ebert, Friedrich   69 f., 73, 84, 86
Einheit, deutsche   226 – 247
Engels, Friedrich   19
Entnazifizierung   182 f., 323
Entspannungspolitik   189, 323
Erhard, Ludwig   203
Ermächtigungsgesetz   117 f.

Erster Weltkrieg   12, 16, 19 f., 37, 52 – 55, 58 f., 62, 68, 72, 78, 84, 94, 102
Europa / Europäische Union (EU)   254 – 273
Euthanasie   138, 323

Februarrevolution   20
Flucht und Vertreibung (nach WK II)   166 – 169, 174, 180
Frauenbewegung/-bilder/-emanzipation   220 f., 324
Freie Deutsche Jugend (FDJ)   200, 223
Friedliche Revolution (1989)   232 – 243
Frontier   46 f.
Führerprinzip   111, 113, 324

Genscher, Hans-Dietrich   234, 240 f.
Gestapo (Geheime Staatspolizei)   161, 163, 324
Getto   154 f.
Glasnost   229
Gleichgewicht des Schreckens   188
Gleichschaltung   117 – 123, 324 f.
Goebbels, Joseph   115 f., 119, 130, 132, 150, 327
Goldene Zwanziger   91
Gorbatschow, Michail   226, 228 ff., 232 f., 236 f., 241
Grundgesetz   195, 198 f., 220 f., 243
GUS (Gemeinschaft Unabhängiger Staaten)   229

Helsinki s. KSZE
Himmler, Heinrich   152, 287
Hindenburg, Paul von   82, 86, 99 f., 103, 114 ff., 118
Hiroshima   151
Hitler, Adolf   63, 84 f., 99 – 103, 106 – 171
Hitlerjugend (HJ)   122 f.
Hitler-Putsch   84
Hitler-Stalin-Pakt   148, 288, 325
Holocaust   154 – 159
Honecker, Erich   234

Ideologie(n)   56 f., 111 f., 325
Indianer   38, 47
Inflation   86 – 89, 102

Juden(verfolgung) 139, 141, 154 – 159, s. auch Antisemitismus
Jugendweihe   223

Kalter Krieg 194, 211, 213, 229, s. auch Ost-West-Konflikt
Kapp-Putsch 84, 86
Kohl, Helmut 238 f.
Kolchos(en) 27 f.
Kollektivierung 27 f.
Konzentrationslager (KZ) s. Auschwitz
Kraft durch Freude (KdF) 120
KSZE/OSZE 189, 227, 229 f.
Kuba-Krise 189, 214
Kulaken 27 f., 31

Lebensraum(politik) 111, 113, 129, 143, 148, 171, 287, 325 f.
Lenin, Wladimir Iljitsch/Leninismus 16, 19, 21 – 26, 30, 57 ff.
Liebknecht, Karl 69, 71, 73
Luftbrücke 194
Luftkrieg 149, 151

Machtergreifung/-übernahme/-übertragung 63, 99 – 103, 114 – 118, 130
Marktwirtschaft s. Soziale M.
Marshall-Plan 186 f., 192, 218
Marx, Karl/Marxismus 19
Mauer/-bau/-fall 174 f., 196, 206, 212 f., 226, 235, 238, 242, 244
Montagsdemonstration 232 ff.
Münchener Abkommen 148, 326

Nachkriegsjahre 176 – 183
Nationale Front 200
Nationalsozialismus/Nationalsozialisten 84 f., 99 – 103, 106 – 171, 287, 326, s. auch Entnazifizierung
Nationalversammlung (Weimar) 72 ff., 86
NATO 188 f., 211, 213, 228, 241, 257, 273, 326
NATO-Doppelbeschluss 228
Neues Forum 231 f.
Notverordnung(en) 115, 326
Novemberrevolution (1918) 69 ff.
NS-Außenpolitik 128 f.
NSDAP 83 ff., 98 – 103, s. auch Nationalsozialismus
NS-Wirtschaftspolitik 126 f.
Nürnberger Gesetze 135, 139, 141, 154
Nürnberger Prozess 183, s. auch Entnazifizierung

Oktoberrevolution 20 f.
Olympiade (1936) 131
Ossietzky, Carl von 136
Ostblock s. Warschauer Pakt

Ost-West-Konflikt 175, 184 f., 188 f., 192, 226 – 229, s. auch Kalter Krieg
Ostpolitik 314 f., 326 f.

Parteien (Weimarer Republik) 72 f.
Pearl Harbor 150
Perestroika 229
Personenkult 30, 32 f., s. auch Stalinismus
Pilgerväter / Pilgrim Fathers 38, 327
Planwirtschaft 29, 204 f., 265, 327
Potsdam, Tag von 116
Potsdamer Abkommen/Konferenz 177 ff., 186, 210
Präsidialkabinett/-regierung 100, 327
Provisorische Regierung 20, 69

Rassismus s. Antisemitismus
Rätedemokratie/-republik 70 f., 73, 328
Rat der Volksbeauftragten 69
Reagan, Ronald 226, 228 f.
Reichskristallnacht/-pogromnacht 141, 154, 161
Reichstagsbrand 115
Roosevelt, Franklin D. 185, 252, 275
Roosevelt, Theodore 50 f.
Rote Armee 25, 29, 151
Rüstungswettlauf 228
Ruhrkampf 87
Russische Revolution 16 – 35
Russland / Sowjetunion 16 – 35

SA (Sturmabteilung) 85, 328
SBZ (Sowjetisch besetzte Zone) 195
Scheidemann, Philipp 62, 69 f., 73
Schuman, Robert 256 ff.
Schwarzer Freitag s. Weltwirtschaftskrise
SED (Sozialistische Einheitspartei Deutschlands) 191 f., 195, 200 f., 204, 207, 221, 224, 232, 234 – 238
Selbst- und Fremdbild 280 – 291
Shoa s. Holocaust
Sinti und Roma 137
Sowjets (Räte) 20 f., 23, 26
Soziale Marktwirtschaft 202 f., 328
Sozialismus 26 f., 29, 73
Sozialistische Demokratie 201
SS (Schutzstaffel) 85, 152, 328
Stalin, Josef 16, 25 – 35, 178
Stalinismus 25 – 35
Stasi (Ministerium für Staatssicherheit/MfS) 224 f., 230, 247
Stresemann, Gustav 73, 86, 94

Terror/-herrschaft (unter Stalin)   34 f.
Totaler Krieg   150 f.
Totalitarismus 329, s. auch Nationalsozialismus, Stalinismus
Trümmerfrauen   181
Truman-Doktrin   187

Ulbricht, Walter   191, 221
Unabhängigkeitserklärung (USA)   37, 42 ff.
Unabhängigkeitskrieg (USA)   41, 49
UNO s. Vereinte Nationen

Vereinte Nationen/UNO   274 – 279
Verfassung   329
– BRD s. Grundgesetz
– DDR   200 f.
– Sowjetunion   31
– USA   45
– Weimar   74 f., 100
Vernichtungskrieg   152 f.
Versailler Vertrag   55, 58, 78 – 81, 86, 102, 128, 143, 148, 288, 329
Vertreibung s. Flucht und Vertreibung
Vierzehn (14) Punkte s. Wilson

Völkerbund   55, 58 f., 80, 255, 276, 329 f.
Völkermord s. Holocaust
Volksgemeinschaft   118, 120, 130 – 141, 162, 330

Währungsreform   193
Wannsee-Konferenz   155
Warschauer Pakt   188, 213, 229, 330
Weimarer Republik   62 – 105
Weltkrieg s. Erster/Zweiter W.
Weltwirtschaftskrise   90 – 98
Westintegration   210 f., 330
Westwanderung s. Frontier
Wettrüsten s. Aufrüstung, Rüstungswettlauf
Widerstand (gegen NS)   160 – 165
Wilson, Woodrow   52 – 55, 58 f., 68
Wirtschaftswunder   126 f., 218 ff.

Zarenherrschaft   17 ff.
Zwangsarbeiter   150
Zwei-Lager-Theorie/-Konzept   187
Zweiter Weltkrieg 147 – 153, s. auch Holocaust, Flucht und Vertreibung, Nachkriegsjahre
Zyklon B   157, 159

Bildquellenverzeichnis

|akg-images GmbH, Berlin: 16, 19, 21, 33, 33, 33, 39, 42, 47, 57, 60, 64, 69, 71, 73, 73, 77, 77, 82, 83, 84, 92, 93, 93, 104, 105, 105, 110, 112, 116, 120, 123, 123, 123, 128, 131, 132, 150, 150, 154, 155, 158, 158, 159, 164, 166, 167, 170, 174, 174, 177, 178, 180, 181, 186, 206, 208, 248, 248, 252, 260, 284; Album/Prisma / Heine, Thomas Theodor: Das Ende (c) VG Bild-Kunst, Bonn 2018 67; Archive Photos 25, 61; Ballhause, Walter 90, 104; Bildarchiv Pisarek 190, 191, 248; Heartfield, John: Der Sinn des Hitlergrußes, 1933 (c) The Heartfield community of Heirs / VG Bild-Kunst, Bonn 2018 100; Hoffmann, Heinrich 164; IAM 53; Imagno 90; Klein, César: Arbeiter/Bürger/Bauern/Soldaten vereinigt Euch zur Nationalsversammlung, 1918/19 (c) VG Bild-Kunst, Bonn 2018 104; mauritius images / Hansmann 133; Pictures From History 24; Raible, Jürgen 165; Sammlung Berliner Verlag / Archiv 122; Science Source 47; Teller, Michael 159, 159; TT News Agency/SVT 165; WHA/ World History Archive (c) VG Bild-Kunst, Bonn 2018 89; Wittenstein, Jürgen George 163. |alamy images, Abingdon/ Oxfordshire: FLHC 158; GL Archive 38; Heritage Image Partnership Ltd 24, 29; Hi-Story 18, 54, 276; Lifestyle pictures 157; Protected Art Archive 53; Shawshots 54; Sjoerd van der Hucht 277; VintageCorner 83, 105; World History Archive 19, 32, 61; WS Collection 55. |Archiv der sozialen Demokratie, Bonn: Friedrich-Ebert-Stiftung 73; Friedrich-Ebert-Stiftung/SPD/ AdsD 73. |AUDI AG, Ingolstadt: Unternehmensarchiv 174. |Aufbau Verlag GmbH & Co. KG, Berlin: Billhardt, Thomas / Hensel, Kerstin: Alles war so. Alles war anders. Gustav Kiepenheuer Verlag, Leipzig, 1999 © Aufbau Verlag GmbH & Co. KG, Berlin 1999, 2008 196. |Autorenteam Hannover (ATH), Hannover: 64. |Bergmoser + Höller Verlag AG, Aachen: 50090 123. |Bohnhof, Anja, Dortmund: 247. |bpk-Bildagentur, Berlin: 21, 64, 65, 79, 83, 85, 119, 123, 123, 128, 131, 131, 135, 162, 281; Bayerische Staatsbibliothek München Abtlg. Karten u. Bilder 25; Bayerische Staatsbibliothek/Archiv Heinrich Hoffmann 112; Bayerische Staatsbibliothek/H. Hoffmann 113; Dagli Orti, Alfredo 52; Deutsches Historisches Museum 64, 64, 68, 101, 108, 114, 118, 121, 171, 216, 221; Deutsches Historisches Museum / Ahlers, S. 81; Deutsches Historisches Museum / Ballhause, Walter 95, 95; Deutsches Historisches Museum / Desnica, I. 73, 82; Deutsches Historisches Museum / Schorer, Joseph 171; Deutsches Historisches Museum / © VG Bild-Kunst, Bonn 2018 / The Heartfield Community of Heir 99; Heine, Thomas Theodor (c) VG Bild-Kunst, Bonn 2018 76; Hoffmann, Heinrich 84; Hubmann, Hanns 216, 219, 248; Katz, D. 40; Katz, Dietmar 112; Kunstbibliothek, SMB / Katz, Dietmar / Heine, Thomas Theodor, Auch sie haben ein Selbstbestimmungsrecht © VG Bild-Kunst, Bonn 2018 79; Kunstbibliothek, SMB, Phothothek Willy Römer, 62; Leibing, Peter 216, 222, 249; Nationalgalerie, SMB/Kilger, Andreas 43; Ries, Henry 190, 194; SBB/Katz, Dietmar 121; Schaller, Hans 95, 95; SMB/Kunstbibliothek 118, 132; Staatsbibliothek zu Berlin 111; US-Army 167; Walter, Bernhardt / Hofmann, Ernst 156; Wiesebach, Wolfgang 95. |Bridgeman Images, Berlin: 23; Devaluation of mark during inflation in 1923 in Germany: to buy simple products, thousands of marks are necessary 77; Either Death to Capital Or Under the Capital's Heel' Poster, Moscow, 1919 (litho) / Sputnik 23. |Bröhenhorst, Ulrich, Hiddenhausen: 127, 146. |Bundeszentrale für politische Bildung, Bonn: Prof. Dr. Eckart D. Stratenschulte/ Bundeszentrale für politische Bildung, www.bpb.de (Creative Commons by-nc-nd/3.0) 261, 267. |Das Bundesarchiv, Koblenz: Bild 183-H1216-0500-002, Foto: o.Ang., 1938 63; Plak 003-002-046 130. |ddp images GmbH, Hamburg: dapd/Rothermel, Winfried 109. |DDR Museum, Berlin: 247. |DIE ZEIT, Hamburg: 43/2017, Illustration: Smetek, Wieslaw 14; 48/2016 273. |Dölling, Andrea, Berlin: 104. |Domke, Franz-Josef, Hannover: 50, 60, 94, 245, 245, 259, 268, 270, 270, 283, 286, 287. |Druwe & Polastri, Cremlingen/Weddel: 299. |Esslinger Verlag J. F. Schreiber, Esslingen: Kaiser, Egon/Eßlinger Zeitung 246. |Falkenstein, Sigrid, Berlin: 134, 138. |Fotoarchiv Ruhr Museum, Essen: 144. |fotolia.com, New York: Kneschke, Robert 9, 292; PB 44; wildworx 304. |Fuchs, Peter (Fuchsi)/ Cartoonlobby e.V., Königs Wusterhausen: 237. |Getty Images, München: AFP 14; Popperfoto 255; The LIFE Images Collection/Niedenthal, Chris 233; Waldie, Ian / Staff 250. |Haitzinger, Horst, München: 188, 229, 265. |Haus der Geschichte der Bundesrepublik Deutschland, Bonn: Starke, H.-J. 246. |Hessisches Landesmuseum Darmstadt, Darmstadt: 73, 79. |Hild, Claudia, Angelburg: 155. |Historische Bildpostkarten - Universität Osnabrück - Sammlung Prof. Dr. Sabine Giesbrecht, www.bildpostkarten.uos.de, Osnabrück: Historische Bildpostkarten - Universität Osnabrück Sammlung Prof. Dr. Sabine Giesbrecht, www.bildpostkarten.uos.de 113. |Imperial War Museum, London: 182, 183. |INNOVA-Agentur - Graphik & Design, Borchen: 28, 31, 38, 45, 50, 70, 71, 72, 75, 126, 127, 147, 148, 149, 149, 149, 166, 178, 212, 213, 218. |Interfoto, München: 14; FREUNDIN 25/1952 © Interfoto/Hecht 220. |iStockphoto.com, Calgary: Bryukhanova, Anna 37; Jorisvo 253; oversnap 269; republica 262. |Kaneider, Daniel: Säulenmodell EU, Wikimedia, Urheber: Daniel Kaneider, https://creativecommons.org/licenses/by-sa/3.0/deed.en 262. |Kassing, Reinhild, Kassel: 301. |Kohlbrenner, Joachim,